한국신약해설주석 15B

요한계시록 7:1-22:21

김상훈 지음

KECOT/KECNT 김상훈 총괄 편집

KECNT 신현우 책임 편집

한국신약해설주석 15B
요한계시록 7:1-22:21

지음 김상훈
총괄편집 김상훈
책임편집 신현우
교정교열 김덕원

발행처 감은사
발행인 이영욱
전화 070-8614-2206
팩스 050-7091-2206
주소 서울시 강동구 암사동 아리수로 66, 401호
이메일 editor@gameun.co.kr

종이책
초판1쇄 2022.10.06.
ISBN 9791190389716
정가 35,000원

전자책
전자책1쇄 2022.10.06.
ISBN 9791190389730
정가 26,000원

Korean Exegetical Commentary on the New Testament 15B

The Revelation to John 7:1-22:21

Sang-Hoon Kim

KECOT/KECNT General Editor, Sang-Hoon Kim

KECNT Editor, Hyeon Woo Shin

신앙의 요람과 모체인

사랑하는 한국 교회에 헌정합니다

| 목차 |

KECNT/KECOT
총괄 편집자 서문

일선 목회자들을 만나면 좋은 주석을 추천해 달라는 말씀을 자주 듣게 됩니다. 믿을 만한 성경 주석이 필요합니다. 시대적 필요에 맞는 새로운 주석 편찬에 대해 다음의 다섯 가지를 말할 수 있겠습니다.

첫째, 건실한 개혁신학과 성경적 복음주의의 입장에 바로 서 있는 좋은 주석이 필요합니다. 하나님의 말씀인 성경에 대한 권위(authority)와 진정성(authenticity)을 신학(학문)이라는 이름으로 훼손하고 있는 주석이 적지 않습니다. 성경의 권위(sola scriptura, "오직 성경으로")를 중시한 종교개혁의 건실한 개혁신학과 성경의 영감적 특성을 존중하는 복음주의 관점에서 쓴 주석이 필요합니다. 영감된 말씀인 성경에 대한 존중과 바른 이해에 기반하는 주석은 주님의 교회를 새롭게 하고 생명력 있는 말씀 사역을 하도록 지원할 수 있습니다. 독자는 바른 신학과 성경에 대한 신뢰를 가지고 본문을 깊이 연구할 수 있습니다.

둘째, 국내 저자에 의한 국제적 수준의 주석 집필이 요구되고 있습니다. 성경적 복음주의에 기초한다고 해서 학문적 특성이 배제되면 신뢰할 만한 주석이라 할 수 없을 것입니다. 주석의 학문성은 저자의 학문적 자질과 능력에서 비롯됩니다. KECNT(한국신약해설주석)의 집필진은 학문적으로 국제적인 교류를 해온 학자들이 중심이 됐습니다. 해외 신학계와 해석학계에 학문적 목소리를 낼 수 있는(내어온) 학자들이 주석 집필진이 된 것입니다. 그렇기에 주석의 학문적 수준을 신뢰할 수 있을 것입니다. 본문의 논쟁적 문제를 다룰 때도, 개혁신학과 복음주의에 뿌리를 두되, 진지한 학문적 태도로 연구되고 있는 것을 볼 수 있을 것입니다. 여기서 신앙과 학문의 조화를 발견할 수 있습니다.

각 주석은 독자적인 연구를 바탕으로 된 것입니다. 신학적으로나, 학문적으로 신뢰할 만한 저자들의 단권 주석은 해당 분야에 대한 철저한 연구 성과를 토대로 집필된 것입니다. 대표되는 주석들과 학자들의 견해들이 주석 안에 섭렵되면서도, 집필자 자신의 깊은 본문 연구를 토대로 주석된다는 특징이 있습니다. 각자의 영역에서 뚜렷한 학문적인 논의를 개진할 수 있는 저자들이기 때문입니다.

셋째, 단권 주석의 강점은 각 권의 전문성이 인정된다는 것입니다. 저자 한 사람이 성경 전권을 주석하는 방식은 학문적인 한계를 가질 수밖에 없습니다. 점차 전문화되어가는 학문적 흐름에는 맞지 않습니다. 해당 분야의 전문적 식견을 갖춘 저자에 의한 단권 주석 집필은 그런 점에서 의미가 큽니다. 각 권은 특장을 가진 각 저자의 적지 않은 시간 동안의 연구와 노력을 담은 주석서입니다. 같은 개혁신학과 복음주의 신앙을 가진 저자들에 의한 학문적 노력이 담긴 각 권의 주석입니다. 신학적으로, 학문적으로 검증된 저자들이 함께 어울려 성경 전체의 주석서를 내고 있습니다. 함께 하나님 나라를 위해 노력하려 합니다.

넷째, 성경 주석은 본문 중심의 주석일 필요가 있습니다. 개혁신학과 복음주의 전통의 문법적-역사적 해석은 하나님의 말씀인 성경 본문을, 역사적 맥락과 문법적 특징에 따라 세밀히 살펴, 본문의 계시적 의미를 밝히려는 해석입니다. 따라서 원어를 기초로 한, 각 절과 각 단원의 치밀한 주해에 집중합니다. 본문을 중시하는 문법적-역사적 해석의 전통은 최근 언어적·문학적·구조적·수사적 연구 등에 의해 더욱 발전되어 왔습니다. 하나님의 말씀 중심인 문법적-역사적 전제에 어울릴 수 있는 한, 이들 연구는 본문 해석에 유익한 면이 있습니다. 문법적-역사적 해석이 여러 갈래로 발전되고 있는 것입니다. KECNT에서 각 권의 저자가 어떤 특징과 강점을 가지고 성경 본문을 세밀히 해석하고 있는지 볼 수 있을 것입니다.

다섯째, 교회와 목회자의 필요에 맞는 주석이어야 할 것입니다. 교회가 신뢰할 만한 신학적 토대를 가지고 있다는 점과 함께, 철저한 본문 중심 해석이라는 특징 때문에 우리 한국 교회와 교회 사역자(설교자), 그리고 성경을 깊이 연구하고자 하는 분들에게 실제적인 도움이 될 것입니다. 특히 설교를 준비할 때, 본문에 대해 깊이 있고 정확한 해석의 기반이 가장 중요하다는 점에서 KECNT는 설교자의 좋은 동반자가 될 것입니다. 하나님의 말씀이 제대로 전해지면 교회는 회복됩니다. 교회의 진정한 개혁은 하나님의 말씀으로 됩니다. 한국 교회에 말씀의 뿌리가 깊이 내려지고 그 위에 갱신과 부흥의 나무가 서야 합니다.

KECNT 편찬에 관계된 저희 모두는 이 일을 영예로 생각합니다. 좋은 주석서들이 활용되면 주의 교회가 힘을 얻게 될 것이기 때문입니다. 오직 하나님만이 영광을 얻으시기에 합당하십니다(soli Deo gloria, "오직 하나님께만 영광이").

2020년 9월 28일

김상훈

KECNT/KECOT 총괄 편집자

KECNT
책임 편집자 서문

한국신약해설주석(KECNT)은 성경을 하나님의 말씀으로 받아들이고 신앙의 규범으로 삼는 정통신학의 틀 속에서 종교개혁자들의 문법적-역사적 해석 방법을 사용하여 신약성경을 연구한 주석 시리즈입니다.

선교 받는 나라에서 선교하는 나라가 된 한국의 신학계는 그동안 비약적 발전을 하여 세계 신학계의 한 축을 형성하는 단계로 진입하고 있습니다. 특히 한국의 신약학계는 이미 세계적인 학자들을 많이 배출했습니다. 그리하여 이 주석 시리즈의 저자들은 국제 학계(총서 및 학술지 등)의 출판 실적이 있는 탁월한 학자들 중에서 개혁신학의 전통 속에 있는 학자들을 선택하여 선정할 수 있었습니다.

이 주석 시리즈는 간단명료한 문체를 추구하는 개혁신학의 스타일에 따라 제한된 지면에 알찬 내용을 담았습니다. 또한 문법적-역사적 해석 방법에 따라 원어의 용례에 입각한 단어의 의미 파악과 당시 역사적 배경과 본문의 문맥에 입각한 의미 파악에 주력하여 성경 각 권의 저자가 의도한 본문의 의미가 잘 드러나도록 했습니다. 그리하여 우리 시대에 성경 본문을 적용하기 위한 튼실한 출발점을 얻을 수 있도록 했습니다. 때로는 우리 시대에 어떻게 적용해야 하는지 방향을 제시하기도 했습니다.

이 주석은 단락별로 성경 번역, 절별 주해, 단락 해설로 구성하여 설교자들과 성도들이 성경을 연구하다가 필요한 구절을 쉽게 찾을 수 있도록 했습니다. 단락 해설을 통해서는 전체적인 흐름을 파악하고 적용을 위한 통찰을 얻을 수 있도록 했고, 저자의 사역을 담은 성경 번역 부분은 모아서 추후 새로운 번역본으로 출판하게 될 것입니다.

이 주석 시리즈는 주해 부분에서 헬라어를 음역할 경우에는 자음은 경음(ㄲ, ㄸ, ㅃ)을 활용했습니다. 이것은 고대 및 현대 헬라어 발음과 유사할 뿐 아니라, 격음(ㅋ, ㅌ, ㅍ)과 함께 사용함으로써 유사한 발음의 헬라어 자음들을 한글로 명확히 구분하여 표기할 수 있기 때문입니다. 모음의 경우에는 영미식이나 독일식, 현대 헬라어식 발음을 따르지 않고 서로 구분되는 방식으로 음역했습니다. 이것이 고대 헬라어 발음에 가깝다고 추측될 뿐 아니라, 유사 발음들을 서로 구분하여 표기할 수 있는 장점이 있기 때문입니다.

요한계시록 주석을 맡아 저술하신 김상훈 교수님은 SBL, ETS 등 국제학회에서 연구결과를 꾸준히 발표해왔을 뿐 아니라, 국제저널 및 단행본을 통하여 연구성과를 해외에도 계속 알려온 매우 성실하고 탁월한 학자입니다. 김 교수님은 지난 수십 년간 매진한 구조분석 분야에서 타의 추종을 불허하는 경지에 도달했는데, 통찰력 있는 구조 분석을 통하여 요한계시록 연구를 한 단계 심화 발전시키는 데 기여하는 주석서를 내놓으셨습니다. 앞으로 이 주석은 요한계시록 연구와 설교를 위한 필수적인 참고 자료가 될 것입니다.

이 시리즈의 출판을 흔쾌히 수락하여 어려운 출판 환경 가운데서도 목회자들과 교회를 위한 주석서를 세상에 내놓는 수고를 감당해 주신 감은사의 이영욱 대표에게 감사를 드립니다.

궁극적으로 교회의 왕이시며 온 우주의 통치자이신 예수께 감사의 송영을 올립니다. 이 주석 시리즈도 우리의 주되신 예수께 드리는 예배의 일부입니다. 십자가의 길을 가심으로 마귀를 무너뜨리고 고난의 십자가 위에서 온 세상을 통치하시는 주 예수여, 영원토록 영광과 찬양을 받으소서. 아멘.

2022년 2월 6일

신현우

KECNT 책임 편집자

저자 서문

어릴 때부터 일제 강점기의 한국 교회는 요한계시록을 틈날 때마다 읽곤 했다는 말을 들으면서 자랐다. 답답한 현실 때문에 더욱더 새 하늘과 새 땅에 대한 소망을 가졌던 것이 한국 교회였다. 종말과 관련된 찬송을 싫어했던 일제는 관련된 찬송 부분을 먹으로 검게 칠하게 했다고 한다. 한국 교회는 먹칠해 있어도 그걸 외워 불렀단다. 그런 얘기를 자주 들었다. 전설 같은 이야기도 있다. 일제 강점기 때 어떤 분은 요한계시록을 다 암기하셨는데, 순서대로도 외우셨고, 또한 거꾸로 뒤에서부터도 통째로 암기하셨단다. 수없이 읽고 외우셨을 것이다. 그만큼 그때는 요한계시록을 많이도 사랑했던가 보다.

언제부턴가 한국 교회는 요한계시록을 가까이 하지 못하는 것 같다. 한때 요한계시록 열풍이 불기도 했으나 지금은 그 기세가 꺾인 것 같다. 시한부종말론과 같은 그릇된 주장이나 계시록과 관련된 많은 이단 때문일 것이다. 그렇게 우리 교회는 경계심의 벽을 세웠고 계시록에 대한 관심을 갖지 않게 된 것은 아니었나, 생각해 본다. 요한계시록은 우리 교회를 위한 성경이다. 우리가 그 진리의 혜택을 맘껏 누려야 할 은혜의 책이다. 등한시해도 안 되고 빼앗겨도 안 된다.

'한국 교회에 계시록을 돌려줘야 한다.' 언제부턴가 이런 생각을 했다. 목회자들과 성도들이 계시록을 너무 어렵게 생각한다. 특별한 이들만 이해하고 해석할 수 있다고 보는 것 같다. 다른 성경의 각 권처럼 계시록도 어려운 책이 아니다. 요한계시록이 그렇게 어려운 책인가? 그렇다면 아무나 해석할 수 없는 책을 왜 계시록(계시의 책)으로 주셨을까? 분명한 것은 요한계시록은 교회의 책(성서)이란 사실이다. 교회를 위해 주셨다. 이단의 전유물이 아니다. 또한 특정인만 해독할 수 있는 책이 아니다. 모든 교회가 읽고 나눠야 할 계시의 말씀이다.

오래된 고민이었다. 왜 어려울까? 또 왜 어렵게 여겼을까? 자연스럽게 해석하는 법을 놓쳤기 때문은 아닐까? 과도한 상징적 해석과 탈맥락적 이해 때문은 아닐까? '탈맥락적'이란 맥락에 근간이 되는 서사의 순서적 의미와 문법-문장적 규약을 벗어나 읽는다는 뜻이다. 계시록을 문법-문장적 정보를 고려하면서 서사적 맥락에 따라 읽어도 그렇게 어려운 것일까? 다음은 계시록 연구를 하면서 정리해 본 것이다.

첫째, 계시록은 계시의 책이지, 숨겨진 비밀의 책이 아니다. 교회에서 읽혀야 하고 들려야 하고 지켜져야 한다. 계시록의 계시적 특성은 그 뜻을 드러내는 데 있다는 것이 강조될 필요가 있다. 따라서 문법과 구조와 역사적 맥락의 이해가 중요하다. 문법은 말의 규칙이고 구조는 말의 구성(방식)이다. 비밀과 상징의 해석보다는 문법-구문-구조적 해석이 필요하다. 또한 역사적 이해는 저자와 초기 독자가 처한 역사적 상황과 배경을 이해할 수 있게 해준다. 먼저 문자-문법-구조-역사의 이해에 주력한다. 그다음 비유적 또는 상징적 의미로 보완할 수 있다. 중요한 것은 문자적(표면적) 표현을 통해 신적-저자적 의도(내적 의미)를 찾는 것이다.

둘째, 요한이 보고 들은 것을 신실하게 증언하고 있다는 것을 인정해야 한다. 요한은 "나는 보았다"(εἶδον)를 45회, "나는 들었다"(ἤκουσα)를 27회 반복한다. 요한 자신이 직접 보고 들은 것이다. 계시의 환상 중에 보고 들은 것이라 상징적 요소가 있을 수 있으나, 그 내용적 진실은 분명하다. 요한은 자신이 "본 모든 것을 증언하였다"고 했다(1:2). 바울이 다메섹에서 주님을 만난 내용을 간증할 때(행 9:1-19; 22:1-21; 26:1-23) 그 내용의 진실성을 인정할 수 있듯이, 요한이 직접 보고 들은 것 역시 인정하지 못할 것이 없다.

셋째, 더하지 않고 빼지 않는다. 이것이 계시록 해석의 열쇠다. 계시록에 없는 것을 덧붙이지 않아야 한다. 또한 있는 것은 빼지 않아야 한다. 계시록에 있는 것을 그대로 인정해야 한다. 실제 일어날 일들에 대해 알려주는 하늘의 계시로 인식해야 한다. 그래서 계시 표현의 문자-문법적 의미를 존중하며 계시 내용의 진행 순서와 흐름에 주목하고 미래에 일어날(실재할) 계시의 내용으로 읽는 것이다. 계시록에 없는 내용을 상상하여 만들어 내면 안 된다. 예컨대, 이중(두 번의) 재림, 이중 휴거 등이 그렇다. 없는 것을 새로 넣어 읽을 필요가 없다. 때로 다른 신약의 내용이 보충될 필요가 있지만, 대개는 계시록 자체에서 종말의 예언들이 서로 보충되며 서로를 풀어낼 수 있다.

넷째, 계시록은 복잡하고 난해한 책이 아니다. 쉽다고 할 순 없지만, 서사(narrative)로 된 책의 특성을 가진다. 즉, 사건의 맥락과 흐름이 있다. 서사적 상황, 전개, 흐름, 구성이 존재한다. 같은 내용의 반복된 비유들의 묶음도 아니고 몇 가지 교훈만 끌어내면 되는 우화집이 아니다. 계시록은 종말에 일어날 일들에 대한 그리스도와 하나님의 계시다. 따라서 일반 독자(성도)도 읽고 이해할 수 있는 책이다(계시의 충족성). 다른 계시의 책들(성경)과 유사하다. 특정인의 도움 없이는 읽고 이해할 수 없는 비밀 문서가 아니다. 학자의 연구는 복잡하고 치밀하게 하되, 교회의 독법은 최대한 쉬워야 한다. 진행적 흐름과 맥락에 따른 이해가 가능해야, 초대 교회 독자나 오늘날의 독자 모두가 읽고 들을 때 자연스러울 수 있다. 탈시간적 에피소드들이 일부 있으나(10장, 12장 등), 전체적인 맥락은 진행적 흐름을 가지고 있다.

다섯째, 용어의 상징성과 사건의 상징성을 구별해야 한다. 특정 사건을 표현하기 위한 용어(어구)들은 계시록의 특성상 비유-상징적인 용어로 나타날 때가 많다. 그러나 관련된 사건들을 다 상징적으로 간주할 필요는 없다. 예컨대, 짐승(13장)은 상징적이지만 악의 주체인 짐승의 존재나 그 시대가 실제로 있을 것(살후 2장의 예언에서 볼 수 있듯이)을 부인할 필요는 없다. 미래 사건의 역사적 실재를 인정할 수 있다. 재림 때에 흰 말을 타신 그리스도로 오시는 것(19:11) 역시 문자적으로 그 모습 그대로 등장하신다고 보는 것은 아니다. 그렇다고 그리스도의 재림이 영적으로 있게 된다는 뜻은 더더욱 아니지 않겠는가.

여섯째, 마태복음 24장 등 그리스도의 종말 담화는 계시록을 이해하는 열쇠가 된다. 그리스도 자신의 종말 예언이 계시록의 종말 부분을 이해하는 핵심 열쇠가 되는 것은 너무나도 당연하다. 한편, 복음서나 서신서의 종말에 대한 본문이 종말에 일어날 모든(세부적인) 것을 담고 있는 것은 아니다. 이것은 종말의 많은 사건들의 부분적(때로는 요약적) 예언이라 할 수 있다. 계시록은 부분적인 것을 풀어주고 또한 보완해 준다. 반면에 신약의 다른 예언들도 계시록을 이해하는 데 도움이 된다. 역시 구약의 예언들도 역시 그렇다. 모두 하나님의 예언된 말씀이기 때문이다. 서로 달라 보이는 것은 서로 충돌하는 것처럼 생각할 일이 아니다. 조화와 종합의 관점으로 보아야 한다. 또한 계시록이 구약이나 유대 문헌과 공유하는 부분이 있을 수 있다. 그렇지만 계시록이 이들 작품을 편집하거나 그대로 가져왔다고 보는 것은 지나친 것이다.

일곱째, 일어나지 않은 것은 아직 일어나지 않은 것이다. 계시록에는 아직 일어나지 않은 것으로 보이는 일들이 많이 기록되어 있다. 그 때문에 미래적으로 볼 필요가 있다. 그렇게 보지 않으면 많은 부분을 과장적, 우화적 묘사로 볼 수밖에 없다. 계시록은 불가해한 상징 언어 표현을 통해 독자들을 혼란과 미궁에 빠뜨리려는 신비적인 종말의 예언서가 아니다. 계시록에 쓰인 특정 현상들이 역사상 일어난 적이 없다면, 그것들은 미래적인 것이다. 과거나 현재의 것을 상징적으로 표현한 것이라 생각할 필요가 없다. 그것이 초대 교회가 계시록을 읽을 때 취한 입장이다. 미래의 것은 때로 현재에는 분명하게 형상화되지 않을 수 있다.

여덟째, 아는 것과 모르는 것, 분명한 것과 모호한 것이 있음을 인정할 필요가 있다. 계시록의 모든 내용이 명확히 알 수 있는 것이 아니다. 많은 경우, 아직 일어난 것이 아니기 때문이다. 상당히 분명한 것이 있는 반면, 다소간 모호한 것이 존재한다. 지금(현재) 모호한 것을 지금 다 알아야 하는 것은 아니다. 중요한 것은 대부분 알 수 있기 때문에 분명한 것과 알 수 있는 것을 토대로 읽어갈 수 있다. 그리고 모호한 것은 가능한 경우의 수를 생각하며 이해하려 시도할 수 있다. 이 또한 분명한 것을 토대로 가능하다. 분명한 것과 모호한 것이 섞여 있을 때는 더욱더 분명한 것(예, 문법적 사항)에 기초해야 한다.

본서는 계시록 본문에 대한 필자 자신의 구문과 구조의 연구(주해)가 중심을 차지한다. 특히 거시적-미시적 구조에 근거한 해석이 본서의 특징이 될 것이다. 또한 저자의 연구 과정과 결과에 따른 문자적-순차적-미래적 해석과 역사적 전천년설 관점이 기반이 되고 있다. 상징적 해석과 무천년설의 비중이 높아진 최근의 계시록 연구의 흐름 가운데 전통적 관점에 선 본서가 일부 보완의 역할을 할 수 있을 것이라 기대해본다.

집필 과정에서 여러 주석들과 관련 논문들이 참고되었다. 각 주석들은 각기 장점이 있다. 좋은 것은 취하고 동의할 수 없는 것은 비판하거나 제외했다. 비중 있게 참고한 것은 래드(George E. Ladd), 아우니(David E. Aune), 비일(G. K. Beale), 오스본(Grant R. Osborne)의 것이다. 래드는 건실한 역사적 전천년설에 기반한 학자다. 아우니는 다양한 역사적, 문헌적 자료를 제공한다. 상징적 해석을 하는 비일이 제시한 구약과 유대 문헌에 대한 정보는 유익하다.[1] 절충적 해석의 오스본은 비교적 균형 잡힌 논리와 자료를 제공한다. 학자들의 자료들은 필자의 논지의 보완을 위해 참고되었지만, 본서의 중심되는 주해와 논지는 독자적인 연구의 결과라 말할 수 있다.

감사한 분들이 많다. 먼저 오랜 기간 수업을 통해 피드백을 해준 귀한 제자들에게 감사하다. 이분들이 없이는 계시록 주석이 나올 수 없었을 것이다. 또한 한국 교회를 위한 숭고한 뜻과 의지를 함께 모아, 서로에게 힘이 되어준 KECNT/KECOT 편집위원들과 집필진 여러분들께 감사하다. 현실의 난관을 헤치고 미래의 소망으로 내딛을 수 있었던 것은 하나님의 은혜와 이분들의 값진 협력 때문이다. 사랑과 존경의 마음을 드린다. 특히 꼼꼼히 읽고 값진 피드백을 주신 KECNT 편집장 신현우 교수님께 감사를 드린다. 마지막으로 주석 출간에 여러모로 애써 주신 이영욱 대표님과 감은사 관계자분들의 많은 수고에 깊은 감사를 표한다. 은혜밖에 없고 감사밖에 없다.

2022년 2월 1일

초당마을에서

김상훈

1. 위의 책들 가운데 Aune와 Beale에 대한 좀 더 상세한 평가는 Koester, 2000: 110-5을 참고하라.

제4부
종말의 일들
요한계시록 7:1-19:10

제4부(7:1-19:10)는 계시록에서 가장 많은 분량을 형성한다. 많은 에피소드들이 대부분 미래에 일어날 일이라는 특성을 공유한다. 천지격동을 일으키는 여섯째 인(6:12-17)이 떼어진 이후의 일들이라는 점에서 미래적이다. 몇 가지 특징들이 있다. 첫째, 천지격동(6:12-17)이 일어난 이후(7장)부터 그리스도의 재림(19:11-21)이 있기 전까지를 그려준다. 둘째, 구원받는 이들에 대한 기사가 첫 부분(7장)과 마지막(19:1-10), 그리고 중간(14:1-5)에 나온다. 성도의 구원(추수)이 중요한 주제이기 때문이다. 셋째, 14장을 가운데 두고, 그 전 부분의 축은 일곱 나팔이고 그다음 부분의 축은 일곱 대접이다. 일곱 나팔과 일곱 대접은 기본적으로 대칭 관계를 이룬다. 넷째, 일곱 나팔 때는 세계적 재난과 교회의 고난에, 일곱 대접 때에는 보응적 재난과 짐승과 그의 추종자들의 패망에 각기 초점을 둔다. 다섯째, 일곱 나팔과 일곱 대접을 중심으로 기술하는 가운데, 구원된 이들에 관한 기사(7장, 14:1-5, 19:1-10)를 빼면, 막간 에피소드는 모두 여섯 개다. 여섯째, 이 여섯 막간들은 둘씩 짝을 이루는데, 처음의 둘(10장, 11:1-13)은 예언과 증언을,

다음의 둘(12-13장)은 용과 짐승의 세계를, 마지막 둘(17-18장)은 짐승과 바벨론의 분열과 패망을 다룬다. 일곱째, 전체적으로 두 개의 추수를 다루는데, 하나는 교회의 추수(고난 가운데의 구원)고 또 하나는 짐승과 그 추종자들의 추수(보응과 패망)다. 중간에 위치한 14:6-20은 바로 두 추수에 대한 선언(manifesto)이자 요약이다.

第13장
요한계시록 7:1-17[1]
구원받는 이들

7장은 6장과 소재나 주제가 연속되게 보이지 않는다. 독자는 여섯째 인 다음에는 일곱째 인이 있을 것을 기대할 것이다. 그런데 갑자기 7장의 사건이 나온다.[2] 그런 점에서 불연속성이 있다. 그러나 한편, 7장에는 6장과 연속되는 점도 적지 않다. 첫째, 재앙이다. 이마에 인을 칠 때까지 "땅과 바다와 나무들을 해하지 말라"(7:3)고 하는데 이것은 인의 재앙(또는 그 진행과 결과)이 지속되고 있음을 보여준다. 둘째, '인'이다. 6장에서 두루마리의 인을 하나씩 떼는 것으로 인의 재앙이 시작됐다. 7장은 144,000명에게 인을 치는 작업이 진행되고 있음을 보여준다. 다른 종류의 인이지만, '인'(σφραγίς 또한 동사 σφραγίζω[인치다])이라는 용어가 같다는 점이 주목된다. 한편은 인을 떼는 장면이고(6장) 다른 한편은 인을 치는 장면이다(7장). 셋째, "큰 환난에서 나오는 자들"(14절)에 대한 언급은 어느 정도 6장과의 연속성이 있음을 보여준다. 큰 환난은 네 인(특히 죽음과 관련된 넷째 인)과 관련이

1. 이 부분의 일부는 김상훈, 2022: 9-37에서 발췌, 활용하였다.
2. Istrate는 7장의 경우를 '여담'(digression)이라 칭했다. 그는 문맥에서 벗어난 여담은 수사적 목적을 위해 중요한 역할을 하는 문학 기술이라 했다(Istrate, 386). 반면에 Smalley는 여담이라는 명칭 대신에 '막간'(interlude)이라 불러야 한다고 했다(Smalley, 177).

있을 수 있고, 또한 순교자들에 대해 기록하는 다섯째 인 부분과 성도들의 박해(고난)라는 점에서 주제적 연속성을 지닌다. 그리고 여섯째 인에 관련된 천지격동의 일들 또한 교회 박해의 배경이 될 수 있다. 큰 환난은 그때부터 이미 시작된 것이라고 볼 수 있다. 넷째, 7장은 6장 마지막 절(17절)의 "누가 설 수 있겠는가?"의 질문에 대한 답변일 수 있다(Beale, 1999: 405; Osborne, 2002: 301). 7장은 아무도 그 앞에 설 수 없으나 오직 성도들만 그 앞에 서는 것이 가능하다는 것을 보여준다. 온갖 재앙 속에서 과연 이길 자들이 누가 될지 알려준다. 승리한 성도들이 보좌 앞에 '서 있다'(7:9). 다섯째, 7장은 6장의 첫째-여섯째 인과 8장(1-5절)의 일곱째 인의 사이에 위치한 막간으로서 위치상 여섯째 인 및 일곱째 인(일곱 나팔을 견인하는)과 관련이 있다고 볼 수 있다.

7장은 크게 두 부분(1-8절; 9-17절), 또는 네 부분(1-3절; 4-8절; 9-12절; 13-17절)으로 나뉜다. 두 부분으로 보면, 네 천사와 144,000명(1-8절), 하늘의 셀 수 없는 무리(9-17절)로 나뉜다. 네 부분으로 나누면 평행법 구조가 보인다. 첫째 본문(1-3절)은 요한이 보게 된("나는 보았다", '에이돈') 네 천사와 다른 천사에 대한 것이다.[3] "나는 보았다"가 두 번 반복된다(1, 2절). 그들이 무엇을 하는지 보여준다. 둘째 본문(4-8절)은 천사의 인침을 받는 자들의 정체성, 즉 이들이 이스라엘 각 지파 중에서 인침을 받은 자들임을 말해준다. 셋째 본문(9-12절)은 다시 요한의 "나는 보았다"로 시작하는데 요한이 본, 흰 옷을 입은 많은 무리들이 하는 일, 즉 이들이 찬양과 경배를 하고 있음을 보여준다. 넷째 본문(13-17절)은 이들 흰 옷을 입은 자들(큰 환난

---

3. 천사의 출현(angelophanies)에 대해 Aune는 두 가지의 문학 형식으로 구분한다(Aune, 1998a: 434-5). 천사적 행동(angelic action, 7:1; 8:2; 15:1; 20:1-3)과 천사적 발언(angelic speech, 7:2-3; 10:1-7; 14:6-7, 8, 9-11, 14-16, 18-20; 18:1-3; 19:17-18)이다. 그런데 천사적 행동에서 10장(예, 1-2, 5절)을 제외하는 이유는 불분명하다.

에서 나온 이들)이 어떤 자들(정체성)이고 어떤 약속을 받을지 알려준다. 평행적 구성(AB-A′B′)이다.[4]

A. 요한이 본 천사들(1-3절)

B. 인침을 받는 자들은 누구인가?(4-8절)

A′. 요한이 본 무리들(9-12절)

B′. 흰 옷 입은(구원받은) 자들은 누구인가?(13-17절)

1-3절과 9-12절은 형식(패턴)이 비슷하다. 첫째, 시작하는 부분이 "이 일(1절, "일들"은 9절) 후에 나는 보았다"로 시작한다. 둘째, abc-a′b′c′ 패턴이다(뒤의 1-3절과 9-12절 구조 분석 참조). 셋째, 이 부분에만 천사들이 등장한다(1-2, 11절). 넷째, 큰 소리로 부르짖는 장면이 나온다(2, 10절). 한편, 4-8절과 13-17절이 각각 인침 받은 자들과 흰 옷 입은 자들의 정체성을 드러내고 있는 점이 흥미롭다.

A. 요한계시록 7:1-8 (네 천사, 144,000명)

1-8절 가운데 1-3절은 자체의 평행적 형식을 가진다. 1절과 2절 초두에 "나는 보았다"로 시작하여, 한 번은 네 천사의 행동(1절)에 초점을 맞추고, 그다음에는 다른 천사의 행동(2-3절)에 초점을 맞춘다. 모두 다섯 천사가 등장한다. 네 천사는 사방의 바람을 붙잡고 있다. 반면에 다른(제5의) 천사

4. AB-A′B′의 평행 구조이면서 한편으로 AA′-BB′의 이중 배열로도 볼 수 있다. 앞의 두 소단락(1-3절과 4-8절)은 인침 받는 일과 관련해서(A와 A′) 보며, 그리고 그다음 두 소단락(9-12절과 13-17절)은 하늘의 무리에 대해서(B와 B′)로 보는 것이다.

는 때가 될 때까지 계속 붙잡고 있을 것을 요구한다.

a. 이 일(들) 후에 나는 보았다(1a절).

b. 네 천사를- 서 있다, (바람 불지 못하게) 붙잡고 있다

\- 땅, 바다, 나무(1b절).

c. 목적- 바람이 불지 못하게(1c절)

a′. 그리고 나는 보았다(2a절).

b′. 다른 천사를- 올라온다, (인을) 가지고 있다, 외쳤다(2b절).

c′. 목적: '인칠 때까지 해치지 말라'- 땅, 바다, 나무(3절).

번역

1 이 일 후에 나는 네 천사가 땅의 네 모퉁이에 서서 땅의 네(사방의) 바람을
붙잡고 있는 것을 보았다. 땅 위에나 바다 위에나 모든 나무 위에 바람이 불
지 못하게 하고 있었다. **2** 또 해 돋는 데에서 올라오고 있는 다른 천사를 나
는 보았다. 그는 살아 계신 하나님의 인을 가지고 있었다. 그가 땅과 바다를
해롭게 하는 권세가 주어진 네 천사들에게 큰 소리로 외치며 **3** 말하였다.
"우리 하나님의 종들의 이마에 인칠 때까지 땅이나 바다나 나무들을 해치지
말라." **4** 그리고 나는 인을 받은 자들의 수를 들었다. 이스라엘 자손의 모든
지파 가운데 십사만 사천 명이 인을 받은 자들이다. **5** 유다 지파에서 만 이
천 명이 인을 받은 자들이다. 르우벤 지파에서 만 이천 명, 갓 지파에서 만 이
천 명, **6** 아셀 지파에서 만 이천 명, 납달리 지파에서 만 이천 명, 므낫세 지
파에서 만 이천 명, **7** 시므온 지파에서 만 이천 명, 레위 지파에서 만 이천 명,
잇사갈 지파에서 만 이천 명, **8** 스불론 지파에서 만 이천 명, 요셉 지파에서
만 이천 명, 베냐민 지파에서 만 이천 명이 인을 받은 자들이다.

주해

1절 (네 천사) 여섯째 인(6:12-17)과 일곱째 인(8:1-5) 사이의 일이다. "이 일 후에"(1절)는 7장이 전 장(6장, 여섯 인)의 후속 내용이 된다는 뜻이다.[5] 7장의 내용은 여섯째 인이 떼어진 후에 일어난 일이다. 요한은 바람을 주관하는 네 천사를 보게 된다(1절). "네 천사"에 대해 비일은 6장의 네 말과 스가랴 6:1-8의 말 탄 자 모두를 동일하다고 간주하지만(Beale, 1999: 406), "네 천사"에 정관사가 없는 것은 그들이 6장에서 언급된 네 말을 탄 자들이 아니란 뜻일 가능성이 높다. 네 천사가 땅의 네 모퉁이에 '서' 있는 것은 동서남북, 사방에서 부는 바람(단 7:2, 하늘의 네 바람; 렘 49:36, 하늘의 네 곳에서 부는 네 바람; 참고, 슥 6:1-8)을 제어하기 위해서다. 땅의 네 모퉁이(γωνία)는 전 세계(지구 전체)의 네 방위를 가리키는 용어다(사 11:12, '땅의 네 날개'; 렘 49:36, '하늘의 네 끝'; 계 20:8, '땅의 네 모퉁이[사방]').[6] 현재

---

5. Beale은 1절의 '메따 뚜또'(이 일 후에)가 6장의 인 사건 다음에 일어날 일들과 관련하여 말하는 것이 아니라, 요한이 본 환상의 순서에 관하여 말할 뿐이라 생각한다(Beale, 1999: 406). 7장을 6장의 보충(6:17의 "누가 설 수 있겠는가?"의 답변)으로 보기 때문이다. 물론 이처럼 '메따 뚜또'(이후에)를 요한이 본 환상의 순서를 가리키는 용어로 볼 수 있다. 7장이 6:17 질문에 대한 답변일 수 있다는 점도 인정된다. 그렇다고 해서 7장이 미래에 일어날 일이 아니라고 할 수는 없다. 7:3의 '땅과 바다와 나무'를 해치는 일은 인 재앙보다는 나팔과 대접 재앙에서 나타난다는 점을 주목하자(2-3절의 주석을 보라). 7장은 6장과 연관되면서 동시에 다음 사건(8-9장의 일곱째 인과 나팔 재앙)으로 이끌어 가는 역할도 한다. 7장에는 6장과도, 그리고 8-9장과도 시간적으로 중첩되는 부분이 있을 수 있다. 7:1-8의 144,000명의 인침이 이뤄진 후 또는 인침이 이뤄지면서 8-9장의 나팔 재앙(첫째, 둘째 나팔과 관련하여 땅과 바다와 나무를 해치는 일)이 있을 것이고 7:9-17에서 언급되는 흰 옷 입은 많은 무리는 6장의 여섯째 인 및 9장의 나팔 재앙이 있을 때의 환난에서 계속 등장하게 된다고 할 수 있다.
6. 네 천사와 관련된 네 모퉁이, 네 바람은 비유적인 용어다. 세계 전체와 관련된 환난과 재난의 바람을 비유적으로 가리킨다. 이 비유적 용어들이 지구가 평평함을 뜻하

완료 분사 "서서/서 있으며"(ἑστῶτας)는 그들이 이 일(임무)을 계속해 왔다는 것을 암시하는 것일 수도 있고 단지 그들이 서 있는 상태를 뜻하는 것일 수도 있다. "붙잡고 있는 (것)"(κρατοῦντας)은 '힘 있게 제어하다'(κρατέω)의 현재 분사형으로 힘(능력)을 뜻하는 '끄라또스'(κράτος)에서 온 단어다. 그들이 사방의 바람을 붙잡는 일을 하고 있다. 하늘의 네 곳에서 나오는 네 바람은 환난과 재난을 가져오는 강력한 바람이다. 때로는 국지적으로 때로는 세계적으로 부는 재난의 바람일 것이다.

"불지 못하게"는 목적의 접속사 '히나'(ἵνα)에 부정어 '메'(μὴ)와 가정법 현재형 동사 '쁘네에'(πνέῃ)를 사용되어, 지속하여 불지 못하게 한다는 의미를 갖는다. 네 천사가 사방의 바람이 불지 못하게 붙잡고 있는 것은 아직은 더 심한 재앙이 일어나지 않게 조절하고 있는 것이거나 또는 그런 재앙의 세기와 정도를 조절하고 있는 중이라는 뜻으로 이해된다. 네 바람이 통제되고 있다. 아직은 제한적인 바람인 것이다. 즉, 여섯 인의 재앙으로 세상에 임하게 될 재앙이 모두 끝난 것이 아니란 의미다. 아직 다른 재앙, 더 심하고 강한 재앙들이 남아 있다.

네 천사들이 동서남북의 네 바람이 부는 것을 제어하여 "땅 위와 바다 위와 모든 나무 위에" 불지 못하게 하고 있었다(1절). 땅과 바다와 나무 위에 바람이 불지 못하게 땅의 네 바람을 붙잡고 있다는 것은 앞으로 임할 재앙이 특히(또는 먼저) 땅과 바다와 나무에 대한 것이 될 것을 알려주는 정보다.[7] 땅의 네 바람에 대한 제어가 풀려 땅과 바다와 나무 위에 불게 되면

는 것은 물론 아니다(Carter, 132-3). 네 천사는 실체지만 네 모퉁이, 네 바람은 비유적 표지(sign)다(참고, Carter, 150).

7. 네 천사가 땅이나 바다나 나무를 해치지 못하게 네 바람을 붙잡고 있음이 6장의 말 탄 자들의 첫째-넷째 인의 재앙이 미치지 못하게 하고 있음을 뜻한다(Beale, 1999: 407)고 볼 필요는 없다. '땅과 바다와 나무'의 재앙은 나팔 및 대접 재앙과 관련된다(2-3절의 주석을 보라). 인과 나팔과 대접을 순환적인 것으로 간주하기 때문에(예,

땅과 바다와 나무는 심각한 재해를 받게 될 것이다. 이 바람은 지중해 지역의 열대성 사이클론이나 태평양과 대서양 연안에 주로 출몰하는 허리케인 같은 것을 연상하게 한다. '땅과 바다와 나무'는 3절에 다시 나온다. 이런 바람으로 상징되는 재난의 움직임을 네 천사가 제어하고 있다.

다시 말해, 이것은 여섯째 인으로 모든 재앙이 마무리된 것이 아님을 알려준다. 여섯째 인의 천지격동은 종말의 끝날들이 시작됐다는 표식의 한시적인 사건이 될 것이고 그 후에 연속된 또 다른 재앙들이 나타날 것을 알려주는 목적을 지닌다고 생각된다. 아직 세상이 끝난 것이 아니다. 이런 인 재앙들의 다음에는 나팔과 대접 재앙이 올 것이다.

2-3절 (다른 천사) 네 천사가 네 바람을 제어하고 있는 동안 다른 한 천사가 해 돋는 동쪽에서 올라오고 있다(2절).[8] 현재 분사 '아나바이논따'(ἀναβαίνοντα, 올라오는)는 천사가 동쪽에서 올라오고 있는 모습을 생생하게 전달한다(참조, 겔 43:2). 살아계신 하나님의 인을 가지고 있는 천사다. "살아계신"(ζῶντος)을 강조하는 것은 하나님께서 언제나(지금도) 그의 모든 일을 직접 관장하시는 감독자가 되시기 때문이다. 동쪽에서 올라온 천사는 하늘의 네 바람을 통제하고 있는 네 천사에게 큰 소리로 외친다. 천사는 그들에게 전할 말을 가지고 있다.

동쪽에서 올라온 천사가 네 천사에게 명한 것은 땅과 바다와 나무를 해치지 말라는 것이었다(3절). 이 명령은 물론 한시적인 것이다. 아직 정해진 때가 되지 않았기 때문이다. 그때는 특정 집단(144,000명)의 이마에 인을

Beale, 1999: 407) 이런 해석적 문제가 생긴다.

8. "해 돋는 동쪽"(ἀνατολὴ ἡλίου, 해가 오르는 곳)은 요한이 있던 밧모섬에서 볼 때 유대(팔레스타인) 부근이나 인도 또는 동아시아가 될 것 같다. 고대에 소아시아 지역을 '아나똘레'(동쪽)라 불렀는데 그 이유는 그리스(헬라)에서 볼 때 소아시아가 동쪽이기 때문이다. 고대 소아시아 지역은 본토 헬라를 떠난 헬라인들의 오래된 거주(정착)지(ἀποικία; *colonia*[Latin])였다.

치고 있어야 할 때다. 그들은 "우리 하나님의 종들"(3절)로 일컬어진다. 특별히 선택된 하나님의 소유란 뜻이다. 하나님의 보호와 이끎을 받는 이들이다. 인을 치기 위해 역사의 특정 시간(또는 사건)이 연기된다. 이마에 인을 받는 이들의 수가 어느 정도 차기를 기다린다. 그때까지는 상당한 재해가 연기된다.

그런데 2절과 3절에서 나오는 '땅과 바다와 나무'를 해하는 재앙은 어떤 것일까? 6장의 여섯 인 재앙, 특히 여섯째 인의 재앙과 다른 것일까? 실제로 인의 여섯 가지 재앙(6장)의 내용 가운데 '땅과 바다와 나무'에 대해 직접적인 타격을 가하는 것은 없다. 물론 천지격동의 여섯째 인(6:12-17)에서 첫 번째의 큰 지진(6:12)과 여섯 번째의 움직인 산과 섬(6:14)은 땅 그리고 바다와 어느 정도 관련이 있다. 그렇지만 첫째 나팔과 관련하여 땅의 1/3이 타는 것(8:7)과 둘째 나팔과 관련하여 바다의 1/3이 피가 되고 바다 가운데 생명계의 1/3이 죽고 배의 1/3이 파괴되는 것(8:8-9)보다는 직접적이지 않다. 나무에 대해서는 첫째 나팔 재앙에서 나무(수목)의 1/3이 타버리는 일(8:7)이 일어난다. 또 대접 재앙의 첫째가 땅의 재앙이고(16:2) 둘째 대접에서 바다의 모든 생물이 죽는 일이 일어난다(16:3). 이처럼 '땅과 바다와 나무'에 대한 재앙은 일곱 나팔과 일곱 대접 때에 나타난다.[9] '땅과 바다와 나무'를 해하지 말라는 천사의 명령(3절)은 아직 이와 관련된 재앙들이 오지 않았다는 뜻이다. 그러니까 '땅과 바다와 나무'를 해하지 말라는 말

---

9. '땅과 바다와 나무'는 "땅 위에 거하는 자들"(6:10)을 상징적으로 표현한 것이라고 해석한 Beale은 7:1-3의 시간대가 6:1-8의 시간보다 앞서야 한다고 주장한다(Beale, 1999: 407). 그래야 땅 위의 사람들이 해를 받는 일이 없으므로 모순이 일어나지 않는다고 생각한다(Beale, 1999: 408). 이것은 지나친 상징적 해석으로 인하여 본문의 순서와 문맥의 흐름을 고려하지 않는 주관적인 견해라 할 수 있다. 인침의 일은 네 인의 때에나 그 이후에는 일어날 수 없는 것일까. '땅과 바다와 나무'는 그 표현 그대로 뒤에 올 나팔과 대접 재앙과 연관해서 보면 쉽게 이해되지 않을까?

(7:3)은 인의 재앙으로 재앙이 다 끝난 것이 아니고 앞으로 더 큰 재앙들이 남아 있다는 것을 말해 줄 뿐 아니라, 하나님의 섭리에 따라 재앙의 종류와 재앙의 때를 조절하고 있음을 알려준다.

이마에 인을 치는 낙인은 하나님께 속한 자라는 표식이다(참조, 겔 9:4). 하나님의 자산이라는 뜻이다. 이 인은 어린 양과 아버지의 이름이 새겨진 인일 것이다(14:1). 후에 하나님의 인을 맞지 않은 사람만 해하는 메뚜기 재앙도 있을 것이다(9:3-4). 이는 다섯째 나팔의 재앙이다. 그런데 짐승이 주는 표도 이마에 받는다(13:16; 14:9; 20:4). 결국 계시록에는 하나님의 인(σφραγίς)과 짐승의 표(χάραγμα)의 대조가 나타난다. 이러한 대조가 강조하는 것은 누구에게 속한 자냐(하나님이냐, 짐승이냐?)라는 물음이다.[10] 하나님의 종들의 이마에 인을 칠 때까지 '땅과 바다와 나무'를 해하는 재앙이 보류된다. 즉, 그때(인을 칠 때)까지는 나팔과 대접 재앙이 있지 않을 것이라는 뜻이 된다.[11]

---

10. 뒤에 나오는 144,000명만이 하나님의 인을 받는 자들인가? 만일 144,000명이 뒤의 9절 이하의 "셀 수 없는 많은 무리"와 동일한 자들이라면 144,000명만이 인을 받는 것으로 볼 수 있다(뒤의 해설을 참고하라). 그러나 이 둘이 다르다면, 1-8절은 인(인침)을 강조하고(예컨대, 2, 3, 4-8절), 반면에 9-17절은 구원(10절)과 죄 사함(14절), 영생(17절)을 강조한다고 볼 수 있다. 그런데 하나님의 인과 구원-죄 사함-영생은 같은 의미의 다른 표현이다.

11. 천사들이 인을 치는 일을 다 마친 다음에야 나팔과 대접 재앙이 오는 것은 아닌 것 같다. 나팔 재앙(8-9장)과 짐승의 박해 시대(13장)가 끝난 다음에야 14장에 144,000명이 다시 등장하는 것은 인 재앙(6장)의 때부터 나팔 재앙(8-9장)의 때에 이르기까지 계속하여 인치는 작업이 진행된다는 것을 암시하는 것이다. 인치는 일을 위해 특정 재앙들이 연기된다는 뜻이지, 인침을 받는 자들이 그 특정 재앙(특히 나팔 재앙)에서 면제된다는 뜻이 아니다(참고, R. Thomas, 1992: 471, 475). Beale은 144,000명이 유대인이라면, 유대인들만 환난에서 보호되는 것이냐고 문제를 제기한다(Beale, 1999: 413-4). 그러나 이것은 그의 오해이다. 하나님의 구원은 영원 전에 결정됐다(엡 1:4-5). 144,000명을 인치는 일은 하나님의 섭리로 유대인들의 회심(그리스도 신앙)이 역사적으로(실제로) 일어나게 될 사건(롬 11:23-26)을 가리킬 뿐이다.

4절 (인을 받은 자들, 십사만 사천 명) 요한은 인을 받은 자의 수를 듣게 된다(4절). 요한은 그 수의 집단을 직접 본 것은 아니다. 그 수를 들은 것이다("나는 들었다"). 그 집단을 직접 보게 된 것의 기록은 14장(14:1, "나는 보았다")에서야 나온다. 또 요한이 그들의 수를 들었다는 것 때문에 이들이 7장의 때에 이미 인을 다 받은 것으로 이해할 필요는 없다. 144,000명은 인을 치는 일이 모두 마친(완료된) 후, 하나님의 인을 받은 이들의 수의 합을 가리킨다. 이들 모두 "인을 받은 자들"(현재완료 분사 ἐσφραγισμένοι)이라는 이름으로 불린다. 인 받은 자들이 완성된 때의 수를 가리킨다. 그런데 이들은 모두 이스라엘 자손의 각 지파(φυλή)에서 나온다.[12] 이스라엘의 각 지파마다 12,000명인데 열두 지파이므로 모두 144,000명이 된다.[13]

이들은 유대인들의 수일 것이다. 그렇기 때문에 이스라엘 자손(들)의 각 지파가 각기 12,000명씩 수에 들어갔다. 12,000명을 12 x 1,000으로 보는 것이 자연스럽다. 1,000은 충족된 수로 볼 수 있다. 그러나 이 경우 열둘이 신약의 열두 사도를 가리키는 말이라는 것은 본문의 지지를 받고 있지

---

12. 각 지파에서 일부분이 나온다는 의미로 전치사 '에끄'(ἐκ, from)가 사용된다. '에끄' + 소유격은 전체의 부분을 가리킬 때 사용된다(L&N, 63.20). '에끄'가 전체 지파에 대해 한 번(7:4), 각 지파와 관련해서 12번(5, 6, 7, 8절 각 3회씩) 나타난다. Aune는 '에끄'의 용법을 볼 때, 이스라엘(모든 지파)이 모든 그리스도인을 가리킬 수 없다고 생각한다. 전체 그리스도인 가운데 일부(144,000명)만 인을 받을 수는 없기 때문이다(Aune, 1998a: 455; 참고, Smalley, 184-5).
13. 문제는 이스라엘 지파가 육적 이스라엘, 즉 유대인들의 수를 가리키는 것인지, 영적 이스라엘, 즉 예수를 믿는 모든 자들을 가리키는지, 또는 이 둘을 모두 포함하는지 분명하지 않다는 것이다. '필레'(φυλή)는 주로 혈연적 집단(지파)을 가리키지만 (L&N, 10.2) 때로는 어떤 나라를 가리키기도 한다(L&N, 11.56). '빠스'(πᾶς, '각-each', '모든-every')와 함께 복수로 쓰일 때는 열방(모든 족속)을 가리킨다. 예컨대 마 24:30, '땅의 모든 족속'; 계 1:7, '땅의 모든 족속'; 11:9, '백성과 족속과 언어들과 열방 가운데' 등이다. 그런데 '필레'(족속)가 '빠스'와 함께 단수로 쓰이면 '각 족속'(계 13:7; 14:6)이라는 의미로 쓰인다.

않다.[14] 12와 1,000을 함께 보는 것이 좋을 것 같다. 이때 12를 완전수로 보고, 1,000은 충족수로 볼 수 있다. 그래서 각 지파 가운데 12,000명씩 인을 받는다. 물론 문자적으로 12,000명만이라는 뜻은 아닐 것이다. 12,000은 각 지파에서 인 받는 자의 충분하고 완전한 수를 가리키는 상징적인 수일 것이다. 하나님의 섭리(계획) 가운데 각 지파에서 인을 받는 이들이 충분히, 또 정해진 수만큼 나올 것이라는 뜻이다.

9절에 나오는 하늘에 있는 "셀 수 없는 많은 무리"는 "모든 민족과 종족과 백성과 방언에서 나온 이들"이므로 당연히 성도들을 가리킨다. 반면에 4절의 수는 유대인들의 수로 보는 것이 자연스럽다(이에 대한 논증은 뒤의 해설을 보라). 그렇다고 해도 구약과 신약과 미래에 있을 모든 유대인들의 수를 다 합한, 구원받는 유대인들의 총수라 할 필요는 없다. 미래, 종말의 특정한 때에 인침을 받을 유대인들의 총수로 보는 것만으로도 충분하다.

5-8절 (열두 지파 144,000명) 유다 지파, 르우벤 지파, 갓 지파, 아셀 지파, 납달리 지파, 므낫세 지파, 시므온 지파, 레위 지파, 잇사갈 지파, 스불론 지파, 요셉 지파, 베냐민 지파, 각 지파에서 12,000명씩 하여 모두 144,000명이다.[15]

---

14. 즉, 144,000명을 12 x 12 x 1,000으로 보는 것인데, 두 번째의 12가 신약의 12(열두 사도)인지, 각 지파의 완전수를 가리키는 것인지에 대해 견해가 나뉜다. 앞의 12가 이스라엘의 각 지파라는 것은 본문이 가르쳐준다(7:4). 반면에 두 번째의 12가 신약의 12사도를 상징한다는 것은 추정일 뿐이지 본문 자체의 지지가 없다. 만일 144,000이 12 x 12 x 1,000을 가리키려 하는 것이라면 저자는 그에 따른 언어적 정보를 본문에 제시했을 것이다. 그러나 그렇지 않다. 12 x 12,000으로 제시한다. 즉, 144,000 = 12 x 12 x 1,000이 아니라 12 x 12,000 또는 12 x (12 x 1,000)인 것이다. 144,000 수의 산출 결과는 같으나 구성 요소(산출식)가 다르다.
15. Bauckham은 3-8절의 144,000명이 그리스도의 군대라고 주장한다(Bauckham 1991: 103-5; 1993a: 215-29, 특히 216; 또한 Boring, 1989: 129-32; Beale, 1999: 422; Mangina, 111-2; Pattemore, 138-41). 그는 이러한 주장의 근거로 첫째, 5장에서의 그리스도에 대한 두 가지 이미지 즉, 사자 이미지(5:5)와 어린 양 이미지(5:6)가 각기

이스라엘의 열두 지파 가운데 에브라임 지파 대신에 요셉 지파가 들어갔다. 요셉의 두 아들이 므낫세와 에브라임이고 둘 다 이스라엘의 지파 분류에 들어가, 므낫세 지파, 에브라임 지파로 구분되는데 계시록에 열거된 지파에는 에브라임이 빠지고 그 대신 요셉 지파가 들어가 있다. 또한 단 지파가 빠지고 대신 레위 지파가 들어가 있다. 에브라임 대신에 요셉이 들어간 것은 에브라임 지파를 요셉 지파로 명명한 것으로 특이한 점은 없다고 할 수 있으나, 단 지파가 빠지고 레위 지파로 대체된 것은 이 명단의 주목할 만한 특징이라 할 수 있다.[16]

땅의 지분을 받지 못하고 제사장적 임무를 맡던 레위 지파(신 10:9; 12:12; 14:27, 29; 18:1; 수 14:4; 18:7)였으나 하나님의 인을 받는 일에는 제

7:1-8의 메시아 군대, 7:9-17의 어린 양의 무리로 평행적으로 사용됐음을 언급한다(Bauckham 1993a: 216, 221, 229). 그러나 사자 이미지가 한 절에만 나오는 반면, 어린 양의 이미지는 5-6장(또는 그 이상) 전체에 반복되고 주도하는 훨씬 비중 있는 이미지라는 점을 고려하지 않았다. 반면에 7장에서 1-8절과 9-17절은 비슷한 분량의 균형을 이룬다. 사자와 어린 양의 이미지로 평행적 구성을 하고 있다고 하기에 상당히 어색하다. 둘째, Bauckham은 구약에서 인구조사는 늘 군사력 측정과 관련이 있다고 지적한다(민 1장; 26장; 대상 27:23-24; 삼하 24:1-9; Bauckham, 1993a: 217, 219; Beale, 1999: 422-3). Osborne도 144,000명이 그리스도의 재림을 위한 군대로 여기고 용의 전쟁(17:14)에 참여하는 목적을 가진다고 생각한다(Osborne, 2002: 313-5; 참고, Boring, 1989: 131; Beale, 1999: 425). 그러나 계시록 7장의 이스라엘과 12지파의 특색(또는 용어)과 그리스도 군대에 대한 묘사(17:14; 19:14, 19)에는 주목할 만한 군사용어적 연계성이 발견되지 않는다. 또한 구약의 인구 조사와 계 7:1-8의 인침 사건의 차이점 또한 분명하다. 민수기의 인구조사는 전쟁 가용 인구와 직접 관계된다. "싸움[전쟁]에 나갈 만한 모든 자"(כָּל־יֹצֵא צָבָא)라는 어구가 민수기 인구조사에서 반복된다(1:3, 20, 22, 24, 26, 28, 30, 32, 34, 36, 38, 40, 42, 45; 26:2). 사무엘하에도 "칼을 빼는 담대한 자(힘의 사람)"(אִישׁ־חַיִל שֹׁלֵף חֶרֶב)가 24:9에 기록된다. 군사 용어들('군사령관', 삼하 24:2, 4)도 주목할 필요가 있다. 반면에 계 7:1-8에는 아무런 군사(군대) 용어적 암시나 흔적이 없다. White는 계시록 7장의 인침이 구약의 인구 조사와 다르며 그보다는 겔 9장의 인침과 관련된다는 견해를 밝힌다(J. White, 193-7).

16. 열두 지파의 출현 순서에 대한 논의는 Valdez, 20-28을 참고하라.

외될 수 없다. 기존의 열두 지파에서 제외된 레위 지파를 새롭게 넣게 될 때 므낫세 지파와 에브라임 지파를 묶어 요셉 지파로 간주한다면 단 지파를 굳이 뺄 필요가 없을 것이다. 그런데도 단 지파를 빼놓은 것은 단 지파를 탈락시킨 이유가 있기 때문일 것이다.

그렇다면 왜 단 지파를 제외하는 것일까? 첫째, 단 지파 자체의 문제가 있을 수 있다. 여러 학자들이 제안하고 있는 것처럼 단 지파는 이스라엘의 우상숭배와 관련된 문제가 컸다(예, 삿 18:30). 그 때문일 수 있다. 둘째, 이 명단이 구약의 성도들을 지칭하는 것이라면 그래도 단 지파를 빼는 것은 정당하지 않다. 이스라엘의 우상숭배 이전의 단 지파(그때의 하나님 백성)를 배제할 수 없기 때문이다. 셋째, 그렇다면 이 명단은 구약 시대에 구원받은 자(인침 받은 이)들의 명단이 아닐 것이다. 이들 지파의 명단은 오히려 신약 시대, 또는 마지막 때 구원받는 자들의 명단일 것이다. 만일 구약의 구원받은 자들을 다 포함하는 명단이라면, 단 지파는 레위 지파에 포함(흡수)될 것 같다. 넷째, 특히 이들 인침 받은 이들이 모든 성도들을 가리키는 말이 아니라, 유대인들을 제한하여 지칭하는 표현이라면 더욱 그러할 것이다.

4절의 "이스라엘 자손(들)"이라는 표현 가운데 '이스라엘'이라는 이름은 계시록에서 오직 유대인들에 대해 쓰인다(2:14; 7:4; 21:12). 영적 이스라엘로 쓰인 예가 없다. 2:14("이스라엘의 자손들"이 나온다)은 구약 이스라엘의 발람 사건에 대해 말해주고 있고 21:12의 "이스라엘의 열두 지파"는 21:14의 '어린 양의 열두 사도"와 대비되는 것으로서 이스라엘(유대인들)과 관련된다.[17]

---

17. Osborne은 이들이 문자적 의미의 유대인들이 아니라고 하면서, 포로기에 대부분의 지파가 소멸됐고 요한 시대에는 유대인들의 지파 구분이 무의미해졌음을 근거로 든다(Osborne, 2002: 302-3, 311-2, 419). 일리가 있다. 그러나 지파적 구분이 유대인

4절의 "이스라엘 자손(들)"은 미래에 구원받을 유대인들을 가리킬 가능성이 높다. 종말에 있게 될 유대인들의 구원에 대해서는 바울 자신이 기대한 바 있다(롬 11:12, 15, 23-27).[18] 모든 그리스도인들은 인침 받은 이들이다(고후 1:22; 엡 1:13; 4:30; 계 9:4). 그러나 여기서는 모든 성도를 가리키는 말로 볼 필요가 없다. 모든 성도 집합체의 한 부분인, 마지막 때의 유대인들의 회복에 대한 말씀으로 이해된다. 바울이 그토록 믿었고 간절히 소원했던 동족 유대인들의 구원의 때다(특히 롬 11:25-26).[19]

(사람)에게 의미가 약해졌겠지만, 하나님께도 그렇다고 볼 수는 없지 않을까? 계시록에는 유대인들을 따로 부각하는 표현이 더 있다. 14:1-5도 두 집단이 언급되는 본문으로 볼 수 있다(14:1-5의 주해 참고). 어린 양과 함께 유대인의 성지 '시온산'에 서 있는 집단(144,000명)은 이들이 유대인일 가능성을 높여준다. 4:4의 이십사 장로는 구약과 신약의 대표자들일 가능성이 높다(4:4 주해 참고). 계 21:12-14에 의하면 새 예루살렘에서 열두 문과 열두 기초석에 이들 이십사 장로의 이름이 각기 기록된다. 열두 지파 족장은 유대인들(옛 이스라엘과 유대인)을 대표하고 열두 사도는 새 이스라엘인 교회를 상징한다고 보는 것이 자연스럽다. 계시록에는 '이스라엘'이 세 번 사용된다(2:14; 7:4; 21:12). 어느 경우도 신약의 교회를 가리키는 말로 사용됐다고 하기 어렵다(Beale, 1999: 420에 대한 비판). 이스라엘 회복에 대한 예언과 약속은 구약에서 반복되는 주제다(예, 사 11:11-16; 49:5-6; 렘 31:1-14; 겔 37:15-28). Aune는 당대의 유대인들에게 열두 지파 회복에 대한 종말론적 기대와 소망이 상당하였다고 소개한다(Aune, 1998a: 460-1; 또한 J. White, 185-204; 참고, Oecumenius와 *Andrew of Caesarea*, 34-35, 139).

18. Ladd는 바울이 미래에 있을 유대인들의 회심에 대해 말한 것이라 단정한다(Ladd, 1959: 118-21). Ladd는 롬 11:26의 "온 이스라엘이 구원을 받으리라"와 눅 21:24, "예루살렘은 이방인의 때가 차기까지 이방인들에게 밟히리라"는 말씀이 종말에 유대인 구원으로 성취될 것이라고 본다(Ladd, 1959: 120). 종말의 유대인 회심을 강조했던 박형룡 박사는 관련 구절로 마 23:39, 행 3:20, 롬 11:25-29를 꼽는다(박형룡, 169-71).
19. 롬 11:26의 "온 이스라엘"(πᾶς Ἰσραὴλ)이 이스라엘 전체를 가리킨다(비교, Beale, 1999: 416)고 볼 필요는 없다. 144,000명으로 상징되는 유대인의 충족된 수는 하나님의 경륜에 따른 이스라엘의 구원을 이룬 것이라 할 수 있다. 바울이 모든 유대인 각 사람의 구원을 의미했다고 볼 필요는 없다.

해설

7:1-3에 언급된 네 천사의 역할은 스가랴 6:1-8의 네 가지 색깔의 말들이 끄는 네 병거(마차)의 역할과 유사하면서도 상이하다. 비슷한 점은 둘 다 네 바람(동서남북)과 관련이 있다는 점이다.[20] 차이점은 두 가지다. 첫째, 네 천사는 사방의 바람을 붙잡고 있지만, 네 병거는 사방에 두루 다니며 특정한 역할을 감당한다는 점이다. 둘째, 스가랴의 네 병거는 바람 그 자체로 묘사되는 데(슥 6:5) 반해 계시록의 네 천사는 바람을 제어하고 통제하는 역할을 한다(계 7:1).

인침 받는 144,000명에 대해 고려할 것이 있다. 먼저, 144,000명(7:4)과 "아무도 셀 수 없는 많은 무리"(7:9)는 동일한 존재인가 하는 점이다. 또 하나는 이들이 모든 성도(또는 모든 유대인)를 가리키는가, 또는 한정된 때의 성도들과 유대인들을 가리키는가 하는 것이다.

먼저, 144,000명(7:4)과 "아무도 셀 수 없는 많은 무리"(7:9)는 동일한 존재인가 하는 문제를 살펴보자. 4절의 144,000명을 9절에서 "많은 무리"라는 말로 바꿔 말씀을 전개했을 수 있으나, 서로 다른 이들을 가리키는 말일 가능성이 훨씬 높다. 만일 같은 이들(구원받은)을 가리키는 것이라면 수사적 목적으로 다르게 표현했을 가능성이 없지는 않다. 그러나 그렇다고

---

20. 슥 6:5의 네 병거와 네 바람은 서로 구별돼야 한다는 Mounce와 Thomas의 주장(또한 ESV, "These [chariots] are going out to the four winds"; RSV)에 대한 Beale의 비판은 정당하다(Mounce, 1977: 165; R. Thomas, 1992: 463-6; Beale, 1999: 407). 네 병거 자체를 네 바람으로 보는 NIV, NAS, KJV, 개역개정의 번역(NIV, "These are the four winds")이 더 설득력이 있다. BHS의 אֵלֶּה אַרְבַּע רֻחוֹת이나 LXX의 ταῦτά ἐστιν οἱ τέσσαρες ἄνεμοι는 "이들은(이) 네 바람이다"로 번역된다. 그렇지만 이러한 해석이 계 7장의 네 천사와 슥 6장의 네 병거(바람)가 같다는 Beale의 주장(Beale, 1999: 406-7)의 근거가 되는 것은 아니다.

보기에는 자연스럽지 않은 이유는 다음과 같다.

첫째, 4절과 9절에 등장하는 '수'(number)에 대해 주목하자. 4절의 '수'(ἀριθμός)는 셀 수 있는 수였다. 그 수가 144,000명이다. 9절에는 '수'가 동사 형태(부정과거 부정사 ἀριθμῆσαι)로 쓰인다. 여기서는 "아무도 셀 수 없는" 수라고 한다. 4절은 셀 수 있는 수이고 9절은 셀 수 없는 수라고 대조적으로 표현한다. 그러므로 이 표현들이 같은 대상을 지칭한다고 보기 어렵다. 일반적으로 동일한 대상을 말할 때는 대조된 표현으로 말하지 않기 때문이다. "많은 무리"는 당연히 144,000명보다 큰 수다. 유대인이 아닌 성도들이 유대인 구원자들보다 훨씬 더 많은 수가 되는 것은 타당한 이야기다.

둘째, 이 둘을 대조하는 표현은 이뿐 아니다. 4절은 "이스라엘 자손의 모든(각) 지파"에서 나온 수를 언급한다. 반면에 9절은 "모든 민족과 종족과 백성과 방언(언어)"에서 나온 이들을 언급한다. 4절의 "이스라엘 자손의 모든(각) 지파"는 대상을 이스라엘 자손으로 한정하는 표현인 반면, 9절의 표현은 모든 민족, 종족, 백성, 방언을 넘어서는 다양한 출신의 인류로 그 대상을 넓히고 있다. "지파"(φυλή)가 4절에는 단수로 언급되고, 9절에서는 복수의 "종족들"(φυλαί)로 언급된다. 범위가 한정된 대상과 그 범위를 제한하고 있지 않은 대상의 대조는 4절과 9절에 언급되는 대상들이 동일하지 않다고 보게 한다. 또한 1-8절의 장소는 땅인 반면 9-17절의 장소적 배경은 하늘이라는 차이도 있다(Aune, 1998a: 434; Blount, 2009: 140).

셋째, 4절과 9절은 표현과 내용을 서로 대조적으로 사용하므로, 이 둘이 같은 대상을 가리킨다고 보기 어렵다. 그렇기 때문에 4절의 144,000명은 실제 이스라엘 자손(유대인들)의 수이고 9절의 "아무도 셀 수 없는 많은 무리"는 구원받은 영적 이스라엘, 즉 유대인이 아닌 많은 성도들이라는 결론에 이르게 된다.[21] 실제로 계시록에서는 이스라엘(2:14) 또는 이스라엘 자손(7:4; 21:12)이 영적 이스라엘(신약의 교회와 성도들)을 뜻하는 경우가 없다. 그러므로 4절의 "이스라엘 자손"을 영적 이스라엘로 간주할 근거가 없다.

넷째, 유대계 신자들과 비유대계 성도들이 구원받는 이들의 합(합집합)이 될 것이라는 이런 이해는 계시록의 사상적 흐름에 어울린다. 4장에서 하나님께 예배하는 이십사 장로는 지상적 존재인 성도들을 대표하여 하늘의 하나님 앞에 있는 존재일 것이다. 이십사 장로는 열두 지파와 열두 사도를 상징한다. 구약(또는 유대계)과 신약(또는 비유대계)의 모든 성도들을 대표하는 자들이다. 21장에 나오는 새 예루살렘의 열두 문에는 열두 지파의 이름이 쓰여 있다. 열두 기초석에는 열두 사도의 이름이 있다. 바울도 미래에 있을 이스라엘(유대계)과 이방인(비유대계)이 함께 받을 구원을 말한 바 있다(롬 11:13-32). 계시록이 12라 쓸 때는 12다. 24라 쓸 때라야 12 + 12의 의미가 된다.

다섯째, 144,000명을 12(지파, 구약) x 12(사도, 신약) x 1,000(충족수)명으로 보는 것에는 본문의 지지가 없다. 본문(7:4)은 12(지파) x 12,000(충족수)명이라고 한다. 물론 12,000명을 다시 12 x 1,000명으로 볼 수 있다. 이때 12는 완전수로, 1,000은 충족수로 보는 것은 가능하다. 단지 각 지파가 12,000명의 인받은 자로 구성된다는 본문의 분명한 정보를 다르게 볼 필요는 없다. 그들은 이스라엘 자손이다.

두 번째 질문은 144,000명(7:4)과 많은 무리(7:9)가 구원받은 유대인과

---

21. Fanning의 분류에 의하면, 144,000명을 영적 이스라엘로 보는 학자들은 Beale, Osborne, Prigent, Satake, Smalley 등이고 유대계 그리스도인으로 보는 학자들은 Glasson, Kraft, Patterson, Rowland, Thomas, Walvoord, Draper, White 등이다(Fanning, 15).

성도의 총수일까, 혹은 전체의 부분일까라는 것이다. 144,000명은 유대계 신자들이고 많은 무리는 비유대계 성도들이라고 논증한 바 있다. 그렇다면 이들은 구원을 받는 신구약 모든 성도(또는 유대인)들을 가리키는 것일까? 아니면 특정 시기에 구원을 얻게 되는 이들을 가리키는 것일까? 그들을 산정할 때 '많다'는 표현은 그들이 모든 성도의 합일 가능성이 있음을 보여준다. 그런데 모든 시대의 성도들이라 하기에는 본문이 주는 제한을 무시하기 어렵다.

첫째, 144,000명을 인치는 일은 7장에서 새로 시작된 것일까, 아니면 이제까지 된 일이 계속되고 있는 것일까? 과거에 해왔던 일을 마무리해야 하는 것이라면 144,000명은 구약 이스라엘을 포함할 수 있는 반면, 새로 진행해야 하는 것이라면 그것은 특정의 때(미래의 종말)에 대한 이야기가 될 것이다.

7장은 6장의 인의 재앙 가운데 여섯째 인(6:12-17) 다음에 나오는 사건을 기록한다. 7장이 6장 이후의 일에 관한 것이라는 증거는 최소한 두 가지다. (1) 7:1의 "이 일 후에"란 어구다. 시간적 선후와 관련된 말로 7장이 6장의 후속 부분임을 말해준다. (2) 네 바람을 제어하는 네 천사에게 "땅과 바다와 각종 나무"를 해하지 말라(7:2-3)고 한다. 땅과 바다와 수목의 재앙은 6장의 여섯 가지 인의 재앙에는 뚜렷하게 나온 바 없다. 이와 관련된 재앙은 8장의 첫째와 둘째 나팔의 재앙이다. 첫째 나팔의 재앙이 땅과 나무의 1/3의 재앙(8:7)이고 둘째 나팔의 재앙은 바다 1/3의 재앙(8:8-9)이다. 땅과 바다와 나무의 재앙이 아직 일어나지 않았으므로 7장은 미래의 사건(적어도 6장의 인의 재앙이 있은 후의 사건)임을 알 수 있다.

3절의 "인치기까지"라는 말은 이제까지 인을 쳐왔던 작업을 계속해야 하는 의미일 수도 있으나, 가정법 부정과거(σφραγίσωμεν)의 사용은 오히려 인 작업이 이때 본격적으로 진행될 것을 예고하는 것으로 해석할 여지를 갖게 한다. 물론 이것만으로는 계속되는 작업인지, 이때 시작되는 새 작업인지 분명하게 단정하기는 어렵다.

둘째, 7장의 열두 지파의 내용이 구약의 열두 지파에 대한 것과 다른 점은 두 가지다. (1) 하나는 요셉의 두 지파(에브라임과 므낫세) 가운데 므낫세 지파만 남고 에브라임 지파는 요셉 지파로 대체된 것이다. 그러나 이는 요셉 계열의 두 지파라는 점에서 큰 변동은 없는 것 같다. (2) 또 하나는 단 지파가 빠지고 레위 지파가 들어간다. 구약의 열두 지파에서 레위 지파가 빠진 것은 그들의 역할이 땅(가나안)을 차지하는 일이 아니라 영적 제사장 직분을 감당해야 하는 일이었기 때문이었다. 그래서 그들을 일반 지파와 구별하였다. 그러나 인침과 관련하여 그들이 빠질 수 없는 것은 당연하다. 그 때문에 레위 지파가 들어간 것은 이해할 수 있으나 단 지파가 빠진 것은 논란이 될 수밖에 없다. 그들의 우상숭배 때문에 명단에서 빠졌다고 인정하더라도[22] 문제는 구약 시대의 단 지파가 다 구원받지 못했다고 말할 수 있을까 하는 점이다. 구약의 유대인이 포함된 수라면, 그 수에 우상숭배에 빠지기 이전의 단 지파조차 빼는 것은 이해하기 어렵다.

그러나 만일 단 지파가 빠진 열두 지파 명단이 신약 시대, 특히 마지막 종말의 때의 명단이라면 가능할 수 있다. 새로운 유대인들의 리스트가 되기 때문이다. 여전히 단 지파가 빠진 것을 설명하는 과제는 남아 있다 하더라도, 역사의 어느 시점에 단 지파가 소멸하였음을 가정하는 것은 가능

---

22. 단 지파의 우상숭배(삿 18장; 왕상 12:25-29)에 대해 지적하는 학자들이 많다(예, Beale, 1999: 420-1; Osborne, 2002: 314). Smith와 Bauckham의 단 지파 논쟁도 참고하라(Smith, 1990a: 111-8; 1995: 213-8; Bauckham, 1991: 99-115). Smith는 주전 2세기 경의 구약 외경인 "열두 족장의 유언" 가운데 *T. Dan* 5:4에서 단 지파가 향후 주 하나님을 떠나 레위 지파에 대해 불쾌해 하며 유다 지파에 대항해 봉기하게 될 것을 예언했다는 점을 지적한다(Smith, 1995: 217). 단 지파의 우상숭배 문제를 지파 배제 이유로 본 송영목, 2019: 61-94도 참고하라. 12사도에서 이탈한 가룟 유다(행 1:16-20)와 12지파에서 이탈한 단을 비교하는 Winkle, 63-66도 흥미롭다.

할 수 있다.

셋째, 144,000명이 구약과 신약의 모든 유대인들의 구원받은 수라고 보기 어려운 이유는 14장에 가서 이들을 가리켜 "어린 양이 어디로 가시든지 따르는 자들", "속량되어 하나님과 어린 양께 첫 열매가 되었다"(14:4)고 하기 때문이다. 이들이 모두 그리스도인들이라는 표현이다. 이 말은 인침을 받는 유대인의 수 144,000명은 그리스도인이 아닌 수(즉 구약의 이스라엘)를 가리키는 것으로 보기 어렵게 한다. 그들은 그리스도의 구속을 받았고 그리스도를 따르는 제자들이다.[23]

이렇게 볼 때, 바울이 구원받게 될 유대인들을 가리켜 말했던 일(롬 11:23-27)이 계시록 7장과 14장의 144,000명의 인침의 일을 통해 성취된다고 볼 수 있다. 종말의 때에 일어날 유대인들의 구원의 일이다(참고, 박형룡, 169-71). 유대인이 구원받는 일이 마지막 때에 크게 일어날 것이다. 그들의 인침이 마쳐지지 않았다는 사실(7:3)은 그 구원의 수가 다 차지 않았다는 뜻이다. 따라서 이 인침은 미래의 유대인을 가리키는 것일 가능성이 높다.

넷째, 본문에서 주는 중요한 정보는 "셀 수 없는 많은 무리"에 대해 한정하고 있는 부분이다. 이들이 모든 시대의 성도들이 아닐 수 있는 근거는 이들을 가리켜 "이들은 큰 환난에서 나온 자들"(7:14)이라고 말하고 있는 점이다. "큰 환난"(ἡ θλῖψις μεγάλη)은 무엇을 가리킬까? 계시록에서 세 가지의 단초를 찾을 수 있다.

(1) 인의 재앙, 특히 이 가운데 넷째 죽음의 재앙과 여섯째 천지격동의 재앙("큰 진노의 날", 6:17)을 가리켜 '큰 환난'이라 할 수 있다. (2) 또는 앞으로 나타날 재앙들(나팔과 대접)에 대한 것일 수 있다. 앞으로 닥칠 재앙

---

23. 구약의 성도들도 그리스도를 통해 구원받는 것이 맞지만, 14:4("어린 양이 어디로 가시든지 따르는 이들")의 명료한 표현은 이들이 그리스도인들이라 추정하도록 한다.

들이 하나가 아닌데 이를 '큰 환난'이라는 단수로 쓴 것은 그들 재앙들을 집합적으로 표현한 것일 수 있다. (3) '환난'이 단수라는 점에서 이를 협의적으로 보면, '큰 환난'은 특히 13장의 짐승의 시대에 있게 될 박해를 의미할 수 있다.

"큰 환난에서 나오는 이들"이라는 어구에서 현재 분사 "나오는"(ἐρχόμενοι)은 이들이 지속적으로 '나오고' 있거나 연이어 '나올' 것이라는 어감을 가진다는 면에서 앞의 (2)와 (3)을 가리키는 것으로 보는 것이 더 타당해 보인다. 물론 (1)을 배제할 필요는 없다. 광의적으로 보면 인의 재앙에서 시작해서 나팔 재앙까지 진행되는 교회의 수난과 성도의 환난일 것이다. 짐승의 시대가 그 안에 포함된다.

14절의 한정적 표현("큰 환난에서 나오는 이들")은 이들 많은 무리가 과거와 현재와 미래의 모든 성도들을 가리키는 말이 아니라는 견해를 지지해준다. 역사상 모든 이들이 '큰 환난'을 경험하는 것은 아닐 것이기 때문이다. 또한 진행적 표현("나오는")은 적어도 6장의 인의 재앙의 때나, 그 이후의(나팔) 재앙들과 관련이 있다는 점을 보여준다. 따라서 이들이 신약의 모든 성도를 가리킨다고 볼 필요는 없다. 특정한 종말의 때에 많은 성도들이 고난을 받게 될 것을 알려주는 것으로 이해하는 것이 좀 더 타당하다.

다섯째, 9절의 많은 무리가 미래에 있을 환난 받는 성도들을 가리킨다면 4절의 144,000명 또한 미래의 유대계 성도들을 가리키는 것으로 보는 것이 자연스럽다. 7장의 평행 구조(AB-A′B′)에서 1-3절(A)과 9-12절(A′)은 각기 '인침'과 '많은 무리'에 대해 비한정적으로 말해 주는데, 그들의 정체성에 대해 한정적인 표현은 4-8절(B, 이스라엘 열두 지파 등)과 13-17절(B′, 큰 환난에서 나오는 이들, 어린 양의 피로 옷을 씻어 희게 된 자들)에 나타난다. 이러한 한정적 표현은 그들의 정체성을 보다 분명히 밝혀준다.

여섯째, 이때의 유대계 신자들(144,000명)과 비유대계 신자들("많은 무리")에 대해 7장에서 기록하고 있는 것은 이들에 대한 하나님의 관심 때문이다. 14장에 가서야 그들의 고난이 그친다. 그때 이후, 더 이상 고난에 대해 언급하지 않는 것은 이들이 고난과 죽음으로 승리했기 때문이다(14:1-5, 12-16). 19장에 가서 이들은 모두 어린 양의 잔치에 초대된다(19:1-9). 이때의 잔치는 이들뿐 아니라 과거와 현재와 미래의 모든 성도들이 다 같이 참여하는 잔치가 될 것이다. 7장의 144,000명과 '많은 무리'는 6장의 여섯째 인 재앙(천지격동)이 일어난 전후에 나타나기 시작할 것이다("이 일 후에", 7:1). 천지격동(여섯째 인)이 있고 사람들이 두려워할 때, 그때부터 대대적인 유대인들의 구원이 갑자기 이뤄질 수 있고 또한 많은 그리스도인을 대적하는 큰 환난(박해와 핍박)이 일어나게 될 것이라 볼 수 있겠다.

일곱째, 더 중요한 것은 7장의 역할이다. 7장에는 미래 종말의 때에 구원받을 자를 돌보시겠다는 하나님의 강력한 메시지가 담겨 있다. 종말의 재앙이 진행될 때, 하나님의 구원 의지와 섭리의 손길은 강력하다. 그의 백성을 보존하시고 돌보시려는 하나님의 뜻은 막을 수 없다. 7장은 이것을 부각한다. 하나님의 구원은 그런 날들에도 뚜렷이 나타날 것이다. 다시 말해, 7장은 구원받는 자의 수가 얼마나 될지를 보여주고자 하는 것이 아니라, 하나님의 구원의 강력함이 종말의 재앙들이 진행되는 상황 속에 더욱 뚜렷하게 나타날 것이라는 사실을 보여주려는 데 있다(Cartledge, 110-6).

B. 요한계시록 7:9-17 (하늘의 셀 수 없는 무리)

9-12절(요한이 본 무리들)은 1-3절의 경우처럼 평행적 구성을 보인다(abc-a'b'c'). 9절과 11절 초두에 "많은 무리"와 "많은 천사들"이 각기 나온다. 이들의 역할이 기록되고 있다. 많은 무리와 많은 천사들은 모두 하나님

을 경배하고 있다. 9-10절과 11-12절은 그들의 찬양으로 각기 마무리된다.

a. 이 일(들) 후에 나는 보았다, 많은 무리를(9a절)

b. 그들이 서 있다, 흰 옷을 입고 있다, 종려 가지들을 들고 있다(9b절).

c. 그들의 찬양(10절).

a′. 많은 천사들(11a절)

b′. 서 있다, 엎드렸다, 경배하였다(11b절).

c′. 그들의 찬양(12절)

그리고 13-17절(흰 옷 입은 이들은 누구이고 어디서 왔는지에 관한 내용)은 다음과 같은 구조로 이해할 수 있다.

a. 장로의 질문: 흰 옷 입은 자들에 대하여(13절)

x. 요한의 반응: '당신이 아시지요'(14a절)

a′. 장로의 답변: '이들은 ~ 자들이다'(14b-17절)

(ㄱ) 그들: 옷을 씻어 희게 했다, 보좌 앞에 있다, 경배한다(14b-15a절).

(ㄴ) 하나님: 보좌에 앉으신 이가 장막을 치실 것임(15b절).

(ㄱ′) 그들: 배고프거나 목마르지 않을 것이다(16절).

(ㄴ′) 하나님: 어린 양의 목양(인도)과 하나님의 눈물 씻겨주심(17절).

번역

9 이 일 후에 나는 보았다. 그런데 보라, 아무도 셀 수 없는 많은 무리가 있
다. 모든 민족과 종족과 백성과 방언(언어)에서 나온 이들이다. 그들이 흰 옷
을 입고 손에 종려 가지들을 들고 보좌 앞과 어린 양 앞에 서 있었다. **10** 그

들이 큰 소리로 외치며 말하였다. "구원이 보좌에 앉으신 우리 하나님과 어
린 양께 있습니다." **11** 또 모든 천사들이 그 보좌와 장로들과 네 생물 둘레에
서 있었다. 그들이 보좌 앞에 그들의 얼굴을 대고 엎드려 하나님께 경배하며
12 말하였다. "아멘. 찬송과 영광과 지혜와 감사와 존귀와 능력과 힘이 우리
하나님께 영원무궁히 있습니다." **13** 그러자 장로들 가운데 한 사람이 응답
하여 내게 말하였다. "이 흰 옷을 입은 이 사람들이 누구입니까? 그리고 어
디서 왔습니까?" **14** 그래서 내가 그에게 말하였다. "내 주여. 당신이 아시지
요." 그러자 그가 내게 말하였다. "이들은 큰 환난에서 나오고 있는 이들입
니다. 어린 양의 피로 그들의 옷을 씻어 희게 하였습니다. **15** 이 때문에 그들
이 하나님의 보좌 앞에 있습니다. 그들이 그의 성전에서 밤낮으로 그분께 예
배합니다. 보좌에 앉으신 이가 그들 위에 장막을 치실 것입니다. **16** 그들이
더 이상 배고프거나 더 이상 목마르지 않을 것입니다. 태양이나 그 어떤 뜨
거운 열도 그들 위에 떨어지지 않을 것입니다. **17** 왜냐하면 보좌 가운데 계
신 어린 양께서 그들을 목양하시고 생명수의 샘으로 인도하실 것이고, 하나
님께서 그들의 눈에서 모든 눈물을 씻어 주실 것이기 때문입니다."

주해

9-10절 (흰 옷 입은 많은 무리들, 그들의 찬양) "이 일 후에"는 9-17절의 일이 7-8절의 사건 이후에 일어났음을 알려준다. 물론 이러한 순서는 사건이 발생하는 순서가 아니라 요한이 본 순서일 수도 있지만, 마지막 때 유대인들에게 인침이 일어난 후(또는 일어나면서), "큰 환난"(14절)이 일어난 것이라고 볼 수 있다.

인친 자들의 수(144,000명)에 대해 들은 후, 장면이 바뀌면서 요한은 하늘 보좌 앞에 서 있는 셀 수 없는 많은 무리를 보게 된다(9절). "모든 민

족과 종족과 백성과 방언(언어)에서 나온 이들"이란 어느 특정 민족이나 나라에서 나온 이들이 아니라, 전 세계 모든 지역, 나라, 민족에서 나온 자들임을 부각하는 표현이다. 이들은 긴 흰 옷(두루마기, '스똘레')을 입고 있다(9, 13, 14절). 순교자들이 입게 된 옷(6:11)과 같다. 거룩하게 된 이들이기 때문이다.

이들 흰 옷 입은 많은 무리에 대해 본문은 다음과 같이 알려준다. 첫째, 이들 무리는 하늘에 있다. 하늘의 보좌와 어린 양 앞에 서 있다(9절). 둘째, 이들은 셀 수 없는 수의 무리다. 그리하여 4절의 셀 수 있는 수의 무리 144,000명과 대조된다. 셋째, 이들은 모든 민족(들), 종족(들), 백성(들), 언어(들)에서 나온다. 모두 복수로 쓰인 이들 단어는 천하만국의 만인들을 가리키는 말이다(5:9; 7:9; 11:9; 13:7). 이들의 출신이 국지적이지 않고 세계적임을 부각한다. 이 표현은 역시 4절의 "이스라엘 자손의 각 지파"라는 말과도 대조된다. 4절의 인침을 받는 유대인들과는 다른, 구원받은 이들의 무리로서 9절의 "아무도 셀 수 없는 많은 무리"가 등장한다고 보는 것이 좋다.[24] 그렇다면 이들은 모든 성도를 가리키는 말일 수도 있고 또는 좀 더 한정된, 종말의 때에 구원받은 이들일 수도 있다. 모든 성도가 아니라, 특정한 때에 배출된 이들이라면 그들은 14절에서 말하는 "큰 환난에서 나오는 이들"이라는 표현과 잘 부합한다(R. Thomas, 1992: 483-9).

이들의 손에 종려나무 가지들을 가지고 있는 것은 왕이 되신 분을 높이

---

24. Aune은 3-8절의 인침을 받는 144,000명이 누구인지에 대한 논란이 많다는 점을 지적하지만, 이들이 9-17절의 많은 무리와는 분명히 구별된다는 점은 인정한다(Aune, 1998a: 440-5, 474, 특히 444-5). 두 집단이 대조되고 있어 서로 동일시할 수 없는 점은 분명하지만, 후자(많은 무리)에 전자(144,000명)가 포함될 가능성이 있다고 한 Aune의 주장은 일리가 있다(Aune, 1998a: 445-7; 또한 R. Thomas, 1992: 485). 두 집단이 대조된다는 점에서 후자 집단의 크기는 최소한 144,000명을 크게 상회할 것이라고 추정할 수 있다.

기 위한 것이다. 이러한 모습은 예수께서 마지막 주간에 예루살렘에 입성하실 때 무리가 보인 반응(요 12:13)을 연상하게 한다.[25] 분명한 것은 이들이 모두 그리스도를 섬기고 찬양하는 그리스도인을 가리킨다는 점이다. 그 많은 이들이 하나님의 보좌 앞과 어린 양 앞에 서 있다.

그들이 "큰 소리"로 성부와 성자에게 찬양을 드린다(10절). 셀 수 없는 많은 무리의 한목소리로 드리는 이 송축은 그 얼마나 장엄할까?[26] 이들은 구원이 하나님과 어린 양께 있음을 외쳐 고백한다. 바른 신앙의 고백이면서 동시에 모든 환난에서 건지실 수 있는 분은 오직 하나님과 어린 양뿐이라는 절규의 목소리이기도 하다. 14, 16-17절은 그들이 어려운 환경(상황)을 겪어왔음을 알려준다. 그들은 "큰 환난"에서 나왔다(14절). 그들은 더 이상 배고프거나 목마르지 않을 것이다(16절). 뜨거운 태양과 열이 그들을 괴롭히지 못할 것이다(16절). 하나님께서 그들의 눈물을 닦아 주실 것이다(17절). 이런 표현은 그들이 어떤 괴로움과 난관을 거쳐왔을지 생각하게 해준다. 그들의 외침 속에서 어린 양이신 예수께서는 5장(5:13)에서처럼 성부

25. 요한복음(12:13)만 종려나무 가지를 언급하고 있다. 병행 구절인 공관복음은 "나뭇가지"(마 21:8, κλάδος), "들에서 벤 나뭇가지"(막 11:8, στιβάς[잎사귀가 붙은 가지, L&N, 3.52])로 쓰였고 누가복음(19:36)에는 이들 가지에 대한 언급 자체가 없다. 한편 종려나무(φοῖνιξ)는 신약에서 세 번 나오는데 요한의 글(요 12:13; 계 7:9)에만 종려나무의 의미로 쓰이고 행 27:12에는 지명 이름(뵈닉스)이다. 뵈닉스는 종려나무가 많은 지역일 것이다. 손에 들린 종려나무는 초막절 축제를 암시할 수 있다는 Beale의 견해는 참고할 만하다(Beale, 1999: 428). 연중 마지막 절기인 초막절(장막절)은 오늘날의 추수감사절에 비견될 수 있다. 성도들의 추수됨(구원의 승리)과 관련될 수 있겠다. 그리스-로마 사회에서 종려나무의 가지가 승리를 상징하는 것이었다는 Aune의 견해도 고려할 만하다(Aune, 1998a: 468-70).

26. "큰 소리"라는 표현은 계시록에 여러 차례 나타난다. 7:2에서 천사가 큰 소리로 외친 바 있다. 10:3에서도 요한이 계시를 받은 때 천사가 사자처럼 큰 소리로 외친다. 14:15에서 천사가 추수를 촉구하면서 큰 소리로 외친다. 18:2에서 천사는 바벨론의 멸망을 큰 소리로 외친다. 19:17이 기록하는 아마겟돈 전쟁 때에도 천사의 큰 소리가 나온다.

하나님과 함께 찬양의 대상이 되신다.

11-12절 (많은 천사들, 그들의 찬양) 11절은 하늘의 "모든 천사"가 보좌와 장로들과 네 생물 둘레에 집합해 있는 장면을 그려준다. 얼마나 많은 수의 천사였을까? 이 또한 '셀 수 없는 수'의 천사였을 것이다. 5:11-12에서는 하늘에서 찬양하는 천사의 수가 만만(일억)과 천천(백만)이었다. 셀 수 없는 허다한 이들과 모든 천사들이 함께 하나님과 어린 양을 찬양한다. 과거완료 "서 있었었다"(εἱστήκεισαν)는, 많은 무리의 찬양이 있을 때 모든 천사들이 이미 보좌 주위에 도열해 있는 상태였음을 알려주는 것일 수 있다(Aune, 1998a: 430). 그 넓은 하늘이 꽉 차는 듯한, 찬양하는 이들과 천사들의 엄청난 수의 군집이었을 것이다. 하늘에 펼쳐진 장엄한 광경이다. 흰 옷 입은 이들이 서서 외칠 때, 천사들은 엎드려 경배하며("얼굴을 대고 엎드렸다") 찬양한다. 장엄한 찬양의 완벽한 심포니(symphony)다. 하나님의 보좌를 중심으로 하여, 흰 옷을 두른 채 큰 소리로 찬양하는 헤아릴 수 없는 무리와 보좌 앞에 엎드려 경배하는 무수한 천사들의 모습을 상상해 보라. 이것이 하늘의 찬양이다. 이것이 우주적 경배다.

모든 천사는 흰 옷 입은 이들의 찬양에 "아멘"이라 화답한다(12절). 그러면서 찬송(복되심)과 영광과 지혜와 감사와 존귀와 능력과 힘이 하나님께 영원토록 있다고 고백한다. '찬송'에서 '힘'까지 일곱 가지의 고백의 내용을 담았다.[27] 마지막에 다시 "아멘"이라 한다. 아멘으로 시작하여 아멘으

---

27. 4:9의 영광과 존귀와 감사, 4:11의 영광과 존귀와 권능, 5:12의 능력과 부귀와 지혜와 힘과 존귀와 영광과 찬송, 5:13의 찬송과 존귀와 영광과 권능과 비교하라. 내용이 일곱 가지라는 점에서는 5:12의 것이 가장 비슷하다. 5:12의 일곱 가지(능력, 부귀, 지혜, 힘, 존귀, 영광, 찬송)와 7:12의 일곱 가지(찬송, 영광, 지혜, 감사, 존귀, 능력, 힘)는 5:12의 부귀와 7:12의 감사 외에는 모두 정확히 일치한다. 또한 5:12과 7:12이 천사들의 찬양이라는 점도 공통된다. 다만 5:12은 어린 양에게 드린 찬양인 반면, 7:12은 성부 하나님("우리 하나님")께 드리는 찬양이다. 한 번은 어린 양, 한 번은 성부께 드려졌다. 다만, 성부께 드려질 때에는 앞뒤에 "아멘"이 덧붙여지는 특징이 있다.

로 마친다(수미상관법[*inclusio*]). 전체적으로 가능한 구조는 다음과 같은 교차구조다.

a. 아멘
 b. 찬송, 영광 (x2)
  c. 지혜
   x. 감사
  c′. 존귀
 b′. 능력과 힘 (x2)
a′. 아멘

13절 (장로의 질문) 찬양하고 있는 셀 수 없이 많은 흰 옷 입은 자들이 어떤 자들인지 그리고 그들이 어디서 온 것인지 요한은 궁금해졌을 것이다. 한 장로(구원받은 인류의 대표자 가운데 한 사람)가 요한에게 이들이 누구이고 어디서 왔는지 오히려 물었다(13절). 의도를 가지고 물은 것이다. 요한은 바로 답변하지 못하였으나 그들이 누군지(구원받은 이들이라는 것을) 추정해보려 하였을 것이다. 흰 옷(두루마기)을 받아 입게 된 이들이 이미 나온 바 있다(6:11). 그런데 6장에 나온 이들은 순교자들이었다. 그들은 수가 찰 때까지 기다린 이들이다. 그러나 요한은 하늘에 있는 이러한 '아무도 셀 수 없는 많은 무리'(7:9)가 이전의 순교자들과 다소간 관련이 있더라도, 이들이 다 순교자들이라고 생각하지는 않았을 것이다. 또한 요한이 1-8절의 인침을 받는 이스라엘 열두 지파와 흰 옷 입은 무리들을 동일시하고 있다는 증거도 없다. 요한은 "흰 옷 입은 이 사람들"을 분명히 언급하며 이들이 누구인지 묻고 있다.

14절 (요한의 반응과 장로의 답변) 요한이 그 장로에게 '내 주여'라고 말한 것(14절)은 상대를 존중하고 높여 말할 때 사용하는 관습적인 표현이다. '주님(주인)'의 의미와는 구별된다. 요한은 그 장로가 그 자신이 질문한 것의 답을 알면서 의도적인 이유로 질문한 것이라 생각하였다. 그래서 "당신이 아시지요?"라고 반문하였다.

장로는 이에 대해 답변한다. 자신이 한 질문(13절)의 순서(누구인가, 어디서 왔는가?)와는 반대로 그 대답(14b절)에서는 어디서를 먼저, 그리고 누구인지를 뒤에 답변한다. '후또이 에이신'(οὗτοί εἰσιν)은 "이들은 (바로) ~이다"라는 뜻의 표현으로서 그들이 어디서 온 누구인지(정체성)에 대해 분명하게 제시한다. 그들은 바로 '큰 환난'에서 나오는 자들이다.[28] "큰 환난"(τῆς θλίψεως τῆς μεγάλης)은 그들이 신앙 때문에 핍박을 받은 자들임을 알려준다. 정관사 '떼스'(τῆς)는 큰 환난이 전에 이미 예고된 것임을 전제하는 것일 수 있다. 예수께서 제자들에게 '큰 환난'에 대해 말씀하신 바 있다(마 24:21; 막 13:19; 눅 21:23; 참고, 단 12:1).[29] 그들을 '큰 환난'에서 나오는 이들로 표현한 것은 그들이 모든 시대의 신자들을 가리키지는 않는다고 추측하게 한다.

---

28. 호격 '주여/주님/님!'(κύριε '뀌리에')은 여러 용도로 쓰인다. 종이 주인을 높여 부를 때도 '뀌리에'라고 부르지만, 때로는 다른 이를 높여 존칭할 때 이렇게 부르기도 했다. 영어로 'Sir', 또는 'Mr/Mrs/Miss'하는 것과 같다. 따라서 여기서는 '장로님' 이렇게 번역해도 좋을 것이다.
29. '큰 환난'이라는 표현은 이미 계 2:22에서 두아디라 교회에 사용된 바 있다. 그러나 그때의 '큰 환난'은 지역적이고 제한적인 환난을 가리키는 것일 수 있다. 이세벨의 종들에게 한정된 환난이기 때문이다. "큰 환난 속에 던질 것이다"와 "죽음에 이르게 죽일 것이다"는 유사한 내용을 가진 평행된 표현이다. 그러나 2:22의 큰 환난은 7:14의 '큰 환난'과는 대상과 범위가 다르다. 그리스도인들이 겪는 환난은 예수 그리스도의 때부터 지속적인 성격을 가진다(Beale, 1999: 433-435). 그러나 종말의 큰 환난은 다른 특성을 가진다(예, 마 24:21-22; 막 13:19-20 등; 서론의 "대환란" 항목을 보라). 일반적-개인적인 '환난'(患難, 근심과 고난)과 종말적-세계적인 '환란'(患亂, 근심과 재앙)의 차이일 것이다.

문제는 '큰 환난'이 무엇을 가리키는가 하는 것이다.[30] 첫째, '큰 환난'은 여섯 인의 재앙(6장), 특히 넷째-여섯째 인을 가리킬 수 있다. 예컨대, 넷째 인은 땅의 1/4의 권한을 가진 죽음의 재앙이었다(6:7-8). 특히 다섯째의 순교자들에 대한 것(6:9-11)과 여섯째의 천지격동의 사건들(6:12-17)도 있다. 둘째, 앞으로 있을 나팔 재앙(8-9장)을 가리키는 것일 수 있다. 또는 인과 나팔의 재앙 모두를 가리키는 것일 수 있다. 나팔 재앙이 마무리되면서 13장의 짐승의 시대에 최강의 박해가 있게 된다. 이 때문에 많은 순교자들이 있게 될 것이다(13:8, 15-17). 짐승의 시대에 일어날 초극강의 환난에서 순교하는 일이 극대화될 것이다. 따라서 인의 재앙에서 시작하여 나팔 재앙을 거쳐 짐승의 시대까지 진행된 환난의 모든 기간을 가리킬 수 있다.

'큰 환난'이 이제까지의 환난(인의 재앙)만 아니라, 앞으로 있게 될 환난(특히 박해)을 가리킨다고 볼 수 있는 이유는 진행적 의미로 쓰인 것으로 볼 수 있는 "나오고 있는"(ἐρχόμενοι)이라는 현재 분사 때문이다. 이들의 나옴은 큰 환난에서 이미 나온(완료된) 상태라기보다는 여전히 나오고 있는(또는 계속 나올) 진행적 상태다.[31]

---

30. Thomas는 대문자로 '환란기'(Tribulation) 또는 '대환란기'(Great Tribulation)라고 부르며 특정 시기로 규정하고 있지만(R. Thomas, 1992: 485, 495), Osborne은 '환난'('쓸립시스')이 특정 기간을 가리키는 말로 쓰인 예가 없다고 한다(Osborne, 2002: 324-5). 이 문제는 Osborne의 견해에 더 일리가 있다. 계시록은 특정 기간을 환난기로 특정한 바 없다. 그렇지만 환난의 때를 최후의 전쟁으로 제한하는 Osborne의 견해(Osborne, 2002: 325)에 동의할 수는 없다. 환난의 때는 계시록의 재앙들과 박해 사건들을 통해 맥락에 따라 추정할 수 있더라도, 어떤 특정 시기로 한정 짓기에는 어려움이 있다.

31. 명사절로 쓰인 현재 분사 "나오는 자들"(οἱ ἐρχόμενοι)에 대해 Osborne은 시간적(진행적) 의미가 없다고 주장하면서. 현재 분사가 주동사의 행동에 대해 동시적이라는 Wallace의 견해(Wallace, 1996: 625)를 소개한다(Osborne, 2002: 324; 참고, Beale, 1999: 444-5; Aune, 1998a: 430, 473). 이러한 견해에 의하면 '나오는 일'이 이어 나오는 '씻음과 희게 함'과 같이 이미 일어났음을 가리킨다. 그런데 이 주장에 동의하

'큰 환난'에서 계속 나오고 있고 앞으로도 나올 수 있다는 이 표현은 (1) 이들이 환난과 관련된 신자들이라는 점을 시사한다. (2) 또한 미래에 있을 큰 환난의 피해자(순교자를 포함함)이거나, 적어도 이런 이들을 포함한다는 점을 암시한다. (3) 따라서 이들이 모든 신자(구원받은 자들)의 총수(합)라기보다는, 비록 셀 수 없이 많은 이들이지만, 역사상의 모든 성도의 합은 아닌 것 같다. '큰 환난'과 관련된 한정된 이들이라고 볼 수 있다.

본문은 그들이 누구인지 연이어 말해준다(14절). 중요한 것은 이들은 어린 양의 피로 그들의 옷을 씻어 희게 한 자들이였다. 즉 예수의 피로 속량받은 신자들이다. 1:5; 5:9; 7:14에는 어린 양의 피로(ἐν τῷ αἵματι, 수단의 여격) 옷을 씻는 일에 대하여('옷을 씻다', 22:14; 참고, 엡 1:7; 벧전 1:19; 히 9:14, 22; 요일 1:7) 반복하여 나온다.

기 어려운 이유가 있다. 첫째, 주격 분사 οἱ ἐρχόμενοι(나오는 자들)가 사용된 문장의 주어는 οὗτοί(이들)고 이 문장의 주동사는 εἰμί 동사의 직설법 현재(3인칭 복수) εἰσιν 이다("이들이 나오는 자들이다"). ἔπλυναν(씻었다)과 ἐλεύκαναν(희게 하였다) 문장은 εἰσιν 문장과는 등위 접속사 καί로 결합된 중문의 문장이다. 즉, ἔπλυναν과 ἐλεύκαναν은 중문의 두 번째 문장의 동사들이다. 첫 문장인 현재형 εἰσιν 문장은 그다음 문장인 부정과거 ἔπλυναν과 ἐλεύκαναν과 같은 시상의 문장이 아니다. 또한 첫 문장과 두 번째 문장의 주어(οὗτοί)는 같지만 문장 형식이 다르다. εἰσιν 문장은 현재의 상태(큰 환난에서 나오고 있는)를, ἔπλυναν과 ἐλεύκαναν 문장은 앞 문장을 보충하여 부가하며 과거의 씻었고 희게 된 결과를 말해준다고 볼 수 있다. 둘째, 부정과거 "씻었다"(ἔπλυναν)나 "희게 하였다"(ἐλεύκαναν)는 어린 양의 피에 옷을 깨끗이 씻고 흰 옷을 입게 됐다는 뜻이어서 기본적으로 그리스도인의 구속과 구원을 뜻하는 말이다. 둘은 사실상 유의어(동의어)인 셈이다. 그런데 의미론적으로 구속('씻었다')과 구원('희게 하였다')이 일어나는 시기를 '환난에서 나옴'과 동시적인 일로 볼 필요가 있을까? 이들이 큰 환난에서 나올 때와 그의 피로 옷을 씻을 때가 동시적일 필요가 없다. 셋째, 22:14의 지속적 의미의 현재 분사 "(겉옷을) 빠는(씻는) 자들"이 구속된 모든 그리스도인들에게 해당되는 의미를 갖는 반면, 7:14의 "나오는 자들"은 "큰 환난에서"라는 한정적 어구 때문에 범위가 제한된다는 점도 지적할 수 있다. 넷째, 현재 분사의 명사적 사용의 경우, 동사적인 진행적 특성이 없다고 단정하기 어렵다(Wallace, 1996: 615-6, 620).

본문이 그들이 당한 환난을 강조하고 있다는 점에서, 그들은 다 순교자들이거나 실제적인 환난을 겪은 자들을 가리킨다고 말할 수 있다.[32] 그렇다면 그들은 환난을 겪은 역사상의 전체 성도를 가리키는가, 아니면 종말의 때에 환난을 겪게 될 성도들을 가리킬까? 로마제국 시대 도미티아누스 때를 포함하여 콘스탄티누스(306-337년 재위)에 이르기까지 최소 10대 박해 기간 동안 많은 이들이 핍박을 받고 순교한 것이 사실이다. 또 세계 곳곳에서 지금도 핍박을 받은 이들이 적지 않다. 그들 모두를 가리킨다고 볼 여지도 있다. 그래서 '셀 수 없는 수'가 될 수도 있다.

또는 '큰 환난'의 때와 직접 관련된 이들(종말의 때에 환난을 겪게 될 성도들)로 제한해 볼 수도 있다. 예컨대, 넷째 인(많은 이들이 죽임을 당함)과 다섯째 인(순교자들), 여섯째 인(천지격동) 등을 통해 큰 환난이 시작되어 일곱 나팔 재앙을 통과하면서 큰 환난을 겪을 수 있다. 이들이 큰 환난에서 '나오는' 이들이라는 점에서 이런 큰 환난의 연속된 기간에서 계속적으로 세상을 떠나 하늘로 가게 되는 성도들을 가리킨다고 볼 수 있다.

그런데 모든 고난받은 성도들을 가리키는 것이든, 종말의 때에 고난받은 이들을 제한적으로 가리키는 것이든, 그리스도인들은 그리스도의 피로 구원받는 이들이며 결국 모든 믿는 자들이 합쳐서 새 하늘과 새 땅의 새 예루살렘을 형성하게 될 것이라는 사실은 결코 변함이 없다. 결국 모든 성도에 대한 보상은 21장에서 성취된다. 15-17절에 주어지는 보상의 약속은 새 하늘과 새 땅의 성취(21:3-7)로 나타나기 때문이다.

15-17절 (장로의 연속된 답변: 흰 옷 입은 자들이 받을 보상) 흰 옷 입은 이들이 누구고 어디서 왔는지 알려주는 것으로 답변이 마치지 않는다. 장

32. 물론 그리스도인들과 환난의 연계는 불가피할 수 있다(마 24:9; 요 16:33; 행 14:22; 롬 5:3; 8:35; 12:12; 고전 7:26; 고후 1:4, 6, 8; 4:17; 7:4-5; 8:2; 살전 3:3-4, 7; 살후 1:4-7; 히 10:33).

로는 연이어 그들에게 주어진 보상이 어떤 것인지 설명한다(15-17절). 첫째, 이들이 하게 된 것이 있다. 먼저 하나님의 보좌 앞에 있으면서 하나님께 예배할 수 있게 됐다(15절). 이 땅에서 그리스도에 대한 신앙 때문에 온갖 환난을 겪던 이들이 이제 하늘의 성전에서 하나님의 보좌 앞에 서서 살아계신 하나님을 목도하게 됐다. 이들은 환난이 면제되지 않고 환난의 때를 거치게 될 것이다. 그것이 "큰 환난에서 나온 이들"로 불리는 이유일 것이다. 그러나 이제 마음껏 그 하나님께 예배할 수 있게 됐다. 이제는 하나님을 섬기는 것 때문에 그 어떤 고초도 받지 않게 된 것이다. 온 마음과 힘을 다하여 조금도 거리낌이나 그 어떤 두려움 없이 마음껏 하나님을 경배할 수 있게 됐다.

둘째, 하나님께서 해주시는 것이 있다. 보좌에 앉아 계신 하나님께서 그들과 함께하시고 특별히 보호하신다(15절). '스께노오'(σκηνόω, 장막을 치다)는 요한복음과 계시록에 나오는 용어다(요 1:14; 계 7:15; 12:12; 13:6; 21:3). 장막을 치신다는 것은 그들 가운데 계신다는 뜻이다(참고, 겔 37:26-28; 특히 27절, "내 처소[LXX, κατασκήνωσίς]가 그들 가운데에 있을 것이다"). 이들과 함께하시며 이들의 보호자가 되신다(21:3).

셋째, 이들에게 더 이상 있을 수 없는 것도 있다. 배고프거나 목마르지 않게 될 것이다(16절; 21:6; 22:17; 요 4:13-15; 6:35; 7:37; 참고, 사 49:8-10의 구원의 날에 대한 약속). 이 땅에서 겪었을 고난과 고통이 다시는 그들을 괴롭히지 못할 것이다. 또한 태양이나 뜨거운 열도 그들 위에 떨어지는 일이 없을 것이다. 후자는 자연재해로 비롯된 환란을 가리키는 것으로 보인다. 이미 세상을 떠난 이들이라 땅의 고통에서 벗어나는 것은 당연하겠지만, 여기서의 강조점은 그들이 보상과 위로를 받을 것이라는 점이다. 이 부분은 특히 21장에서 이루어지는 성취에 대한 약속이 된다(비교, 21:4, 6).

넷째, 어린 양이신 성자와 성부 하나님께서 함께 이들을 위하신다. 어린 양은 보좌 '가운데' 계신 것으로 그려지는데, 보좌에 앉으신 성부 옆에 계시기 때문이다. 그 어린 양께서 친히 목자가 되셔서 돌보시고(목양하신다, ποιμανεῖ) 영원히 목마름이 없는 생명수의 샘으로 인도하실 것이다(ὁδηγήσει, 17절). 하나님께서 참 목자가 되신다는 말씀은 성경의 중심 주제 가운데 하나다(민 27:17; 시 23:1; 28:9; 80:1; 사 40:11; 렘 31:10; 겔 34:15). 또한 예수 그리스도께서 참 목자가 되신다(마 2:6; 요 10:11, 14; 히 13:20; 벧전 2:25; 5:4; 계 7:17; 참고, 겔 34:23; 37:24). 그를 믿는 자는 영원히 목마르지 않을 것이라는 그리스도의 약속(요 4:14; 6:35; 7:38)이 완성될 것이다(계 21:6). "생명수의 샘"으로 인도하셔서 생명수(생명을 주는 물)를 마시게 하실 것이기 때문이다(21:6; 22:1, 17; 참고, 요 4:14; 7:37-38; 신 8:15; 시 114:8). 특히 하나님은 생수의 근원이 되신다(렘 2:13; 17:13; 참고, Wilson, 2019a: 3-4). 또한 하나님께서는 그들의 눈에서 모든 눈물을 씻어 주실 것이다(계 21:4; 사 25:8, "모든 얼굴에서 눈물을 씻기실 것이다"). 이 땅의 삶에는 슬픔과 아픔이 있다. 그런 고통이 있더라도 미래의 씻김을 기대해야 한다. 하나님의 보상은 확실하다. 이 땅에서 주님을 위해 수고한 이들에게 하늘의 상을 주시는 것이 당연하다. 이 땅에서 온갖 것을 누리려는 자는 하늘의 상을 얻지 못할 것이다.

15-17절의 흰 옷 입은 자들에 대한 보상이 최종적으로 성취되는 때는 21장의 새 예루살렘에서다. 다음의 표는 7:15-17의 약속이 21:3-7에서 어떻게 성취되는지 보여준다.

• 하나님의 성전에서 하나님을 밤낮으로 예배한다(7:15).	• 하나님은 그들의 하나님이 되시고 그들은 하나님의 백성이 된다(21:3, 7).
• 보좌에 앉으신 이가 장막을 치신다(7:15).	• 하나님의 장막이 그들과 함께 있고 그가 장막을 치셔서 그들과 거하신다(21:3).
• 배고프거나 목마르지 않을 것이다(7:16); 생명수의 샘으로 인도하실 것이다(7:17).	• 목마른 자에게 생명수 샘의 물을 줄 것이다(21:6)

• 태양이나 그 어떤 뜨거운 열도 그들 위에 떨어지지 않을 것이다(7:16).	• 죽음이 더 이상 있지 않을 것이다; 슬픔이나 애곡이나 아픔도 더 이상 있지 않을 것이다(21:4)
• 모든 눈물을 씻어 주실 것이다(7:17).	• 모든 눈물을 씻어 주실 것이다; 슬픔이나 애곡이나 아픔도 더 이상 있지 않을 것이다(21:4).

해설

구원받는 이들이 7장, 14장, 19장에 나오는 이유는 무엇일까?

첫째, 144,000명(7:4)과 "많은 무리"(7:9)는 유대계와 비유대계 그리스도인들이 포함된 성도들로서 종말의 특정한 때에 나타나게 될 믿는 이들의 무리일 것이다. 이들에 대한 에피소드가 7장에 등장하는 것은 이들 믿는 자들에 대한 하나님의 관심이 특별하기 때문일 것이다. 7장의 내용은 6장의 인 재앙과 8장의 나팔 재앙의 사이에 위치하여 이 두 재앙을 앞뒤로 나눠주는 역할을 한다. 인과 나팔의 연속된 재앙의 전개 과정에서 성도들은 하나님의 각별한 돌봄의 대상이 됨을 알려준다. 하나님의 인침을 받게 되거나(7:3-4), 흰 옷이 입혀지며 하나님의 특별한 보상(7:15-17)이 그들에게 약속된다. 그들은 비록 세상에서 핍박을 받고 고난을 겪으나, 사실 세상이 감히 건드릴 수 없는 존재들이다.

둘째, 이 두 집단은 14장(1-5절)에 다시 등장하는데 144,000명은 시온산에 그리스도와 함께 있다(14:1). 그들이 최종적으로 승리한 모습이다. 하늘에 있는 다른 무리는 악기를 가지고 연주하고 노래하며 하나님께 찬양하고 있다(14:2-3). 두 집단(시온산의 144,000명과 하늘의 무리)이 모두 승리자가 된 것이다.[33] 이들에 대해 보상이 주어진다(14:12-13). 14장은 나팔 재

---

33. 14:1-5의 나오는 이들을 두 집단(144,000명과 하늘의 노래하는 이들)으로 나누는 것에 대해서는 14:1-5의 주해를 참조하라.

앙과 짐승의 때의 사건들 이후의 일에 관한 것이다. 재앙과 환난의 시기를 거쳐 이들 144,000명이 승리한 것을 보여준다. 아직 15-16장의 대접 재앙들이 있기 전의 일에 관한 것이다. 14장도 재앙(나팔과 짐승)과 재앙(대접)의 연속된 전개 중간에 위치하는데 이 역시 하나님의 관심이 이들 구원받는 이들에게 있다는 것을 웅변적으로 보여준다. 하나님은 그의 사람들을 내버려두신 적이 없다. 재앙이 있을 때 하나님의 사람들을 먼저 살피신다.

셋째, 이들이 최종적인 승리를 얻고 모든 믿는 자들과 함께하는 잔치를 갖게 되는 내용을 담은 것이 19장(1-10절)이다. 19장과 관련된 시점은 15-16장의 대접 재앙과 17-18장의 바벨론(음녀)의 멸망 다음에 위치하는데 이들 재앙들이 끝난 후다. 아직 그리스도의 재림(19:1-16)과 아마겟돈 전쟁(19:17-21)이 남아 있으나, 성도의 완전한 승리는 확보됐다.

넷째, 이처럼 7장, 14장, 19장의 성도들의 출현은 마지막 종말의 재앙과 극한 상황 속에 펼쳐지는 그의 백성에 대한 하나님의 구원과 돌봄의 섭리가 철저히 작동하고 있다는 것을 알려준다. 인의 재앙(6장) 다음에 7장에서 구원받는 이들에 관한 묘사가 나오고, 나팔 재앙(8-9장)과 짐승의 박해(13장)가 있은 후에 다시 14장(1-5절)에서 구원받는 이들이 등장하고, 또 대접 재앙(15-16장)과 바벨론 에피소드(17-18장)가 끝난 후에 19장(1-10절)에서 구원받는 이들을 위한 어린 양 혼인 잔치가 나온다.[34] 7장, 14장(1-5절), 19장(1-10절) 세 부분은 계시록을 구성하는 축이 된다(서론의 "구조" 항목을 참고하라).

---

34. 인과 나팔과 대접 재앙이 성도들에게는 면제되고 구원받지 못한 자들에게만 해당될 것이라는 Osborne, 2002: 301의 주장은 맥락에 맞지 않다. 계시록 본문은 그것을 말하고 있지 않고, 다만 몇 가지 제외되는 재앙들(다섯째 나팔 재앙[9:1-11]과 대접 재앙들[16:1-21])이 있을 뿐이다. 대접 재앙들에서는 구원받은 자들이 나타나지 않는다. 예외적이다. 심판적, 징벌적 목적이 훨씬 강하다. 그러나 인의 재앙은 피해를 입는 일에서 교회와 성도가 배제되지 않는다. 또한 다섯째 나팔 재앙을 제외하곤 다른 나팔 재앙도 그와 같다.

제14장
요한계시록 8:1-9:21
일곱째 인, 일곱 나팔(첫째-여섯째 나팔)

8-9장은 일곱 나팔 가운데 첫째-여섯째 나팔 재앙을 다루는 단락들이다. 8장은 일곱째 인과 네 나팔 재앙이 담겨 있고 9장은 그다음의 두 나팔 재앙이 출현한다.

8장은 크게 두 부분으로 나뉜다. 일곱 나팔의 서곡인 전반부(1-6절, 일곱째 인)와 일곱 나팔 가운데 첫 네 재앙을 다루는 후반부(7-12절)다. 마지막 절(13절)은 9장의 두 나팔과 연계해서 보는 게 좋다. 전반부(1-6절)는 먼저 일곱째 인을 떼는 것에서 시작한다. 일곱째 인이 일곱 나팔의 서곡이 된다. 일곱째 인을 뗄 때 일곱 나팔이 준비된다. 일곱째 인이 일곱 나팔을 이끌어내는 역할을 하고 있는 것이다. 일곱 나팔 자체는 7절 이하의 후반부에서 시작되는데, 8장에는 첫 네 나팔 재앙이 나온다(후반부, 7-12절). 마지막 절(13절)은 첫 네 재앙(7-12절)과 9장의 다섯째 재앙(9:1-11)을 이어주는데, 다섯째 재앙의 도입부 부분이다.

9장의 다섯째, 여섯째 나팔은 앞의 네 나팔의 경우와 다소 다르게 전개된다. 앞의 네 나팔이 서로 묶여 있고, 다섯째, 여섯째 나팔이 따로 하나로 묶인다. 9:12(화 둘)는 8:13(화 셋)과 비슷한 기능을 가진다. 각 구절의 앞과 뒤를 이어주는 반면, 다음에 이어지는 단락들의 도입부 역할을 한다. 8:13(화 셋)은 9:1-11(다섯째 나팔) 단락을, 9:12(화 둘)는 9:13-21(여섯째 나팔) 단락을 견인한다.

9장까지 포함해서 8-9장을 크게 보면 다음과 같은 구조로 볼 수 있다.

I. 일곱째 인- 일곱 나팔의 준비-서곡(8:1-6)
II. 일곱 나팔(8:7-9:21)
  A. 첫째-넷째 나팔(8:7-12)
  A′. 다섯째-여섯째 나팔(8:13-9:21)
    a. 세 개의 화(8:13)
      b. 다섯째 나팔(9:1-11)
    a′. 남은 두 개의 화(9:12)
      b′. 여섯째 나팔(9:13-21)

A. 요한계시록 8:1-6 (일곱째 인과 일곱 나팔의 서곡)

1-6절은 세 부분으로 구성된다. 앞부분(1-2절, A)과 뒷부분(5b-6절, A′)은 일곱 천사들이 공통적으로 출현하는 부분이다. 앞의 고요함과 뒤의 거셈(천둥, 소리, 번개, 지진)이 대조된다. 반면에 중간에는 일곱 천사가 아닌 "다른 천사"가 등장한다(3-5a절, B-B′). 성도의 기도들이 하늘에 드려진다.[1]

1. Wick이 1-6절을 'coherent whole'(일관성 있는 전체, 하나의 묶음)로 보는 것은 구조적으로도 맞다고 할 수 있겠다(Wick, 514). 따라서 Beale처럼 6절(나팔 불 준비가 된 일곱 천사)과 관련된 2절(나팔을 받는 일곱 천사)이 1-5절에 끼어들어 흐름을 벗어난 것으로 보는 것(Beale, 1999: 454, 473)은 타당하지 않다. 비록 3-5절에 '겹침/물림'(interlocking) 현상이 있으나 이 부분을 최후 심판이라 생각하는 Beale의 입장

A. 일곱째 인의 고요함과 나팔을 받는 일곱 천사(1-2절)

B. 다른 천사의 사역 1: 기도를 올려드림(3-4절)

B′. 다른 천사의 사역 2: 향로불을 던짐(5a절)

A′. 천둥, 소리, 번개, 지진과 준비된 일곱 천사(5b-6절)

1절의 고요함과 5b절의 천둥, 소리, 번개, 지진의 현상에는 대조적인 특색이 있다. 하나는 침묵(1절)이고 또 하나는 큰 소리들(거셈, 5절)이다. 두 가지 모두 하나님의 임재와 관련이 있다. 1-2절과 5b-6절에 일곱 천사가 공통적으로 나와 교차적 상응 관계를 이룬다. 고요함 속에 일곱 천사는 일곱 나팔을 받고(2절), 장엄하고 거센 소리 속에 일곱 천사는 그 나팔들을 불 준비한다(6절). 그 가운데 한 천사가 향들을 성도들의 기도와 함께 올려드리는 일(3-4절)과 향로에 제단 불을 채워 땅에 쏟는 일(5a절)을 수행한다. 천둥, 소리, 번개, 지진은 향로불을 던진 일과 관련이 있다면, 당연히 기도를 올려드리는 장면은 하늘의 고요함을 그 배경으로 한다. 고요함 속에 성도

(Beale, 1999: 445, 460-2)에서는, 일곱째 인이 일곱 나팔로 연계된다는 점을 인정하고 싶지 않았을 것이다. Beale은 5절의 향로 붓는 일을 6:9-11(순교자의 호소)의 귀결(하나님의 응답)로 보고 뒤잇는 나팔 재앙과는 일단 분리한다(Beale, 1999: 462-3). Beale은 나팔 재앙이 인 재앙의 반복이라고 주장하는데(Beale, 1999: 464), 그의 의도는 첫째-다섯째 인과 첫째-여섯째 나팔을 최후의 심판 이전의 것으로, 일곱째 인의 8:1, 3-5과 일곱째 나팔을 최후의 심판으로 각기 나눠, 일곱 인과 일곱 나팔의 순환적 반복성을 강조하려는 데 있다(Beale, 1999: 472-3). 그러나 인과 나팔 재앙은 내용, 강도, 범위에 있어 다른 재앙이다. 반면에 Talbert는 2-6절이 교차 구조로 묶인 것에 주목한다(Talbert, 38). A. 나팔이 주어진 일곱 천사; B. 성도의 기도와 함께 향을 전달하는 다른 천사; B′. 땅에 향로불을 던지는 천사; A′. 나팔을 준비한 일곱 천사. 그의 구조 분석은 필자의 것과 비슷하다. 다만, 그의 구조 분석에서 한 가지 문제는 1절의 고요함과 5b절의 천둥, 소리, 번개, 지진의 대조가 포함되지 않는다는 점이다.

들의 기도가 하나님께로 올라간다.[2]

번역

1 일곱째 인을 떼셨을 때, 하늘에 반 시간 동안 고요함이 있었다. **2** 그리고 나는 하나님 앞에 서 있는 일곱 천사들을 보았다. 그들에게 일곱 나팔이 주어졌다. **3** 또 다른 천사가 와서, 금향로를 가지고 제단 앞에 섰다. 많은 향이 그에게 주어졌다. 보좌 앞에 있는 금 제단 앞에서, 모든 성도들의 기도와 함께 올려 드리기 위한 것이었다. **4** 성도들의 기도와 함께 향의 연기가, 천사의 손에서 하나님 앞으로 올라갔다. **5** 천사가 향로를 취해, 제단의 불로 채우고 땅에 던졌다. 그러자 천둥들과 소리들과 번개들과 지진이 일어났다. **6** 그리고 일곱 나팔을 가지고 있는 일곱 천사들이 나팔 불 준비가 되었다.

주해

1절 (일곱째 인) 어린 양께서 마지막 일곱째 인을 떼시자, 하늘에 특이한 현상이 일어난다. 반 시간 동안 고요한 정적이 있었다(1절, "고요함이 있었다"). 왜 반 시간 가량(ὡς ἡμιώριον)인가? 반 시간은 한 시간과 다소 차이가 있다. '한 시간'(μία ὥρα)은 바벨론의 심판에서 반복된다. "화 있다. 화 있다. 큰 성, 힘 있는 성 바벨론이여. 그대의 심판이 일시간(한 시간)에 도래하였기 때문이다"(18:10); "그렇게 많던 부가 일시간(한 시간)에 파괴되었기

2. 1-6절의 교차적 짜임새는 이 단락이 분리할 수 없이 묶여 있다는 것을 보여준다. 따라서 Osborne이 2-5절을 1절과 분리해서 보고 있는 것(Osborne, 2002: 336-8)은 타당하지 않다. Beale도 3-5절을 삽입구로 보는데(Beale, 1999: 785), 그도 1-6절의 교차 구성을 이해하지 못했기 때문이다. 1-6절은 일곱째 인에 관한 것이면서 동시에 일곱 나팔에 대한 서론 부분이다.

때문이다"(18:17); "바다에 배를 가진 자들이 그녀의 부로 인하여 그 안에서 부자가 되었는데 일시간(한 시간)에 파괴되었기 때문이다"(18:19). 계시록에서 '한 시간'은 빠르게 지나가는 짧은 시간을 가리킨다. "짐승과 함께 '잠시'(문자적, '한 시간') 동안 왕(들) 같은 권세를 받게 될 것이다"(17:12). '반 시간'은 한 시간에 비해 더 짧은 시간의 경과를 가리킨다. 따라서 일곱째 인이 떼어진 후, 그리 오래지 않아 일곱 나팔 재앙이 개시될 것을 암시한다. 비록 잠시('반 시간') 정지 순간이 있으나, 빠르게 나팔 재앙으로 넘어갈 것이다.

그리고 정적(고요함, σιγή)에는 어떤 의미가 있을까? 정적은 일곱 나팔과 관련이 있을 것이다. 다가올 나팔 재앙의 나팔 소리는 크게 울려 퍼질 것이다. 그 직전에 짧은 시간 정적이 먼저 흐른다. 본격적으로 발생하기 전, 짧은 시간의 정적은 그다음에 일어날 사건들을 더 무겁고 심각하게 받아들이게 할 것이다. 그런데 고요함 속에 또한 기다림이 있다. 짧은 정적 다음에 2절 이후의 사건이 등장하는 것인지, 또는 그 정적 가운데 2-5절의 일이 진행되는지 분명하진 않지만(Wick, 513), 후자라면 고요한 가운데 진행되는 일종의 예배적 예식(ritual)을 그려주고 있다고 볼 수 있을 것 같다(Knohl, 17-30, 특히 20-23; 참고, 눅 1:9-10).[3] 5절에서 그 고요함이 끝난다.

---

3. 고요함의 의미는 다음과 같을 것이다. 첫째, 수사적 기능이다. 독자의 주의를 환기하고 집중하게 하는 목적이 있을 것이다. 둘째, 기다림의 기능이다. 고요함이 있을 때 일어날 일에 대한 기다림이 있다. 셋째, 예배적 의식과 관련된다. 천사가 향과 함께 성도의 기도를 올려드리는 의식(ritual) 때문에 발생하는 고요함이다. 마지막 셋째가 가장 타당할 것이다. 1절의 하늘의 고요함은 5절의 천둥, 소리, 번개, 지진이 일어나는 장면과 대조된다. 고요함 속에 일곱 천사에게 일곱 나팔이 주어지고(1-2절), 장엄과 거셈의 신현 현상이 있을 때 일곱 천사가 준비된다(5b-6절). 그리고 그 중간에 성도의 기도가 하나님께 올려진다(3-4절). 또한 향로의 불이 땅에 쏟아진다(5a절). 향로의 불이 땅에 쏟아지는 일이 천둥, 소리, 번개, 지진과 관련이 있다면, 천사가 향과 함께 성도의 기도를 올려드리는 예배적 의식이 고요함과 관련이 있을 것이다. 그런

2절 (일곱 천사와 일곱 나팔) 하늘의 고요함 때문에 독자들은 하늘을 응시하게 된다. 여섯째 인의 현상 대부분이 하늘에서 일어났던 것을 기억하자. 첫째의 큰 지진(6:12)과 여섯째의 모든 산과 섬이 옮겨진 사건(6:14)을 제외하고는, 둘째의 해가 검게 된 것(6:12), 셋째의 달이 피같이 붉게 된 것(6:12), 넷째의 하늘의 별들이 떨어진 것(6:13), 다섯째의 하늘이 두루마리가 말리듯 떠나간 것(6:14) 등이 모두 하늘과 관련이 있었다. 그런 하늘에 갑자기 정적이 흘렀다. 그다음 재앙이 또 하늘에서 일어날 것을 예고하는 일종의 전조다.

이때 요한은 하나님 앞에 서 있던 일곱 천사들을 보게 된다(2a절, "그리고 나는 보았다"). 이들은 새로 등장하는 천사들이다. 이전에 등장한 힘센 천사(5:2)나 다섯 천사들(7:1-2)과는 다른 천사들일 것이다.[4] 일곱 천사들은

데 고요함이 심판과 관련이 있다는 구약(시 31:17; 115:17; 사 47:5; 합 2:20; 슥 2:13)에 근거한 Beale의 견해(1999: 446-50)도 일리는 있으나, 1-6절 교차 구조의 맥락에는 부합하지 않는다. 물론 위의 인용된 구약 구절의 대부분이 심판에 따른 땅(또는 스올)의 고요함을 가리킨다. 그러나 8:1은 하늘의 고요함을 가리킨다. 고요함을 최후의 심판 현상으로 직결시키는 Beale의 주장(1999: 448, 452, 457)은 그의 상징적인 해석 방식의 귀결이다. 반면에, 고요함과 기도 의식을 연계하는 Beale의 추가 해설(1999: 451-2)은 참고할 만하다.

4. 일곱 천사 쓰임새 앞에 정관사가 있어도(τοὺς ἑπτὰ ἀγγέλους) 이 천사들은 이제까지 나온 천사들이 아니라 다른 천사들로 보아야 한다. 일단 출현한 천사의 수부터 다르다. Osborne은 정관사가 있다는 점 때문에 이 천사들이 1:4의 일곱 영이나 2-3장의 각 교회의 편지에 수종드는 사자들이라고 본다(Osborne, 2002: 342; 참고, Aune, 1998a: 509). 그러나 특정 역할을 강조하기 위해 정관사를 사용했을 수 있다. 정관사 사용은 앞서 언급된 것을 전제로 이를 다시 지칭할(definite) 경우에만 국한되는 것은 아니다. 예컨대, 후속 어구에 미리 대응하는(cataphoric) 정관사일 수도 있고, 특정인들을 특별히 가리킬(pointing) 때 사용하는 정관사일 수도 있다(예, Wallace, 209-10, 220-1). 여기서는 바로 뒤따르는 관계대명사 '호이'(οἳ) 구문('하나님 앞에 서 있고 일곱 나팔이 주어진 이들")이 일곱 천사를 가리키는 동격 구문이거나 또는 일곱 천사를 꾸며주는 관형사절로 볼 수 있는데, 그 내용이 일곱 천사에 대해 설명해 준다는 점에서 일곱 천사 앞의 정관사를 후속 어구를 지시하는 기능을 하는 것으

하나님 앞에 서 있었다. "서 있는"을 완료형(ἑστήκασιν)으로 쓴 것은, 이들이 서 있던 상태였음을 알려준다. 그들은 대기하고 있었다.[5] 하나님의 그다음 행동을 위해 기다리고 있던 이들 일곱 천사들에게 드디어 일곱 나팔이 주어졌다(2b절). 수동태 "주어졌다"(ἐδόθησαν)는 모든 나팔 재앙이 하나님의 주권 의지의 표현임을 부각한다. 하나님은 집행자시고 천사들은 수종자다.

구약에서 나팔을 부는 경우는 하나님의 임재(현현)를 나타낼 때(출 19:16, 19; 20:18; 시 47:5; 슥 9:14), 특별한 절기를 기념하거나 제사를 드릴 때(레 23:24; 25:9; 민 10:10; 29:1; 대상 15:24; 대하 29:28; 느 12:41-43; 욜 2:15), 광야에서 이스라엘이 하나님 앞에 나올 때(민 10:3-4; 사 27:13; 렘 4:5), 이스라엘을 회집하거나 이동할 때(민 10:5-8; 삼상 13:3; 사 58:1), 전쟁을 하러 나갈 때나 전쟁을 준비할 때(민 10:9; 31:6; 수 6:4-20; 삿 3:27; 7:8-22; 대하 13:12; 느 4:20; 렘 51:27; 겔 33:3-6), 전쟁의 승리로 기뻐하거나 하나님 앞에서 기쁨을 표현할 때(삼하 6:15; 대상 13:8; 15:28; 대하 5:13; 7:6; 20:28; 시 98:6; 150:3), 왕의 제관식 때(왕상 1:34-41), 또한 백성에게 경고할 때(암 3:6; 습 1:16)였다. 그리고 여호와의 심판의 날(욜 2:1)에 나팔이 불릴 것을 예고하였다. 또한 신약에서는 예수 그리스도의 재림의 날에 불려질 나팔(마 24:31; 고전 15:51-52; 살전 4:16)에 대해 기록하고 있다. 계시록에서는 재림의 날이 있기 전에 일어날 종말 재앙과 관련하여 일곱 나

로 볼 수 있겠다. 또한 일곱 천사가 소위 대천사들(*1 En.* 20:1-8; 우리엘, 라파엘, 라구엘, 미카엘, 사라카엘, 가브리엘, 레미엘)을 뜻한다는 견해(참고, Beale, 1999: 454; Osborne, 2002: 342)에 찬성할 수 없다. 신구약 성경 어디에도 말하지 않는 것을 다른 문헌에서 가져와서 내세울 필요가 없다.

5. Aune는 '하나님 앞에 서 있다'를 눅 1:19에 근거하여 '하나님의 종이다'의 의미라고 본다(Aune, 1998a: 508-9).

팔이 등장한다(계 8:2, 6-13; 9:1, 13-14; 11:15).[6]

일곱째 인 자체는 특정한 재앙으로 발현되지 않는다. 다만 일곱째 인은 두 가지 목적을 가진다. 첫째는 향과 기도에 대한 것이다(3-4절). (그때의) 모든 성도의 기도를 향과 함께 하나님께 올려드리는 역할을 한다. 이때는 고요함이 있다(1절). 둘째는 일곱 나팔이 일곱 천사에게 주어지고 그들이 나팔을 불 준비가 이뤄지게 한다(2, 6절). 일곱째 인은 일곱 나팔의 견인차다. 이때는 신현(하나님의 나타나심) 현상이 뒤따른다(5절). 천둥, 소리, 번개, 지진 등의 신현 현상은 일곱째 인(8:5), 일곱째 나팔(11:19), 일곱째 대접(16:18) 등 일곱째 재앙마다 공통적으로 일어나는 현상이다. 이런 현상들은 특정 재앙들(인, 나팔, 대접)이 마무리된다는 점과 그다음의 재앙 또는 종말적 단계로 나아가게 됨을 암시한다. 이 현상들이 같은 내용의 반복은 아니다. 각 재앙의 마무리 신현 현상으로 비슷한 점이 있을 뿐이다(일곱째 인[8:5]과 일곱째 나팔[11:19]과 일곱째 대접[16:18]의 신현 현상의 차이에 대해서는 16:18 주해를 참고하라).

3절 (다른 천사, 금향로) 일곱 천사에게 일곱 나팔이 주어지는 2절의 장면에서 독자들은 일곱 나팔이 순차적으로 불리게 될 것을 기대하게 된다. 그런데 3절(또는 3-5절)에서는 잠시, 예상을 벗어나 다른 사건이 전개된다. 금향로 사건이다. 이 일은 반 시간 동안 고요한 상태에 있던 하늘에서 일어난다. 나팔 재앙의 큰 일들이 펼쳐지기 전에, 먼저 이 특이한 사건에 집중하게 한다.

“다른 천사”라 한 것은 나팔을 받은 일곱 천사가 아니기 때문이다. 이

6. 로마 시대의 나팔의 용도와 나팔과 관련된 전령(herald)에 대해서는 Low, 77-91을 참고하라. 각종 공적 모임과 제사 때 공개적으로 나팔이 불려졌고 특히 전쟁에서 자국 군대를 격려하고 상대 군대를 두렵게 하기 위해 나팔을 크게 부는 제의적(cultic) 용도도 있었다(Low, 78-82).

천사와 관련하여 나팔 재앙과는 전혀 다른 일이 전개된다. 금 제단은 하늘의 하나님 앞에 있을 것이다(6:9; 14:18). 제단은 하늘의 성전에 있다(9:13; 11:19; 14:18; 16:7). 그런데 그 제단에서 드려지는 것은 무엇일까? 예전 성전 시대처럼 동물의 제물이 하나님께 드려지지는 않는다. 순교자의 기도(6:9)를 포함하여 하나님께 드리는 모든 기도가 드려진다. 하늘에 있는 이 제단은 또한 심판의 제단 역할도 한다(14:18; 16:7). 구약에도 제단을 금으로 싸게 하였다(출 30:1-5; 37:25-28). 제단의 상면과 전후좌우면과 뿔을 순금으로 싸놓았다. 테 양쪽의 금고리 둘과 제단을 매는 채 역시 금으로 싸게 했다. 아론은 아침마다 제단 위에 향기로운 향을 피워야 했는데 계속 끊기지 않고 피워 두도록 해야 했다(출 30:6-10; 참고, Minear, 26).

"다른 천사"가 와서 금향로를 가지고 금 제단 앞에 선다. "왔다"(ἦλθεν)라는 것은 이 천사가 하늘에 펼쳐진 자리(무대)에 처음부터 있지 않았다는 것을 의미한다. 최소한 무대의 중앙에 있지 않던 천사였다. 그런데 이 천사가 갑자기 스포트라이트를 받으며 무대에 서서 맡겨진 그의 역할을 수행하고 있다. 이런 장면(의식)이 꼭 필요하기 때문일 것이다. 나팔 재앙은 이미 결정된 사항이지만 순차적인 사건의 진행 과정에서 기도 의식이 또한 필요함을 암시한다. 최소한 나팔 재앙은 성도들의 기도와 탄원에 바탕을 둔 재앙이라는 점을 암시한다. 그것이 인 재앙과 다른 점일 수 있다.

그에게 많은 향이 주어지는데, 이 많은 향은 모든 성도들의 기도를 하나님께 올려드리는 데 활용된다. 향은 매개체 역할을 한다.[7] 태워진 향이 솟아오를 때, 성도들의 기도가 함께 올라간다(3절). 성도의 기도 가운데 어느 것 하나도 버려지는 것이 없을 것이다. 한편 5:8에서는 향이 곧 기도라는 맥락으로 쓰였는데, 여기서는 향과 기도를 나누는 점이 특이하다. 그러나

7. 구약 시대에 향이 드려지는 방식에 대해서는 Aune, 1998a: 513-143를 보라.

향과 기도가 함께 드려진다는 점에서 둘의 구별은 크지 않다.

3-5절의 대부분의 주동사가 부정과거로 쓰인다(왔다, 섰다, 주어졌다, 올라갔다, 채웠다, 쏟았다, 일어났다). 5절의 '취했다'(εἴληφεν)만 완료형이다. '취했다'(취하여 가지고 있다)는 향로를 취해 가지고 있는 지속적 상태를 가리키는 것일 수도 있고 5절에서 새로 시작하는 중요한 장면을 부각하기 위한 것일 수도 있다. 또는 생생한 장면을 묘사하는 극적인 의미의 현재완료형일 수도 있다(Köstenberger 외, 301). 3-5절에서 연속되는 일곱 개의 부정과거는 천사가 수행하는 장면들이 하나씩 순차적으로 일어나고 있음을 가리킨다.

4-5a절 (천사의 두 역할: 기도 전달과 불을 쏟음) 성도들의 기도와 함께 향연이 하나님 앞으로 올라간다(4절). 향연이 올라가는 것("올라갔다")은 성도의 기도가 하나님께 상달되는 것("하나님 앞으로")을 의미한다. 하나님께서 그 향연을 수납하신다는 뜻이다. 천사가 성도의 기도를 올려드리는 역할을 하고 있다. 그러나 그는 중보자도 아니고 물론 그리스도도 아니다(참고, Beale, 1999: 454-5; Osborne, 2002: 343). 그 천사의 역할은 단지 기도 사역에 수종 드는 역할이다. 성도의 기도는 오직 하나님께 드려지는 것이기 때문이다. 중보자는 한 분 그리스도시다. 중보자 그리스도께서는 기도를 전달하실 뿐만 아니라 친히 우리를 위해 성부 하나님께 간구하신다(ἐντυγχάνω, '나아가 간청/탄원하다', BDAG, 341; 롬 8:34; 히 7:25; 참고, '보혜사', 요일 2:1). 천사가 기도의 향연을 올려드리는 일을 하는 역할을 한다고 하여, 그것만으로 중보자라 할 수는 없다.

하나 더 생각해야 할 점은 이 천사가 성도의 모든 기도를 하나님께 올리는 역할을 지속적으로 맡은 천사냐 하는 것이다. 그 역할이 한시적이냐, 영속적이냐의 문제이다. 이 천사가 기도를 하나님께 올리는 역할은 이때에 맡은 한정적이고 특수한 역할이라고 볼 수 있다. 기도를 올리는 역할(3-4

절)과 제단의 불을 땅에 던지는 일(5절)을 함께 수행하는 역할은 영속적이거나, 지속적으로 보기 어렵다. 특히 그만이 하나님께 성도의 기도를 올리는 역할을 한다고 보기는 어렵기 때문이다. 또한 3절의 "모든 성도들의 기도(들)"는 이제까지의 모든 성도들의 기도가 아니라 그때(종말시점)의 모든 성도들의 기도로 보는 것이 좋다. 그렇지 않으면 성도들의 기도가 이전에는 드려지지 않은 것이 되는 모순이 생긴다. 또한 천사가 기도를 올려드리는 의식이 있고서 그제야 기도가 하나님께 상달되는 것은 아닐 것이다. 여기서 기도의 올려드림 의식은 기도의 내용과 관련된 재앙적 후속조치의 연관성을 부각하기 위한 것이다. 하나님의 심판 집행에는 정당성과 공의성이 뒷받침되기 때문이다. 하나님의 재앙에는 정당한 근거와 사유가 있다. 그렇지만 여기서의 기도를 6:9-11의 순교자들의 기도를 가리킨다고 국한시킬 필요는 없다(참고, Osborne, 345, 348).

천사의 역할은 두 가지다. 하나는 성도들의 기도와 함께 향연을 하나님께 올려드리는 역할이다(4절).[8] 또 하나는 향로에 제단의 불을 채우고 땅에 던지는 역할이다(5a절; 참고, 겔 10:2). 후자는 하나님의 심판과 관련이 있는데, 앞으로 있게 될 일곱 나팔(재앙)의 서곡(prelude)이다. 제단의 불은 제물을 불태우기 위한 불이다(레 1:9-17).[9] 그 불사름으로 제물이 하나님께 향

---

8. Beale은 여격 "기도와 함께"(ταῖς προσευχαῖς)를 시간적으로 '기도와 동시에' 또는 동반(accompaniment)의 여격, '기도와 함께, 또 이익(advantage)의 여격, '기도를 위해(대신하여)', 더 나아가 참고(reference)의 여격, '기도의 표시로' 등으로 이해할 수 있다고 설명한다(Beale, 1999: 457).

9. 계시록에서의 제단(6:9; 8:3, 5; 9:3; 11:1; 14:18; 16:7)에 구약 성막 문 앞의 번제단(מִזְבַּח הָעֹלָה, 출 27:1-8; 30:28; 38:1-7; 40:6, 29)과 회막 안 휘장 앞의 금으로 입힌 분향단('분향할 제단', מִזְבַּח הַקְּטֹרֶת, 출 30:1-10, 27; 40:26)의 개념이 섞여 있다고 본 Beale과 Osborne의 견해는 타당하다(Beale, 1999: 455; Osborne, 2002: 344). 순교자들과 관련된 제단(6:9)은 번제단에 가깝고 향로와 관련된 제단(8:3, 5; 또한 9:13)은 분향단과 좀 더 가깝지만, 반드시 구분되는 것은 아니다. 오히려 통합된 것

기롭게 드려지고(레 2:2, 9; 3:5, 11, 16; 8:21, 28; 17:6; 민 18:17), 죄의 속죄가 이뤄진다(레 4:26, 31; 5:12; 민 16:46; 대하 34:4-5). 제단의 불은 항상 꺼지지 않게 관리되었다(레 6:9, 12-13). 이제 제단의 불은 심판의 불로 쓰인다(계 8:5; 14:18). 제단의 불이 향로에 채워져 땅에 던져질 때, 나팔 재앙이 준비된다. 천사의 두 역할, 즉 기도의 향연을 올려드리는 일과 향로에 제단불을 채워 땅에 쏟는 역할은 서로 상관성이 있음이 암시된다. 하나님의 재앙적 심판이 성도들의 기도에 응답하는 것, 다시 말해 성도들의 정당한 호소에 응답하여 세상에 공의를 집행하는 일과 관련이 있기 때문이다.

종말의 때가 깊어 끝을 향해 나아갈수록 그리스도의 교회에 대한 세상의 박해는 심화될 것이다. 그럴 때, 고난받은 성도들의 애타는 기도가 하나님께 상달될 것이다. 하나님의 나팔 재앙은 이에 상응하는 심판적 재앙이다. 하나님의 재앙은 세상의 악을 관리하시는 하나님의 신적 집행일 뿐 아니라 고난 속에 있는 성도들의 탄원에 대한 신적 응답이다.

3-5a절은 다음과 같은 교차 구성을 보인다.

a. 한 천사가 와서 금향로를 가지고 섰다(3a절).
  b. 많은 향이 그에게 주어진다(3b절).
  b′. 향연이 성도의 기도와 함께 올라간다(4절).
a′. 그 천사가 향로에 제단불을 채워 땅에 쏟는다(5a절).

5b-6절 (천둥-소리-번개-지진이 일어나고 일곱 나팔이 준비됨) 향로의 불이 땅에 던져지자(5a절), 천둥(들), 소리(들), 번개(들), 지진이 일어난다(5b절, "일어났다"). 앞의 세 가지(천둥, 소리, 번개)는 복수로 표기된 반면,

이라 볼 수 있다(특히, 11:1; 14:18; 16:7).

넷째 것(지진)은 단수다. 복수로 쓰인 세 가지는 그만큼 천둥, 소리, 번개가 반복하여 일어났다는 것을 말한다. 반면에 단수로 쓰인 지진은 이때 크게 한 번 발생하였음을 가리킬 것이다. 여러 차례, 천둥과 소리와 번개가 일어난 후에 큰 지진이 일어났다. 이 네 가지(천둥, 소리, 번개, 지진)는 계시록에서 하나님의 현현(나타나심)의 상징으로 쓰인다. 하나님께서 직접 그의 신적 능력을 드러내실 때 천둥, 소리, 번개, 지진이 일어나는 경우가 많다(4:5; 11:19; 16:18; 참고, 창 19:16; 출 19:16; 20:18; 욥 37:4; 시 77:18; 96:4; 104:7; 사 29:6). 이것들은 하나님의 임재 때에 나타나는 강력한 신적 능력을 묘사하며 그 힘의 역동성을 강조한다. 이것들은 일곱 인이 마무리되고 일곱 나팔이 시작하게 된 것에 대한 하나님의 승인(approval)의 표식일 것이다.[10]

일곱째 인이 떼어질 때 "고요함"이 발생했다(1절, '에게네또'). 향로의 불이 땅에 던져지자 천둥, 소리, 번개, 지진이 발생했다(5절, '에게네또'). 5절의 거셈과 1절의 고요함은 대조적이다. 이제 더 이상 기다림(지체)의 고요함이 아니라, 심판의 거셈이 있을 것이다. 이제 일곱 나팔을 가지고 있는 일곱 천사들이 그들의 나팔을 불 준비가 된 것이다(6절, "그들이 준비되었

---

10. 인이 마무리 될 때(8:5)뿐 아니라, 나팔과 대접 재앙이 끝날 때도 이런 현상이 일어난다(11:19; 16:18). 그러나 Beale의 주장과 같이(Beale, 1999: 457-8), 이것을 동일한 최후 심판의 현상(증거)이라고 봐야 할 이유는 없다. 한 재앙 시리즈가 끝날 때마다 일어나는 하나님의 인증(approval) 현상으로 보는 것이 타당하다. 같은 요소를 담고 있으나 또한 다르게 일어난다는 점도 유의할 필요가 있다. 따라서 아직은 "우주 종말의 클라이맥스"(Beale, 1999: 458)는 아니다. 비슷한 현상을 기록하고 있는 4:5(번개, 소리, 천둥); 8:5(천둥, 소리, 번개, 지진); 11:19(번개, 소리, 천둥, 지진, 큰 우박); 16:18-21(번개, 소리, 천둥, 큰 지진, 큰 우박)은 그 현상이 점차 증강된다(비교, Bauckham, 1977: 226-8; Beale, 1999: 459). 한편, Osborne은 이 신현 현상을 '폭풍적 신현'(storm theophany)이라고 부르지만(Osborne, 2002: 347), 지진이 포함된다는 점에서 '폭풍'(storm)이라 말하기는 어렵다. 그보다는 '천지진동'(heaven-earth shake)이라 보는 게 나을 것이다.

다").[11] 나팔을 불 준비가 된 상태를 부각하는 것은 그만큼 나타날 나팔 재앙의 참상이 참혹할 것을 예견하게 한다.

해설

토마스는 일곱째 인이 일곱 나팔을 품고 있고 일곱째 나팔이 일곱 대접을 품고 있다고 보았다(R. Thomas, 1993: 52-56, 특히 52-53, "망원경 이론"). 이를 비판한 오스본은 일곱 인과 일곱 나팔과 일곱 대접이 순환(cycles)과 반복(recapitulation)으로 나타난다고 보았다(Osborne, 2002: 269-70). 첫째-넷째 나팔과 첫째-넷째 대접을 살펴보면 순서가 반복된다는 것이 그의 주장의 이유였다.

그러나 본문을 정확하게 볼 필요가 있다. 첫째, 토마스가 일곱째 인이 일곱 나팔을 품고 있다고 한 주장은 맞다. 그러나 일곱째 나팔이 일곱 대접을 품고 있다는 주장은 근거가 뚜렷하지 않다. 그런데 일곱째 나팔(11:15-19)이 재앙적 성격이 아닌 것은 맞다. 또한 그다음 재앙은 여러 장 후에 일곱 대접(15-16장)으로 나타난다는 점도 맞다. 그런 점에서 일곱째 나팔이 일곱 대접 재앙을 염두에 두고 있다고 볼 수는 있다. 그러나 일곱째 인과 일곱 나팔처럼 직접적이고 뚜렷하게 연관되어 나타나지 않은 것 또한 분명하다.

둘째, 첫째-넷째 나팔과 첫째-넷째 대접의 유사성 때문에 이들 재앙이 순환적 반복처럼 보이는 것은 사실이다. 이 부분은 순서만 아니라 소재도 반복되는 면이 있다. 그러나 중요한 것은 그 범위와 정도의 차이다. 또한 일곱 나팔과 일곱 대접의 상관성이 깊고 이들 재앙은 앞의 일곱 인 재앙과 내

11. 부정과거 ἡτοίμασαν은 여기서 준비하는 과정이 아니라 이미 준비된 상태를 뜻하는 것으로 '준비되었다'로 번역하는 것이 적절하다.

용이 많이 다르다는 점을 이해할 필요가 있다. 따라서 인 재앙, 나팔 재앙, 대접 재앙의 차이를 간과하는 것은 적절하지 않다(서론의 "인, 나팔, 대접의 관계" 항목을 보라).

B. 요한계시록 8:7-12 (네 나팔)

7-12절에는 네 개의 나팔이 등장한다. 네 나팔은 땅, 바다, 물(강과 샘), 하늘에 대한 것이다. 이 모든 것이 각기 해당되는 분야의 1/3이 재앙의 타격을 받음과 관련된다. 네 나팔 재앙은 전체적으로 교차적인 구성을 갖는다. 처음의 땅(a)과 나중의 하늘(a′)이 대조되고, 둘째 것(b, 바다)과 셋째 것(b′, 물)은 물이라는 특성을 공유한다. 전체적으로 하늘과 땅, 그리고 바다와 강(강과 샘)의 1/3의 타격을 그려준다.

a. 첫째 나팔- 땅의 1/3(7절)
    b. 둘째 나팔- 바다의 1/3(8-9절)
    b′. 셋째 나팔- 물의 1/3(10-11절)
a′. 넷째 나팔- 하늘의 1/3(12절)

번역

7 첫째 천사가 나팔을 불었다. 그러자 피가 섞인 우박과 불이 땅에 던져졌다.
땅의 삼분의 일이 타버리고 나무들의 삼분의 일이 타버리고 모든 푸른 풀이
타버렸다. **8** 둘째 천사가 나팔을 불었다. 그러자 불이 붙은 큰 산 같은 것이
바다에 던져졌다. 바다의 삼분의 일이 피가 되고, **9** 바다에 있는 생명을 가

진 피조물들의 삼분의 일이 죽고 선박의 삼분의 일이 파괴되었다. **10** 셋째 천사가 나팔을 불었다. 그러자 하늘에서 횃불같이 타는 거대한 별이 떨어졌다. 강들의 삼분의 일과 물의 샘들 위에 떨어졌다. **11** 별의 이름은 '쑥'이라 불렸다. 물들의 삼분의 일이 쑥이 되었다. 많은 사람이 쓰게 된 물 때문에 죽었다. **12** 넷째 천사가 나팔을 불었다. 그러자 해의 삼분의 일과 달의 삼분의 일과 별들의 삼분의 일이 타격을 받았다. 그것들의 삼분의 일이 어두워지고 낮 삼분의 일은 빛을 비추지 않고 밤 삼분의 일도 그와 같았다.

주해

7절 (첫째 천사의 나팔) 첫째 천사가 나팔을 불자, "피가 섞인 우박과 불"(hail and fire, mixed with blood)이 땅에 던져졌다(7절). 우박과 불이 함께 떨어진 예는 출애굽 때에 이집트에 내린 일곱째 재앙(출 9:13-35, 특히 23-24절)이다. 그러나 그때는 피가 섞인 우박은 아니다. 우레가 울리고 우박과 함께 불이 섞여 내린 출애굽 때보다 첫째 나팔의 피가 섞인 우박과 불이 훨씬 더 참혹하고 무서운 재앙이 될 것이다. 더군다나 이 재앙은 특정 지역에 제한되지 않는다. 우박과 불과 피에 대해서는, 하나님께서 에스겔을 통해 곡의 심판을 말씀하실 때, 이것들이 전염병과 폭우와 유황과 함께 섞여 내릴 것이라 하신 적이 있다(겔 38:22; 비교, 계 20:9).[12] 이러한 현상은 역사상 처음 있는 일일 것이다. 우박과 불에 피가 혼합된 형태가 어떤 것인지 알 수 없다. 불과 피가 붉은 색 계통이라는 점에서 사람들은 그때 우박과 불과 피가 섞여 내린다고 생각할 수 있다. 하늘에서 우박이 내린 상태에

12. 우박과 불은 하나님의 강력한 임재의 현상 가운데 하나다. 시 18:13, "여호와께서 하늘에서 우렛소리를 내시고, 지존하신 이가 음성을 내시며 우박과 숯불을 내리시도다"(개역개정).

서 땅의 갈라짐 가운데 용암이 솟구치는 상태를 가리키는 것일 수도 있다. 본문에 “던져졌다”(ἐβλήθη)는 말은 있으나,[13] 이들 우박과 불과 피가 ‘하늘에서 내린다’는 말이 없는 점을 주목하면, 우박은 하늘에서 내리고 불과 피는 땅에서 솟구치는 장면을 그려볼 수 있다.

결과는 참혹했다. 땅과 나무의 1/3과 모든 풀이 “타버렸다”(부정과거 수동태 κατεκάη)는 것은 하늘에서 우박과 함께 내린 불이 땅과 나무의 1/3을 태우고 모든 풀을 전소할 만큼 엄청났다는 뜻이다. ‘까떼까에’(타버렸다)를 세 번에 걸쳐 반복하는 것은 그 참상을 강조하기 위함이다. 창세 이래로 이제까지 이런 재앙이 없었다. 재앙의 정도에 있어, 인의 재앙들과 크게 차별된다.[14] 그 결과 땅과 수목의 적지 않은 부분(1/3)이 황폐해졌다. 아마존 수림과 같은 거대한 숲들이 아예 통째로 없어질 수 있을 것이다. 이 재앙은 땅의 생태계에 엄청난 영향을 줄 것이다. 사람과 동물의 먹거리를 제공하는 자연계 자체가 큰 타격을 받게 될 것이다. 땅과 나무와 풀의 재앙은 “인칠 때까지 땅이나 바다나 나무들을 해치지 말라”(7:3)는 제한적 조치가 더 이상 적용되지 않음을 뜻한다(연속된 둘째 나팔의 재앙이 바다에 대한 것이다). 따라서 이스라엘 자손에 대한 144,000명의 인침이 상당 부분 진행된 상태거나 마무리되고 있다고 생각할 수 있다.

땅의 재앙으로 수목의 1/3과 모든 풀이 탔다는 것은 그 일이 한시적이라 해도 모든 인류의 식량난이 심각한 상태에 빠질 것임을 암시한다. 그래서 비일은 이 재앙이 셋째 인의 기근 재앙과 유사하다고 보지만(Beale, 1999: 474), 그렇지 않다. 소재(기근)의 유사성이 다소간 있으나 그 내용과

---

13. 여기서 “던져졌다”는 상징적 의미를 전한다고 볼 수 있다. 하늘에서 누가 던진 것은 아닐 것이기 때문이다. 이것은 “일어나게 했다”의 의미를 강조한 표현으로 이해된다.

14. 우박과 불에 피가 섞였다는 것은 하나님의 진노와 그의 심판적 특성을 강조해준다. 그만큼 하나님의 진노가 크다는 것이다.

정도가 다르다. 첫째 나팔의 재앙에서는 땅의 1/3이 타격을 받는다. 올리브 유와 포도주를 제외했던 셋째 인의 때와 달리 훨씬 강력한 기근이 지구를 휘덮을 것이다. 또한 비일은 환난이 에스겔 5:5, 12의 영향 때문에 땅 1/3이라는 제한이 생긴 것이라고 추정하였는데(Beale, 1999: 474-5), 에스겔(특히 5:12)은 1/3이 전염병과 기근의 피해로(2절은 불살라져서) 죽을 것이고, 1/3은 사방에서 칼로 죽으며, 1/3은 흩어질 것 등을 예고한다. 그러나 나팔 재앙은 이와는 다르다. '1/3'이라는 용어만 공유될 뿐이다. 더군다나 계시록 본문의 경우, 에스겔 본문처럼 같은 대상(예컨대, 예루살렘, 겔 5:5)의 1/3, 1/3, 1/3의 나뉨이 아니다. 각기 다른 대상, 즉 한 번(첫째)은 땅, 그다음(둘째)은 바다, 그다음(셋째)은 강과 샘물, 그다음(넷째)은 일월성신의 1/3이다. 계시록이 묘사하는 때는 지상과 천체의 1/3이 타격을 받는 때다.

8-9절 (둘째 천사의 나팔) 둘째 천사가 나팔을 불자, 불이 붙은 큰 산 같은 것이 바다에 던져진다(8절, "던져졌다"). "불이 붙은 큰 산 같은 것"은 지구에 떨어지는 일종의 거대한 유성일 것이다. 요한이 "같은 것"(ὡς)이라고 표현한 것은 그가 사는 동안 이런 형태를 본 적이 없기 때문일 것이다. 이것은 거대한 유성이 대기권을 지나면서 불이 붙은 상태가 된 것일 수 있다. 또는 바닷속의 거대한 화산이 솟구쳐 엄청난 양의 용암을 분출하는 것일 수도 있다.[15] 그런데 이 거대한 불붙은 산 같은 것은 바다에 던져져 바다의 생명체 1/3을 죽게 만든다(9절). 바다의 1/3이 피가 되는데("되었다"), 이는 바다의 1/3이 생명체가 살 수 없는 바다가 된다는 뜻일 것이다. 떨어진 유성의 화학적 성분으로 해수가 영향을 받아 바다의 많은 생명체가 죽임을 당하게 될 수 있다. 이것은 바다에 떨어진 충격의 여파로 발생한 해일(쓰나미) 때문일 수 있다. 많은 바다의 생명체가 죽으면 바다는 더더욱 죽음의 바

15. 베수비오(Vesuvius) 화산 폭발로 인해 일어난 참상에 대한 Aune 1998a: 519-20의 해설을 참고하라.

다가 될 것이다. 과정이든, 결과든 바다의 생명체의 1/3이 죽음을 맞게 된다("죽었다").[16] 그와 함께 선박의 1/3도 타격을 입고 "파괴되었다"(διεφθάρησαν, 철저히 파괴되었다; L&N, 20.40). 이 역시 바다에 떨어진 유성으로 인해, 또는 이때 발생한 지진과 해일 등의 이상현상으로 인해 일어난 피해일 것이다.

가장 큰 바다는 태평양이지만, 거대한 유성이 바로 이곳에 떨어질 지는 알 수 없다. 또는 많은 유성이 여러 바다에 떨어질 것인데, 본문은 단지, 이 가운데 가장 크고 대표적인 유성의 경우를 가리키는 것인지도 분명하지 않다. 중요한 것은 바다의 적지 않은 부분(1/3)이 황폐화된다는 점이다. 바다의 생태계가 상당 부분 파괴되고, 바다의 먹거리가 급격히 없어지고, 선박

---

16. Beale은 문자적 해석을 비판하면서 이 부분에 대해 이렇게 말한다. "재난들이 주로 비유적 표현을 담고 있는 구약의 문학적 모델에 의해 영감된 것이다." 그러면서 둘째 나팔 재앙이 렘 51장에서 연원된다고 주장한다(Beale, 1999: 476). 예레미야는 바벨론의 심판을 예고하면서 그것이 "불 탄 산"이 될 것이고(25절), 그는 또한 예언의 책에 돌을 매어 유브라데 강 속에 던지며 바벨론이 이같이 몰락할 것(63-64절)을 예고하였음을 지적한다. 물론 둘째 나팔 사건과 렘 51장은 비슷한 점이 있으나 그렇다고 비유적 해석이 정당화되는 것은 아니다. 첫째, 바벨론의 몰락은 이곳이 아니라 일곱째 대접 사건(16:17-21)과 관련된 것이다. (물론 Beale은 둘을 같은 사건으로 볼 것이다[예, Beale, 1999: 476].) 둘째, 예레미야의 바벨론이 계시록의 바벨론과 동일한 것을 가리킨다고 볼 근거는 없다. 예레미야서의 블레셋(47장), 모압(48장), 암몬(49:1-6), 에돔(49:7-22), 다메섹(49:23-27), 게달과 하솔(49:28-33), 엘람(49:34-39) 등은 어떻게 해석해야 하는가? 이들에 대해서는 계시록 어디에 기록되어 있는가? 셋째, 불 탄 산이 바다에 던져진 것을 바벨론의 멸망으로 해석할 수 있다 해도, 바다의 삼분의 일이 피가 되고, 피조물의 삼분의 일이 죽고, 배들의 삼분의 일이 깨지는 것은 어떻게 해석할 것인가? 이 내용들도 렘 51장의 예언에 적합하다 할 수 있는가? 아니면 이것들은 다른 데서 따온 것인가? 이것에 대한 Beale의 답변은 Beale, 1999: 477-8에 있다. 역시 비유적 해석이다. '바다'는 나라들(nations)이고, '바다의 피조물'은 사람들(people)이라 본다. 그런데 그는 나팔 재앙들에서 사람들을 가리킬 때에는 직접 '사람들'이라고 거명한다는 점(8:11; 9:4-5, 15, 18)은 지적하지 않는다. Beale은 기본적으로 나팔 재앙들이 교회 시대 내내 일어나고 있는 일들로 치부한다(Beale, 1999: 521). 일상과 특례의 언어적 차이를 구별하지 않는 상징적 해석 때문이다.

업이 크게 타격을 입는다는 점이다.

10-11절 (셋째 천사의 나팔) 셋째 천사가 나팔을 불자, 하늘에서 횃불같이 타는 거대한 별이 떨어진다(10절, "떨어졌다"). 둘째 나팔과 셋째 나팔의 경우에는 중요한 유사점이 있다. 첫째, "불이 붙은 큰 산 같은 것"(8절)이나 "횃불같이 타는 거대한 별"(10절)은 둘 다 불타는 유성을 가리키는 표현처럼 보인다. 다만 후자가 전자보다는 더 큰 것을 가리키는 것일 수 있다. '산'보다는 '별'이 크다고 할 수 있기 때문이다. 둘째, 바다의 1/3이 타격을 받는 둘째 나팔과 강의 1/3이 타격을 입는 셋째 나팔(10절)은 둘 다 물과 관련되는 유사점을 보인다. 흥미로운 것은 첫째, 둘째, 셋째 재앙 모두에 불이 등장한다는 점이다. 불이 소재가 되고 있는 불의 재앙들이라는 점이다. 다만, 셋째 나팔 재앙에서 강과 샘은 마시는 물(담수)과 관련이 있다. 물의 1/3이 쑥이 되었다는 것(11절)은 사람과 동물이 마실 물이 그만큼 없어졌다는 뜻이다. "떨어졌다"가 두 번 반복되지만, 주어("타는 거대한 별")는 하나다. 한 번은 하늘에서 떨어진 장면을 그려주는 반면 또 한 번은 강의 1/3과 물의 샘들 위에 떨어진 장면을 부각한다. 첫째 재앙과 둘째 재앙에서는 "던져졌다"가 쓰인 반면, 셋째 재앙에서는 "떨어졌다"가 사용된다. 셋째 재앙에 관한 묘사에서는 더욱이 "하늘에서"와 두 개의 "~위에"(ἐπί)라는 어구가 덧붙여진다. 이로 보아, 셋째 재앙은 하늘에서 땅에 떨어지는 형태로 일어날 가능성이 훨씬 높다. 거대한 유성(또는 유성들)의 습격이라 할 수 있을 것이다.

하늘에서 떨어진 불타는 별은 강의 1/3과 샘(물의 샘)에 영향을 미친다. 어떤 경로로 그같이 되는지, 지금으로서는 알 수 없다.[17] 불타는 유성의 파

17. 하나의 유성이 어떻게 지구의 물 삼분의 일에 동시에 떨어질 수 있는가에 대한 Beale의 의문(Beale, 1999: 488)은 이해할 만하다. 아직 알 수 없다. 하나의 별이 떨어졌지만, 그 별들의 파편이 나눠질 것인지, 큰 하나의 덩치로 남게 될지 알 수 없다. 또한

편들이 여러 강과 샘에 영향을 미칠 것인지, 그 외의 다른 요인으로 발생할 것인지 지금은 알 수 없다. 그 별의 이름을 "쑥"(ἄψινθος)이라 불렀는데, 그것은 모종의 화학적 성분으로 인해 물을 먹을 수 없는 쓴 물로 만들기 때문일 것이다. "쑥이 되었다"(11절)는 것은 물이 쑥처럼 쓰게 되었다는 뜻이다(Aune, 1998a: 484). 물을 마신 사람들이 죽은 것은 그 물이 음용할 수 없는, 화학적으로나 생물학적으로 해롭고 오염된 물이 되었기 때문일 것이다. 지구의 적지 않은 지역(1/3 가량)에서 담수의 변질, 즉 지하수와 표층수의 오염이 일어난 것이다. 적지 않은 수의 사람들이 이 때문에 죽게 된다("죽었다").

물이 쓰게 된 것은 출애굽 재앙 가운데 첫째 재앙과 관련된다(출 7:14-25). 하나님께서 명령하신 대로 모세와 아론이 지팡이로 나일 강을 칠 때 물이 다 피가 되었다. 나일 강물이 마실 수 없는 물이 된 것이다. 그러나 셋째 나팔 재앙에서 일어나는 물의 심판은 국지적 재앙인 나일강 때와는 비교할 수 없다. 전 세계의 1/3이 재앙의 범위에 들기 때문이다. 이로 인해 많은 사람들이 죽음을 맞는다.

12절 (넷째 천사의 나팔) 넷째 천사가 나팔을 불자, 해의 1/3과 달의 1/3과 별(들)의 1/3이 타격을 받는다(12절). 땅에서 시작된 재앙은 바다와 강/샘을 거쳐 하늘의 영역에까지 미친 것이다. 해와 달과 별들, 즉 일월성신(一月星辰)의 타격은 나팔 재앙이 우주적인 영역에 이르렀음을 가리킨다. "타격을 받았다"(ἐπλήγη)는 '타격을 주다, 피해를 입히다'(πλήσσω)의 부정

어떤 경과로 담수의 삼분의 일에 영향을 미치게 될지도 우리는 알지 못한다. 한 가지 추측할 수 있는 것은 독성 있는 유성과 그 파편으로 인해 전 세계적인 대기 오염이 발생할 수 있지 않을까 하는 것이다. 물리적, 화학적 대기 오염의 결과, 연잇는 복합오염에 영향을 받은 폭우로 인해 식수원의 심각한 오염이 발생할 수 있다고 본다. 그러나 우린 아직 알 수 없다. 한편, 이를 핵폭발과 방사능 오염으로 인한 재해로 보는 견해도 있다(참고, Beale, 1999: 489).

과거 수동태로 이 단어에서 재앙(πληγή)이라는 말(9:18, 20; 11:6; 15:1, 6, 8; 16:9, 21 등)이 나온다.[18]

해와 달과 별의 1/3이 타격을 입자, 이들 발광체(또는 반사체)들이 모두 어두워졌다. 낮과 밤에 빛이 비치지 않게 된다. 세계는 밝은 빛을 잃어버린다. 이 상태가 짙은 어둠의 상태는 아닐 수 있다. 밝은 빛이 없어진 상태, 낮인 데도 짙고 침침한 구름에 해가 가려진 것 같은 상태, 밤에는 달빛과 별빛의 비췸이 없는 상태가 아닐까?[19] 세계는 예전보다 심한 어둠과 추위를 겪게 될 것이다. 극강의 이상기후 상태다.

여섯째 인(6:12-14)의 때에 있던 천지격동(天地激動)과 어떤 차이가 있을까? 여섯째 인의 천지격동 현상은 일시적인 것일 수 있다(6:12-14의 주해를 참고하라). 반면에 넷째 나팔의 결과는 훨씬 지속적인 것일 수 있다. 여섯째 인 재앙을 일시적인 것으로 보는 이유는 그때 일어난 큰 지진이 나팔 재앙 때까지 계속된다고 볼 수 없고, 역시 해가 검게 되고 달이 피같이 되는 것이 나팔의 때까지 계속되었다면, 넷째 나팔 재앙의 결과 그 1/3이 빛을 잃는 일이 애초에 가능하지 않기 때문이다.[20]

넷째 나팔 재앙은 다른 나팔의 경우보다 첫째 나팔의 것과 연관이 깊다. 첫째 것이 땅의 1/3에 대한 것이고 넷째 것은 하늘의 1/3에 관한 것이

---

18. '재앙'이라는 단어가 9:18 이전에 나오지 않는다. 그런데 넷째 나팔에서는 동사 '타격을 받았다'(ἐπλήγη)가 나왔다(8:12). 그리고 여섯째 나팔에는 명사 '재앙'(πληγή)이 나온다(9:18).

19. Osborne은 이 어둠 현상을 출애굽 때의 아홉째 재앙처럼 천지가 온통 흑암이 된 상태로 이해하는데(Osborne, 2002: 355-7), 그렇게 볼 필요는 없을 것이다. 어스름하고 희미한 빛만 있는 상태, 태양 빛이 충분하지 않아 온누리에 추위(혹한)가 엄습하고 있는 상태로 보는 것이 자연스럽다. 본문 자체가 흑암이라 말하고 있지 않기 때문이다(비교, 6:12; 16:10).

20. Aune는 해와 달과 별의 재앙인 넷째 나팔 재앙이, 천지창조에서 넷째 날 해와 달과 별을 창조하신 사실(창 1:14-19)과 연관이 있다는 것을 지적한다(Aune, 1998a: 523).

다. 하늘과 땅의 1/3이 타격을 입은 상태가 된다. 나팔 재앙이 지구에 거주하는 인류에게 얼마나 큰 타격('뺄레게')을 가하는 것이 될지 지금은 다 가늠할 수 없다.[21] 혹독한 이상기후는 많은 이들을 추위와 고통에 떨게 할 것이다. 사람들은 고통 속에 분노할 것이다. 그러나 이것이 재앙의 끝이 아니다. 다른 재앙들이 다가오고 있다.

해설

여섯 인의 4(네 개의 재앙) + 2(두 개의 재앙) 배열과 여섯 나팔의 4 + 2 배열에는 유사성이 보인다. 4 + 2의 패턴의 유사성은 두 재앙(인과 나팔)이 서로 유사한 것임을 말해주는 것일까?

첫째, 인 재앙과 나팔 재앙이 4 + 2로 나타나는 것은 패턴의 유사점이 있음을 보여준다. 반면에 대접 재앙은 5 + 2 또는 3 + 2 + 2의 패턴을 보인다(16장 구조를 참고하라).

둘째, 인 재앙과 나팔 재앙의 비슷한 4 + 2 패턴을 통하여 둘 사이의 내용의 유사성을 보여주고자 하는 것이라면, 앞의 네 재앙(4)과 뒤의 두 재앙(2)의 내용이 여섯 인의 내용과 비슷해야 할 것이다. 그러나 실제로 그 내용은 서로 많이 다르다. 따라서 인 재앙과 나팔 재앙이 서로 같은 내용의 반복이라 볼 수 없다.

셋째, 오히려 인 재앙보다는 나팔 재앙과 대접 재앙의 유사성이 더 뚜렷하다. 땅, 바다, 강/샘, 해(태양)로 이어지는 순서의 일치도 뚜렷하다. 그

---

21. 어떤 것이 상징이고, 어떤 것이 실재일까? 땅과 바다와 강과 하늘의 삼분의 일은 상징일까? 말하고자 하는 바는 각 부분의 삼분의 일의 타격인데 이것이 객관적 사실이든 주관적 체험이든 실재가 아니고, 단지 문학적 상징에 불과한 것이라면 이는 과장된 표현(과장법)이 될 것이다. 그런데 굳이 과장할 필요가 있을까? 여기서 어떤 것이 상징이고 어떤 것이 문자적 실재인지를 구별하는 것은 사실상 가능하지 않다.

러나 그렇다고 해서 나팔 재앙과 대접 재앙이 같다고 볼 수 없는 것은 각 재앙의 정도와 범위가 다르기 때문이다.

넷째, 그렇다면 인 재앙과 나팔 재앙의 4 + 2 패턴의 유사성은 왜 있는 것일까? 그것은 인 재앙과 나팔 재앙을 연결하려는 목적 때문일 것이다. 인 재앙에서 나팔 재앙으로 이어지게 하려는 목적이다. 실제로 일곱째 인 재앙에서 나팔 재앙이 나온다. 인 재앙의 4 + 2에 익숙해진 독자들은 나팔 재앙의 4 + 2의 패턴을 이해하기 쉬울 것이다.

다섯째, 반면에 대접 재앙에서는 4 + 2 구도를 보여주지 않는데, 이는 더 이상 4 + 2 구도로 나팔과 대접 재앙 간의 관계가 설정되지 않는다는 것을 보여준다. 그보다는 첫째에서 여섯째 재앙의 재앙별 유사성(연계)을 통해 나팔 재앙과 대접 재앙을 서로 비교하고 대조하게 해주려는 목적이 있는 것 같다. 이를 통해 나팔 재앙(1/3 대상)보다 대접 재앙(전체 대상)이 더 심화되고 전면적인 것임을 알려준다.

또 하나 생각해야 할 점은 나팔과 대접 재앙들과 출애굽 재앙들의 관계는 어떤 것인가에 대한 것이다. 계시록 재앙들은 출애굽 재앙들을 베낀(모방한) 것인가? 이들 가운데 유사점은 무엇이고 차이점은 무엇인가?

첫째, 출애굽 재앙과 나팔과 대접 재앙들 간에 유사한 것들이 있다. (1) 첫째 나팔 재앙에서(8:7) 피 섞인 우박과 불이 출현하는 점은 출애굽의 일곱째 우박 재앙(출 9:13-35, 특히 24-25절)과 비슷하다. 그러나 나팔 재앙은 땅(지구)의 1/3이 탔다는 점에서 차이가 있다. 더 강한 땅의 재앙임을 드러낸다. (2) 첫째 대접 재앙(땅의 재앙, 16:2)은 악하고 독한 종기로서 여섯째 악성 종기 재앙(출 9:8-12, 특히 9-10절)과 비슷하다. 그러나 대접 재앙은 국지적인 것이 아니라 세계적인 것이다. (3) 셋째 대접과 관련하여(16:4) 물이 피가 되는 재앙은 출애굽의 첫째 재앙(출 7:14-25, 특히 19-21절)과 비슷하다. 이 역시 그 범위가 전 세계적이라는 점에서 출애굽 재앙과 다를 것이다. (4) 넷째 나팔 재앙(8:12)의 경우, 해와 달과 별의 1/3이 어두워진 경우는 출애굽의 아홉째 흑암 재앙(출 10:21-29; 특히 21-23절)과 비슷하다. 출애굽 때에는 삼일 동안 어두웠다. 이렇게 어두워진 현상은 여섯째 인의 현상 가운데 한 부분(6:12, 해가 검은 상복처럼 검게 되고 달 전체가 피같이 됨)의 경우와 유사한 점이 있다. (5) 다섯째 나팔(9:1-11)의 메뚜기 재앙은 출애굽의 여덟째 메뚜기 재앙(출 10:1-20, 특히 12-15절)과 연관이 될 수 있다. 물론 출애굽 재앙은 나무와 풀을 해치지만, 나팔 재앙은 다섯 달 동안 많은 사람을 괴롭게 했다는 점에서 차이가 있다. 또한 출애굽 때의 메뚜기는 자연계의 메뚜기지만 다섯째 나팔의 메뚜기는 달라 보인다. 무저갱에서 올라온 메뚜기들이다. 그 생김새와 특성이 다르다.

둘째, 출애굽 재앙에는 있으나 나팔과 대접 재앙에는 없는 것들도 있다. 출애굽 재앙 중에 둘째 개구리 재앙(출 8:1-15)과 셋째 이 재앙(출 8:16-19), 그리고 넷째 파리 재앙(출 8:20-32)과 다섯째 가축의 죽음 재앙(출 9:1-7), 또한 마지막의 장자 재앙(출 11:1-10)은 나팔과 대접 재앙에서는 찾을 수 없다. 출애굽의 열 재앙 중 다섯 재앙은 나팔과 대접 재앙과 유사한 요소가 있고 다섯 재앙은 비슷한 것을 찾을 수 없다.

셋째, 출애굽 재앙과 인, 나팔, 대접 재앙과의 연관성이 있는 것을 부인할 수는 없다. 그렇지만 연관성은 있으나 동일하지는 않다. 서로의 연관성에 한계가 있고 또한 상호 의존성도 적다. 서로 차별되는 독특성도 상당하다. 특히 강도(세기)와 범위(국지적 대 세계적)는 상당 수준 다르다. 이들 재앙 간의 상호 유사성이 존재하는 이유는 하나님의 재앙이라는 특성(성격) 때문일 것이다(참고, Osborne, 2002: 340). 하나님의 재앙이므로 서로 공유되는 것이 있는 것은 당연하다. 그럼에도 차이점이 많고 심지어 공유되지 않는 재앙들이 많은 것은, 계시록 재앙이 출애굽 재앙을 모방한 것이거나 출애굽 재앙을 토대로 창작된 것이 아닌 것임을 가리킨다.

넷째, 출애굽 재앙과 계시록 재앙을 표로 비교하면 다음과 같다.

출애굽 재앙	피해	연관된 계시록 재앙	차이점
1. 물이 피가 되는 재앙 (7:14-25)	나일 강 고기가 죽고 악취가 남, 강물을 마실 수 없음.	둘째 대접(16:3)에서 바다가 피같이 됨과 셋째 대접(16:4)의 물이 피가 됨. 둘째 나팔(8:8)에서 바다의 삼분의 일이 피가 됨과 셋째 나팔(8:10-11)에서 물의 삼분의 일이 쓰게 됨.	셋째 대접은 그 범위가 전 세계적이라는 점.
2. 개구리 재앙 (8:1-15)	죽은 후 (숨 쉴 수 없게) 악취가 남.	없음.	
3. 이 재앙 (8:16-19)	사람과 가축에 이가 들끓음.	없음.	
4. 파리 재앙 (8:20-32)	파리로 땅이 황폐해짐.	없음.	
5. 가축 죽음 재앙(9:1-7)	가축 전염병이 돎.	없음.	
6. 악성 종기 재앙(9:8-12)	사람과 짐승에게 악성 종기가 생김.	첫째 대접(땅의 재앙, 16:2)의 '악하고 독한 종기'가 남	범위의 차이가 있음.
7. 우박 재앙 (9:13-35)	우레와 함께 우박과 불이 섞여 내림. 밭의 채소와 들의 나무가 상함.	첫째 나팔(8:7)의 '피 섞인 우박과 불'과 비슷함.	나팔 재앙은 땅의 삼분의 일이 타게 됨. 한층 강도 높은 땅의 재앙임.
8. 메뚜기 재앙(10:1-20)	메뚜기가 온 땅을 덮고 남은 채소와 나무 열매를 다 먹음, 푸른 것이 남지 않음.	다섯째 나팔(9:1-11)이 메뚜기 재앙이라는 점에서 유사함.	출애굽 재앙은 나무와 풀을 해친 반면, 나팔 재앙은 다섯 달 동안 사람을 괴롭게 함. 또 자연계의 메뚜기가 아님.
9. 흑암 재앙 (10:21-29)	삼일 동안의 흑암으로 서로 알아보거나 움직일 수 없음.	넷째 나팔(8:12)의 해와 달과 별의 삼분의 일이 어두워짐. 또 여섯째 인의 현상 일부(6:12)와도 유사성이 있음.	나팔 재앙은 제한된 기간이 아님.
10. 장자 재앙 (11:1-10)	처음 난 것은 사람부터 가축까지 다 죽음.	없음.	

C. 요한계시록 8:13-9:11 (다섯째 나팔)

다섯째와 여섯째 나팔은 8장의 네 나팔과 차이가 있다. 다음 다섯 가지 점에서 그렇다. 첫째, 소재가 다르다. 네 나팔이 땅, 바다, 물(강과 샘물), 일월성신 등 모두 자연계와 관련된 반면, 다섯째 나팔은 메뚜기와 그 쏨(또는 질병), 여섯째 나팔은 전쟁과 관련된다는 점에서 다르다. 둘째, 분량의 차이가 있다. 앞의 네 나팔 재앙의 분량은 비교적 짧은 반면, 뒤따르는 다섯째-여섯째 나팔 재앙은 상대적으로 많은 분량을 담고 있다. 셋째, 독수리의 '화' 선언이 이들(첫째-여섯째) 재앙에서 두 번(8:13; 9:12) 등장한다. 네 나팔 앞에나 네 나팔 사이에는 전혀 나오지 않고 다섯째 나팔 앞(8:13)과 여섯째 나팔 앞(9:12)에 등장하여 각기 다섯째와 여섯째 나팔을 이끄는 역할을 한다. 이것들은 직접적인 '화'에 해당되는 재앙들이다. 넷째, 다섯째-여섯째 나팔 재앙은 특별히 '화' 선언이 동반되는 점에서 보듯, 앞의 네 나팔 재앙에 비해 더 심한 재앙이라고 할 수 있다(Beale, 1999: 489; Osborne, 2002: 358). 재앙의 대상이 되는 사람들의 범위가 확대되고(다섯째는 성도들을 제외한 모든 인류) 결과적으로(여섯째에서) 온 인류(성도들을 포함한)의 1/3이 죽음을 맞이하게 된다. 다섯째, 다섯째-여섯째 나팔 재앙은 "땅에 거하는 자들"을 직접적인 대상으로 한다(8:13). 반면에 첫째-넷째 나팔은 그들을 직접적으로 겨냥한다고 명시하지 않는다.

다섯째-여섯째 나팔 본문은 (네 재앙과 달리) 따로 묶여 다음과 같이 네 부분으로 나뉘며 평행 구조를 가진다. 도입의 역할을 하는 듯한, 한 절의 짧은 '화' 구절(8:13, a와 9:12, a′)이 먼저 나오고, 뒤이어 다섯째 나팔(9:1-11, b)과 여섯째 나팔(9:13-21, b′)이 등장한다.

a. 세 개의 화(8:13)

b. 다섯째 나팔(9:1-11)

a′. 남은 두 개의 화(9:12)

b′. 여섯째 나팔(9:13-21)

앞의 네 나팔 재앙들이 자연계(땅과 수목, 바다, 강과 샘, 해와 달과 별 등)를 주로 다루고 있다면 다섯째 나팔과 여섯째 나팔 재앙은 사람들을 '직접' 타격한다는 점(셋째 나팔로 많은 사람들이 죽지만 간접적이다)을 지적한 바 있다. 더 큰 고통과 죽음의 성격을 띠고 있다.

첫 번째 화 선언(8:13) 이후에 나오는 다섯째 나팔 단락은 다섯 소단락으로 구분할 수 있는데 전체적으로 교차 구조를 보여준다. 앞(1-3a절, a)에는 하늘에서 떨어진 별(천사)이 등장하고 뒤(11절, a′)에는 무저갱 천사가 등장한다. 이 둘은 동일한 천사(일종의 타락 천사)를 가리킬 것이다. 이 두 부분(1-3a절과 11절)에서 또한 천사와 메뚜기의 관계가 공유된다(2절, 메뚜기가 나오는 무저갱을 연다; 11절, 그는 메뚜기의 왕이다). 3b-6절(b)과 10절(b′)은 메뚜기의 권세에 대해 반복되는 내용을 담고 있다. 그들은 사람을 괴롭히고(5절) 사람을 해하는(10절) 권세를 가지고 있다. 그 중간에 위치한 구절들(7-9절, x)은 이 메뚜기 떼들의 모습을 세밀히 그려주고 있다.

다섯째 나팔 재앙의 구조는 교차 형태로 나타나는데 다음과 같다.

a. 하늘에서 떨어진 별(천사)과 메뚜기들(1-3a절)

b. 메뚜기들의 권세: 사람을 괴롭히는 전갈의 권세(3b-6절)

x. 메뚜기들의 모습(7-9절)

b′. 메뚜기들의 사람을 해하는 전갈의 권세(10절)

a′. 무저갱 천사와 메뚜기들(11절)

번역

13 또 내가 보고 들었다. 독수리 한 마리가 하늘 한 가운데를 날며 큰 소리로
말하였다. "화로다, 화로다, 화로다, 땅 위에 거하는 자들에게! 곧 불게 될, 세
천사의 남아 있는 나팔 소리 때문이다." **9:1** 다섯째 천사가 나팔을 불었다.
그리고 나는 하늘에서 땅으로 떨어진 별을 보았다. 그에게 무저갱 열쇠가 주
어졌다. **2** 무저갱을 열자, 그 갱에서 큰 용광로 연기 같은 연기가 올라왔다.
그리고 해와 대기가 갱의 연기 때문에 어두워졌다. **3** 그 연기에서, 메뚜기들
이 땅으로 나왔다. 땅의 전갈들이 가지고 있는 권세와 같은 권세가 그들에게
주어졌다. **4** 또한 그들에게, 이마에 하나님의 인을 가지고 있지 않은 사람들
외에, 땅의 풀이나 그 어떤 푸른 것이나 그 어떤 나무도 해치지 말라는 말이
주어졌다. **5** 또 그들을 죽이지는 말고 다섯 달 동안 괴롭게만 하라는 말도 주
어졌다. 그들이 받게 될 괴로움은 전갈이 사람을 쏠 때의 괴로움과 같았다.
6 그 날에 사람들이 죽기를 구할 것이다. 그러나 그것을 찾지 못할 것이다.
그들이 죽기를 갈망할 것이다. 그러나 죽음이 그들을 피할 것이다. **7** 메뚜기
들의 모양은 전쟁을 위해 준비된 말들 같았다. 그들의 머리 위에 금으로 된
듯한 관 같은 것이 있었다. 그들의 얼굴은 사람의 얼굴 같았다. **8** 여성의 머
리털 같은 털을 가졌다. 그들의 이는 사자들과 같았다. **9** 또 그들이 가진 흉
갑은 철로 된 흉갑 같았다. 그들의 날개들 소리는 전쟁을 위해 달려가는, 많
은 말들이 끄는 전차들의 소리와 같았다. **10** 전갈들의 것과 같은 꼬리들과
그 꼬리들에 쏘는 침들을 가졌다. 그들에게 다섯 달 동안 사람들을 해하는
권세가 주어졌다. **11** 그들은 무저갱 천사를 그들의 왕으로 가졌다. 그 이름은
히브리어로 '아바돈'이고, 헬라어로 '아뽈뤼온'(아볼루온)이라는 이름을 가
졌다.

주해 및 해설

13절 (세 개의 화, 남아 있는 두 나팔) 네 나팔 재앙의 장면이 끝나자, 요한은 짧은 막간의 장면을 보게 된다(13절). 그가 보고 듣게 된 것은 하늘 한가운데를 날고 있는 독수리 한 마리가 큰 소리로 외치는 장면이다.[22] 독수리는 전령의 역할을 한다. 언제든 급습할 수 있게 높이, 그리고 빠르고 힘차게 공중을 날아가는 독수리(신 28:49; 삼하 1:23; 욥 9:26; 잠 23:5; 사 40:31; 렘 4:13; 48:40; 49:22; 호 8:1; 합 1:8)는 향후 있을 재앙들을 예고하는 일을 한다.[23] "하늘 한가운데"는 높은 공중을 가리킨다. 높은 곳을 날고 있어 쉽게 범접될 수 없는 독수리는 큰 소리로 세 번의 '화'(οὐαί, '우아이', 슬픔이나 불쾌함을 표현하는 감탄사)를 외친다.[24] 세 번의 화 선언은, 네 개의 나팔 재앙이 끝나고도 연이어 있을, 남은 세 개의 나팔 재앙을 예고한다("세 천사의 남아 있는 나팔 소리 때문이다").[25] 이전 재앙보다 더 심할 것

22. Beale은 13절의 독수리가 4:7의 네 생물 중의 하나인 "날아가는 독수리 같은" 생물일 수 있다고 보지만(Beale, 1999: 490), "날아가는 독수리 같은" 존재(4:7)와 '날아가는 독수리'(8:13)를 동일하다고 볼 근거는 없다.

23. 구약에 나타난 독수리의 이미지는 다음과 같다. 첫째, 독수리는 빠르다(삼하 1:23; 잠 23:5; 30:19; 욥 9:26; 호 8:1; 합 1:8; 렘 4:13; 30:16; 애 4:19). 둘째, 높이 힘차게 날아 오른다(시 102:5; 옵 1:4; 사 40:31). 셋째, 높은 곳에 있어 건드릴 수 없고 새끼들이 보호받는다(출 19:4; 신 32:11; 렘 49:16). 넷째, 강하게 공격한다(신 28:49; 겔 17:3, 7).

24. '우아이'(οὐαί)가 독수리가 내는 소리와 비슷하다고 한 Osborne의 주장(2002: 361)은 흥미롭다. 현대 헬라인들은 이중모음 '아이'(αι)를 '에'로 발음한다. 따라서 그들에게는 '우에'가 된다.

25. '우아이'(화가 있다) 패턴은 구약 선지자들이 많이 사용하던 대표적인 경고(또는 경계) 선언이다(사 3:9, 11; 5:8, 11, 18, 20, 21, 22; 10:1, 5; 17:12; 18:1; 24:16; 28:1; 29:1, 15; 30:1; 31:1; 33:1; 렘 13:27; 22:18; 26:19; 28:2; 31:1; 겔 7:26; 13:3, 18 등등). '우아이'는 계시록에서 일곱 군데 모두 열네 번(8:13[x3]; 9:12[x2]; 11:14[x2]; 12:12;

이기 때문에 '화'의 재앙이 될 것(Beale, 1999: 489)인가? 아니면 앞선 재앙들의 고통스런 상태에 덧붙인 재앙이기 때문에 더욱 참혹해질 재앙일까? 둘 다일 것이다.

계시록에서 "땅 위에 거하는 자들"이라는 말은 성도들과 대조된다. 주로 부정적인 의미로 쓰인다(6:10; 8:13; 11:10; 13:8, 12, 14; 17:2, 8). 그렇다면 다섯째-여섯째 나팔의 재앙에서 성도들은 면제되는가? 다섯째 나팔 재앙에서 인침을 받는 자들이 면제되는 점은 분명히 명시된다(9:4). 반면에 여섯째 나팔 재앙에서는 분명하지 않다(16-19절 주해를 보라). 일곱째 나팔에서는 땅에 거하는 자들에 대한 심판과 함께 성도들에 대한 보상을 동시에 강조한다(11:18). 이후 일어나는 일곱 대접 재앙에는 땅에 거하는 자들이 심판의 대상이다. 땅에 거하는 자들에 대한 재앙으로 명시된 첫 번째 재앙은 다섯째 나팔이다(8:13). "화, 화, 화" 세 번의 화가 모두 땅에 거하는 자들에 대한 재앙이라는 점에서 다섯째, 여섯째, 그리고 일곱째 나팔 재앙이 모두 해당될 것이다. 특히 일곱째 나팔 재앙은 사실상 일곱 대접 재앙을 촉발하는 내용이라 할 수 있다. 그렇다면 이때가 세상과 교회의 대립이 극화될 때가 될 것이다. 세상은 더욱 적그리스도적, 반교회적으로 변할 수 있다. 그리고 이것이 두 증인 에피소드(특히 그들의 죽음)의 배경이 될 가능성이 있다. 물론 두 증인의 천이백육십 일(11:3)이 다섯째 나팔부터일지, 그 이전부터일지 판단하기는 어렵다.

남은 세 재앙이 얼마나 심할 것인지 독자들은 염려하게 될 것이다. 앞선 네 나팔 재앙 자체도 인류 역사상 전무했던 재앙들이었다. 땅과 하늘, 바다와 물의 1/3이 타격을 입고 많은 이들이 죽고 상하지 않았던가. 앞으로 이어질 나팔 재앙(다섯째-일곱째)은 또 어떤 두려운 재앙이 될 것인가?

18:10[x2], 16[x2], 19[x2]) 사용된다.

1절 (떨어진 별) 다섯째 천사가 나팔을 불자, 요한은 하늘에서 땅으로 떨어진 별을 보게 된다(1a절). "떨어진 별"은 인격적인 존재로 나타난다. 그를 3인칭 대명사(αὐτῷ, 그에게)로 칭할 뿐 아니라, 그에게 열쇠가 주어지고 또 그가 그 열쇠로 무저갱을 열게 되는 일련의 동작을 소개하여, 그 별을 의인화했다. 계시록에서 별은 초자연적인 존재인 천사를 가리킬 때가 종종 있다(1:20; 12:4; 참고, 삿 5:20; 욥 38:7; 단 8:10). 특히 11절에서 그를 "무저갱 천사"로 부르는 것으로 보아, 그는 천사 가운데 하나로서, 타락한 천사다.[26]

그런데 "하늘에서 떨어진"(ἐκ τοῦ οὐρανοῦ πεπτωκότα)이라는 표현은 주님께서 "사탄이 하늘로부터 번개같이 떨어지는 것을 내가 보았다"(눅 10:18)는 말씀에 나온 바 있다. 누가복음은 '떨어진'을 부정과거 분사(πεσόντα)로 쓴 반면, 이곳 계시록(9:1)은 현재완료 분사(πεπτωκότα)로 사용했는데, 이는 그가 하늘에서 이미 떨어진 상태임을 가리키는 것이거나, 또는 떨어지는 모습을 더 생생히 그리기 위한 표현일 수 있다. 하늘에서 이미 떨어진 상태를 나타내려 한다면, 이는 하늘에서 떨어진 존재가 사탄적인(악한) 존재임을 전제하는 것일 수 있지 않을까? 특히 '떨어졌다'는 표현이 천사에게 적용될 때, 이는 '타락한 천사'(fallen angel)를 가리키는 것이 될 수 있다. 타락한 천사는 사탄이나 그의 수하라 할 수 있겠다.[27] 1-11절의

26. Aune는 이 천사를 20:1과 같은 전령 천사로 보아야 하고 9:11의 무저갱 천사인 아뽈뤼온이나 12:9의 사탄과 동일시할 수 없다고 주장한다(Aune, 1998a: 525). 그러나 그런 주장은 1-11절의 교차 구조를 이해하지 못한 결과다. 1-3a절(a)은 11절(a′)과 상응되므로 타락한 천사, 무저갱의 왕 아뽈뤼온이 수미상관되므로 여기서는 동일한 존재로 보는 것이 자연스럽다. 3b-6절(b)과 10절(b′)의 상응(병행) 관계를 보라.

27. Osborne은 이 구절에 나오는 천사의 모습이 20:1에 나온 무저갱의 열쇠를 가지고 하늘에서 내려온 천사의 행동과 평행성이 있다고 보고 이 천사가 타락 천사가 아니라 하나님의 일을 수행하는 천사라고 보았다(Osborne, 2002: 362). 참고할 만하다. 그러나 현재완료 분사 '뻬뽀또꼬따'(πεπτωκότα)는 이미 떨어진 상태를 가리키는 것이

교차 구조에서 1-3a절과 11절의 대응 관계를 살펴볼 때, 1-2절의 무저갱 천사는 11절의 아뽈뤼온(아바돈)과 동일 존재일 가능성이 높다.

떨어진 별, 그에게 무저갱을 여는 열쇠가 주어졌다(1b절).[28] '무저'(無底, 밑이 없는, ἄβυσσος)라는 단어는 창세기 1:2(깊음, תְּהוֹם)의 70인역에서 처음 등장한다(또한 창 7:11; 8:2의 '깊음'을 보라). 계시록에서 '무저' 또는 '무저갱'(밑이 없는 구덩이)은 사탄 편에 있는 존재들의 영역(그들이 갇혀 있어, 활동이 제한된 곳)이다.[29] 계시록에서 무저갱은 일곱 번(9:1, 2, 11; 11:7; 17:8; 20:1, 3) 나온다. 무저갱에서 짐승이 출현한다(11:7; 17:8). 나중에 마귀는 무저갱에 천년 간 갇히게 된다(20:1, 3). 다만, 악의 세력이 무저갱의 열쇠를 처음부터 가지고 있는 것이 아니다. 다만 주어져야 갖게 될 수 있을 뿐이다. 그것도 일시적이다(9:1; 20:1). 계속 갖는 것은 더욱 아니다.

무저갱과 하데스(음부; 1:18; 6:8; 20:13, 14)를 동일시하는 견해(예, Aune, 1998a: 525-26)도 있으나, 계시록에서 죽은 자들의 거처인 하데스는 악한 존재들이 갇히는 무저갱과 동일하게 취급되지 않는다. 하데스는 철저히 죽음(죽은 자들)과 관련되고(예, 6:8; 20:13-14), 무저갱은 악의 세력과만 연관된다(예, 11:7; 17:8; 20:1, 3). 죽은 자들이 무저갱에 있다거나, 악의

므로 이 천사를 타락한 천사로 보는 것이 자연스럽다. Beale이 20:1의 현재 분사 '까따바이논따'(καταβαίνοντα, 내려오는)와 9:1의 현재완료 분사 '떨어져 있는'의 관계를 대조적 관계로 보는 것은 일리가 있다(Beale, 1999: 492-3).

28. 사망과 음부의 열쇠를 가지신 그리스도(1:18; 3:7)와 비교하라. 타락 천사에게 무저갱의 열쇠가 주어진 것은 하나님께서 모든 역사의 섭리자와 주관자가 되신다는 점을 부각하는 것이다. 특히 마지막 종말의 재앙에는 하나님의 개입이 직접적이다. 온 우주에 대한 약속을 성취하시며 공의를 집행하시는 때이기 때문이다.

29. 무저갱(9:1, 2, 11; 11:7; 17:8; 20:1, 3)은 마지막 심판의 때에 던져질 '불의 못'(ἡ λίμνη τοῦ πυρός; 19:20; 20:10, 14, 15; 21:8)과는 다른 곳으로 보아야 한다. 불못은 사탄의 무리와 하나님의 심판을 받게 될 자들이 마지막으로 가게 될 '유황으로 불타는 못(호수)'(19:20) 또는 '불과 유황의 못(호수)'(20:10)이다. 무저갱에는 불의 개념이 강조되지 않는다. 단지 '지하의 끝'(또는 끝이 없는 지하)이라는 의미가 부각된다.

세력이 하데스에 갇혀 있다는 언급은 일절 없다. 그리고 불못은 마지막 심판의 결과 그리스도 없이 죽은 자들과 모든 악의 세력이 최종적으로 던져질 곳이다(19:20; 20:10, 14-15; 21:8).

2-3a절 (무저갱과 메뚜기들) 그 열쇠로 무저갱을 열자, 갱에서 큰 용광로에서 나는 연기 같은 것이 올라왔다(2절). 용광로 연기는 뜨거운 불이 섞여 있는 무겁고 탁한 연기일 것이다. 이런 탁한 연기는 기도와 함께 올라가던 향연(8:4)과 다르고 하나님의 영광과 능력의 연기(15:8)와도 다르다. 이 연기는 고통과 괴로움, 심판의 이미지를 가진다(예, 9:17-18; 14:11; 18:9, 18; 19:3). 자욱하고 진한 연기 때문에 해가 어두워지고 대기도 심하게 탁해진다(2절).[30] 해와 공중이 어두워질 정도의 농연은 그만큼 무저갱에 갇혔던 존재들의 극악함과 혐오스러움이 크다는 것을 나타내는 표현일 것이다.

그 연기 속에서 메뚜기 떼가 땅으로 나왔다(3a절). 무저갱에서 나온 메뚜기들이 재앙적, 심판적 역할을 할 것이 자명하다. 평소에는 무저갱에 갇혀 있던 것들이다. 종말의 때가 되어, 지상에 출현한다. 따라서 이 메뚜기 떼는 자연의 곤충이 아니다. 무저갱에서 나온 특별한 생물들이다. 메뚜기 재앙은 출애굽 때의 재앙들 가운데 여덟째 재앙(출 10:1-20)이었다. 그런데 이집트에 나타났던 메뚜기 떼는 무저갱에서 출현한 것이 아니다. 자연에서 난 것이다. 또 그 목적은 사람에게 직접 해를 주는 것이 아니라, 밭의 채소가 나무 열매를 먹어 치워, 먹거리를 없애는 데 있었다(출 10:14-15). 그런

30. 연기가 피어오르는 것은 그 안에서 무언가 출현하게 될 것을 예고하는 것일 수 있다. 그 연기가 크게 올라와 태양과 하늘을 가리고 빛이 가려진 상태는 불길한 기운과 관련이 된다. 무언가의 '전조'(omen)다. Osborne은 이러한 상태가 넷째 나팔 재앙인 해와 달과 별 삼분의 일의 타격 결과인 어두움과 관련이 있다고 보는데(Osborne, 2002: 363-4), 일부 가능한 생각이다. 그런데 넷째 나팔의 경우에 비해 다섯째 나팔의 연기(9:2-3)는 메뚜기 떼의 출현(9:3)과 직결된다는 점에서 그 한시성이 부각된다.

데 무저갱에서 나온 메뚜기 떼는 이와 달랐다.[31]

3b-4절 (전갈의 권세, 인을 가진 사람들) 그들 메뚜기들에게 주어진("그들에게 주어졌다") 권세는 땅의 전갈들이 가지고 있는 권세와 같았다(3b절). 전갈 이미지는 사람을 급작스레 쏘고 극한 고통을 주는 것이다. 전갈 같은 권세를 가진 그들은 곡물을 먹는, 자연적인 메뚜기 떼와 달리 사람을 직접 괴롭히는 역할을 한다. 그들은 땅의 풀이나 곡물이나 나무를 해할 수 없다(4절, "해하지 말라[는]", ἵνα μὴ ἀδικήσουσιν). 그들은 사람들만 괴롭게 할 수 있는데, 그것도 오직 하나님의 인을 가지고 있지 않은 사람들만 괴롭게 할 수 있다.[32]

하나님의 섭리와 은혜에 따라 믿는 자들은 택함과 구원의 표인 인을 받는다. 그리스도를 믿는 자들에게 주어지는 하나님의 인은 7장에서 나온 바(7:3) 있다. 하나님의 인을 가진 천사가 네 천사에게 하나님의 인을 치기까지 다른 것들을 해하지 말라는 말을 했다(7:2-3, "해치지 말라는 말이 주어졌다"). 인은 주로 이마에 받는 것(14:1; 22:4)으로 나타나는데, 이마가 가장 잘 보이는 곳이기 때문일 것이다. 흥미로운 것은, 그때(7:3)는 '인칠 때까지' '땅이나 바다나 나무들'을 해하지 못하게 했다면, 지금(9:4)은 '인침이 없는 사람들 외에' '나무들과 풀'을 해하지 못하게 한다. 나무와 풀은 언제 해함을 받는가? 첫째 나팔 재앙 때(8:7)다. 나무의 1/3이 타격을 받았고 지금은 삼분의 이만이 남은 상태다. 풀은 그때 전소된 바 있지만, 이때 즈음에는 다

31. 로마 시대에서 굶주린 메뚜기 떼의 재앙이 신의 분노처럼 보였다는 Pliny, *Nat*. 11.35의 기록을 참고하라. 역사적인 메뚜기 재앙에 대해서는 Beale, 1999: 495과 Osborne, 2002: 364를 참고하라.

32. 출애굽의 열 재앙 가운데, 넷째 파리 재앙(출 8:21-22), 다섯째 가축 재앙(출 9:4-7), 아홉째 흑암 재앙(출 10:22-23), 열째 장자 재앙(출 11:6-7) 등이 이집트인과 이스라엘인을 구별하는 재앙들이다. 계시록의 메뚜기 재앙도 인치지 않은 자들만 괴로움을 얻게 되는 재앙이다.

시 복원되었을 것이다. “땅의 풀이나 모든 푸른 것이나 모든 나무”는 해하지 말라고 주어진 말씀은 이들 메뚜기들이 해치는 대상이 식물계가 아니라 인간들이 될 것임을 나타내는 메시지다. 심각하게 변형된(돌연변이) 메뚜기 떼거나 종류가 완전히 다른 형태의 괴기한 메뚜기 떼일 것이다. 하나님의 인을 소유한 믿는 자들은 이때의 다섯째 나팔 재앙, 메뚜기 재앙에서 해를 받지 않는다. 이때 성도들은 다른 이들과 구별되고 또한 보존된다.[33]

5절 (전갈의 쏘는 고통) 메뚜기 떼는 사람들을 죽이는 것이 목적이 아니라 다섯 달 동안 괴롭게 하는 목적을 가지고 있다(5절). “다섯 달”은 반년에서 한 달이 빠진다. 그렇게 오랜 기간도 아니고 그렇다고 그렇게 짧은 기간도 아니란 뜻이 담겨 있을 것이다.[34] 사람이 육체적으로 겪는 괴로움이 한 달 넘게 지속된다면 상당한 고통의 기간을 겪게 되는 것이다. 기간이 연장될수록 더욱 고통이 심화될 것이다. 그런 고통이 다섯 달 지속된다면 이는 결코 짧은 기간이 아니다. 동시에 반년이 되지 않는다는 것은 괴로운 기간에도 한계가 있다는 뜻이다. 메뚜기들이 쏘는 괴로움은 전갈의 괴로움과 같다고 했다. 전갈(σκορπίος)이라는 말이 최소 세 번 등장한다(3, 5, 10절). 전갈의 독침을 맞은 것 같은 괴로움을 강조한다.

6절 (죽기를 구함) 6절은 괴로움의 정도를 그려주고 있다. 다섯 달 동안 사람들은 죽기를 구한다. 그러나 막상 죽을 수는 없다. “그 날(들)”이 미래의 때를 말하는 것이라 볼 수 있는 이유는 지시대명사 ‘그(것들)’(ἐκείναις)

---

33. 그 결과 믿는 자들에 대한 세상의 증오심이 증폭되는 결과를 낳을 수 있지 않을까? 이런 점은 결국 일곱째 나팔과 관련하여 나타난 종교 갈등의 기폭제가 될 수 있을 것이다(참고, 11:18).

34. Mounce와 Osborne은 메뚜기의 활동 기간이 팔레스타인의 건기 기간 즉 이른 비와 늦은 비 중간인 4월-8월이라는 견해를 소개한다(Mounce, 1977: 195; Osborne, 2002: 367). 건기 때 활동하는 자연계의 메뚜기 떼와 비슷하게, 9장의 메뚜기 떼도 특정한 이유로 인해, 한정된 기간 동안 공격적인 행동을 한다.

가 시간이나 거리가 어느 정도 떨어진 것을 지칭한다는 점 때문이다(Aune, 1998a: 486). 그때 그런 일이 일어날 것이다. 죽음에 대해 강한 갈망을 가지지만 죽을 수 없는, 고통스러운 상황을 평행법으로 반복하여 그려낸다. 죽고자 해도 죽을 수 없는 극심한 고통을 겪게 된다. 심판의 과정이다. 절망 속에 죽기를 갈구해도 죽을 수는 없다(참고, 욥 3:21). 죽음이 그들을 피해간다.[35]

a. 죽기를 구한다.

  b. 죽음을 찾지 못한다.

a′. 죽기를 갈망한다.

  b′. 죽음이 그들을 피한다.

이런 괴롬과 고통의 상황은 오히려 그들의 마음이 더 굳어지는 계기가 된다. 출애굽의 재앙들을 겪으면서 바로가 하나님께 대하여 목을 더 굳게 하고 완악해졌던 것처럼, 이들도 하나님과 믿는 자들에 대하여 마음이 더 굳어질 것이다. 그동안 많은 재앙과 재해를 겪은 데 이어, 자신들에 한정되어 괴기한 메뚜기 떼의 피해를 받게 된 것이 억울하고 분할 수 있다. 그것은 하나님에 대한 악의의 분노로 나타나고 피해 범주에서 제외된 이들(성도)에 대한 질시와 증오의 연대감으로 나타날 것이다. 앞선 인과 나팔 재앙들의 타격 대상 가운데 성도들을 명백하게 제외하고 있는 재앙은 다섯째 나팔 재앙뿐이다. 재앙 대상의 구별은 사회적, 공동체적 차별을 불러올 수

35. 미래형 '구할 것이다'(ζητήσουσιν), '찾지 못할 것이다'(οὐ μὴ εὑρήσουσιν), '갈망할 것이다'(ἐπιθυμήσουσιν)에서 현재형 '피한다'(φεύγει)로의 전환은 생생함과 지속성의 의미를 부각할 수 있다. Osborne은 "극적인 현재"(dramatic present) 용법이라고 보았다(Osborne, 2002: 369).

있다. 고통을 겪는 자들과 고통이 면제된 자들의 심리적, 사회적, 정치적 간극은 점차 벌어질 것이다. 여섯째 나팔 재앙의 파괴적, 호전적, 반신앙적 후과가 나타나는 사회적 배경이 된다(9:20-21).

7-9절 (메뚜기의 모양) 7절부터 메뚜기의 모양이 열거된다. 첫째, 전쟁을 위해 준비된 말(들) 같았다(7a절). 메뚜기를 전쟁을 향해 달리려는 말에 비유한 것은 사전에 준비되어 있다가 역동적인 힘을 내며 내달리려는 모습을 알려주려 한 것 같다. 둘째, 머리 위에 금으로 된 듯한 관(στέφανος)이 있다(7b절). '승리의 관'(4:4, 10; 6:2 등)이다. 스포츠 경기에서 이긴 자가 얻는 명예로운 관이다. "같은 것"이라 한 것은 이들의 승리가 참된 것이 아니기 때문일 것이다. 그러나 "금으로 된 듯한"이라는 말과 "관 같은 것"이라는 말은 그들이 한동안 강력한 승리를 쟁취하게 될 것을 예고해준다. 한동안 승리의 권한(권세)을 누릴 것이다. 셋째, 그들의 얼굴은 사람의 얼굴과 같았다(7c절)고 했는데, 이들 메뚜기들이 사람처럼 지혜롭다는 뜻일 것이다. 지성의 교활함을 가질 것이다. 간단히 퇴치할 수 없을 것이란 뜻일 수 있다. 넷째, 여성의 머리털 같은 털을 가졌다(8a절). 긴 털을 가졌는데 그 털이 머리에 있는지 몸에 나 있는지는 분명하지 않다. "여성의 머리털"이라는 표현은 그 털이 머리에 있을 가능성을 좀 더 지지해준다. 겉모습에 대한 언급일 수 있지만, 이 또한 지성적 특성을 띨 것을 암시하는 것일 수 있다(Osborne, 370-1).

다섯째, 그들의 이는 사자들과 같았다(8b절).[36] 사자의 이는 용맹과 포악함을 가리킬 것이다. 사자는 강력한 이로 상대의 목을 물어뜯어 제압한다. 이들 메뚜기들은 자연계의 메뚜기 떼의 특이한 변종일 수도 있지만, 아예 메뚜기 모양과는 전혀 다른, 메뚜기 정도(또는 더 큰)의 크기에 메뚜기

36. 요한이 계속해서 '같은/같다'(ὡς, '호스')라고 하는 것은 비슷하지만 조금은 다르다는 뜻인 듯하다. 7-9절에서만 모두 여섯 번(각 절에 두 번씩) 사용한다.

같이 떼로 몰려 다니는 생물일 수도 있다. 여섯째, 메뚜기들은 흉갑을 가지고 있는데, 철로 된 흉갑과 같았다(9a절). 가슴에 차는 흉갑(갑옷)은 목과 가슴과 배를 보호한다. 철로 된 흉갑은 뚫기 어려울 것이다. 그만큼 전쟁에서 자신을 안전하게 보호하고 있다는 뜻이면서 강함을 상징한다. 일곱째, 그들의 날개 소리는 전쟁을 위해 달려가는, 많은 말들이 끄는 전차들의 소리와 같았다(9b절). 많은 말들이 끄는 전차들이 전쟁을 위해 달려가는 소리는 요란한만큼 웅장할 것이다. 전장을 압도하는 강한 울림이다. 전쟁을 향해 요란하게 달려가고 있음을 보여준다.

그런데 다섯째 나팔 재앙에서 형용사 '호모이오스'(ὅμοιος, 같은)의 반복(4회: 7[x2], 10, 19절)과 부사로 쓰인 '호스'(ὡς, 같이)의 반복(10회: 2, 3, 5, 7[x2], 8[x2], 9[x2], 17절)은 요한이 본 메뚜기 환상이 실재하는 메뚜기 떼와는 다를 수 있음을 암시한다. '호스'(~와 유사한)는 특히 메뚜기 떼의 모양을 묘사하는 7-9절에서 빈도가 높게 나타난다. 지상에 존재했던 것들과 비슷해 보이지만, 실상 많이 다를 것이다.

요엘서에 메뚜기 재앙에 대한 묘사가 나온다. 요엘서의 묘사 가운데 계시록의 다섯째 나팔 재앙인 메뚜기 떼와 유사한 점이 몇 가지 있다. 첫째, 그들의 이가 사자의 이(이빨) 같다는 점이다(욜 1:6; 계 9:8). 둘째, 말과 같은 기동력을 가지고 있다(욜 2:4; 계 9:7). 셋째, 그들이 내는 소리는 병거(전차) 소리 같다(욜 2:5; 계 9:9). 특히 하나님에 의해 사용된 군대라는 점이 유사하다(욜 2:11, 20, 25; 계 9:3-10).

그런데 계시록은 이에 더 추가한다. 머리 위에 금관이 있다(9:7). 얼굴은 사람의 얼굴 같다(9:7). 여성의 것과 같은 머리털을 가지고 있다(9:8). 철로 된 것 같은 흉갑이 있다(9:9). 꼬리에 전갈의 것과 같은 침이 있다(9:5, 10). 특히 둘의 중요한 차이는 요엘서의 메뚜기 떼가 식물을 대상으로 한다면(욜 1:7), 계시록의 메뚜기 떼는 사람을 대상으로 삼는다(계 9:4-5, 10)는 점이다. 요엘서의 것은 자연계의 메뚜기 떼가 분명한 반면(욜 1:4, 7, 10-12; 2:3, 25), 계시록의 메뚜기 떼는 이와 다르다. 출현 방식, 형태와 변이, 목표 대상 등이 다르다. 완전히 변형(또는 변이)된 메뚜기 떼다. 특히 요엘서의 메뚜기 떼로 인한 폐해는 회복될 수 있으나(욜 1:25-26, 31-32), 계시록의 메뚜기 떼의 폐해는 사람들의 회개로 회복될 수 있는 것이 아니다. 불가역적 재앙이다. 둘은 비슷한 점이 있으나 다른 점도 많다.[37]

본문의 메뚜기 모양에 대한 설명은 다음과 같이 교차적 구조로 볼 수 있겠다. 전쟁을 위한 말(a)과 전차(a′)가 앞뒤에 나타난다. 그다음은 머리의 금관(b)과 가슴의 철흉갑(b′)이, 또한 사람의 얼굴(c)과 사자의 이(c′)가 연계된다. 그 중간에 여성의 머리털(x)이 있다.

a. 전쟁을 위해 준비된 말 같은 모양(7a절)
　b. 머리 위에 금으로 된 듯한 관(7b절)
　　c. 사람의 얼굴 같은 얼굴(7c절)
　　　x. 여성의 머리털 같은 털(8a절)
　　c′. 사자의 이 같은 이(8b절)
　b′. 철로 된 흉갑 같은 흉갑(9a절)
a′. 많은 말이 끄는 전차들의 소리 같은 날개 소리(9b절)

10절 (사람을 해하는 전갈의 권세) 요한은 이미 3b-6절에 메뚜기들이 전갈의 권세를 가지고 있음을 밝혔다(3b-6절과 10절이 병행 관계인 것을 기억하자). 요한은 3b-6절에서 네 가지를 강조했다. 첫째, 전갈이 쏘는 권세를 가진다(3b, 5절). 둘째, 하나님의 인을 받지 않은 사람들을 쏘고 그들을

37. 자연의 메뚜기 떼가 육체적 기근을 가져오는 반면, 다섯째 나팔의 메뚜기 떼는 영적 기근과 영혼의 불임을 가져올 것이라는 Beale의 견해는 흥미롭다(Beale, 1999: 500).

괴롭힌다(4-5절). 셋째, 사람들이 죽기를 구하지만 죽지 못할 것이다(6절). 넷째, 이 일은 다섯 달 동안 계속된다(5절). 10절은 이 가운데 첫째와 넷째를 반복한다. 전갈이 쏘는 침과 같은 것으로 쏠 것이고(첫째), 다섯 달 동안 지속될 것이다(넷째). 한 가지 보충하는 것(10절)은 메뚜기들이 전갈의 꼬리와 그 꼬리의 침을 가지고 있어, 전갈이 쏘듯 메뚜기들도 꼬리의 침으로 쏠 거라는 것이다(5, 10절). 다섯 달 동안, 한시적으로 사람을 괴롭게 할 것이라는 점을 반복한다(5, 10절). "해하는 권세"가 주어졌으나(10절), 사람을 죽이지는 않는다. 죽고 싶도록 괴롭게 한다(5-6절).

11절 (무저갱 천사 아볼루온) 마지막 구절(11절)에서 메뚜기 떼의 리더가 누군인지 그려준다. 그들의 왕은 "무저갱 천사"다. 무저갱 천사는 앞부분에서 무저갱 열쇠를 받고 무저갱을 열었던 "하늘에서 떨어진 별"(1-2절)을 가리킨다. 천사라 한 것은 그가 본래 하늘에 속한 존재였기 때문이다. 천사들 가운데 하나였다가 땅에 추락한 '타락 천사'다. 앞에서 소개한 1-11절의 교차 구조는 1-3a절(a)과 11절(a')이 병행된다는 점을 보여준다. 따라서 1절의 하늘에서 떨어진 '타락 천사'가 11절의 '무저갱 천사'와 같은 존재이거나 최소한, 서로 관련된 존재임을 알 수 있다. 전자로 보는 게 자연스럽다(Beale, 1999: 492). 이 천사를 히브리어로는 '아받돈'(אֲבַדּוֹן)이라 부르는데, 이 단어는 '아브단'(אַבְדָן, 파괴)에서 왔고, 그 뜻은 '파괴의 장소'(place of destruction) 또는 '죽은 자의 영역'(realm of the dead)이다(BDB, 12-13; Holladay, 9-10). 이 단어는 구약성경에서 스올과 함께 세 번(욥 26:6; 잠 15:11; 잠 27:20), 죽음(무덤)과 함께는 두 번(욥 28:22; 시 88:11) 쓰였다. 한 번만 따로 쓰인 경우는 비유적으로 쓰인 경우다(욥 31:12). 이 단어가 가리키는 것이 스올 또는 죽음과 동일시되거나(Beale, 1999: 502), 또는 관련된다(참고, 계 6:8). 그런데 여기서는 이 단어가 타락한 천사(1절)의 이름인데 그는 악의 대표적 존재로서 사람들을 파괴하는 자다. 이 천사의 이름은 헬라어로는 '아뽈뤼온'(아볼루온, Ἀπολλύων)인데, '아뽈뤼미'(ἀπόλλυμι, 파괴하다)에서 온 이름(분사형)으로 파괴자(Destroyer)란 뜻을 갖는다(L&N, 93.2).[38] 그는 13장에서 바다에서 나오는 첫째 짐승(13:1-2; 또한 11:7; 17:8)일 가능성도 있다(Osborne, 2002: 490). 상당한 지배력(지도력)을 가지고 파괴적인 재앙의 수행자로 나타난다. 파괴적인 메뚜기 떼의 왕(수장)이다.[39]

10-11절은 다섯째 나팔 재앙의 마무리 부분이다. 요한은 다섯째 나팔 재앙의 메뚜기 떼에 대한 묘사를 마치며, 8-9절의 미완료과거형 '에이꼰'(εἶχον, 가졌다/가지고 있었다)의 2회 사용에서 10-11절의 현재형 '에쿠신'(ἔχουσιν, 가진다/가지고 있다; 맥락상 번역은 '가졌다'로 함)의 2회 사용으로 시제를 전환한다. 이를 통해 메뚜기 떼의 역할(10절)과 그 정체성(11절)에 대해 보다 생생한 심상을 부각하려 했을 것이다. 그 역할을 반복 요약하고 그 정체성을 다시 규명한다.

---

38. '아뽈뤼온'은 11:7; 17:8의 무저갱에서 올라오는 짐승과 동일한 존재일 수도 있고 다른 존재일 수도 있다. 만일 같은 존재라면, 살후 2:3의 '멸망의 아들'(ὁ υἱὸς τῆς ἀπωλείας)을 가리킬 수 있다. 계 9:11의 '아뽈뤼온'과 살후 2:3의 '아뽈레이아'(멸망, 파괴)의 유사점이 있다(참고, Mounce, 1974: 165). 한편, 나중에 무저갱에 갇히는 마귀(20:1, 3)와는 구별된다. 아볼루온(아뽈뤼온)과 아폴로를 동일하게 보는 학자들도 있다(예, Kerkeslager, 119-21; de Waal, 125-6; Aune, 1998a: 535; Wilson, 2005: 177-9). Kerkeslager는 6:2에서 활을 가지고 승리의 관을 쓰고 나타난 흰 말을 탄 자도 아폴로와 관련이 있다고(또는 상징한다고) 본다. Osborne은 아폴로가 역병과 전염병의 신이었고 도미티아누스 황제가 자신을 육화된 아폴로라고 주장했다고 소개한다 (Osborne, 2002: 374).
39. Aune는 마소라 사본(MT)에는 없으나 칠십인역(LXX) 암 7:1에 "보라. 한 메뚜기는 곡의 왕이었다"(ἰδοὺ βροῦχος εἷς Γωγ ὁ βασιλεύς)는 내용이 있다는 것을 지적한다 (Aune, 1998a: 534-5).

D. 요한계시록 9:12-21 (여섯째 나팔)

두 번째 화 선언(12절) 이후에 나오는 여섯째 나팔 본문(13-21절)은 세 부분(13-15절, 16-19절, 20-21절)으로 구성되는데 단순한 순차적 구조로 되어 있다. 이 부분은 전체적으로 병행적 구성이 보이지 않는다.[40] 부분적인 병행법만이 있다(예, 20-21절). A, B, C 단락이 순차적 연계를 보인다. 여섯째 나팔 본문에서 네 천사 소재가 나오고, 그다음 마병대가 소개되고 그 역할이 조명된다. 그 참혹한 죽음의 결과에도 불구하고 회개하지 않는 사람들이 마지막에 그려진다.

A. 여섯째 나팔과 풀린 네 천사(13-15절)

B. 마병대의 권세(16-19절)

C. 회개하지 않는 사람들(20-21절)

번역

12 하나의 화가 지나갔다. 보라. 이 일들 후에 아직 두 가지 화가 임할 것이다. **13** 여섯째 천사가 나팔을 불었다. 그러자 내가 하나님 앞의 금 제단의 네 뿔로부터 나오는 한 음성을 들었다. 여섯째 천사에게 말하였다. **14** "나팔을

40. 단락 자체에는 특정한 병행적 구성이 없지만 9:1-11과는 평행적 구성이 관찰된다(참고, Aune, 1998a: 497). 떨어진 별과 나타난 메뚜기 떼(1-6절)와 비교되는, 풀려난 천사들과 출현하는 마병대(13-15절), 그리고 메뚜기 떼의 모습과 역할(7-10절)과 마병대의 모습과 역할(16-19절), 마지막으로 메뚜기 떼에 대한 추가 설명(11절)과 일종의 설명인 회개하지 않는 사람들에 대한 부분(20-21절)이 그것이다(참고, Osborne, 2002: 376, 381-2). 20-21절은 여섯째 나팔의 귀결이면서 동시에 전체 나팔 재앙(8:7-9:19)의 종결 부분일 수 있다.

가진 자여, 큰 유프라테스 강 위에 묶여 있던 네 천사들을 풀어주라." **15** 사람들의 삼분의 일을 죽이려고, 시간, 날, 달, 해(년)를 위해 예비된 네 천사가 풀려났다. **16** 마병대의 수는 만의 이만 배(이억)이었다. 나는 그들의 수를 들었다. **17** 나는 이같이 환상 가운데 말들과 그 위에 탄 자들을 보았다. 그들은 불색, 자주색, 유황색의 흉갑을 차고 있었다. 말들의 머리들은 사자들의 머리 같았다. 그들의 입들에서 불과 연기와 유황이 나왔다. **18** 세 재앙, 즉 그들의 입들에서 나오는 불과 연기와 유황 때문에 사람들의 삼분의 일이 죽임을 당하였다. **19** 그 말들의 권세는 그들의 입과 그들의 꼬리들에 있다. 그들의 꼬리들은 뱀들과 같다. 머리를 가지고 있는데 그것들로 사람들을 해친다. **20** 이들 재앙들에서 죽지 않고 남은 자들은 그들이 손으로 행한 행위들을 회개하지 않았다. 따라서 그들은 귀신들과, 보거나 듣거나 다니거나 할 수 없는 금, 은, 동, 돌, 나무로 된 우상들에게 경배하지 않을 수 없었다. **21** 또한 그들이 저지른 살인들, 마법들, 음행들, 도적질들을 회개하지 않았다.

주해 및 해설

12절 (아직 남은 두 가지 화) '하나의 화'는 앞의 다섯째 나팔 재앙을 가리킨다. 세 가지 화(8:13) 가운데 첫째 화다. 그러므로 이제 두 개의 화가 남았다. "둘째 화가 지나갔다"는 어구는 11:14에 나온다. 9:12가 뒤잇는 두 번째 화(여섯째 나팔 재앙)를 이끄는 도입문이라면, 11:14는 세 번째 화 본문으로 진행하기 위한 도입문이다. 첫째, 8:13이 9:1-11(다섯째 나팔)의 도입문이고 9:12는 9:13-21(여섯째 나팔)의 도입문이다. 8:13과 9:12의 기능이 비슷하다.[41] 둘째, 동시에 9:12는 9:1-11(다섯째 나팔)과 9:13-21(여섯째 나

---

41. Aune는 12절이 다섯째 나팔 재앙(1-11절)을 종결시키는 것(역할)이 갑작스럽다고 보고 이 과정에 편집자의 개입(intrusion)이 있다고 주장한다(Aune, 1998a: 536). 그러

팔)을 잇는 역할을 한다. 셋째, 11:14는 10:1-11:13의 막간 에피소드를 마무리하고 다시 '도입문 – 나팔 재앙' 패턴을 지속하기 위한 마지막(세 번째) 도입문 역할을 한다. 이같이 8:13, 9:12, 11:14가 서로 연계된다. 여기서 '지나갔다'(ἀπῆλθεν)와 '임할 것이다'(ἔρχεται)는 표현을 통해 다섯째, 여섯째, 그리고 일곱째 나팔 재앙들이 순차적으로 발생할 것을 예고한다.[42] 지나갈 것(다섯째)이 지나가야 임할 것(여섯째)이 임할 것이다.

13-15절 (여섯째 나팔과 풀린 네 천사) 여섯째 천사가 나팔을 불 때, 요한은 '한'(하나의, μίαν) 음성을 듣게 된다(13절, "내가 들었다"). 그 음성은 하나님 앞에 있는 금 제단의 네 뿔에서 나오는 음성이었다.[43] 네 뿔에서 나는

나 이러한 해석은 12절의 역할을 정확하게 보지 못한 결과다. 첫째, 다음에 나올 재앙을 소개한다는 점에서 9:12의 역할은 8:13의 역할과 같다. 둘째, 다섯째 나팔 재앙(1-11절)은 그 자체로 잘 짜인 교차 구조를 가지고 있다. 11절에서 갑작스런 맺음이 일어난 것이 아니다. 다시 말해 12절이 11절까지의 내용을 강제로 종료시킨 것이 아니다. 셋째, 여섯째 나팔 재앙은 다섯째 나팔 재앙과 전체적으로 비슷한 골격을 갖는 반면, 사람들의 반응(20-21절)이 뒷부분에 추가된다. 이 뒷부분은 다섯째, 여섯째 재앙의 귀결 역할을 하고 있다.

42. 술어 ἀπῆλθεν(지나갔다)이 3인칭 단수인 반면, 주어인 δύο οὐαὶ(두 개의 화)가 복수라는 점에서 주어와 술어의 수(number) 사이의 불일치 현상이 보인다. 이 현상은 두 가지로 설명할 수 있다. 첫째, 앞으로 올 두 번째 화를 부각하는 것이다. 두 번째, 세 번째 화를 모두 합하면 둘이지만, 순차적으로 먼저 올 화(여섯째)는 하나다. 둘째, 형용사 δύο(둘)는 수식어 역할의 배수사(multiplicative)이므로 감탄사 οὐαί(화)를 주어로 보는 것이다. 이때 명사화 된 '우아이'는 단수로 사용되어 3인칭 단수의 동사를 받을 수 있을 것이다(Aune, 1998a: 488). Beale은 이 현상을 히브리식 표현(Hebraism)으로 본다(Beale, 1999: 505).

43. 구약의 제단 뿔은 화목과 속죄(사죄), 성결과 신적 능력 등의 다양한 의미를 지닌다. 제사장들은 제물을 드릴 때 제단의 뿔에 그 피를 바르곤 하였다(레 4:7, 18, 25, 30, 34; 8:15 등). 제단 뿔에 제물의 피를 바르고 손가락으로 그 피를 그 위에 일곱 번 뿌려 이스라엘 자손의 부정에서 제단을 성결하게 한다(레 16:17-19; 겔 43:20). 범죄자가 제단 뿔을 잡으면 용서를 받는다(왕상 1:50-51; 2:28). 솔로몬이 왕이 되었을 때, 아도니야가 제단 뿔을 잡았고(왕상 1:50-51), 아도니야를 따랐던 요압도 제단 뿔을 잡은 바 있다(왕상 2:28). 또한 제단의 뿔은 하나님의 신적 능력을 상징하는 것

음성에 관한 기록은 계시록에서 이곳이 유일하다. 이 음성이 여섯째 천사에게 명령하는 것을 볼 때(14절), 하나님의 음성이거나 하나님을 대리하는 음성일 것이다. 하나님을 대리하는 음성이라면 특별한 책임을 맡은 천사의 음성일 수도 있고(예, 8:3-5의 향로를 맡은 천사; Osborne, 2002: 378) 네 뿔의 의인화된[44] 목소리로 하나님을 대리하는 것일 수도 있다.[45] 후자가 더 자연스러워 보인다.

"나팔을 가진 자여, 큰 유프라테스 강 위에 묶여 있던 네 천사를 풀어주라"(14절)는 여섯째 천사에게 주는 명령이다. 묶여 있던 네 천사는 7장에서

(Osborne, 2002: 378)으로 이해된다. 그래서 아모스 선지자는 하나님께서 이스라엘의 죄를 보응하실 때 거짓된 성소가 있던 벧엘 제단의 뿔들을 꺾어 땅에 떨어뜨리실 것이라 경고하였던 것(암 3:14)이다.

44. 13절의 음성(φωνὴν)를 주어로 하는 14절의 현재 분사 '레곤따'(λέγοντα), 말하기를)의 성(gender)이 음성('포네')의 성(여성)을 따르지 않고 남성 단수로 쓰인 것은 음성을 의인화하려는 목적 때문일 수 있다. 이 분사형이 남성형인 것은 남성형의 천사(ἄγγελος)를 따른 것(Beale, 1999: 508)이 아니라 판단된다. 천사가 음성의 주체가 아니다. 이것이 히브리식 표현 방식이라고 보는 Aune, 1998a: 489의 견해를 참고하라.

45. 계시록에서는 성전에서 나는 음성(16:1, 17), 보좌에서 나는 음성(4:5; 19:5; 21:3), 하늘에서 나는 음성(10:4, 8; 11:12, 15; 12:10; 14:2, 13; 18:4; [19:1]), 네 생물 사이에서 나는 듯한 음성(6:6), 성전에서 나는 음성(16:1, 17)이 모두 성격이 비슷하다. 하나님의 음성일 수도 있고 대리하는 천사의 음성일 수도 있고 또한 의인화된 하늘의 상징물들이 하나님의 뜻을 반영하여 내는 목소리일 수도 있다. Osborne이 8:3-5의 향로를 맡은 천사와 네 뿔의 음성의 주체를 동일시하는 이유는 향로 맡은 천사에 의해 첫 나팔 재앙이 시작되었고 네 뿔의 음성에 의해 여섯째 나팔 재앙이 이뤄진다고 보았기 때문이다(Osborne, 2002: 378). 그러나 향로 맡은 천사가 향로를 붓는 것은 일곱 나팔 모두에 영향을 주는 반면, 네 뿔의 음성은 여섯째 나팔에 국한된다는 점에 주목할 필요가 있다. 향로 붓는 일은 첫째 천사의 나팔(8:7) 이전에 있었던 일(8:5)인데 비해, 네 뿔의 음성은 여섯째 천사가 나팔을 분 이후에 나타난다(9:13). Beale은 '제단'이라는 공통점을 부각하며 6:9-11의 제단 앞의 순교자들의 간구와 8:3-5의 제단의 기도와 향로에 이어, 그 응답으로 9:13-19의 제단의 음성을 통한 여섯째 재앙이 있게 되었다고 보았다(Beale, 1999: 505-6). 그러나 소재인 '제단'의 연계성 때문에 여섯째 나팔 재앙만을 앞의 향로 붓기와 연결된 것으로 제한할 필요는 없다. 8:3-5의 향로 에피소드는 8:6 이하에 시작되는 일곱 나팔 본문 전체의 서론이다.

네 바람을 붙잡고 있던 네 천사(7:1-2)와 다를 것이다. 7장의 네 천사는 바람을 붙잡고 있는데 이는 재앙의 바람이 너무 심하지 않게 관리하고 있는 모습이다. 9장의 네 천사는 대전쟁을 일으키는 역할을 하는 천사들이다(9:15). 그런 점에서 역할이 서로 다르다. 또 7장의 네 천사는 "땅의 네 모퉁이"에 서 있는(7:1) 반면 여섯째 나팔의 네 천사는 유프라테스 강 위에 묶여 있다(9:14). 네 천사 앞의 정관사 '뚜스'(τοὺς)는 전(예, 7:1)에 나왔던 천사들이라는 뜻으로 사용된 것(참고, Beale, 1999: 507; Aune, 1998a: 536-7)이 아니라,[46] 그들이 맡은 전쟁 유발의 특정 역할을 내포할 것이다. 9장의 네 천사는 여섯째 나팔이 불 때까지 특정 기간(또한 한동안) 묶여 있던 천사들이다.[47] 이들이 풀려날 때 참혹한 대전쟁이 일어난다.

계시록에서 유프라테스는 두 번 나온다. 이곳(14절)과 여섯째 대접 재앙과 관련된 16:12다. 고대의 주요 문명의 발상지인 유프라테스는 성경에서 '큰 강'으로 소개된다(창 15:18; 신 1:7; 수 1:4; 계 9:14; 16:12).[48] 나중에 그곳에서 마지막 때의 아마겟돈 전쟁이 준비된다(16:12 등). 묶여 있던 네

---

46. 7:1-2의 네 천사와 9:14-15의 네 천사가 서로 같은 천사들을 가리키는 것을 의도했다면, 단지 정관사를 사용하는 것보다는 앞에 언급된 내용을 가리키는 방식을 썼을 것이다. 예컨대, "처음 내가 들었던, 내게 말하던 그 나팔 소리 같은 음성"(4:1); "내가 하늘에서 들었던 그 음성이"(10:8); "일곱 대접을 가지고 있는 일곱 천사 가운데 하나가 와서"(17:1); "이것들을 내게 보여준 천사의 발 앞에"(22:8) 등이다.
47. 네 천사가 누구고 그들의 이름은 무엇이냐는 식의 관심은 요한에게 의미가 없다(예컨대, Aune, 1998a: 537을 보라). 본문이 말하고 있지 않는 것은 굳이 알 필요가 없다. 주권자 하나님에 의해 그들의 역할이 주어지고, 하나님에 의해 이들이 통제된다는 점이 중요하다. 그리고 하나님의 때("시간, 날, 달, 해", 15절)에 그들이 자신들의 역할을 감당한다는 점이 의미 있을 것이다.
48. 그런데 왜 유프라테스의 천사들인가? 유프라테스는 바벨론과 연관이 있다. 고대 바벨론이 유프라테스 강 지역에서 비롯되었다. 바벨론의 역할을 강조하기 위해 지리적으로 유프라테스가 출현하는 것으로 이해된다. 따라서 유프라테스는 바벨론에 대한 다른 이름, 또는 바벨론과 연관된 이름이라 할 수 있다. 짐승의 시대에 음녀 바벨론은 짐승을 편들어 전쟁을 수행하는 중요한 역할(17장)을 할 것이다.

천사는 참혹한 전쟁과 죽음을 제어하기 위해 묶여 있을 것이다. 이는 이들 네 천사가 전쟁과 죽음을 일으키는 역할을 한다는 뜻이다. 유프라테스(유브라데) 강은 티그리스 강과 함께 고대 메소포타미아 문명의 발원지다. 고대 에덴 동산과도 관련이 있다(창 2:10-14). 튀르키예(터키) 동부의 아르메니아 고원에서 출원하여 시리아와 이라크를 거쳐 페르시아만까지 흘러간다. 유프라테스 강 유역은 고대의 크고 작은 전쟁들이 발발하던 지역이었다. 역사적인 제국과 국가들의 흥망과 성쇠가 반복된 지역이다. 고대에 수메르가 있었고 앗시리아(앗수르), 바벨론, 페르시아(바사), 셀류쿠스(Seleucus), 파르티아(Parthia)가[49] 이 지역을 거점으로 일어난 제국들이다. 현재는 시리아, 이라크, 튀르키예(터키), 이란이 직간접으로 이 지역에 연관된 국가들이다. 묶여 있던 네 천사는 이들 제국의 흥망 과정과 관련된 천사들일 것이다. 묶인 것 때문에 '악의 천사'라 규정할 수도 있으나(Beale, 1999: 506), 굳이 그렇게 봐야만 하는 것은 아니다. 단지 그들의 특정한 역할에 있어 제한되어('묶여') 있다가 "풀려났다"고 할 수 있다. 전쟁을 유발하는 그들의 특정 역할이 한동안 제한되어 있다가 이제 풀린 것이다.

이들 천사들은 인류의 1/3을 죽이기 위해 준비된 존재들이다(15절). 요한의 때에는 2-3억이었을 인구가 현재는 약 80억 가량된다. 현재 기준으로 한다면, 세계 인구의 1/3은 약 26-7억이나 된다. 상상하기 어려운 수의 사람들이 죽임을 당할 대전쟁, 대재난의 때가 될 것이다. "시간, 날, 달, 해(년)를 위해"란 말은 그 죽음의 전쟁이 발생할 정해진, 특정한 때가 있다는 것이다. 죽게 될 숫자(1/3)도 정해졌고 시간도 정해져 있다. 이들은 그 일을

---

49. 요한이 사역하던 당시 유프라테스 동편에 위치하여 로마제국에 위협적이던 국가 파르티아(Parthia, 주전 247년 - 주후 224년)를 역사적 배경으로 언급하는 경우가 종종 있다(예, Aune, 1998a: 538, 891-4). 파르티아는 페르시아가 알렉산더 대왕의 헬라에 의해 멸망한 후 세워진 유프라테스 지역의 강력한 국가였다. 이후 3세기에 사산조 페르시아(주후 226 - 651년)에게 제국의 패권을 내주게 된다.

수행하는 역할을 맡게 될 자들이다. 역사의 때와 내용을 정하신 분은 오직 우주의 주권자 하나님이시다. 보상과 심판, 상급과 징벌, 구원과 패망이 모두 그분에게 달려 있다. 또한 모든 것이 그의 때에 이뤄질 것이다. 그리고 반드시 일어날 것이다.

16절 (기병대의 수) 많은 수의 기병대가 등장한다(16절). 그 수는 만의 이만 배, 즉 이억이다. 요한은 그 수를 듣는다("나는 들었다", ἤκουσα). 하늘에 천사들이 모인 수, 만만(만의 만 배, 5:11)의 2배에 달하는 수를 가리키는데 물론 정확한 숫자를 말하는 것이 아닐 수 있다. '뮈리아스'(μυριάς, myriad)가 복수 소유격 '뮈리아돈'(μυριάδων)으로 쓰일 때는 상당히 많은 수를 가리킬 수(LXX 창 24:60; 시 3:6)도 있고 수만 명을 가리킬 수(눅 12:1; LXX 아 5:10; 2 Macc 15:27)도 있다. 그것의 이만 배다. 문자적으로 보면 이억 가량 되는 수라 할 수 있다.

17-18절 (사자 같은 머리와 입) 요한이 이번에는 '보게' 된다(17절, "나는 보았다", εἶδον). 그가 환상 가운데 본 것은 말들과 말 위에 탄 자들이다. 요한이 "환상"(ὅρασις)으로 보았음을 강조하는 것은 이들 군대들에 대한 묘사가 상징적일 수 있음을 암시한다. '환상'이라는 말은 다른 의미로 사용된 4:3 외에 계시록에서는 오직 이곳 9:17에만 나온다. 많은 무리가 말 위에 탄 모습은 많은 기병들이 군집하여 전쟁에 나서는 장엄한 장면을 그려준다.[50] 말 위에 탄 자(기병)들은 흉갑을 차고 있다. 모두 갑옷으로 무장하고 있다. 그런데 흉갑의 색이 세 가지로 나타난다. 불의 색(불빛), 히아신스 색(자줏빛), 유황색이다. 불의 색(불빛)은 붉은 빛이라기보다는 불이 타는 색이라

50. 하늘의 군대들이 흰 옷을 입고 백마를 타고 그리스도를 따르는 장면과 비교된다(19:14, 19). 흥미롭게도 다섯째 나팔의 메뚜기 떼는 그 모양이 '말들' 같았는데, 여섯째 나팔 때에는 아예 '말들'이 등장한다. 재앙이 더 강력하다는 뜻일 수 있겠다.

는 뜻일 것이다. 히아신스 색은 자주색일 수도 있고 다른 색일 수도 있다.[51] 그들은 이 세 가지 색으로 된 흉갑들을 입고 있다.

말들의 머리가 사자의 머리와 같다는 것은 그들이 타고 있는 말들도 전쟁을 위해 준비된 상태인데다 그 모습이 사자같이 용맹하다는 뜻이겠다.[52] 그 입에서 "불과 연기와 유황"이 나왔다. 불과 연기와 유황은 말에 탄 자들의 흉갑의 색깔과 관련이 있다(Osborne, 2002: 382은 말과 탄 자들 모두가 흉갑을 차고 있는 것으로 본다). 17-18절에서 "불과 연기와 유황"을 반복(세 번)하는 것은 불의 맹렬함, 연기의 탁함(매캐함), 유황의 역겨움(강렬함)을 전쟁(죽음)의 참혹함에 빗대어 표현하며 강조하려는 것이다. 또는 불, 연기, 유황의 심판적 특성(창 19:24; 신 29:23; 시 11:6; 사 34:9; 겔 38:22; 눅 17:29; 계 14:10; 19:20; 20:10; 21:8)을 강조하려는 것으로 볼 수 있다. 특히 계시록 9장 외에 불과 연기와 유황이 한꺼번에 등장하는 본문은 소돔과 고모라 사건(창 19:24, 28; 신 29:23)이 유일하다(Beale, 1999: 511). 여섯째 나팔 재앙은 이들 타락한 도시의 파괴적 참상에 비견된다 할 수 있다. 한편, 불, 연기, 유황은 화산 분출 때의 장면과 유사한 점도 있다.

사람들의 1/3이 죽임을 당하였다(18절). 땅의 1/3(첫째 나팔, 8:7), 바다

---

51. 히아신스 색은 검푸른 사파이어 색(dark sapphire blue) 또는 검붉은 색(dark red)이다. 그런데 히아신스 색은 17-18절의 '연기'와 관계가 있는 것 같다. 그들의 흉갑이 불빛, 자줏빛, 유황빛 등 세 색깔이고 그들의 입에서 불과 연기와 유황, 이렇게 세 가지가 나온다. 그렇다면 중간에 있는 자줏빛(히아신스 색)과 연기는 모종의 관계가 있다고 추정할 수 있다. 또 연기가 어둡고 짙은 연기를 뜻하는 것이라면 이는 검푸른 빛 또는 검붉은 빛의 히아신스 색과 관련이 있을 것이다. 단순한 자줏빛이 아니다.

52. Aune는 외모로 본다면, 그 모습이 사자와 용 또는 뱀의 꼬리와 염소의 몸을 갖고 불을 내뿜는 그리스 신화의 키메라(Chimera)와 비슷하다고 주장한 바 있다(Aune, 1998a: 539). 그런데 17절의 ὡς(같이/같은)는 그렇게 묘사된 것과 유사하다는 것을 말해주는데 외모에 대한 것인지 그 특성에 대한 것인지는 단정하기 어렵다.

의 1/3(둘째 나팔, 8:8-9), 강의 1/3(셋째 나팔, 그때 물 때문에 죽은 사람들이 꽤 됐다, 8:10-11), 일월성신의 1/3(넷째 나팔, 8:12)의 타격이 있었고, 많은 이들이 죽고 싶을 정도로 고통받는 일(다섯째 나팔, 9:1-11)이 있었다. 그러나 인류 역사에서 인류의 1/3이 한꺼번에 죽임을 당한 적은 이전에 없었다. 물론 땅의 1/4이 죽음의 영역에 든 적은 있었다(6:7-8). 그래도 사람의 1/3은 아니다. 전 세계에 죽음이 짙게 드리워진 참혹함은 이제까지의 그 어느 재앙과도 비교할 수 없을 것이다.

19절 (뱀 같은 꼬리) 말들의 권세는 입에만 있지 않고 꼬리에도 있었다(19절). 그 꼬리는 뱀과 같았는데, 뱀의 머리처럼 머리가 있고 그것으로 사람들을 해쳤다. 뱀은 전갈과 함께 사람들을 해치는 대표적인 생물이다(신 8:15; 눅 10:19). 권세를 가진 말들의 입에서 불과 연기와 유황이 나올 뿐 아니라, 그 꼬리로도 사람들을 해친다. 입과 꼬리가 사람을 죽이는 도구다. 입과 꼬리는 그들의 공격력이 양방향일 것임을 시사한다. 입의 공격에 그치지 않고 꼬리로도 살상의 공격을 가할 수 있다. 공격하는 입과 쏘는 꼬리가 무엇을 의미하는 것인지, 또 그런 묘사가 단순히 상징적인 것인지, 아니면 예컨대, 무인 드론과 같은 미래의 살상 무기에 관한 것인지 지금은 알 수 없다. 중요한 것은 이러한 묘사가 미래에 일어날 큰 전쟁의 대참상을 극적으로 그려주고 있다는 점이다.

이 재앙에는 장자를 죽였던 출애굽 때의 열 번째 재앙과 일부 유사한 점이 있다. 그러나 그 규모와 강도가 전혀 다르다. 범위도 국지적이지 않다. 전 세계적이다. 다섯째 나팔에서 메뚜기 떼의 괴롭힘을 당한 사람들은 하나님의 인이 없는 사람들이었다. 그런데 여섯째 나팔에서는 그런 구별이 나오지 않는다.[53] 인류의 1/3 가까이 죽임을 당할 것이다. 이억에 가까운 군

53. Osborne은 다섯째와 여섯째 나팔이 8:13의 "땅에 거하는 자들"에 대한 재앙이라는 점을 근거로 들며 이때도 성도들은 제외될 것이라 생각한다(Osborne, 2002: 380-1).

대가 동원되는 거대한 전쟁이라면 사람과 사람의 전쟁이고 나라와 나라의 전쟁일 것이다(참고, R. Thomas, 1995: 46-47). 불, 연기, 유황은 폭발성을 지닌 화기의 공격적 특성을 보여주는 표현일 수 있다. 핵분열과 핵융합 등 핵반응 에너지를 이용하는 핵무기도 이에 포함될 수 있다. 인류 삼분의 1의 죽음은 이 때문일 수 있다.

만약 전쟁이 아니라 팬데믹과 같은 세계적인 전염병이라면 페스트나 스페인독감이나 코로나19보다 강력한, 역사상 인류가 경험해 보지 못한 질병이 될 것이다. 제어된 네 천사가 풀려나는 일은 인류가 경험하지 못한 참혹한 대전쟁이나 심각한 팬데믹으로 나타날 것이다. 그 결과 인류의 1/3이 죽게 된다. 그 얼마나 참혹할까. 이전의 그 어떤 전쟁이나 재앙과 비교할 수 없는 끔찍한 역사의 현장이다.

다음은 17b-19절의 평행적 구조다(비교, Aune, 1998a: 540의 17b-18b절의 교차 구조).

a1. 사자 같은 머리와 입이 있다(17b절).

  a2. 그 입에서 불과 연기와 유황이 나온다(17c-18a절).

    b. 그 때문에 사람의 1/3을 죽인다(18b절).

a′1. 그 권세가 입과 꼬리에 있다(19a절).

  a′2. 뱀 같은 꼬리에 머리가 있다(19b절).

계시록에서 "땅에 거하는 자들"이 성도들과 대조되는 부정적인 의미로 쓰이는 것(6:10; 8:13; 11:10; 13:8, 12, 14; 17:2, 8)은 맞다. 그렇다고 여섯째 재앙에서 성도들이 제외될 것이라는 분명한 정보는 본문에 없다. 다섯째 나팔 재앙에서는 그것이 명확했다(9:4). 만일 여섯째 나팔 재앙에서도 성도들이 제외된다면, 이 재앙은 세계대전과 같은 전쟁에 의한 죽음이 아니라, 앞의 메뚜기 떼와 같은 특별한 재앙 또는 그와 다른 종류(예컨대, 전염병)의 죽음일 수 있다고 추정한다. 그러나 성도들의 제외 여부와 관련이 없다면, 전대미문의 세계대전일 가능성이 크다. 불, 연기, 유황은 핵을 포함한 폭발성을 가진 공격용 화기의 특징과 관련된다고 볼 수 있다.

b′. 그것으로 사람들을 해친다(19c절).

머리와 입(17b절, a1)이 입과 꼬리(19a절, a′1)에 비견되지만, 불과 연기와 유황(17c-18a절, a2)이 뱀 같은 꼬리나 머리(19b절, a′2)와 직접 연결되는 식의 평행법은 아니다. 그보다는 다음과 같은 방식의 일종의 복합평행법이다. '머리와 입'(a1)이 있는데, 거기서(a1의 둘째 부분, 입) 무언가(a2, 불과 연기와 유황) 나온다. 그것이 사람을 죽인다(b). 둘째 부분도 그렇다. '입과 꼬리'(a′1)가 있는데, 거기(a′1의 둘째 부분, 꼬리)에 무엇(a′2, 머리)이 있다. 그것이 사람을 해친다(b′). 입과 꼬리, 즉 앞과 뒤로 공격력이 분출하여 끔찍하게 많은 사람들을 해친다.

20-21절 (회개하지 않는 사람들) 인류의 1/3이 죽고 삼분의 이만이 살아남는다. 이 재앙들(18절)에서 "남은 자들"(οἱ λοιποὶ)이라는 표현 자체가 상당수의 인류가 죽임을 당했음을 알려준다. 죽은 자들이 너무 많아 죽지 않고 살아남은 자들이 "남은 자"로 불린다. 그런데 그 남은 자들은 "손으로 행한 행위들"을 회개하지 않는다(20a절).[54] 그들이 어떤 삶을 살고 어떻게 행하였는지를 '손의 행위'라 말했다(신 31:29; 왕상 16:7; 왕하 22:17; 대하 34:25; 시 9:16; 58:2; 사 3:11; 59:6; 욘 3:8; 미 7:3). 특히 손의 행위는 우상과 관련된 종교적 행위와 관련이 깊다(신 4:28; 27:15; 왕하 19:18; 대하 32:19; 시 115:4; 135:15; 사 2:8; 31:7; 37:19; 렘 1:16; 25:6; 32:30; 행 7:41; 19:26). 그들은 '다이모니아'(δαιμόνια, 귀신들)를 섬기는 것과 보거나 듣거나 다니거나 할 수 없는 금, 은, 동, 돌, 나무로 된 '에이돌라'(εἴδωλα, 우상

54. '손으로 행한 행위들'이 무엇인가? "그의 손의 행위로 여호와를 노엽게 하였음이며 또 그의 집을 쳤음이더라"(왕상 16:7, 개역개정); "이는 이 백성이 나를 버리고 다른 신에게 분향하며 그들의 손의 모든 행위로 나를 격노하게 하였음이라"(왕하 22:17, 개역개정). 또 대하 34:25; 시 28:4; 사 59:6; 렘 25:14를 참고하라.

들)에 경배하는 것을 멈추지 않는다(20b절; 참고, 신 29:17; 시 115:4-7; 135:15-17; 단 5:4, 23; 합 2:19; 행 17:29).[55]

마지막 절(21절)은 앞의 20a절을 반복한다. 다만 그들의 행위들을 좀 더 구체적으로 열거한다. "살인(들), 마법(들), 음행(들), 도적질(들)"이다. 열거된 죄악들은 종교적 타락과는 다소 구별되어 보인다. 그러나 불신앙이 모든 죄의 근간이 된다(20절, 롬 1:18-32). 21절은 특히 윤리적 타락의 문제를 부각한다. 참혹한 전쟁이나 팬데믹 질병으로 야기된 사회정치적 혼란과 세계적인 파멸 및 좌절은 사람들이 더욱 하나님을 떠나 타락하게 되는 결정적 요인이 될 것이다.

본문이 부각하고 있는 점은 이들이 회개하지 않는다는 것이다. "회개하지 않았다"를 두 번 반복한다(20-21절). 첫째, 회개하지 않은 것은 특히 하나님께 대한 것이다(20절). 하나님께로 돌이키지 않았다. 사람들은 도리어 완악해졌고 온갖 귀신들에 대한 숭배와 각종 우상숭배(금, 은, 동, 돌, 나무로 된 것들)에 더욱 깊이 빠져들었다.[56] 둘째, 21절의 "회개하지 않았다"는 특히 그들의 삶(살인, 마법, 음행, 도적질)과 관련된다. 넷째 대접과 다섯째

---

55. 흥미롭고 특이한 문법적인 사항은 ἵνα μὴ προσκυνήσουσιν 어구다. 이 부분은 NAS의 "so as not to worship …"('경배하지 않도록')으로 번역할 수 있다. '히나 메'(ἵνα μὴ)는 보통 '~ 하지 않기 위하여'(즉, '경배하지 않기 위하여')로 번역하는데, 여기서는 결과적 용법으로 '경배하지 않을 수 없게 되었다'로 이해하는 것이 좋다. NIV의 "they did not stop worshiping demons"('그들이 귀신에게 경배하는 것을 멈추지 않았다')나 NAS의 "so as not to worship demons…"('귀신에 경배하지 않도록')도 가능하다.

56. Aune는 '귀신들과 우상들'이 보족의(epexegetical) 의미로 '귀신들 곧 우상들'로 번역해야 한다고 주장한다(Aune, 1998a: 542). 그는 근거로 169-182년에 안디옥 대주교였던 Theophilus가 올림푸스의 열두 신에 대해 "For they are not gods, but idols … the works of men's hands and unclean demons"라고 한 것(Theophilus, *Autol.* 1.10)을 예로 든다. 그리고 우상들이 사실상 귀신들이라는 점(고전 10:19-20; 신 32:17)을 강조한다. 좀 더 자세한 사항은 Aune, 1998a: 542-4를 참고하라.

대접 재앙에서도 사람들은 회개하지 않는다(16:9, 11). 우상숭배는 삶의 행위에 깊은 영향을 주었다(Beale, 1999: 519-20). 네 가지 행위는 종교적(마법으로 대표되는 행위), 윤리적(살인, 음행, 도적질 등) 퇴락 행위를 대표한다(참고, 렘 7:9; 호 4:2; 나 3:1-4; 행 15:20; 롬 1:26-29; 고전 5:10-11; 6:9; 갈 5:20; 엡 5:5; 골 3:5; 계 21:8; 22:15). 결국 이들 구절은 앞으로 더 큰 하나님의 재앙적 심판이 도래할 수밖에 없음을 암시해준다. 그들에게 하나님의 극렬한 진노의 대접 재앙이 다가오고 있음을 독자들은 알고 있다. 사람은 더욱 악해졌고 더 큰 재앙들이 다가오고 있다. 어떤 무서운 재앙들이 다가올 것인가?

a. 남은 자들은 손의 행위를 회개하지 않았다(20a절).

x. 우상들에 경배하지 않을 수 없었다(20b절).

a′. 남은 자들은 저지른 행위를 회개하지 않았다(21절).

그런데 그들에게 다가오는 또 다른, 더 큰 재앙들이 임하기 전에 계시록에는 두 가지의 다른 에피소드(10:1-11:13)가 삽입되어 있다. 그것들은 무엇이고, 그 이유는 무엇인가?

제15장
요한계시록 10:1-11
요한이 받은 책

10장, 11장(1-13절)의 두 에피소드는 일곱 나팔 재앙 가운데 여섯 나팔 재앙들(8-9장)이 일어난 다음에 기록된다. 이것들은 왜 여섯 나팔 이후, 또 일곱째 나팔(11:14-19) 이전에 있는 것일까? 두 에피소드는 나팔 재앙과 어떤 관련이 있는 것일까? 또 일곱째 나팔(11:14-19) 다음에 12-13장에 나오는 다른 두 에피소드는 10:1-11:13의 내용과 어떤 관계일까?

요한계시록 8-13장은 평행 구조인 A-B-A′-B′로 되어 있다. 여섯 나팔(A, 8-9장), 두 에피소드(B, 10:1-11:13), 일곱째 나팔(A′, 11:14-19), 두 에피소드(B′, 12-13장)다. 그런 점에서 8-13장은 서로 묶여 있는 단원이다. 그런 묶음으로 구성한 의도가 있을 것이다.

A. 첫째-여섯째 나팔(8-9장)

  B. 두 에피소드, 요한과 두 증인(10:1-11:13)

A′. 일곱째 나팔(11:14-19)

  B′. 두 에피소드, 용과 짐승(12-13장)

전개되는 네 개의 에피소드(둘 더하기 둘)는 특히 나팔 재앙이 전개될 때의 일들과 관련이 있을 수 있다.[1] 즉, 나팔 재앙의 전개 과정에 필요한 내용을 보충하려는 목적으로 이해된다. 한편, 17-18장의 바벨론 (두) 에피소드는 15-16장의 대접 재앙과 관련이 있을 것이다.

10장과 11장(1-13절)의 두 에피소드가 구조적으로 나팔 재앙과 관련된다는 사실 말고도, 이 부분을 나팔 재앙과 연관해서 보아야 할 근거가 하나 더 있다. 요한에게 계시를 전달하는 힘센 천사가 그의 말 가운데 일곱째 나팔에 대해 언급한다(10:7). 요한이 두루마리를 받는 에피소드와 나팔 재앙을 연결시킨 것이다. 이러한 연결은 요한이 받은 두루마리가 일곱째 나팔과 직접 관련이 있음을 보여주는 것이 아니라, 10장에 기록된 사건과 이어 나오는 두 증인 에피소드(11:1-13)를 일곱 나팔 재앙과 묶어 이해할 필요가 있다는 것을 알려준다. 요한의 두루마리 사건(10장)과 두 증인 에피소드(11:1-13)는 둘 다 '증언'이라는 주제(모티프)를 공유한다.

10장에서 1-4절과 5-11절은 서로 평행적으로 전개된다. 두 부분 모두에서 "다른 힘센 천사"(1절)와 요한이 함께 출현한다. 1-4절은 일곱 천둥소리가, 5-11절은 하늘의 음성(소리)이 초점이 된다. 천사의 모습(1-2절, A)과 행동(5절, A′)이 시작 부분을 이루고, 천사의 외침(3a절, B)과 맹세(6-7절, B′)가 대칭이 되며, 그다음에는 일곱 천둥소리(3b절, C)와 하늘의 음성(8절, C′)이 있다. 이에 대한 요한의 행동(4a절, D; 9a절, D′)이 연이어 등장하고

---

1. 재앙(심판)들이 만국에 대한 것이라면, 10장과 11장과 같은 막간(interlude)은 성도들과 관련이 있다는 Osborne(395)의 주장은 일리가 있다. 막간이라 할 수 있는 7장, 그리고 12-13장도 성도들에 대한 것으로 분류될 수 있다. 그렇지만 뒤에 나오는 막간 17장과 18장은 성도들에 대한 것이 중심이 되지 않는다. 따라서 모든 막간의 존재 이유가 성도들에 대한 것이라 할 수는 없다. Beale은 10-11장을 계시록의 전반부와 후반부를 연결하는 기능을 한다고 보았다(Beale, 1999: 520). 그러나 10-11장과 12-13장의 기능이 비슷하다는 점, 더 나아가 다른 막간인 17-18장과의 관계를 설정한다는 점에서 Beale의 구조 이해에 문제가 있다. (서론의 "구조" 항목을 참고하라.)

마지막 부분(4b절, E; 9b-11절, E′)에는 각기 명령의 음성(말)이 담겨 있다.[2]

A. 요한이 본 힘센 천사의 모습(1-2절)

B. 천사의 외침(3a절)

C. 일곱 천둥의 소리: [내용 없음](3b절)

D. 요한이 기록하려 함(4a절)

E. 하늘의 음성: "기록하지 말라"(4b절)

A′. 요한이 본, 그 천사의 행동(5절)

B′. 천사의 맹세(6-7절)

C′. 하늘의 음성: "책을 받으라."(8절)

D′. 요한이 달라고 함(9a절)

E′. 천사의 말: "받아먹으라";

그들의 말: "다시 예언해야 한다."(9b-11절)

두 단락의 마지막 부분인 4b절(E)과 9b-11절(E′)은 10장에서 알려주고자 하는 내용이 무엇인지 분명하게 한다. 하나는 '알리지 말라'(4b절)는 것이고 또 하나는 '알리라'(11절)는 것이다. 하나님의 비밀 중에는 알려지지 말아야 할 것이 있는 반면, 알려져야만 하는 것도 있다. 비록 요한이 알리지(기록하지) 말아야 할 비밀을 들었다 하더라도 요한이 할 일은 그런 비밀을 알게 된 사실을 부각시키는 것이 아니다. 그의 역할은 전하라고 한 그 계시의 말씀(예언)을 전하는 일에 집중하는 것이다.

2. Baynes는 두루마리가 나오는 2절과 그 두루마리에 대한 내러티브인 8-10절 사이에 인접성이 없는 것을 지적한다(Baynes, 803-4). 그러나 이러한 지적은 1-11절의 평행적 구조에 대한 이해가 부족한 결과일 것이다. 1-11절에는 '알리지 말 것'과 '알릴 것'을 대조하기 위한 구조적 설계가 존재한다.

A. 요한계시록 10:1-4
(힘센 천사, 일곱 천둥, 하늘 소리, "봉인하고 기록하지 말라")

A. 요한이 본 힘센 천사의 모습(1-2절)

B. 천사의 외침(3a절)

C. 일곱 천둥의 소리-[내용 없음](3b절)

D. 요한이 기록하려 함(4a절)

E. 하늘의 음성-"기록하지 말라"(4b절)

번역

1 또 나는 구름으로 옷 입고 하늘에서 내려오는, 다른 힘센 천사를 보았다. 그의 머리 위에 무지개가 있고 그의 얼굴은 해와 같고 그의 발들은 불기둥 같았다. **2** 펼쳐진 작은 두루마리를 그의 손에 가진 채, 그의 오른발은 바다 위를, 왼발은 땅 위를 밟고 있었다. **3** 그는 사자가 포효하듯 큰 소리로 외쳤다. 그가 외칠 때에 일곱 천둥이 각각의 소리로 말하였다. **4** 일곱 천둥이 말할 때에, 내가 기록하려고 했다가 하늘에서 말하는 음성을 들었다. "일곱 천둥이 말한 것들을 봉인하고 그것들을 기록하지 말라."

주해

1-2절 (요한이 본 힘센 천사) 요한은 또 다른 천사를 본다(1절, "그리고 나는 보았다"). 이 "다른 천사"는 여섯째 나팔 천사(9:13)나 결박되었던 네 천사(9:14-15)와 다른 천사다. 또 이전에 나온 '힘센 천사'(5:2, "누가 인을 떼기에 합당하냐"라고 물었던 천사)와는 '다른' 힘센 천사(ἄγγελον ἰσχυρον)일 것이다.[3] 천사가 큰 음성으로 외쳤다. 18:2에도 어떤 천사가 힘센(힘찬) 음성으로 외치는 장면이 나오는데, 이 천사도 권세 있는 천사라 묘사된다(18:1).[4] 그렇다고 10:1과 18:1-2의 천사가 같은 천사라고 볼 수는 없다. 18:21에서는 또 다른 '한' 힘센 천사가 나와 큰 맷돌 같은 돌을 들어 바다에 던진다.

요한이 본 천사는 몇 가지 특징을 가지고 있다. 앞의 세 가지는 천사를 수식하는 관형적인 형태로 나타난다. 첫째, 힘세다("힘센"). 둘째, 하늘에서 내려온다("내려오는"). 셋째, 구름으로 옷 입고 있다("옷 입은/둘러싸인"). 하늘에서 '떨어진 (상태의)'(현재완료 분사 πεπτωκότα) 천사는 악한 천사이나(9:1, 11), 하늘에서 '내려오는'(현재분사 καταβαίνοντα) 천사는 선한 천사라 할 수 있다(10:1; 18:1; 20:1).[5] 구름은 그리스도와 관련해서 쓰이는 경우가 종종 있다(1:7; 14:14-16). 특히 구름은 하늘을 오가는 수단이다(11:12; 행 1:9). 그런 점 때문에 그리스도의 재림과 관련하여 쓰이는 경우가 많다(단 7:13; 마 24:30; 26:64; 막 13:26; 14:62; 눅 21:27; 살전 4:17). 천사가 구름으로 옷 입었다는 것은 그가 하늘과 땅을 오가며 중요한 역할을 한다는 뜻일 것이다.[6]

---

3. '다른 천사'란 표현은 7:2(사방의 바람을 붙잡고 있는 네 천사와 다른 천사); 10:1; 14:6(이전에 나온 천사들과 다른 천사); 18:1(이전의 천사들과 다른 천사)에 나타난다. 특히 18:1의 '다른 천사'는 큰 권세를 가진 천사로 10:1의 천사처럼 특별한 영광의 빛을 가지고 있다.
4. 하나님이나 다른 존재에 '힘센'이 쓰인 적이 있다. 18:8에는 주 하나님께서 힘센(강한) 분이시라 기록된다. 바벨론이 한때 힘센(강한) 적이 있었다(18:10)고 한다. 사람에게 쓰인 경우도 있다(6:15; 19:18).
5. '내려갔다'(κατέβη)가 마귀에게 쓰인 경우도 한 번 있다. "마귀가 내려갔다"(12:12). 그리스도께서도 자신이 '내려왔다'고 말씀하신 적이 있다(요 3:13; 롬 10:6-7; 엡 4:9-10). 그러나 그는 다시 오르신 분이시다. 반면에 내려온 마귀는 결국 오르지 못한다(계 12:13).
6. 또한 구름은 하나님의 임재와 영광의 자리가 되거나(출 16:10; 24:16; 40:34-35; 민

천사에 관한 넷째부터 여섯째 묘사는 독립적인 명사적 문장(술어 생략)으로 표현된다. 넷째, 그의 머리 위에 무지개가 있다. 하나님의 보좌 주변에 무지개가 둘러 있는데(4:3), 이 천사는 신적 광채의 상징인 무지개까지 특별히 덧입고 있다. 다섯째, 얼굴이 해와 같다는 표현도 본래 그리스도에게 쓰인 말이다(1:16).[7] 그만큼 신적 능력의 혜택을 많이 입은 천사라는 뜻이거나, 또는 하나님으로부터 특별한(신성한) 권한이나 임무를 받은 천사라는 뜻이다. 여섯째, 그의 두 발은 불기둥 같았는데, 이 역시 '풀무에 단련된 빛난 주석' 같던 그리스도의 발(1:15; 2:18)과 비견된다. 발이 불기둥과 같았다는 점, 그리고 히브리어 '레겔'(רֶגֶל)이 발뿐 아니라 다리를 가리키기도 한다는 점, 간혹 헬라어 문헌에도 '뿌스'(πούς)가 다리를 가리키는 말로 쓰일 때도 있다는 점에 근거해, 1절의 '뿌스'를 발보다는 다리로 보아야 한다는 견해(Aune, 1998a: 548-9; Buchanan, 233; Ozanne, 5)는 일리가 있다. 발과 관련해서, 해(태양)를 입은 12장의 여인의 경우에는 그 발 아래 달이 있다(12:1).

천사의 이런 모습(10:1-2)은 1장에 나타나신 예수 그리스도(1:13-16)와 비교될 만하다. 10:1-2에서 천사를 묘사하는 이런 특별한 표현들 때문에 그가 그리스도 자신이거나 그를 대표하는 존재(예컨대, 미가엘)라고 보는 이들도 있다(예, Beale, 1999: 522-6, 771). 그러나 예수 그리스도였다면, 그분

16:42; 레 16:2; 왕상 8:11; 대하 5:14; 겔 10:4), 하나님의 음성이 들려오는 장치로 쓰일 때(마 17:5; 막 9:7; 눅 9:34-35)도 있다. Thomas는 구름에 심판적 의미가 있다고 하지만(R. Thomas, 1995: 60-61) 다소 지나친 주장이다. 10장은 계시(예언)의 증언에 초점을 둔다. 또한 계시록에서 구름이 심판적 요소를 가진다고 주장하기 어렵다(부분적으로 가능할 뿐이다). 예컨대, 구름이 반복하여 등장하는 14:14-16을 보라. 이 구절은 심판의 말씀이라기보다는 인자의 추수에 대한 긍정적인 톤의 말씀을 담고 있다.

7. 12:1에는 해를 옷 입은 여인이 있다. 구약 이스라엘을 상징하는 이 여인이 해를 옷 입고 있는 것은, 그녀가 하나님의 신적 영광을 덧입고 있음을 가리킨다.

을 인격적으로 알고 있는 요한이 인식하지 못할 리 없다. 그리스도께서 자신을 숨기고 요한에게 천사로 나타나실 리는 더욱 없다. 따라서 상당한 신적 권한을 갖고 있는 천사로 보는 것이 좋다. 그만큼 천사의 권한과 힘이 부각되는 이유는 그에게 부과된 역할인, 하나님의 계시(말씀)를 전하는 임무의 중요성 때문일 것이다. 이 천사는 바로 그의 영광된 권세와 계시적 역할 때문에 후에 요한이 두 차례나 엎드려 경배하려 하려 한(19:10; 22:8) 바로 그 천사일 가능성이 있다(Bauckham 1993a: 254). 그러나 그도 일개 시종(종)일 뿐이다. 결코 경배의 대상이 아니다(19:10; 22:9). 그의 역할(계시 전달)이 중대했을 뿐이다(참고, 1:1).

계시록에는 많은 천사들이 등장하지만, 미가엘(12:7) 외에 그들의 이름이 나오지 않는다. 심지어 10:1에서와 같이 비중 있는 역할을 수행하는 천사의 이름이 거명되지 않는 것은 이들 천사들을 지나치게 우상화하지 않도록 하기 위한 목적일 것이다. 그 어떤 천사라도 경배의 대상이 될 수 없으며 그들은 단지 하나님의 일을 수행하는 종일 뿐이다. 모든 성도들, 모든 사역자들도 그러하다.

일곱째, 이 천사의 손에는 펼쳐진 작은 책(두루마리)이 있었다(10:2a). "작은 책"(βιβλαρίδιον)이라 한 것은 많은 내용을 기록한 것은 아니란 뜻이다. 두루마리의 크기가 아니라 분량에 대한 표현일 것이다. 요한은 이 작은 책을 그냥 "책"(두루마리, βιβλίον)이라고도 했는데(10:8), 책의 범주에 들어가기 때문이다.[8] 계시록이 쓰인 두루마리(1:11)를 여기서(10:2, 9-10) '작은 두루마리'라 부른 이유는 무엇일까? 모든 계시의 많은 말씀에 비해 한 부분이 된다는 점을 강조하는 표현이 아닐까 한다. 하지만 이것을 계시록

8. 본래 계시록은 '책'(βιβλίον)이라 했다(1:11; 22:7, 9-10, 18-19). '비블리온'은 인봉된 '책'을 가리킬 때도 쓰인다(5:1-9). 어린 양의 생명 '책'도 이 말로 쓴다(13:8; 17:8; 20:12; 21:27). 반면에 행위가 기록된 책은 복수 '책들'(βιβλία)로 쓰였다(20:12).

또는 계시록의 한 부분 외의 다른 말씀(계시)으로 볼 이유는 없다. 이 두루마리를 계시록과 구별하여 볼 수 없는 이유는, 계시록 외의 다른 책으로 볼 만한 어떤 타당한 근거가 없기 때문이다.[9] 그런데 10:2에서 '작은 책'이라 한 것은 향후 전개될 인류 역사 전체에 비해 종말의 역사에 대한 계시가 상대적으로 한정된 것이기 때문일 것이다. 또한 10장에서 '작은 책'('비블라리디온')이라는 용어의 반복된 사용(2, 9, 10절)은 5장의 '책'(두루마리, '비블리온')과 다른 것임을 알리려는 이유 때문일 수 있다.[10] 5장의 '비블리온'은 일곱 인과 관련된 책이다.[11]

그 작은 책이 '펼쳐져 있는'(현재완료 분사 ἠνεῳγμένον) 상태로 있었다. 이 책은 5장의 '봉인되어 있던'(현재완료 분사, κατεσφραγισμένον) 책(5:1)과 다르다. 그 안의 내용이 전개되고 있는 중이라는 뜻일 것이다. 인의 책(5-6장)은 언제인가 하나씩 봉인이 풀리며 조금씩 순차적으로 열려야 되는 책(두루마리)이지만, 10장의 책은 이미 활짝 열려 있다. 그 책은 그 내용이 한꺼번에 알려져야 하거나 이미 전개되고 있는 사항과 관련된 것이다

---

9. 그것이 '펼쳐져' 있는 것은 이미 진행되고 있기 때문일 수 있다. 밝혀져야 할 계시(10:11)가 있고 드러내지 말아야 할 하늘의 소리(10:3-4)가 있다. 이 '작은 책'은 밝혀지고 전해져야 할 계시였다. 그렇다면 이것은 계시록이다. 계시록 외의 다른 계시가 아니다.

10. Beale은 '비블라리디온'이 요한이 삼키기에 적당하다는 점(9-10절)을 지적한다(Beale, 1999: 526). 한편, 에스겔이 먹은 두루마리(겔 3:1-3)는 히브리어로는 '메길라'(מְגִלָּה, 두루마리)인데 70인역에서는 이 단어의 번역어로서 두루마리(roll) 또는 장(chapter)의 뜻을 가진 '께팔리스'(κεφαλίς)가 사용되었다. '께팔리스'는 본래 머리를 뜻하는 '께팔레'(κεφαλή)의 지소사다(Thayer, 2940).

11. 계시록은 요한이 장차 일어날 일들을 미리 보고 듣고 한 것을 정리해서 기술한 것이지만, 5장에서 언급된 인으로 봉인된 책('비블리온')은 인 재앙의 상세한 과정과 내용의 모든 것이 담긴 책일 것이다. 그렇다면 담긴 계시의 범위는 계시록이 더 넓지만, 계시 내용은 5장의 '비블리온'이 더 상세할 수 있다.

(10:11).[12] 요한에게 주시는 계시의 책은 이미 열린(공개된) 계시의 책(계시록)이고 인 재앙의 책은 순차적으로 열려 역사적으로 진행될, 하나씩 각 재앙을 여는 책이다. 10장의 책은 '기록될' 계시가 담긴 책이고 5-6장의 책은 인 재앙의 집행을 위한 '수행의'(performative) 책이다.

천사의 오른발은 바다 위를 왼발은 땅 위를 밟고 있는데(2b, 5, 8절), 이 또한 그의 특별한 권세를 가리키는 말이다. 이러한 묘사는 천사가 거대한 상의 이미지를 가진 모습을 표현한 것(Aune, 1998a: 556-7)일 수도 있지만, 바다와 땅 위에 힘을 미칠 권한을 드러내는 것이라 보는 것이 자연스럽다. 만일 천사의 거대함을 가리키려 했다면, 거대한 천사와 그 손에 있는 작은 책, '비블라리리온'의 심상은 어울리지 않는다. 바다와 땅은 지상(지면)과 해상(해면)의 전체다. 그러므로 천사의 모습은 지상과 해상, 즉 지구의 모든 지역에 특정한 권한을 미칠 수 있는 권세가 있음을 보여주는 모습이다. 그것은 계시록의 종말 계시에 관련된 것이다. 이 계시는 한정된 부분이 아닌 모든 땅과 바다에 대한 계시다.

3절 (천사의 외침, 일곱 천둥) 그는 사자가 포효하듯 큰 소리로 외친다(3a절). '사자'라는 표현을 쓴 것은 그에게 주어진 힘이 어떠한지 알려주는 것이다. "큰 소리"로 외치는 것도 그렇다.[13] '큰 소리'는 천사의 권한과 능력의 크기를 말해줄 것이다. 사자가 부르짖는 포효는 그만큼 그의 권한과 역할이 큼을 강조하는 묘사다(참고, 호 11:10, "사자처럼 소리를 내시는 여호와"). 이렇게 외치는 천사는 계시 전달의 수종을 드는 역할을 가진 천사다. 특히 그는 계시록의 내용을 담은 '작은 책'을 요한에게 전달하게 될 것이다.

---

12. 최후의 심판의 때에 행위의 책(복수)과 생명책(단수)에 대해서도 '열린다'는 표현을 쓰는데(20:12[x2]), 현재완료형으로 쓰지 않고 부정과거형(ἠνοίχθησαν과 ἠνοίχθη)으로 쓴 것이 주목된다.

13. 계시록에서 '큰 소리'는 5:2, 12; 6:10; 7:2, 10; 8:13; 10:3; 14:7, 9, 15, 18; 16:17; 19:17에 나온다.

그 일은 상당한 비중이 있는 일이다. 따라서 그 역할을 하는 천사의 권한은 지대하다. 다만, 여기서 그가 외친 내용은 나오지 않는다.

천사가 큰 소리로 외칠 때, 일곱 천둥(우뢰)이 각각의 소리로 말하였다(3b절). 천사의 큰 소리에 화답하여 일곱 천둥이 각기 소리를 내는데, 한꺼번에 울렸다면, 요한이 듣기에 웅장했을까, 무서웠을까? 요한은 "말하였다"(ἐλάλησαν)라고 쓰는데, 이 표현은 천둥의 울림에 무엇인가 말하고자 하는 의미가 있었음을 뜻한다. 천둥의 소리를 의인화하여, 하늘에서 천둥소리로 무엇인가 말하였음을 표현한 것이다. 6:1에서 네 생물 중 하나가 천둥소리같이 말한 바 있다(Beale, 1999: 533). 계시록에서 천둥소리는 하나님의 영광의 임재와 그의 주권적 사역과 관련된다(4:5; 6:1; 11:19; 14:2; 16:18; 19:6).

4절 (요한의 행동과 하늘의 음성, "봉인하고 기록하지 말라") 요한은 일곱 천둥소리들을 알아들었다. 그래서 그가 들을 때 기록하려 하였다(4a절). 뜻 없는 불분명한 소리가 아니라, 요한이 알아들을 수 있는 내용의 소리였다. 요한이 기록하려고 했던 것은 그가 '본(보는) 것'(1:11, 19)과 '뒤에 이뤄질 것'(1:19)을 쓰라는 명령을 이미 받은 바 있기 때문이다. 요한은 중요한 계시의 내용이라 생각하고 이를 기록하려 했을 것이다.

그러나 요한은 하늘에서 말하는 음성을 듣게 된다(4b절). 일곱 천둥이 말한 것을 봉인하고 그것을 기록하지 말라는 내용의 음성이다.[14] "기록하지

---

14. 천둥소리의 내용이 무엇인지에 대한 논란(추정)이 많다. Caird는 사람들의 회심으로 단축되거나 취소되는 심판이라 생각했다(Caird, 126-7). 반면에 Mounce와 Beale은 나팔과는 또 다른 일련의 경고성 재앙이라는 데는 동의하면서도 사람들의 회심 때문에 취소된 것이 아니라, 사람들이 회개하지 않는 이유로 더 이상 재앙이 필요가 없다고 결정하신 것이라 추측하였다(Mounce, 1977: 209-10; Beale, 1999: 533-7). 그들이 이렇게 해석할 수 있는 이유는 향후의 대접 재앙을 나팔 재앙과 사실상 같은 것으로 보기 때문이다(예, Beale, 1999: 534). 중요한 것은 하나님의 모든 것이 계시되는 것은 아니라는 점이다(참고, 신 29:29). 단 12:4에서 다니엘은 마지막 때의 일

말라"(μὴ γράψῃς)는 부정과거 가정법을 사용하여 분명한 금지 명령이 주어진다.[15] 봉인은 계시와 반대되는 개념이다. 계시가 알리는 것이라면 봉인은 감추는 것이다(Aune, 1998a: 549). "하늘에서 말하는 음성"은 천둥과 다른 소리다. 물론 힘센 천사의 음성도 아니다. 이 음성은 천둥과 같이 하늘에서 나는 소리였지만, 또 다른 소리였다. 그 음성의 내용은 천둥들이 말하는 것들을 봉인하고 기록하지 말라는 것이다.

요한이 기록해야 할 것(전해야 할 계시)이 있고(예, 1:11, 19; 14:13; 19:9; 21:5), 기록하지 말아야 할 것(감춰진 말씀)이 있었다(10:4). 이 가운데 기록하지 말아야 할 것은 있는 그대로 신비로 남게 놔두는 것이 하나님의 뜻이기 때문이다. 교회에 주어진 계시(7절, "전하여 준 대로"; 11절, "그대는 예언해야 한다")에 모든 것이 담길 필요는 없다. 신비로 남겨진 것은 누구에게 드러내는 것이 아니다. 더군다나 또 다른 특정인에게 주어질 계시는 더욱 아니다. 그것은 오직 하나님의 영역에 속한다. 영원한 하나님 나라에서 모두 밝혀질 것이다. 그때가 될 때까지 하나님의 신비로 남겨두는 것이 옳다. 그것이 하나님의 뜻이다.

계시된 말씀(성경) 외에 신적 신비에 속한 것에 대해 자신은 특별해서 이를 알게 되었다고 하거나 그래서 그것을 알려 줄 수 있다고 주장하는 행위는 모두 그릇된 것이다. 성경 외의 계시(신비)에 주목할 필요가 없다. 하

에 대해 봉인하라는 명령을 받는다. 그러나 그 봉인은 마지막 때의 계시, 즉 계시록에 의해 열리게 된다. 계시록은 봉인된 책이 아니라, 열린 책이다(계 1:1-3). 그럼에도 봉인될 하늘의 것이 남아있는 것이다. 그것은 드러날 계시가 아니다. 그것을 환상 가운데 알게 된 요한도 이것을 드러내기 위해 더 나아가고자 하지 않는다. 결국 그 나라에 가서야 모든 성도가 알게 될 지식이다.

15. 부정과거 가정법 명령은 시작되지 말아야 할 것을 강조하는 기동의(ingressive)의 뉘앙스를 가질 수 있다는 견해가 있다(Louw, 52; 참고, Hollenbaugh, 2). 신약성경에서는 금지 명령법(~하지 말라)으로 현재 명령법이 주로 사용되고 있으나, 부정과거 명령법도 8회 가량 쓰인다(Wallace, 469, 487).

나님께서 알려주지 않으시는 이유가 있다(신 29:29). 알려주려 하지 않으신 일을 알려고 하거나, 안다고 주장하면 그것이 하나님의 목적과 반대된 행위가 된다. 계시록을 기록하고 알리는 사명을 맡은 사도 요한에게조차 계시록 외의 숨겨진 것을 전달하도록 허락되지 않았다.

해설

'비블라리디온'(작은 책)은 계시록 10:2, 9, 10에만 쓰인 단어다. 책(두루마리)은 '비블리온'(βιβλίον) 또는 '비블로스'(βίβλος)라 한다. 계시록에는 '비블로스'는 사용되지 않고 '비블리온'이 12회 사용된다. '작은 책'을 가리킬 때는 지소사(작게 표현하는 말)로 '비블라리온'(βιβλάριον)을 쓴다. '비블라리디온'은 '비블라리온'의 지소사다. 그러니까 작은 책보다 더 작은 책이다. 이 단어는 당시의 문헌에서 발견되지 않는데(Thayer, 1019) 이를 미루어 생각해 볼 때, 이것은 요한이 두루마리의 작은 것을 강조하기 위해 특별히 사용한 단어라 할 수 있겠다. 아우니는 '비블라리디온'이 2세기 이후 문헌에 나오며 단순히 '비블리온'의 지소사라고 주장한다(Aune, 1998a: 549).

'비블라리디온'은 사실상 계시록을 가리킬 것이다. 계시록을 작은 책이라 한 이유는 생명의 책('비블리온', 13:8)이나 행위의 책('비블리아', 20:12) 등에 비해 한정적인 특성을 가지고 있기 때문일 것이다. 만일 '작다'는 점을 좀 더 염두에 두면, 계시록의 일부분(portion)을 가리키는 것일 가능성도 있다. 특히 11장(1-13절)의 두 증인 에피소드이거나 또는 이와 관련된 것일 가능성이 있다. 11장에는 '나는 보았다' 패턴이 없고 12장에 가서 "보였다"(12:1), 그리고 13장에 가서 다시 "나는 보았다"(1, 11절)가 나타난다. '나는 보았다'가 없는 11장(특히 1-13절)이 두루마리의 내용일 수 있다. 또한 10

장 뒷부분(8-11절)에서 작은 두루마리를 먹게 하는 일과 11장 앞부분(1-2절)에서 갈대자를 주며 성전 등을 측량하라는 일이 모두 동일한 하늘의 음성(10:8) 또는 천사에 의해 진행된 것임을 주목할 필요가 있다. 한 번은 먹게 하고 한 번은 말로 알려준 것(11:3 이하)일 수 있겠다.

그런데 10장의 '비블라리디온'은 5장(1, 2, 3, 4, 5, 8, 9절)의 봉인된 책('비블리온')과 동일한 것은 아니다. 단어의 차이가 아닌, 봉인된 책과 펼쳐진 책의 차이다(Mounce, 1977: 208; Smalley, 258; Roloff, 123-4). 그런데 5장과 10장의 책을 같은 것이라 보는 견해도 있다(Bauckham, 1993a: 246-7, 250; 참고, Osborne, 2002: 394-5, 402; Boring, 1989: 139-40). 봉인된 책(두루마리)이 일곱 인을 다 떼낸 후에는 '열린'(펼쳐진) 책이 되었다고 할 수도 있지만, 문제는 그 펼쳐진 책(인봉이 해체되고 인의 재앙이 이미 다 수행된)을 굳이 요한에게 주는 이유를 찾기는 어렵다. 그런 행위가 계시록 전체와 어떤 관계가 있는지 설명되지 않는다. 또 10:1에서 "다른 힘센 천사"라 표현한 것을 주목하자(참고, 18:21). 5:2의 "힘센 천사"와 다르다는 뜻일 것이다. 그러므로 서로 다른 천사와 관련된 책들은 서로 다른 책일 것이다.

B. 요한계시록 10:5-11
(힘센 천사와 하늘 소리, "받아먹으라"; "예언해야 한다")

10장(특히 5-11절)은 일종의 수여식(위임식)과 같다. 종말 계시의 증인으로 계시록을 쓰게 된 요한에게 성자와 성부의 종말 계시를 전달할 역할을 부여하는 일종의 천상적 수여식인 셈이다. 천사를 보내셔서(1:1) 요한에게 계시록을 쓸 사명을 부여하는 것이다. 이미 계시는 요한에게 알려지고 있지만, 일종의 의식을 통해 계시록 기록의 임무를 부여받는 것이다. 이런 과정을 통해 요한은 계시의 증인인 동시에 전달자가 된 것이다. 10장과 병행적 관계를 갖는 11장은 증인이라는 테마를 가지고 진행된다.

A′. 요한이 본, 그 천사의 행동(5절)

B′. 천사의 맹세(6-7절)

C′. 하늘의 음성: "책을 받으라."(8절)

D′. 요한이 달라고 함(9a절)

E′. 천사의 말: "받아먹으라";

그들의 말: "다시 예언해야 한다."(9b-10절)

번역

5 그리고 내가 본, 바다 위와 땅 위에 서 있던 그 천사가 그의 오른손을 하늘
을 향해 들어, **6** 영원무궁히 사시는 분, 하늘과 그 안에 있는 것들과 땅과 그
안에 있는 것들과 바다와 그 안에 있는 것들을 창조하신 분께 맹세하였다.
"시간이 더 이상 없습니다. **7** 다만 일곱째 천사가 나팔을 부는 소리가 있는
날들에, 하나님의 비밀이 그의 종 선지자들에게 전하여 준 대로 이뤄질 것입
니다." **8** 그러자 내가 하늘에서 들었던 그 음성이 내게 다시 말하였다. "가
서, 바다 위와 땅 위에 서 있는 천사의 손에 펴 있는 책을 받으라." **9** 그래서
나는 그 천사에게 가서, 그에게 "그 책을 내게 달라"고 말하였다. 그러자 그
가 내게 말하였다. "(그것을) 받아 다 먹으라. 그대의 배에는 쓸 것이나 그대
의 입에는 꿀같이 달 것이다." **10** 그래서 나는 그 천사의 손에서 작은 책을
받아 그것을 다 먹었다. 내 입에는 꿀처럼 달았고 그것을 먹은 후에 내 배는
쓰라렸다. **11** 그들이 내게 말하였다. "그대는 다시 많은 백성들과 민족들과
언어들과 왕들에게 예언해야 한다."

주해와 해설

5절 (힘센 천사의 행동) 요한이 말하는 '내가 본 천사'(5절)는 1절의 하늘에서 내려오는 힘센 천사다. 그 천사에 대한 묘사가 다시 나온다. 1절이 천사의 모습을 그려주고 있다면 5절은 천사의 행동을 알려준다. 천사가 바다 위와 땅 위에 서 있다는 묘사를 반복하는 것(2, 5, 8절)은 그의 강력한 권한을 상기시킨다. 바다와 땅 위에 한 발씩 내딛고 있는 것은 마치 점령군의 모습과 같다. 바다와 땅의 영역 모두에 권한이 미침을 암시한다.[16]

바다와 땅 위에 한 발씩 딛고 서 있는 천사는 이번에는 그의 오른손을 하늘을 향해 든다. 손을 하늘을 향하여 드는 것은 하나님께 호소하는 기도나 찬양할 때의 자세다(출 9:22; 10:21-22; 왕상 8:22, 54; 대하 6:13; 스 9:5; 느 8:6; 시 28:2; 134:2; 딤전 2:8). 특히 내미는 손은 언약과 맹세와 관련이 있다(겔 17:18). 하나님께서 맹세하실 때도 '손을 들고 맹세하다'는 표현이 사용된다(신 32:40; 느 9:15; 시 106:26; 사 62:8; 겔 20:5, 15, 23, 28, 42; 47:14). 사람이 하나님께 맹세할 때도 이 같은 표현을 쓴다(창 14:22; 단 12:7).[17] 5절에서 천사가 하늘을 향해 오른손을 든 것은 하늘에 계시는 하나님을 향해 맹세하는 자세다. 엄중하고 단호한 맹세의 모습이다.

6-7절 (천사의 맹세) 천사가 하나님께 맹세한다(6-7절). 천사의 맹세는

---

16. 바다와 땅은 후에 하늘 전쟁의 패배로 용이 내쫓기는 영역이 된다(12:12). 따라서 천사가 바다와 땅을 밟고 있는 일은 하늘 전쟁 때의 용의 패배가 있기 전의 일로 해석된다. 또 바다와 땅은 일곱 나팔 재앙 가운데 첫째(땅)와 둘째(바다)의 대상이 되기도 하였다(8:7-9). 바다와 땅은 하늘 아래에 있는 모든 존재가 사는 곳이다. 하늘에서 내려온 천사는 이 바다와 땅을 밟고 크게 외친다.
17. 그 외에도, 하나님의 손(오른손)이 하늘을 펴셨다는 표현이 있다(사 45:12; 48:13; 애 3:41). 전능하신 하나님의 행위를 묘사하는 말이다. 한편, 사람이 축복할 때에도, 손을 들어 축복한다(레 9:22; 눅 24:50).

하나님께서 그에게 맡기신 일을 반드시 해내겠다는 굳은 각오를 보여준다. 6절에 나타난 하나님에 대한 호칭은 두 가지에 초점을 두고 있다. 첫째는 "영원무궁히 사시는 분"(τῷ ζῶντι εἰς τοὺς αἰῶνας τῶν αἰώνων)이다. 계시록에서 하나님을 '살아 계신 하나님'(7:2), '영원무궁히 살아 계신 하나님'(15:7) 또는 '영원무궁히 사시는 분'(4:9-10; 10:6)으로 표현할 때, 이 말은 하나님의 영원한 존재성(영속성)을 강조한다. 그분의 이름이 본래 '하야'(הָיָה, is[be])에서 나온 여호와(יְהוָה, Yahweh)시다. 하나님 자신이 자신을 가리켜 "계속 있는 자"(אֶהְיֶה אֲשֶׁר אֶהְיֶה)라고 부르셨다(출 3:14). 그 뜻은 '나는 계속 있는 자로 있다(존재한다)'(I am who I am)이다. 하나님은 언제든 계셨고 언제든 계실 것이다. 유한한 사람과 피조물과 다르다. 하나님은 무한하신 분이시다(4:9-10; 10:6; 15:7).[18] "알파와 오메가, 지금도 계시고 전에도 계셨고 또한 오실 전능하신 분"(1:8; 또한 1:4; 4:8; 11:17; 16:5; 21:6)이라는 칭호도 이와 관련이 있다.

천사가 영원무궁히 사시는 하나님께 맹세한 것은 다니엘 12:7의 "영원히 살아 계시는 이"를 가리켜 맹세한 일과 유사한 것(Osborne, 2002: 399)이 분명하다. 구약에 맹세할 때 주로 사용된 "여호와의 사심으로"(חַי־יְהוָה)는 모두 43회 나타난다. 주로 사무엘상하(16회), 열왕기상하(14회), 예레미야(8회)에 쓰였다(그 밖의 5회는 삿 8:19; 룻 3:13; 대하 18:13; 시 18:47; 호 4:15). 계시록 10장에서는 영원하신 하나님의 신실한 약속(예컨대, 단 12장)이 마지막에 실현될 것을 확신하는 표현일 수 있다. 하나님 자신도 손을 들어 선언하신 바 있다(신 32:40, '내가 영원히 살 것이다/살아있다'[חַי אָנֹכִי לְעֹלָם]).

둘째는 하나님은 창조주("창조하신 분")시다. 하늘과 땅과 바다를 창조

18. 하나님의 아들이신 예수 그리스도께서도 '사시는(살아 계신) 분'으로 묘사된다(1:18; 2:8; 3:1).

하셨을 뿐 아니라, 하늘 안에 있는 것들, 땅 안에 있는 것들, 바다 안에 있는 것들, 이 모든 것을 창조하신 하나님이시다(4:11; 10:7). 하늘에서 내려와 땅과 바다를 딛고 선(설 수 있는) 천사의 권세도 대단하지만, 천지를 창조하신 하나님과 비교될 수는 없다. 하늘과 땅과 바다의 모든 존재가 그곳에 존재할 수 있게 된 것은 창조주 하나님 때문이다. 모든 것이 하나님에게서 나왔다. 창조주께서는 만물의 주관자시다. 그분이 시작하시고 그분이 결국 마치신다.

천사가 하늘을 향해 오른손을 들고 맹세한 것은, 하나님 앞에 그가 수행하겠다고 한 맹세가 얼마나 흔들림 없이 진행될 것인지 보고하려는 것이다. "시간이 더 이상 없습니다"(6b절)라는 번역이 문자적으로 정확하다. "지체하지 않을 것입니다"(개역, ESV, NAS, RSV, NIV)로도 번역할 수 있지만,[19] '시간이 더 이상 없다'라고 문자적인 번역을 하지 않을 이유가 없다. 시간이 더 이상 없다는 것은 종말에 대한 하나님의 섭리(계획)가 요한 시대에 바로 진행될 것이라는 뜻일 수도 있다. 그렇지만, 10장의 맥락으로 볼 때 종말에 일어날 마무리 재앙들(일곱째 나팔과 일곱 대접 재앙들, 그리고 그 후의 사건들)이 더 이상 지체되지 않고 바로 일어나게 될 것을 강조하는 말일 것이다. 이것이 천사가 한 첫 번째 맹세 내용(6절)이다.[20] 종말의 임박성을 강조하는 표현이다.

7절의 접속사(ἀλλά)를 '그러나'로 번역할 수도 있고 '다만'으로 번역할 수도 있는데, 6b절과 7절이 반대가 되는 경우는 전자(그러나)가 맞고 그렇지 않은 경우는 후자(다만)가 나을 것이다. 6절의 '시간이 없다'는 의미가

19. 이 번역의 근거는 '크로노스'(χρόνος, 시간/기간)의 동사형 '크로니조'(χρονίζω)에 '지체하다', '늦다'의 의미가 있기 때문이다(예, 히 10:37). L&N, 67.122, 67.82와 Aune, 1998a: 568을 보라.

20. 천사의 맹세는 그 천사가 맡은 임무(하나님께서 그에게 맡기신 임무)를 성실히 수행하겠다는 다짐일 수 있다.

요한의 시대에 종말의 계획이 바로 진행되어야 한다는 뜻이라면 '그러나'가 맞다. 종말적 계획이 바로 진행되어야 하지만 그 끝은 일곱째 나팔로 마무리된다는 의미다. 반면에 '시간이 없다'가 10장의 맥락, 즉 일곱째 나팔과 일곱 대접 재앙의 임박성을 부각하는 것이라면, '다만'의 의미가 될 수 있다. 일곱째 나팔을 부는 그때, 마지막 때가 된다는 점을 강조하는 표현이 된다. 둘 다, 일곱째 나팔을 불기 전까지는 최종의 때가 아니란 의미는 동일하다. 이런 점(일곱째 나팔을 마지막 때의 사건으로 보는 정보)은 일곱째 나팔이 결국 일곱 대접으로 진행될 것이고 이어지는 일곱 대접 재앙이 비교적 짧은 기간 내에 일어날 것이라고 추정할 수 있게 된다.

'비밀'(신비, μυστήριον)은 계시록에서 네 차례(1:20; 10:7; 17:5, 7) 나온다. 모두 하나님의 계시와 관련된다. "그(하나님)의 종(들)"(10:7; 11:18; 15:3)은[21] 하나님의 계획의 수종자들이다. 그 뜻을 따르는 모든 이들이 그분의 종이다. 하나님께서는 그의 종들을 통해 그의 일을 이뤄가신다. "그의 종 선지자들"은 특히 다니엘(예, 12장), 에스겔, 아모스(예, 3:7), 스바냐(예, 1:18 2:2) 등과 같은 선지자들을 가리킬 것이다. 예컨대, 다니엘 12장은 마지막 날들의 예언을 담고 있다. 그들은 하나님의 비밀에 대해 예언하였다. 이들 선지자들을 통해 그의 비밀이 전하여진 대로 이루어질 것임이 강조된다.[22] 이 '힘센 천사'는 이 일을 수행하도록 부름을 받았다. "이뤄질 것입니다"는 부정과거 수동태(ἐτελέσθη)로 써서, 확실하게 일어날 것(미래적 또는

---

21. '하나님의 종' 또는 '그의 종'이라는 표현은 하나님의 사람들, 그의 백성을 부르는 말이다(1:1; 2:20; 7:3; 10:7; 11:18; 15:3; 19:2, 5; 22:3, 6). 1:1의 각주를 참고하라.
22. Aune은 7b절이 암 3:7("주 여호와께서는 자기의 비밀을 그 종 선지자들에게 보이지 아니하시고는 결코 행하심이 없으시리라", 개역개정)의 인유로서 저자가 칠십인역(LXX)보다 히브리 맛소라 사본을 사용한 예로 본다(Aune, 1998a: 568-9). 70인역에는 '비밀', '비밀스런 논의'(סוֹד)에 해당하는 번역어를 '훈련', '교육'을 뜻하는 '빠이데이아'(παιδεία)로 쓰기 때문이다.

결말적 부정과거)을 강조하고 있다(참고, Osborne, 2002: 400, 각주 13, “예기적 부정과거”; Beale, 1999: 547, “셈어의 예언적 완료”; 또한 Turner, 1976: 152). 이 수동태는 하나님을 주체로 하는 신적 수동태라 볼 수도 있고, 천사가 해야 할 역할을 강조하는 것일 수도 있다. “이뤄질 것입니다”가 천사의 두 번째 맹세 내용이 된다.

그런데 일곱째 천사가 나팔을 부는 소리가 있는 날은 일곱째 나팔 재앙이 시작되는 때다(11:14-19). 그때 하나님의 비밀이 이뤄질 것을 선언하였다. 6절에서 천사가 맹세한 것이 바로 하나님의 비밀(일)이 이뤄지게 하는 명령을 수행할 것이라는 맹세임을 알 수 있다. 그 비밀은 일곱째 나팔이 불릴 때(11:15) 이뤄질 것이다.

그때 두 가지가 공표된다. 첫째, 세상 나라가 주 하나님과 그리스도의 나라가 될 것과 하나님께서 영원히 왕 노릇할 것이다(11:15-17). 둘째, 이방(나라)들은 분노하겠지만 주의 진노를 통하여 세상에 대한 심판과 보상이 이뤄질 것이다(11:18). 그리고 이에 대한 보증으로 하나님의 성전과 언약궤가 드러나고 번개들과 음성들과 천둥들과 지진과 큰 우박이 일어난다(11:19). 일곱 나팔의 선언은 실상 일곱 대접과 이어지는 섭리로 완성된다.

하나님의 비밀인 일곱째 나팔의 내용은 사실 바로 하나님께서 선지자들에게 알려주시고(암 3:7; 참고, 롬 16:26; 엡 3:5, 9-10; 히 1:1) 또한 그들을 보내셔서 백성들에게 예언하고 선포하게 하셨던 메시지들과 관련된다. 계시록에서 ‘이루다/마치다’는 단어는 10:7부터 여덟 차례 나타난다(10:7; 11:7; 15:1, 8; 17:17; 20:3, 5, 7). 특히 15장의 대접 재앙의 서론부에서는 ‘마치다’는 용어가 두 차례 반복된다(1, 8절). 특히 일곱째 나팔과 일곱 대접 재앙은 마지막 때에 있을 일들의 마무리이기 때문에 이렇게 반복하였을 것이다.

선지자들이 “전하여 준(주었다)”(εὐηγγέλισεν)은 ‘좋은 소식(복음)을 전하다'(εὐαγγελίζω)는 단어의 부정과거형이다. 이 단어는 계시록에서 단 두 군데만 쓰인다(10:7; 14:6). 선지자들이 전한 것이 좋은 소식이 되는 이유는 하나님의 왕 되심과 하나님의 공의(보상과 심판)를 온 세계에 드러내는 소식이기 때문이다.

8절 (하늘의 음성) 하늘의 음성은 이미 4절에 나왔다.[23] 요한이 들었던 그 하늘의 음성이 다시 요한에게 말하였다(8절). 천사에게 가서 그 손에 펼쳐진 책(두루마리)을 "가서 받으라"고 하였다. 펴 있는(펼쳐진) 두루마리의 목적은 계시를 감추는 데 있지 않고 드러내는 데 있다(겔 3:10-11). 펼쳐진 것은 계시의 내용이 이미 진행되고 있다는 뜻이고, 그 내용이 마침내 이뤄질 수밖에 없다는 것을 암시한다.

9절 (요한의 요청과 천사의 말) 요한은 하늘의 음성을 듣고 천사에게 가서 "그 책을 내게 달라"고 요청한다. 9a절에 요한이 책을 달라고 한 것과 4절에 일곱 천둥의 말을 기록하려 한 것 모두 요한의 행동이다. 4절 부분도 요한의 적극적인 행동(기록하려 한 것)을 지적하는데, 다만 그때의 행위는 이뤄지지 않았다. 그러나 9a절("내게 달라")의 요한의 행동은 10절("받아 … 다 먹었다")에 이뤄진다.[24]

요한이 펼쳐진 책을 달라고 하자, 천사는 그에게 "받아, 다 먹으라"고 한다(9b절). 책을 받아, 다 먹는 행위는 계시의 말씀을 온전히 받아 그것을 전할 수 있게 준비된 상태를 가리킨다(겔 2:8; 3:1). '다 먹다'(κατεσθίω)는 '하나도 남기지 않고 다, 철저히 먹는다'(eat up, consume)는 의미를 가진다.

10절 (받아먹은 요한) 요한이 먹은 책(두루마리)이 배에는 쓰고 입에는 꿀같이 달았다. 입에 꿀같이 단 것은 그 책이 하나님의 계시, 말씀이기 때

---

23. 후에 11:12, 15; 12:10; 14:2, 13; 18:4에도 하늘로부터 큰 음성이 나온다.
24. 흥미로운 것은 4절은 요한이 하려고 했는데, 하지 못하게 되었고, 9절은 요한에게 하라고 해서 결국 그렇게 하게 된 것이다. 요한의 두 행동이 대조되고 있다.

문이다(시 19:10; 119:103; 렘 15:16; 겔 3:3). 또한 펼쳐진 계시를 통해 하나님의 주권 역사가 제대로 시행될 것이라는 점에서 성도의 소망과 기대를 반영하는 표현일 수 있다. 반면에, 배에 쓰다고 한 것은 그 계시의 성취가 고통스러운 결과를 가지고 오기 때문일 것이다(사 51:17; 렘 6:11; 9:1; 15:17-18; 애 3:1; 겔 20:33; 22:31). 종말의 계시, 심판의 계시이기 때문이다. 또한 교회와 성도들의 희생을 가져오는 것일 수 있기 때문이다(Osborne, 2002: 403-4). 요한이 두루마리를 받아먹는 장면은 에스겔이 부름받는 장면(겔 2:8-3:3)과 상당히 유사하다. 먹으니 입에 꿀같이 달았다. 다만 요한이 먹은 후에 배가 쓰라렸던 점이 추가되어 있다. 그렇지만 이것도 에스겔의 애가적 특성(겔 2:10)과 관련이 있을 수 있다(Aune, 1998a: 572). 이 쓰라림은 아마도 앞으로 교회가 견뎌야 하는 고난과 더불어 세계가 겪어야 하는 종말적 재앙과 관련될 것이다(Tabb, 101).

요한을 불러 특정한 소명을 주시는 것을 볼 때, 10장은 요한이 계시록(전체 또는 부분)을 수여받는 일종의 수여식(위임식) 장면이라 볼 수 있다. 요한은 이 수여식을 통해 에스겔 같은 선지자(예언자)가 된 것이다(10:11, "그대는 예언해야 한다"). 요한은 종말의 예언자였다. 예언은 계시록에서 가장 핵심적인 것이라 할 수 있다(Fanning, 4). 계시록 자체가 예언의 말씀이기 때문이다(1:3; 22:7, 10, 18-19).

a1. 받으라.

  a2. 다 먹으라.

    b1. 배에는 쓸 것이다.

      b2. 입에는 꿀같이 달 것이다.

a'1. 받았다.

  a'2. 다 먹었다.

b′2. 입에는 꿀처럼 달았다.

b′1. 배는 쓰라렸다.

11절 (“그대는 예언해야 한다”) 11절의 ‘말하였다’(λέγουσιν)는 3인칭 복수 대명사(‘그들’)가 내재된다. 3인칭 단수 대신 3인칭 복수로 쓰인 것은 천사와 하늘의 음성(4, 8절)이 함께 말한 것으로 보면 자연스럽다.[25] 두 목소리가 함께 합창하듯 말한 것은 이 내용의 중요성 때문이다(“그대는 예언해야 한다”). 그것은 요한의 사명에 대한 것이다. 요한은 많은 이들(백성, 나라, 언어, 왕들)에 대해 예언해야 했다. ‘에삐’(ἐπί)를 ‘~에 대해’(about)로 번역할 수도 있고(ESV, NAS, RSV, NIV) ‘~에게/앞에서’(over, before)로 번역할 수도 있다(NEB, KJV). 비일은 70인역(LXX)의 용례를 토대로 ‘~에 대해’(about)로, 또는 더 낫게는 ‘~를 대적하여’(against)로 번역하는 것이 좋다고 강조한다(Beale, 1999: 554; 또한 Aune, 1998a: 573-4). 특히 후자로 번역하면, 만국과 그들 지도자들의 잘못됨과 죄악을 꾸짖으며 예언해야 한다는 뜻이 된다. 그들에게는 심판의 메시지가 되기 때문이다. 반면에, 오스본은 ‘에삐’에 긍정적 의미와 부정적 의미가 함께 있다는 점에서 ‘~에 대하여’(about)로 번역할 필요가 있다고 했다(Osborne, 2002: 405). 부정적으로만 볼 필요는 없다는 것이다. 시대에 따라, 형편에 따라 다를 것이다.

예언은 계시된 말씀을 전하는 것이다. 증언이라는 말과 호환하여 쓰일

25. 따라서 개역개정의 “그가 내게 말하기를”은 정확한 번역이 아니다. 이 문제를 해결하기 위해 여러 영어 번역본(ESV, RSV, NIV, NLT)은 수동태로 번역해 놓았다: “And I was told”. NAS는 그대로 번역했다: “And they said to me”. 개역개정(“그가 내게 말하기를”)은 KJV와 일치한다: “And he said unto me”. Osborne은 하나님을 말씀의 근원으로 보는 “부정(indefinite)의 복수”라고 한다(Osborne, 2002: 404). 그러나 그런 용례가 계시록에서 발견되지 않는다. Aune는 수동태적 의미를 나타내려는 히브리어의 관용적 표현으로 이해한다(Aune, 1998a: 573).

수 있다. 계시록에서 증언과 예언은 같은 맥락의 말씀이다(19:10). 예언한다는 것은, 요한이 보고 들은 것을 증언하는 것을 의미한다. 요한의 역할은 증언하고 예언하는 것이다. 그가 듣고 본 계시의 말씀을 많은 이들에게 드러내는 것이다. 그 일이 중요하기 때문에, 천사와 하늘의 음성이 함께 이를 강조한다. 전해진 계시는 드러내야 할 계시다. 감춰질 것이 아니다. 그러나 감춰져야 할 신비도 있었다(4절, "봉인하고 기록하지 말라"). 그것은 알려져야 할 것이 아니다. 요한은 그것에 대해 쓸 수 없었다. 반면에 요한이 전하라고 받은 모든 계시(11절, "그대는 … 예언해야 한다")는 계시록을 통해 전해졌다. 감춰진 것이 없다.

"많은 백성(사람)들과 나라들과 언어들과 왕들"(11절)은 할 수 있는 대로 모든 이들에게 이 계시의 말씀이 전해져야 한다는 것을 강조하는 표현이다.[26] 집단(백성), 종족(나라), 언어의 구분 없이, 요한이 받은 계시는 모두에게 전해져야 한다. 여러 민족과 나라를 뜻하는 내용에, 특이하게 '왕들'이 들어간 것은 심판의 계시가 각 나라의 지도자들에게 특히 필요했기 때문일 수 있다. 하나님을 대적하는 일이나 마지막 전쟁과 관련하여 왕의 역할이 중요하다(6:15; 16:12, 14; 17:2, 9, 12, 18; 18:3, 9; 19:18, 19). 나라의 지도자들은 백성들 가운데 특별한 책임과 권한을 가지고 있기 때문이다.[27] 계시는 이렇게 드러나야 하고 만국에 전해져야 한다. 노아의 홍수 때에 노아

---

26. 요한에게 펼쳐진 책을 먹이는 10장(특히 8-10절)의 장면은 겔 2:8-3:4과 상당히 유사하다. 다만 중요한 차이가 최소한 두 가지 있다. 첫째는 계시록에는 본래 '펼쳐진 책'(2, 8절, 현재완료 분사)이라면 에스겔에게는 손에 있는 책을 펼치며(펴서) 보여준다(2:9-10). 둘째, 요한은 '많은 백성(들), 나라(들), 언어(들), 왕(들)'에게 예언하라(11절)고 하는 반면, 에스겔은 이스라엘 족속에게 전할 것(3:1, 4)을 명령받는다. 대상이 이처럼 다르다. 계시의 방법이 비슷하지만 그 내용은 다르다.
27. 백성, 나라, 언어, 왕이 모두 복수이지만, 11:9; 17:15처럼, 이 앞에 '모든', '각각'을 뜻하는 πᾶς(파스)가 들어가지 않는다. 반면에 5:9; 7:9; 13:7; 14:6에는 들어가 있다. 경우에 따라 계시의 말씀이 모두에게 전해지는 것이 아닐 수 있다.

가 선지자 역할을 한 것처럼, 요한과 교회는 하나님의 때에 있게 될 종말의 계시를 전하는 선지자 역할을 해야 한다.

11절의 "다시"(πάλιν)는 대부분의 번역(개역, ESV, NAS, RSV, NIV, NLT, 개역개정)처럼 '다시'로 번역할 수 있다. 그렇다면 요한은 이전에 예언했던 것에 이어, '또다시'(again) 예언해야 한다는 의미가 된다. 그런데 예전에 예언한 것은 무엇이고, 이번에 예언해야 할 것은 무엇인가, 구별할 필요가 있을 것이다. 물론 이전에 예언(증언)한 것은 요한복음이고 이번에 예언해야 할 것은 계시록이라 할 수도 있겠다(요한복음이 먼저 기록된 것이라면; 참고, 김상훈, 2004: 118-20). 또는 이 단어('빨린')가 '역시', '또한'(also, and)의 의미를 지닌다고 볼 수도 있다. 이 경우 이전에 전달된 것(10장 이전) 외에 새로운 것들(10장부터)을 예언해야 한다는 뜻이 된다(L&N, 89.97).[28]

한편으로, 이 단어는 앞의 내용과 '대조하는 표지'(marker of contrast)로 쓰일 수 있다(L&N, 89.129). 그렇다면 9b-11절과 대응 관계에 있는 4b절을 대조하는 뜻으로 쓰였을 수 있다. 4b절에서는 "기록하지 말라"는 명령이 주어졌다. 감춰두라는 것이다. 반면에 11절은 "예언해야 한다"(You must prophesy)고 강제한다. 대조의 의미라면, 이번에는 '가둬 두지 말고 드러내고 알리라'는 것을 강조하는 뜻이 된다. 이때는 '다시'로 번역할 필요가 없고 생략하면 된다. 이렇게 첫 단락(1-4절)의 마지막 부분(E)인 4b절과 둘째 단락(5-11절)의 마지막 부분(E')인 9b-11절(특히 11절)에서 '감춰진 신비'(4b절)와 '드러낼 계시'(11절)가 서로 대조되는 점을 주목할 필요가 있다.

---

28. Osborne은 '다시'가 1:19의 "기록하라"는 명령과 연관된 것으로 본다(Osborne, 2002: 390). 그때 일곱 교회에게 그리스도의 서신(2-3장)을 보냈다면, 이제는 '다시' 다른 예언할 역할이 주어졌다는 것이다. 이와 관련하여 Beale은 10장 이전에 최소한 두 번의 말씀이 요한에게 주어졌음(1:10-12; 4:1-2)을 지적한다(Beale, 1999: 553).

제16장
요한계시록 11:1-13
두 증인

10장과 11장에서는 화자(말하는 이)가 연속된다. 다만, 10:11의 복수의 화자는 11장에서 다시 단수의 화자로 전환된다(11:1, "[그가] 말하기를"). 10장에서는 하늘의 음성(10:8)과 두루마리를 가진 천사(10:1-2, 9)가 요한에게 말하는 존재였다. 일곱 천둥(10:4)도 등장하지만 지속적으로 말하는 존재는 아니었다. 10:11의 '그들'은 하늘의 음성과 힘센 천사를 가리킨다. 11장에 이어서 말하는 존재는 둘 가운데 하나다. 10장에서 주로 말하던 존재가 두루마리를 가진 힘센 천사라는 점(10:3-4, 6-7, 9-11)에서 11장에서 말하는 존재는 그 힘센 천사라고 보는 것이 타당하다. 10장과 11장(특히 11:1-13)의 연속성은 반복된 '예언'(예언하다, 예언, 예언자[선지자])이라는 용어 사용에서 더욱 드러난다(10:7, 11; 11:3, 6, 10).[1] 아울러 10장과 11장은 모두

---

1. 막간(interlude)들 가운데 둘씩 쌍으로 짜인 구성은 10-11장(11:1-13), 12-13장, 17-18장에서 두드러진다. 12-13장은 소재가 용과 짐승이고, 12장의 마지막 절(17절)의 바다와 13장 첫 절의 바다로 연속된다. 또한 17-18장은 음녀인 바벨론 파멸에 대한 내용을 담고 있다. 10장과 11장의 연속성 때문에 11:1-2을 10장에 붙이고 11:3 이하를 떼어 분류할 수도 있지만(Aune, 1998a: 586), 11:1의 "말하기를"의 내용은 최소한 3절까지 지속되는 점에 유의해야 한다.

사도(요한)와 두 증인의 증언에 대해 연계된 에피소드를 담고 있다는 점에서도 공통점을 가진다. 또한 도입부인 11:1-2에 "나는 보았다"('에이돈') 또는 "나는 들었다"('에꾸사')의 표현이 없다는 점도 10-11장의 밀접성을 보여주는 것이다(Aune, 1998a: 603).

요한에게 두루마리를 주어 먹게 한 천사(10:9-10)는 이제 요한에게 하나님의 성전과 제단 등을 측량하게 하고(11:1-2), 더 나아가 두 증인에 대한 예언의 내용을 전한다(11:3-13). 요한이 먹은 두루마리가 계시록 전체를 가리키는 것이 아니라면, 두 증인 에피소드가 그것일 가능성도 배제할 수는 없다. 요한이 먹었을 때, 입에는 꿀같이 달고 배에는 쓴 것은 계시의 내용이 특별한 의미를 담고 있지만 그 실행에는 많은 난관이 뒤따를 수 있음을 예고하는 것일 수 있겠다. 증인의 역할이 쉽지 않은 것이다.

9:21과 11:14 사이에 있는 10장의 두루마리 에피소드와 11:1-13의 두 증인 에피소드는 함께 묶여 특별한 목적을 가진 막간 역할을 한다.[2] 요한의 두루마리 사건과 두 증인 에피소드는 모두 증언(예언)이라는 주제를 갖고 있다(Osborne, 2002: 390). 두 에피소드가 증언을 강조하는 공통점을 가지지만 발생하는 시기는 다를 것이다. 요한의 두루마리 사건이 발생하는 때는 계시록이 주어지는 요한의 때다. 반면 미래의 일로 보이는 두 증인 사건은 다소간 일곱 나팔 재앙과 관련될 것이라 추정된다(막간의 기능에 대해 11:14-19의 해설을 참고하라). 일곱째 나팔(11:14-19) 다음에 이어지는 12-13장의 두 에피소드는 용과 짐승이라는 공통적인 주제를 가지고 제시되는데, 이 또한 나팔 재앙과 관련이 있을 것이라 예상할 수 있다.

그러므로 요한의 증언은 초기의 증언이자 사도의 증언(또는 사도들을

---

2. 11장 자체의 묶임을 강조하면, 11장은 14절을 가운데 두고 두 에피소드로 나뉜 것으로 볼 수 있다. 이때 1-2절과 19절은 성전 소재(motif)로 수미상관법(*inclusio*)을 이루는 것이라 볼 수 있다.

대표하는 증언)이고, 두 증인의 증언은 말기(종말)의 증언이자, 그때의 교회를 대표하는 자들의 증언이 될 것이다(뒤의 주해와 해설을 보라). 증언과 예언이라는 소재로 두 에피소드는 연계된다.

두 증인 에피소드(11:1-13)는 교차 구조를 가진다. 1-2절(A)과 13절(A′)을 '성'(도성)의 소재로 연계해서 볼 수 있다. 1-2절은 거룩한 성의 짓밟힘을 강조하였고 13절은 성의 부분적(1/10의) 파괴를 강조한다. 그런데 1-2절에 나온 하나님의 성전 소재는 19절의 하늘의 하나님의 성전 장면에서 다시 나온다. 이런 점에서 1-2절은 13절과 상응하면서 동시에 19절과도 연계된 것으로 판단된다.

A. 하나님의 성전과 거룩한 성(1-2절)

B. 두 증인의 증언과 권한(3-6절)

X. 증언의 마침: 두 증인의 패배와 짐승의 승리(7-10절)

B′. 두 증인의 부활과 승천(11-12절)

A′. 큰 지진, 성의 1/10 파괴, 칠천의 죽음, 회심(13절)

3-6절(B)과 11-12절(B′)에는 두 증인의 역할과 권한이 두드러진다. 그들의 놀라운 증언 사역(3-6절)은 결국 부활과 승천(11-12절)으로 마무리된다. 두 부분 모두 두 증인에 대해 긍정적 내용을 담는다. 두 증인의 권한과 승리를 부각하는 소단락이다. 반면에 가운데 위치한 7-10절(X)은 두 증인이 패배하고 죽임을 당하는 장면이다. 짐승의 승리가 부각된다. 전체적으로 교차 구조의 특성을 가진다.

그러면 두 증인은 패배한 것인가, 승리한 것인가? 표면적으로는 패배한 것처럼 보이지만 실상은 패배한 것이 아니다. 그 역할을 다하고 하늘로 옮겨진 것이다. 이렇게 전체적으로 교차적 구성을 가지고 두 증인 에피소드는 전개된다.

A. 요한계시록 11:1-2 (성전의 측량, 거룩한 성)

1-2절은 1-13절의 서두의 역할을 한다. 두 증인 에피소드의 시작 부분이면서 에피소드의 배경을 형성한다. 종결 부분인 13절과는 '성'을 소재로 연계된다.

번역

> **1** 또 지팡이 같은 갈대자가 내게 주어졌다. 말하기를, "일어나, 하나님의 성전과 제단과 그 안에서 경배하는 자들을 측량하라. **2** 그러나 성전의 바깥뜰은 밖에 내버려두고 그것을 측량하지 말라. 그것은 이방인들에게 주어졌기 때문이다. 그들이 거룩한 성을 42개월 동안 짓밟을 것이다.

주해

1절 (성전과 제단의 측량) 요한에게 지팡이(장대) 같은 갈대자(κάλαμος)가 주어졌다. '깔라모스'는 갈대 또는 갈대로 만든 도구(자, 악기, 낚싯대, 화살 등)를 뜻한다(LSJ, 22205). 갈대로 만든 자는 당시 측량의 도구로 사용되었다(L&N, 6.213).[3]

---

3. 계시록에서 '갈대자'(갈대)가 쓰인 곳은 두 군데다(11:1-2; 21:15-16). 11장에서는 갈대자로 "성전과 제단과 그 안에서 경배하는 자들"만 측량하고 성전 바깥뜰은 그대로 두라고 한 반면, 21장에서는 새 예루살렘과 그 문들과 성곽을 측량한 내용이 나

요한에게 말하기를, “일어나 측량하라” 하는데, 측량해야 할 것은 하나님의 성전과 제단과 그 안에 경배하는 자들, 이렇게 세 가지다. 계시록에 나오는 성전은 모두 하늘의 성전이다(3:12; 7:15; 11:19; 14:15, 17; 15:5, 6, 8; 16:1, 17; 21:22). 땅에 있는 성전일 수 없는 이유는 예루살렘 성전이 이미 파괴된 후이기 때문이다.[4] 따라서 땅의 성전 제사가 더 이상 강조되지 않는다. 그런 점에서 제단도 하늘의 제단일 수밖에 없다(6:9; 8:3, 5; 9:13; 14:18; 16:7). 하늘의 제단에도 땅의 제단에서처럼 불이 놓여있다(8:3, 5). 역시 꺼지지 않는 불일 것이다.

그런데 왜 성전과 제단을 측량하라 하신 것일까? 그것은 성전과 제단의 크기가 변할 수 있다는 점을 알려주는 것이 아닐까? 순교자들이 “제단 아래” 있었던 것(6:9)을 상기할 필요가 있다. 순교자들과 제단의 특수한 관계를 그려준 본문이다(또한 16:6-7). 순교자들이 예수 그리스도의 본(히 10:10)을 따라 하늘의 성전 제단에 드려진 존재가 되었다(제단과 기도의 관계도 기억하자, 8:3-5). 따라서 성전과 제단의 측량은 특히 순교자들에 대한 말씀, “그 수가 찰(채워질) 때까지 잠시 쉬라”(6:11)는 말씀과 관련이 있을 것이다. 1절의 “측량하라”는 그들의 수가 얼마나 채워졌는지 측량해 보라는 말씀일 수 있다. 순교자 수의 채워짐과 성전과 제단의 측량과 관련된

온다. 11장에서는 지팡이 같은 갈대였고 21장에서는 금 갈대자였다. 21장은 성의 완성된 모습을 보여준다. 21장에서는 성의 외연인 성곽까지 측량할 수 있었다. 반면에 11장에서는 성전 내부만 측량이 가능했다. 아직 구원이 완성되지 않았기 때문일 것이다. 겔 40:3, 5에도 측량하는 장대에 대한 기록이 나온다.

4. 요한이 계시록을 기록한 때가 중요하다. 전통적인 견해인 도미티아누스 시대 95-96년으로 본다면, 이미 지상의 예루살렘 성전은 파괴된 상태다. 더 이상 지상의 성전은 없다. 따라서 계시록에서 언급하는 성전은 하늘의 성전이 된다. 이 성전을 예루살렘 성전으로 보는 견해는 자연스럽지 않다. 서론의 “역사적 배경” 항목을 참고하라. 요한은 10장에서 하늘에서 내려오는 천사를 보았는데(10:1), 11장에서는 다시 하늘의 광경을 보게 된다(11:1). 성전은 하늘의 성전이기 때문이다.

다고 보는 것이다. 하나님의 때가 되었는가, 또 어디까지 왔는가를 측량이라는 이미지로 말해주는 것이다.

성전과 제단과 함께 측량해야 하는 것은 그 안에 경배하는 자들이다. 하늘의 성전과 제단이라면, 그 안에 경배하는 자들은 대체 누굴까? 이십사 장로, 네 생물과 하나님께 경배하는 천사들을 가리킬까? 또는 믿는 자들의 영혼을 가리키는 말일까? 주목해야 할 단서는 7:15다. 큰 환난에서 나오는 "아무도 셀 수 없는 많은 무리"(7:9)가 "성전에서"(ἐν τῷ ναῷ) 하나님께 밤낮으로 예배하는 이들이라는 점이 부각된다(7:15). 물론 다섯째 인의 제단 아래 있는 순교자들(6:9)도 경배하는 자들에 포함될 수 있다. 성전에서 경배하는 이들은 구원된 모든 성도들로서 죽은 후 하늘에 거하며 하나님께 경배하는 이들이다. 제단이 주로 순교자들과 관련된다고 보면 그 안에서 경배하는 이들은 일반 성도들을 가리키는 것이라 할 수 있다. 성전은 순교자들과 일반 성도 두 집단을 모두 아우르는 것일 수 있다. 또는 성전, 제단, 그 안에 경배하는 자들이 하늘의 모든 성도를 가리키는 중복적인 표현이라 할 수 있다. 어느 쪽이든 성전과 제단과 그 안에 경배하는 자들에 대한 측량은 하늘에 있는 모든 성도들에 대한 측정일 가능성이 높다. 성전의 측정은 결국 이들의 수를 측정하는 것이다.

중요한 것은 왜 '측량하라'고 하는 것인가이다. 측량은 대체로 위치, 형태, 넓이 등 어떤 것의 규모를 측량한다(참고, 슥 2장, "너비와 길이"). 이를 토대로 무엇인가 건설하고 전개해 가든, 또는 계획된 결과가 나왔는지 평가하든, 측량에는 목적이 있다.[5] 성전과 제단과 경배하는 이들에 대한 측량

5. 성전을 측량하는 것을, Caird는 보호(security)로, Mounce는 보존(preservation)이라고 본다(Caird, 132; Mounce, 1977: 219). Aune는 보호뿐 아니라 파괴(destruction)의 의미일 수도 있다고 본다(Aune, 1998a: 604). 그러나 하늘의 성전이라면 성전 측량을 이러한 의미로 이해하기보다 하늘 성도(경배하는 자들)의 총합과 관련하여 이해하는 것이 적절할 것이다(참조, 13:6, "그의 장막, 곧 하늘에 거하는 자들").

은 그 상태와 규모에 대한 측량일 것이다. 지상의 예루살렘 성전이 없어진 상태에서 하늘의 성전과 제단과 경배하는 이들을 측량하라고 하는 이유는 무엇일까?

첫째, 이를 이해하기 위해서는 지상의 성전과 하늘의 성전을 대조해 살펴야 한다. 지상의 성전은 더 이상 존재하지 않고 이와 대조하여 영원한 하나님의 성전이 하늘에 존재한다. 그것은 '온전한 장막' 또는 '하늘의 성소'(히 9:11-12; 10:19)로 불리기도 한다. 땅의 성전은 임시적이나 하늘의 성전은 온전한 것이다. 그런데 하늘의 성전이 더욱 완전하게 될 때가 있다. 새 하늘과 새 땅에서 하나님과 어린 양께서 직접 성전이 되실 때다(21:22).

둘째, 하늘의 성전과 제단이 땅의 것에 비해 더욱 온전한 것이라는 점에서 땅의 것과는 비교할 수 없는 수치로 측량될 수 있을 것이다. 즉, 측량하려 할 때 요한은 하늘의 성전과 제단의 크기에 압도될 수 있겠다.

셋째, "경배하는 이들"은 이제까지 구원받고 하늘에 간 성도들을 가리키거나, 또는 이들 전체와 하늘의 천사들을 모두 가리키는 말일 수 있다(4:8-11; 5:8-14; 7:9-17; 11:15-18; 13:6, "하늘에 거하는 자들"). 이들을 측량하는 목적은 그들의 수가 찼는지 확인하기 위함이다(예, 6:11; 7:3). 시간의 역사가 진행되면서 하늘에 있는 이들의 수가 확장될 수밖에 없다. 11장에서도 하늘의 성전이 확장되고 있다고 볼 수 있는 것은 3절 이하에 나오는 두 증인의 사역을 통해 구원받는 자들이 늘게 될 것이기 때문이다. 하늘의 성전을 구성하는 성도들은 교회의 역사가 진행될수록, 전체의 총수가 늘게 되는 것은 당연하다. 지상의 교회와 성도의 수가 증가할수록 하늘의 성전이 확장된다. 총수가 지속적으로 증가하는 성도들의 수를 측량하는 것은 종말의 시간표를 조정하기 위한 것으로 이해된다. 순교자의 수가 충만할 때까지는 보응적 심판이 유예된 것처럼(6:11), 경배하는 성도들의 수가 채워짐에 따라 진행되어야 할 일들이 있는 것이다. 결국 측량은 그때가 되었느냐, 그것이 언제인가 하는 주제와 관련된다. 이런 점에서 "경배하는 이들"은 협의적인 의미로 순교자들을 가리키는 것일 수도 있고 광의적인 면에서는 주 안에서 세상을 떠난 모든 성도들을 가리키는 것일 수도 있다.

넷째, 측량에 대한 말씀이 계시록에서 두 군데 나타난다. 11장과 21장이다. 11장에서는 갈대(자)로 측량하라고 한 반면, 21장에서는 금 갈대자를 가지고 측량한다(21:15-17). 새 예루살렘에 대한 측량은 금 갈대자로 한다는 면에서 이때의 측량은 완성된 것에 대한 측량이 될 것이다. 이것은 11장(1-2절)의 측량이 임시적이라는 것을 보여준다. 즉 완성될 때까지의 임시적, 한시적 측량이다. 그 목적은 지상의 것(성전)에 비해 상당한 규모의 것이겠지만 아직 완성된 것은 아니란 점이 암시된다.

다섯째, 10장에서 요한에게 "예언해야 한다"는 당위적 명령이 주어졌고(11절) 11:1-2에서 "측량하라"는 직접적인 명령이 주어진다. 그렇다면 이 명령은 요한의 예언(증언)이 있은 이후 어느 특정한 때를 염두에 두고 주어진 측량 명령이다. 요한과 같은 초기 사도들의 증언(예언)과 그 증언을 전수한 교회들의 증언으로 인해 구원받는 이들의 수가 늘어날 것이다. 마지막 때에 두 증인의 증언을 통해 또한 구원받는 이들이 한층 증가할 것이다(예, 13절).

2절 (측량하지 말아야 할 것) 측량해야 할 것(1절)과 측량하지 말아야 할 것(2절)이 구분된다. 성전의 바깥뜰은 내버려 두고("내버려두라", ἔκβαλε) 측량하지 말라("측량하지 말라", μὴ μετρήσῃς)고 하였다. '밖으로', '밖에'라는 뜻의 전치사 '에끄'(ἐκ)가 최소한 세 번 부각된다. "바깥(에)"(ἔξωθεν)이 두 번 반복되고, '에끄'의 합성어 '엑발로'(ἐκβάλλω, 내던지다)의 명령법 "내버려두라"(ἔκβαλε)가 한 번 등장한다. '바깥/밖'의 강조는 성전 내의 영역과 강하게 대조하기 위한 것이다. 1절의 성전이 하늘의 성전이라면, 2절의 바깥뜰은 어디를 가리키는가? 그리고 바깥뜰을 내버려두어야 할 이유는 무엇일까?

여기서 "거룩한 성"을 이야기하는 것은 성전 밖에 뜰이 있고 이를 둘러싼 성(도시)이 있음을 전제한다. 예루살렘의 경우와 같다. 성전 바깥뜰을 측량하지 않고 내버려 두는 이유를 추정하기 위해서는 "성전 바깥뜰"이 무엇인지 이해할 필요가 있다. 1절의 하나님의 성전이 하늘의 영적 성전을 가리키는 것이라면 성전의 바깥뜰은 무엇을 가리킬까?

이중적인 의미가 있는 것 같다. 첫째, 성전 바깥뜰은 하늘의 성전 밖이라는 점에서 육적인(비영적인) 세상을 가리키는 말일 수 있다.[6] 그에 대해 측량하지 말라는 것은 굳이 그 규모를 잴 필요가 없다는 뜻이다. 바깥뜰에서는 이방인들이 주도할 것("짓밟을 것")이다. 여기서 "이방인"(복수)은 하나님을 믿지 않고 반대하는 이들(11:18), 즉 '땅에 거하는 자들'(6:10; 8:13; 11:10; 13:8, 12, 14; 17:2, 8)을 가리키거나, 또는 열방이나 만국을 가리키는 일반적인 표현(예, 12:5; 14:6)일 수 있다.

둘째, 지상의 성전이 파괴된 상태의 예루살렘을 그려주는 것일 수 있다. 지상 성전은 사라졌고 남은 것은 성전이 없는 성전 밖의 예루살렘 상태다. 또한 바깥뜰은 하늘 성전에서 제외된 상태의 세상(또는 예루살렘)을 가리킬 수 있다. 이방인에게 주었다는 것은 하늘 성전이 없는 상태로 일정 기간(마흔두 달) 계속될 것을 가리키는 말일 것이다. 지상에는 성전이 없어졌고 대신 하늘에 성전이 존재하는 상태, 그래서 지상에는 성전 바깥뜰만 있는 예루살렘의 현 상태를 가리키는 말이고 그 기간이 3년 반(마흔두 달) 지속될 것을 말씀하는 것이다. 그렇다고 3년 반이 지나면 땅의 성전이 회복된

---

6. 헤롯 성전에서 성전 바깥뜰은 이방인 하나님 경외자(God-fearer)의 뜰이었다는 Beale의 지적은 타당하다(Beale, 1999: 560). 그런데 이방인 출신 하나님 경외자들이 교회의 정식 구성원(그리스도인)으로 흡수된 후, 더 이상 하늘 성전에 하나님 경외자들을 위한 이방인의 뜰은 필요하지 않다. 성전 안과 성전 밖만이 있을 뿐이다. 11:2에 '밖'이라는 단어가 반복 강조된 점을 주목할 필요가 있다.

다는 뜻은 아니다. 짓밟히도록 정해진 기간이 끝난다는 것이다.

측량할 필요가 없는 것(성전 바깥뜰, 2절)이 있고 측량할 것(성전과 제단과 경배하는 이들, 1절)이 있다. 측량할 필요가 없는 것은 이방인(열방)에게 주어졌고 그들이 거룩한 성 예루살렘을 한정된 기간인 마흔두 달 짓밟게 된다(비교, 눅 21:24, "이방인의 때가 차기까지"; 단 7:25, "한 때와 두 때와 반 때"). "마흔두 달"은 3년 반으로 전체 7년의 절반에 해당하는 기간이 된다.[7]

땅의 성전은 예루살렘에 한때 있었고 영적인 성전은 하늘에 있다. 1절과 19절은 하늘의 성전을 가리키고 2절과 13절은 지상 성전이 있던 자리인 예루살렘에 대해 묘사한다. 따라서 거룩한 성은 (1) 지리적으로 예루살렘을 가리키는 것이거나(R. Thomas, 1995: 84-86), (2) 상징적으로 땅에 남겨진(하늘로 부르심을 받은 성도들과 대비하여) 교회와 성도들을 가리키는 것이거나(Beale, 1999: 568-70), (3) 또는 세상을 상징하는 것일 수 있다(Aune, 1998a: 586).

거룩한 성이 한시적으로(42개월 동안) 이방인들에게 짓밟히게 될 것이다. '짓밟다'는 '힘으로 짓밟고 정복함'을 의미한다(L&N, 20.22). 그들에게 거룩한 성을 괴롭힐 권한이 주어진 것이다. 거룩한 성이 지상의 교회들을

---

7. 구약에서 마지막 때의 3년 반에 대한 언급은 단 7:25; 9:27; 12:7, 11-12에 나온다(Beale, 1999: 565; Osborne, 2002: 414). 단 7:25의 성도를 괴롭게 하고 성도들이 그의 손에 붙인 바 되는 3년 반은 계 13장의 짐승의 시대를 가리키는 것으로 이해된다. 단 9:27의 이레(7일)의 절반(3.5일), 즉 "포악하여 가증한 것이 날개를 의지하여 설" 때는 역시 짐승의 시대를 가리키는 것으로 보인다. 단 12:7의 "한 때 두 때 반 때를 지나서 성도의 권세가 다 깨지기까지이니"는 짐승의 시대로 성도들이 받을 박해의 때를 뜻한다. 단 12:11의 "매일 드리는 제사를 폐하며 멸망하게 할 가증한 것을 세울 때부터 천이백구십 일을 지낼 것이요"(참고, 마 24:15; 막 13:14)의 천이백구십 일은 대략 3년 반으로 이 또한 짐승의 시대를 가리킨다고 보아야 할 것이다. 완성된 기간인 7년의 절반으로 미완(또는 'broken')의 기간이다(Resseguie, 2009: 30-31).

가리키는 것이라면 그리스도 교회의 박해, 또는 교회에 대한 세상의 통제를 뜻하는 것이 된다. 그런데 거룩한 성이 문자적으로 예루살렘을 가리키는 것이라면, 두 증인이 활동할 때, 예루살렘에 특별히 혼잡한 종교적 현상이 있게 될 것을 말하는 것일 수 있다. 세계적인, 그리고 점차적인 신성 모독적 현상이 특히 예루살렘에 부각되어 나타나는 것일 수 있다. 어느 것 하나로 결론 내릴 필요가 없는 것은 그때가 되기 전에는 확실히 알 수 없기 때문이다.

해설

오스본은 측량(11:1-2)의 목적이 다가오는 큰 박해로부터 성도들을 '보존'하는 것이라 생각한다(Osborne, 2002: 410). 만일 그렇다면 다른 존재(예, 천사)에게 하라 하지 않고, 계시를 받는 입장인 요한에게 측량하라고 할 필요가 있을까? 에스겔 40-42장의 성전 측량은 에스겔이 하는 것이 아니라, 그를 데려가 보여주는 "빛난 사람"(겔 40:3)이 측량한다. 에스겔은 측량인이 아니다. 단지 이를 보고 증언할 자다. 이와 관련해서 비일은 에스겔 40-42장의 성전 측량이 우상숭배의 오염에서 성전을 '보호'(격리)하는 것이라 강조하지만(Beale, 1999: 559), 에스겔의 성전 측량은 무너진 성전의 재건 또는 새 성전의 약속과 관련된다고 보는 것이 맥락상 맞을 것이다. 성전 파괴가 주전 586년에 있었고 바벨론에서의 에스겔 선지자의 사역은 그 이후에도 이어지기 때문이다.

11장의 성전을 마지막 때에 재건될 예루살렘 성전으로 보는 견해(Walvoord 1966: 716-7)에는 동의할 수 없다. 본문에 그런 정보나 암시가 없기 때문이다. 또한 마지막 때의 교회로 보는 견해(Ladd 1972: 152-3, Mounce 1977: 219-20)에도 동의하기 어렵다. 역시 해당되는 정보가 본문에 없다.

비록 그리스도의 몸 된 성전인 지상의 교회나 그 교회의 역사를 통틀어 보는 견해(Caird, 131-2; Beale, 1999: 562-4)는 타당하긴 하지만 이 역시 문제가 있다. 본문에는 그런 암시가 없을 뿐 아니라, 계시록의 용례에서도 그러한 의미가 발견되지 않는다. 지상의 교회가 아니라 하늘의 성전, 곧 하늘에 올라가 있는 교회를 가리킨다고 보는 것이 '성전'을 하늘 성전 개념으로 전개하는 계시록의 맥락과 용례(7:15; 11:19; 14:15, 17; 15:5-8; 16:1, 17; 21:22)에 따른 자연스런 해석일 것이다.

계시록에서의 측량에는 이미 되어 있는 것을 확인하는(또는 알려주는) 목적(특히 21:16-17)이 있다. 11장에서 요한이 하는 성전 측량에 "경배하는 이들"이 포함된 것은 이 측량이 구원된 성도의 수가 얼마만큼 도달했는지를 판정하는 행동임을 암시한다. 이러한 측량에는 계시 전달자인 요한에게 하나님의 때에 대해 확인시켜 주려는 목적 또한 있다고 보아야 할 것이다.

B. 요한계시록 11:3-12 (두 증인)

두 증인 에피소드(11:3-12)는 세 부분으로 나뉜다. 첫째는 두 증인의 증언과 권한에 대한 것(3-6절)이다. 둘째는 두 증인의 증언이 마치고 패배하는 장면과 짐승이 승리하는 장면을 담고 있다(7-10절). 마지막 부분은 두 증인의 부활과 승천 내용을 수록한다(11-12절). 세 부분은 교차 구조를 띤다.

a. 두 증인의 증언과 권한(3-6절)

  x. 증언의 마침: 두 증인의 패배와 짐승의 승리(7-10절)

a′. 두 증인의 부활과 승천(11-12절)

번역

3 "또 내가 내 두 증인에게 (권세를) 줄 것이다. 그들이 베옷을 입은 채 천이
백육십 일 동안 예언할 것이다." **4** 이들은 땅의 주님 앞에 서 있는 자들로서
두 감람나무와 두 촛대이다. **5** 만일 누가 그들을 해하려 하면 그들의 입에서
불이 나와서 그들의 원수들을 삼켜버릴 것이다. 또 만일 누가 그들을 해하길
원하면 그는 이와 같이 죽게 될 것이다. **6** 이들은, 이들이 예언을 하는 날들
동안 비가 내리지 않게 하늘을 닫을 권세를 가지고 있다. 또한 물들에 대해
물들을 피로 바꿀 수 있는 권세를 가지고 있고, 또 그들이 원하면 언제든지
각 재앙으로 땅을 칠 수 있는 권세를 가지고 있다. **7** 그러나 그들이 증언을
마칠 때에 무저갱에서 올라오는 짐승이 그들과 더불어 전쟁을 할 것이고 그
들을 이길 것이고 그들을 죽일 것이다. **8** 그들의 시체가 영적으로 소돔과 이
집트로 불리는 큰 성, 그들의 주께서 십자가에 못 박히셨던 곳의 넓은 거리
에 놓인다. **9** 백성들과 종족들과 언어들과 민족들에서 온 자들이 삼일 반 동
안 그들의 시체를 본다. 그리고 그들의 시체를 무덤에 안치하는 것을 허락하
지 않는다. **10** 땅 위에 거하는 자들이 그들 때문에 기뻐하고 즐거워하며 서
로에게 선물을 보낸다. 두 선지자들이 땅 위에 거하는 자들을 괴롭게 하였었
기 때문이다. **11** 그러나 삼일 반 후에 하나님으로부터 나온 생명의 영이 그
들에게로 들어갔고 그들이 그들의 발로 일어섰다. 그러자 큰 두려움이 그들
을 지켜보던 자들 위에 내렸다. **12** 그리고 그들은 하늘에서 나와 그들에게
말하는 큰 음성을 들었다. "이리로 올라오라." 그러자 그들이 구름 안에서 하
늘로 올라갔다. 그들의 원수들이 그들을 지켜보았다.

주해

3절 (두 증인의 예언) 3-6절은 두 증인의 증언과 권한에 대한 내용을 담고 있다. 3절의 '또'(καί)라는 접속사는 1-2절과의 연속성을 보여주는데, 측량할 것(1절)과 측량하지 말 것(2절)이 3절 이하와 연결되는 이유는 분명하지 않다. 1-2절과 3절 이하의 연결 고리는 일정한 기간(즉 3년 반)을 가리키는 "마흔두 달"(2절)과 "천이백육십 일"(3절)일 것이다. 두 기간은 서로 다른 것을 가리킬 가능성도 없지 않지만, 같은 3년 반이라는 점에서 동일한 기간(때)을 가리킨다고 보는 것이 자연스럽다. 그렇다면 이때는 이방인에게 주어진 시대(2절)이면서 두 증인의 활동 시기(3절)라 할 수 있다. 거룩한 성을 짓밟는 기간이 두 증인이 예언하는 기간이 될 수 있다. 두 증인이 베옷을 입고 예언하도록 보냄 받은 이유가 거룩한 성의 짓밟힘과 관련이 있을 것이다.[8]

하늘의 음성(10:8; 11:1)은 계속해서 요한에게 말씀한다. "내가 내 두 증인에게 줄 것이다."(3절) 무엇을 주겠다는 것인지는 곧바로 명시하지 않는다. 이어지는 말을 통해 그것이 말할(예언할) 수 있는 권세("그들이 예언할 것이다")를 가리키는 것임을 알 수 있다. 두 증인이 천이백육십 일, 즉 3년 반 예언하게 될 것을 말씀한다.

---

8. 2절의 3년 반과 3절의 3년 반이 다른 때를 의미한다면, 거룩한 성이 짓밟히는 기간(2절)은 두 증인이 예언하는 3년 반의 사역 이후의 3년 반을 뜻하는 것이 된다. 즉, 13장의 짐승의 시대를 뜻한다. 2절의 3년 반이 3절의 것보다 뒤에 오는 기간을 가리킨다는 점에서 자연스럽지 않은 면이 있지만, 한편으로 교차 구조에서 1-2절(시작 부분)과 13절(끝부분)이 상응하는 것을 고려하면, 13절(지진, 성 1/10이 무너짐, 칠천의 죽음, 사람들의 회심)이 증인의 죽음 이후의 때(무저갱 짐승 초기)를 가리킨다는 점에서 2절(이방인에 짓밟히는 3년 반 기간) 또한 짐승 시대와 관련 있다고 할 가능성은 존재한다 할 수 있다.

두 증인이 증언하는 3년 반의 증언 기간은 정해진 일정한 기간(7년)의 절반에 해당하는 기간이다. 7년이 충분한 전체 기간이라면 3년 반은 그 반이 되는 기간이다. 두 증인이 증언하는 기간이 7년 가운데 앞의 3년 반이고, 증언이 마친 후에 죽임을 당하고 지내는 기간이 3일 반이다. 이 3일 반은 두 번째 3년 반이 첫 번째 3년 반보다 짧은 기간이 될 것임을 의미하는 표현일 수도 있고 또는 3년 반의 초반 기간(3일 반)을 의미하는 것일 수도 있다. 13장에서 활약하는 짐승의 시대가 마지막 3년 반이다(13:5).

이 두 증인이 베옷을 입고 예언하는 이유는 하나님 앞에서 회개하도록 선포하는 것이기 때문일 것이다. 베옷은 회개할 때 입는 옷이다(마 11:21; 눅 10:13; 창 37:34; 삼하 3:31; 왕상 20:27; 왕하 19:1; 느 9:1; 사 15:3; 22:12; 37:1-2; 렘 4:8; 6:26; 30:19; 단 9:3; 암 8:10; 욘 3:5; 비교, 사 58:5-7). 지도자들이 백성을 위해 회개하며 베옷을 입는 경우가 많다. 다윗이 아이를 위해(삼하 12:16), 히스기야 왕이 백성을 위해(왕하 19:1), 또 제사장들이 그러하였고(욜 1:13), 또 시온의 장로들이 베를 둘렀고(애 2:10), 다니엘이 백성을 위해 기도할 때(단 9:3) 그와 같이 베옷을 입고 회개하였다.

4절 (두 증인의 정체) 두 증인은 어떤 존재인가? 4절은 세 가지 정보를 준다. 첫째, 두 감람나무(올리브 나무)다. 둘째, 두 촛대다. 셋째, 이 땅에서 주 앞에 서 있는 자들이다. 성경에서 두 감람나무가 등장하는 곳은 두 곳(슥 4:1-14; 롬 11:13-32)이다. 특히 스가랴 4장의 두 감람나무 예언은 계시록 11장의 두 증인과 깊은 관련이 있다. 스가랴 4장에는 첫째, 두 감람나무가 등장한다. 둘째, (금) 등대가 있다. 셋째, 기름 부음 받은 자 둘을 "온 세상의 주 앞에 서 있는 자"(4:14)라고 표현한다.

스가랴서에는 등대(촛대)와 감람나무가 함께 등장한다. 두 감람나무가 한 등대에 기름을 흘린다(참고, Tanner, 84-85).[9] 그 기름을 공급하는 것은 성령의 사역(성령의 부음)과 관련이 있다. 두 감람나무는 금 등대 양 옆에 서 있다(4:3). 스가랴는 이것이 무엇인지 묻는다. 천사는 두 감람나무를 가리켜 기름 부음 받은 자 둘이라고 말한다(4:14). 이 둘은 성전 재건을 담당한 대제사장 여호수아(3:1-10)와 지도자(총독) 스룹바벨(4:6-10)로 추정된다. 바벨론에서 돌아온 후 성전을 재건했던 중요한 지도자 두 인물이다(스 3:2, 8; 학 1:1, 12; 2:1-2). 여호수아와 스룹바벨은 하나님의 기름부음 받은 자들이 되어, 감람나무 같은 존재로 등잔에 가지를 대고 기름을 제공한다. 이를 통해 등잔은 계속된 빛이 나올 수 있게 된다(참고, 출 27:20). 여호수아와 스룹바벨이 무너진 성전을 재건하고 성전이 성전의 역할을 하도록 한 것은 성전을 상징하는 등잔이 빛을 계속 비출 수 있는 일에 조력자 역할을 한 것이다.

"주님 앞에 서 있는 자들"과 유사한 표현은 스가랴 4:14의 "온 세상의 주 앞에 서 있는 자"(비교, 욥 1:6, '여호와 앞에 서 있는 하나님의 아들들')에서 볼 수 있다. 이들은 주님과 특별한 관계를 갖고 있으면서 중요한 역할을 맡고 있는 자들이다. 70인역(LXX)은 히브리어 본문, '하오므딤 알-아돈 콜-하아레츠'(הָעֹמְדִים עַל־אֲדוֹן כָּל־הָאָרֶץ, 온 땅의 주님 곁에 서 있는 자들)를 "온 세상의 주님 옆에 서 있다"(παρεστήκασιν τῷ κυρίῳ πάσης τῆς γῆς)라고 번역했다. 계시록 11:4의 "땅의 주 앞에 있는 자들"(αἱ ἐνώπιον τοῦ κυρίου τῆς γῆς ἑστῶτες)과 같은 구문의 어휘를 쓰고 있지 않지만 의도적으로 선택된 유사 표현임은 분명하다. "땅의 주"는 스가랴 4:14의 '온 땅('하아레츠')의 주'를 연상시키는 표현이다. 따라서 하나님을 가리킨다.

그런데 스가랴 4장과 계시록 11장의 차이는 두 촛대와 한 등대에 있다.

9. 그런데 Tanner는 스가랴서에서 두 감람나무가 아니라 하나의 등대라는 점에 근거하여 이 등대가 스룹바벨을 가리킨다고 단정한다(Tanner, 84-85).

계시록은 두 촛대를 언급하는 반면, 스가랴 4장은 두 감람나무와 구별되는 한 금 등대를 언급한다. 그런데 계시록 11장에서는 두 감람나무가 곧 두 촛대다. 계시록 11장에서는 감람나무와 촛대가 동일시되는 점에서 스가랴 4장과 다르다.

스가랴 4장에서 감람나무의 역할은 등대에 기름을 공급하는 것이다. 기름 공급이라는 성령의 사역을 두 감람나무가 감당하고 있다는 뜻이다. 스가랴서에서 이 사역은 성전 재건을 위한 사역이다. 계시록 11장에서 두 증인은 이방인에게 짓밟힌 거룩한 성을 회복하는 사역을 하는 측면에서 두 감람나무로 비유되면서 또한 교회의 증언하는 역할을 담당한다는 측면에서 두 촛대로 비유된다고 보인다.

두 증인의 중요성을 강조하는 표현은 요한복음에서 찾을 수 있다. 예수 그리스도는 두 증인의 중요성을 강조하셨다(요 8:17; 참고, 신 17:6; 19:15). 두 증인의 시작(효시)은 아버지(성부)와 아들(성자)이시다(요 8:18). 두 증인이 중요한 것은 복수의 증언이 참되기 때문이다(S. Kim, 2014a: 21-22; 또한 Beale, 1999: 575). 그리스도가 신실한 증인(계 1:5; 3:14)이 되시듯, 교회는 그리스도의 참된 증인이다(눅 24:48; 행 1:8; 2:32; 3:15; 5:32; 고전 15:15; 계 17:6). 계시록 11장의 두 증인도 그러한 참된 증인 역할을 수행할 것이다.

5절 (두 증인의 능력: 해칠 수 없음) 두 증인은 강력한 권한을 갖게 된다. 누구도 이들을 해칠 수 없다(5절). 그들을 해하려고 하면 그들의 입에서 불이 나와 원수들을 삼켜버린다. 그들을 해할 수 없다는 점을 강조하기 위해 "누가(누군가) 그들을 해하려 하면"(εἴ τις αὐτοὺς θέλει ἀδικῆσαι), "누가(누군가) 그들을 해하길 원하면"(εἴ τις θελήσῃ αὐτοὺς ἀδικῆσαι)이라는 비슷한 표현을 쓰는 평행법(ab-a′b′)이 사용한다. 한 번은 '에이'(εἰ)-직설법, 또 한 번은 '에이'(εἰ)-가정법이 사용된다. '에이'-직설법은 1급 가정법으로 확실하게 일어날 만한 사실에 대한 내용을 산정한다. 여기서 '에이'-가정법은 '에안'(ἐάν)-가정법인 3급 가정법 대신으로 쓰였다(Turner, 1963: 116; Aune, 1998a: 614).[10] '에이'-직설법과 '에이'-가정법의 동시 사용은 실제로 일어나든, 일어나지 않든(또는 그럴 가능성만 있든) 모든 가능한 경우를 가리키기 위해 사용되었을 것이다. 두 증인을 해하게 되거나 해하려고 시도하면, 반드시 해하는 자가 그 반대로 해를 입게 될 것을 강조하는 말씀이다.

a. 만일 누가 그들을 해하려 하면(1급 조건문)

b. 그들의 입에서 불이 나와서 그들의 원수들을 삼켜버릴 것이다.

a′. 또 만일 누가 그들을 해하길 원하면(3급 조건문)

b′. 그는 이와 같이 죽게 될 것이다(죽임을 당해야 한다).

누구도 그들을 해할 수 없고 해하려 할 때 오히려 죽임을 당하게 될 것이다. 강력한 두 증인의 권한(불의 권세, 비의 권세 등)은 문자적일 수도 있고 상징적인 것일 수도 있다. 음부의 권세가 이길 수 없는 교회의 권세(마 16:18-19; 18:18; 요 20:23)라 할 수 있다. 비일은 두 증인의 입에서 나오는 불을 '예언과 증언'이라고 간주한다(Beale, 1999: 511). 불이 나오는 것은 갈멜 산에서 하늘에서 불을 내리는 일을 일으킨 엘리야의 역사(왕상 18:17-40)를 기억하게 한다. 불이 나오는 것과 같은 특이한 현상이 문자적으로 나타나든, 상징적으로 이뤄지든, 두 증인이 특별한 능력을 소유하게 될 것이라는 뜻이다. 만일 문자적인 것이라면 종말의 특정한 때에 두 증인에 의해 일어나게 될 초자연적인 현상이 될 것이다. 만일 상징적인 의미라면 두 증인이 가진 영적 능력과 승리를 의미한다고 할 수 있다.

---

10. Turner는 '에이'-가정법이 주전 3세기에 사용된 예가 발견되지만 주후 100년 이후에 주로 사용되었음을 밝히고 있다(Turner, 1963: 116).

6절 (두 증인의 하늘을 닫을 권세) 두 증인의 권세는 불을 내는 능력 외에 세 가지로 더 나타난다. 첫째는 하늘의 권세다. 두 증인은 예언하는 3년 반 동안 하늘을 닫아 비가 내리지 않게 할 권세를 가지고 있다(6절). 비가 내리지 않게 하는 능력은 3년 반 동안 비가 오지 않게 한 엘리야의 능력(왕상 17:1-7; 약 5:17)과 같다. 두 증인은 하늘을 닫고 비가 내리지 않게 할 권세를 가지게 된다. 이 일이 문자적으로 이뤄진다면 두 증인은 엘리야 같은 권한을 가진 선지자로 나타날 것이다.

만일 영적인 의미라면 하늘의 권세는 두 증인의 영적 권세를 상징한다. 하늘을 닫고 여는 권한은 본래 그리스도의 권한이다(계 1:18; 3:7). 그리스도의 몸 된 교회는 그리스도의 권한의 일부를 부여받는다. 교회는 그리스도의 남은 사역을 위임받기 때문이다. 땅에서 매면 하늘에서 매이게 되고 땅에서 풀면 하늘에서 풀게 된다(마 16:19; 18:18). 이 엄청난 권한은 요한복음에서는 죄 사함의 권한으로 나타난다(요 20:23). 두 증인도 그 같은 권한을 직접 행사할 것이다.

둘째는 물의 권세다. 두 증인은 물을 피로 바꿀 수 있는 권세를 가진다(6절). 물을 피로 바꾸는 사건은 출애굽 때 모세의 열 재앙 가운데 첫째 재앙이다(출 7:14-25).[11] 따라서 이 권세의 소유는 두 증인이 모세와 같은 능력을 가지게 될 것을 뜻한다. 그렇다면 두 증인은 엘리야와 모세의 능력과 권한을 행사하는 선지자들로서 묘사되었다고 볼 수 있다.

셋째는 땅의 권세다. 그들이 원할 때 각 재앙으로 땅을 칠 수 있는 권세다(6절). 땅에 대한 권세는 나팔과 대접 재앙의 중요한 요소이기도 하다. '쁠렛소'(πλήσσω, 치다/강타하다)에서 온 말로서 '재앙'을 뜻하는 '쁠레

---

11. Osborne은 물이 피가 되게 하는 재앙이 둘째 나팔 재앙(8:8-9)과 둘째, 셋째 대접 재앙(16:3-4)과 관련이 있다고 보고 두 증인의 활동 시기가 나팔과 대접 재앙 시기와 같을 수 있다고 본다(Osborne, 2002: 423-4). 그러나 그렇게 볼 근거는 부족하다.

게'(πληγή)는 고통스런 재난과 재앙을 가리킬 수도 있고 전염병을 가리킬 수도 있다(L&N, 23.158; Aune, 1998a: 580). 첫째 나팔 재앙의 경우, 피 섞인 우박과 불이 나와 땅에 쏟아졌고 땅의 1/3이 타게 된(8:7) 반면, 첫째 대접 재앙의 경우, 대접을 땅에 쏟을 때 악하고 독한 종기가 났다(16:2). 땅을 치면, 땅이 고난을 겪지만, 결국 땅의 백성들이 해를 입게 된다.

이 두 증인은 교회인가, 특정한 인물들인가? 첫째, 만일 두 증인을 그리스도의 교회를 가리키는 것으로 본다면, 그것이 교회 시대를 뜻하든 종말의 특정한 때의 교회를 뜻하든, 두 증인의 권세는 교회가 지상에서 사역할 때 가지고 있는(또는 가질) 영적 권세를 상징화한 것으로 볼 수 있다. 하늘과 땅의 권세, 물을 피로 바꿀 수 있는 능력은 그리스도 교회에게 주어진, 구원과 관련된 권한과 힘을 가리킬 수 있다. 그리스도의 지상위업을 수행하는 몸 된 교회는 영적 능력의 터전이 된다. 중요한 것은 증언하는 교회가 상당 기간 승리할 것이란 점이다. 교회의 증언이 강력한 효과를 볼 것이다.

둘째, 만일 두 증인이 종말의 특정 기간에 나타날 두 인격체(선지자)를 가리킨다면, 이것은 마지막 종말의 시기에 마지막 회심의 기회를 주시려는 하나님의 특별한 섭리일 수 있다. 하나님께서 주도적으로 두 증인에게 권한을 주셔셔(3절, "주셨다"), 그들로 3년 반 동안 예언하게 하시는 하나님의 구원 사역이다. 이때 예언 사역과 심판(징벌적) 사역이 초자연적인 기적과 함께 수행될 것이다. 증언의 과정에서 구원과 회심의 일이 어느 정도 일어날지는 알 수 없지만, 두 증인의 죽음 이후 그들의 부활과 일련의 사건들을 통해 사람들이 하나님께 영광을 돌리는 일이 일어나게 된다(13절). 집단적인 회심의 기록은 이때가 마지막이다.

7절 (두 증인의 죽음) 7-10절은 두 증인의 패배와 짐승의 승리를 다루고 있는 부분이다. 무저갱에서 올라온 짐승과의 대결에서 증인들은 죽임을 당하고 짐승이 이긴다(7절, a). 증인들의 시체는 거리에 놓이고(8절, b), 거리에 놓인 시체를 목도한 사람들(9절, b′)은 서로 승리의 기쁨을 나눈다(10절, a′).

a. 짐승과의 대결, 죽음(7절)

b. 증인들의 시체가 거리에 놓임(8절)

b′. 거리의 시체를 목격하는 사람들(9절)

a′. 사람들의 환호(10절)

입에서 불을 내고(5절), 하늘을 닫아 비가 내리지 않게 하고(6절), 물을 피로 바꿀 수 있고 또 재앙으로 땅을 칠 수 있는 권세를 가진(6절) 그들이지만, 두 증인은 결국 죽임을 당한다(7절). 무저갱에서 올라오는 짐승이 그들과 전쟁을 하는데, 마침내 두 증인을 죽인다. 무저갱 짐승이 더 능력이 있어서가 아니라, 그렇게 허락되었기 때문이다. 두 증인에게 주어진 3년 반이 마쳤다. '(끝)마쳤다'(τελέσωσιν)는 것은 그들의 사역과 역할이 이제 마무리(완성)가 되었다는 뜻이다.

무저갱에서 올라오는 짐승의 정체가 분명하진 않지만, 13장의 두 짐승(바다 짐승과 땅 짐승) 가운데 하나일 것이다. 특히 첫 번째 등장하는 바다 짐승으로 보는 게 맞을 것이다. 9장의 다섯째 나팔, 메뚜기 사건에서 무저갱의 사자 아바돈이 등장한 바 있다. 무저갱에 올라오는 짐승과 아바돈 이 둘은 동일한 존재일 가능성이 높다(Osborne, 2002: 424-5). 무저갱의 짐승은 전쟁을 통해 두 증인을 꺾고 그들을 죽인다. 두 증인은 패배하고 짐승은 승리한다(참고, 계 13:7; 단 7:21). 패배해서 죽을 때가 있는 법이다. 그럴 때가 있을 것임을 인정해야 한다. "전쟁을 할 것이다"(ποιήσει πόλεμον), "이길 것이다"(νικήσει), "죽일 것이다"(ἀποκτενεῖ), 세 미래형 동사가 나오는 구문이 주목된다. 승리했던 그들(3-6절)은 패배하고 죽음을 맞이하는 이들

(7-10절)이 될 것이다.

8절 (시체가 거리에 놓임) 죽은 증인들의 시체는 '넓은 거리/광장'(πλατύς)에 놓인다. 많은 사람들이 오가는 그곳에 그들의 시체가 잘 보이게 놓여있다. 두 증인이 가졌던 그동안의 사역 권한만큼이나 처절한 패배의 모습을 보여줄 때가 되었다. 본문은 그들의 시체가 놓이게 될 장소에 대해 세 가지 정보를 준다. 첫째는 영적으로 소돔과 이집트로 불리는 곳이다. 둘째는 그들의 주님께서 십자가에 못 박히신 곳이다. 셋째는 큰 성(도시)이다. 이 정보들을 종합하여 볼 때 본문이 지시하는 장소는 예루살렘일 것이다. 영적으로 소돔이라는 말은 그만큼 타락과 부패의 도시가 되었다는 뜻이다(사 1:10; 3:9; 렘 23:14; 애 4:6). 또한 이집트(애굽)라고 한 말은 하나님을 떠나 죄의 노예 상태로 붙들린 영혼들이 되었다는 뜻으로 이해된다(출 20:2; 레 26:13; 신 5:15; 6:12-13; 8:14; 렘 34:13; 겔 23:3, 8, 19, 21; 미 6:4). 육체적으로 편안하고 안락한 성이지만 종교적으로 혼합되고 또한 사치롭고 혼잡하고 타락한 지역임을 시사한다. 특히 주님께서 십자가에 못 박힌 곳은 예루살렘 외에는 없다.[12] 비일처럼 2절의 "거룩한 성"과 8, 13절의 "큰 성"을 구분할 수도 있다(Beale, 1999: 592-3). 반면에 "거룩한 성"(2절)과 "주님께서 십자가에 못 박히셨던 곳"(8절) 모두 예루살렘으로 보는 것도 충분히 가능하다.

중요한 것은 예수 그리스도께서 십자가에 매달려 죽으신 그곳에서 두 증인이 죽는다는 것은 그리스도의 죽음의 길을 따르게 됨을 뜻한다(참고, G. Campbell, 2003: 106-7). 주님께서 골고다 동산의 십자가에 매달려 죽

12. 물론 영적 의미의 예루살렘을 가리킬 수도 있다. 그런데 8절에서 예수 그리스도께서 십자가에 못 박히신 사건을 거론한 것은 십자가 사건이 2절의 거룩한 성이 짓밟히게 될 3년 반의 시작이 되기 때문이라고 주장하는 Beale의 견해(1999: 567)는 비약적인 것이라 할 수 있다.

으실 때 많은 이들이 볼 수 있었던 것처럼, 두 증인은 넓은 광장에 시체가 놓여 많은 이들이 지나다니며 볼 수 있게 될 것이다. 두 증인의 패배와 죽음이 온 천하에 드러난다는 뜻일 것이다. 그러나 이들은 그리스도를 따라 죽음으로 승리를 획득하게 된다(참고, Stewart, 2019: 64-65). 죽는 길이 이기는 길이기 때문이다.

9절 (많은 이들이 시체를 목도함) 백성, 종족, 언어, 민족(나라)이라는 말들(9절)은 많은 나라의 사람들, 즉 세계 각지에서 온 많은 이들이 그곳에 모였다는 점을 강조하려는 표현이다. 그만큼 예루살렘이 국제 도시가 되었다는 뜻일 수도 있고 예루살렘이 천하각국의 각축장이 되었다는 뜻일 수도 있다. 많은 이들이 광장에 놓인 그들의 시체를 본다("그들이 본다/보고 있다"). 그들이 볼 때, 두 증인의 패배는 너무도 명확하다. 누구도 부인할 수 없다. 한때 아무도 범접할 수 없던 두 증인은 이제 죽음의 늪에 갇혀 있는 것 같다. 그 사실이 모두에게 확인된다.

그들의 시체가 무덤에 안치되는 것이 허락되지 않는데("허락하지 않는다"), 이들의 사후에도 시신을 전시하여 공개적으로 모독을 받게 할 뿐 아니라 그 죽음을 온 천하에 선전해야 할 이유 때문일 것이다(비교, 시 79:3-4). 그만큼 두 증인의 사역은 짐승과 땅의 사람들에게 고통의 짐이 되었기 때문일 것이다. 시신을 방치하는 내면적 이유가 두 증인에 대한 증오 때문일 수 있다. 마음속 깊은 증오심이 외부로 표출될 때 폭력적 혐오의 형태로 나타난다.

그들의 시체는 3일 반 동안 광장에 놓이게 된다. 3일 반은 3년 반에 비해 적은 기간이다. 사역은 3년 반인 반면(3절), 시체로 있게 되는 기간은 단지 3일 반이다(9절). 예수 그리스도는 죽음에서 사흘 만에 부활하셨다. 두 증인의 부활은 그리스도의 부활과 분명히 닮았다. 그런데 두 증인은 사흘이 아니라 3일 반만에 부활한다. 사흘(3일)이 아닌 3일 반에는 또 다른 의

미가 주어진다. 즉 3년 반과 비교된다. 증인의 권한을 누린 기간은 더 길고, 죽임(고난)을 당하는 기간은 상대적으로 짧다. 3년 반의 증언 기간과 3일 반의 죽음의 기간은 이렇게 대조된다(Beale, 1999: 595). 이 두 기간에는 유사점과 차이점이 병존한다. 첫째, 3일 반과 3년 반은 3과 '반'이 들어간다는 점에서 비슷하다(Aune, 1998a: 624). 둘째, 한편으로 3일 반은 3년 반과 기간 자체가 다르다. 따라서 권한을 가지고 사역한 기간(3년 반)보다 죽음의 기간(3일 반)이 훨씬 짧다는 것이 암시된다.

10절 (땅 위의 사람들이 기뻐함) "땅 위에 거하는 자들"(10절)은 "백성, 종족, 언어, 민족에서 온 자들"(9절)을 가리키는 다른 표현이다. 특히 성도들을 제외한 사람들을 주로 가리킨다(6:10; 8:13,; 13:8, 12, 14; 17:2, 8). 이 표현을 10절에 두 번 반복하며 그들의 세상적 특성을 강조한다. 이러한 반복에는 이들과 두 선지자를 강하게 대조하기 위한 목적도 있다. 두 선지자는 땅 위에 있으나 땅 위에 거주하는 자들과는 소속이 달랐다. 땅 위에 거하는 자들은 2절의 "이방인들"과 5절의 "원수들"을 가리키거나 이들을 포함할 것이다. 이들은 두 증인의 증언 때문에 고통을 겪었던 자들일 것이다.

그들은 두 증인의 죽음을 기뻐하고 즐거워한다. 계속적인 현재형 동사(9-10절의 "본다", "허락하지 않는다", "기뻐한다", "즐거워한다")의 사용은 일어난 일의 생생함을 드러내며 또한 사건의 진행적 성격을 나타낸다. 서로 선물을 보내는 등 승리와 환희의 축제를 즐긴다(비교, 에 9:19). 두 선지자의 사역이 그들에게 괴로움을 주었기 때문이다. 그만큼 두 증인이 대중의 미움을 받았다는 뜻이다. 증인들의 증언은 하나님의 복음에 대한 적극적인 선포과 함께, 짐승의 것과 온갖 악한 것에 대한 적극적인 반대일 것이다. 따라서 사람들은 자신들의 죄를 지적한 이들에 대한 증오심을 갖게 되었을 것이다. 두 증인을 "선지자"라고 했는데, 두 증인이 요한과 같이 '쁘로페떼이아'(προφητεία, 예언; 참고, 10:11)의 일을 감당하였기 때문이다.

예언의 일이 곧 증언의 일이다.

두 증인(선지자)의 죽음으로 환호하는 그들이 맞이하게 될 다음의 일은 기쁨의 향연의 지속이 아니다. 오히려 두려움과 절망의 단계다. 가깝게는 큰 지진으로 인해 두려워하게 될 것이고(13절) 멀게는 두 짐승에게 굴복하게 될 짐승의 시대가 본격적으로 도래하는 것이다(13장).

두 증인과 세상의 대립은 극화되어 나타난다. 두 증인은 세상과 대적 관계에 있다. 세상은 그들을 받아들이지 않는다. 그들의 메시지에 불편해 한다. 이런 대립 관계는 나팔 재앙 때에 심화될 가능성이 크다. 특히 다섯째 나팔 재앙(9:1-11)부터 "땅에 거하는 자들"을 직접 타격하는 재앙이라는 점(9:4-5)을 주목할 필요가 있다. 이런 배경은 두 증인의 능력 행사와 무관하지 않을 것 같다. 땅에 거하는 자들은 더욱 강퍅해지다가 마침내 두 증인의 살해에 동조하고 그 죽음을 기뻐하게 된다.

11절 (두 증인의 부활) 두 증인의 부활과 승천을 다루고 있는 11-12절은 복합 교차 구조를 가진다. 부활과 승천(a1과 a′1)이 11-12절을 감싸고, 사람들의 두려워함과 지켜봄(a2와 a′2)이 서로 평행적으로 전개되며, 그 중간에 하늘의 음성이 들리는 장면(x)이 있다.

a1. 두 증인의 부활

　a2. 그들의 큰 두려움

　　x. 하늘의 음성

a′1. 두 증인의 승천

　a′2. 원수들의 지켜봄

죽었던 두 증인은 3일 반이 지난 후 부활한다. 3일 반은 3년 반("마흔두 달", 2절; "천이백육십 일", 3절)에 비해 짧은 기간이다. 증언의 기간보다 고난의 기간이 짧다. 하나님에게서 오는 생명의 영(기운)이 그들에게 들어갔을 때 그들은 발을 딛고 다시 일어섰다. 내버려진 시체로 있다가 하나님의 영이 불어넣어질 때 이들은 다시 일어서게 된다. 이 사건은 이들의 죽음을 지켜보며 즐기던 사람들에게 큰 두려움과 충격으로 다가왔다. 큰 두려움이 "내렸다"(ἐπέπεσεν)는 말은 그들이 받은 충격과 공포가 어떠했는지 보여준다. 그들의 기쁨과 즐거움(10절)은 큰 두려움으로 전환되었다.

만일 두 증인이 종말에 나타날 인격체라면(두 증인이 문자적으로 나타나는 경우) 그리스도께서 부활하신 것과 같이 두 증인의 부활도 문자 그대로의 부활을 의미할 것이다. 충분히 일어날 수 있는 미래의 일이다. 두 증인은 그리스도의 예와 같이 부활하여 승천할 것이다. 이때를 포함해서 짐승의 시대(13장)는 3년 반이 경과될 것이다. 그런 후 마침내 그 끝을 맞이할 것이다.

반면에 두 증인이 상징적으로 집단적인 의미의 교회를 가리키는 것이라면 두 가지 해석이 가능해진다. 첫째는 두 증인으로 나타난 종말의 교회들의 특정한 회복과 부흥을 가리킬 수 있다. 두 증인이 그리스도의 교회를 상징하는 것으로 본다면, 두 증인의 부활도 상징적인 사건으로 이해할 수 있게 된다. 예컨대, 에스겔의 마른 뼈의 회복(37:10-13)과 같은 것이다(Beale, 1999: 597). 교회의 회복을 통해 칠천 명의 회심이 일어난다. 그리고 그때 이후 교회는 많은 핍박을 겪을 것이다. 짐승의 시대이기 때문이다.

둘째는 두 증인의 부활이 교회와 성도들의 집단적 부활 사건을 가리키는 것일 수 있다. 두 증인이 교회를 뜻하는 것이라고 상징적인 해석을 하면서, 두 증인의 '부활과 승천'은 문자적인 것으로 보는 경우이다. 그러면 승천을 교회의 휴거로 생각해야 하는데, 문제는 죽은 지 3일 반만의 부활과 승천이 교회의 휴거라면 이때부터 그리스도의 재림(19:11-16) 때까지 간격이 너무 길기 때문이다. 그러면 두 번의 재림(이중재림)을 의미하는 것인가? 그러나 계시록을 포함하여 성경에는 이중재림이란 개념과 맥락이 없기 때문에 그렇게 보는 것은 곤란하다(박형룡, 190-6).

이를 해결하는 것은 3일 반을 어떻게 해석하느냐에 달려 있다. 분명히 3일 반은 3년 반에 비해 짧은 기간을 가리킨다. 이때 11절의 3일 반이 사실, 7년 중에 뒤의 3년 반(짐승 시대, 13:5)을 뜻하는 것으로 생각할 수 있다. 다만 앞의 3년 반(증인 시대, 11:3)에 비해 짧기 때문에 3일 반이라 한 것으로 보는 것이다. 오스본은 두 증인이 죽은 후의 3일 반을 2절에서 거룩한 성이 짓밟히는 3년 반에 준한다고 보았다(Osborne, 2002: 428). 그렇다면 3일 반 안에 짐승 시대와 대접 재앙의 때가 이뤄지는 것이다. 물론 증인 시대인 3년 반이 문자적인 3년 반이 아니듯, 두 증인의 죽음의 기간, 3일 반 역시 문자적인 시간은 아닐 수 있다. 전자의 3년 반보다 짧을 기간을 의미할 수 있다. 그 짧은 기간에 짐승과 일곱 대접의 때가 경과된다. 그리고 3일 반 후에 있게 될 두 증인의 부활과 승천은 그리스도 재림(19:11-21) 직전인 19:1-10의 장면에 반영되는 것으로 볼 수 있다(참고, 마 24:30-31; 막 13:26-27; 고전 15:51-54; 살전 4:16-17).

여기서 하나 더 생각해야 할 것이 있다. 죽은 지 3일 반 후의 부활과 승천을 교회의 휴거로 본다면, 짧지만 짧지 않은 기간인 바로 그 3일 반 동안 교회는 먼저 죽임을 당한다고 전제해야 한다. 두 증인의 경우처럼 부활은 먼저 죽지 않고는 일어나지 않는다. 교회의 죽음이 있어야 부활이 일어난다.

그런데 이 같은 해석의 중요한 난점은 13절에 있다. 큰 지진이 일어나 성 1/10이 무너지고 죽은 사람이 칠천이며, 이때 남은 자들의 회심이 일어난다. 문제는 이런 현상이 마지막 때의 일(예컨대, 일곱째 대접, 16:17-21)과 너무 다르다는 데 있다. 12-13절의 현상(큰 지진, 성 1/10의 파괴, 칠천 명의 죽음, 남은 자들의 회심)은 일곱째 대접(16:17-21)의 현상들과는 비교도 안

될 정도로 약하고 국지적이다. 따라서 세계적인 재난인 일곱째 대접 이전의 일로 보는 것이 가장 타당하다. 다시 말해, 두 증인의 부활과 승천은 교회의 휴거를 가리키는 것이 아니라 종말 때의 두 증인(실재의 선지자)의 부활과 승천 사건일 가능성이 높다.

12절 (두 증인의 승천) 지켜보던 자들이 크게 두려워할 때, 하늘에서 큰 음성이 들렸다(12절). "이리로 올라오라"는 소리였다. 두 증인에게 말하는 소리였으나 지켜보는 이들도 다 듣게 된다. 부활한 두 증인은 하늘로 올라간다. 구름을 통하여("구름 안에서") 하늘에 올라가는 모습은 그리스도께서 승천하실 때와 비슷하다(행 1:9; 비교, 살전 4:16-17).[13] 그들이 예수 그리스도와 동일시되는 부분이다(Beale, 1999: 567). 그들의 원수들이 그들을 지켜보았다. "원수"라는 말이 두 번 나오는데(5, 12절), 그들이 그만큼 두 증인을 미워하고 적대하였다는 것을 드러내는 표현이다. 패배한 것처럼 보였던 두 증인은 부활과 승천을 통해 진정한 승리자로 인정된다.

해설

두 증인은 선지자이면서 초자연적인 기적을 수행한 모세와 엘리야 같은 존재일 것이라는 주장(Mounce, 1977: 222; Beale, 1999: 582-5)에 충분

13. 두 증인이 구름을 통해 하늘로 올라간 것을 4:1-2에서 요한이 영적으로 하늘로 들림을 받는 것에 비유한 Beale의 상징적인 견해는 비약적인 것이다(Beale, 1999: 598-600). 그의 해석은 요한이 하늘의 환상을 본 장면과 두 증인이 하늘에 올라가는 것을 둘 다 상징적인 들림 현상으로 보는 것이다. 그러나 두 증인의 부활과 들림 때문에 일어난 현장의 공포(큰 두려움)와 뒤잇는 회심 사건(13절)은 상징적인 것으로 보는 것을 어렵게 한다. 또한 "생명의 영이 그들에게로 들어간" 것과 그래서 그들이 "그들의 발로" 일어선 것(11절)은 요한이 "영 안에서"(ἐν πνεύματι) 있게 된 상황(4:2; 1:10)과 서로 같을 수 없다. 두 증인은 한때 죽었고 요한은 죽은 바 없다.

히 동의할 수 있다.[14] 그런데 두 증인이 상징적으로 그리스도의 교회를 가리키는 것인지(Beale, 1999: 574), 아니면 문자적으로 종말에 나타날 인격적 존재(선지자)인지(Ladd, 1972: 154; R. Thomas, 1995: 88-89)를 판정하는 것은 쉽지 않다.

첫째, 두 증인이 그리스도의 교회를 가리키는 것으로 볼 수 있는 본문의 정보들이 있다. (1) 이들이 두 촛대라는 점이다(4절). 계시록 앞 부분에서 '촛대'가 교회를 가리킴을 밝힌 바 있다(1:20). 따라서 촛대를 교회의 상징으로 보는 것이 자연스런 해석일 수 있다. (2) 두 증인들이 가진 하늘을 닫을 수 있는 권한(6절)은 영적인 의미로 본다면, 그리스도 교회에 주어진 죄 사함과 관련된 영적 권한을 뜻하는 것으로 볼 수 있다(마 16:19; 18:18; 요 20:23). (3) 요한에게 주어진 예언의 명령(10:11)과 두 증인의 증언은 맥락상 후자를 교회의 증언으로 볼 때 이해하기 쉽다. 요한에게 주신 예언의 명령을 그리스도의 교회가 이어받아 계속해서 수행하는 것이 되기 때문이다.

둘째, 그런데 두 증인을 그리스도의 교회로 보았을 때 풀리지 않는 문제도 적지 않다.[15] (1) 두 증인이 죽은 지 3일 반이 지나 부활하고 승천하는데 이것이 무엇을 뜻하는 것이냐 하는 의문이다. 또 그것이 언제냐 하는 것도 의문이다. 만일 이를 교회의 휴거로 본다면 이중재림(두 번의 재림)을 인정해야 하는 문제에 걸린다. 계시록뿐 아니라 성경에는 이중재림이 없

---

14. 두 증인을 특정 인물로 보는 견해는 다양했다. 에녹과 엘리야, 모세와 엘리야, 엘리야와 예레미야, 베드로와 바울, 스데반과 의인 야고보, 야고보와 요한, 세례 요한과 예수, 의인 야고보와 세베대의 아들 야고보, 대제사장 아나누스와 여호수아 등이다. 이에 대해 Aune, 1998a: 599-602를 보라.

15. Osborne은 두 증인을 마지막 때에 등장할 교회로 본다(Osborne, 2002: 420). 또한 그는 두 증인이 죽은 후의 3일 반을 2절에서 거룩한 성이 짓밟히는 3년 반에 준한다고 보았다(Osborne, 2002: 428). 두 증인을 교회 시대의 교회로 보든(Beale), 종말의 교회로 보든(Osborne), 이러한 해석이 내포한 문제는 같다.

다. 이것을 영적인 것으로 보는 것도 문제다. 13절의 두 증인 승천 이후에 나타난 일들(큰 지진, 성의 1/10 붕괴, 칠천의 죽음, 남은 자들의 회심 등)은 영적 표현이라 보기 어렵기 때문이다. 영적 의미의 승천과 물리적 지진과 칠천 명의 죽음 등을 연결하기는 어렵다. (2) 두 증인의 승천이 그리스도 재림 때의 교회의 휴거(들림)라면 이러한 승천 이후의 현상과 반응(13절)이 그리스도 재림 직전의 일인 일곱째 대접 때의 현상(16:17-21)과 많이 다른 점도 문제다(앞의 11절의 주해를 참고하라). 두 증인의 승천을 (어떤 형태로 나타나든) 영적이고 상징적인 특별한 현상으로 본다면 다소간 문제는 해결될 수 있지만, 그래도 이러한 해석은 여전히 13절의 내용과 조화되지 않는다. 13절과 16:17-21은 너무 다르다.

셋째, 두 증인은 종말에 교회를 대표해서 세상에 증언할 두 선지자로 나타날 가능성이 있다(Ladd, 1972: 154). 이들은 천지격동(여섯째 인, 6:12-17) 이후에야 세상의 심판과 재앙에 대한 예언적 임무가 주어질 것이고 그때서야 세상에 등장하게 될 것이다. 두 증인을 인격체(선지자)로 보는 것이 가장 단순하고 자연스런 해석이다. 그 근거는 다음과 같다. (1) 깊은 연관성이 있는 스가랴 4장의 두 감람나무(스룹바벨과 여호수아)가 개인인 것처럼 계시록 11장의 두 증인도 인격적인 존재일 가능성이 높다. (2) 두 증인이 행사하는 특별한 능력(불과 비, 물을 피로 바꾸는 기적, 5-6절)으로 볼 때 많은 집단(교회)을 가리키는 표현이기보다는 엘리야와 모세와 같은 두 인물을 가리키는 것으로 보는 것이 자연스럽다. (3) 두 증인의 부활과 승천은 예수 그리스도의 부활과 승천의 예를 따른 것이라 볼 때, 실재적인 사건으로 나타날 가능성이 충분하다. 그럴 때, 두 증인의 승천을 굳이 이중재림이나 교회의 휴거로 볼 필요가 없게 된다. (4) 두 증인의 승천 이후에 13절의 결과, 즉 큰 지진, 성의 1/10 붕괴, 칠천의 죽음, 남은 자들의 회심 등이 뒤따르는 것은 자연스럽다. 그리고 이때는 아직 그리스도의 재림의 때가 아니다. 따라서 13절의 현상과 재림 직전의 일(16:17-21)의 차이는 오히려 자연스럽다.

넷째, 그러면 두 증인을 인격체로 보는 견해에 문제가 될 부분이 있을까? (1) 1:20에서 '촛대'가 교회를 가리키는 것(1:20)이라면 두 촛대가 두 명의 개인일 수 있을까? 두 촛대가 엘리야와 모세 같은 개인이라 해도 큰 문제는 되지 않는다. 두 증인이 특정 영역에서 지상의 교회를 대표한다고(참고, Tanner, 91-92) 보면 되기 때문이다. 특히 이들의 증언 역할이 교회의 증언 역할과 같다고 할 수 있다. 두 증인은 교회의 역할을 이어받아, 마지막 때(3년 반)에 거룩한 성 예루살렘에서 사역하는 특별한 선지자들이다. (2) 두 감람나무는 유대계 그리스도인과 비유대계 그리스도인들의 연합으로서의 교회를 가리킬 수 있지 않을까? 그렇게 볼 수 있다. 바울은 로마서에서 두 감람나무를 말한 적이 있다. 돌감람나무와 참감람나무다(롬 11:13-32). 전자는 이방인 출신 그리스도인이고 후자는 이스라엘(구약의 유대인과 신약의 유대계 그리스도인)을 가리킨다. 결국 신약과 구약의 신자들이다. 이 둘이 합쳐 그리스도의 증인이 되는 것은 당연하다. 그렇지만 바울의 감람나무 신학이 계시록 11장의 두 감람나무의 배경이라 해도, 반드시 11장의 두 감람나무를 집단적 의미의 그리스도의 교회로 보아야 하는 것은 아니다. 두 증인이 개별 인격체를 뜻한다 해도 그리스도의 교회를 대변하는 역할을 맡은 선지자로 볼 수 있기 때문이다. 더군다나 "두 감람나무"라는 용어는 바울(롬 11:13-32, 특히 17, 24절)보다는 스가랴(슥 4:2-14, 특히 3, 11절, "두 감람나무")의 용어라 할 수 있다.

다섯째, 두 증인을 교회를 대변(대표)하는 엘리야와 모세와 같은 두 선지자로 볼 때 추가해서 이해될 수 있는 것들이 있다. (1) 두 증인이 인격체라면, 시공간적 한계 때문에 국지적 사역이 될 수밖에 없을 것이라는 점에서, 그들의 사역지는 거룩한 성 예루살렘이 될 가능성이 높다. 따라서 11장에서 반복된 '성'("거룩한 성"[2절], "큰 성"[8절], "성"[13절])은 모두 예루살렘을 가리키는 것으로 보는 것이 자연스럽게 된다. (2) 두 증인이 베옷을 입고 증언하는(3절) 이유는 거룩한 성이 이방인들에게 3년 반 동안 짓밟히고 있기(2절) 때문일 것이다. 두 증인의 사역도 바로 이때(3년 반 기간)의 일이다. 이렇게 하면 2절과 3절이 연속적으로 또 순차적으로 이해된다. (3) 두 증인의 국지적(예루살렘) 사역은 결국 유대인들의 종말적 구원과 직접 관련될 가능성이 높다. 13절의 죽지 않고 남은 자들의 회심은 7장(1-8절)과 14장(1-5절)의 144,000명의 구원과 관련이 될 수 있다. 7장에서는 144,000명의 인침이 진행되고 있는 상태다. 14장에서는 144,000명이 어린 양과 시온산에 서 있다. 그때는 인침이 완성된 것이다. 즉, 바울의 소망과 예언대로(롬 11:13-32) 마지막 시대 유대인의 구원이 일어나는 일이다. 두 증인의 증언 목표가 짓밟힌 예루살렘의 회복이라는 점에서 그 실제적인 효과는 유대인들의 마지막 구원으로 나타날 수 있다. 유대인들에게는 엘리야와 모세 같은 능력과 권한을 가진 두 증인이야 말로 진정한 선지자로 받아들여지지 않겠는가? 이들의 증언이 결국 회심의 열매를 얻을 것이다(13절). 물론 이때의 회심을 유대인들만의 회심이라 볼 필요는 없다. 그러나 지리적으로 유대인들이 중심이 될 것이라고 추정하는 것은 자연스럽다. (4) 두 증인의 사역과 승천의 후폭풍은 예루살렘에서 살아 남은 자들의 회심에서 끝나지 않을 것이다. 무저갱에서 올라온 짐승의 폭압적인 권력이 행사되는 짐승의 시대(13장)가 이어질 것이다. 그리고 그것은 하나님의 분노의 일곱 대접 재앙(15-16장)의 결과를 가져올 것이다. (5) 사도 요한이 예언(증언)의 시작이 되고(10장) 마지막 때의 두 증인이 예언자(선지자)로서 증언하는 마지막 역할을 감당하게 된다(11:1-13). 이렇게 예언과 증언의 시작과 끝이 있다.

C. 요한계시록 11:13 (성의 무너짐과 칠천 명의 죽음)

13절은 1-12절의 종결 부분이다. 두 증인 사역의 직접적인 결과를 보여준다. 시작 부분인 1-2절과 '성'(도성) 소재가 공유되며 서로 상응한다.

번역

> **13** 그 시간에 큰 지진이 일어나 성의 십분의 일이 무너지고 그 지진으로 칠천 명의 사람들이 죽임을 당하였다. 그리고 남은 자들은 두려워하게 되었고 하늘의 하나님께 영광을 드렸다.

주해 및 해설

13절 (성의 한 부분이 무너짐, 칠천 명의 죽음) 그 시간에 큰 지진이 일어났다(13절). 두 증인의 승천이 있자(12절), 큰 지진이 일어나 성의 1/10이 무너진다. 성의 1/3이 무너지는 일곱째 대접 재앙(16:17-21)과 비교할 때 비슷한 점도 있고 다른 점도 발견된다. 오스본은 큰 지진이 있다는 점이 서로 유사하다고 간주하지만(Osborne, 2002: 433), 11:13에서는 성의 1/10이 무너진 반면, 16:19에서는 1/3이 무너진다는 차이점을 간과할 수 없다. 이 성(도시)은 2절의 거룩한 성을 가리킨다. 이때 죽은 사람이 칠천 명이 되었다. 오스본은 요한 당시 예루살렘의 인구가 칠만 명 정도이고 칠천 명은 약 1/10이 된다는 점을 언급한다(Osborne, 2002: 433). 그러나 이 일이 미래적인 일이라는 점에서 성의 부서짐(1/10)과 성 인구의 죽음(1/10)을 굳이 관련시키지 않아도 좋을 것 같다. 칠천은 7 x 1,000명이 된다. 문자적인 칠천 명을 가리킬 수도 있고, 상당히 많은 수의 죽음을 상징하는 것일 수도 있겠다.

적지 않은 파괴(지진의)와 적지 않은 수의 죽음이지만 이것의 수(1/10과 칠천)는 부분적이다. 부분적인 파괴와 부분적인 죽음이다.

그런데 이때 남은 자들은 두 가지 반응을 보인다. 첫째는 두려워하는 반응이고, 둘째는 하늘의 하나님께 영광을 드리는(돌리는) 반응이다. 13절의 두려움은 두 증인의 부활과 들림으로 비롯된 두려움(11절)의 반응을 반복하고 증폭한다. 그런데 하나님께 영광을 돌린 것은 좀 이례적인 반응이다. 사람이 하나님께 영광을 돌리는 것이 마땅하지만(1:6; 4:9, 11; 5:12-13; 7:12; 14:7; 19:1, 7), 재앙을 겪는 자들이 하나님께 영광을 돌리지 않고(16:9) 회개하지 않고 오히려 하나님을 비방하는 경우가 많다(9:21; 16:9; 11, 21). 특히 이 장면은 앞의 여섯째 나팔의 결과인 회개하지 않았던 모습(9:20-21)과 대조된다.

이 사건은 예루살렘의 사람들, 즉 유대인들의 전면적인 회개와 관련이 있을 수 있다(A. Collins, 1977: 372).[16] 바울이 예언한 마지막 때에 있을 유대인들의 회복 사건(롬 11:25-27)을 가리키는 것이 될 수 있다. 계시록에서 유일하게 일반인(비신앙인)들의 긍정적인 반응이 이곳에 나온다는 점에서 이 사건을 주목할 필요가 있다. 만일 예루살렘에서 발생하는 유대인들의 회개와 연관된 사건이라면, 후에 144,000명이 그리스도와 함께 시온산에서 있게 된(14:1) 일과 관련될 가능성이 크다. 7장(1-8절)에 나오는 144,000명을 인치는 일이 14:1-5(특히 1절)에서는 완성된 것으로 드러나는데(그들이 시온산에 어린 양과 함께 서 있다), 그 과정에 11장의 두 증인 사건이 있다고 볼 수 있다. 11:13의 "남은 자들"(죽지 않고 살아 남은 자들)의 회심을 예루살렘에 모인 또는 예루살렘을 핵으로 하는 유대인들의 회심으로 추정할 수 있기 때문이다. 최소한 회심 사건의 중심에 유대인들이 있다고 볼 수

16. 반면에 Beale은 하나님에 대한 경외가 반드시 회심을 동반하는 것은 아니라는 견해를 피력한다(Beale, 1999: 603-7).

있지 않을까?

계시록에서 하나님께 영광을 돌리는 장면은 대부분 신앙과 경배의 행위(1:6; 4:9, 11; 5:12, 13; 7:12; 14:7; 19:1, 7; 특히 16:9을 보라)다. 계시록에서 '하나님께 영광을 돌리지 않았다'는 말은 회개하고 하나님께로 돌아오지 않았다는 뜻의 말이다(16:9). 따라서 "하나님께 영광을 드렸다"는 말은 그들의 회심을 뜻하는 말이다(참고, 14:7). 즉, 그들이 하나님을 믿게 되었다는 뜻이다(Caird, 139; Aune 1998a: 628-9; Osborne, 2002: 391). '영광을 드리는 일'은 '회개하지 않는 일'(9:21; 16:9) 및 '하나님을 비방하는 일'(16:9, 21)과 반대된다. 아직은 회심의 역사가 다 끝나지 않고 진행됨을 보여준다(Caird, 140). 물론 이러한 회심이 세계적인 것인지, 예루살렘을 중심으로 하는 국지적인 것인지는 확실하지 않다. 또한 회심의 수가 얼마나 될지도 알려지지 않는다. 그런데 회심의 역사는 딱 이때까지다. 이후로는 14:6의 암시적인 구절 외에는 어떠한 회심(특히 집단적 회심)의 흔적도 발견되지 않는다.

13절이 1-2절과 연계된다면, 다시 말해 1-2절이 도입 부분이고 13절이 종결 부분이라면, 13절은 1-2절과 연계해서 해석할 필요가 있다. 13절에서 거룩한 성의 1/10의 파괴와 칠천 명의 죽음은 1-2절에서 명령된 성전 바깥 뜰(마당)은 측량하지 말고 그대로 두라 하신 것과 이방인들이 3년 반 동안 그 성을 짓밟게 될 것을 말씀하신 것에 대한 귀결적 성격을 갖는다. 2절의 명령은 13절을 염두에 두고 하신 말씀이겠다. 한동안은 그냥 내버려두지만(2절) 언젠가는 중간 결산이 있게 될 것(13절, 지진과 파괴)을 말씀하신 것이다.

큰 지진과 성의 1/10의 파괴, 그리고 칠천 명의 죽음과 남은 자들의 회심은 또 다른 3년 반에 본격적으로 진행될 일의 예고편에 속한다. 아직 13장(두 짐승)과 15-16장의 일곱 대접 재앙이 남았다. 그리고 그 끝에 일어날 지진은 전례 없이 큰 것이고 성은 최소한 1/3이 파괴될 것이며 열방의 성들이 무너지고 모든 섬과 산들이 없어지며 전대미문 크기의 우박이 떨어지는 등(16:17-21) 세상이 더욱 두려워할 일들이 전개될 것이다.

第17장
요한계시록 11:14-19
일곱째 나팔

11장의 1-13절은 두 증인에 대한 내용, 15-19절은 일곱째 천사의 나팔에 대한 것이다. 14절(셋째 화)은 15-19절을 앞서 이끄는 구절이라 할 수 있는데, '화'에 대한 공통적인 소재를 가지고 있는 8:13(화 셋)이 9:1-11을 이끌고, 9:12(화 둘)는 9:13-21을 이끄는 구절인 것과 역할이 같다.

세 개의 화(화, 화, 화) 예고(8:13)	+	다섯째 나팔(황충, 9:1-11)
화 둘이 이를 것 예고(9:12)	+	여섯째 나팔(군대, 9:13-21)
셋째 화 이를 것 예고(11:14)	+	일곱째 나팔(주의 진노, 11:15-19)

11:14가 뒤의 11:15-19를 이끈다는 점에서 14-19절은 앞의 1-13절과 구분되는 다른 단락이다. 일곱째 나팔인 15-19절의 첫 부분(15절)과 마지막 부분(19절)은 시작과 마침이다. 시작 부분(15절)에서 하늘의 큰 음성이 나와 하나님의 나라와 그의 왕 되심을 선언한다. 가운데 부분(16-18절)은 이십사 장로가 하나님께 경배하는 장면이다. 마지막 부분(19절)에는 하나님의 성전이 열리고 그분의 신적 능력이 드러난다(참고, 4:5; 8:5; 16:18).

둘째 화의 지남과 셋째 화의 임함(14절)

A. 일곱째 나팔-하늘의 음성: 주의 나라와 왕 노릇(15절)

a. 하늘의 음성

b. 내용: 주의 나라와 왕 노릇

X. 이십사 장로의 경배: 다스림, 심판, 보상(16-18절)

a′. 이십사 장로의 경배

b′. 내용: 다스림, 진노의 심판, 보상

A′. 열린 하늘의 성전, 언약궤: 번개와 음성과 천둥과 지진과 큰 우박(19절)

a″. 열린 하늘의 성전과 언약궤

b″. 내용: 번개(들)와 소리(들)와 천둥(들)과 지진과 큰 우박

번역

14 둘째 화가 지나갔다. 보라. 셋째 화가 속히 올 것이다. **15** 그리고 일곱째
천사가 나팔을 불었다. 큰 음성들이 하늘에서 발생하여 말했다. "세상 나라
가 우리 주님과 그의 그리스도의 것이 되었다. 그리고 그분이 영원무궁히 다
스리실 것이다." **16** 그리고 하나님 앞에서 그들의 보좌 위에 앉아 있던 이십
사 장로들이 그들의 얼굴을 대고 엎드려 하나님께 경배하였다. **17** 그들이 말
하였다. "주께 감사를 드립니다. 주 하나님 전능하신 분, 지금도 계시고 전에
도 계셨던 분이시여! 주의 큰 능력을 취하셨고 다스리셨기 때문입니다. **18**
그러나 민족들이 노하였습니다. 그러자 주의 진노가 임하였습니다. 죽은 자
들을 심판하실 때이고, 주의 종들, 선지자들과 성도들과 주의 이름을 경외하
는 이들, 즉 작은 자들과 큰 자들에게 보상을 주실 때입니다. 또한 땅을 멸망

하게 한 자들을 멸망시키실 때입니다." **19** 그러자 하늘에 있는 하나님의 성전이 열렸고 그의 성전 안에 있는 그의 언약궤가 보였다. 그리고 번개들과 소리들과 천둥들과 지진과 큰 우박이 있었다.

주해

14절 (셋째 화 예고) 14절이 언급하며 시작하는 '둘째 화'는 여섯째 나팔 재앙(9:13-21)과만 관련이 있을까(R. Thomas, 1995: 99)? 아니면 두 증인 에피소드(11:1-13)와도 관련이 있을까? 또는 이 둘과 다 관련이 있을까? 이런 질문은 9장의 여섯째 나팔 재앙(9:13-21)이 두 증인 사건과 성의 1/10의 파괴와 칠천 명의 죽음과도 관련이 있는 것일까, 관련이 없는 것일까 하는 질문과도 연관된다. '둘째 화'는 여섯째 나팔 재앙만이 아니라 두 증인 사건 및 이어지는 재앙과도 직간접으로 관련될 가능성이 크다. 여섯째 나팔 때, 이억("이만 만", 9:16) 군대의 전쟁이 있는 와중에나, 또는 그때를 전후로 두 증인이 예루살렘에 등장할 가능성이 있다. 여섯째 나팔과 일곱째 나팔 사이에 나오는 막간이라는 점에서 두 에피소드(요한의 책과 두 증인) 중 하나(특히, 두 증인)는 이들 나팔 재앙과 관련성이 크다고 볼 수 있다.

둘째 화가 지나갔다는 14절의 선언은 막간인 두 에피소드(10:1-11:13)의 삽입 때문에 흐름이 끊겼던 나팔 재앙의 연속성을 드러낸다.[1] 그리하여 14절은 일곱째 나팔의 내용을 이끌어 오고, 9장(다섯째, 여섯째 나팔)과도 연계를 시키는 문학적 장치로서 역할한다. 즉, 9:21 이후와 11:14-19이 연결된 것임을 알려주는 기능을 한다. 물론 사이에 막간으로 들어간 두 개의 '예언

1. Roloff는 14절이 본래 9:21 이후에 들어가야 하는 것을 저자가 미처 넣지 못했다거나 또는 후대에 덧붙여진 것이라는 견해를 보였으나(Roloff, 135), Osborne은 이를 반대한다(Osborne, 2002: 439).

과 증언' 에피소드(10:1-11:13) 가운데 후자인 두 증인 에피소드는 특히 일곱 나팔 재앙과 관련이 있을 가능성이 높다.

그러면 셋째 화는 무엇일까? 15-19절이 셋째 화의 내용일까(Beale, 1999: 609-10; Osborne, 2002: 438)? 비일은 일곱째 나팔의 선언 내용이 실제적으로는 다섯째 나팔(첫째 화)과 여섯째 나팔(둘째 화)보다 더 심한 것일 수 있다고 주장한다(Beale, 1999: 610). 그러나 선언 자체로는 그 실재를 가늠하기 어렵다. 오히려 선언의 핵심인 '주의 진노와 심판'(18절)의 실현(실재화)은 일곱 대접 재앙에서 제대로 이뤄진다. 따라서 래드는 16장부터 나오는 일곱 대접 재앙이 사실상 셋째 화가 된다고 본다(Ladd, 1972: 160; 또한 R. Thomas, 1995: 100). 아우니도 세 번째 화의 직접적인 내용이 11:15-19에 없다는 점 때문에 이 재앙이 12:12의 화 선언(사탄과 관련된)일 가능성과 일곱 대접 때에 일어나는 모든 재앙들(15:1-16:21)일 가능성을 함께 제시한다(Aune, 1998a: 495). 그는 또한 이 재앙이 17:1-19:8(특히 18:10, 16, 19의 반복된 '화')의 바벨론 심판을 뜻하는 것일 수도 있다고 본다(Aune, 1998a: 524). 그런데 일곱 대접 재앙들(16:1-21)과 바벨론 심판(17-18장), 이 둘은 사실상 분리되지 않는다(17-18장의 주해를 참고하라). 같은 시기의 것이다.

세 번째 화는 앞으로 있을 일곱 대접 재앙을 뜻한다고 보는 것이 타당하다. 이것들이 마지막 재앙(화)이 되기 때문일 뿐 아니라, 일곱째 나팔(15-18[19]절)의 선언이 사실상 일곱 대접 재앙에서 실현될 것이 분명하기 때문이다. 셋째 화가 "속히" 올 것이라는 선언(14절)은 이후에 전개될 셋째 화(일곱 대접 재앙)의 임함이 생각보다 빠르고 신속하게, 또한 그 기간도 그리 길지 않게 진행될 것을 예고하는 것이라 할 수 있다. 마지막 일곱 대접 재앙은 더 이상 지연됨이 없을 것이다. 속히 이뤄질 것이다.

15절 (일곱째 나팔과 하늘의 음성) 일곱째 천사가 나팔을 불었다(15절).[2] 그때 하늘에서 큰 음성들이 나왔다(일어났다/있었다, ἐγένετο). 복수의 "큰 음성들"은 일종의 웅장하고 장엄한 찬양단의 소리와 같을 것이다. 그 음성들이 말하는 내용은 주 하나님과[3] 그리스도의 나라에 대한 선언이다.[4] 예수 그리스도 안에서 드러나는 하나님의 온전한 통치를 가리킨다(Boring, 1986: 266). 세상 나라가 그의 나라가 되었다(일어났다, ἐγένετο)는 선언이다. 두 번의 부정과거 '에게네또'는 미래적(futuristic) 부정과거로 확실성을 강조한다(Wallace, 563-4). 특히 두 번째의 '에게네또'는 세상 나라가 하나님의 나라로 확실하게 전환된(될) 것을 선언한다. 더 이상 세상이 땅에 속한 영역으로 남아 있지 않고 하나님의 온전한 주권 영역에 속하게 된다는 뜻이다. 이 말은 더 이상 땅의 영역으로 내버려 두지 않겠다는 것이다. 더

---

2. 일곱째 나팔을 바울이 고전 15:52의 "나팔 소리가 나매 죽은 자들이 썩지 아니할 것으로 다시 살아나고 우리도 변화되리라"는 말씀의 성취로 보는 학자도 있다(예, Irmer, 9). 그러나 일곱째 나팔이 죽은 자들이 다시 살아날 때의 나팔과 동일하다고 볼 근거는 없다. (5-6장의 '인'과 7장의 '인'이 같지 않은 것과 비슷하다.) 죽은 자들의 부활과 산 자들의 변화는 그리스도 재림 때의 일이기 때문이다. 흥미로운 견해는 Minear처럼 일곱째 나팔을 여리고 점령 때의 일곱째 나팔과 비교하는 것이다(Minear, 26-27). 재앙들(인, 나팔, 대접)의 순환적 관점을 유지하는 Beale은 일곱째 인, 일곱째 나팔, 일곱째 대접 모두 역사의 마지막을 서술한다고 주장한다(Beale, 1999: 611). Beale의 그런 인식은 일곱째 인이 일곱 나팔을, 일곱째 나팔이 일곱 대접을 각기 견인하고 있는 것과 인, 나팔, 대접의 상호 간의 차이를 간과한 이유로 생긴 듯하다.
3. 성부 하나님을 가리키는 '주'는 히브리어 야웨(여호와)에 대한 헬라어 번역이다. '주 하나님'(1:8; 4:8, 11; 11:17; 15:3-4; 16:7; 18:8; 19:6; 21:22; 22:5-6)에 대해서는 1:8의 주해를 참고하라.
4. 음성(소리)들인 '포나이'(φωναὶ)가 여성 복수이므로 이를 주어로 하는 분사 "말하는/말하기를" 또한 여성복수이어야 하지만, 남성 복수 '레곤떼스'(λέγοντες)가 쓰인 것(성의 불일치)은 히브리어의 '레모르'(לֵאמֹר, 말하기를)의 70인역 표현 방식이 나타난 것이라 할 수 있다. 즉, 셈어식 표현이다. 계 5:9; 6:10; 7:2-3, 10, 13; 11:15; 14:18; 15:3; 17:1; 18:2, 15-16, 18: 19:17; 21:9에 나타난다. Beale, 1999: 612를 보라.

이상 하늘과 분리된, 땅만의 독자적인 영역인 것처럼 놔둘 수 없다는 것을 선언한 것이다.

하늘의 음성은 두 번째로 하나님께서 왕으로 다스리실 것을 선언하는데, 이 또한 첫 번째 선언(그의 나라)과 의미가 같다. 미래형 '바실류세이'(βασιλεύσει, 다스리실 것이다)는 미래에 일어날 일을 가리키는 표현이지만, 앞의 부정과거 '에게네또' 때문에 미래의 일 또한 확실한 일로 인식될 수 있게 한다. 반드시 그같이 될 것이며 그 일이 이뤄지고 있다는 뜻이다. 하나님의 왕권이 이 땅에 직접 행사될 날이 더욱 다가왔다. 일정한 영역을 한정된 기간 동안 놔두셨던(허용하셨던) 하나님께서 더 이상 그 상태를 간과하지 않으실 것을 드러내신 것이다. 온 세상에 하나님의 다스림이 실현될 것이다. 그 앞에 모든 힘이 무력화될 것이다. 온 우주가 하나님의 직접적인 통치를 배우며 알게 될 것이다.

16절 (이십사 장로의 경배) 하나님 앞에서 자신들의 보좌에 앉아 있던 이십사 장로(4:4)가 그들의 얼굴을 (바닥에) 대고 엎드려 하나님께 경배하였다(16절). 구원받는 인류를 대표하는 이들이 자신의 보좌에 앉아 있는 것은 하나님의 왕권에 참여하고 있음을 보여준다(3:21; 4:4, 10; 5:10; 롬 5:17; 딤후 2:12). (얼굴을 대고) '엎드리다'와 '경배하다'는 마땅히 하나님께 경배드릴 때 취하는 자세다(1:7; 4:10; 5:8, 14; 7:11; 11:16; 19:4, 10). 하나님만이 경배 받으시기에 마땅하시기 때문이다. 계시 수여 과정에서 중요한 일을 맡은 천사나 그 어떤 존재라도 경배의 대상이 될 수는 없다(19:10; 22:8-9). 하나님은 모든 인류가 온전히 경배드려야 할 유일하신 분이시다. 성부 하나님과 그의 아들 그리스도 외에 하늘과 땅, 온 우주의 그 누가 경배를 취할 수 있겠는가.

17절 (이십사 장로의 감사와 찬양) 구원된 인류를 대표하는 이십사 장로는 하나님께 감사를 드리는 것으로 경배를 시작한다(17절). 하나님께서 하신 일(과거)과 하시는 일(현재)과 하실 일(미래)이 모두 감사할 일이기 때문이다(4:9; 7:12; 11:17). 하나님은 "주 하나님"(1:8; 11:17; 15:3; 16:7; 18:8; 19:6; 21:22; 22:5), "전능하신 분"(1:8; 4:8; 11:17; 15:3; 16:7, 14; 19:6, 15; 21:22), "지금도 계시고 전에도 계신 분"(1:4, 8; 11:17; 16:5)으로 불리신다. 역사의 주관자이신 하나님에 대한 삼중 표현 "지금도 계시고 전에도 계셨고 또한 오실 분"(1:4, 8)에서 "또한 오실 분"이라는 표현이 11:17과 16:5에서 빠진 이유는 일곱 나팔과 일곱 대접 등을 통해 이미 하나님께서 찾아 오신 것 때문(Duvall, 31)일 수도 있고, 또는 하나님께서 다가오실(찾아오실) 미래의 기한이 이제는 마감되었기 때문(Bauckham, 1993a: 32; Osborne, 2002: 442-3, 576)일 수도 있다. 현재의 하나님의 통치 행위인 심판과 주재권 행사가 하나님의 마지막 역사의 중심에 자리할 것이라는 의미가 있다.

'주 하나님'은 '아도나이(여호와) 엘로힘'(יְהוָה אֱלֹהִים)의 헬라어 표현이다. 여호와(야웨)의 하나님 되심, 또는 그의 주권(주권자 되심)과 관련이 있다. '전능하신 분'은 '만군의 하나님'(אֱלֹהֵי צְבָאוֹת)의 헬라어 번역이다(1:8; 4:8 주해를 참고하라). 이 표현은 그의 전능, 능력, 전쟁의 승리 등을 부각한다. 지금도 계시고 전에도 계신 분은 역사의 유일한 주체가 되시는 하나님의 영원성을 다시금 강조한다.

이십사 장로가 감사하고 있는 것은 하나님께서 그분의 큰 권능(능력)을 취하셔서 왕으로 다스리신다(왕 노릇하신다)는 사실이다(17절). 하나님은 그분의 이름에 걸맞은 권능을 가지고 계실 뿐 아니라, 언제든지 그 능력을 행사하실 것이다. 현재완료형 '에일레파스'(εἴληφας, "취하셨습니다")는 하나님께서 자신의 큰 능력을 확보하셔서 이를 행사하고 계신다는 사실(심판적 통치)을 부각하고 부정과거형 '에바실류사스'(ἐβασίλευσας, "왕 노릇하십니다/다스리십니다")는 왕권으로 다스리실 것이라는 하나님 통치(주재적 왕권)의 확실성(미래적 부정과거)을 선언한다.[5] 큰 권능이 그 자체로 그분의 것이다. 또한 하나님은 왕이시므로 왕 노릇 하신다(다스리신다). 언제든, 어느 때든, 어떤 범위든, 그분이 하고자 하실 때 왕의 권한을 행사하신다. 지금 그때가 되었다. 우주의 진정한 왕이신 하나님께서 그의 권능을 행하실 때가 되셨다. 하나님은 그의 권능을 행사하셨고 지금도 그의 일을 하시며 또한 그의 왕권을 온전히 발휘하실 것이다. 이것이 요한계시록의 중심 주제다.

이십사 장로의 경배와 찬양은 구원받은 인류를 대표하여 영원하신 하나님께 마땅히 드려야 할 예배적 표현일 뿐 아니라, 우주의 왕이신 하나님께 인류에 대한 보상과 보응의 약속을 속히 이뤄 주시기를 탄원하는 목소리라 할 수 있다. 그 때문에 이십사 장로의 경배와 탄원이 일곱째 천사의 나팔에 등장하는 것이라 할 수 있다(다섯째 인[6:9-11]의 순교자들의 탄원과 비교하라). 이십사 장로가 이런 탄원을 하는 이유는 이들이 인류(또한 모든 성도)를 대표하기 때문일 것이다. 네 생물이나 다른 천사들은 이런 탄원을 하지 않는다.

경배하는 이십사 장로의 찬양과 감사(17-18절)는 다음의 구조를 가진다.

a. 하나님께서 큰 능력을 취하셨고 다스리심(17절)

x. 열방이 분노함(18a절)

a′. 하나님의 심판과 보상의 때임(18b절)

---

5. 부정과거형 '에바실류사스'를 기동의(ingressive, 진입하는) 부정과거로 보는 견해(Beale, 1999: 615)도 가능하다. 이때는 "다스리기(왕 노릇하기) 시작하셨습니다"의 뜻이 된다. 하나님께서 큰 능력을 취하신 후(또는 마치신 후), 다스리는 일을 본격적으로 시작하셨다는 뜻이다.

하나님의 다스리심(17절), 그리고 주권적 심판과 보상(18b절)이 앞뒤를 감싸고 중간에 열방의 분노(18a절)가 들어간 가장 일반적인 히브리식 교차 구조(하나님의 행위 둘, 사람들의 반응 하나)다.[6] 하나님의 다스리심에 대해 반응하는 열방의 분노를 부각하는 것은 사람들의 종교적 부정적 반응이 더욱 극대화되고 있음을 알려준다. 이 때문에 하나님의 심판과 보상의 집행이 더욱 명분을 얻게 된다. 때가 된 것이다.

18절 (주의 진노: 심판과 보상의 때) 이방들(또는 열방, 민족들)이 노하였다(18절). 열방이 노하였다는 것은 하나님의 왕권 행사를 마뜩잖게 생각한다는 뜻일 것이다. 하나님께서 하시는 일(왕의 행사)에 동의하지 않는 것이다. 특히 일련의 재앙들(특히 나팔 재앙들)에 대한 열방들의 누적된 분노일 수 있다. 재앙이 연속되고 심화될수록 그들은 하나님께 더욱 분노하게 될 것이다. 그런 여건이 13장의 짐승의 시대로 향하는 발판이 될 것이다. 열방들의 분노(18절)는 하나님의 권능(17절)과 그의 진노와 보상(18절)과 대조된다. 하나님의 행사는 의롭다. 그러나 세상의 분노는 그 자체로 불의하다. 하나님의 진노는 의의 심판이다. 열방이 불평을 하는 것과 무관하게 하나님의 행사는 공의(justice)의 사역이다. 부정과거형 "(민족들이) 노하였다"와 "(주의 진노가) 임하였다"는 사실의 확실성을 부각한다. 반드시 이뤄질 일을 강조한 것이다. 민족의 분노에 대해 하나님께서 진노로 대응하실 것을 부각한다.

하나님의 진노는 열방의 분노와 대조된다. 지금이 죽은 자들을 심판하

---

6. Aune는 순서의 문제를 지적하면서 내용이 연대순이 아니라는 점 때문에 당혹해 한다(Aune, 1998a: 636-7). 그러나 그럴 필요가 없다. 당연히 연대순은 아니다. 교차적 특성의 주제 배열이다. 다만, Aune의 지적처럼(Aune, 1998a: 643) 18절의 "민족들이 노하였다"가 시 99:1(LXX 98:1)의 '사람들이 떨 것이다'(יִרְגְּזוּ עַמִּים)의 70인역 번역 '백성들이 분노하였다'(ὀργιζέσθωσαν λαοί)의 인유(allusion)일 가능성은 있다.

시고 주의 종들, 즉 선지자들과 성도들과 주의 이름을 경외하는 자들에게 보상을 주실 때다. 보응과 보상은 통치의 양면이다(사 40:10; 62:11). 부정과거 부정사 "심판하실"(κριθῆναι), "(보상을) 주실"(δοῦναι), "멸망시키실"(διαφθεῖραι)은 '호 카이로스'(ὁ καιρὸς, "때")에 연결된 관형적(형용사적) 용법이다. 교차적 구조로 "심판하실 때"(a) – "(보상을) 주실 때"(x) – "멸망시키실 때"(a′)로 나타난다.

바로 그때가 왔다. 지금이 보상과 보응의 때다. 보상의 대상이 되는 이들은 "주의 종(들), 선지자들과 성도들과 주의 이름을 경외하는 이들, 즉 작은 자들과 큰 자들"이다. 주의 종들은 선지자들과 성도들과 경외자들을 모두 가리키는 말일 수도 있고(Mounce, 1977: 232) 선지자들과 같은 특별한 사역자들을 가리키는 말일 수도 있다(Osborne, 2002: 446).[7] 작은 자들과 큰 자들을 함께 말할 때는 누구도 제외하지 않고 모든 이를 포함할 때 사용한다(참고, 13:16; 19:5, 18; 20:12). 여기서는 하나님의 모든 구원받은 백성을 가리킨다(11:18; 19:5). 따라서 성도들 모두에게 주실 하나님의 보상을 부각한다. 교차적 구성에서 "심판하실 때"(a)와 "멸망시키실 때"(a′)가 병행이 된다는 점에서 "죽은 자들"과 "땅을 멸망하게 한 자들"이 동일한 대상을 가리킬 가능성이 크다. 그렇다면 여기서 "죽은 자들"은 문자적 의미의 죽은 자들이라고 하기보다는(물론 그 가능성을 배제할 수는 없지만), 영적으로 죽은 자들을 가리키는 것으로 보는 것이 더 나을 것이다. 문자적 의미의 죽은 자들의 심판은 20:11-15에서 이뤄진다. 하나님의 진노가 넘쳐 일어나는 일곱 대접 재앙은 실제로 20장의 죽은 자들의 심판에서 마무리될 것

---

7. Aune는 '종들'은 유대계 신자들, '경외하는 자들'은 이방인 출신 신자들을 가리킨다고 했으나(Aune, 1998a: 645), 그렇게 볼 필요는 없을 것이다. '작은 자들'과 '큰 자들'이 특정 계층이라 볼 필요가 없는 것과 같다(19:5). '경외하라'는 명령은 모든 신자들에게 주어진다(14:7; 15:4). '종'(또는 '주의 종') 또한 구별된 의미로 쓰이진 않는다(2:20; 7:3; 19:2, 5; 22:3, 6).

이다.

그런데 멸망하게 한 자들을 멸망시킬 때라는 선언은 그 자체로 역설이다. 땅을 멸망으로 이끈 자들이 그 땅에서 멸망을 당하게 되는 역설이다(비교, 19:2). 그들을 "멸망하게 하는 자들"이라 한 것은 그들이 불신앙과 행악으로 피조세계를 해친 자들이기 때문이다(참고, 롬 8:21-23). 멸망하게 한 자들을 멸망하게 하는 일들은 일곱 대접 재앙(16장)의 중심 주제다. 특히 일곱 대접 재앙이 하나님의 진노의 결과임(15:1; 16:1)을 주목할 필요가 있다. 장로들의 이 말들은 기도이며 고백이고, 선언이며 요청이다.

19절 (하늘의 성전과 언약궤, 번개, 소리, 천둥, 지진, 우박) 이십사 장로가 하나님께 경배할 때 세 가지 일이 연속해서 일어났다(19절). 첫째, 하늘에 있는 하나님의 성전이 열렸다(4:1; 11:19; 15:5). 1절에서 하나님의 성전이 언급된 바 있다. 둘째는 성전 안에 있던 언약궤가 보였다.[8] 언약궤는 계시록에서 이곳에 단 한 번 등장한다. 하늘 성전의 언약궤는 땅의 성막과 성전에 있던 언약궤(출 25:10-22; 37:1-9; 대하 5:10; 히 9:4)의 원형일 것이다(Aune, 1998a: 677). 성전 안에 있는 언약궤는 왜 보였을까? 언약궤는 심판과 보상의 언약이 이뤄지는 것이기 때문에 관련이 있을 것이다. 하나님의 언약(약속)의 성취라는 뜻이 내포된다. 계시록 15장에 나오는 "증거 장막"(15:5)과 관련이 있을 것이다. 증거 장막은 언약궤가 있는 장막을 가리킨다. 언약궤는 계시록에서 단 1회 나온다. 또한 신약에서도 히브리서 9:4의 첫 언약의 장막 때의 언약궤에 대한 묘사에 한 번 더 사용될 뿐이다. 언약궤에는 "만나를 담은 금 항아리와 아론의 싹난 지팡이와 언약의 돌판들"(히 9:4)이 있었다. 언약궤는 하나님의 언약을 상기하게 하는 의미를 가진다. 셋째, 번개들과 소리들과 천둥들과 지진과 큰 우박이 있었다(19절).

---

8. 언약궤(κιβωτός, L&N, 6.139)는 '방주'를 가리키는 말(L&N, 6.44)이기도 하다(마 24:38; 눅 17:27; 히 11:7; 벧전 3:20).

하나님의 권능과 임재의 표현이다. 하나님의 임재가 강력히 나타날 때, 하나님의 의지가 특별히 표출될 때, 번개, 소리, 천둥(우레), 지진, 우박이 함께 출현하는 경우가 나온다(4:5; 8:5; 11:19; 16:18; 출 19:16; 20:18; 욥 37:4; 사 29:6).[9]

하나님의 영광과 힘의 강력함을 상징한다. 그런데 하나님은 왜 여기에서 이런 강력한 장면을 나타내시는가? 주목해야 할 점은 하나님의 성전이 11장의 첫 부분(1절)과 끝 구절(19절)에 나타난다는 사실이다. 그런 점에서 19절은 1절을 마무리하는 수미상관식(*inclusio*) 구조의 한 축일 수 있다. 또한 19절은 14-19절의 마지막 부분이 되기도 한다. 이런 구조를 통해 몇 가지 살피게 되는 점은 다음과 같다.

첫째, 하나님의 성전이 하늘에 있을 때(19절)이므로 1절의 하나님의 성전도 하늘에 있는 성전을 가리키는 것으로 보는 것이 옳다. 왜냐하면 지상의 성전이 파괴된 후에 언급되는 성전이기 때문이다.

둘째, 하늘에 있는 하나님의 성전의 반복 사용(1절, 19절)은 이방인에게 내준 "성전의 바깥뜰"(2절), 짓밟힐 "거룩한 성"(2절), 큰 지진으로 파괴될 "성"(13절)과 대조된다. 전자는 영원하고 후자는 일시적이다. 전자는 흔들

---

9. Beale이 "번개들과 소리들과 천둥들과 지진과 큰 우박" 현상을 신현(하나님의 나타나심)의 현상이라고 보면서도, 동시에 이를 최후의 심판 행위를 가리킨다고 주장하는 것(Beale, 1999: 618)은 지나친 것이다. 이 표현이 등장하는 4:5는 하나님의 존전의 장엄한 현상을, 8:5는 일곱 나팔을 진척하려는 신적 표현을, 16:18, 21은 마무리되는 일곱째 대접의 신적 승인을 그려주는 일종의 피날레(finale)란 점에 주목할 필요가 있다(참고, Resseguie, 2009: 57-59). 또한 Aune가 11:19를 11:14-15와 끊고 오히려 12장과 연결시킨 것(Aune, 1998a: 635, 657-62)은 11:19의 성격을 다소 오해한 것이다. 번개, 소리, 천둥, 지진 등이 등장하는 네 개의 본문(4:5; 8:5; 11:19; 16:18) 가운데, 하나님 보좌 앞의 전경을 묘사하는 4:5 외에, 다른 두 번(8:5; 16:18)은 모두 특정 사안이 마무리될 때 일어나는 현상이다. 8:5(5b)는 8:1-5의 마무리(8:1-5의 구조 참고)고, 16:18은 마지막 재앙인 일곱째 대접(16:17-21)에 속한다.

리지 않으나 후자는 오히려 파괴된다. 특히 하늘의 성전이 열릴 때 하나님의 권능을 상징하는 번개, 소리, 천둥, 지진, 큰 우박이 일어나는 것에 주목하자(19절).

셋째, 1절(성전)과 2절(거룩한 성)을 13절(거룩한 성)과 19절(성전)이 반복해준다. 따라서 19절은 13절에 이어 나올 것이라 예측되나, 그 사이에 14-18절이 들어가 있는 것은 다분히 의도적이다. 두 증인 에피소드를 나팔 재앙과 연계하기 위한 것이다. 요한의 책 막간(10장)과 두 증인 막간(11:1-13) 가운데 후자가 특히 나팔 재앙과 연계된다.

넷째, 또한 12-13장의 두 에피소드를 일곱째 나팔 다음에 배치한 이유도 이와 관련이 있을 것이다. 이들 에피소드들이 모두 나팔 재앙의 때(11장의 두 증인), 또는 나팔 재앙이 끝난 직후(13장의 짐승 시대)에 일어날 일과 관련이 있을 것이다.

해설

일곱째 나팔의 실체는 15-18절의 내용(나라의 회복과 상벌, 특히 심판에 대한 메시지)이라 말할 수 있다. 그렇다면 일곱째 나팔은 재앙적 성격이 아니라, 선언적 성격이 강하다. 일곱째 인은 자체적인 재앙이 나타나지 않고 일곱 나팔을 소개하는 역할을 했다. 독자들은 일곱째 인이 일곱 나팔을 견인하는 역할을 했다는 것을 기억할 것이다. 따라서 일곱째 나팔도 자체적인 재앙을 가지지 않고 다음의 재앙인 일곱 대접을 견인하는 역할을 할 수 있다고 짐작하는 것이 어렵지 않을 것이다. 다만, 일곱째 나팔은 일곱 대접을 직접 소개하고 있지 않고, 또한 딱히 재앙적인 내용이 없고 선언적인 특성을 보인다는 점에서 독자들은 향후 일어날 심판과 보상에 대한 하나님의 일을 더욱 기대하게 될 것이다.

여기서 세 번째 '화'(11:14)라는 특성상 심판적 내용은 16장부터 등장할 일곱 대접으로 나타날 것이라 보는 것이 자연스럽다. 일곱 대접의 서론적 기능을 하는 15장이 11:14-19의 내용을 상기하게 하는 역할도 한다는 점을 생각해야 한다. 11:14-19와 15장의 유사성(하나님의 왕 되심, 하나님께 경배, 하나님의 진노와 보응, 하나님의 성전 등)은 이 둘의 특별한 관계를 주목하게 한다(두 단락의 연계성은 서론의 "구조" 항목을 참고하라). 다시 말해, 15장은 11:14-19 이후, 중간의 막간(12-14장)으로 인한 맥락의 탈흐름을 되돌려 놓는 기능을 한다. 그 때문에 11:14-19와 15:1-8은 여러 요소들을 공유하며 서로를 이어주는 교량적 역할을 감당하게 된다. 이를 비추어볼 때 11:14의 세 번째 화는 16장의 일곱 대접 재앙을 가리키는 것이 된다.

한편, 10장이 기록하는 요한의 소명식은 요한 시대에 일어난 일이지만 11장의 두 증인 에피소드는 마지막에 일어날(또는 마지막 때까지 연속될) 가능성이 높다. 이 에피소드는 직간접으로 나팔 재앙과 관련될 가능성이 높다. 이러한 연관성이 두 증인 에피소드가 나팔 재앙 사이에 기록된 이유일 것이다. 요한의 두루마리 사건(10장)은 요한의 때를 그려주고 있긴 하지만, 그 내용에는 종말에 일어날 일련의 계시와 관련이 있다. "시간이 더 이상 없다"(10:6)라든지 "일곱째 천사가 나팔을 부는 소리가 있는 날(들)에, 하나님의 비밀이 그의 종 선지자들에게 전하여 준 대로 이뤄질 것입니다"(10:7)와 같은 내용은 나팔 재앙과 관련되는 부분이다. 이렇게 요한에게 보여주고 들려주는 것이 종말의 계시와 관련이 있다. 특히 10장과 11장(특히 1-13절)에서는 예언과 증언이라는 테마가 연속된다. 그리고 두 증인 에피소드가 이곳에, 즉 여섯째 나팔과 일곱째 나팔 사이에 있는 구조는 이 에피소드가 나팔 재앙과 직간접적으로 관련이 있음을 알려준다. 이런 맥락에서 12-13장이 일곱째 나팔과 그후에 전개되는 일곱 대접과 관련이 있을 것임을 추정할 수 있고, 역시 17-18장 또한 일곱 대접 재앙과 관련이 될 것임을 충분히 예측할 수 있다.

막간은 무엇인가? 막간(幕間)은 일곱 인(6장, 8:1-5), 일곱 나팔(8:6-13, 9장, 11:14-19), 일곱 대접(15-16장)의 연속적 사건들의 중간에 들어간 다른 에피소드들이다. 구원받은 이들(7장), 요한의 두루마리(10장), 두 증인(11:1-13), 여인과 용(12장), 두 짐승(13장), 구원된 이들(14:1-5), 심판과 보상의 메시지(14:6-20), 음녀 바벨론(17장), 바벨론의 패망(18장), 구원된 이들과 어린 양 혼인 잔치(19:1-10) 등이다.

막간의 역할은 보완적, 보충적 기능이다. 일곱 인, 일곱 나팔, 일곱 대접 등으로 진행되는 역사의 재앙들 사이에서 재앙들과 연관된 주제(또는 사건)를 확대하거나, 상세화하여 이들 재앙들의 진행 과정에서 어떤 일들이 일어날 것인지, 또는 이런 재앙들이 어떤 일들과 관련이 있을 것인지 등을 에피소드 타입의 내용으로 좀 더 세밀하게 부연해준다.

이때 막간들은 시간대에 있어 특정 재앙들의 앞뒤의 사건들을 다루면서도 시간을 초월하는 특성(예컨대, 요한의 두루마리 사건, 그리스도의 출생 사건)도 가지게 되는데, 그렇다고 무시간적인 것은 아니다. 막간이 위치한 자리와 막간 전후의 사건들과 대부분 관련이 있다. 따라서 막간들은 맥락을 따라, 앞뒤의 특정 재앙들과 연계해서 이해해야 한다. 보완적 설명이란 점을 염두에 두자.

그리고 막간의 관계를 주목하자. 7장과 14:1-5의 관계, 또 이들 단락들과 19:1-10과의 관계, 10장과 11:1-13의 관계, 12장과 13장의 관계, 17장과 18장의 관계, 또한 10:1-11:13과 12-13장의 관계, 그리고 12-13장과 17-18장의 관계 등을 주목할 필요가 있다.

제18장
요한계시록 12:1-17
여자와 용의 전쟁

12장은 상징적인 용어들로 가득 차 있다. 여인, 용과 그 천사들, 해와 달과 별, 미가엘과 그 천사들, 3년 반의 피신, 여인의 남은 자손 등이다.

먼저 이해해야 할 것은 12장의 위치다. 12장과 13장은 서로 연결된 두 에피소드다.[1] 이 에피소드의 관계는 10장(요한의 책)과 11:1-13(두 증인)의 두 에피소드의 관계와 유사하다. 10:1-11:13의 두 에피소드는 증언과 예언이라는 주제를 가진 것이며, 12장과 13장의 두 에피소드는 용과 짐승을 주

---

1. 12-13장을 10:1-11:13과 같은 두 개의 막간이 연결된 부분으로 볼 필요가 있다. Beale은 12:1-15:4를 칠중 구조(sevenfold series; 12:1-17; 13:1-10, 11-18, 14:1-5; 6-13, 14-20, 15:2-4)로 보고 있지만(Beale, 1999: 621-2), '7'이라는 숫자에 집착하는 것은 다소 작위적이다. Beale의 구조 분석을 받아들일 수 없는 이유는 다음과 같다. 첫째, 요한은 여기에서 '7'을 쓴 적이 없다(Osborne, 2002: 453). 둘째, Beale의 칠중 구조 주장은 12-13장(용과 짐승, 승리)과 17-18장(짐승과 바벨론, 패망)의 상응 관계를 보지 못한 결과다. 10:1-11:13과 12-13장, 17-18장은 모두 두 개씩의 에피소드가 묶여 제시되는 막간들이다. 셋째, 15:1-4를 15:1-8에서 분리할 필요가 없다. 15:1-8은 교차법을 이룬다(a-x-a'). 또한 15장은 16장의 서론적 기능을 한다. 넷째, 14장은 12-13장과 기능이 다르다(서론의 "계시록 구조" 항목을 보라). 12-13장은 주로 용과 짐승을 다루고 있는 반면, 14장은 이와 다르다.

소재로 한 것이다. 12장은 용의 전쟁을 다루고 있고 13장은 짐승의 승리에 대해 쓰고 있다.

10장과 11:1-13의 두 에피소드는 여섯 나팔(8-9장)과 일곱째 나팔(11:14-19) 사이에 위치하여 나팔 재앙과 모종의 관련이 있음을 드러낸다. 마찬가지로 일곱째 나팔 다음에 위치한 용과 짐승 에피소드(12-13장)도 나팔 재앙과 어느 정도 관련될 수 있을 것으로 볼 수 있다. 이 에피소드의 내용은 나팔 재앙의 끝자락(예, 여섯째 나팔) 또는 일곱째 나팔이 있은 후 일어날 것이라 추정된다.

그러면서 이 사건들은 진노의 대접 재앙(15-16장)이 일어나게 되는 배경과 그 즈음의 전후 상황을 그려주고 있다고 할 수 있다. 짐승의 시대(13장)는 대접 재앙이 있는 기간 전체와 관련이 있을 것이다. 일곱 대접에 넘쳐난 하나님의 진노는 짐승의 시대에 쏟아 부어진다. 더 이상 내버려두실 수 없기 때문이다. 12-13장은 마지막 대접 재앙이 주어지는 배경(또한 상황)과 깊은 관련이 있다. 용과 짐승(들)의 세계적인 준동이 하나님의 진노를 담은 대접 재앙의 계기가 된다.

12장은 모두 다섯 단락(1-4절, 5-6절, 7-12절, 13-16절, 17절)으로 구성된다. 다섯 단락은 전체적으로 교차 구조다(비교, Grabiner, 132).

A. 여인과 용의 전쟁의 서곡(1-4절)

  B. 여인의 해산, 아이의 승천, 용과 여인의 1차 전쟁, 여인의 피신(5-6절)

    X. 하늘의 전쟁(7-12절)

  B′. 땅의 전쟁- 용과 여인의 2차 전쟁, 여인의 피신(13-16절)

A′. 용의 분노- 새로운 전쟁의 서곡(17절)

첫 부분(1-4절, A)에 여인과 용의 전쟁의 서곡이 있다. 하늘의 전쟁(7-12

절, X)을 가운데 두고 용과 여인의 싸움이 전후로 두 차례(5-6절, B; 13-16절, B′) 나타난다. 여인의 3년 반 피신이 두 번에 걸쳐 있게 된다(6, 14절). 마지막 부분은 새로운 전쟁의 시작을 예고한다(17절, A′).[2] 이 전쟁은 용과 여인의 남은 자손 사이의 전쟁이다. 이것이 13장의 배경이 된다.

A. 요한계시록 12:1-6 (여인과 용의 전쟁 1차)

1-6절은 두 부분으로 구성된다. 첫째는 하늘의 두 이적(표적)과 관련하여 여인과 용의 전쟁의 서곡에 해당되는 부분(1-4절)과 여인의 해산과 함께 아이가 승천하고 여인이 피신하는 부분(5-6절)이다.

전자인 1-4절은 1-2절(여인 에피소드)과 3-4절(용 에피소드)의 평행적 구성을 가진다. 여인을 소개한 방식으로 용이 소개된다.

a. 하늘의 큰 표적(1a절)
  b. 여인의 소개(1b절)
    c. 임신 상태의 고통(2절)
a′. 하늘의 다른 표적(3a절)
  b′. 용의 소개(3b-4a절)
    c′. 해산하는 여인 앞에 선 용(4b절)

---

2. 11:19가 12장의 서론적 역할을 한다는 Aune의 주장(Aune, 1998a: 661)이 타당할 수 없는 것은 본문의 구조와도 관련이 있다. 첫째, 11:19는 12:1-17 전체의 교차 구조에 맞지 않는다. 둘째, 또한 11:19는 첫 부분(unit)인 12:1-4 안에 포함될 수 없다. 12:1-4은 완성된 평행구조(아래 1-4절 구조 분석 참고)를 보여준다.

반면에 5-6절은 다음과 같은 교차 구조일 수 있다. 첫 부분(5a절, a)은 여인과 아들에 대한 것이고 마지막 부분(6b절, a′)은 하나님과 여인에 대한 것이다. 반면에 중간에 있는 두 부분(5b절, b; 6a절, b′)에서는 아들이 떠나고 여인은 피신한다. 이 부분은 용에 대한 것이다. 용은 아들과 여인에게 해를 가할 수 없다.[3]

a. 여인의 해산; 만국을 다스릴 아들(5a절)

b. 아들의 승천(5b절)

b′. 여인의 피신(6a절)

a′. 하나님이 예비한 장소; 여인을 돌보심(6b절)

번역

1 그리고 하늘에 큰 표적이 보였다. 한 여인이 해(태양)를 입고 있는데, 달은 그녀의 발 밑에 (있고) 그녀의 머리 위에는 열두 별의 관이 있다. **2** 임신을 했는데, 진통으로 괴로워하며 출산하는 고통을 겪으며 울고 있다. **3** 하늘에 다른 표적이 보였다. 보라. 큰 붉은 용이 일곱 머리와 열 뿔과, 그 머리 위에 일곱 왕관을 가지고 있다. **4** 그의 꼬리가 하늘의 별의 삼분의 일을 끌어내서 그것들을 땅으로 던졌다. 그리고 용은, 아이를 해산할 때에 그녀의 아이를 삼켜 버리려고 해산하려 하는 여인 앞에 섰다. **5** 모든 민족을 철장으로 목양하게 될 남아를 그녀가 해산하였다. 그녀의 아이는 하나님과 그의 보좌 앞으로 옮겨졌다. **6** 여인은 광야로 피하였다. 그곳은 천이백육십 일 동안 그녀를

3. 5-6절은 이같이 교차 구조로 볼 수도 있고, 또는 이중 방식(dual mode)으로 열거된 것이라 할 수도 있다. 아들에 대한 두 부분(5a절-a; 5b절-a′)과 여인에 대한 두 부분(6a절-b; 6b절-b′)으로 나눌 수 있다.

돌보시려고 하나님께서 예비해 두신 장소가 있는 곳이다.

주해

1절 (여인의 등장) 하늘에 큰 표적이 "보였다."[4] 3인칭 수동태 '보였다'(ὤφθη)는 계시록에서 단 세 군데 나타난다(11:19; 12:1, 3).[5] 요한은 주로 "(내가) 보았다"(εἶδον)라는 표현을 쓴다. 1절과 3절의 수동태 표현 '보였다'의 사용은 1-2절과 3-4절의 내용을 대조하는 목적 때문일 수 있지만, 특히 12장 앞부분이 요한의 시대 이전의 일(예수 탄생 등)과 관련이 있기 때문이 아닐까 추정하게 된다.

여인의 등장이 '하늘의 큰 이적(표적)'이 되는 이유는 이 여인이 하늘의 역사와 관련이 있기 때문이다. 이 일은 하늘의 하나님께서 행하시는 주권적 역사에 속하므로 "하늘에 (있는) 큰 표적"이다. 표적(이적, σημεῖον)이라는 말은 본래 표지(mark), 표식(sign)을 가리킨다. 이 표식을 통해 무언가를 알려주고자 하는 것이다.[6]

여인은 해를 옷 입고(둘러 입고) 있다. 또 그 발 아래 달이 있다. 머리에는 열두 별의 관을 썼다. 구약에서 해, 달, 별들의 이야기는 요셉의 꿈에 나온다(창 37:9-10). 꿈에서 요셉은 해와 달과 열한 별들의 경배를 받았다(창

---

4. 12장의 용의 이야기가 요한이 기존의 여러 신화들을 모아 구약과 유대 전승의 렌즈로 해석했을 것이라 보는 Beale의 견해(Beale, 1999: 624)를 받아들이기 어려운 이유는 요한 자신이 이를 계시의 하나("보였다")로 소개하기 때문이다. 계시록의 어느 것도 요한이 제작(창작, 활용, 종합 등)한 이야기로 볼 이유가 없다.
5. "보였다"('오프쎄')가 11:19과 12:1, 3에만 쓰였다는 점을 들어 11:19가 12장의 서론이라고 Aune는 주장한다(Aune, 1998a: 679). 그러나 전 단락의 소재(또는 표현)가 그 다음 단락의 소재가 되는 예가 계시록에 자주 등장하므로, 소재나 표현의 반복이 반드시 같은 단락임을 증명한다고 볼 수는 없다. 연계성과 연속성을 드러낼 뿐이다.
6. '표적'이라는 단어는 또 12:1, 3; 13:13, 14; 15:1; 16:14; 19:20에 나온다.

37:9-10). 구약 배경을 아는 사람(계시록 독자 대부분)은 자연스럽게 여인의 해와 달과 열두 별이 이스라엘(야곱과 그의 후손)을 연상하게 한다고 생각할 것이다(Beale, 1999: 625-6). 열두 별을 황도대의 12궁으로 볼 필요(Aune, 1998a: 681)는 없다.[7] 물론 해(태양)와 달과 별은 모두 하늘과 관련된다. 하늘의 존재인 해로 자신을 감싸고(활용하고) 있고(존귀) 다른 하늘의 존재인 달을 그 발 밑에 두고 있으며(권한) 또한 하늘의 존재인 별 열둘의 관(승리와 영예의 관)을 쓰고 있다(영광).[8] 여인의 존귀(가치), 권한(능력), 영광(영예)이 어떠한지 보여주는 장면이다. 또한 여인의 기원이 하늘임을 보여준다. 이렇게 놀라운 이 여인은 누굴까? 유대 이스라엘이다.

1절은 상징 언어를 사용한 대표적인 경우다. 그렇지만 누구를 가리키는지, 왜 그렇게 표현하는지 파악하기 어렵지 않다. 또한 2, 5절의 그리스도 기사를 통해 여인의 정체를 파악하는 것이 가능하다. 열두 별이 열두 지파라는 점도 쉽게 이해된다. 이렇듯, 상징 언어는 모호하지 않고 분명한 사실(사건)에 토대를 두고 이에 추가하는 내용(계시적 의미)을 더하여 전체 그림을 그려준다.

2절 (여인의 임신) 여인의 소개(1절)에 이어 2절에서는 여인의 상태를 나타낸다. 여인은 임신한 상태고 해산의 고통을 겪으며 진통 때문에 울고 있다(참고, 사 26:17). 이 장면은, 여인의 아이가 역사적으로 특별하게 나타난 존재임을 암시한다. 아이가 태어나기까지 여인에게 많은 시련과 고통이

---

7. 계시록에서 별은 주로 천사(angel)를 가리킨다. 예외는 6:13; 8:11-12로서 여기서는 '별'이 자연계의 별(star)을 가리킨다. 12:1, 4를 포함하여, 1:16, 20; 2:1, 28; 3:1; 9:1에서는 '별'이 천사 또는 천사 같은 존재를 가리킨다. 한편 22:16에서 그리스도는 자신을 '새벽별'(Morning Star)이라 하셨다.

8. 승리의 관, '스테파노스'(στέφανος)는 2:10; 3:11; 4:4, 10; 6:2; 9:7; 12:1; 14:14 등 모두 8회 나온다. 이것은 용과 짐승이 쓴 왕관('디아데마', 12:3; 13:1)과 다르다. 또한 재림하시는 그리스도의 "많은 왕관('디아데마')"과도 다르다(19:12).

있게 된다. 출산한 아이가 예수 그리스도란 점이 분명하다면(5절), 여인이 그리스도의 출산을 위해 겪게 된 역사의 질곡을 독자는 생각하게 될 것이다. 구약에서 신약으로 넘어가는 중간사 기간의 많은 역사적 사건들(앗수르, 바벨론, 바사, 헬라제국, 로마제국과 관련된 역사들 및 예수 탄생 이전의 이스라엘 역사)은 아들을 출생하기 위한 여인의 해산의 고통이었다.

3-4a절 (용의 등장) 여인의 등장(1-2절)에 이어, 용(δράκων)의 등장(3-4절)을 보여주는 것은 예수 그리스도의 탄생 과정과 이후의 역사 전개에서 여인과 용, 두 존재의 역할이 크다는 것을 알려준다. 또한 여인과 용의 적대 관계가 오래된 것임을 알려준다. 용의 등장에 대해서도 여인의 경우처럼, "하늘에서 다른 표적(이적)"이라는 말을 사용한다. 여인의 경우에는 표적에 '큰'이 붙고("큰 표적") 용의 것에는 붙지 않지만 그 대신 용을 가리킬 때 '큰'("큰 용")이라는 형용사를 사용한다. 이 용은 '붉은'(불에서 나온 용어) 용으로 나타나는데 이는 용의 흉악함을 가리키는 것으로 보인다.

'드라꼰'(용)은 일곱 머리와 열 뿔을 가졌고 그 머리 위에 일곱 왕관을 가지고 있다(3절). 일곱 머리는 지혜의 뛰어남을 가리킬 것이다. 열 뿔은 능력과 권한의 큼을 뜻한다. 일곱 왕관(왕의 왕관인 '디아데마'[διάδημα])은 그가 왕권, 즉 절대적 권력을 소유하고 있음을 뜻할 것이다. 열두 별의 '스떼파노스'(단수)를 쓴 여인(1절)과 일곱 머리에 일곱 '디아데마따'(복수의 '디아데마')를 쓴 용(3절)이 대조된다. 일곱, 열은 모두 완전수가 되므로 그의 왕적 권한과 능력이 극대화된 상태다. 다른 나라의 왕이나 제국의 황제보다 더 큰 상위의 존재로 나타난 것이다. 일곱 왕관을 가지고 있다는 것은 많은 권한과 광범위한 통제력을 가지고 있다는 뜻도 되겠지만, 그의 신성모독적인 권력 욕구를 보여주는 것일 수도 있다. 많은 왕관을 쓰기에 합당하신 유일한 분은 재림하시는 예수 그리스도시다(19:12).

그의 꼬리로 하늘의 별 1/3을 끌어내 땅에 던졌다(4a절; 참고, 단 8:10).

계시록에서 별이 천사를 가리키는 말로 쓰인다는 점을 감안할 때,[9] 하늘의 별 1/3은 천상적 존재인 천사들의 1/3을 가리키는 것이라 추정된다. 용의 꼬리로 인해 땅에 떨어진 것은 그들이 용의 추종자인 '타락 천사' 집단("그의 천사들", 7절)이 된 것을 가리킬 것이다. 용은 천사 군단의 1/3을 그의 추종자로 삼게 된 것 같다(Osborne, 2002: 461; 참고, Grabiner, 224). 이 일이 언제 일어났는지는 알려지지 않는다. 그들의 수가 1/3이란 것은 천사의 다수(삼분의 이)는 여전히 선한 천사로 구분된다는 뜻이다.

왜 하나님께서 천사 가운데 1/3의 타락을 허용하셨는지, 우리는 알지 못한다. 근본적으로 하나님께서 애초에 용(마귀)의 존재, 악의 존재를 허락하신 이유도 잘 알 수 없다. 다만, 우리는 하나님의 역사에는 신적, 우주적, 섭리적 이유가 있을(있었을) 것임을 인정한다.

4b절 (해산하는 여인 앞에 선 용) 용과 여인의 대면이 그려진다. 여인은 해산의 고통을 겪으며 아이를 출산하려 한다. 용은 그 여인 앞에 서 있다. 현재완료형 "서 있다(있었다)"(ἕστηκεν)는 서 있는 상태, 기다리는 상태를 그려준다(요 1:26; 딤후 2:19; 히 10:11; 약 5:9). 용이 기다리고 있는 목적은 여인이 해산하면 출생한 아이를 삼켜 버리고자 함이다. 용에게는 그것이 아이로 인한 후환을 없애는 길이기 때문이다.[10]

---

9. 물론 계시록에 나오는 모든 별이 천사를 가리키는 것은 아니다. 분명히 별이 천사를 가리키는 부분이 있다(예컨대, 1:20; 9:1; 12:4). 그러나 여섯째 인(6:13)과 넷째 나팔(8:12)의 별은 천사를 지칭하는 것으로 볼 수 없다. 자연계에 속한 별이다. 12:4의 별이 하나님의 백성을 가리킨다는 주장(Beale, 635-637)은 설득되기 어렵다(Osborne, 2002: 461).

10. 여인-아이-용의 그리스도 탄생 에피소드가 아폴로 출생 신화인 레토-아폴로-피톤의 에피소드와 비슷하다는 지적이 있다(참고, Edwards, 529-32). 종교사학파들은 용이 여인의 아이를 삼키려는 장면을 파이톤(Python)이 레토(Leto)의 아이(아폴론)를 파멸시키려고 기다리는 것과 두 마리의 큰 뱀이 헤라클레스를 없애려고 기다리는 것에 비교한다(Thompson, 2000: 702-3). 그러나 아폴로의 거짓된 신화와 그리스도

출생하신 예수 그리스도를 없애려 한 일은 처음 헤롯 대왕에 의해 시도되었다(마 2:16-18). 그리고 마침내 십자가에 그분을 처형하는 일에 용(마귀)의 개입이 있었던 것은 분명하다(예컨대, 눅 22:3; 요 13:2, 27). 용은 이 땅에서 그리스도를 없애면 모든 승리를 거머쥘 줄로 생각했던 것이다. 그러나 그럴수록 그의 패배는 확정되었다. 용은 그리스도를 없앨 수 없기 때문이다. 그리스도는 죽은 자 가운데서 살아나셨고 끝내 하늘로 승천하셨다(5절).

5절 (하늘로 올라간 아이, 그리스도) 여인에게서 출생한 아이가 누구인지는 5절에 분명하게 나타난다. 그 아이가 예수 그리스도라는 것은 최소한 세 가지 단서로 뚜렷하다. 첫째, '아들'(υἱός)이란 말이다. 여인은 아들을 낳았다. 둘째, '남자'(ἄρσην)라고 했다. 이 단어는 남성을 가리킨다(마 19:4; 막 10:6; 눅 2:23; 갈 3:28).[11] 셋째, '철장으로 만국을 다스린다'는 말은 계시록에서 오직 그리스도에게만 해당된다(2:27; 12:5; 19:15; 참고, 시 2:9). 아들, 남자, 철장으로 다스림이 함께 지칭하는 존재는 예수 그리스도다.[12] 아이는 결국 하나님과 그의 보좌 앞으로 "옮겨졌다"(ἡρπάσθη, 잡아채졌다). 그리스도의 승천과 하나님의 옆에 앉으심, 즉 승귀(昇貴, ascension)를 가리

실재 사건은 서로 대조된다.

11. 여기서는 특이하게도 중성 ἄρσεν이 사용되었는데, Beale은 사 66:7(LXX, "남아를 낳았다")의 ἄρσεν을 반영한 것이라 한다(Beale, 641). 구약의 표현을 반영할 때 종종 이런 류의 불규칙 문법 현상이 나타난다고 했다(예, 1:4, 5, 10-11; 2:13, 20 등). 한편 계 12:13에는 남성 목적격 τὸν ἄρσενα로 쓰인다. Aune는 5절의 '아들, 남자'라는 표현이 렘 20:15의 '아들, 남자'의 뜻인 '벤 자카르'(בֵּן זָכָר) 같은 히브리식 표현으로 본다(Aune, 1998a: 687). 70인역에는 중성 ἄρσεν만 쓰였다.

12. 아이가 철장으로 만국을 목양하게 될 일(5절)은 12장에서는 아직 이뤄지지 않았다. 이것은 미래에 일어날 일로 기술된다(μέλλει ποιμαίνειν, 목양할/다스릴 것이다). 그리스도의 목양에 대한 예언은 19:15에서 다시 나타나는데 이때는 현재형으로 쓰인다(ποιμανεῖ, 목양하신다). 철장으로 하는 그분의 목양 사역은 그의 재림을 통해 이뤄질 것이다.

키는 말씀이다. 특별한 힘에 의한 움직임(잡아채짐, 낚아채짐)이라는 점에서 비일(Beale, 1999: 639-40)처럼 그리스도의 부활로 볼 수도 있으나, 하늘 보좌로 옮겨졌다는 점에서 승귀의 의미가 더 타당할 것이다. 물론 부활과 연잇는 승귀를 다 포함하는 개념도 충분히 가능하다.

그렇다면 아들을 낳은 여인은 이스라엘이다. 또는 구약의 교회라 할 수 있다. 오스본은 여인을 하나님의 전체 백성인 교회로 보고 있지만(Osborne, 2002: 463),[13] 17절에서 '여인의 남은 자들(후손)'이 사실상 그리스도의 교회라는 점에서 여인을 이스라엘(구약)로 보는 것이 낫다.

6절 (여인의 피신 1차) 용의 위협을 느낀 여인은 광야로 피신한다(6절). 여인의 기원은 본래 하늘이었지만(1절) 지금은 땅인 광야에 있다(6절). 여인의 출산도 땅에서 이뤄진 사실을 기억하자. 피신의 때는 여인에게서 난 아이(예수 그리스도)가 이미 승천한 후다(5절). 하나님께서 여인을 위하여 광야를 장소로 예비해 두셨다. 광야가 피신의 장소인 때가 많다. 하갈이 사래(사라)를 피해 광야로 피신한 적이 있다(창 16:6-8). 이집트에서 피신한 모세도 광야에서 하나님을 뵈었다(출 3:1-6). 출애굽 이후 이스라엘은 광야에서 하나님을 섬겼다(출 7:16). 그들은 광야에서 40년을 지냈다(신 8:2; 29:5). 엘리야도 아합왕과 이세벨을 피하여 광야에서 머물렀다(왕상 19:1-8). 예수 그리스도께서 공생애를 시작하기 전에 광야에서 40일을 거하셨다(마 4:1-11; 막 1:12-13; 눅 4:1-13). 예수께서는 그때가 준비의 기간이었다. 광야는 소외된 지역이라 더욱 하나님의 도움의 손을 필요로 한다. 여인에게 광야는 하나님의 예비된 처소다. 하나님께서는 그곳에서 여인을 돌보셨다.

---

13. Ladd는 사 66:7(참고, 사 26:17; 미 4:10)에 근거하여 이 여인이 이상적인 시온(ideal Zion)으로서 하나님의 백성의 천상의 대표(heavenly representative)라고 보기도 한다(Ladd, 1972: 167). 그리스도와 지상 교회의 모체라는 것이다.

여인이 피신한 광야가 어디일까는 이 사건이 가리키는 것이 무엇인가에 달려 있다. 어떻게 여인은 용을 피해 광야로 갔을까? 왜 용은 남아 있는 여인을 계속 핍박하려 하는가? 여인은 용을 피해 하나님께서 예비하신 어떤 광야로 갔다. 중요한 것은 이를 통해 용의 예봉(창이나 칼 따위의 날카로운 끝)이 꺾이고 여인은 더 이상 용의 표적이 되지 않게 된 것이다.

여인의 피신 기간 천이백육십 일은 3년 6개월이다. 3년 6개월은 7년의 반이다. 7년은 하나님께서 정하신 어떤 기간(한정적이면서 충분한 기간)을 가리킬 것이다. 완전수 7인 7년의 기간은 하나님께서 정하신 특정한 기간 전부를 가리킨다. 3년 반은 특정 기간의 반이다. 7년이 특정한 한정 기간의 전체이기 때문에 그 반이 되는 3년 반은 7년의 전반부 또는 후반부가 된다. 앞의 3년 반과 뒤의 3년 반이 반드시 시간적 양이 같을 필요는 없다. 12장에서 처음으로 등장한 6절의 천이백육십 일(3년 반)은 12장의 7년 가운데 앞의 3년 반이다. 뒤의 3년 반은 14절에 나온다.

전 3년 반의 여인의 피신(6절)이 그리스도의 부활과 승천 이후에 일어난 점에 비춰볼 때, 전 3년 반은 후 3년 반의 두 번째 피신(14절)이 있기 전의 모든 기간을 통틀어 말하는 것일 가능성이 있다. 이렇게 보는 견해는 전 3년 반과 하늘의 전쟁이 일어나는 기간(7-12절)을 겹치게 보는 것이다. 또 하나의 견해는 하늘의 전쟁 기간을 따로 떼어내 전 3년 반과 겹치게 보지 않고 그 이후로 보는 경우다. 이 경우는 전 3년 반, 그다음 하늘 전쟁 기간, 그리고 후 3년 반으로 나누어 보는 것이다.

둘 가운데 어떤 것으로 보든, 피신한 여인이 이스라엘(유대인들)을 가리키는 것이라고 볼 때, 종말의 3년 반, 즉 짐승의 시대(13장)가 있기 전에도 이스라엘이 하나님에 의해 보호된다는 의미일 것이다. 비록 이스라엘은 제2차 로마-유대 전쟁(132-135년) 이후 세계적으로 흩어졌으나 유대 민족은 세계 속에 퍼져 보존되었고, 또 1948년 팔레스타인에 이스라엘이 재건

된 후에는 더욱 보존된 상태이며, 그리고 이후에도 유대 민족이 계속 보존될 것을 뜻하는 것일 수 있다.

해설

어린 양은 일곱 뿔을 가지고 있는 반면(5:6), 용과 첫째 짐승은 열 뿔을 가지고 있다(12:3; 13:1, 12; 17:3, 7, 12, 16). 그렇다면 열 뿔을 가진 용과 짐승이 일곱 뿔을 가진 어린 양을 이길 것인가?

이에 관하여 고려할 것들이 있다. 첫째, 용과 짐승은 뿔의 숫자로는 어린 양을 이길 수 있는 것처럼 보인다. 열이 일곱보다 많기 때문이다. 외적으로는 용과 짐승이 더 힘이 있는 것처럼 비칠 수 있다. 둘째, 일곱(3 + 4 = 7)은 완전수다. 열도 완전수라 할 수 있지만 열(10)에는 완전의 의미보다는 '많다'는 의미가 클 것이다.[14] 완전수로는 구약에서 '일곱' 다음으로 '열둘'을 택한다. 셋째, 외적 숫자 보다 내면적 능력의 차이가 중요하다. 많다고 이길 수 있는 것이 아니다. 실제로 어린 양은 용과 짐승을 이기신다. 그들을 결국 패배시키신다(17:14; 19:20; 20:1-3, 7-10).

그런데 12장의 용의 등장과 그에 대한 묘사에는 다음과 같은 의미가 있다. 첫째, 12장에서 사탄이 '용'이라는 이름으로 계시록에 처음 등장한다. 용은 12장(3, 4, 7, 9, 13, 16, 17절)과 13장(4, 11절), 그리고 16장(13절)과 20장(2절)에 등장하게 된다. 12장 이전에는 '용'이라는 이름으로 나오지 않는다(참고, '사탄', 2:24; 3:9; 12:9; 20:2, 7; '마귀', 2:10; 12:9, 12; 20:2; 10). 마

14. 노아 홍수의 물이 빠지는 데 소요된 기간은 '열' 달이다(창 8:5). 라반은 야곱의 품삯을 '열' 번 바꾸었다(창 31:41). 이 표현들은 그만큼 '많다'는 뜻을 내포하고 있을 것이다. 십일조도 하나님께서 주신 (많은) 것 가운데 일부를 떼어 드리는 의미가 있을 것이다.

귀(사탄)를 '용'이라는 이름으로 거명한 경우도 신약에서 이곳이 유일하다.

둘째, 처음 등장한 용의 묘사는 그리스도의 묘사 부분(1:13-16)과 비교된다. 1장이 그리스도의 첫 묘사 장면이다. 그리스도에 대한 묘사는 5:5-6(어린 양), 14:14-16(인자 같은 분)에 조금씩 나타나다가, 계시록의 절정(climax) 부분이라 할 수 있는 19:11-16(그리스도의 재림)에서 그리스도에 대한 긴 분량의 묘사가 나타난다. 반면에 용은 12:3-4, 9와 20:2, 10 등에 나타난다. 물론 13:1-3, 11-14; 17:7-13 등의 짐승에 대한 묘사도 이 부류에 넣어야 할 것 같다. 그리스도와 적대 세력(용으로 대표되는)의 묘사는 이렇게 계시록의 중요한 대조적 묘사라 할 수 있다.

셋째, 용의 묘사(3-4절)는 그 앞의 여인의 묘사(1-2절)와도 대조된다. 각각 2절 분량의 대조는 이 둘(용과 여인)의 역량을 비슷하게 놓고 서로 대조하기 위한 것처럼 보인다(1-4절의 평행 구조를 보라). 여인이 비록 용의 위협에 도피한다 해도, 여인은 용만큼이나 중요한 존재로 부각된다.

B. 요한계시록 12:7-12 (하늘의 전쟁)

용 집단과 미가엘 집단의 하늘의 전쟁을 다루고 있는 이 단락은 다섯 부분으로 나뉜다. 첫 부분(7-8절)과 마지막 부분(11-12절)은 누가 승리하고 누가 패배하였는지에 초점을 둔다. 둘째 부분(9절)과 넷째 부분(10b절)은 용과 그의 집단이 쫓겨났음을 부각한다. 가운데 부분(10a절)에는 하나님을 찬양하는 음성이 나온다.

a. 용 집단과 미가엘 집단의 싸움: 이기지 못했고 하늘의 자리도 찾지 못했다(7-8절).

b. 용 집단이 내쫓겼다(9절).

x. 하늘의 큰 음성: 하나님의 구원, 능력, 나라; 그리스도의 권세(10a절)

b′. 고소하는 자가 내쫓겼다(10b절).

a′. 어린 양의 피와 증언으로 그를 이겼다. 하늘의 기쁨과 땅과 바다의 화 (11-12절).

번역

7 하늘에 전쟁이 일어났다. 미가엘과 그의 천사들이 용과 싸울 때, 용도 그의 천사(부하)들과 싸웠다. **8** 그들은 이기지 못하였고 하늘에서 더 이상 그들의 장소도 찾지 못하였다. **9** 마귀와 사탄으로 불리는 자이고 온 세상을 속이는 자인 옛 뱀 큰 용은 땅으로 내쫓겼다. 그의 천사(부하)들도 그와 함께 내쫓겼다. **10** 그리고 나는 하늘에서 나서 말하는 큰 음성을 들었다. "이제 우리 하나님의 구원과 능력과 나라, 그리고 그의 그리스도의 권세가 이뤄졌다. 우리 형제들을 참소하는 자, 즉 우리 하나님 앞에서 밤낮으로 참소하는 자가 내쫓겼기 때문이다. **11** 그들(형제들)이 어린 양의 피와 그들이 증언하는 말로 그를 이겼다. 그들은 죽음에 이르기까지 자신들의 목숨을 사랑하지 않았다. **12** 그러므로 하늘과 그 안에 거하는 자들아, 기뻐하라. 땅과 바다에 화로다. 큰 분노를 지닌 마귀가 시간이 적다는 것을 알고 너희에게 내려갔기 때문이다."

주해

7-8절 (하늘의 전쟁: 용 집단과 미가엘 집단의 전쟁) 하늘에 전쟁이 일어났다(7절). 하늘의 전쟁은 용과 여인의 땅의 전쟁(1-6, 13-17절)과 구별된다. 12장 가운데 위치한 이 하늘의 전쟁은 언제 일어났는지는 나타나지 않지

만, 12장의 순서로 볼 때, 1-6절의 첫째 땅의 전쟁 이후로 보는 것이 타당한 것 같다. 최소한 그리스도의 승천 이후라고 할 수 있다. 그렇다면 하늘의 전쟁은 얼마만큼의 기간 동안에 일어나는 것일까? 그 기간을 정확히 알 수 없지만, 최소한 용과 여인의 제2차 전쟁(13절 이후)이 있기 전이라 할 수 있겠다.

미가엘과 그의 천사들이 용과 그의 천사들과 더불어 싸운다. 천사장 미가엘은 다니엘 10:13, 21; 12:1(또한 유 9)에 나온다. 다니엘 10:13에서 미가엘은 군주(천사 중 지도급 존재) 중 하나로, 12:1에는 큰 군주(שַׂר, 지도자, 군장)로 등장한다. 유다서(9절)에는 천사장(ἀρχάγγελος)으로 나타난다. 천사장 미가엘은 천상적 존재인 천사들로 구성된 천군을 지휘하고 이끄는 대표 천사들 가운데 하나일 것이다. 미가엘과 그의 천사들은 용과 그의 부하들(문자적으로 '천사들')과 전쟁한다.

선한 천사들과 타락한 천사들의 싸움의 결과는 분명하다(8절). 이 전쟁에서 용과 그 부하들이 패배한다('이기지 못하였다'). 그 결과 그들은 더 이상 하늘에 있을 수 없게 되었다. 하늘의 전쟁이 하늘의 영역에 대한 패권 싸움이었음을 보여주는 내용이다. 이 전쟁 이전에는 하늘의 영역에 함께 있을 수 있었지만, 이후에는 그럴 수 없게 된 것이다. 더 이상 하늘에서 그들의 자리를 찾을 수 없게 된다.

9절 (내쫓기는 마귀와 그의 부하들) 패배한 용과 그의 부하들이 하늘에서 쫓겨났다(9절).[15] 9절은 큰 용의 정체를 분명하게 알려 준다. 그는 옛 뱀

15. 용이 하늘에서 쫓겨난 사건이 그리스도의 죽음과 부활의 결과라고 이야기하는 것은 반만 맞은 것이다(참고, Caird, 153-5; Beale, 2010: 43). 그리스도의 승리가 용의 쫓겨남과 관련이 있다는 것은 맞으나, 그리스도의 승천 이후(5절)에 용이 쫓겨남(9절)이 있게 된다는 점에서 그리스도의 죽음과 부활 사건 자체가 용이 쫓겨나는 직접적 원인이 되지는 않는다. 용이 쫓겨난 일(9절)은 그리스도의 승천 이후에 일어난 것으로 보는 것이 자연스럽다. 그런데, Osborne은 눅 10:18("사탄이 하늘로부터 번개

(또는 고대의 뱀)이고 마귀로 불린다. 고대의 뱀은 창세기 3:1-15에 나오는 그 뱀이다(고후 11:3; 계 12:14-15; 20:2).[16] 그는 마귀로 불리는데, 마귀(Διάβολος)는 '고소', '비방'을 뜻하는 단어(διαβολή)에서 나온 단어다. 또 그는 사탄이라고 불린다. 사탄(שָׂטָן)은 '적대자'라는 의미의 단어다. 사탄은 히브리식 이름이고 마귀('디아볼로스')는 헬라식 이름이다. 특히 복음서에서 예수께서는 그를 가리켜 사탄이라 하셨다(마 4:10; 12:26; 16:23; 막 3:23, 26; 4:15; 8:33; 눅 10:18; 11:18; 13:16; 22:31; 요 13:27). 이를 따라 복음서 기자들도 그를 사탄이라 묘사하지만(막 1:13; 눅 22:3; 요 13:27), 이들은 대체로 마귀(디아볼로스)란 명칭을 더 자주 사용한다(마 4:1, 5, 8, 11; 눅 4:2-3, 6, 13; 요 13:2). 예수께서 마귀란 이름을 쓰신 경우는 다섯 번(마 13:39; 25:41; 눅 8:12; 요 6:70; 8:44)이다.

사탄은 결국 '세상을 속이는 자', 미혹하는 자다(요 8:44). 이것이 마귀의 속성이다. 마귀는 거짓으로 속이는 자다. 마귀가 땅으로 내쫓겼다. 그와 함께 그의 타락한 천사들도 쫓겨났다. 하늘의 영역에서 쫓겨난 이들은 이제 어디로 갈까?

만일 하늘의 전쟁이 여인이 (첫 번째) 피신한 3년 반의 때에 일어난 일이라면, 자연스럽게 이 전쟁에서 쫓겨날 때까지는 용과 그의 집단이 하늘에서 일정 부분의 분깃을 가지고 있을 것이라고 생각할 수 있다. 하늘에서 그들이 일정 부분의 권한을 갖고 있을 때 땅에서 그들은 어떤 권한을 가지고 어떤 역할을 하게 될까? 용이 '속이는 자'라는 사실을 기억하면, 이때 용과 그의 집단(부하 천사들)은 땅에서 많은 사람들을 미혹하는 일을 하게 될

같이 떨어지는 것을 내가 보았노라")에 근거해서 이 전쟁이 태초에 있던 것이라 추정한다(Osborne, 2002: 470-1). 그런데 계 12:10-11(10절의 '그리스도의 권세', 11절의 '어린 양의 피')과 이후의 맥락은 태초의 사건을 지칭하는 것 같지 않다.

16. Beale은 뱀이라는 심상이 헬라와 로마의 신화적 신들(아스클레피우스, 디오니수스, 제우스 등)과 관련이 있음을 지적한다(Beale, 1999: 656).

것이다.

이런 점은 왜 이 땅에서 거룩한 그리스도 교회가 때로 타락하는 일이 있고 또 종종 거짓된 이단들이 난립하게 되는지에 대한 설명의 단초가 될 수 있다. 또 왜 여전히 많은 이들이 복음을 거절하며 마음이 더 강퍅하게 되는지를 알려주는 실마리다. 하나님께서는 정해진 때가 될 때까지 악의 무리의 활동을 허락하셨다. 이러한 허락은 하나님의 정의에 반한 일이 아니다. 오히려 우주적 정의를 위한 일이다. 그 악에 마음을 뺏길지, 선에 마음을 쏟을지는 사람의 책임이다. 그 대가는 각자 지불한다.

10a절 (하늘의 음성: 하나님 나라와 그리스도의 권세) 요한은 다시 하늘에서 나는 큰 음성을 듣게 된다(10a절; 비교, 11:12, 15). 이 하늘의 큰 음성에 관하여 두 가지를 주목해야 한다. 첫째, 첫 번째 단어인 "이제"(지금, ἄρτι)는 예전과 현재를 가르는 말이다. 예전과 달리 지금은 이 일이 이뤄졌음을 알려주는 단어다. 그 내용은 하나님과 그리스도에 대한 것이다. 둘째, 우리 하나님의 구원과 능력과 나라, 그리고 그분(하나님)의 그리스도의 권세가 이뤄졌다는 선언이다. "우리 하나님의 구원과 능력과 나라, 그리고 그의 그리스도의 권세"로 번역할 수도 있고, "구원과 능력, 우리 하나님의 나라와 그의 그리스도의 권세"로 번역할 수도 있다. 전자는 하나님께 '구원과 능력과 나라'를 돌리고 그리스도에게는 '권세'를 돌리는 경우이다. 후자는 '구원과 능력'이 먼저 제시되고, 그 구원과 능력이 '하나님의 나라와 그리스도의 권세'와 관련이 있음을 말하는 것이다. 중요한 것은 이제 구원과 능력, 그의 나라와 권세가 "이뤄졌다"(되었다, ἐγένετο)는 것이다. 본격적이고 실제적인 하나님과 그리스도의 통치가 이뤄질 것을 강조한다. 이 하늘의 큰 음성(10a절)은 7-12절의 중심(x)에 위치한다.

하나님의 나라와 그리스도의 권세 선언이 일어나는 시점이 중요할 수 있다. 마귀의 쫓겨남(9절)의 반복적 강조 뒤에 이 선언이 나왔다. 하늘의 전쟁 이후 하늘에서 마귀가 쫓겨나는 일이 언제 일어나는지와 관련이 있을 것이다. 여인이 두 번째 피하게 되는 후 3년 반(14절) 직전에 마귀의 쫓겨남과 함께 하나님 나라, 그리스도 권세 선언이 나온 것이다. “이제”(10절)는 때가 되었다는 뜻이다. 더 이상 기다리지 않는다는 뜻일 것이다. 그래서 진노의 일곱 대접을 붓는 일들이 나타나게 될 것이다. 일곱째 나팔로 일곱 대접을 견인하고 있는 본문인 11:15의 선언(찬양)과 비슷한 점은 이런 점이라 할 수 있다. 이 둘은 사실상 같은 선언이라 할 수 있는데, 뒤에 이어지는 일곱 대접 재앙(15-16장)과 관련이 깊을 것이다.

10b절 (마귀의 쫓겨남) 또한 마귀가 내쫓겼기 때문에 하나님의 구원과 능력과 나라와 그리스도의 권세가 이뤄졌음을 선언한다(10b절). 마귀는 “참소(고소)하는 자”(ὁ κατηγορῶν), 즉 ‘송사하는 자’(accuser)다. 그가 본래 ‘비방자’임을 기억하자(9절). 마귀는 “우리 형제들”을 고소한다. 죄 있다고 고발하고 정죄한다. 마귀는 ‘우리’ 하나님 앞에서 밤낮으로 ‘우리’ 형제들을 고소하는 역할을 하고 있다. 하늘에서 난 음성이 “우리 형제들”이라고 표현한 것으로 보아, 음성의 주체는 하늘의 성도들일 것으로 추정된다. 선언의 주체가 천사들이라 하기 어렵다. 천사들이 성도들을 ‘형제들’이라 부른 예는 신약에서 찾을 수 없다. 계시록에서 천사가 ‘형제’라는 말을 직접 쓰는 용례인, 19:10(“네 형제들”)과 22:9(“네 형제”)은 요한에게 말하며 ‘네 형제’라는 용어를 쓰므로 천사들이 성도들을 “우리 형제들”이라고 부른 예가 될 수 없다. 10절과 11:15의 내용이 비슷하다는 점에서 11:15의 “큰 음성”의 주체와 12:10의 음성의 주체는 같을 수 있다. 이 음성의 주체는 이어 나오는(11:16), 구원된 인류를 대표하는 이십사 장로들일 수도 있다.

하늘의 음성은 마귀가 더 이상 하나님 앞에서 성도들을 고소하는 일을 하지 못할 것임을 선언한다. 하나님께서는 특정한 때가 될 때까지 마귀가 고소하는 일을 허락하신 것 같다. 예수 그리스도의 피 흘리심(1:5; 5:9;

7:14; 12:11)은 그를 믿고 따르는 모든 성도를 값없이 구원하시는 하나님의 은혜의 복음이 되며, 마귀의 온갖 고소를 무력화하고 폐기하게 하는 강력한 근거가 된다(사 50:9; 롬 8:1, 34, 37-39; 히 2:14). 그럼에도 불구하고 참소하는 자 마귀의 고소는 끊임없이 계속될 것이다(예, 욥 1:6-12; 2:1-7; 슥 3:1-2; 벧전 5:8; 유 1:9). 그러나 마귀의 권한이 끝없이 지속될 수 없다. 이제 고소하는 자 마귀는 쫓겨났고 하나님과 그리스도의 나라와 권세, 구원과 능력이 하늘에 더욱 강력히 드러나게 된다.

11절 (선한 집단의 승리) 11절의 두 가지 동사, (그를) "이겼다"(ἐνίκησαν)와 (자신들의 목숨을) "사랑하지 않았다"(οὐκ ἠγάπησαν)는 각각 그들의 승리 획득과 이를 위한 그들의 희생과 노력을 보여준다. 그런데 그(마귀)를 이긴 자들이 누구일까? 11절의 주어는 3인칭 복수 "그들"(αὐτοί)이다. 이 '그들'이 누굴까? 첫째, 11절이 만일 10b절의 '우리 형제들'에 대한 이야기라면 11절의 주어는 '우리 형제들'로 보는 것이 자연스럽다. 둘째, 그런데 앞에서 본 것처럼 7-12절이 교차 구조(a-b-x-b′-a′)를 가진 것이라면, 11절의 '그들'은 7-8절에서 용과 그의 집단과 싸운 미가엘과 그의 천사들일 수도 있다. 한편으로, 7-8절에서는 승리한 미가엘과 그 집단을, 11절에서는 승리한 형제들을 각기 묘사하면서 두 집단의 승리자들을 종합해서 보도록 하는 것일 수도 있다.

그런데 어린 양의 피와 그들이 증언하는 말로 마귀를 이길 이들은 누구일까? 형제들일까, 천사들일까? 어린 양 그리스도의 피와[17] 말씀으로 싸운 그들은 또한 죽음에 이르기까지 자신들의 목숨을 사랑하지 않았다고 했는데, 이렇게 할 수 있는 자들을 '우리 형제들'(10절)로 보는 것이 타당한 추론이다. 천사들이 자신들의 목숨을 사랑하지 않았다거나 그들이 죽임을 당

17. 어린 양의 피흘림에 대해서는 5:6, 8, 12-13; 6:1, 16; 7:9-10, 14, 17; 12:11; 13:8(11), 14:1, 4, 10; 15:3; 17:14; 19:7, 9; 21:9, 14, 22-23, 27; 22:1, 3에 연속된다.

한다는 맥락이 자연스럽지 않기 때문이다. 물론 "죽음에 이르기까지"는 꼭 죽는 것을 가리키는 것이 아닐 수 있고(예, 행 22:4; 계 2:10; 12:11) 목숨을 내걸고 최선을 다하는 것을 뜻한다면, 천사들을 배제하기 어려울 수 있다. 그렇지만 10-11절의 연속성을 고려할 때, '우리 형제들'인 성도들로 보는 것이 좀 더 자연스럽다.

11절의 내용이 '우리 형제들'(성도들)이 마귀와 그의 집단과 싸웠다는 뜻이라면, 결국 천사 집단과 성도 집단, 이 두 집단이 모두 용과 그의 집단과 싸운 것이다. 7-8절에서는 하늘의 전쟁에 참여한 자들이 미가엘과 그의 천사들이고 11절에서는 지상(땅)에서 싸운 형제들, 즉 성도들이다. 그렇다면 이 구절들은, 이 전쟁이 하늘과 땅의 영역에서 동시에 이뤄졌음을 알려준다. 이 전쟁의 결과 하늘에서는 미가엘 집단이 이겼고(7-8절) 또한 땅에서는 용의 고소를 받던 형제들이 이겼다(10절).

그러니까 이 전쟁은 하늘에서 일어났지만 지상의 성도들이 함께 싸운 영적 전쟁이다. 하늘에서 미가엘과 그의 천사들이 용과 그의 천사들과 싸운다면, 지상의 성도들(교회들)도 영적으로 이에 합세해 싸우고 있는 것이다. 하늘의 전쟁에서 용과 그의 천사들은 패배했고 미가엘을 비롯한 하늘의 천사들은 승리하였다. 목숨을 다해 영적 전쟁에 참여한 성도들도 사실상 큰 승리를 얻었다.[18] 용과 그의 천사들이 하늘에서 내쫓겼다. 이제 땅만이 그 전쟁의 중심 영역이 된다(12:9, 12).

12절 (기쁨과 화) 평행법의 짧은 축가와 애가를 담고 있는 부분(12a절)

---

18. 그러니까 11절의 '우리 형제들'은 하늘 전쟁의 때에 영적으로 순교를 각오하고 싸우던 성도들과 그래서 결국 죽음을 맞이한 순교자들을 가리키는 말일 수 있다. 이 구절은 13장의 짐승 시대가 있기 전의 순교적 상황과 연관될 수도 있고 13장의 짐승 시대의 핍박 상황을 예고하는 말씀일 수도 있다. 믿음으로 죽임을 당한 그들은 죽었으나 사실 이긴 것이다. 하늘 전쟁이라는 맥락에 다소 맞지 않는 듯한 11절은 13장에서 일어날 최대의 박해 기간을 예고하는 말씀일 수 있다.

이 나온다. 용과 그 집단의 패배는 하늘의 기쁨이 된다. 하늘은 용의 영향력이 더 이상 허용되지 않는 영역이다. 용은 하늘의 영역에서 완전히 패배하였다. 그래서 하늘과 그 안에 거하는 자들에게 "기뻐하라"(εὐφραίνεσθε)는 선언이 주어진다. '하늘 안에 거하는 자들'이란 하늘에 거주하는 성도들일 것이다. 이들은 하늘의 천사들도 포함할 수 있다. 용과 그 집단은 더 이상 하늘에 체재할 수 없다(8절). 더 이상 하늘은 전쟁터가 아니다.

a. 기뻐하라.

  b. 하늘과 그 안에 거하는 자들아

a′. 화가 있다.

  b′. 땅과 바다에

반면에 땅과 바다의 영역은 "화가 있다"(οὐαί, 12a절). 마귀가 땅과 바다에 내려갔기 때문이다(12b절). 하늘의 패배로 인해 하늘에 있을 수 없게 된 마귀는 땅과 바다의 영역으로 쫓겨났다("내려갔다", κατέβη). 그렇지만 '땅과 바다'를 늘 악의 영역으로 볼 필요(예, Osborne, 2002: 478)는 없다. 땅과 바다는 기본적으로 하늘과 대비되는 성격을 가지고 있는 것은 맞다(5:3; 10:2, 5-6, 8; 14:7; 21:1). 그런데 땅만 언급하지 않고 바다까지 언급한 이유는 13장(1, 11절)에 나오는 바다 짐승과 땅 짐승에 대한 예고적 성격을 가지기 때문일 것이다. 여기서는 땅과 바다가 하늘과 대조되는 영역을 뜻한다. 용이 땅과 바다를 장악했다는(장악하는 일이 허용된) 점은 13장의 배경이 된다.

이어서 12절은 마귀가 "큰 분노"를 가졌다고 말하고 있는데(12b절), 이것은 하늘의 전쟁에서 패배하였기 때문에 그 화를 퍼부을 대상을 땅과 바다의 영역에서 찾게 될 것임을 암시해준다. 또 마귀에게 시간(때)이 적다는 것은 그에게 허락된 기간이 얼마 남지 않았다는 뜻이다. 그에게 남은 시간은 3년 반일 것이다(12:14; 13:5). 짐승의 시대(13장)에서 아마겟돈 전쟁(19:11-16)까지의 기간이다. 마귀도 그것을 알고 있다. 하나님께서 마귀에게 한시적인 때를 허락하신 이유가 있을 것이다. 우리는 그것을 다 알 수는 없다. 우리가 아는 것은, 하나님의 섭리를 넘어 마귀가 할 수 있는 것은 없다는 사실이다.

해설

12:7-12에서 예수 그리스도와 그의 천사들이 출현하여 용과 그 집단과 싸우지 않고 미가엘과 그의 천사들이 대신 나와 용과 그 집단과 싸우는 이유는 무엇일까?

이것과 관련하여 두 가지 이유를 생각해 볼 수 있다. 첫째, 용과 그 집단과 싸우는 하늘의 전쟁에서 하나님의 아들인 그리스도는 그 급이 다르기 때문일 것이다.[19] 대표 천사 가운데 하나인 천사장급 미가엘과 그의 천사단이 싸움을 해도 충분할 것이기 때문이다. 용 자체가 본래 미가엘과 비슷한 급이었을 가능성이 있다. 하늘의 전쟁은 천사 집단의 싸움으로 충분한 것이다. 그리스도는 그를 따르는 형제들을 돌보는 일을 맡으실 것이다.

둘째, 그리스도께서 직접 싸움에 참전하시는 일은 19장의 아마겟돈 전쟁이다. 이 전쟁은 용과 두 짐승이 천하만국의 군대를 동원하여 하늘의 그리스도에 대항하여 싸우는 전쟁이다. 그리스도께서 그때의 전쟁에만 출현

---

19. Caird는 그리스도 대신에 마가엘이 등장하는 것은 그리스도께서 지상에서 십자가에 죽으시는 사역을 하고 계시기 때문으로 보았다. 따라서 하늘에서 미가엘이 그를 대신하여 싸우는 것으로 생각하였다(Caird, 153-4). 그러나 12장의 차서적 맥락을 존중한다면 이 전쟁은 그리스도의 승천 이후에 일어나는 것으로 보는 것이 자연스럽다.

하시는 신적 섭리와 이유가 있을 것이다. 모든 전쟁에 예수 그리스도께서 직접 참전(또는 출현)하시는 것은 아닌 것 같다. 하나님의 아들이신 그리스도께서 사탄과 직접 싸우실 때는 그의 전쟁을 통해 악의 세력을 사실상 끝장낼 필요가 있을 때다.

C. 요한계시록 12:13-17 (여인과 용의 전쟁 2차, 새 전쟁의 서곡)

13-17절은 두 부분으로 나뉜다. 하나는 용과 여인의 지속된 전쟁(2차, 13-16절)을 다루고 마지막 절은 새로운 전쟁에 대한 서곡(17절)이다.

여기서 여인의 연속된(2차) 투쟁을 담고 있는 13-16절은 평행법으로 구성된다. 용의 박해 부분(13절, a; 15절, a′)과 여인의 피신과 보호 부분(14절, b; 16절, b′)으로 하나씩 배열되어 있다.

a. 용이 아들을 해산한 여인을 핍박했다(13절).

  b. 여인에게 두 날개가 주어졌고 광야로 피했다(14절).

a′. 뱀이 물을 토해 그녀를 떠내려가게 하려 했다(15절).

  b′. 땅이 그녀를 도와 물을 삼켰다(16절).

번역

13 용이 (자신이) 땅으로 쫓겨난 것을 알았을 때, 아들을 해산한 여인을 핍박
하였다. **14** 그 여인에게 큰 독수리의 두 날개가 주어졌다. 한 때와 두 때와 반
때, 뱀의 낯을 (피하여) 돌봄을 받을 장소인 광야로 날아가기 위해서였다. **15**
그녀를 강물에 빠지게 하려고, 뱀은 그의 입에서 강물 같은 물을 여인의 뒤

에서 내뿜었다. **16** 땅이 여인을 도와 그 입을 열어, 용이 그의 입에서 내뿜은 강물을 삼켰다. **17** 용이 여인에 대해 분노하였다. 그리하여 하나님의 계명들을 지키고 있고 예수의 증언을 가지고 있는, 그녀의 자손의 남은 자들과 전쟁을 하려고 떠났다. 그리고 바다의 모래 위에 섰다.

주해

13절 (여인을 핍박하는 마귀) 용은 자신이 땅으로 내쫓긴 것을 알았다(13a절). 땅과 바다로 내려간 마귀(12절)가 자신이 땅으로 내쫓긴 사실을 알게 되었다는 뜻은 무엇일까? 땅으로 쫓겨난 것이 어떤 의미인지 자각하게 되었다는 뜻일 것이다. 이전에 주어졌던 하늘의 권한이 다 박탈되고 오직 땅에서의 제한된 권한을 행사할 수밖에 없게 되었다는 뜻이다. 그래서 땅의 권한이나마 최대한 활용하려 한다. 이것이 여인을 다시 핍박하게 된 배경이다(13b절). 또한 용이 여인을 뒤쫓는 이유는 하늘 전쟁의 패배 원인을 아들을 낳은 여인에게서 찾고자 했기 때문일 것이다. 그녀 때문이라 생각하고 그녀를 찾아 해치려 한다.

14절 (여인의 피신, 독수리 두 날개) 여인에게 큰 독수리의 두 날개가 주어졌다(14절). 구약에서는 하나님께서 이스라엘을 인도하신 것을 독수리의 날개로 보호하시고 이끄신 것으로 묘사한다(출 19:4; 신 32:11-12). "큰 독수리의 두 날개"라 한 것은 그만큼 여인이 위로부터 오는 도움을 크게 받았다는 것과 누구도 예상하지 못하게 갑작스러운 피신이 이뤄졌다는 뜻일 것이다. 여인은 '그녀의 장소' 즉 그녀를 위해 준비된 장소로 떠나 갔다. 그곳 광야는 하나님께서 예비하신 바로 그 광야(6절)일 것이다.

14절은 6절의 반복일까? 아니면 두 번째 사건일까? 단순 반복이라면 14절은 6절의 사건을 다시 진술하는 것이 된다. 따라서 6절과 14절은 같은 사건이 되는데, 그렇게 되면 7-12절의 하늘의 전쟁은 여인과의 전쟁 이전, 그리스도의 출생 이전이 될 수밖에 없다. 반면에 6절과 14절이 공통적인 소재는 있으나 본문의 흐름에 따라 전과 후의 사건으로 본다면, 여인과 용의 앞선(1차) 전쟁(1-6절), 그리고 이어진 하늘의 전쟁(7-12절)이 끝난 후, 그다음에 일어난 여인과 용의 후속(2차) 전쟁(13-17절)이 된다. 전자도 가능하지만, 후자로 보는 것이 맥락상 자연스럽다. 6절은 하늘에서 용이 쫓겨나기 전을 그리고 있다면, 13절에는 용이 이미 쫓겨난 것을 알았다는 점을 분명히 언급하고 있기 때문이다.

여인의 두 번의 피신(4b-6절과 14-16절)에 차이가 있다. 첫째, 4b-6절에서 용은 여인을 공격하지 못하는 반면, 14-16절에서는 용은 여인에게 직접 타격을 가하려 한다. 둘째, 4b-6절에서 용의 목적은 여인이 아이를 해산할 때 출생한 아이를 공격하려는 것이다. 반면에 14-16절에서는 용의 공격 대상은 철저히 여인이다. 그 이유는 자신이 하늘에서 내쫓겼기 때문이고 내쫓긴 이유가 여인의 아이와 관련이 있다고 보았기 때문일 것이다.

여인은 광야에서 뱀(용)의 낯을 피하여('얼굴로부터') 세 때 반(한 때와 두 때와 반 때) 그곳에서 보살핌(양육, 먹이는 일)을 받는다. 물론 하나님의 돌봄이다. 세 때 반은 3년 반(6절)의 다른 표현이다. 6절의 3년 반(여인의 첫 번째 피신 기간)과 14절의 3년 반(여인의 두 번째 피신 기간)이 합쳐지면 7년이라는 완성된 기간이 된다.[20]

15절 (뱀의 공격) 옛 뱀(용, 9절)은 여인을 공격한다(15절). 이 공격이 광야의 피신 기간(14절) 때에 일어난 것인지, 그 이전의 것인지 분명하지 않다. 12b-16절의 평행법은 용인 뱀의 공격(15절)이 용의 핍박(13절)과 연관이 있음을 알려주는데, 그 공격은 용이 여인을 핍박하려 할 때에 있었을 가

20. 뒤의 3년 반은 짐승의 시대인 13장의 배경(13:5)이 된다.

능성이 높다. 15-16절은 14절의 내용을 보완하는 평행법 구성(ab-a′b′)에서 앞부분(ab)의 대응 부분(a′b′)이다.[21] 용어가 마귀-용(12-13절); 뱀(14절); 뱀(15절); 용(16절), 이런 순서로 쓰인 것이 흥미롭다. 혹, 이 공격은 이미 광야에 있는(피신한) 여인을 향한 공격일 수도 있다. 그렇다면 결국 광야에 있는 여인을 조금도 건드릴 수 없다는 사실을 마침내 깨닫게 된 사건이 된다.

15절의 공격이 언제 있었는지는 다소 불분명하지만, 용이 여인을 해치기 위해 애를 쓴 것은 분명하다. 뱀이 그의 입에서 강의 물같이 많은 물을 내뿜어 여인을 그 많은 물에 빠뜨려서, 휩쓸려 떠내려가게 하려 한다(참고, 삼하 22:5; 시 32:6; 69:1-2; 124:4-5; 144:7). 강물 같은 물을 내뿜어 여인을 떠내려가게 하는 일이 무엇일지는 분명하게 알려지지 않지만 뱀이 한 번의 거대한 시도로 여인을 완벽히 제거하려 한다는 점은 이해할 수 있다. 여인을 일거에 없애려는 야심찬 시도가 될 것이다. 용은 여인을 해치기 위해 갖은 노력을 다한다. 여인을 공격하는 일에 최대한의 힘을 쏟는 이유는 배후에 계시는 하나님과 그 아들을 직접 대적할 수 없기 때문이다. 에덴 동산에서 한 여인을 꾀어 하나님과 아담을 대적했던 뱀의 방식은 이번에는 그리스도를 낳은 여인을 공격하는 것으로 나타난다.

16절 (땅의 도움) 용의 공격은 결국 성공하지 못한다. 땅이 입을 열어 여인을 도왔다(16절). 땅과 바다는 마귀가 활동하는 영역이 되었지만(12절), 용이 땅을 완전히 제어할 수는 없다(16절). 도리어 땅이 여인을 도와 여인이 해를 당하지 않게 한다. 땅이 입을 열어 용이 내뿜은 강물을 삼켰다. 땅이 넘치는 강물을 흡수해 마르게 한 것이다(참고, 수 2:10; 4:23; 시 74:15;

21. 평행법 구성에서 후반부(15-16절, a′b′)가 전반부(14절, ab)의 보완적 역할을 할 수 있다는 점을 이해하지 못하면, Aune처럼 이 부분이 연대적 모순을 가진다고 생각하거나 광야의 피신(14절)이 끝나고 강물 사건(15-16절)이 일어난 것이라고 단정하기 쉽다(Aune, 1998a: 664). 물론 순차적으로 보면, 14절에서는 여인에게 두 날개가 주어졌을 뿐 아직 피신한 것은 아니라고 볼 여지도 있다.

사 42:15; 44:27; 50:2; 슥 10:11). 땅의 역설이다. 하늘의 전쟁 이후, 땅은 바다와 함께 쫓겨난 사탄의 영역이 되었지만(12:9, 12-13), 놀랍게도 이렇게 여인을 돕게 된다. 여인을 구하는 데 결정적인 역할을 한다. 용이 땅을 완전히 통제하지 못한다는 점이 드러난 것이다.

마귀는 여인을 핍박하였고(12-13절) 그 입의 물로 공격하였다(15절). 그러나 여인은 광야로 피신하였고(14절) 또한 땅이 여인을 도와 해를 입지 않았다(16절). 용은 여인을 해치려 하였으나 해칠 수 없게 되고 그의 공격은 모두 수포로 돌아갔다. 결국 여인은 용의 핍박을 피해 안전하게 피신한다. 용은 여인을 더 이상 직접 공격하지 못한다.

17절 (용의 분노, 새로운 전쟁의 서곡) 여인에 대한 핍박과 공격이 성공하지 못하고 연달아 실패하자, 용은 광분한다(17절). 여인에 대한 핍박은 본래 하늘 권세에 대한 도전이다. 하늘의 전쟁에서 패한 용이 땅의 전쟁에서라도 승리를 취하려 한 것이다. 예전 하늘과 땅의 영역에서 일정 부분 권한을 누렸던 마귀가 하늘의 영역을 잃어버리자, 이에 대한 보전(補塡)적 의미에서 땅의 권한을 확대하려는 전쟁이라 할 수 있다.

계속되는 전쟁의 실패는 용이 또 다른 대상에게 눈을 돌리는 계기가 된다. 이제는 여인이 아니라 여인의 후손들이다(17절). 요한은 이들이 "하나님의 계명들을 지키고 있고 예수의 증언을 가지고 있는, 그녀의 씨(자손)의 남은 자들"이라고 말해준다. 세 가지 특징이 나타난다. 첫째, 이들은 여인이 아니라, 여인의 자손이다. 여인과는 구별되는 부분이다. 둘째, 이들은 하나님의 계명들을 지킨다. 하나님의 계명을 지키는 자들이 누구겠는가? 그들은 성도들(14:12)이다(Ladd, 1992: 174-5). 1:3; 22:7, 9에서 '지키는 것'을 강조한 것에 주목하자. 셋째, 이들은 예수의 증언을 가지고 있다. '하나님의 계명과 예수의 증거'는 때로 '하나님의 말씀과 예수의 증거(증언)'(1:2, 9; 6:9; 20:4)로 나타난다. 이들은 다 그리스도인들을 가리킨다. 이들이 '남은 자들'로 강조되는 이유는 그들이 재앙에서 남은 자들임을 가리키는 것일 수도 있으나(예, 9:20), 그보다는 여인의 후손들 가운데 '또 다른 자들'을 가리키려는 이유 때문으로 보는 것이 자연스럽다.

이 세 가지를 충족할 수 있는 이들은 신약의 교회, 성도들이다(1:2, 3; 3:8, 10; 6:9; 14:12; 22:7, 9). 이들은 여인이 아니라, 그녀의 후손(들)인 것이 맞다. 그렇다면 여인을 신구약 교회라 말하는 것(예, Osborne, 2002: 457)은 부정확한 것이다. 여인은 구약의 교회, 이스라엘(또는 그 이후의 유대인들)이라 할 수 있겠다.[22] 여인은 예수 그리스도를 낳았고 용과 대립하였다. 그러나 결국 피하게 되었고 여인의 후손 가운데 그리스도를 따르는 교회와 그 성도들이 용의 공격 대상이 된 것이다. 용은 공격의 대상을 여인에게서 여인의 후손(교회)으로 바꾼 것이다.

그리스도의 교회만이 하나님의 계명을 지키며 예수의 증거를 가지고 있다. 하나님의 말씀(계명)을 그대로 지키려 하는 교회, 또 어떤 환경 속에서도 생명의 주 예수 그리스도를 증언하는 교회는 요한계시록에 나타난 참된 교회의 모습이다. 하나님의 말씀을 지키려 하지 않거나 그리스도를 세상에 증언하지 못하는 교회는 그리스도의 교회가 아니다.

여인을 해칠 수 없어 분노가 머리 끝까지 치밀어 오른 용은 그녀의 후손(교회)과 전쟁을 하려고 나섰다. "떠났다"(ἀπῆλθεν)는 여인과의 싸움의 현장에서 떠났다는 뜻이다(개역개정은 "돌아가서").

---

22. Beale은 여인이 천상적 교회 전체이고 여인의 후손은 지상적 교회 전체라 규정한다. 여인을 교회로 보는 관점을 지속하기 위해서다(Beale, 1999: 677). 문제는, 여인을 천상적 교회의 전체로 보는 것은 용이 여인을 공격하려 했던 사실(4, 13, 15절)에 대해 해석적 혼란을 야기할 수 있다는 것이다. 한편, 여인을 이스라엘로 보는 R. Thomas는 여인의 "씨의 남은 자들"을 144,000명이라 생각한다(R. Thomas, 1995: 142). 그러나 이들을 13장에서 짐승에게 죽임을 당하는 대상으로 보기는 어렵다. 본문에 거론된 바도 없다.

일부 번역성경(NA, NLT)은 다음 부분(17b절 내용)을 18절로 처리한다. 반면에 13장에 붙여 놓는 경우(ESV, NAS, NIV)도 있다. 용은 이제 바다 모래 위에 선다. 그곳에서 여인의 남은 후손과 싸우려 한다. 바다는 하늘의 전쟁에서 패한 마귀가 내려간 두 곳(땅과 바다, 12절), 즉 마귀가 권한을 행사하는 영역 가운데 한 곳이다. 이 부분이 13장의 배경이 되는데, 첫 번째 짐승(바다 짐승)이 바로 이 바다에서 올라온다(13:1). "모래"(ἄμμος)는 계시록에서 단 두 차례(12:17[18]; 20:8)만 사용된다. 두 군데 모두 용과 관련된 부정적인 맥락에서 사용되고 있는 점이 주목된다. 20:8에는 천년 나라가 마칠 때 풀려난 용(사탄)이 곡과 마곡을 미혹하여 그리스도의 집단과 전쟁을 벌인다. 그들의 수가 "바다의 모래" 같다고 하였다. 놀랍게도 두 군데 모두 '바다의 모래'라는 표현을 한다는 점에서, 두 부분 사이에는 상당한 연관성이 있을 수 있다. 그런 맥락에서 12:17(18)의 '바다의 모래'는 용이 통제하는 수많은 이들을 가리키는 의미일 수 있다.

해설

11-13장에는 천이백육십 일(11:3; 12:6), 마흔두 달(11:2; 13:5)이라는 3년 반에 해당되는 표현이 등장한다. "한 때와 두 때와 반 때"(12:14)도 3년 반을 의미한다. 3년 반은 7년의 반이다. 11장에 2회, 12장에 2회, 13장에 1회 나타난다. 이들 3년 반의 기간은 서로 어떤 관계에 있을까? 그리고 그때가 언제라고 보는 것이 좋을까?

첫째, 3년 반은 7년(충족한 기간)의 반이라는 점을 생각해 보자. 그러면 7년은 어떤 기간을 의미하는 것인지를 파악할 필요가 있고, 또 각 3년 반이 7년의 전반부인지, 후반부인지를 이해하는 것이 중요할 수 있다. 한 가지 더 생각할 것은 7년이라고 늘 같은 기간을 가리키는 것인지의 여부다. 7년이 고정된 것이라면 전반부 3년 반과 후반부 3년 반도 고정된 것이 된다. 반면에 7년이 가리키는 것이 고정된 의미가 아니라면 전반부 3년 반이라고 다 같은 것으로 볼 필요는 없게 된다.

둘째, 그런데 왜 3년 반(그것이 천이백육십 일이든, 마흔두 달이든)이 11-13장에만 나오는가 하는 것이다. 3년 반 출현의 기원은 구약의 다니엘서다. 특히 다니엘 7:25과 12:7, 11-12에 나온다. 종말의 때, 특히 짐승의 때로 보이는 기간이다. 그때는 짐승이 하나님을 대적하며 성도를 괴롭히고 세상을 통제하는 기간이고(단 7:25), 마침내 성도의 권세가 깨지게 되고(또는 성도의 권세를 깨는 일이 끝나고), 그리고 모든 일이 다 끝나는 때다(단 12:7). 종말을 가리키는 표현이다. 천이백구십 일(단 12:11)이나 천삼백삼십오 일(단 12:12)은 3년 반인 천이백육십 일을 살짝 웃도는 기간(30일과 75일)으로 이는 성도의 인내를 좀 더 요구하는 의미로 이해된다(단 12:12). 3년 반은 다니엘의 기록 이후에 계시록 11-13장에서 등장한다. 다니엘의 3년 반의 초점은 짐승이 세상을 장악하고 하나님을 대적하며 성도들을 핍박하는 짐승의 시대가 마지막 때에 있을 것을 예고한 것이다. 계시록에는 어떻게 나타나는가?

셋째, 11:1-13의 두 증인 에피소드에 3년 반은 2차례 나온다(11:2, 3). 한 번은 마흔두 달(11:2), 또 한 번은 천이백육십 일(11:3)이다. 이방인들이 거룩한 성을 짓밟게 될 마흔두 달(11:2)과 두 증인이 증언하게 될 천이백육십 일(11:3)은 (1) 각기 전후 3년 반으로 보거나, (2) 둘이 같은 기간(전 3년 반)을 가리키는 것이거나, (3) 또는 전후를 바꿔 보거나(후 3년 반, 전 3년 반) 해야 한다.

일단 두 증인의 증언 기간을 전 3년 반으로 보는 것이 타당한 것은 무저갱 짐승의 출현과 두 증인의 죽음 이후 3일 반이 지나 부활과 승천이 있고(11:9, 11) 또 큰 지진, 성의 1/10의 무너짐, 칠천 명의 죽음, 사람들의 회심 등의 사건(11:12-13)의 시간대가 연속되기 때문이다. 그때부터의 기간이 후 3년 반에 포함된다.

두 증인의 증언 기간인 11:3의 3년 반(천이백육십 일)이 전 3년 반이므로 11:2의 3년 반(마흔두 달)은 같은 전 3년 반이거나, 후 3년 반을 가리키는 것으로 보아야 할 것이다. 같은 기간으로 볼 수 있는 것은 거룩한 성이 이방인에게 짓밟히는 것 때문에 두 증인이 베옷을 입고 증언하는 것일 수 있기 때문이다. 그러나 한편, 1-2절과 13절(후 3년 반의 시작)이 교차 구조상 병행되는 점과 무저갱 짐승의 때가 사실상 거룩한 성이 짓밟히는 기간이라 생각할 수 있다는 점 때문에 2절은 후 3년 반, 3절이 전 3년 반으로 볼 여지가 있게 된다. 두 가지 해석이 모두 가능한 부분이다.

넷째, 12장에는 여인의 피신이 두 차례 나온다. 첫 번째 피신은 천이백육십 일(12:6)이고 두 번째 피신은 한 때와 두 때와 반 때(12:14)다. 둘 다 3년 반을 가리킨다. 두 기간을 합하면 7년이 된다. 여인의 피신 기간을 모두 7년으로 잡은 것이다. 문제는 하늘의 전쟁이 일어나는 때(12:7-12)가 언제냐는 것이다. 전 3년 반인가(12:6), 또는 전 3년 반과 후 3년 반(12:14)의 사이인가 하는 것이다. 전 3년 반과 하늘의 전쟁 시기가 같은 때라면 전 3년 반을 이천 년이 넘은 기간(교회 시대)으로 볼 수 있다. 전 3년 반은 그리스도의 승천(12:5)부터 시작하여 지금도 계속되고 있는 기간이고, 반면에 후 3년 반은 마지막 때(짐승의 시대, 13장)를 가리키는 것으로 보는 것이다. 전 3년 반이 지나치게 길어지는 것의 문제를 차치하면 가능한 생각일 수 있다.

또 하나의 견해는 전 3년 반(첫째 피신)과 후 3년 반(둘째 피신)은 짧게 보고, 그 사이에 있는 하늘의 전쟁을 길게 보는 것이다. 이럴 때는 전 3년 반과 후 3년 반을 연속된 7년으로 보지 않고 서로 떨어진 것으로 보고, 여인의 두 차례 피신 기간을 모두 합쳐 7년으로 보는 것이다. 이렇게 보면, 앞의 견해처럼 전 3년 반을 지나치게 길게 봐야 하는 문제를 해결할 수 있다.

다섯째, 13장의 마흔두 달(13:5)은 짐승이 주도하는 기간을 가리킨다. 이 기간을 마지막(후) 3년 반이라 볼 수 있는 것은 그 이후에 3년 반이라는 기간이 나오지 않기 때문이다. 또한 이 기간은 다니엘 7:25과 12:7, 11-12에 나오는 마지막 때, 즉 성도가 고난을 겪는 짐승의 시대와 정확히 일치한다.[23] 하나님을 대적하고(단 7:25; 계 13:5-6) 성도들을 핍박하며(단 7:25; 12:7, 11; 계 13:7-10) 세상을 지배하고 통제한다(단 7:25; 계 13:4, 7, 15-17). 그때 다니엘의 예언이 정확히 반영된다.

여섯째, 11장과 13장의 3년 반의 조화는 충분히 가능하다. 두 증인의 증언 기간 3년 반이 전 3년 반이고 이들이 죽은 이후 진행된 기간(3일 반 포함)이 후 3년 반이라 보면 된다. 무저갱에서 올라온 짐승(11:7)이 주도하는 기간이기 때문이다. 11장의 무저갱 짐승은 13장의 바다 짐승을 가리킨다(17:8).

일곱째, 문제는 11:3과 12:6의 관계다. 두 증인 시대인 전 3년 반(두 증인 시대, 11:3)과 12장의 여인의 첫 번째 피신 기간(12:6)이 같은 것이냐, 아니면 같지 않은 것이냐의 문제이다. 두 기간을 같은 것으로 보려 한다면, 12장의 첫 피신 3년 반을 하늘의 전쟁이 포함된 긴 기간(그리스도 승천 때부터 짐승의 시대 직전까지)으로 보아야 한다. 동시에 11장의 두 증인의 증언 기간 또한 그같이 긴 기간으로 보아야 가능하다. 증언 기간을 길게 본다는 것은 두 증인이 인격체가 아니라, 그리스도의 교회를 가리키는 것이고 전 3년 반을 교회 시대로 본다는 뜻이다(이 경우의 문제에 대해서는 11:3-12의 해설을 참고하라).

---

23. 흥미롭게도 요한은 여인의 두 번째 피신 기간인 후 3년 반을 가리킬 때, 다니엘서의 3년 반 표현을 공유한다("한 때, 두 때, 반 때", LXX 단 7:25; 12:7). 이는 계시록 12:14의 "한 때 두 때와 반 때"가 다니엘서와 관련된 3년 반임을 암시하는 중요한 단서일 수도 있다.

만일 두 기간을 다른 것으로 본다면 12장의 첫 피신 3년 반(그리스도 승천 후 3년 반)과 하늘의 전쟁 기간(전 3년 반과 무관한 긴 기간)을 구분해 보게 된다. 반면에 11장의 두 증인의 증언 시기는 이와 달리, 종말의 때 전 3년 반으로 볼 수 있다. 11장과 12장의 3년 반이 같은 전 3년 반의 틀에 맞지 않는다고 본다. 다시 말해, 11장의 두 증인의 시기(11:3)는 종말의 전 3년 반이고 12장의 것(12:6)은 그리스도 승천 직후의 특정한 때인 3년 반을 가리키는 것으로 이해한다.

여덟째, 사실상 초점은 후 3년 반에 있다. 특히 11장(두 증인이 죽은 후 3일 반과 그 이후, 11:9-13)과 13장(짐승의 시대, 5절)은 이 점이 같다. 둘 다 후 3년 반을 가리킨다. 다니엘 7:25과 12:7, 11-12의 3년 반도 이와 같은 후 3년 반의 범주에 포함된다. 다니엘서에는 전 3년 반이나 전체 7년이라는 언급 자체가 없다. 계시록에도 7년이라는 말이 특정된 바 없다. 3년 반(천이백육십 일, 마흔두 달, 한 때와 두 때와 반 때)의 특성만이 반복된다. 어디에서도 7년이 초점이 아니다.

11:3의 3년 반은 다니엘 7장의 3년 반이 아니다. 그 전인 전 3년 반이다. 12:6의 3년 반도 그 3년 반이 아니다. 훨씬 이전인 그리스도 승천 후의 3년 반이다.[24] 그러나 12:14의 두 번째 피신 기간인 3년 반은 짐승 시대인 13:5의 바로 그 3년 반과 같다. 역시 다니엘서의 3년 반과 정확히 일치한다.

아홉째, 요약하면, 두 증인 증언 기간(11:3)과 여인의 첫째 피신 기간(12:6)을 같은 3년 반으로 보는 견해와 둘을 서로 다른 견해로 보는 견해 가운데 하나를 선택해야 한다. 이와 관련하여 다음과 같이 검토할 수 있다.

(1) 같다고 보면 이 기간을 그리스도 승천 이후의 교회 시대로 보는 것이 된다. 장점은 11:3과 12:6의 조화가 가능하다는 점이다. 전 3년 반은 교

24. 12:6의 전 3년 반은 12:14의 후 3년 반과 상응된다. 두 기간 모두 여인의 피신과 보존이 부각되는 기간들이다.

회 시대(긴 기간)이고 후 3년 반은 짐승 시대(짧은 기간)라고 보면 된다. 문제는 두 증인 시대를 교회 시대로 보는 것의 문제가 적지 않다는 점이다. 예컨대, 두 증인의 죽음과 부활과 승천을 어떻게 보느냐의 문제다. 이들의 부활과 승천으로 자연재해의 후폭풍이 있고 사람들의 회심이 있게 된다는 점(11:13)은 부활과 승천을 상징적으로 볼 수 없게 만드는 요인이다(좀 더 자세한 사항은 11:3-12 해설을 참고하라).

(2) 11:3과 12:6이 서로 다르다고 보면 두 증인의 시대를 종말의 전 3년 반으로 보는 것이라서 교회 시대로 보았을 때에 생기는 여러 문제가 해결된다. 이 관점은 특히 계시록 11-13장의 초점이 7년이 아니라 3년 반(특히 짐승의 시대인 후 3년 반)이라는 점을 중요하게 보는 것이다. 11장(3절)과 13장(5절)의 3년 반을 각기 전 3년 반, 후 3년 반으로 본다. 11장의 초점은 전 3년 반(두 증인 시대)이다. 13장의 초점은 후 3년 반(짐승 시대)이다. 그리고 12장의 초점은 두 번에 걸친 여인의 피신 기간(전과 후)이다. 두 번의 피신 기간(각 3년 반)은 12장 내에서 부각될 뿐이다. 12:6의 전 3년 반은 11장과 13장과 관련이 없고 12:14의 후 3년 반은 13장의 3년 반(짐승 시대)과 공유된다.

이런 관점에서 두 개씩의 막간인 10-11장(10:1-11:13)과 12-13장의 관계를 보면, 10장과 12장은 그리스도와 요한의 때와 관련된다. 요한의 때에 있던 일(10장)이거나, 그리스도의 탄생을 전후하여 진행된 일(12장)이다. 반면에 11장(11:1-13)과 13장은 종말의 때(전 3년 반과 이와 연속된 후 3년 반)와 직접 관련된다. 이와 같이 시대적인 면에서 10장과 12장, 그리고 11장과 13장이 각기 공유하는 시간대가 있다. 그런데 11:3과 12:6의 3년 반이 다른 3년 반이라고 보는 견해의 문제는 같은 분량의 기간(3년 반)을 사안에 따라 다른 것(특히 11:3과 12:6)으로 보는 것의 부자연스러움이다.

(3) 두 가지 견해가 다 장단점이 있다. 필자는 여기서 둘째(2) 것을 취하

고 있지만, 첫째(1) 것도 충분히 가능한 해석이라는 것을 인정한다. 어느 견해를 택하든 변하지 않는 사실은 짐승의 시대(후 3년 반)가 반드시 올 것이라는 점이다. 그 시대에는 짐승이 교회를 박해하고 세상을 통제하게 될 것이고 많은 이적을 일으켜 종교적으로 하나님을 대적하게 할 것이다. 교회와 성도들은 점차 없어지거나(죽거나) 남은 자는 숨어 있게 될 것이다. 사람들은 점차 강퍅해지는데 이때 하나님의 진노의 일곱 대접 재앙이 쏟아부어지게 될 것이다. 분명한 것은 그런 날이 올 것이라는 것과 아직 그날이 도래하지 않았다는 것이다. 지금은 아직 그때(짐승 시대)가 아니다.

제19장
요한계시록 13:1-18
두 짐승

12장 용의 에피소드는 13장 두 짐승 에피소드로 이어진다. 하늘의 전쟁에서 패하고 땅과 바다로 쫓겨난 용은 여인을 공격하려다가 놓치고 여인의 자손의 남은 자들을 대적하여 전쟁하려고 바다의 모래 위에 선다(12:17). 그 바다에서 바다 짐승이 나오고(13:1) 이후 땅에서 땅 짐승이 출현한다(13:11). 땅과 바다는 용이 쫓겨난 영역(12:9, 12)이다.

13장은 용이 바다 짐승과 땅 짐승을 내세워, 하나님의 계명을 지키며 예수의 증거를 가진 성도들(12:17; 13:7)과 더불어 싸우는 장면이다. 교회 박해 시대에 성도들은 외견상 패배한다(13:7, 10, 15). 11장에서 두 증인이 죽임을 당한 것과 같다(11:7-10). 본래 용의 전쟁이지만 용은 직접 등장하지 않고 그를 대신하는 두 짐승을 내세워 세상을 통제한다.

13장은 두 부분(1-10절, 11-18절)으로 나뉘는데, 두 부분이 함께 전체적으로 A-B-C-A′-B′-C′의 평행 구조를 가진다.[1] 바다에서 올라오는 첫 번째

---

1. Beale은 12:1-15:4를 일곱 단락(12:1-17; 13:1-10; 13:11-18; 14:1-5; 14:6-13; 14:14-20; 15:2-4)으로 나눈다(Beale, 1999: 621; 참고, 본서 제18장의 각주 1과 제21장의 각주 3). 그것은 13장 전체의 구조적 결합성(평행법)을 보지 못했기 때문이다. 12장이 하

짐승(1-10절)과 땅에서 올라오는 두 번째 짐승(11-18절)의 단락이 서로 평행된다. 첫째 짐승에 대한 묘사(1-2a절, A)와 둘째 짐승에 대한 묘사(11절, A′), 첫째 짐승의 권세와 사람들의 경배(2b-8절, B)와 둘째 짐승의 권세와 권한(12-17절, B′), 그리고 두 부분의 요한의 해설(9-10절, C; 18절, C′)이 있다. 이 둘을 서로 비교하면서 살필 필요가 있다. 이 두 부분의 요한의 해설은 특히 짐승의 시대에 요구되는 것(10절, 인내와 믿음, 그리고 18절, 지혜)이 어떤 것인지 알려준다.

I. 바다에서 올라온 짐승(1-10절)
  A. 바다 짐승의 묘사(1-2a절)
    B. 바다 짐승의 권세와 사람들의 경배(2b-8절)
      C. 요한의 해설(9-10절)
II. 땅에서 올라온 짐승(11-18절)
  A′. 땅 짐승의 묘사(11절)
    B′. 땅 짐승의 권세와 권한(12-17절)
      C′. 요한의 해설(18절)

A. 요한계시록 13:1-10 (바다에서 올라오는 첫 번째 짐승)

첫째 짐승인 바다 짐승이 바다에서 올라와 세상을 장악하는 장면을 그리는 1-10절은 세 부분으로 구성된다.

나의 단락이라면 13장 또한 하나의 단락이다. 13장은 하나의 큰 단락에 포함된 두 개의 부수 단락으로 구성된다.

A. 바다 짐승의 묘사(1-2a절)

B. 바다 짐승의 권세와 사람들의 경배(2b-8절)

C. 요한의 해설(9-10절)

번역

1 그리고 나는 바다에서 올라오는 한 짐승을 보았다. 열 뿔과 일곱 머리를 가
졌고 그 뿔들에 열 왕관을 가졌고 그 머리들 위에는 신성 모독의 이름들이
있었다. **2a** 내가 본 그 짐승은 표범과 비슷했는데 그 발은 곰의 것과 같고 그
입은 사자의 입과 같았다. **2b** 용이 그의 능력과 그의 보좌와 큰 권세를 그 짐
승에게 주었다. **3** 그 머리들 가운데 하나가 죽음에 이르는 상처를 입은 것 같
았다. 그런데 그 죽음의 상처가 치료가 되었다. 그래서 온 땅이 놀랐고 그 짐
승을 따랐다. **4** 그들이 용에게 경배하였다. 용이 짐승에게 권세를 주었기 때
문이다. 또 짐승에게도 경배하며 말하였다. "누가 이 짐승과 같은가? 또 누
가 그에 대항하여 싸울 수 있는가?" **5** 크게 말하고 비방하는 입이 그에게 주
어졌다. 또 그에게 42개월 동안 행하는 권세가 주어졌다. **6** 그가 하나님을 향
해 비방하는 입을 열었다. 그의 이름과 그의 장막, 즉 하늘에 거하는 자들을
모독하였다. **7** 또 그에게 성도들을 대적하여 싸우는 것과 그들을 이기는 것
이 주어졌다. 또 그에게 모든 종족과 백성과 언어와 민족에 대한 권세가 주
어졌다. **8** 땅에 거하는 모든 자들, 즉 창세 이래로 그 이름이 죽임을 당하신
어린 양의 생명 책에 기록되지 않은 자들이 다 그에게 경배할 것이다. **9** 만
일 누가 귀를 가지고 있다면, 그로 듣게 하라. **10** 만일 누가 포로가 된다면,
그는 포로가 될 것이다. 만일 누가 칼에 죽임을 당한다면, 그는 칼에 죽임을
당할 것이다. 여기에 성도들의 인내와 믿음이 있다.

주해 및 해설

1-2a절 (바다에서 올라오는 짐승) 하늘의 전쟁에서 용과 그의 부하들이 패한 후 땅으로 내쫓겼다(12:7-9). 하늘의 음성은 이 때문에 '땅과 바다'에 화가 있다고 하였다(12:12). 용은 '땅'에서 여인을 해하려 하였고(12:13-16), 그것이 실패하자, '바다' 모래 위에 서서 여인의 후손(그 남은 자들)과 싸우려고 하였다(12:17). 이런 점에서 땅과 바다는 하늘의 전쟁에서 패한 용이 새로운 전쟁을 벌이는 '아래'(below)의 영역이 된다.

첫째 짐승은 바다에서 올라온다(1절). 반면에 둘째 짐승은 땅에서 올라온다(11절). 이때의 바다와 땅은 모두 용의 힘이 작용하는 곳이다(12:12). 여인의 후손과 전쟁을 하기 위해 바다의 모래 위에 서 있는 용(12:17)과 그 바다에서 올라오는 짐승은 서로 깊은 관련이 있다. 바다 짐승은 열 개의 뿔과 일곱 머리를 가지고 있다(13:1; 17:3, 7). 열 뿔과 일곱 머리는 용의 모습(12:3)과 같다. 뿔과 머리는 각기 특정한 힘을 가진 존재(인물)나 기구(기관)를 가리킬 것이다(참조, 17:9-13). 뿔은 권세와 힘을 상징하고 머리는 지도력과 지략을 뜻할 것이다. '열'은 많다는 의미이고, '일곱'은 충분하다는 의미일 것이다. 열 개의 뿔 위에 열 개의 왕관을 가진 것은 열 개의 뿔이 모두 힘과 권세와 영예를 가진 존재나 기구임을 뜻할 것이다.[2] 왕관이 머리에 있

2. 어떤 학자들은 바다에서 올라온 짐승을 네로나 칼리굴라 또는 도미티아누스와 같은 로마 황제로 본다(참고, Aune 1998a: 733-4). 로마가 요한이 사역하는 소아시아의 바다(에게해)를 넘어 위치해 있기 때문이다. 그렇다면 땅에서 나오는 짐승은 소아시아 총독('프로콘술'[proconsul] 또는 '아시아르크'[Asiarch])가 될 것이다(Aune, 1998a: 733; Cimok, 29-30). Grenz는 초대 교부인 아이레나이오스(Irenaeus)와 유스티노스(Justin)도 비슷한 역사적 입장(historicist view)이었다고 전해준다(Grenz, 15). 초기의 교회나 초대 교부들이 로마를 13장의 짐승과 연루하여 생각했을 개연성을 인정할 수 있다 하더라도 바다 짐승을 특정 로마 황제로, 땅 짐승을 소아시아 총독으로 단정하는 해석에는 문제가 많다. 13장의 사건들이 모두 로마 시대에 일어난 일

지 않고 뿔 위에 있다. 뿔이 아니라 머리에 왕관이 있는 용(12:3)과 비교된다. 일곱 머리에 쓴 왕관(용)이 열 뿔에 쓴 왕관(바다 짐승)보다 더 실제적인 권력이 있음을 가리키는 것 같다. 바다 짐승은 용(12:3)에 버금가지만 그보다는 열등한 존재임을 보여준다고 할 수 있다.

일곱 개의 머리 위에는 하나님을 모독하는 이름들이 있다.[3] 그 머리들은 결국 사람들이 하나님을 불신하고 대적하도록 하는 존재들이다. 이 짐승은 단일 존재라기보다는 그 어떤 제국과 같은 집단적 존재의 특성을 가진다(참고, 17:9-13). 여러 특출난 지도자들을 가진 기구(기관)나 어떤 제도나 나라일 수 있다. 주목해야 할 것은 이 짐승이 하나님을 대적하고 하나님의 일을 훼방하는 존재이고 이 땅에서 용(마귀)의 수하로 존재하며 그의 수족 같은 역할을 한다는 점이다. 용은 본래 미혹하는 자다(12:9).

짐승의 모습이 표범과 비슷하다는 것(2a절)은 그만큼 용맹하고 사납고 날렵한 표범의 기상이 그에게 보였다는 뜻이다. 곰의 발은 그 어떤 것이라도 쳐서 부술 수 있는 강력한 발이다. 사자의 입은 그 어떤 것이라도 물어, 놓치지 않고 그대로 찢어 놓을 수 있는 광폭한 입이다. 속력, 파괴력, 상대를 움켜잡는 능력에 탁월하다는 것을 보여준다.[4]

2b-3절 (짐승에게 주어진 권세와 능력) 용의 권한과 능력이 짐승에게 주

이라고 보는 것이 어렵기 때문이다.

3. 도미티아누스 황제가 가졌던 '우리 주와 하나님'이라는 이름(참고, 4:11)의 참람함과 신성 모독성을 말할 수도 있겠다.

4. Beale과 Osborne은 계 13장의 바다 짐승에 대한 묘사가 단 7:3-8의 네 짐승의 모습을 합한 것과 비슷하다는 점을 지적한다(Beale, 1999: 683, 685; Osborne, 2002: 492). 13장의 바다 짐승은 다니엘(7장)이 본 네 짐승들의 종합된 특성을 가진다는 것이다. 네 짐승(사자, 곰, 표범, 넷째 짐승)의 머리를 모두 더하면 일곱(1 + 1 + 4 + 1)이 되고 넷째 짐승은 열 뿔을 가지고 있다(7:7). 그리고 열 뿔은 열 왕으로 해석된다(7:24; 계 17:12). 한편, 계시록과 다니엘서의 역사적 상관성에 대해서는 Spilsbury, 2-9를 참고하라.

어졌다(2b절). 이 사건의 배후가 용이다(12:17). 하나님께서 그 아들이신 예수 그리스도께 모든 권한을 건네주시듯이(요 3:35-36; 5:21-23, 26-27; 마 28:18; 엡 1:20-22), 용이 짐승에게 능력(힘)과 보좌(권한, 왕권)와 큰 권세(권위)를 준다. 용이 자신의 많은 것을 대리자인 짐승에게 주었다.[5]

일곱 머리 중의 하나가 치명적인 상처를 입었다(3절). "죽음에 이르는 상처", "죽음의 상처"라고 죽음을 반복한 것은 그만큼 이 상처가 치명적이라는 뜻이다. 상처 '쁠레게'(πληγή)는 13장(13:3, 12, 14) 외에는 모두 '재앙'으로 번역된다(9:18, 20; 11:6; 15:1, 6, 8; 16:9, 21; 18:4, 8; 21:9, 18). 하나님의 재앙이 짐승에게 임한 것으로 추정된다(Beale, 1999: 687-8). 그런데 기적적으로 회복되었다(3절). 짐승은 극복하는 능력을 보여줬다. 일반인과 달랐다. "온 땅"(온 세상)이 그 이적에 놀랐고 결국 짐승을 따르게 된다. 온 땅이 짐승을 추종하게 된 이유가 기적적인 치유(회복) 때문이었다. 이는 그리스도의 부활을 연상하게 한다. 즉, 그리스도 부활의 모방이다(Bauckham, 1993a: 431-41; Osborne, 2002: 495-6). 그러나 그리스도의 경우에는 소생이 아니라, 부활인 반면, 짐승의 머리는 '죽을 정도'였지 사실 죽은 것은 아니었다. 짐승의 이적은 짐승의 특별한 힘을 보여주는 것이지(마 24:24 참

5. 짐승이 누구를 가리키느냐에 대한 논란은 역사적으로 모두 실패했다. 역사적으로 적그리스도 역할을 했던 인물들(네로, 도미티아누스, 히틀러, 스탈린 등)도 계 13장의 짐승일 수 없다. 또한 반종교개혁적 인물(교황 등)도 이에 해당되지 않고 더군다나 반가톨릭교회 종교개혁자들은 더욱 아니다. 미국의 일부에서는 공산주의 국가(예전의 소련이나 현재의 중국)를 가리키는 것으로 보는 일도 있었고 코스타리카에서는 심지어 미국 대통령을 짐승이라 보기도 했다고 한다(A. Collins, 1986a: 318-9). 전 대통령 Donald Trump에 대한 말까지 나온다(S. Moore, 2020: 1-20). 심지어 사탄을 직접 직시하는 견해도 있다(Lupieri, 212-8). 그러나 종말에 나타날 짐승은 현재의 특정 존재나 집단이 아니다. 미래, 적어도 (인류가 이제까지 경험해 보지 않은) 일곱 나팔 재앙 이후(일곱 대접 재앙의 때)에 나타날 그 '누구'(인물) 또는 '무엇'(조직)이 될 것이다. 그때가 될 때까지 누구 또는 무엇이라 섣불리 단정하는 것은 옳지 않다.

조), 그의 신적 가치를 의미하는 것은 아니다.

4절 (용과 짐승에게 경배함) 짐승을 따르던 사람들은 그의 능력이 용에게서 나온 것을 알게 된다(4절). 그래서 짐승의 주인인 용을 경배하게 된다. 이와 함께 짐승도 경배의 대상이 된다. 용과 짐승이 함께 종교적 경배의 대상이다.[6] 사람들은 짐승을 메시아같이 높인다. 그와 다퉈 이길 존재가 없다고 생각하게 된다. 그 힘과 권한이 지극히 커 보이기 때문이다. 한때, 로마 황제의 권한이 그와 같았을 것이다. 두 질문, "누가 이 짐승과 같은가?"와 "또 누가 그에 대항하여 싸울 수 있는가?"는 하나님과 그리스도에 대한 합당한 인정(5:2, "누가 그 두루마리를 펴고 그 인들을 떼기에 합당한가?"; 15:4, "누가 두려워하지 않겠습니까? 주님, 누가 주의 이름을 영화롭게 하지 않겠습니까?")과 비견된다.[7] 그만큼 짐승의 힘이 그때의 사람들에게는 압도적일 것임을 말해준다. 육체적, 물리적 힘이 종교적 힘과 권한으로 전환되는 장면이다. 짐승에게 경배하는 장면은 8절에 다시 반복된다. 4절과 8절이 서로 병행된다.

a. 짐승에게 주어진 권세와 능력(2b-3절)

  b. 용과 짐승에게 경배함(4절)

a'. 짐승에게 주어진 신성 모독의 입(5-7절)

  b'. 짐승에게 경배함(8절)

---

6. 바울은 '불법의 사람'이 나타날 것에 대해 경계한 바 있다(살후 2:3-12). 계 13장의 짐승과 살후 2장의 불법의 사람의 유사성은 최소한 여섯 가지다. 첫째, 사탄의 지상 대행자다. 둘째, 종교적인 경배 대상이 된다. 셋째, 많은 능력과 기적을 행사한다. 넷째, 만국을 속인다. 다섯째, 그때 큰 박해가 있다. 여섯째, 그리스도 재림 때에 죽임을 당한다. 좀 더 자세한 설명은 서론의 "짐승의 등장" 항목을 참고하라.
7. Beale은 이러한 표현이 구약의 하나님에 대한 표현(출 8:10; 15:11; 신 3:24; 사 40:15, 18; 44:7; 46:5; 시 35:10; 71:19; 86:8; 89:8; 113:5; 미 7:18)과 관련이 있다고 지적한다(Beale, 1999: 694; 또한 deSilva, 2008c: 14-15).

5-6절 (짐승에게 주어진 신성 모독의 입) 짐승에게 크게(능력 있게) 말하고 신성 모독할 수 있는 입이 "주어졌다"(5절; 참고, 단 7:8, 11, 20, 25). 그리고 42개월, 즉 3년 반 동안 행할 권세가 주어졌다. "주어졌다"(ἐδόθη)가 5절에 두 번 반복된다. 하나님을 대적하고 훼방하는 그의 말은 힘 있는 논리와 언변을 갖춰, 사람들로 하여금 그 당당한 말에 귀를 기울이게 만든다. "크게 말하는 것"이란 표현은 짐승의 공개적인 신성 모독의 말이 대중들에게 상당히 설득력 있게 전파될 것이라는 점을 암시한다. 그에게 주어진 기간이 42개월, 즉 3년 반이다. 이 한정된 기간 동안 하나님을 대적하는 모든 형태의 모독적이고 이간질하는 말을 쏟아낼 것이다. 많은 이들을 현저히 미혹할 것이다. 제한된 기간이지만 42개월이라는 특정 기간 동안 멋대로 권세를 부릴 수 있다. 이때는 누구도 그를 건드릴 수 없을 것이다.

짐승의 시대 42개월(3년 반)은 교회(성도들)가 박해를 받는 기간이다.[8] 3년 반은 문자적인 기간을 가리킬 수도 있지만, 하나님에 의해 계획된 충분한 기간(full period, 7년)의 반에 해당되는 한정된 기간을 의미할 것이다. 이 기간은 여인의 두 번째 피신 기간(12:14)과 맞물려 있는 것 같다. 용이 바다의 모래 위에 서서(12:17) 여인의 남은 자손들(교회)과 싸우는 기간이다. 이때는 교회가 박해 받는 기간이고 용과 짐승이 승리를 누리는 기간이다. 그래서 짐승의 시대다.

성도들이 3년 반 동안 어려움을 겪게 된다는 예언은 다니엘 12:7에 나

---

8. 상징주의 해석은 3년 반의 환란 시기를 현재를 포함하는 교회 시대로 본다(Beale, 1999: 681, 695). 반면에 Osborne과 같은 절충주의 해석은 요한의 시대부터 지금까지의 교회 시대와 종말의 적그리스도의 통치 시기, 둘 다를 가리키는 것으로 본다(Osborne, 399, 각주 12). 필자가 동의하는 문자적-미래주의 해석(박형룡, Ladd 등)은 종말에 있을 적그리스도의 시기로 본다(박형룡, 173-5, 177-8; Ladd, 1972: 176, 180-3).

온다. 3년 반이 지나면 성도의 권세가 다 '깨진다'고 말한다. 피엘형 부정사 '나페츠'(נַפֵּץ)는 '깨트림', '부서뜨림'을 뜻한다. 성도의 권세(힘)를 깨뜨리는 일을 완성할 것(ESV, NAS, RSV, NIV, KJV)이라는 내용은 종말의 성도들이 받을 환난을 예언하는 듯하다.[9] 천삼백삼십오 일까지 이른 사람이 복 있다 하였는데 이 말은 그 기간을 넘기라는 뜻일 것이다. 3년 반의 환난은 불가피한 것 같다. 이때 많은 성도들의 죽음이 있을 것이다. 이를 넘을 때 승리를 얻게 됨을 예고하는 것이다.

짐승이 하나님을 향해 입을 열어 모독하기 시작하였는데(6절, "입을 열었다"), 그 모독은 하나님의 이름과 그가 거하시는 장막에 대한 것이다. 하나님의 존재 자체(이름)와 그분의 임재의 자리(장막)에 대한 모독이다. 하나님께서 거하시는 장막을, 요한은 "하늘에 거하는 자들"이라 설명한다. 하늘에 거하는 자들은 8절의 "땅에 거하는 자들"(또한 3:10; 6:10; 8:13; 11:10; 13:12, 14; 17:2, 8)과 반대되는 개념이다. 하늘에 거하는 자들은 하늘에 있는 성도들을 가리키는 개념이다. 오스본은 '하늘에 거하는 자들'이 '땅에 거하는 자들'(8절)과 대조된다는 점에서 기본적으로 성도들을 가리키는 것으로 본다(Osborne, 2002: 500). 6절에서 "하늘에 거하는 이들"(문자적으로, '하늘에서 장막에 거하는 이들')이 곧 장막('스케네'), 그 자체라 한 것이 주목된다. 하나님의 하늘 장막(또는 성전)이 곧 성도들 자체이거나 이들로 구성된 것임을 뜻한다. 이들은 11:1-2의 측량의 대상이던 "성전 안에서 경배하는 자들"과 동일한 대상일 수 있다(Beale, 1999: 697).

7절 (성도들을 대적하는 권세) 짐승에게 주어진 또 하나의 권세는 성도들과 싸워 이기는 것이다(7절; 11:7). 5절에서처럼 7절에도 "주어졌다"가 두 번 반복된다. 성도들을 대적하여 싸우는 것과 그들을 이기는 것이 주어졌

---

9. 또한 단 12:11에 "매일 드리는 제사를 폐하며 멸망하게 할 가증한 것을 세울 때부터 천이백구십 일을 지낼 것"이라 하였는데, 이 또한 3년 반 가량되는 기간이다.

다. 또한 모든 종족과 백성과 언어와 민족 위의 권세가 주어졌다. 이 일들은 바다 짐승에게 주어진 중대한 임무(교회에 대한 승리와 천하만국의 통제)였다. 그가 가진 범위는 모든 인류다. 종족, 백성, 언어, 민족으로 표현하려는 것은 전 세계다. 오직 교회와 성도만 그 범위에서 제외된다. 짐승은 자신에게 주어진 막강한 권한을 가지고 성도들을 대적하고 이들과 싸워 이기게 된다. 교회와 성도들은 이 짐승과의 전쟁에서 패한다. 외적으로는 이길 수 없을 것이다. 짐승이 성도들과 싸운다는 것은 종교적으로, 신앙적으로 교회를 핍박한다는 뜻이다. 짐승이 싸움에 이기게 된다는 것은 성도들이 많은 핍박과 고난을 받고 순교하게 될 것임을 뜻한다. 고통스런 교회의 핍박 시대다.

그러나 분명한 것은 3년 반의 짐승의 시대가 한정된 기간이라는 점이다. 이 기간에 교회는 박해를 받고 죽음을 맞이 하겠지만, 결국 피 흘린 교회는 참된 승리를 누리게 될 것이다(참고, 11:11-12; 17:14; 18:20; 19:2, 7-8). 그들의 피를 흘리게 한 자들과 짐승을 따른 자들에 대한 심판이 있을 것이다(14:8-11, 17-20; 16:5-7; 17-18장). 교회는 피를 흘림으로 세상을 이긴다. 성도는 죽음으로 세상에서 승리한다. 그것이 주님의 길이다.

8절 (짐승에게 경배함) "땅에 거하는 모든 자들"은 7절의 '모든 종족, 백성, 언어, 민족'이다. 6절의 "하늘에 거하는 자들"과 대조된다. 특히 그리스도의 성도가 아닌 자들을 가리키는 개념이다(3:10; 6:10; 8:13; 11:10; 13:8, 12, 14; 17:2, 8). 그들이 짐승에게 경배하게 될 것을 말하고 있다(8절). 그리스도를 믿는 교회와 성도 외에는, 모두 짐승에게 경배하게 될 것이다. 역사적으로 이제까지, 전 인류(온 세계)가 특정인(예, 황제)을 경배의 대상으로 삼은 적은 없다(Aune, 1998a: 746; Osborne, 2002: 502). 헬라제국, 로마제국, 몽골제국과 같은 제국의 국지적, 지역적인 사례만 있을 뿐이다. 따라서 온 세계가 짐승을 경배하는 일은 미래적인 일이다. 종말에 짐승의 경배는 반드시 일어날 일이다. 짐승에게 경배하는 이들은 모두 그들의 이름이 어린 양의 생명책에 기록되지 않은 자들이다(8절). 성도는 경배하지 않을 것이다. 아니, 할 수 없다.

"죽임을 당하신 어린 양"(5:6, 12; 13:8)이라 한 것은, 성도들이 그 어린 양의 피로 말미암아 구원받은 것(1:5; 5:9; 7:14; 12:11)과 어린 양의 생명책에 기록된 것(3:5; 13:8; 17:8; 20:12, 15; 21:27)을 부각할 뿐 아니라, 고난을 받아 죽임을 당하신 어린 양처럼 그를 따르는 교회와 성도들에게도 그 같은 고난과 죽음이 불가피할 것임을 시사하는 표현이다.

본문은 땅에 거하는 자들이 짐승을 경배할 것이라고 한다. 그리하여 그들이 어린 양이신 그리스도의 대속의 죽음을 믿지 않고 그 길을 따르지 않을 것임을 암시한다. 창세 이래(이후)로 그 생명책에 기록되지 않은 자들(13:8; 17:8)은 결국 멸망의 길로 들어가게 된다.[10] 그들은 살기 위해 짐승에게 무릎을 꿇고 경배하지만, 그 때문에 영원한 죽음의 길에 들어서게 된다. 그리스도에 대한 믿음이 없는 자(즉, 생명책에 기록되지 않은 자)는 짐승을 경배하는 일을 피할 이유가 없다. 그러나 생명책에 기록된 모든 성도는 짐승의 경배를 거절할 것이 자명하다.

9-10절 (요한의 해설) 9-10절은 저자 요한의 해설 부분이다.[11] 9절의 3인칭 명령법 '아꾸사또'(ἀκουσάτω)의 번역은 '듣게 하라', 또는 '들으라' 모두 가능하다. 누구든지 귀를 가진 자는 마땅히 들어야 한다는 뜻이다(2:7, 11, 17, 29; 3:6, 13, 22). 전달할 내용을 강조하기 위해 쓰인 표현이다. 그리

---

10. "창세 이래로"라는 말에 대해, 생명책에 기록되는 일이 역사가 시작되기 전에 있다는 뜻이라고 보는 Beale은 여기서 하나님의 예정을 강조한다(Beale, 1999: 701-2). 타당한 견해다. '까따볼레'(καταβολή)는 '(세상의) 창조' 또는 '창조의 시작'을 가리킨다(L&N, 42.37).

11. Seal은 9-10절이 시적 형식을 가지고 있다고 보았다. 시적 형태의 예언은 신적 임재를 부각하는 효과가 있다고 그는 주장한다. Seal, 2020b: 1-2, 7-10을 보라.

스도 자신이 즐겨 쓰시던 표현("귀가 있는 자는 [잘] 들으라", 마 11:15; 13:9, 43; 막 4:9, 23; 눅 8:8; 14:35)에서 유래한다.

"포로가 된다면 포로가 될 것이고, 칼에 죽임을 당한다면 칼에 죽임을 당할 것이다"(10절)는 평행법 어구는 성도들이 포로가 되고 칼에 죽임을 당할 것을 예고하는 말씀일 것이다. 너무 당연한 말 같다. 포로는 포로로 남게 되고 죽을 자는 죽게 된다는 사실은 지당한 말이지만 짐승의 박해 시대에 특히 필요한 말씀이다. 포로가 되든, 칼에 죽임을 당하든, 이때는 피할 수 없을 것이라는 뜻이다(참조, 렘 15:2; 43:11). 주님께서도 성도들이 받을 환난에 대해 말씀하신 바 있다(마 24:9; 요 16:33). 성도는 환난을 견뎌내야 한다.

a. 만일 누가 포로가 된다면

　　b. 포로가 될 것이다

a′. 만일 누가 칼에 죽임을 당한다면

　　b′. 칼에 죽임을 당하게 될 것이다.

그래서 "성도들의 인내와 믿음"이 요구된다(13:10; 14:12). 인내(ὑπομονή)는 오래 참고 견뎌내는 것([그] 아래에['휘포'] 머물러 있음['모네'])이고 믿음(πίστις)은 어떤 역경과 난관에도 하나님을 절대적으로 신뢰하고 따르는 것이다. '삐스띠스'(믿음)는 믿음, 충성, 신뢰, 신실함 등으로 번역될 수 있다. 극심한 환난과 고난과 난관이 닥쳐와도 성도들이 인내하고 믿음을 지킬 것을 요구하는 말씀이다. 하나님의 섭리 아래 있기 때문이다(R. Thomas, 1992: 168). "여기에"(이런 현장에) 성도들의 인내와 믿음이 존재한다. 성도의 인내와 믿음은 계시록의 중요한 주제라 할 수 있다(Reddish, 2013: 78-79). 계시록에 자주(13번) 쓰인 '성도'라는 명칭 자체가 하나님과 어린 양을 향한 인내와 믿음(수직적 관계)을 부각하는 뜻을 담고 있을 것이다(참고, Trebilco, 2003: 61-65).

마지막 짐승의 시대의 박해(13장)에 의하여 수많은 교회가 문을 닫고 성도는 대부분 죽임을 당할 것이다. 교회(성도들)의 일부는 피신할 수도 있다. 그러나 대부분의 성도들은 잡히고 죽임을 당할 것이라 예견할 수 있겠다. 피할 길이 따로 주어지지 않는 핍박의 상황에서는 이를 그대로 받아들이는 것, 그것이 성도의 인내와 믿음이다. 죽을 때는 죽는 것이다. 죽임당하신 어린 양을 따르는 길이다.

B. 요한계시록 13:11-18 (땅에서 올라오는 두 번째 짐승)

둘째 짐승인 땅 짐승은 땅에서 올라와 온 세상이 바다 짐승을 따르고 경배하게 하는 일에 모든 힘과 지혜를 쏟는다. 11-18절 역시 1-10절과 같이 세 부분으로 구성된다.

A′. 땅 짐승의 묘사(11절)

B′. 땅 짐승의 권세와 권한(12-17절)

C′. 요한의 해설(18절)

번역

11 그리고 나는 땅에서 올라오는 다른 짐승을 보았다. 그 짐승은 어린 양과
같이 두 뿔을 가지고 있었고 용과 같이 말하고 있었다. **12** 그가 첫 번째 짐승
의 모든 권세를 그 앞에서 행하였다. 땅과 그 안에 거하는 자들로 하여금 그

의 죽음의 상처에서 치료된 첫 번째 짐승을 경배하게 하였다. **13** 그가 큰 이
적들을 행하여 사람들 앞에서 불이 하늘에서 땅으로 내려오게 하였다. **14** 또
이적들을 통하여 땅 위에 거하는 자들을 미혹하였다. 그 이적들은 짐승 앞에
서 행하도록 허락된 것이다. 칼의 상처를 입고도 살아난 그 짐승을 위하여
땅 위에 거하는 자들에게 형상을 만들라고 말하였다. **15** 그에게 짐승의 형상
에 영을 주는 능력이 주어졌다. 짐승의 형상으로 말하게 하고 또 그 짐승의
형상에 경배하지 않는 자는 다 죽임을 당하게 하기 위한 것이다. **16** 모든 이
들, 즉 작은 자들과 큰 자들과 부자들과 가난한 자들과 자유인들과 종들이
그들의 오른손이나 이마에 표를 받게 하였고 **17** 짐승의 이름인 그 표나 그
이름의 수를 가지지 않으면 사거나 팔거나 할 수 없게 하였다. **18** 여기에 지
혜가 있다. 지각을 가진 자로 하여금 그 짐승의 수를 세어보게 하라. 그것은
사람의 수이다. 그 수는 666이다.

주해

11절 (땅에서 올라오는 짐승) 두 번째 짐승은 땅에서 올라왔다(11절). 이 짐승은 어린 양같이 두 뿔을 가졌다. '어린 양 같은 두 뿔'은 그 풍기는 모습이 어린 양과 비슷해 보인다는 뜻일 것이다. 예수 그리스도 또는 선지자 같은 인상과 풍채를 보일 것이라 생각할 수 있다(Osborne, 2002: 511). 또한 용과 같이 말한다는 것은, 선전과 책동, 그리고 미혹과 대중 설득에 대단히 능하다는 것을 알려주는 것 같다. 어린 양과 같은 면(외적인 면, 선해 보임)과 용과 같은 면(말의 능함, 간교함)을 함께 갖고 있는 이중성의 짐승이다(참고, 마 7:15). 땅 짐승은 계시록에서 거짓 선지자로 칭해진다(16:13; 19:20; 20:10). 미혹하는 것이 그의 본업이다.

첫째 짐승에 대한 묘사가 주로 부정과거로 쓰인 반면 둘째 짐승에 대해

기록하는 11절에서는 미완료과거형("가졌다", "말하였다")이 쓰이고, 12-18절에서는 현재형이 쓰이고 있는 것은 두 짐승의 행위를 더욱 생생하게 묘사하기 위한 것이라고 하는 오스본의 주장은 일리가 있다(Osborne, 2002: 512). 부정과거형(첫째 짐승)에서 현재형(둘째 짐승)으로의 전환은 둘째 짐승의 역할이 첫째 짐승의 한계를 상당 부분 보완하고 있음을 드러내는 것이며, 미래에 일어날 짐승의 때에 대해 보다 생생한 사실성을 부각하는 효과까지 있을 것이다.

12절 (짐승의 권력) 둘째 짐승(땅의 짐승)은 첫 번째 짐승의 모든 권세를 '그 앞에서'(첫째 짐승 앞에서) '행한다'(12절). 두 짐승은 동일한 권력과 권세를 서로 공유한다. 그래서 "땅과 그 안에 거하는 자들"이 첫 번째 짐승을 경배하게 만든다. 둘째 짐승은 자기 자신이 경배받지 않는다는 점에서 첫째 짐승과 다르다(4, 8절). 이 짐승은 죽음의 상처에서 회복된 첫째 짐승을 위해 존재한다. 그 상처의 나음을 선전하여 첫째 짐승을 경배하게 한다("[~하게] 행한다"). 첫째 짐승의 경우는 정치적(통치적), 군사적, 지도자적 역할이 강한 반면, 둘째 짐승의 경우에는 종교적, 사회적, 경제적 역할이 부각된다. 첫째 짐승이 보좌에 앉아 세상을 통제하고 성도들과 싸워 이기는 역할을 한다면, 둘째 짐승은 사람들을 짐승 경배로 이끌며 짐승의 표를 받게 하고 그 표로 매매하게 하기 때문이다. 둘째 짐승은 계시록에서 '거짓 선지자'로 칭해진다(16:13; 19:20; 20:10). 만인을 미혹하는 일이 그의 임무이기 때문이다.

13-14절 (짐승의 이적 1) 땅의 짐승은 큰 이적들을 많이 행하는데("행한다"), 대표적인 것은 불이 하늘에서 내려오게 하는 것이다(13절; 비교, 엘리야의 불[왕상 18:38]; 두 증인의 입의 불[계 11:5]). 초자연적인 이적들은 그의 능력을 나타내는 방편이다. 예수 그리스도께서는 거짓 그리스도들과 거짓 선지자들이 큰 표적(이적들)과 기사(기적들)를 보여 할 수만 있으면 택

한 자들을 미혹할 것이라 말씀하신 바 있다(마 24:24; 막 13:22; 참고, 신 13:1-5). 큰 이적들을 행하는 것이 종말의 때, 거짓 그리스도와 거짓 선지자의 외적 능력과 권세일 수 있다. 그런 기적적인 능력이 그들의 참됨을 입증하는 것은 결코 아니다. 표적과 기사가 있다고(또는 있는 곳이라고) 그곳에 하나님이 함께 계시는 것이 아니다. 마귀도 이런 기적을 만들어낸다. 12-13절에서 반복된 '행하다'(ποιεῖ, "행하였다", "행하여")는 그의 모든 일이 거짓된 것을 조작하고 이를 만들어내는 일임을 암시한다. 그다음 문장(14절)의 주동사가 '미혹하다'(πλανᾷ, "미혹하였다")다.

놀랄 만한 초자연적인 능력의 행사는 사람들을 미혹하는 수단이다(14a절). 땅에 거하는 자들로 미혹의 구렁텅이에 빠지게 한다. 모든 이적을 짐승 앞에서 행하게 했다는 것은 그런 일이 첫째 짐승에 의해(주도하에), 또 그 짐승을 위해(경배를 위해) 실행된다는 뜻이다. "칼의 상처"는 죽음의 상처(3절)다. "살았다"는 것은 마치 짐승의 회복이 그리스도의 부활같이 여겨졌다는 뜻이다(Osborne, 2002: 515). 둘째 짐승은 칼로 죽을 뻔하다 회복된 첫째 짐승을 위해 형상(화상, εἰκών)을 만들라고 말한다.[12] '에이꼰'(icon)은 어떤 형태의 보이는 형상(우상)이나 이미지(그림)다. 조각의 형태일 수도 있고 그림의 형태일 수도 있다. 사람들로 가까이 보고 경배할 수 있게 하기 위해 제작되는 이런 우상은 종교적 숭배의 목적으로 만들어진다. 십계명의 1-2계명을 거슬러 하나님을 대적하게 할 목적이다.

---

12. Biguzzi는 14절의 '형상'을 가리키는 '에이꼰'(εἰκών)과 9:20의 '우상들'을 뜻하는 '에이돌라'(εἴδωλα)의 차이를 비교한다(Biguzzi, 278-9). '에이꼰'은 단수로 사용된 반면, '에이돌라'는 복수(단수는 '에이돌론')로 사용된 차이뿐 아니라, '에이돌라'는 일반적인 우상들(돌이나 금속으로 된)을 가리키는 반면, '에이꼰'은 특수한 화상, 즉 12장의 특정 짐승(바다 짐승)의 우상을 지칭하는 것이라는 차이점이 있다. 계시록에서 '에이돌라'는 단 한 번(9:20) 쓰인 반면, '에이꼰'은 13:14, 15(x3); 14:9, 11; 15:2; 16:2; 19:20; 20:4에 도합 10회 쓰였다.

로마 시대에 황제의 우상과 신전 건립은 보편적인 현상은 아니었지만 도미티아누스 시대의 소아시아 주요 도시의 주목할 만한 현상이었다(참고, Spilsbury, 6-9). 특히 에베소의 도미티아누스 신전은 거대한 것이었다(서론의 "에베소" 항목을 보라). 그처럼 짐승의 시대에도 짐승을 위한 우상과 신전이 건립될 것이다. 우상화된 짐승을 경배하기 위한 목적이다.

a. 짐승의 권력-모두 첫 짐승에게 경배하게 함(12절)

b. 짐승의 이적1-하늘의 불(13-14절)

b′. 짐승의 이적2-말하는 우상(15절)

a ‘. 짐승의 권한-모두 표를 받게 함(16-17절)

15절 (짐승의 이적 2) 놀라운 현상은 짐승의 우상에 생기(영, πνεῦμα)를 부여하는 것(15절)이다. 그런 능력이 그 짐승에게 주어졌다. 영이 있는 존재처럼 짐승의 '에이꼰'(형상)은 말할 수 있게 된다. 이제 '에이꼰'은 짐승 자체로 대변된다. 우상에게 경배하지 않는 자는 다 죽임을 당하게 된다.[13] 영이라고 다 선한 것이 아니다. 더러운 영(16:13-14; 18:2)과 선한 영(예, 11:11)이 있다. 어떤 영의 지배를 받는가, 어떤 영향력을 받는가 등이 중요하다. 요한은 영을 다 믿지 말고 그 영들을 분별하라고 하였다(요일 4:1-3, 6). 거짓된 영의 역할은 진리를 떠나는 배교와 하나님에 대한 불신과 성도

13. 짐승의 시대에 교회와 성도는 핍박을 당하고 죽임을 당한다(13:7, 9-10, 15). 얼마나 많은 성도들이 죽임을 당하게 될지는 알 수 없다. 분명한 것은 교회(또 성도들)가 환난기를 겪기 전에 휴거를 맞아 하늘로 피신하게 된다는 주장(전환난설)은 어디에도 지지하는 본문이 없다는 점이다(Ladd, 1990: 8-9). Walvoord는 전환난설 입장에서 Ladd를 비판한다. 특히 전환난설의 근거로 내세우는 요 14:3; 고전 15:51-52; 살전 4:3-18에 대한 논의를 Ladd가 빼놓았다는 것이다(Walvoord, 1956: 297-8). 그러나 이들 구절은 환난과 휴거의 선후 관계에 대해 언급하고 있지 않다는 점에서 환난 전 휴거(전환난설)의 근거가 될 수 없다.

들(교회)에 대한 혐오(증오)를 양산하는 것이다.

16-17절 (짐승의 권한) 12-13절에 이어 네 번째 "행한다"(ποιεῖ)가 주동사로 나온다. 이번에는 '만든다'(to make)의 의미로 사용된다. 표를 받게 만든다(행한다). 이제 모든 이들은 오른손과 이마에 표를 받아야 한다(16절). 신분 고하(작은 자들과 큰 자들), 재산 유무(부자들과 가난한 자들), 귀속 상태(자유인들과 종들)에 관계없이 모든 사람이 표를 받아야 한다. 오른손과 이마는 사람에게 잘 보이는 곳이다. 어떤 형태의 표든 상관없이, 표(χάραγμα)는 존재의 소속을 나타낸다. 그런데 하나님의 백성들은 '표'('카라그마')를 받지 않고 그 대신 '인'('스프라기스')을 받는다(7:4; 고후 1:22; 엡 1:13; 4:30). 표를 받은 자에 대해서는, 그 표를 받은 사실이 계속 거론된다(14:9, 11; 16:2; 19:20; 20:4).

이 표는 짐승의 이름과 관련되는데 때로는 그 이름과 관련된 숫자로 표기되기도 한다(17절). 그런데 표를 가진 자만이 상거래 행위를 할 수 있다.[14] 표 자체가 짐승 숭배와 관련이 있다. 짐승을 섬기는 자만이 표를 받고 표를 받은 자만이 물건을 사고 팔 수 있어, 짐승의 시대에 생존할 수 있게 한다. 표를 얻을 수 없는 성도들은 결국 도태되어 더 이상 살아가기 어렵게 될 것이다. 우상에 경배하지 않는 자는 다 죽임을 당할 것이고, 혹여 이를 피한 성도라도 짐승의 표가 없어 경제적 교환활동이 불가능해질 것이다. 교회와 성도 대부분이 죽임을 당하는 시대다.[15] 특히 '인'(하나님의)과 '표'(짐승의)

14. Taylor는 짐승의 표를 로마, 특히 네로 시대의 동전(데나리온)으로 보고 16-17절을 네로 시대 유대 그리스도인들이 겪은 특정 사건으로 간주한다(Taylor, 580-2, 593-5). 그러나 그녀의 논증은 설득력이 부족하다. 예컨대, 16절 이전의 내용(11-15절)은 네로 시대에 맞다고 볼 수 없기 때문이다. 또한 그녀가 오른손에 표를 받는 것을 동전을 손에 쥔다고 본 것도 타당하다고 할 수 없다.

15. Beale은 본문에서 전반적인 순교가 이뤄졌다고는 볼 수 없다고 주장한다(Beale, 1999: 713-4). 모든 신자들이 실제로 죽임을 당할 것이라고 요한이 쓰고 있지 않다는 것이다. 그것은 Beale이 13장을 미래의 일로 보지 않기 때문이다. 그러나 성도들

가 대조되는 때다. 그때는 죽을 때다. 죽음으로 영원히 승리할 시간이다.

18절 (요한의 해설) 18절의 "여기에 지혜가 있다"는 표현은 10절의 "여기에 성도들의 인내와 믿음이 있다"와 같은 형식('호데 에스띤 …')이다. 이때 지혜(σοφία)가 필요하다는 말씀이다. "지각"(생각, νοῦς)을 가진 자는 짐승의 수를 세어보라 했다. 그것을 "사람의 수"라고 하였는데 이는 여섯(6)을 사람의 수로 보기 때문일 것이다. 사람의 수가 세 겹으로 합쳐진 666이 짐승의 수가 된다.[16] 지혜는 이 사실을 깨닫는 것이다. 짐승의 능력이 무한해 보여도 사실 하나님의 능력에 미칠 수 없고 결국 하나님에 의해 패망당할 것을 깨닫고 인정하는 것, 이것이 "짐승의 수"이자 사람의 수 666을 아는 지혜다.

첫째, 짐승(666)은 그 어떤 인간(6)보다 능력이 지대하다. 불완전한 인간의 수 6이 세 겹이나 되기 때문이다. 그러나 짐승은 불완전한 수(6)의 결합에 불과하다. 즉, 악의 삼두(6-6-6)를 가리키는 표현일 수 있다(Mounce, 1977: 265). 불완전한 수 6이 세 번 반복된 짐승은 완전할 수 없고 따라서 존재와 힘에 한계가 있다(Beale, 1999: 722). 이것이 짐승의 수면서 사람의 수라고 한 이유일 것이다. 짐승의 수는 사람의 수(6)에서 나온 수고 그 수의 삼중 결합이기 때문이다.

둘째, 사람의 수라고 했다고 666을 특정 인물(미래에 출현할)의 이름을 가리키는 특정 글자(예, 알파벳) 또는 숫자로 생각할 필요는 없다. 어느

의 순교를 예고하는 13:10이나, 짐승에게 경배하지 않고 표를 받지 않는 자를 순교자들로 표현하는 20:4를 볼 때, 짐승의 시대에 성도들이 죽임을 당할 것으로 보는 것이 자연스럽다. 특히 13:15의 ὅσοι ἐὰν은 '~하는 자는 다'(as many soever as)라고 번역하는 것(Thayer, 3860)이 좋다. '그 짐승의 우상에게 경배하지 않는 자는 다 죽을 것이다.'

16. Aune는 예수(Ιησοῦς)라는 이름이 헬라어 게마트리아로 888인 것(Ι = 10, Η = 8, Σ = 200, Ο = 70, Υ= 400, Σ = 200)을 소개한다(Aune, 1998a: 772).

미래에 짐승이 특정 존재(인물)로 나타날 수 있으나, 그렇다고 그 이름을 미리 예단하는 것은 의미가 없다.

셋째, 9-10절(요한의 첫째 해설)에서 '인내와 믿음'이 필요한 때가 짐승에 의해 박해를 받는 시대인 것처럼, 18절(둘째 해설)에서 '지혜'가 필요한 때는 바로 그 짐승을 분간할 때다. 그 짐승의 때에 핍박이 오면 인내와 믿음으로 대응해야 하고 그때 짐승의 표를 받을 상황이 오면 지혜로 대응해야 한다. 따라서 성도는 '그때'가 되면 지혜로 모든 형편을 판별하면 되고, 또 그리할 수 있다. 숫자의 뜻을 해독하는 것이 지혜가 아니라 짐승의 능력과 한계(666에 나타난)와 그 시대의 의미를 이해하는 것이 지혜가 될 것이다. 짐승은 많은 이들의 종교적 숭배의 대상이 될 뿐 아니라 성도까지 미혹해 배교하게 만들려고 할 것이다. 그러나 믿음의 성도는 짐승의 때를 분별하며 미혹하는 일에 대해 거부할 수 있을 것이다.

짐승이 세상을 장악하게 될 때, 그래서 모든 이들이 그를 종교적 신앙으로 숭배하게 될 때가 짐승의 시대다(살후 2:3-4, 8). 그럴 때 성도는 그 초점을 짐승의 권한(권력)에 맞춰선 안 된다. 그때를 허락하신 분은 하나님이시다. 그러한 때에 인내와 믿음으로 순교적 상황을 받아들이는 것, 그리고 아무리 짐승이 강력해도 결국 사람의 수로 된 짐승이므로 언젠가 하나님에 의해 반드시 무너질 것을 믿고 아는(깨닫는) 것, 그것이 그때의 '지혜'다.[17]

넷째, 특히 짐승의 표는 자기도 모르게 받게 되는 것이 아니다. 짐승의 표를 받는 것과 짐승과 우상에게 경배하는 일이 함께 발생한다(15-16절). 짐승의 표를 받은 자만이 매매할 수 있는데(17절) 짐승과 우상에게 경배하는 일 없이 표를 받는 일은 일어나지 않는다. 그래서 짐승의 표와 관련된 계

17. 지금 우리 시대에 666이 누구를, 또는 무엇을 지칭하는지 미리 아는 것을 지혜로 생각할 필요가 없다. 그때가 되면 누구나 알게 될 것이기 때문이다. 지혜는 짐승의 시대가 될 때 하나님의 관점에서 짐승의 정체와 짐승의 시대를 분별하는 것이다.

시록의 모든 구절이 이 두 가지(짐승-우상에게 경배하는 일과 짐승의 표를 받는 일)를 병기해 놓고 있다(13:15-17; 14:9, 11; 16:2; 19:20; 20:4). 따라서 짐승과 우상에게 경배하지 않고, 자신도 모르게 받게 되는 그런 짐승의 표는 존재할 수 없다. 그런 표식에 대한 우려(예, 베리칩 등)는 현재 아무런 의미가 없다. 짐승에 대한 숭배 없이 짐승의 표는 없다. 이제까지 666을 밝히려는 많은 노력은 모두 허사였다. 앞으로도 천지격동의 여섯째 인의 시대를 거쳐 짐승의 때가 될 때까지는 그런 노력이 아무런 의미가 없을 것이다. 그러나 짐승의 때가 되면 666의 의미가 분명히 드러날 것이다. 사람들에게 짐승 숭배를 강제하는 존재가 666일 것이기 때문이다.

해설

계시록 13장에는 짐승 둘이 출현한다. 이 가운데 바다에서 나오는 짐승이 바울이 예고한 '불법의 사람'일 것이다(살후 2:3-12). 계시록 13장의 짐승과 데살로니가후서 2:3-12의 '불법의 사람'이 공유하는 여섯 가지를 서론("짐승의 등장")에서 상술한 바 있다. 요약하면 다음과 같다. 첫째, 사탄의 지상 대행자다(계 13:2, 4; 살후 2:9). 둘째, 종교적인 숭배의 대상이 된다(계 13:1-2, 3-8, 12, 14-15; 살후 2:3, 4, 8). 셋째, 많은 능력과 기사를 행사할 것이다(계 13:4, 12, 14; 살후 2:9). 넷째, 만국을 미혹하여 하나님을 대적하게 할 것이다(계 13:4-6, 8, 12, 15-17; 살후 2:10). 다섯째, 그때 그리스도의 교회에 큰 박해가 있을 것이다(계 13:8-10, 15-17; 살후 2:3, 10-11).

그러면 666은 누구를 가리킬까? 특정인을 가리키는가? 여기에 대한 논란이 많이 있다. 666을 해석하는 방식 중에 하나는 헬라어 알파벳을 숫자로 표기하는 방법('게마트리아')이었다. 그러나 무모한 추정은 늘 실패로 돌아갔다. 역사적 맥락을 떠나, 어떤 특정인, 또는 특정 집단을 '666이다,

아니다'라고 하는 논란은 의미가 없다. 예컨대, 네로의 이름이 666이라는 것이 이제까지 가장 지지를 받는 견해였다. 네로 카이사르(Nero Caesar)의 이름을 히브리어로 음역하면 '네론 카사르'(נרון קסר)가 된다. 이 알파벳 수를 합치면 666이 된다(נ = 50, ר = 200, ו = 6, ן =50, ק = 100, ס = 60, ר = 200,)는 것이다(Osborne, 2002: 520; Wilson, 2005: 184-5). 그런데 히브리 음역을 '네로 카사르'(נרו קסר)로 하면 616이 된다. 헬라어로 쓴 라틴어 이름을 다시 히브리어로 변환해서 그 수를 합친다는 점 자체에 문제가 많지만(Mounce, 1977: 264-5; Beale, 1999: 719-20),[18] 설혹 네로를 가리킨다고 해도 미래에 일어날 일이므로 미래의 네로 같은 존재(인물)라 생각할 수 있다.

그러나 여기서 중요한 것은 666으로 나타나는 짐승은 자신을 경배할 것을 요구할 것이고 그 대가로 상거래(경제활동)를 위한 표를 줄 것이라는 점이다. 즉, 짐승의 표를 받는 일은 자신도 모르는 상태에서 부지불식간(不知不識間)에 받는 것이 아니다. 짐승의 표를 받는 일은 짐승 숭배와 깊이 연계된다(13:15-17; 14:9, 11; 19:20; 20:4). 둘이 서로 분리되지 않는다. 따라서 짐승의 표가 무엇인지보다 중요한 것은 어떤 일(표 받는 일)이 짐승과 우상을 숭배하는 것과 관련되느냐이고 이것이 곧 우선해야 할 관심사다.

이제까지 짐승과 그 표에 대한 역사적 추정 가운데 맞은 적이 없다. 역사적으로 백 명이 넘는 사람들이 666으로 간주되었다(Beale, 1999: 720, 각

18. 헬라어 독자들에게 히브리어 방식의 게마트리아(gematria)를 이해하기는 쉽지 않다. 특히, Beale은 계시록에 나온 숫자 가운데 게마트리아가 적용된 경우가 없다는 점, 또한 계시록에서는 히브리어인지 헬라어인지 구분이 필요할 때는 히브리어(16:16) 또는 헬라어(9:11)라고 붙였다는 점을 지적한다(Beale, 1999: 721; 참고, Valdez, 15). 반면에 Koester는 1-2세기에 서머나에서 게마트리아 사용의 예가 있었던 것과 사데에서 라틴어의 히브리 음역이 발견된 것을 알린다(Koester, 2016: 7-14). 역사적으로 666에 대해 게마트리아를 어떻게 적용해 왔는지에 대해서는 Valdez, 10-12를 참고하라.

주 308). 앞으로도 그럴 것이다. 그렇다고 (짐승의 표를 받는) 그때가 오지 않는 것은 아니다. 양치기 소년의 거짓말을 믿다가 실망하여 참말은 믿지 않게 되는 어리석음을 범하지 말아야 한다. 짐승의 표와 그 수를 분간하려는 지혜는 세계적으로 교회를 향한 박해가 극심할 그때(짐승의 때)에 필요한 것이다("여기에 지혜가 있다"). 미리 필요한 것이 아니다. 과도한 논란은 의미가 없다. 그때 모든 성도는 짐승의 정체를 알게 될 것이다. 그 짐승은 '반드시' 하나님을 모독하며 자신에 대한 숭배를 강요할 것이기 때문이다.

제20장
요한계시록 14:1-5
구원받은 이들

14장은 두 가지 내용으로 구성된다. 1-5절에는 144,000명과 하늘에 있는 이들에 대한 에피소드가 7장에 이어 두 번째로 등장한다. 6-20절은 두 가지(보상과 보응) 추수에 대해 반복적으로 예고하는 단락이다. 하나님의 보상과 보응은 계시록의 핵심 주제다. 14장은 계시록 전체의 중간에 위치한다(서론의 "계시록 구조" 항목을 참고하라). 중간에 위치한 14장에 구원받는 자들에 대한 것과 보상과 보응의 두 추수에 대한 주제를 수록한 것은 이들 주제가 그만큼 중요하기 때문일 것이다. 14장은 인류 역사에 대한 하나님의 보응과 보상이 반드시 있다는 메시지, 그리고 하나님의 백성은 반드시 구원된다는 메시지를 담고 있다.

144,000명이 7장(7:4-8)에 이어 두 번째 등장하는 본문인 14:1-5는 7장과 밀접한 관계를 갖는다. 이 본문은 동시에 8장 이후의 내용과도 연계된다.

첫째, 일곱 나팔(8-9장, 11:14-19) 이전에 구원받는 이들이 처음으로 등장한 것(7장)을 기억하자. 이때는 인(특히 여섯 인) 재앙(6장)이 있은 후였다. 7장은 여섯 인 이후고, 14장은 일곱 나팔 이후이며, 또한 구원받은 이들이 또다시 출현하게 되는 19:1-10은 일곱 대접 이후다. 다시 말해, 여섯 인(6장), 구원받은 이들(7장), 일곱 나팔(8-9장; 11:14-19), 구원받은 이들(14장), 일곱 대접(15-16장), 구원받은 이들(19:1-10)의 순으로 진행된다.

둘째, 일곱 나팔 재앙(8-9장; 11:14-19)과 요한과 두 증인의 증언(10:1-11:13), 그리고 이어지는 용의 전쟁(12장)과 짐승의 지배(13장)를 거치면서 교회와 많은 성도가 박해를 받아 죽임을 당하게 될 것이다. 이때의 교회는 일견 실패한 것처럼 보이지만, 그들은 진정 승리한 자들이다. 하나님께서는 그의 성도들을 끝까지 붙잡고 계신다. 그것이 14장의 구원받는 이들이 재등장하는 이유다.

셋째, 7장과 14장(1-5절)은 유사하면서 또한 차이가 있다. 7장에는 그때(특히 인 재앙 관련 또는 직후)에 구원받은 이들에 대한 내용이 나온다. "이마에 인을 칠 때까지"(7:3) 또 "큰 환난에서 나오는"(7:14)이라는 표현은 이들을 소집해가는 과정(구원의 과정)을 가리키는 표현이다. 이와 관련된 때는 인침이 완성되기 전이다. 반면에 14장(1-5절)에는 144,000명의 인침이 완결된 모습이다. 이미 인을 받은, 즉 13장 짐승의 시대 또는 이전에 구원을 받은 이들 144,000명이 그리스도와 함께 시온산에 있다(1절). 반면에 하늘에는 그곳에서 찬양하고 있는 많은 이들(구원된 이들)이 존재한다(2-3절). 7장에서 그들은 "큰 환난에서 나오는" 이들(7:14)로서 환난을 통과하는 과정에 있다면 14장에서는 그 과정이 마치고 이미 하늘에서 노래하는 이들로 나타난 것(14:2-3)이라 할 수 있다. 다시 말해, 14장에서 144,000명은 인치는 작업이 끝난 상태에 있고(14:1), 이미 환난을 통과한 이들은 다 하늘에서 찬양의 노래를 부르고 있다(14:2-3).

넷째, 7장은 1-8절(144,000명)과 9-17절(셀 수 없는 많은 무리)로 나누어지며 순차적인 이중 배열로 구성된 반면, 14:1-5는 144,000명과 하늘에서 노래하는 이들이 교차적으로 결합되어 나타난다. 1절(a)은 144,000명을, 2-3a절(x)은 하늘에 있는 이들, 3b-5절(a′)은 다시 144,000명에 초점을 맞춰 이야기한다. 그리하여 다음과 같은 교차 구조를 보인다.

A. 시온산의 144,000명(1절)

X. 하늘에서 노래하는 이들(2-3a절)

A′. 144,000명에 대한 설명(3b-5절)

번역

1 또 나는 보았다. 보라. 어린 양이 시온산에 서셨고 그의 이름과 그의 아버지의 이름이 그 이마에 쓰인 십사만 사천 명이 그와 함께 있었다. **2** 그리고 나는 하늘에서 나는 많은 물 소리같고 큰 천둥소리 같은 소리를 들었다. 내가 들은 그 소리는 하프 연주자들이 그들의 하프로 연주하는 소리 같았다. **3** 그리고 그들은 그 보좌 앞과 네 생물과 장로들의 보좌 앞에서 새 노래를 부르고 있었다. 그런데 땅에서 속량된 십사만 사천 명 외에는 아무도 그 노래를 배울 수 없었다. **4** 이들은 여인들로 더불어 더럽혀지지 않은 자들이다. 순결한 자들이기 때문이다. 이들은 어린 양이 어디로 가시든지 따르는 자들이다. 이들은 사람들 가운데 속량되어 하나님과 어린 양께 첫 열매가 되었다. **5** 거짓된 것이 그들의 입에서 발견되지 않았다. 그들은 흠이 없는 자들이다.

주해

1절 (시온산의 144,000명) 용의 두 짐승에 의해 일어나는 잔혹사(13장)를 본 후, 요한은 믿음으로 승리한 이들에 대한 장면을 보게 된다("나는 보았다"). 어린 양 되신 그리스도께서 시온산에 서 계셨다(1절). 시온산은 예루살렘을 상징한다(삼하 5:7; 왕하 19:31; 사 10:12, 32; 슥 8:3; 마 21:5; 요 12:15). 시온산은 신약에서 때로 유대인들을 가리키는 말(롬 9:33, '시온')도 되고, 혹은 비유적으로 하늘의 예루살렘(히 12:22)을 뜻하기도 한다. 144,000명이 7장에서 유대인들을 직접 가리키고 있는 점(7:4)을 고려한다면 14장의 시온산은 예루살렘을 가리키거나 상징하는 말일 수 있다. 그곳에 144,000명이 어린 양 예수 그리스도와 함께 있었다. 이들은 하나님의 종들로서 이스라엘 자손의 각 지파 가운데 인침을 받은 자들(7:3-4)이다. 7장에서는 인을 치는 과정에 있었다면 여기서는 이미 인을 다 받은 상태라 할 수 있다. 144,000명은 특정한 때에 구원받게 될 유대계 그리스도인들의 총수(또는 충족수)일 것이다(7:1-8의 해설을 보라). 그들의 이마에 어린 양의 이름과 성부의 이름이 쓰여 있다. 이 말은 이들이 모두 성자와 성부에 속해 있다는 것이다. 성부와 성자의 소유다. 이들이 어린 양과 함께 시온산에서 있다는 것은 그들의 인침이 종결되었음을 의미할 것이다.

이들이 등장하는 이유는 13장과 관련이 있다. 13장에서 짐승을 따르지 않는 이(믿는 자)들은 죽임을 당하거나(15절) 일상 생활을 전혀 할 수 없게 된다(17절). 이들 유대인들은 용을 피해 하나님께서 예비하신 곳에 피신한 특정 유대인들(12:14)일 것이다. 그러다가 이들 유대인들 가운데 그리스도를 믿는 구원과 회복의 역사가 크게 일어나고, 이들 또한 그리스도의 제자들이 된다(14:4). 11장에서 두 증인의 부활과 승천 이후 일어난 사람들의 회심(11:13)이 이와 관련될 가능성이 있다. 어린 양과 함께 이들 유대계 그리스도인들이 모두 시온산에 모여 있다. 하나님께서 그들을 두신 곳이다. 이들 유대계 그리스도인들도 성도들과 같이 감옥에 가고 순교에 이르게 될 수도 있고(13:10, 15), 그들이 특정한 곳에 피신되어 있다가(12:14) 14장에서처럼 시온산에 나타날 수도 있다. 그런데 14:1의 모습이 순교된 상태를 가리키는지, 살아 있는 상태를 가리키는지는 분명하지 않다. 그렇지만 이들도 똑같이 그 시대 성도의 길을 가게 된다. 이들은 어린 양이신 그리스도를 어디든 따르는 자들이기 때문이다(14:4). 이들은 외견상 패배자 같으나 궁극적으로는 승리자다. 그 승리를 그리고 있는 것이 14:1-5다.

어린 양께서 그들과 함께 서신 시온산의 위치가 하늘인지, 지상인지 논란이 있다(Osborne, 2002: 524-5). 하늘이라 할 수 없을 것 같다. 2절의 "하늘"과 1절의 "시온산"이 대조되기 때문이다. 시온산이 지상의 특정 장소를 가리킨다고 해서 어린 양이신 그리스도의 재림 장면과 동일시할 필요는 없다. 시온산은 피신의 장소(왕하 19:31; 사 31:4-5; 욜 2:32; 옵 1:17)이자 흔들리지 않을 곳(시 125:1; 사 4:5-6)이다. 협의적으로 시온산은 높은 산성에 위치한 예루살렘을 가리키지만 광의적으로는 이스라엘을 가리킨다(참고, 마 21:5; 요 12:15; 롬 9:33; 11:26; 히 12:22; 벧전 2:6). 계시록에서는 땅 위에 있는 이스라엘의 예루살렘 이름을 직접 언급하지 않는다(비교, 11:2, "거룩한 성"). 미래의 '새 예루살렘'은 세 번 직접 거명된다(3:12; 21:2, 10). 시온산을 지리적 예루살렘과 동일시할 수도 있지만 또한 그렇지 않을 가능성도 배제할 필요는 없다. 유대계 그리스도인들이 모인(있는) 곳을 상징한다고 할 수 있다.

또 하나, 어린 양 그리스도께서 그들과 함께 계신 모습이 그리스도의 재림의 장면과 같다(R. Thomas: 1995: 191)고 할 필요는 없다. 그리스도의 재림은 19장(11-16절)에 나온다. 14:1은 그리스도의 임재와 보호를 가리킨다고 볼 수 있다. 이러한 모습은 일곱 촛대인 일곱 교회 사이에 거니시는 그리스도의 임재와 같다(1:12-13; 2:1). 구원받는 자들은, 유대인이든 비유대인이든 모두 그리스도의 지휘(통괄) 아래 있다. 144,000명의 등장은 협의적으로는 유대인, 포괄적으로는 모든 성도들의 구원과 보호의 의미를 담고 있다.

14장은 또한 15-16장의 강도 높은 심판인 대접 재앙으로 전환되기 전의 본문이다. 14장에서 구원이 마무리될 것인지 알 수 없지만, 15장 이후로는 하나님 섭리에 의한 본격적인 심판의 국면으로 들어서게 되는 것은 분명하다.

2-3a절 (하늘에서 노래하는 이들) 이번에 요한이 들은 것("나는 들었다")은 어떤 소리였다(2절). "하늘에서 나는 많은 물 소리"와 "큰 천둥소리" 같은 것은 헤아릴 수 없이 많은 이들(참고, 7:9)이 내는 소리일 것이다. 이 소리는 '하늘'에서 나는 소리란 점에서 지상의 '시온산'과 연관된 것이 아닐 것이다. 많은 물 소리와 큰 천둥소리는 규모(크기)에 대한 언급이다. 그리스도의 음성이 "많은 물 소리"와 같았다(1:15)고 할 때 그것은 그분의 신적 능력의 크기를 알려준다. 반면에 음녀가 앉은 "많은 물"은 많은 열방(민족들과 언어들)을 가리킨다(17:1, 15). 2절에서 많은 물 소리를 내는 주체가 신적 존재가 아니라는 점에서, 하늘에서 노래하는 이들이 상당한 규모(크기)임을 알려준다고 보는 것이 타당하다(또한 19:6, "많은 무리의 소리 같고 많은 물 소리 같고 강한 천둥소리같이 말하는 소리").

한편, 하프(수금) 연주자들이 하프를 연주하는 소리와 같다고 하였는데, 이는 그 소리의 질(음질)에 대한 것이다. 하늘의 하프 연주자들의 연주는 그 수준이 상당할 것이다. 많은 수의 하프 연주의 질서와 아름다움, 그 조화된 하모니를 말하려 한 것이다.[1] 하프를 타며 연주할 뿐 아니라 입으로 새 노래를 부르고 있다(3a절). 하늘의 보좌 앞과 네 생물과 장로들의 보좌 앞에서 노래를 불렀다. 이들이 모두 모여 하나님 앞에서 찬양의 노래를 부르고 있는 장면이다. 5장(11-12절)에서는 수많은 천사들이 찬양을 하였는

---

1. 악기를 들고 연주하며 새 노래로 찬양하던 네 생물과 이십사 장로를 기억하자(5:8-9). 이들도 찬양과 반주를 겸하고 있었다. Ladd는 악기를 들고 연주하는 이들을 천사로 보고 있는데, 이는 그가 7장의 두 집단을 구별하지 않기 때문이다(Ladd, 1972: 190). 하프를 가지고 노래하는 주체(많은 무리)가 명시되지 않은 곳에서는 천사로 보는 것보다는 구원된 성도의 집단으로 보는 것이 자연스럽다(15:2-4; 비교, 5:8-10).

데, 7장(9-10절)과 14장(3a절)에서는 하늘의 많은 무리가 찬양하고 있다(참고, 19:1-3). 하나님과 어린 양은 그러한 찬양을 받으시기에 합당하시다. 7장과 14장에서 144,000명과 하늘의 많은 무리가 함께 출현한다는 점, 두 집단이 대조되어 표현된다는 점 등에서 두 본문은 평행성을 가지고 깊이 연계된다.[2]

1절의 144,000명과 2-3a절의 하늘에서 노래하는 이들이 다음과 같은 점에서 대비가 된다. 첫째, 144,000명은 '시온산'에 있고(1절) 노래하는 이들은 '하늘'에 있다(2절). 둘째, 노래하는 이들은 하프를 타며 노래하고 있고(2절; 참고, 15:2) 144,000명은 특정한 악기를 다루고 있지 않는 것 같다. 셋째, 노래하는 이들은 노래를 이미 알고 노래하고 있으나 144,000명은 이제 그 노래를 '배워'(3b절) 노래하게 되었거나 또는 노래하려고 한다.

3b-5절 (144,000명에 대한 설명) 장엄한 하프 소리에 맞춰 하늘에 있는 이들이 새 노래(5:9; 14:3)를 부른다. 그런데 어린 양과 함께 시온산에 있는 144,000명(1절)밖에 그 노래를 배울 수 없었다(3b절). 그 어떤 자들도 이 노래를 배울 수 없다고 했다. 새 노래는 특별히 선택된 이들만이 부를 수 있는 노래였다. 새 노래는 하나님을 찬양하고 그분께 감사하는 노래다(시 33:3; 40:3; 96:1; 98:1; 144:9; 149:1; 사 42:10; 계 5:9). 하늘에서 노래를 부르는 이들의 새 노래를 144,000명밖에 '배울'(배워서 따라 부를) 자들이

---

2. 7장과 14장의 구원받은 두 집단의 출현은, 144,000명만을 구원받은 성도의 총수라 말할 수 없다는 것에 대한 중요한 방증이다. 하늘에 이미 구원받은 자들이 많이 존재한다(7:9, 13; 14:2-3). 그러면 하늘의 큰 무리와 대조되는 144,000명은 누구일까? 자연스런 해석은 그들이 유대계 성도들이라는 것이다. Beale과 Osborne은 두 집단을 구별할 수 없다고 주장하지만(Beale, 1999: 735; Osborne, 2002: 527-8), Swete와 Aune는 두 집단의 차이를 인정한다(Swete, 177-8; Aune, 1998a: 803, 806). 또한 14장에서 Aune는 땅(1절), 하늘(2-3절), 땅(4-5절)의 교차 구조를 정확히 지적한다(Aune, 1998a: 803). 반면에 Osborne은 1절의 "나는 보았다"와 2절의 "나는 들었다"의 대상의 차이를 보지 못한다(Osborne, 2002: 527-8).

없었다.

2-3a절(x)은 하늘에서 노래하는 이들에 대해 말하고 있는 반면, 3b절은 다시 1절의 144,000명에 대한 내용으로 되돌아간다. 1-5절의 교차 구조(a-x-a′)에서 3b-5절(a′)은 1절(a)과 직접 연계된다. 그들 144,000명은 땅에서 속량된 이들이다. 이 용어는 하늘에 있는 이들(2-3a절)과 대조된 용어로 보인다. 하늘에 있는 이들도 본래 땅에 있던 이들이지만 지금 그들의 현주소는 '하늘'인 반면, 144,000명은 아직(그때까지는 적어도) '땅'에 있다는 사실을 부각하는 것 같다. 7장에서도 1-8절(144,000명)은 땅이 장소였고 9-17절(셀 수 없는 많은 무리)은 하늘이 장소였다(Aune, 1998a: 434; Blount, 2009: 266-7).[3] 물론 이들 144,000명이 어린 양에 의해 땅에서 속량된 사실을 단순히 진술하려는 목적일 수도 있겠다.

4절의 "이들"(οὗτοι)은 144,000명을 지칭한다. 4절은 지시대명사 '후또이'(이들)를 세 번 반복하여 강조하여 사용한다. '이들은 ~ 자들이다, 이들은 ~ 자들이다, 이들은 ~ 자들이다.' 지시대명사 '후또이'의 반복적 사용은 이들의 정체성을 규명하는 지시적 설명('이들은 [바로] ~이다')을 부각하는 목적을 가진다.

첫째, '이들'은 순결한 자들이다(4절). 여인들과 더불어 더럽혀지지 않은 자들이다. 그들의 영적, 도덕적 순결성을 가리키는 말이다. 본래 "순결한 자"(παρθένος)는 처녀, 총각을 뜻한다. 그러나 이들 모두를 결혼하지 않는 자들로 보는 것은 자연스럽지 않다. 그들의 순결은 영적 순결을 말하는 내용으로 보는 것이 자연스럽다(고후 11:2, "너희를 순결한 처녀로 한 남편인 그리스도에게 드리려고"; 참고, 계 2:14, 20-22; Reddish, 2013: 74). 오스

3. 14:1-5 역시 7장과 같이 두 집단을 가리키고 있다는 점을 파악하지 못하면 Caird처럼 7장의 두 집단을 하나로 보아야 한다는 생각을 할 수밖에 없게 된다(Caird, 94-95).

본의 견해처럼 영적, 도덕적 정결함을 함께 가리킨다고 보는 것도 좋다(Osborne, 2002: 528-9). 한편, 이 표현은 이들이 17-18장의 '음녀'와 상관없는 이들임을 부각하는 말일 수도 있다(참고, Moyise, 38). 음녀의 종교적, 비도덕적 영향력으로부터 구별된 이들인 것이다.

둘째, '이들'은 어린 양이 어디로 가시든지 그를 따른다(요 10:4, 27). 그의 참된 제자들이다. 그만큼 충성된 자들이다. 그들이 유대인들이라면, 유대계 그리스도인임을 가리킨다. 모든 유대인을 가리키지는 않는다. 이들은 어린 양이신 그리스도의 진정한 제자들이기 때문이다. "어디로 가시든지 따르는"이라는 말에는 그들 또한 어린 양처럼 순교의 길로 가고 있음을 암시한다(Aune, 1998a: 814). 죽임을 당하신 어린 양(계 5:6)의 길은 고난의 길이다.

셋째, '이들'은 사람들 가운데 속량되어(값을 지불하고 사서) 하나님과 어린 양에게 "첫 열매"가 되었다.[4] 이미 3b절에 그들이 "속량된"(또는 "속량되어 있는", 현재완료 분사로 속량된 상태를 부각함) 이들이라는 말이 나왔다. 4절에서 다시 한번 부정과거 직설법 '에고라스쎄산'(ἠγοράσθησαν, 속량되었다)을 사용한다. 이 표현은 이들이 이미 속량된 이들이라는 사실을 강조한다.

하나님과 어린 양께 "첫 열매"(ἀπαρχή)로 속량된 것을 말하는데, '첫 열매'(처음 익은 열매)라는 표현은 상대적인 용어로 이들 뒤에 '다른'(후속) 열매들이 뒤따를 것을 암시한다. 바울은 그리스도께서 첫 열매가 되셨다고

4. 144,000명이 '속량된' 자들(14:4)이라는 표현 때문에, 이들이 "모든 지파, 방언, 백성, 민족 가운데서"(5:9) 그리스도께서 사신 이들과 동일한 이들이고, 그래서 "모든 민족과 종족과 백성과 방언(언어)에서 나온 이들"(7:9)과 동일하며, 따라서 모든 성도를 가리키는 것이라는 주장(Beale, 1999: 412-3)은 비약된 논리라 할 수 있다. 모든 그리스도인들은 '속량된' 이들이고 속량된 144,000명(B)은 모든 속량된 이들(A)의 수에 포함될 뿐(A ⊇ B)이다.

하였다(고전 15:20, 23). 첫 번째 부활의 존재가 되셨다는 뜻이다. 또 바울은 에배네도를 아시아의 첫 열매(롬 16:5)로, 스데바나의 집을 아가야의 첫 열매(고전 16:15)로 소개한 바 있다. 두 사람이 각기 아시아와 아가야에서 믿음의 첫 열매라는 뜻이다. 야고보는 우리 그리스도인이 피조물 가운데 첫 열매가 된다고 하였다(약 1:18). 모든 피조물을 포함하여 온 우주의 구원(회복)에서 우리 그리스도인이 첫 번째라는 뜻이다. '첫' 열매는 상대적인 말로서 그다음에 '다른' 열매가 후속된다는 의미를 전달한다. 어느 집단에서, 또는 누구에 비해 '첫 열매'인가를 생각해야 한다.

4절은 이들이 "하나님과 어린 양"에게 "첫 열매"가 되었다고 하였다. 다른 구원받은 자들과 비교해서 첫 열매가 된다는 뜻이므로 먼저 하나님의 백성이 된 유대인들을 가리키는 표현으로 보는 것이 자연스럽다. 유대인들은 구약에서 선택된 백성이었고 신약에서도 먼저 구원된 성도들이었다. 예레미야는 이스라엘을 가리켜 "여호와를 위한 성물 곧 그의 소산 중 첫 열매이니"(개역개정 렘 2:3)라고 선언한다(참고, 마 10:6; 롬 1:16; 호 9:10). 그리스도의 제자들과 사도행전 1-7장의 초대 교회 성도들은 모두 유대인들이다. 그들은 시기적으로도 '첫 열매'가 되지만, 의미상으로도 이들은 '첫 열매'가 될 수 있다. 유대인들이 본래 아브라함의 후손 '참감람나무'(롬 11:17, 24)였기 때문이다. 따라서 이 표현이 종말의 유대인들을 가리킨다고(포함한다고) 해도 이상할 것이 없다. 144,000명은 첫 열매에 속하는 유대인 집단이다.[5] '첫 열매'라는 것은 시간적 순서로 처음 구원받은 이들을 가

---

5. 144,000명이 유대 그리스도인들로서 '첫 열매'로 불릴 수 있는 이유는 다음과 같이 정리해 볼 수 있다. 첫째, 아브라함의 자손인 유대인으로서 먼저 하나님의 백성이 됐기 때문에 상징적인 측면에서 첫 열매로 불릴 수 있을 것이다. 물론 이때도 모든 유대인들을 가리키지 않고 유대계 그리스도인(어린 양을 따르는 자)들을 가리킨다. 둘째, 마지막 때에 이들이 먼저(첫 열매로) 구원을 얻은 후에, 그다음으로 후에 복음 증거를 받고(6-7절) 14-16절의 인자 같은 이의 추수로 추수되는 또 다른 성도들이 있

리키는 말일 뿐 아니라('처음', L&N, 61.8) 이들 집단의 성격이 '(따로 떼어낸) 첫 열매'가 되는 이들이 된다는 뜻('첫 것[몫, portion]', L&N 53.23)을 전달한다고 이해할 수 있겠다. 예레미야는 이스라엘이 "여호와를 위한 성물 곧 그의 소산 중 첫 열매"라고 예언한 바(렘 2:3) 있다. 상징적인 의미의 첫 열매다. 성부와 성자께서 그들을 첫 열매로 삼으셨다. 물론 이들의 구원도 어린 양의 핏값으로 가능하게 되었다.

5절은 '후또이'(이들) 패턴을 사용하고 있지 않지만, '이들'에 대한 내용을 보충하고 있다. 넷째, 그들의 입에 거짓이 발견되지 않았고 그들은 무흠한 자들이다(5절). 이런 묘사는 본래 어린 양에 대한 베드로전서의 설명이다. 점 없고 흠 없는 어린 양(벧전 1:19)은 죄를 범치 않으시고 그 입에 거짓이 없으셨다(벧전 2:22). 그리스도를 닮아 거짓이 없고 진실되며, 그리스도로 인해 흠이 없는 존재들(엡 1:4; 그리스도의 무흠함에서 기원, 히 9:14)이다. 그들이 어떻게 그리스도를 따르고 있는지 보여주는 묘사다.

a. 더럽혀지지 않고 순결하다(4a절).

b. 어디든지 어린 양을 따른다(4b절).

을 것이라는 점에서 이들이 첫 열매로 불릴 수도 있을 것이다(Osborne, 2002: 530-1). 이럴 경우 첫 열매는 모든 구원받는 이들의 첫 열매라는 뜻이 아니라, 짐승의 때에 있게 될 구원 사역의 첫 열매라는 의미가 된다. 그러나 짐승의 때에 성도들 대부분이 순교하는데(13:8-10, 15), 144,000명이 먼저 순교하고 그 후 그 외의 성도들(또는 모든 성도들)의 추수가 있다는 해석(인자의 추수)은 그다지 설득력이 없다. 셋째는 모든 피조물 가운데 성도들 전체를 첫 열매로 보는 것이다(약 1:18; Ladd, 1972: 192). 첫째 견해가 가장 자연스럽다. 셋째 견해도 가능하지만, "사람들 가운데 속량되어 하나님과 어린 양께 첫 열매가 되었다"(4절)에서 "사람들 가운데"라는 표현은 '피조물 가운데 (따로 떼어낸) 첫 열매'라는 의미(약 1:18, "그가 피조물 중에 우리로 한 첫 열매가 되게 하시려고"[개역개정])라기보다는 "사람들 가운데 (따로 떼어낸) 첫 열매"라는 의미로 보는 것(예, 렘 2:3)이 더 자연스러울 것이다.

b′. 사람들 가운데 속량되어 첫 열매가 되었다(4c절).

a′. 거짓이 없고 무흠하다(5절).

둘째와 셋째는 주로 영적이면서 구원과 직접 관련된 반면 첫째와 넷째는 영적인 면과 도덕적인 면이 함께 있다. 영적, 도덕적으로 준비된 예수의 제자들이다.

4-5절은 현대 국가 이스라엘과 장차 구원될 유대인 성도들을 구별해야 한다는 점을 분명히 한다. 7장과 14장에 나타난 종말에 있을 유대인들의 구원이 국가 이스라엘의 구원이나, 모든 유대인들의 구원으로 나타나는 것은 아니다. 일부 기독교계에서 보여주는 정치적 편향성, 즉 국가 이스라엘을 무비판적으로 옹호하는 일은 바람직하지 않다. 국가 이스라엘의 무흠성 주장은 더욱 곤란하다. 본문은 144,000명이 (유대계) '그리스도인'임을 명확하게 하고 있다. 그리스도인이라도 의롭지 못하면 판단받아야 한다. 설사 기독교 국가라도 범죄하면 의의 심판을 피할 수 없을 것이다. 계시록에 나타난 유대인들의 구원은 유대 국가(이스라엘)나 유대 민족의 부흥이 아니다. 더 나아가 유대교의 부흥은 더욱 아니다. 철저히 기독론적이다. 그들이 구원된다면 오직 그리스도 신앙으로만 구원될 뿐이다(Ladd, 1959: 120-1; 1978: 24-28). 한때 예수 그리스도를 배척했던 그들이 예수 그리스도를 영접하게 되는 경우다(예, 11:13).

계시록의 문자적 해석과 이스라엘 옹호는 관련이 없다. 첫째, 이스라엘(유대인)이라도 예수 그리스도를 받아들이지 않으면 그들에게 구원이 없다. 둘째, 모든 성도는 의와 사랑을 실천해야 한다. 그렇지 않으면 바른 성도가 아니다. 그것은 국적이나 민족에 관계없이 중요하다. 셋째, 이 원칙은 기독교 국가에도 적용된다. 더군다나 이스라엘은 최소한 지금은 기독교 국가도 아니다. 기독교 국가라고 또는 그리스도인이라고 불의와 부도덕이 면책되는 것은 아니다. 넷째, 이스라엘을 포함한 모든 민족, 모든 국가는 존중되어야 한다. 이스라엘만 일방적으로 두둔하거나 반면에 이스라엘을 편향적으로 적대시할 필요도 없다.

해설

7장과 14장의 144,000명을 유대계 그리스도인으로 보는 것이 타당한 이유는 다음과 같이 정리할 수 있다.

첫째, 이들이 유대인임을 암시하는 용어들이 사용된다. 예컨대, "시온산"(14:1), "이스라엘의 자손의 모든 지파"(7:4), 열두 지파의 이름들(7:5-8) 등이다.

둘째, 하늘에서 노래하는 이들(2절)과 시온산에 있으면서 그 노래를 '배우는' 이들(3b절)이 다를 수 있다. 교차 구조(a-x-a')로 볼 때, 노래하는 이들(2-3a절, x)을 시온산의 144,000명(1절, a)과 그 노래를 배워 노래할 속량받은 이들(3b-5절, a')과 동일한 집단으로 볼 필요가 없다.

셋째, 7장에서 두 집단, 즉 셀 수 있는 144,000명(4-8절)과 하늘의 셀 수 없는 많은 무리(9-17절)가 대조되어 기록된 것처럼 14장에서도 두 집단은 다르게 나타난다. 144,000명과 다른 구원받은 이들이 있다(2-3a절; 6-7, 12-13, 14-16절).[6] 그들은 추수되는 이들(6-7, 12-13, 14-16절)이다. 144,000명이 유대계 그리스도인이라면, 이때 추수되는 이들은 비유대계 그리스도

6. Aune는 하늘에서 노래하는 이들(2-3a절)과 144,000명(1, 3b-5절) 사이의 차이를 바르게 이해한 학자다(Aune, 1998a: 447-8, 806-8). 다만, 14장의 두 집단 차이를 7장의 두 집단(4-8절, 9-17절) 차이와 비교하지 못한 점이 아쉽다. 두 집단을 대조하는 연구를 진척시킬 수 있다면, 특정한 유대계 그리스도인들과 무수한 그리스도인들의 대조적 관계(보완과 종합)는 계시록의 종말론적 구원의 중요한 특징이 된다는 것을 이해할 수 있을 것이다.

인들을 가리킬 것이다.

넷째, 14:4에서 이들을 "첫 열매"(4절)라고 한 표현은 상대적인 표현이다. 이 표현은 '나중 열매'가 있음을 암시한다. 바울은 유대인들을 참감람나무라 하면서 원가지에 속한 이들이 언젠가는 다시 접붙임을 받을 존재라 한 바 있다(롬 11:17, 23-24). 하나님의 나라의 첫 열매는 유대계 그리스도인을 가리키는 것으로 볼 수 있다(참고, 롬 11:16, "처음 익은 곡식 가루"). 이러한 표현은 뒤에 추수되는 이들(14-16절)이 있음을 전제하고 그들과 비교하여 유대 그리스도인들을 '첫 열매'라고 부른다.

다섯째, 이들은 유대인들이지만 또한 그리스도인들이다. 그래서 유대계 그리스도인들이다. 그들의 모습은 두 가지로 나타난다. (1) 어린 양이 어디로 가시든 따르는 자들이다. 그리스도의 참 제자들이다. (2) 사람들 가운데서 속량되었다. 그리스도의 피로 사죄와 구원을 얻은 이들이다. 이 두 가지(제자 됨과 속량됨)는 그리스도인의 표지다.

제21장
요한계시록 14:6-20
두 가지 추수

14장은 계시록 전체의 중간 부분에 위치한다.[1] 14장은 다음과 같이 두 추수에 관한 내용을 담고 있다.

첫째, 14장은 추수(보상)의 메시지를 담고 있다. 적어도 네 군데에 추수와 관련된 내용이 나온다. (1) 인침을 받은 144,000명(1, 4-5절)은 유대계 그리스도인이며, 그들의 인침이 완결된 것 같다. 또한 하늘에서 노래하는 많은 이들(2-3절)은 이미(또는 그때에) 구원받은 많은 이들일 것이다. (2) 그럼에도 계속되는 영원한 복음의 선포(6-7절)가 있음은 아직 구원의 문이 완전히 닫힌 것이 아닐 수 있음을 시사한다. 성도의 인내와 고난과 위로의 메시지(12-13절)는 짐승의 시대에 여전히 구원받는 이들이 생겨날 것이고 이들 성도들이 연속된 박해와 순교의 대상이 될 것임을 알려주는 것 같다. (3) 마지막까지 남은 성도들은 결국 마지막 추수(14-16절) 때에 추수된다. (4) 그리고 19장(1-10절)에서 이들 모두는 어린 양의 결혼 잔치에 초대를 받고 준비된 이들(9절)로 나타난다.

---

1. deSilva가 14:6-13을 계시록의 중요한 내용의 요약이라 볼 수 있다고 한 것은 타당한 주장이다(deSilva, 2009: 257-8). 다만 14:6-20을 하나의 묶음으로 볼 필요가 있다.

둘째, 반면에 보응의 메시지가 담긴 14:7-11, 17-20은 구원받은 이들을 제외한 다른 자들, 특히 바벨론(8절)과 짐승을 숭배한 자들(9-11절)에 대한 하나님의 진노를 보여준다. 그 진노는 15-16장에서 대접 재앙으로 구현된다.[2] 14장은 교회의 외적 패배(13장)에서 짐승의 패배(15-18장)로 넘어가는 경첩 역할을 한다.

그런데 14:6-20이 이전의 13장과 연계되는 내용은 최소한 네 가지다. (1) 짐승의 때에 짐승에게 경배하고 표를 받는 사건이 언급된다(13:4-8, 12-17; 14:9-11). (2) 짐승의 때에 성도의 인내와 믿음이 요구된다(13:9-10; 14:12-13). (3) 13장은 고난받는 성도들의 상황을 보여주지만(13:7, 9-10, 15-17), 14장은 성도들이 받을 보상과 추수에 대해 알려준다(14:12-16). 성도의 보상은 19장 이하에서 실현된다. (4) 13장은 짐승의 때의 진행 과정을 보여주고 있고(13장 전체) 14장은 그에 대한 보응을 알려준다(14:8-9, 17-20). 따라서 14:6-20이 13장의 후속적 내용인 것을 알 수 있다. 그리고 그 보응의 실행은 15장 이하(대접 재앙)에서 실현된다.

14:6-20은 교차 구조로 분석될 수 있다. 첫째, 6-11절은 세 천사에 의해 선언되는 경배 주제에 대한 구절이다. 둘째, 12-13절은 성도들의 인내와 복됨과 관련된 중간 부분이다. 셋째, 14-20절은 보상과 보응이 함께 제시되는 부분이다.

A. 세 천사들- 누구를 경배하는가?(6-11절)

X. 성도들의 인내와 복됨(12-13절)

A′. 인자의 추수(보상), 다른 천사의 추수(보응)(14-20절)

2. 15-16장의 일곱 대접 재앙이 특히 13장의 우상숭배자에 대한 것임은 의문의 여지가 없다. Biguzzi는 일곱 나팔은 일반적인 우상들과 관련되고 일곱 대접은 특히 13장의 짐승 우상과 관련된다고 구분한다(Biguzzi, 277).

6-11절에는 하나님 경배와 짐승 경배가 대조를 이루고 14-20절에서는 두 개의 추수(보상과 보응)가 대조를 이룬다. 그 중간(12-13절)에 복된 성도들에 대한 언급이 있다. 6-20절은 전체적으로 두 개씩의 대조가 중심을 이룬다. 먼저 6-7절의 하나님 경배와 9-11절의 짐승 경배의 대조다. 누구를 경배해야 하는가를 묻는다. 또한 14-16절의 구원의 추수와 17-20절의 보응의 추수가 대조된다. 두 가지 반대되는 추수가 있게 될 것이 예고된다. 그리고 남은 부분은 8절과 12-13절이다. 8절은 6-7절과 9-11절의 중간에 위치하여 하나님 경배와 짐승 경배를 연결하고 있고, 12-13절은 6-11절과 14-20절의 중간에 위치하여 양쪽을 연계한다. 그런데 8절은 짐승 경배에 참여한 바벨론의 무너짐을 부각하고 12-13절은 주 안에서 죽은 성도들의 승리와 복됨을 강조한다. 그렇게 해서 14:6-20은 두 가지 부류의 대조적 귀결과 서로 다른 추수의 내용을 균형 잡힌 구도로 제시해주고 있다.

또는 이렇게 볼 수도 있다. 6-7절은 이끄는 말(서론)로 복음과 심판의 주제를 시작하고 있으며, 8-11절은 심판을, 12-13절은 위로(보상)를, 14-16절은 추수를, 그리고 17-20절은 심판의 주제를 다루고 있다. 12-13절과 14-16절은 긍정적인 보상 또는 추수를 다루고 있다는 점에서 연관되고, 8-11절과 17-20절은 함께 부정적 의미의 심판을 다루고 있다는 점에서 연계된다. 따라서 서론(복음과 심판, 6-7절)-A(심판, 8-11절)-B(보상, 12-13절)-B′(추수, 14-16절)-A′(심판, 17-20절)의 구조로 분석할 수도 있다.[3]

---

3. Osborne이 14:1-5를 '성도들의 영광', 14:6-20을 '죄인들의 심판'이라 한 것(Osborne, 2002: 523; 또한 Boring, 1989: 169)은 지나치게 단순화한 것이다. Beale은 "나는 보았다"(εἶδον)를 단락 구분의 표식으로 보고 12:1-15:4까지 일곱 단락이 연속되어 있다고 주장한다(Beale, 1999: 730). (1) 뱀과 여인과 후손의 갈등(12장), (2) 바다 짐승의 박해(13:1-10), (3) 땅 짐승의 박해(13:11-18), (4) 어린 양과 144,000명(14:1-5), (5) 세 천사의 복음과 심판의 선포(14:6-13), (6), 인자의 땅 추수(14:14-20), (7) 바다 짐

서론: 복음과 심판(6-7절)

A. 심판(8-11절)

B. 보상(12-13절)

B′. 추수(14-16절)

A′. 심판(17-20절)

A. 요한계시록 14:6-11 (세 천사들- 누구를 경배하는가?)

경배 모티브가 처음(6-7절, a)과 끝(9-11절, a′)에 등장한다. 마땅한 하나님 경배와 그릇된 짐승과 우상에 대한 경배가 대조된다. 가운데 부분(8절)에 바벨론 패망의 메시지가 있다. 이는 대접 심판의 전조라 할 수 있다. 전체적으로 톤이 부정적이고 심판의 메시지가 주도하고 있다.

a. 첫째 천사- 하나님 경배(6-7절)

x. 둘째 천사- 바벨론의 패망(8절)

a′. 셋째 천사- 그릇된 경배(9-11절)

승에 대한 성도의 승리와 승리의 노래(15:2-4). 그렇지만 "나는 보았다"가 단락 구분의 표식의 역할을 하는 경우가 있는 것은 사실이나 절대적 구분의 목적을 가지고 있지는 않다(Osborne, 2002: 453). Beale의 주장에 대하여 다음처럼 논박할 수 있다. 첫째, 12장 에피소드는 "보였다"(ὤφθη)로 시작한다. 둘째, 13장의 두 짐승 에피소드는 앞뒤의 다른 단락들에 비해 더 결합적이다. 셋째, 14:6-20은 보상과 보응의 주제로 묶여 있다고 보는 것이 자연스럽다. 넷째, "나는 보았다"가 15:2뿐 아니라 1절에도 나온다는 점을 주목해야 한다. 다섯째, 15:2-4를 앞의 1절과 뒤의 5-8절에서 떼내는 것은 저자의 의도에 반할 것이다(참고, Osborne, 2002: 559, 각주 1). 여섯째, 이런 점에서 '일곱 단락'이라는 것은 인위적인 구분이다. 일곱째, 14장의 역할은 12-13장과 15-16장을 연계하는 것이다.

번역

6 또 나는 공중에 날아가는 다른 천사를 보았다. 그는 땅 위에 거하는 이들,
모든 민족, 종족, 언어, 백성에게 전하는 영원한 복음을 가지고 있었다. **7** 그
가 큰 소리로 말하였다. "하나님을 경외하라. 그분께 영광을 드려라. 그의 심
판의 때가 왔기 때문이다. 하늘과 땅과 바다와 물들의 근원(샘들)을 만드신
분께 경배하라." **8** 그리고 두 번째 다른 천사가 뒤를 따르면서 말하였다. "무
너졌다, 무너졌다, 큰 바벨론이여! 모든 열방으로 하여금 그의 음행의 분노
의 포도주를 마시게 하던 자여!" **9** 또 세 번째 다른 천사가 그들을 뒤따르며
큰 소리로 말하였다. "만일 누구든지 짐승과 그의 형상에게 경배하고 그 이
마나 손에 표를 받으면 **10** 그도 하나님의 진노의 포도주, 그의 진노의 잔에
섞인 것 없이 부어진 것을 마실 것이다. 또 그가 거룩한 천사들 앞과 어린 양
앞에서 불과 유황으로 고통을 받게 될 것이다. **11** 또 그들의 고통의 연기가
영원히 올라올 것이다. 짐승과 그 형상에게 경배하는 자들과 누구든지 그 이
름의 표를 받은 자는 밤낮으로 쉼을 얻지 못할 것이다."

주해 및 해설

6절 (영원한 복음을 가진 다른 천사) 요한이 이번에는 하늘(정확히는 '중층 하늘', midheaven)에서 날고 있는 "다른 천사"(ἄλλον ἄγγελον)를 보게 된다(6절).[4] 그 천사는 모든 열방, 모든 사람에게 전하는 영원한 복음을 가

4. '다른 천사를 보았다'는 요한의 표현은 7:2; 10:1; 14:6; 18:1에 나온다. 8:3에도 '다른 천사'가 나온다.

지고 있다. "땅 위에 거하는 이들"과[5] "하늘에 날아가는 천사"가 서로 대비된다. 이 천사는 이들에게 전하는 복음, "영원한 복음"(εὐαγγέλιον αἰώνιον)을 가지고 있다. 영원한 복음은 복음의 영원성, 그리고 보편성(모든 민족, 종족, 언어, 백성)을 강조한다.

6절의 영원한 복음의 선포는 언제 행해진 것을 가리킬까? 역사적으로 이뤄진 사건일까, 아니면 마지막, 특히 13장의 짐승 시대와 관련이 있는 것일까?

첫째, 6절을 포함해서 14장의 내용이 역사적으로 이미(또는 과거에) 이뤄진 내용까지 담고 있는 것이라는 증거는 없다. 다시 말해, 요한의 시대와 우리 시대를 포함한 모든 때에 일어날 '영원한' 선포라고 말할 근거는 없다는 말이다. '영원한 복음'이란 발생할 사건의 영원성이 아니라, 복음 자체가 소유하는 진리의 영원성에 대한 표현이다. 부정과거 부정사 "전하는"(εὐαγγελίσαι)은 영원한 복음이 전해져야만 한다는 당위성을 부각하는 표현으로 이해된다.

둘째, 이어지는 바벨론 패망(8절)과 그릇된 경배(9-11절)에 대한 메시지가 모두 마지막 때, 즉 특정한 때(짐승의 시대, 13장)에 관련된다는 점에서 더욱 6-7절의 첫째 천사의 선포는 그 마지막 때의 일이라 보는 것이 타당하다. 6-11절의 일이 모두 13장과 관련이 있다.

셋째, 그렇다면, 첫째 천사의 선포(7절, "하나님을 경외하라 … 영광을 드려라 … 경배하라")는 결국 복음 전도가 그때에도 여전히 이뤄질 것을 알려주는 의미일 수 있다. 짐승 숭배와 우상(형상) 숭배를 거절한 성도들이

5. "땅에 거하는 자들"(οἱ κατοικοῦντες ἐπὶ τῆς γῆς)은 3:10; 6:10; 8:13; 11:10; 13:8, 14(x2); 17:8에 나온다. 그런데 14:6에서만은 κατοικοῦντες(< κατοικέω, 거하다/거주하다) 대신 καθημένους(< κάθημαι, 앉다, 정착하다)가 쓰였다(1회). 동의적 표현인 것은 맞다(Beale, 1999: 749; Aune, 1998a: 826-7). 다만, 14:6에서는 땅에 거하는 자들이 선교의 대상이 된다는 점이 특별하다.

감옥에 갇히고 죽임을 당하는 때(13:10, 15)다. 그런 때에도 복음이 전해지고 구원받는 새로운 성도들이 출현할 것인가? 그럴 것이다. 로마제국의 박해 시대에 많은 성도들이 감옥에 갇히고 죽임을 당하였을 때에도 '영원한 복음'이 전해졌고 새로운 성도들이 더해졌던 것과 같을 것이다. 이들 새롭게 믿게 된 성도들 또한 감옥에 갇히고 죽임을 당하게 될 것이다(14:12-13). 14:14-16의 마지막 추수는 바로 이런 이들이 대상이 될 것이다.

한편으로, 짐승의 시대에는 영원한 복음 전파("전하는")의 중심 목적이 세상에 하나님을 바르게 드러내는 것일 수 있다. 하나님 경외를 세계에 선포하는 것이다(7절, "하나님을 경외하라. 그분께 영광을 드려라 … 만드신 분께 경배하라"). 우주의 주권자와 창조주이신 하나님의 심판을 선포하는 것("그의 심판의 때가 왔기 때문이다"), 그 자체도 영원한 복음일 수 있다. 일곱 나팔 재앙과 연속될 일곱 대접 재앙도 사실 하나님의 심판이면서 동시에 영원한 복음의 집행인 셈이다. 악한 세상에 대한 심판은 우주에 대한 하나님의 주권을 드러내는 복음이다.

7절 (하나님 경외와 경배) 복음의 목적은 하나님 경외(두려워함)다. 하나님을 두려워하며 그분을 섬기는 것이다(7절). 또 하나님이신 그분께 마땅한 영광을 돌려 드리는 것이다. 영광을 돌리는 것은 그분을 하나님으로 인정하고 그 이름을 높이는 것이다. 하나님을 경외하는 것(11:18; 15:4; 19:5)과 그분께 영광을 돌리는 일(1:6; 4:9; 5:12-13; 7:12; 11:13; 16:9; 19:1, 7)은 하나님 신앙의 기반이다.[6]

또한 하나님은 심판주("그의 심판의 때")시고(6:10; 11:18; 16:5, 7; 18:8, 20; 19:2; 20:12-13) 창조주("하늘과 땅을 만드신")시다(3:14; 4:11; 10:6; 21:5). 이 사실을 알게 하는 것이 복음이다. 심판주이신 하나님께서 심판하

---

6. Altink는 7절의 '경외', '영광', '심판', '경배'의 주제가 대상 16:8-36(참고, 시 96; 105:1-15; 106:1, 47-48)과 관련이 있다고 본다(Altink, 187-9).

실 때가 있다. 만인은 그의 심판을 두려워해야 한다. 창조주 하나님 없이 이뤄진 존재는 없다. 창조주이심을 부각하는 것은 만물의 주관자이심을 강조하는 것이다(Aune, 1998a: 828). 하나님은 마땅히 모든 존재의 경배를 받아야 하실 분이다(4:10; 5:14; 7:11; 11:1, 16; 15:4; 19:4, 10; 22:9). 그릇된 경배의 대상은 짐승과 우상이다(9:20; 13:4, 8, 12, 15; 14:9, 11; 16:2; 19:20; 20:4). 계시록은 이렇게 하나님 경배와 짐승(과 우상) 숭배를 대조한다. 특히 천사는 심판의 "때"(헤 호라, ἡ ὥρα, '그 시간, 그때')가 왔다고 선언한다. 결국 인류는 하나님을 경배하는 자와 하나님의 심판받는 자로 나뉠 것이다. 하나님 경외자(1-5절)와 짐승 숭배자(9-11절), 양쪽 중 하나의 선택만 있을 뿐이다.

8절 (둘째 천사- 바벨론의 패망) 두 번째 천사가 앞의 천사를 뒤따르며 바벨론의 멸망을 선언한다. "무너졌다. 무너졌다"고 바벨론의 파멸을 중복하여 선언한다. 여기서 "무너졌다"(ἔπεσεν)는 예변법적(proleptic) 부정과거로 사용되었을 것이다. 이러한 부정과거는 미래에 일어날 일이 확실할 때 사용된다(18:2; Wallace, 564; Aune, 1998a: 829). 분명히 그 일이 일어날 것이다. "무너졌다"를 반복하여 사용한 것은 화자의 탄식 또는 감탄을 강조하는 표현이다(김상훈, 2021: 337). 이십사 장로가 요청한 주의 진노와 심판(11:18)의 때가 마침내 왔다. 바벨론은 그 힘과 규모의 크기 때문에, "큰 바벨론"으로 불린다(또한 16:19; 18:2, 16, 18, 19; "큰 성", 17:18; 18:10; "큰 성 바벨론", 18:21).[7] 8절에서 바벨론이라는 이름이 처음 등장한다. 고대 바

---

7. 계시록이 로마제국의 상황을 그대로 반영하고 있다고 생각하는 이들(과거주의)은, 로마가 주후 70년에 예루살렘 성전을 무너뜨렸기 때문에 바벨론이 로마를 가리킨다고 생각한다. 성전을 파괴한 '두 번째 바벨론'이라는 것이다(Downing, 105). 그런데 예루살렘 성전 파괴 전에 기록된 베드로전서(5:13)에서 베드로는 로마를 '바벨론'이라고 이미 거명하고 있다. 성전 파괴 때문이 아니다. 따라서 바벨론이라는 명칭을 성전 파괴와 연관하여 생각할 필요는 없다. 그렇지만 베드로전서에서 로마를

벨론은 유대민족이 포로로 잡혀간 곳이다. 바벨론은 성전을 무너뜨리고 거룩한 처소를 짓밟았다. 바벨론, 그곳에서 유대민족은 압제와 통제 속에 살았다. 계시록에서 바벨론이라는 이름은 모두 6회(14:8; 16:19; 17:5; 18:2, 10, 21) 나타난다. 미래에 출현할 바벨론은 짐승의 조력 집단(17:1-2)이거나 짐승의 권력을 세워가는 데 발판이 되는 지역(16:19)일 것이다. 특정 지역에 기반을 둔 세력이라 할 수 있다. 그의 종교적, 사회적, 경제적 영향력은 상당히 커서 모든 열방으로 하여금 그의 음행(종교적, 도덕적)에 참여하게 할 것이다(8절; 17:2; 18:3, 9; 19:2). 하나님과 그 의로부터 떠나게 하는데 바벨론이 그의 모든 힘을 쓸 것이다. 그것이 '분노(진노)의 포도주'를 마시게 했다는 비유적 표현의 뜻이다.

"분노의 포도주"는 하나님의 진노(14:10; 16:19; 19:15)를 가리키는가, 바벨론의 음행의 포도주(17:2)를 가리키는가? 즉, 하나님의 진노를 받게 하였다는 뜻인가, 또는 그 자신의 화(또는 열망, Aune, 1998a: 787)가 축적되고 북돋아졌다는 뜻인가? 두 가지 다 가능하지만, 전자(하나님의 진노)가 자연스럽다(17:2; 18:3, 13). 분노(진노, θυμός)는 하나님의 심판과 관련된 의미로 주로 쓰이기 때문이다(14:10, 19; 15:1, 7; 16:1, 19; 18:3; 19:15). 그의 음행에 참여하여 하나님의 분노의 포도주를 마신 자들은 안타까운 자들이다. 그들이 동참한 동기는 종교적인 것과 더불어 사회적, 경제적 이유 등 다양할 것이다. 그들은 결국 하나님의 분노의 포도주를 마시게 되었다. 그러나 그 포도주를 마시게 한 바벨론은 더욱 문제가 있다. 붉은 색 포도주는 심판의 핏빛을 상징한다(14:19-20). 반면에 "음행의 포도주"(17:2)로 쓰일 때

바벨론으로 불렀다고 해서 요한계시록의 바벨론이 로마를 가리키는 것이라고 단정할 이유는 없다. 계시록 17-18장에 예언된 바벨론의 철저한 멸망과 역사상 로마제국의 멸망은 중요한 부분에서 일치하지 않기 때문이다(예컨대, 17:15-18; 18:21-24; 19:2-3 등).

는 종교적, 도덕적 타락과 관련이 있다.

초대 교회는 당시 로마제국을 바벨론이라 생각하였다(벧전 5:13). 당대의 요한의 교회들도 그렇게 생각했을 가능성이 높다. 로마의 타락한 모습(종교적, 도덕적)이 바벨론에 대한 묘사와 비슷하기 때문이다. 그러나 계시록에서 바벨론은 짐승 시대에 짐승의 지원을 받으며 승승장구하게 될 세력을 가리킨다(17:1-6). 종말의 마지막 때에 짐승의 지원을 받는 거대한 세력이 일어날 것이고 그들이 세계의 정치와 경제, 그리고 종교 생활을 주도할 것이라 추정된다. 종말의 바벨론은 짐승 권력을 세우는 데 중요한 역할을 하고 만국을 조직하고 선도하는 데 앞장서서 세계가 짐승의 통제에 들어가는 일에 중요한 몫을 감당할 것이다. 한동안 세계는 바벨론 때문에 부와 사치를 누리게 될 것이다.

9절 (셋째 천사- 짐승에 경배하고 표 받은 자들) 세 번째 천사가 하늘의 두 천사의 뒤를 따르며 큰 소리로 말한다(9절). 마치 하늘에서 세 독수리가 연이어 날아가는 모습이다. 세 번째 천사의 대상은 짐승과 그 우상(화상)에게 경배하고 그 이마나 손에 표를 받은 자들(13:8, 12, 15-17)이다. 그들은 하나님에 대한 믿음보다는 짐승에 대한 경배를 선택하였다. 눈앞의 이익과 두려움 때문이다. 짐승에 대한 경배와 표 받는 일은 항상 병행된다(13:12, 16-17; 14:9, 11; 16:2; 19:20; 20:4). 표 받는 일이 짐승 숭배와 분리되지 않는다. 종교, 사회, 경제, 정치가 한데 묶인다. 철저히 결합되고 전체적으로 통합된다. 그들에게 심판의 때가 다가왔다. 1급 조건문(εἰ 직설법)은 종종 조건절의 내용이 사실임을 전제한다. "만일 … 한다면"으로 번역을 해도 "… 하므로(하기 때문에)"의 의미를 가진다. 그들이 실제로 그리하였고(그리할 것이고) 그들에게 임할 심판이 도래하였다(도래할 것이다).

10절 (진노의 심판) 그들이 선택한 짐승(형상) 숭배와 표를 받은 행위 때문에("만일 … 받으면", 9절) 심판을 받게 된다("… 마실 것이다", 10절).

그들에게 하나님의 진노의 포도주가 주어진다. 요한 당시에는 사회적으로 포도주와 물을 섞어 마시는 것이 관례였다(Aune, 1998a: 833; Osborne, 2002: 540-1). 희석된 포도주다. '끄라떼르'(κρατήρ)는 포도주를 희석하기 위한 그릇(잔)을 가리킨다(LSJ, 25131; Aune, 1998a: 833). '아-끄라또스'(ἄκρατος)는 포도주가 희석되기 전의 상태('섞이지 않은'), 그러니까 강한 포도주를 가리키는 표현이다. 따라서 "(다른 것이) 섞인 것 없이 부어진(쏟아 놓은) 잔"이란 그 진노의 강도가 그만큼 세다는 표현이다.[8] 바벨론이 마시게 했던 "음행의 분노의 포도주"(8절)보다 훨씬 강한 표현이다. 순수 '진노' 자체만으로 된 심판의 잔이다. 그 결과, 종국에는 불과 유황의 고통을 받게 된다. 이것은 불못, 즉 지옥의 형벌이다(19:20; 20:10; 21:8; 참고, Woodington, 507-8, 513). 불이 활활 타고 있는 끔찍한 유황의 못 이미지는 하나님의 진노의 종국에 관한 궁극적인 표상이다. 진노의 진한 포도주와 불이 타는 유황못은 심판의 세기를 강렬히 나타낸다.

그런데 그들이 "거룩한 천사들 앞과 어린 양의 앞"에서 그 고통(괴로움; 참고, 20:10)을 받게 되는 이유는 무엇일까? 그 천사들이 증인이기 때문일까? 어린 양은 오랫동안 그들의 회개를 기다리신 분이다. 천사들도 모든 과정을 지켜보았을 것이다. 어린 양은 그 자체로 '고난받은 종'(사 53장)의 모습이다. 고난을 피해 짐승을 섬겼던 그들이 이제는 고난을 받을 차례를 맞이한다. 그들이 받을 고난의 극심한 고통이 묘사된다. 지옥의 고통이다. 진리의 믿음보다 현세의 번영과 욕망을 택했던 결과다.

11절 (고난의 연기) 그들이 처한 불못에서 고통의 연기가 올라온다(11

---

8. "섞인 것이 없이 부어진"(κεκερασμένου ἀκράτου)에서 현재완료 분사 κεκερασμένου (< κεράννυμι)가 '섞여 있는'(mixed)의 뜻이므로 '섞인 것 없이 섞인'으로 모순된 표현일 수 있다(참고, Beale, 1999: 759). κεκερασμένου에는 '(마시기 위해) 준비되어 있는/부어져 있는'의 의미도 있다(Thayer, 2928.3; Beale, 1999: 760).

절). 현재형 “올라가다”(ἀναβαίνει)를 썼으나 확실한 미래적, 영속적 의미를 가진다. 생생함을 그려준다. 불못에 처해지는 일은 20:14-15의 일이다(참고, 21:8). 그때가 반드시 온다. 죽어 심판된 영혼은 멸절되지 않고 영원한 불못에 던져져 고통 속에 있게 된다(Beale, 1999: 762-3).[9] 심판된 영혼들이 멸절되지 않고 악의 삼위와 함께 불못의 고통 속에 있게 될 것이라는 사실은 계시록의 강조점이라 할 수 있다(14:10; 19:20; 20:10; 21:8). 유황이 타는 불못 자체의 심상은 존재의 멸절(없어짐)이 아니라 끔찍한 고통에 처해짐(겪음)에 초점이 있다. “그들의 고통의 연기”라 한 것은 그 연기가 그들이 받는 처절한 고통을 상기시키기 때문이다. “영원히”라는 표현은 그 고통의 연속성, 심판의 지속성을 알려준다. 짐승과 그 우상(화상)에게 경배한 자들과 그 이름의 표를 받은 자들은 “밤낮으로”(문자적, ‘낮과 밤으로’) ‘아나빠우시스’(쉼/멈춤, ἀνάπαυσις)을 얻지 못한다. 그들은 하나님의 진노의 포도주를 마시게 된다(10절). 반면에 성도는 언젠가 그리스도 안에서 안식(쉼/마침, κατάπαυσις)을 얻게 된다. 이것이 구원이다(히 4:1, 3, 9-11). 한편, 주님은 그를 따르는 자에게 참된 ‘아나빠우시스’(쉼)를 약속하신 바(마 11:29) 있다.

9. 14:10-11은 지옥 형벌에 대한 강력한 근거 구절로 영혼 멸절설(annihilationism)이나 조건적 불멸설(conditional immortality)에 반대된다. 한편, 조건적 불멸설에 대한 논지는 Bowles, 21-36에서 찾을 수 있다.

B. 요한계시록 14:12-13 (성도의 인내와 복됨)

번역

12 여기에 성도들의 인내가 있다. 이들은 하나님의 계명들과 예수의 믿음을
지키는 자들이다. **13** 그리고 나는 하늘로부터 말하는 소리를 들었다. "기록
하라. 죽은 자들, 즉 주 안에서 죽는 자들은 지금부터 복이 있다." 성령께서
말씀하셨다. "그러하다. 그들은 자신들의 수고로부터 쉼을 얻게 될 것이다.
그들이 (행한) 일들이 그들을 뒤따를 것이기 때문이다."

주해 및 해설

12절 (성도들의 인내) 12절에서 "성도들의 인내(오래 참음)"가 강조된다(12절). 13:10의 "여기에 성도들의 인내와 믿음이 있다"와 기본적인 구문이 같다("여기에 … 있다"). 14:12에도 인내에 이어 믿음이 나온다("믿음을 지키는 자들")는 점에서 14:12과 13:10의 유사성은 분명하다. '호데'(ὧδε, 여기에)와 '인내'로 시작한 것은 13:10을 상기시키기 위함일 것이다. 이것은 14장 또한 13장이 언급하는 짐승의 시대와 관련이 있음을 보여준다. 같은 구문 형식의 13:10, 18이 각기 13:1-9와 13:11-17의 귀결적 역할을 하는데, 14:12-13은 14:6-20의 중간(센터)에 위치하여 앞의 6-11절과 뒤의 14-20절을 이어주는 역할을 하며 복된 성도(순교자)들에 초점을 맞춘다. 그들의 고난과 죽음은 실패와 패배가 아니며 복됨과 이김임을 알려준다.

성도들이 짐승 시대의 결말을 깨닫고 인내와 믿음으로 난관의 상황을 이겨내야 한다는 점을 재차 알려주는 구절이다. 짐승을 섬긴 자들과 악행하는 자들이 받게 될 심판이 반드시 있다. 그들이 이 땅에서 잘 되는 것, 승

승장구하는 것을 이상하게 볼 필요가 없다. 하나님의 보상과 보응이 반드시 있다. 성도들에게 필요한 것은 이런 지식과 이에 기반한 기다림이다. 성도들은 바로 하나님의 계명들을 지키는 자들(12:17; 참고, 1:3; 3:3, 8, 10; 22:7, 9)이고 예수에 대한 믿음을 지키는 자들(2:13, 19; 13:10)이다. 삶과 믿음이 함께 간다. 분리되지 않는다. 짐승의 때에, 짐승에게 경배하지 않고 그 표를 받지 않으며 성도의 믿음과 계명을 지키려면, 결국 고난의 삶을 겪고 또한 피해를 입으며 그리고 죽임을 당할 수밖에 없다(13:15-17). 그래서 인내가 필요하다. 그렇게 인내하는 자들이 믿음을 지키는 자들이다.

13절 (하늘의 음성, "주 안에서 죽은 자들이 복되다") 요한은 이때 하늘에서 나는 소리를 듣는다. "기록하라. 지금부터 죽은 자들, 즉 주 안에서 죽는 자들이 복이 있다"고 하였다(13절). "기록하라 … 자들이 복이 있다"의 패턴의 문장이다(또한 19:9). 12절이 언급하는 성도의 인내는 13절에서 결국 죽음으로 귀결된다. 이때에는 성도의 죽음이 요구되기 때문이다(13:10). 죽을 때 죽는 것이 성도의 믿음이다. 성도는 육체로 죽으나 "주 안에서" 죽는 것이다. 죽임을 당하신 어린 양과 함께한다. 성도와 예수는 불가분리의 관계 속에 있다. 11절의 '짐승에게 경배한 자들'과 13절의 '주 안에서 죽은(죽는) 자들'은 서로 대조된다. 짐승 숭배자들에게는 "쉼이 없다(쉼을 갖지 못한다)"(11절). 그러나 주 안에서 죽은 자들에게는 "복이 있다"(13절).

"지금부터"(지금 이후로)라는 말을 쓴 것은 이제까지 보상이 없는 것처럼 보였으나, 이제부터는 그 보상이 실현된다는 뜻이다.[10] 성령께서 하늘의 소리에 "그러하다"고 호응하신다. 그들의 수고(고난과 섬김, 믿음의 인내)

10. Aune은 "지금부터"(ἀπ' ἄρτι)가 아멘과 유사한 뜻을 가진 ἀπαρτί(확실히)의 오류일 가능성이 있다고 주장한다(Aune, 1998a: 788). 반면에 Osborne은 '지금 바로'(right now)의 항시성을 뜻한다고 본다(Osborne, 2002: 545). 그는 그때가 짐승의 때라는 특징을 고려하고 있지 않기 때문이다.

로부터 "쉼을 얻게 될 것이다"(이번에는 미래 수동태형을 사용함, ἀναπαήσονται). 11절의 밤낮으로 쉼을 얻지 못할 이들과 13절의 쉼을 얻게 될 이들이 대조된다(Beale, 1999: 764). 이들의 행위들(한 일들)이 이들의 뒤를 따를 것이라는 말은 이들의 믿음(믿음을 지킴)과 삶(계명을 지킴)이 조금도 헛된 것이 아니었음을 의미한다. 하나님은 다 아신다. 그 앞에 드러나지 않을 일은 없다. 모든 수고에 적합한 보상이 주어질 것이다. 반드시 그리될 것이다. 믿음으로 한 일은 잊혀지는 법이 없다.

그런데 12-13절이 성도의 인내와 고난을 언급한다는 점에서, 특히 13장이 짐승의 박해와 고난이 진행되고 있는 때를 언급하므로, 고난을 언급하는 14:12-13은 이때의 성도들과 관련된 말씀일 것이라고 추정할 수 있다. 그렇다면 이 구절이 언급하는 쉼은 핍박의 난관과 환난의 환경으로부터의 쉼이 된다. 한편, 이러한 쉼은 핍박하는 자들에 대한 믿음의 승리, 즉 '대적으로부터의 쉼'도 포함될 수 있다(Lee, 344, 354-7). 성도는 죽음으로 승리하기 때문이다(6:11; 13:7-10; 14:13; 19:2).

11장에서 두 증인의 순교(7절) 이후 삼 일 반만의 부활과 연이은 승천(11-12절) 사건으로 하나님을 경외(두려워함)하는 일이 일어난다(13절). 그 후과로 14장의 144,000명의 인침의 완성(1, 4-5절), 계속된 복음의 전파(6-7절; "하나님을 경외하라[두려워하라]", 7절), 새로 구원된 이들의 고난(12-13절), 그리고 마지막 추수(14-16절) 등의 연속된 사건들이 일어날 수 있다.

C. 요한계시록 14:14-20 (두 가지 추수)

14-16절과 17-20절에는 유사한 부분이 있다. 또 다른 천사가 등장하고

(15, 17, 18절) 낫을 가지고 휘두른다(15, 18절). 둘 다 '추수'에 대한 이야기다(15-16절, 18절). 그런데 내용은 사실상 대조된다. 하나는 보상의 추수인 반면(14-16절), 또 하나는 심판의 추수다(17-20절). 두 본문은 평행법으로 짜임새 있게 조성되어 있다. 두 부분의 표현은 반복적이지만, 의미는 대조적이다. 하나는 구원의 추수고 또 하나는 보응의 추수다. 6-11절에서 하나님 경배와 짐승 경배의 대조가 뚜렷했던 것처럼, 14-20절에는 구원의 추수와 보응의 추수가 대조된다.[11]

a. 구름 위에 앉은 인자 같은 분이 손에 예리한 낫을 가지고 있다(14절).

b. 성전에서 나온 다른 천사가 그에게 외쳤다(15a절).

c. "낫을 던져 추수하십시오. 추수할 때가 되었기 때문입니다"(15b절).

d. 그의 낫을 땅 위에 던졌다. 그러자 추수되었다(16절).

a'. 하늘 성전에서 나온 천사가 예리한 낫을 가지고 있다(17절).

b'. 제단에서 나온 다른 천사가 낫을 가진 천사에게 외쳤다(18a절).

c'. "낫을 던져 거두라. 익었기 때문이다"(18b절).

d'. 그의 낫을 땅에 던졌다. 그리고 거두었다(19-20절).

14-16절에 두 존재(인자 같은 이와 다른 천사)가 언급되고 17-20절에 두 천사(각기 다른 천사)가 나온다. 둘씩 둘씩이다. 6-20절 전체를 보면,

11. 만일 14-16절과 17-20절을 반복으로 본다면(예, Beale, 1999: 773-5), 인자이신 그리스도와 성전 천사의 격이 같거나 동일시 되는 문제가 발생한다. 이것은 반복이 아니다. 대조의 평행법이다. 따라서 두 경우를 다 순교자들의 고난과 연결시키는 Caird나, 반복된 심판을 기술한 것으로 보는 Beale의 견해 모두 받아들이기 어렵다(Caird, 191-5; Beale, 1999: 773-5). 비슷한 개념을 반복하는 비교의 평행법은 그리스도의 재림을 그려주고 있는 19:11-16에서 볼 수 있다. 초기 제자들이 예수를 만나는 장면을 그려주고 있는 요 1:35-51은 대표적인 비교 평행법의 예다(S. Kim, 2014a: 58-62).

6-11절에 세 천사(6, 8, 9절)가 출현하고 14-20절에 세 천사(15, 17, 18절)가 등장하는데, '인자 같은 이'(14절)까지 포함하면 모두 일곱이 된다. 인자 같은 이를 빼고 천사의 등장만 꼽는다면 6-11절(세 천사)과 14-20절(세 천사)로 균형을 이룬다. 두 소단락이 12-13절을 가운데 두고 병행을 이룬다.

번역

14 또 내가 보았다. 보라. 흰 구름이 있고 그 구름 위에 인자 같은 분이 앉아 있는데 그 머리 위에 승리의 금관을 쓰고 그의 손에 예리한 낫을 가지고 계신다. **15** 또 다른 천사가 성전에서 나오며 구름 위에 앉으신 이에게 큰 소리로 외쳤다. "주(당신)의 낫을 던져 추수하십시오. 추수할 때가 되었기 때문입니다. 땅의 추수거리가 무르익었기 때문입니다." **16** 그래서 구름 위에 앉으신 이가 그의 낫을 땅 위에 던지셨다. 그러자 땅이 추수되었다. **17** 또 다른 천사가 하늘에 있는 성전에서 나왔다. 그도 예리한 낫을 가지고 있었다. **18** 또 다른 천사가 제단으로부터 나왔다. 불에 대한 권세를 가진 천사였다. 큰 소리로 예리한 낫을 가진 이를 부르며 말하였다. "너의 예리한 낫을 던져 땅의 포도송이들을 거두라. 그 송이들이 익었기 때문이다." **19** 그래서 그 천사는 그의 낫을 땅에 던졌다. 그리고 땅의 포도를 거두어 하나님의 진노의 거대한 포도주 틀에 던졌다. **20** 그 포도주 틀이 성 밖에서 짓밟혔다. 그러자 그 포도주 틀에서 1,600스타디아(약 300km)에 이르는 피가 나와 말의 고삐에 닿을 만큼 되었다.

주해

14절 (인자 같은 이의 추수) 요한이 본 것은 흰 구름에 앉아 계신 인자 같은 분이다(14절, "내가 보았다"). 이분은 '인자'(人子, 사람의 아들)이신 예수 그리스도를 가리킨다. '인자'라는 칭호는 다니엘 7:13-14에 구름 위에 계시는 '인자 같은 이', 즉 '케바르 에나쉬'(כְּבַר אֱנָשׁ; [LXX] ὡς υἱὸς ἀνθρώπου)라는 말에서 온다. '인자'는 예수 그리스도의 메시아적 호칭이다.[12] 메시아의 신적, 초자연적 특성과 관련하여 말씀하실 때, 예수께서 자신을 가리키신 칭호다(마 10:23; 막 2:28; 눅 6:5; 요 3:13).

예수께서 스스로 '인자'라 하실 때는 세 가지 맥락에서 주로 사용하셨다. 첫째, 자신의 영광과 신적 능력(또는 신적 기원)을 말씀하실 때다(마 10:23; 12:8; 13:41; 16:27-28; 19:28; 24:27, 30, 33, 37, 39, 44; 25:31; 26:64; 막 2:28; 8:38; 13:26, 29; 14:62; 눅 6:5; 9:26; 12:8, 40; 17:22, 24, 26, 30;

---

12. '인자' 또는 '인자 같은 이'가 천사를 가리키고 14-16절이 심판의 추수라고 주장하는 Aune의 주장은 받아들이기 어렵다(Aune, 1998a: 800-3). 첫째, 1:13과 14:14의 ὅμοιον υἱὸν ἀνθρώπου("인자[사람의 아들]같은 이")는 동일한 세 단어를 쓰고 있다. 이는 단 7:13의 כְּבַר אֱנָשׁ, 즉 ὡς υἱὸς ἀνθρώπου(LXX)를 반영한다. 1:13이 그리스도를 묘사한 것이라면 14:14도 그리스도로 보는 것이 자연스럽다. 둘째, 계시록에서 '스떼파노스'(στέφανος, 승리의 관)가 그리스도의 관(면류관)으로 쓰인 적이 없으므로 '인자 같은 이'가 천사라는 주장(Aune, 1998a: 801)은 그럴 듯하지만, 왕관인 '디아데마'(διάδημα) 또한 그리스도에게는 단 한 번만 사용된 반면(19:12) 오히려 악의 존재에 두 번 사용된다(12:3; 13:1)는 점을 기억해야 한다. 또한 승리의 관 '스떼파노스'의 8회 사용 가운데, 사람(이십사 장로 포함)에게는 모두 4회(2:10; 3:11; 4:4, 10), 첫째 인의 상징적 존재에게 1회(6:2), 메뚜기(9:7), 12장의 여인(12:1) 등에 각 1회씩 사용된다. '스떼파노스'가 천사에게 사용된 예는 뚜렷하게 발견되지 않는다. 셋째, 14-16절의 인자의 추수와 17-20절의 천사의 추수를 같은 것으로 볼 수 없는 것은 계시록에서 같은 것을 다르게 반복한 예(반복평행법)를 찾기 어렵기 때문이다. 14-16절 추수에 인자가 출현하셔야 하는 이유가 있을 것이다. 이것은 그의 재림 사건(마 24:30-31; 막 13:26-27)을 가리키는 것이 아니다. 선언적 사건이다. 재림의 실현은 19장 이하에서 이뤄질 것이다. 넷째, 인자가 쓴 '낫'(δρέπανον)이 부정적 개념(심판)으로 사용된다고 주장(Aune, 1998a: 802, 842-4)할 수 없다. 계시록에서 14:14-16에 3회, 14:17-20에 3회, 그 외 신약에서 유일하게 사용된 막 4:29에서 낫은 오히려 긍정적으로 사용된 추수의 낫이다.

18:8; 21:36; 22:69; 요 1:51; 3:13; 5:27; 6:62). 둘째, 그리스도의 죽으심과 부활을 말씀하실 때다(마 12:40; 17:12, 22; 20:18, 28; 26:2, 24, 45; 막 8:31; 9:9, 12; 10:33, 45; 14:21, 41; 눅 9:22, 44; 11:30; 18:31-32; 22:22; 24:7; 요 3:14; 8:28; 12:23, 34). 셋째, 죄 사함의 권세를 가리킬 때다(마 9:26; 막 2:10; 10:45; 눅 5:24; 19:10; 요 6:53).

예수께서 요한에게 "인자 같은 분(이)"으로 나타나신 바 있다(1:13; 참고, 12:5). 인자 같은 분은 머리에 승리의 금관을 쓰고 계신다. 금으로 만든 이 관은 왕관(διάδημα)이 아니라, 승리의 관(월계관, στέφανος)이다. 금으로 된 '스떼파노스'는 최고의 승리의 영예를 가지신 그리스도의 모습을 보여준다. 그리스도께서는 이제까지의 어린 양의 이미지가 아니라, 승리하신 인자의 이미지로 나타나신다. 그리하여 마침내 누가 참 승리자인지 밝히신다. 그리고 승리하신 그분이 그를 따라 승리한 이들을 또한 추수하신다.

인자 같은 이는 그 손에 예리한 낫으로 추수를 시작하려 하신다. 주의 이름을 경외하는 이들에게 보상을 주시는(11:18) 추수의 때가 되었기 때문이다. 그 추수는 믿는 자들을 거둬들이는 추수다. 이 추수는 인자이신 예수 그리스도의 몫이다. 그는 택한 자들을 추수하신다(마 24:31; 요 15:16, 19; 롬 8:30; 고전 1:27-28; 엡 1:4; 살전 1:4; 딛 1:1; 벧전 1:2; 2:9; 벧후 1:10; 계 17:14).

15절 ("추수하십시오") 한 천사가 성전에서 나와 구름 위의 인자에게 큰 소리로 외친다(15절). "주님의 낫을 던져 추수하십시오. 추수할 때가 되었기 때문입니다. 땅의 추수거리가 무르익었기 때문입니다." 인자의 예리한 낫을 던져 추수해 달라는 요청이다. 이제 추수할 때가 되었고 추수할 거리가 무르익었다는 것이다. 인자 같은 이는 준비되신 상태고 천사의 청원으로 추수가 시작된다. 이 추수는 마지막 때의 마지막 추수가 될 것이다. 다만 구체적으로 어떤 방식으로 추수될 것인지(낫을 휘둘러 추수하는 것이 무엇인지)는 따로 나오지 않는다. 그것은 인자이신 예수 그리스도께서 결정하실 것이다.

"성전에서(으로부터)"라는 어구는 계시록에 5차례 나타난다(14:15, 17; 15:6; 16:1, 17). 성전이라는 개념이 하나님의 보좌와 그의 임재를 가리킨다는 점에서 성전에서 나온 천사가 하나님의 직접적인 명령을 수행하게 될 것이라고 짐작하게 된다. 흥미롭게도 심판의 추수를 하는 천사도 "성전에서" 나왔다(17절). 또한 그때 성전에서 나온 천사에게 예리한 낫을 던지라고 하는 천사는 "제단에서" 나왔다(18절). 14-20절에 등장하는 세 천사가 모두 "성전에서" 또는 "제단에서" 나온 반면, 앞의 6-11절의 세 천사와 관련해서는 그런 표현이 없다(6절, "다른 천사"; 8절, "두 번째 다른 천사", 9절, "세 번째 다른 천사"). 성전이나 제단에서 나왔다는 표현은 14-20절의 세 천사의 비중이 앞의 세 천사들보다 더 큰 것임을 암시해주는 어구일 것이다. 14-16절의 추수(보상)와 17-20절의 추수(보응)는 요한계시록의 대표적인 주제 가운데 하나다. 하나님의 보상과 보응은 계시록을 관통하는 메시지며 계시록 전체의 요약이다.

16절 (낫을 던져 추수함) 천사의 요청에 따라, 구름 위에 앉으신 인자가 그의 예리한 낫을 땅 위에 던지셨다(16절). 그러자, 땅(땅에 있는 것)이 추수되었다. 그리스도의 낫에 추수할 거리가 다 추수된 것이다. 이것은 성도의 추수다. 14장을 기점으로 성도들의 추수가 끝난다. 만일 이때의 추수가 짐승 시대의 (박해와 순교와 관련한) 대량의 추수를 뜻한다면, 이는 14:1, 3b-5의 시온산에 있는 144,000명의 추수를 가리키는(또는 포함하는) 것일 수 있다. 성도들의 추수가 먼저고(14-16절), 심판의 추수가 나중이라(17-20절)는 점을 고려하면 144,000명의 추수가 마무리되고 이후에 심판적 특성의 일곱 대접 재앙들(15-16장)이 순차적으로 일어나는 것이 이해될 만하다.

17절 (낫을 가진 다른 천사- 두 번째 추수) 또 '다른' 천사가 하늘에 있는 성전에서 나온다(17절). 6-20절에 모두 여섯 천사(6, 8, 9, 15, 17, 18절)가 나오는데 14장에 등장하는 이들 천사들은 모두 '다른 천사'로 불린다. 여섯 천사들이 각기 다른 역할을 분담하고 있음을 강조하는 의도일 것이다. '인자 같은 이'이신 그리스도가 나오시기 전에 세 천사(6, 8, 9절)가 나오고 인자 출현 이후에 세 천사(15, 17, 18절)가 나온다. 다섯 번째 "다른 천사"가 하늘의 성전에서 나왔다. 그는 '인자'처럼 예리한 낫을 가지고 있다. 물론 낫은 추수를 위한 것이다.

18절 (불의 천사의 요구, "포도송이들을 거두라") 제단에서 나온 이 천사는 불에 대한 권세, 즉 불을 제어하는 권세를 가진 불의 천사다. 불은 심판의 이미지를 지닌다(10절). 불의 천사는 심판의 천사다(8:5). 만일 그 천사가 앞(8:3-5)에서 언급된 향로를 담당한 천사라면 성도의 기도를 돕는 역할도 겸하는 천사일 수도 있다. 오스본은 제단이 성도의 기도와 관련이 있다(6:9-10; 8:3)고 보고 성도들의 탄원에 따른 보응적(응답) 이미지와 관련이 있다고 했다(Osborne, 2002: 553). 이런 주장은 가능하다. 한편, 제단과 불은 이미지상 서로 관련이 있다고 볼 수 있다.

그 천사는 예리한 낫을 가진 천사에게 큰 소리로 부르며 말한다. "너의 예리한 낫을 던지라. 그리고 땅의 포도송이들을 거두라"(18절). 구름에 앉으신 인자 같은 이에게 네 번째 '다른 천사'가 낫을 던질 것을 요청한 것처럼, 여섯 번째 '다른 천사'는 낫을 가진 다섯 번째 '다른 천사'에게 낫을 던질 것을 요구한다. 낫을 던져 땅의 포도송이들을 거두라고 하였는데, 그 송이들이 익었기 때문이다. 인자가 낫을 대어 추수한 것은 곡식(특정되지 않고, '땅'이라고 했다)인 반면, 다섯째 천사가 낫을 대게 될 것은 포도송이다. 포도는 포도주를 낸다. 포도주는 하나님의 진노의 심판과 관련 있다(10절). 따라서 이미 포도 또는 포도송이는 진노의 심판을 전제한다. 사람이 보기에는 아름답게 익어 가지만, 진노의 심판을 향해 나아가는 것이다. 심판의 싹은 그 종자에 이미 심겨 있다. 어떤 것을 심는지가 중요하다.

19절 (진노의 포도주를 거둠) 다섯 번째 천사의 요구대로 낫을 가지고 있던 천사는 그 낫을 땅에 던져 땅의 포도들을 거둔다(19절). 이 포도들은 하나님의 진노를 위해 예비된 것이므로 하나님의 진노의 포도주 틀에 던져진다(19:15; 참고, 사 63:3; 욜 3:13). "거대한 포도주 틀"은 포도송이들을 짜서 포도즙을 내기 위한 기구다. 많은 포도송이들을 넣어 짜는 것이라 '거대한' 틀이라 표현하였다. "포도주 틀"(τὴν ληνὸν)은 여성명사인 반면 형용사 "거대한"(τὸν μέγαν)이 남성형으로 사용된 것은 히브리적인 문체가 반영된 것으로 보인다(Beale, 1999: 779-80). 계시록에는 이런 탈문법적 요소들이 종종 드러난다. 히브리적 표현의 사용례이거나, 계시록 기록 당시 요한의 서기였던 브로고로의 문법적, 문체적 습관일 수도 있다(서론의 "저자 요한" 항목을 참고하라).

20절 (포도주 틀의 밟힘) 이 틀에 넣어진 포도는 밟혀 즙이 나온다(20절). 포도주를 만들 때는 사람이 발로 밟아 포도의 즙을 냈다. 하나님의 심판에 사용되는 거대한 포도주 틀을 누가 발로 밟는지는 명시되지 않는다. 그저 "짓밟혔다"(ἐπατήθη)라는 수동태형이 사용된다. 그 틀이 "성 밖에서" 짓밟힌 것은 '거룩한 성(도성)'이 마흔두 달 동안 짓밟힌 사건(11:2)을 상기하게 한다. 역설이다. 짓밟았던 그들이 이제 짓밟히게 된다(14:20; 19:15). 여기서의 '성'을 예루살렘이라 볼 필요(Osborne, 555)는 없다. 더군다나 바벨론으로 볼 필요(참고, Beale, 1999: 780)도 없다. 하나님의 보응(심판)에 대해 알려주는 이미지라는 점에서 특정한 '성'의 의미는 크지 않다. 성 밖에서 짓밟힌 것은, 그들이 성 안에 있는 존재가 아님을 자연스레 암시한다.

그 포도주 틀에서 피가 나와 약 1,600스타디아(한 스타디오스는 약 185m), 즉 약 300km 가량되는 지역에 말의 고삐에 닿을 만큼(약 1.5m 높이) 되었다는 것은 그만큼 많은 피가 흘러넘쳤다는 뜻이다.[13] 심판의 피가 이같이 흐를 것이다. 죄의 대가가 그만큼 무섭다. 하나님의 보응은 그대로 집행될 것이다. 이것은 실제로 아마겟돈 전쟁에서 완벽하게 실현된다 (19:17-21). 물론 아마겟돈 전쟁에 국한할 필요는 없다. 하나님의 심판은 훨씬 광범위하게, 또 거대하게 다가오고 있다.

인자 같은 이의 추수(12-16절)는 보상의 추수고 다섯째 천사의 추수 (17-20절)는 보응의 추수다. 보상과 보응이 어김없이 이뤄질 것이다. 이것이 14장의 메시지다. 그리고 이 메시지는 요한계시록을 관통하는 중요한 주제가 된다. 인자는 추수꾼의 역할을 하시는 분으로 나타나시는데, 이때의 심판의 수행은 천사들이 담당한다. 그리스도의 직접적인 심판은 재림 때에 발생하는 일이다(19:11-21). 재림 전에는 일곱 인을 떼는 일(5-6장) 외에 심판적 재앙의 일에는 직접적으로 출현하지 않으신다. 재앙의 시작(일곱 인)과 마지막(완성, 아마겟돈 전쟁)이 그리스도께서 나타나실 때라 할 수 있겠다.

해설

14:14-16의 인자의 추수는 모든 교회와 성도들의 들림(휴거)을 받게 된다는 것을 뜻할까?

첫째, 이때의 추수 사건을 성도가 모두 들림 받는 특정 사건(예컨대 휴거)이라 단정할 수 없다. 14:17-20의 진노의 추수, 즉 다른 천사가 포도송이

---

13. 1,600을 (4 x 4) x (10 x 10)을 가리킨다고 보는 학자들도 있다(참고, Barr, 2018[1998]: 28; Beale, 1999: 782). 이때는 동서남북, 4위를 가리키는 4의 제곱(4^2)에 완전수 10의 제곱(10^2)을 곱한 수로 보는 것이다. 이 수는 세계적인 심판이라는 의미를 암시할 수 있다. 이 수는 일종의 수사법(과장법)으로 볼 수도 있다.

를 거두는 에피소드 그 자체가 특정 종말 사건을 가리키는 것이 아닌 것과 같다. 포도를 거두는 사건은 오히려 15-16장의 대접 재앙과 17-18장의 바벨론 패망과 연관이 있을 것이다. 한 번에 일어난 사건을 가리키는 것은 아닐 것이다. 이처럼 14:14-16도 단 한 번의 휴거 사건으로 볼 필요는 없다. 이 구절은 성도의 추수가 다(또는 대부분) 마무리될 것임을 가리킬 것이다. 성도들의 태반이 죽임(순교)을 당하고 일부가 (피신하여) 남아 있다가 후에 그리스도의 재림(19장) 때에 주님을 맞이하게 될지, 또는 그와 다른 방식으로 전개될지 분명하게 알려지지 않는다. 중요한 것은 14장을 기점으로 해서 성도의 추수와 악인의 추수가 마무리되고 있다는 점이다.

둘째, 이 추수를 그리스도의 재림이나 휴거로 보기 어려운 이유는 그리스도의 재림이면 분명하게 재림의 이미지를 드러낼 것이기 때문이다. 19:11-16에 그리스도의 재림이 언급된다. 그리스도의 재림 때에 있게 될 '들림'은 모든 이들이 알 수 있게 일어날 것이다(마 24:27-28, 29-31). 사람들 가운데 일부만 알게 '은밀히' 휴거가 발생하지는 않을 것이다(마 24:23-24, 26). '은밀한 휴거' 주장은 성경(특히 예수 그리스도의 직접적인 말씀)에 근거한 것이 아니다.[14]

14. 성경에 '휴거'(rapture)라는 용어는 없다(참고, Rossing, 496). 살후 4:17의 미래 수동태 '끌어올려질 것이다'(ἁρπαγησόμεθα)를 휴거라 할 수 있을 것이다. 여기에 사용된 '하르빠조'(ἁρπάζω)는 '힘으로 붙잡거나 잡아채다'(L&N, 18.4)의 뜻이다. 박형룡 박사는 휴거(携擧)를 '공중으로 들려 올라감'이라고 정의하면서 '위로 이끌려 올라감'의 '인상'(引上)이라고도 하였다(박형룡, 186). 그는 휴거가 대환난을 피하기 위한 것이 아님을 강조하며 그 일이 대환난 후에 있을 것임을 강조한다(박형룡, 186-9).

제22장
요한계시록 15:1-8
일곱 천사의 일곱 재앙

15-16장의 주 내용은 일곱 대접 재앙이다. 15장은 일곱 대접 재앙(16장)을 도입하는 서론적 역할을 한다. 한편 15장은 일곱째 나팔 부분인 11:14-19와 연관성이 있다. 두 부분은 비슷한 소재를 담고 있다(서론의 "구조" 항목을 참고하라). 일곱째 나팔(11:14-19)의 사건적 내용이 딱히 없는 점은 뒤에 나올 일곱 대접(15-16장)과 관련시키려는 목적과 관련이 있을 것이다. 11:14-19와 15장이 공유하는 소재가 많은 것은 그 때문일 것이다. 중간의 막간들(12-13장)과 계시록의 가운데 위치한 14장을 빼면 11:14-19는 바로 15장으로 연계된다. 15장은 11:14-19(일곱째 나팔)와 연결되면서 일곱 대접 재앙을 다루는 16장을 도입한다.

15장은 세 부분으로 나뉜다. 세 부분(1, 2-4, 5-8절)은 각기 "또 나는 보았다"(Καὶ εἶδον)로 시작하거나(1, 2절) 문장 머리 부분에 "나는 보았다"(εἶδον)가 있다(5절). 여기서는 "나는 보았다"가 구분의 표지가 된다. 일곱 천사에 대한 내용이 처음(1절, A)과 나중(5-8절, A′)에 반복된다. 가운데 있는 2-4절(X)은 승리자의 노래를 그리고 있는데 이들 승리자들은 짐승 시대의 박해를 받고 죽임을 당한 이들("짐승과 그의 우상과 그 이름의 수를 이긴 자들")이다. 이들을 추수한 장면이 앞 장 14:12-16에 나온 바 있다. 그리스도께서 추수한 이들이다.[1]

A. 일곱 재앙의 일곱 천사(1절)

X. 승리자의 노래(2-4절)

A′. 하늘 성전, 일곱 대접의 일곱 천사(5-8절)

번역

1 또 나는 하늘에서 크고 놀라운 다른 이적을 보았다. 일곱 천사가 마지막 일곱 재앙을 가지고 있었다. 하나님의 진노가 그것들로 마치게 된다. **2** 또 나는 불이 섞인 유리 바다 같은 것을 보았다. 짐승과 그의 우상과 그 이름의 수를 이긴 자들이 유리 바다 위에 서서 하나님의 하프들을 가지고 **3** 하나님의 종 모세의 노래와 어린 양의 노래를 부르고 있었다. 그들이 말하였다. "주(당신)께서 하신 일들이 위대하고 놀랍습니다. 주, 전능하신 하나님이시여. 주(당신)의 길들은 의롭고 진실합니다. 열방의 왕이시여. **4** 누가 두려워하지 않겠습니까? 주님, 누가 주(당신)의 이름을 영화롭게 하지 않겠습니까? 오직 주(당신)만이 거룩하시기 때문입니다. 모든 열방이 와서 주(당신) 앞에 경배할 것이기 때문입니다. 주(당신)의 의로우신 일들이 드러났기 때문입니다." **5** 이 일들 후에, 나는 보았다. 하늘에 증거 장막의 성전이 열렸다. **6** 성

---

1. 2-4절이 앞의 14장과 연관이 있다는 Beale의 견해는 적절하다(Beale, 1999: 784). 다만 2-4절이 1-8절의 교차구조의 중간에 위치한다는 구조적 이해가 필요하다는 점을 지적하고 싶다. 가운데에 위치하여 다소 다른 기능을 하는 X가 있는 단순 교차 구조(A-X-A′)는 8:1-6; 14:1-5의 경우에도 발견된다. 1절과 8절에서 '마치다'가 동일하게 나오므로 수미상관법(*inclusio*)을 형성한다는 Aune의 지적은 타당하다(Aune, 1998a: 881).

전에서 일곱 재앙을 가진 일곱 천사가 나왔다. 깨끗하고 빛나는 세마포 옷을 입고 가슴에 금띠를 두르고 있었다. **7** 네 생물 가운데 하나가 영원토록 살아 계신 하나님의 진노가 가득 담긴 금 대접 일곱을 일곱 천사에게 주었다. **8** 그러자 성전은 하나님의 영광과 그의 능력에서 나오는 연기로 가득찼다. 그리고 일곱 천사의 일곱 재앙이 마칠 때까지 아무도 성전에 들어갈 수 없었다.

주해

1절 (일곱 재앙의 일곱 천사) "또 나는 보았다"로 시작하는 1절은 일곱 대접을 다루고 있는 15-16장의 요약이자, 서론적 기능을 한다(Aune, 1998a: 869).[2] 요한은 하늘에 나타나는 새로운 표적을 보게 된다. 그것은 "크고"(거대하고, μέγας) "놀라운"(θαυμαστός) 것이다(1절). 이것은 다가오는 재앙들이 이제까지의 재앙들보다 더 큰 규모의 재앙이 될 것을 암시한다. 일곱 천사가 가지고 있는 또 다른 일곱 재앙들은 하나님의 진노와 직접 관련된다(1절).[3] 다른 재앙들, 즉 일곱 인이나 일곱 나팔 재앙은 하나님의 진

2. 6절에서 보듯, 요한은 하늘 성전에서 일곱 천사가 나온 후에야 이들을 보았을 것이다(Aune, 1998a: 869). 따라서 1절과 6절은 시간적인 선후 관계로 배열되어 있지는 않다. 1절은 15-16장의 표제(title)의 역할 또는 요약적 의미를 담은 구절이다. 한편, 1절은 1-8절의 교차 구조, 즉 A(1절)-X(2-4절)-A′(5-8절)의 시작 부분(A)이다. 그런 점에서 2-4절이 후대에 삽입되었다는 Aune의 주장(1998a: 869)은 맞지 않다. 교차 구조 자체에 저자의 의도가 반영되어 있다.
3. Aune는 일곱 인과 일곱 나팔이 '재앙'으로 불릴 수 있는가에 대해 의문을 표한다(Aune, 1998a: 869-70). 여섯째 나팔(9:18, 20) 외에는 '재앙'이라는 용어가 등장하지 않는 점을 지적한다. 그러나 일곱 인과 일곱 나팔이 재앙이 아니라기보다는 이들에 비해 일곱 대접이 하나님의 진노와 직결된 재앙적 속성이 더 강한 것이라 할 수 있다. Resseguie 또한 15:1에 근거하여 일곱 대접의 말기적 재앙성을 부각한다(Resseguie, 2009: 56-57).

노와 직접 관련된 것으로 소개되지 않는다. 그러나 일곱 대접 재앙은 많이 다르다. 하나님의 진노가 직접 표현된다. 일곱 대접으로("그것[들]으로") 하나님의 진노가 마치게 될 것이다. 이 재앙들은 특히 하나님의 진노의 대상인 용의 추종자들에게 임하게 되는 무서운 재앙들이다.

계시록에서 '세메이온'(표적/이적, σημεῖον)이라는 말은 일곱 차례 나타난다(12:1, 3; 13:13, 14; 15:1; 16:14; 19:20). 하나님과 관련된 '세메이온'은 두 군데(12:1; 15:1) 나오고 용이나 짐승과 관련된 이적은 다섯 곳(12:3; 13:13, 14; 16:14; 19:20)에 등장한다. 하나님의 이적과 용과 짐승의 이적(표적)이 대조되고 있다. 용과 짐승의 표적이 더 많이 보이는 것이 흥미롭다. 그러나 과연 누구의 이적(기적)이 진정한 표적인가?

"재앙"(πληγή)은 '치다', '타격하다'를 뜻하는 단어(πλήσσω)에서 왔다. 이것이 하나님과 관련하여 사용될 때는 '재앙'을 뜻하게 되고(9:18, 20; 15:1, 6, 8; 16:9, 21; 18:4, 8; 21:9; 22:18), 짐승과 관련해서 사용되면 '상처'를 뜻한다(13:3, 12, 14). 짐승의 '상처'는 그에게 주어진 일종의 '재앙'일 것이다. 그런데 이 짐승은 그 재앙(상처)을 이겨낸 것처럼 보인다(13:3, 12). 이 때문에 사람들이 그를 추종하게 된다(13:3, 14-15). 그러나 하나님의 재앙들을 끝까지 이겨낼 존재는 없다. 결국 짐승도 그 짐승을 따르던 자들과 함께 모두 재앙의 늪에 빠지게 된다.

일곱 재앙을 수식하는 "마지막"(τὰς ἐσχάτας)이라는 관형어는 일곱 재앙이 이전까지의 재앙들(일곱 인과 일곱 나팔)에 비해 가장 뒤에 있게 되는 재앙임을 알려준다(Ladd, 1972: 204; Mounce, 1977: 285).[4] 이것은 이들 재

---

4. 1절의 "마지막"과 "마치게 된다"의 사용은 일곱 대접이 연속된 재앙들의 '마지막' 재앙임을 알리는 것으로 보아야 한다. "마지막"을 요한이 본 환상의 마지막일 뿐임을 뜻한다고 해석하는 Beale의 주장은 억지스럽다(Beale, 1999: 786). '마지막' 재앙은 오직 일곱 대접에 대해서만 사용된다(15:1; 21:9). 21:9의 분명한 표현인 "마지막 일곱 재앙"이라 기록된 부분의 주석에서 Beale은 이 "마지막"에 대한 설명을 빼놓는다

앙들(인, 나팔, 대접)이 반복-순환되는 것이 아니라, 시간의 흐름을 따라 진행적으로 전개되고 있음을 알려주는 표현이다. 하나님의 진노로 인해 일어나는 세계적인 재앙들이 "마치게" 되는 때가 있다. 신적 수동태 "마치게 되다(되었다)"(ἐτελέσθη)는 하나님께서 일곱 대접 재앙의 주체가 되실 것임을 알려준다. 일곱 대접 재앙은 연속된 재앙들(일곱 인과 일곱 나팔)의 끝("마지막")에 위치한다. 하나님의 진노는 이것으로 마치게 될 것이다(15:1). 그리스도 재림 때의 아마겟돈 전쟁(19:19-21)은 그 마지막의 끝이다. 그날이 '욤-아도나이'(יוֹם־יְהוָה) 즉 '여호와의 날'이 될 것이다(사 13:6, 9; 욜 1:15; 2:1, 11; 3:4; 4:14; 암 5:18, 20; 옵 1:15; 습 1:7, 14; 말 3:23).[5] 계시록 16:14은 이 날을 "전능하신 하나님의 큰 날"이라 부른다.

2절 (승리자들) 2절에는 장면이 바뀌어 승리한 이들의 송가가 나온다. 요한은 두 가지를 본다("나는 보았다"). 첫째는 불이 섞인 유리 바다 같은 것을 보았다. 이 유리 바다(θάλασσαν ὑαλίνην) 같은 것은 4:6에서 하나님의 보좌 앞에 있던 수정과 같은(수정처럼 보이는) 유리 바다 같은 것(참고, 겔 1:22)일 것이다. 다만, 여기서는 "불이 섞인"(μεμιγμένην πυρί) 것으로 나타나므로(비교, 단 7:9-11), 하나님의 진노가 반영된 것일 가능성이 높다(Aune, 1998a: 871; Beale, 1999: 789-90). 그러나 불이 섞인 유리 바다를 악의 바다로 볼(Caird, 65-66, 197) 필요는 없다(참고, 4:5 주해).

하나님의 진노의 재앙들이 펼쳐지려 할 때, 다른 한편에서는 하나님의 구원과 사랑을 받은 승리자들의 찬양이 울려 퍼진다. 공의의 심판(보응)은

(Beale, 1999: 1063-6). Fanning에 따르면, 계시록에는 사건들이 순차적으로 진행되고 있음을 알려주는 "시간적 지표"(temporal indicator)들이 있다(예, 10:7; 12:12; 14:7; 15:1; Fanning, 5).

5. 여호와의 날, 즉 '욤-아도나이'(יוֹם־יְהוָה)는 '여호와의 큰 날'(יוֹם יְהוָה הַגָּדוֹל)이라고도 부른다(욜 3:4; 습 1:14; 말 3:23). 또는 보응의 날, 즉 '욤 나캄'(יוֹם נָקָם)이라고도 한다(사 34:8; 63:4).

불신과 불의의 사람들에게는 형벌이 되고 믿음과 의의 성도들에게는 위로가 되기 때문일 것이다. 이것은 요한이 본 두 번째 내용인데, "이긴 자들"("나는 보았다"의 두 번째 목적어)에 관한 것이다. 이들은 "짐승과 그의 우상(화상)과 그 이름의 수"를 이긴("~로부터 승리한", νικῶντας ἐκ) 자들이다. 그들은 하나님께서 주셨을 "하나님의 하프들"(κιθάρας τοῦ θεοῦ)을 가지고 유리 바다 위에 서 있다. '하나님의' 하프의 뜻은 '하나님을 위한'(목적어적 소유격) 하프 또는 '하나님께서 주신'(주어적 소유격) 하프, 둘 다 가능하다. 그들이 하프(수금)를 들고 있는 모습은 그들이 찬양과 노래를 하게 될 것임을 알려준다. 하프(κιθάρα)는 현이 있는 악기를 가리킨다. 따라서 하프, 거문고, 가야금, 수금 등이 이에 해당된다. 아름다운 선율이 울려 퍼진다. 계시록의 찬양에서 '끼싸라'(하프)가 등장하는 경우는 세 번이다(5:8; 14:2; 15:2).

모세와 어린 양의 노래를 부르는 이들(2절)은 14장의 하늘에서 노래하는 이들(2-3절)과 같은 이들일 수도 있지만, 그보다는 144,000명과 하늘의 노래하는 이들이 함께 결합된 이들일 수 있다. 14장의 노래하는 이들은 "보좌 앞과 네 생물과 장로들 앞"에서 새 노래를 부른 반면, 15장의 노래하는 승리자들은 "유리 바다 위(또는 가)"에서 모세와 어린 양의 노래를 부른다. 모세의 노래와 어린 양의 노래가 어우러진 것은 마지막 때의 두 집단(유대계 그리스도인들과 비유대계 그리스도인들)이 하늘에 함께 모인 상태를 암시하는 것일 수 있다.[6] 15장의 노래하는 이들은 짐승의(마지막) 때에 고난받던 이들임이 밝혀진다(2절). 이들은 주로 짐승의 때에 박해를 받고 순교

6. 물론 노래를 부르는 이들은 모세와 어린 양의 심상이 합쳐져 유대계 그리스도인들(144,000명)을 주로 뜻할 수도 있다. 그러나 그렇게 하면 7장과 14:1-5에서 144,000명과 함께 등장하는 두 번째 집단인 하늘의 무리를 배제하는 해석이 되므로 자연스럽지 않다.

한 이들일 것이다(7:14; 13:7-10, 15).

3절 (모세의 노래, 어린 양의 노래) 이긴 자들이 하프를 가지고 노래를 부르기 시작한다(3절). 하나님의 종 모세(출 14:31; 민 12:7-8; 신 34:9; 수 1:1-2 등)의 노래는 출애굽기 15:1-18과 신명기 31:19-22; 31:30-32:44에 나온다(참고, 시 90편; 사 12:1-6). 출애굽기(15:1-18)와 신명기(31:19-32:44)에 있는 모세의 노래와 3절 이하의 노래의 내용은 서로 직접적인 관련이 없어 보인다는 주장도 있다(Osborne, 2002: 563-4). 그러나 모세의 두 가지 노래 가운데 출애굽 때의 하나님의 역사를 노래한 출애굽기의 것이 3-4절의 모세의 노래와 좀 더 깊은 관련이 있을 것이다. 세부적인 표현은 다르지만, 출애굽기 15:1-18의 주제는 계시록 15:3-4에 그대로 반영되어 있다. 유대인들은 보통 출애굽기 15:1-18을 '쉬랏 하얌'(Shirat HaYam, 바다의 노래) 또는 모세의 노래(Song of Moses)라 칭한다. 노랫말이 '아즈 야쉬르 모쉐'(Az Yashir Moshe, "이때에 모세 … 노래하니")로 시작하기 때문에 '아즈 야쉬르 모쉐'로 불리기도 한다. 이 모세의 노래는 출애굽 때의 하나님의 구원을 노래한다. 즉, 하나님의 구원의 은혜와 기쁨을 노래한다.

계시록 15:3-4의 노래는 부분적으로 출애굽기에 있는 모세의 노래의 요약이 되면서 또한 이어지는 어린 양의 노래일 수도 있다(두 노래의 결합). 또는 모세의 노래와 어린 양의 노래가 사실상 동일한 것(모세의 노래 즉 어린 양의 노래, Osborne, 2002: 564)일 수도 있다. 출애굽기(15:1-18)의 모세의 노래를 요약하면 건짐(출애굽 구원; 특히 2-3, 13, 16-18절)과 갚음(대적자 징벌; 특히 1, 4-12절)이다. 계시록(15:3-4)에도 건짐과 갚음의 주제가 흐른다. 주 하나님께서 "하신 일들"/"길들"(건짐과 갚음)과 그 "의로우신 일들"(정당성, 그 의로움과 진실함), 그리고 공의를 집행하시는 전능자

하나님(두려움, 영화로움, 거룩하심, 마땅한 경배)을 노래하기 때문이다.[7]

특히 어린 양의 노래는 네 생물과 이십사 장로의 새 노래(5:8-10; 참고, 14:3)와 관련이 있을 것이다. 이들의 노래는 시적 운율에 잘 맞춰진 노래다. "주님(당신)께서 하신(하실) 일들이 위대하고 놀랍습니다"(주님의 행사에 대한 찬양, a). "주, 전능하신 하나님이시여"(주님에 대한 칭호, b). "주님(당신)의 길(들)은 의롭고 진실합니다"(주님의 길에 대한 찬양, a′). "열방의 왕이시여"(주님에 대한 칭호, b′). 이 찬양은 주 하나님을 전능하신 하나님(b)과 열방(모든 민족)의 왕(b′)으로 부르는 점에서 평행을 이루며, 하나님께서 하신 일의 위대하심(a)과 하시는 방식의 의로우심(a′)을 찬양하는 점에서도 평행 구조를 보인다.

a. 찬양: 주님께서 하신 일들이 위대하고 놀랍습니다.[8]

b. 호칭: 주, 전능하신 하나님이시여.[9]

a′. 찬양: 주님의 길은 의롭고 진실합니다.

b′. 호칭: 열방의 왕이시여.

이 노래는 앞으로 있게 될, 하나님의 재앙과 관련이 있다. 주 하나님은

---

7. Aune는 Fiorenza, 135를 따라 출 15:1-18(과 신 32-32장)이 계 15:3-4와 문학적 연관성이 없다고 주장한다(Aune, 1998a: 872). 그러나 그가 놓친 점은 둘 사이의 주제적 연관성이다. 다만, Aune는 출애굽 역사를 감사하는 찬송인 사 12:1-6과의 연관성은 인정한다(Aune, 1998a: 863).

8. 비교, 개역개정 출 15:11, "여호와여. 신 중에 주와 같은 자가 누구니이까? 주와 같이 거룩함으로 영광스러우며 찬송할 만한 위엄이 있으며 기이한 일을 행하는 자가 누구니이까?"

9. 비교, 개역개정 출 15:3, "여호와는 용사시니 여호와는 그의 이름이시로다."; 개역개정 출 15:6, "여호와여, 주의 오른손이 권능으로 영광을 나타내시니이다. 여호와여, 주의 오른손이 원수를 부수시니이다."

전능하신 분(b; 11:17; 16:14)이시며 모든 열방의 왕(b′)이 되시므로 역사의 주관자가 되시고 지난 역사에 대해 심판하실 권한을 가지신다.[10] 하나님의 심판은 그 자체나 그 방법(주님의 길)에 있어서 바르고 의로운 것(a′)이다(신 32:4; 시 116:5; 사 5:16; 계 6:10; 16:5, 7; 19:2). 또한 그분이 하신 일(주님의 일)의 능력(권한)과 정당성에 있어, 사람의 것과 다르다. 그러므로 위대하고 놀랍다(a; LXX, 출 15:11; 신 28:58; 시 8:2, 10; 92:4; 98:1; 117:23; 118:129; 사 25:1).

4절 ("거룩하신 주께 경배할 것입니다") 하나님의 심판(재앙)의 결과, 두려워하지 않을 수 없고 그분의 이름을 높이지(영화롭게 하지) 않을 수 없다. 이 일을 통하여 하나님의 거룩함과 의로움이 드러나게 된다. 그래서 모든 열방이 주 앞에 경배하게 될 것이다. 이것이 마땅하다. 그의 거룩하심과 그 일(행사)의 의로움은 3절의 찬양과 깊은 관련이 있다. 하나님의 권한(전능하신 하나님, 열방의 왕, 모든 열방이 경배해야 할 분)과 그 행하신 일의 특성(위대하고 놀라움, 의롭고 진실함, 거룩하고 의로우심)이 3절과 4b, 4d절에 중첩되어 나타난다. 그러므로 4a절에서처럼, 누가 주 하나님을 두려워하지 않을 수 있고 그 이름을 영화롭게 하지 않을 수 있겠는가(시 86:9-10; 대상 16:28-29; 렘 10:6-7; 계 14:7)? 모든 열방, 모든 이들이 주 하나님께 나아와 경배하게 될 것이다(4c절).

---

10. 주 하나님께서 전능자(παντοκράτωρ)이심은 1:8; 4:8 11:17; 15:3; 16:7, 14; 19:6, 15; 21:22 등에 반복하여 나타난다. 1:8의 주해를 보라. 하나님께서 열국의 왕이 되신다는 직접적인 표현은 15:3에만 나오지만(그리스도의 경우는 17:14; 19:16 등 2회) 그분의 통치, 즉 왕으로서 다스리심(11:15, 17; 19:6)은 계시록의 핵심적인 주제다. Osborne은 이 부분이 모세의 노래, 출 15:1-18의 마지막 절인 18절("여호와께서 영원 무궁하도록 다스리시도다", 개역개정)과 같은 주제임을 지적한다(Osborne, 2002: 565-6).

a. 경배: 누가 두려워하지 않겠습니까? 영화롭게 하지 않겠습니까?(4a절)[11]

b. 속성: 주님만이 거룩하시기 때문입니다(4b절).

a′. 경배: 모든 열방이 와서 경배할 것이기 때문입니다(4c절).[12]

b′. 특성: 주의 의로우신 일들이 드러났기 때문입니다(4d절).

5절 (증거 장막의 성전) 1절에서 간략하게 언급된 일곱 재앙의 일곱 천사에 대한 내용이 5-8절에서는 좀 더 상세히 해설된다. 이 구절들은 다음과 같이 네 개의 부분으로 구성되어 있다. 시작과 끝에서는 성전에 대해 묘사한다(5, 8절). 중간 부분에는 일곱 재앙을 가지고 있는 일곱 천사의 외적 부분을 묘사한 것(6절)과 그들에게 일곱 대접이 주어지는 장면(7절)이 나온다.

---

11. 다음의 예들과 비교하라(개역개정 인용). 출 15:6-7, "여호와여. 주의 오른손이 권능으로 영광을 나타내시니이다. 여호와여, 주의 오른손이 원수를 부수시니이다. 주께서 주의 위엄으로 주를 거스리는 자를 엎으시니이다. 주께서 진노를 발하시니 그 진노가 그들을 지푸라기같이 사르니이다."; 출 15:10, "주께서 바람을 일으키시매 바다가 그들을 덮으니 그들이 거센 물에 납같이 잠겼나이다."; 출 15:11, "여호와여. 신 중에 주와 같은 자가 누구니이까? 주와 같이 거룩함으로 영광스러우며 찬송할 만한 위엄이 있으며 기이한 일을 행하는 자가 누구니이까?"; 출 15:12, "주께서 오른손을 드신즉 땅이 그들을 삼켰나이다."; 출 15:14-16, "여러 나라가 듣고 떨며 블레셋 주민이 두려움에 잡히며, 에돔 두령들이 놀라고 모압 영웅이 떨림에 잡히며 가나안 주민이 다 낙담하나이다. 놀람과 두려움이 그들에게 임하매 주의 팔이 크므로 그들이 돌같이 침묵하였사오니 …"
12. "두려워하지 않겠습니까? 영화롭게 하지 않겠습니까?" 다음에 '때문에'(ὅτι-) 구문이 세 개 연속된다. 그 이유로 인해 그다음의 세 어절(clauses)을 종속적으로 취급할 수 있다(Osborne, 2002: 567-8). 그러나 두 번째 '때문에' 구문인 "모든 열방이 경배할 것입니다"는 의미적으로 첫 연("두려워하지 않겠습니까? 영화롭게 하지 않겠습니까?")과 경배라는 면을 공유한다고 볼 수 있겠다. Aune는 이 부분을 목적절('경배하도록')로 볼 것을 제안한다(Aune, 1998a: 853).

a. 하늘에서 증거 장막의 성전이 열렸다(5절).

b. 세마포를 입고 금띠를 띤, 일곱 재앙의 일곱 천사가 나왔다(6절).

b′. 네 생물 가운데 하나가 일곱 천사에게 하나님의 진노의 일곱 대접을 주었다(7절).

a′. 성전이 하나님의 영광과 능력의 연기로 가득찼다(8절).

요한이 이제("이 일[들] 후에") 보게 된 것("나는 보았다")은 하늘의 성전이다(5절). 그 성전이 열렸다(15:5; 11:19; 참고, 4:1). 그런데 요한은 이 성전을 "증거 장막의 성전"(ὁ ναὸς τῆς σκηνῆς τοῦ μαρτυρίου)이라 부른다. 소유격을 동격 의미(동격의 소유격)로 보면 '증거 장막, 즉 성전'이라 할 수 있다(Beale, 1999: 801). "증거 장막"이라 한 것은 그 성전이 하나님과 그분이 하신 일에 대해 증언하는 '증거 장막'(십계명이 든 법궤[출 25:16, 21]가 있는 성막)의 역할을 하기 때문이다. 성전은 본래 건물이 아닌, 이동하기 편한 장막(텐트)에서 비롯되었다. 이동이 용이한 장막(성막)은 화려하거나 견고한 건물(성전)과는 거리가 있다. 이러한 성막의 모습은 하나님을 드러내는(증거하는) 기능을 한다. 이같이 '증거하는 일'과 '임시적(영원하지 않는, 한시적) 자리(장소)'를 강조하기 위해 "증거 장막의 성전"이라 이름하였을 것이다. 후에 새 하늘과 새 땅이 이뤄지는 21장에 가면 더 이상 그 어떤 성전도 존재하지 않는다. 하나님과 어린 양이신 그리스도께서 성전 자체가 되시기 때문이다(21:22).[13]

성전이 열리는 사건이 11:19와 15:5에 나오는 것은 11:14-19와 15:1-8의 밀접성과 무관하지 않다. 11:14-19가 일곱째 나팔의 내용이고 15:1-8은 일곱 대접의 서론이다. 둘의 관계는 일곱째 인(8:1-5)이 일곱 나팔을 견인하

13. 성전과 관련된 계시록 말씀은 3:12; 7:15; 11:1-2, 19; 14:17; 21:22 등이다.

는 서론적 역할을 했던 것과 비슷하다. 다만 일곱째 나팔이 바로 일곱 대접의 서론이 아닌 것은 중간에 여러 막간(12-13장과 14장)이 존재하기 때문이다. 이들 막간들 때문에 일곱째 나팔과 그다음으로 이어질 일곱 대접 사이에는 상당한 간격이 생겼다. 떨어진 간격의 거리를 이어주는 역할을 15장이 한다. 그래서 11:14-19와 15장이 공유하는 소재가 많을 수 있다.[14]

6절 (일곱 천사) 성전에서 일곱 재앙을 가진 일곱 천사가 나온다(6절). 이들은 "깨끗하고 빛나는 세마포 옷"을 입고 있다. 깨끗하고 빛난 세마포 옷은 승리한 성도들이 입는 옷과 비교된다(19:8). 그 일곱 천사들은 가슴에 금띠를 두르고 있다.[15] 가슴에 띤 금띠는 본래 그리스도께서 하신 바 있다(1:13). 예수 그리스도께서 하신 것 같은 금띠를 띠고 있는 모습은 일곱 천사가 그리스도의 사역을 대행하고 있음을 보여준다("그의 대리인들", Beale, 1999: 804). 이들의 사역은 심판적 재앙을 집행하는 사역이다. 14:17-20이 언급하는 심판적 추수의 집행 과정인 셈이다. 14:14-16이 인자이신 그리스도의 구원적 추수를 묘사하고 있다면, 14:17-20은 '다른 천사'에 의한 심판적 추수, 즉 포도주 틀을 밟는 일이 일어난다. 재앙적 추수(보응)는 일곱 대접 재앙에서 본격화되어 그리스도의 재림(19:11-16)과 함께 진행되는

---

14. 그런 점에서 11:19는 12-13장과 연계되기보다는 15장과 연계된 것으로 보는 것이 좋다. 11:19를 12-13장과 연계한 Aune의 견해는 11:14-19와 15장의 연계성을 보지 않기 때문에 발생한다(Aune, 1998a: 661-2).

15. 구약성경에서는 제사장에게 띠를 띠게 하였다(출 28:4, 40; 29:9; 레 8:7, 13 등). 보통 제사장의 의복인 에봇 위에 에봇을 매는 띠를 띠게 했는데, 띠는 금 실과 청색, 자색, 홍색 실과 가는 베실로 함께 짠 것이다(출 28:4-8; 39:1-5). 특별히 속죄가 필요한 때에는 제사장은 세마포 옷에 세마포 띠를 띠어야 했다(레 16:4). 속죄를 통한 의(깨끗함)를 표현하기 때문일 것이다. '금띠'는 승리와 권한을 상징할 것이다. Osborne은 금띠는 제사장의 이미지보다는 왕권 또는 높아진 지위(status)를 가리키며, 그리스도의 사법적 징계를 맡은 대사적 임무를 수행하는 의미를 전달한다고 했다(Osborne, 2002: 570).

아마겟돈 전쟁(19:17-21)에서 마무리될 것이다. 구원의 추수가 인자에 의해 진행된다면, 심판(재앙)의 추수는 천사(천사들)에 의해 수행되다가 그리스도의 재림으로 마무리될 것이다.

7절 (진노의 일곱 대접) 네 생물 가운데 하나가 하나님의 진노가 가득 담긴 금 대접 일곱을 일곱 천사에게 준다. 천상의 존재(천사들)를 대표하는 네 생물(4:6-9) 가운데 한 생물이 이들 일곱 천사에게 금 대접을 전달하는 역할을 한다. 이들이 '재앙을 가지고 있다'(15:1, 6)는 묘사는 그들이 재앙과 관련된 역할을 맡았음을 의미할 것이다. 이번에는 그들이 그 재앙을 수행할 수 있는 금 대접을 받게 된다. 구체적인 재앙의 도구가 주어졌고 이제 그들은 그 도구를 사용할 수 있다.[16] 대접(그릇)에는 하나님의 진노가 가득 담긴다. 그릇(대접)에 가득 담긴 것은 그릇에 차고 넘쳐 쏟아질(부어질) 수밖에 없는 이미지를 연상시킨다. 금 대접은 하나님의 거룩한(신성적) 분노를 상징한다.

한편, 금 대접은 성도들의 기도를 담는 그릇이기도 했다(5:8; 참고, 8:3). 기도를 담는 금 대접과 재앙을 담은 금 대접 사이에는 유사점과 차이점이 있다. 유사점은 무엇인가를 가득 담는다는 점이다. 다른 점은 하나는 성도의 기도를 담아 하나님께 올리고 또 하나는 하나님의 진노를 담고 있다는 것이다. 오스본은 이를 제물의 의미로 이해한다(Osborne, 2002: 570-1). 성도의 기도는 하나님께서 기뻐 받으실 제물이라 할 수 있는데, 이제는 심판을 쏟아붓는 일이 하나님께 드려질 제물이 된다.

"영원토록 살아 계신 하나님의 진노"라 한 것은, 영원한 존재이신 하나님, 역사의 주관자가 되시는 하나님, 그래서 모든 것을 다 기억하시고 그대로 갚으시는 하나님의 모습을 강조한 것이다. 하나님께서는 모든 역사의

---

16. Aune는 본문의 '대접'이 전제로 드리는 포도주(출 30:9; 레 23:13; 민 15:7, 10; 28:7 등)를 담는 용기(그릇, utensil)일 것이라고 본다(Aune, 1998a: 879).

현장에 늘 계셨다. 그분 몰래 은밀히 행해질 수 있는 일은 없다. 그분이 모른 채 넘어갈 수 있는 것은 없다. 언젠가 모든 것대로 갚으실 것이다. 사람은 심은 대로 거둘 뿐, 심지 않은 것을 거둘 수는 없다. 찰나의 인생이 행한 대로 심판하실 분은 영원하신 하나님이시다.

8절 (성전의 연기) 이제 성전은 하나님의 영광과 그의 능력에서 나오는 연기로 가득차게 된다(8절). 연기는 자주 하나님의 현현과 임재의 표현으로 쓰였다(창 15:17; 출 19:18; 20:18; 사 4:5; 6:4). 그런데 계시록에서 연기는 주로 하나님의 진노와 재앙과 관련이 있다(9:2-3, 17-18; 14:11; 18:9, 18; 19:3; 참고, 삼하 22:9; 시 18:8; 74:1). 8절에 나타난, 성전의 연기는 하나님의 임재나 하나님의 진노를 모두 나타내는 이중적 의미를 내포할 수 있다. 그러나 특히 하나님의 진노의 측면에서 보아야 하는 이유는 이 일곱 재앙이 마칠 때까지 아무도 그 성전에 들어갈 수 없게 했기 때문이다. 성전에 가득찬 연기는 하나님의 진노의 가득함을 상징할 것이다. 하나님의 진노가 연기의 모습으로 성전에 가득찼고 이 진노가 다 쏟아부어질 때까지 누구도 그곳에 들어갈 수 없게 된 것이다. 이러한 현상은 구원의 문이 이제 닫혔고 세상의 끝이 이르렀음을 뜻할 수 있다(Mounce, 1977: 290). 하나님의 심판의 뜻을 거스를 수 있는 존재가 아무도 없다는 뜻일 수도 있다(참고, 단 4:5; Beale, 1999: 807). 일곱 대접 재앙을 맡은 일곱 천사는 본래 이 성전에서 나온 자들(6절)이다. 그들의 역할이 다 마칠 때까지 그들도 이 성전에 들어갈 수 없을 것이다.

해설

본래 '회막'(會幕, the tent of meeting)이라고 불리던 성막(장막[帳幕], אֹהֶל)을 '증거 장막'(אֹהֶל הָעֵדוּת)이라고 부르게 된 이유는 그 안에 하나님의 역사를 증거할 법궤가 들어 있기 때문이다. '회막'(אֹהֶל מוֹעֵד)은 하나님과의 만남, (만나는) 장소, (만남의) 시간을 강조하는 표현이다(출 28:43; 29:4, 10-11). 장막은 회막으로 주로 쓰이는데, 민수기 17:7-8; 18:2에서 '증거 장막'이라는 표현으로 지시되었다. 그 이유는 하나님과 그의 역사를 증거하는, 십계명의 '증거판'(הָעֵדוּת)이 들어 있는 '법궤'(אֲרוֹן)가 그 안에 있기 때문이다(출 16:34; 25:16, 21-22). 증거판이 있는 법궤를 '증거궤'(אֲרוֹן הָעֵדוּת)라고도 한다(출 26:33-34; 40:3, 21). 따라서 증거 장막은 하나님과 그분이 하신 일을 증언하는 것을 목표로 한다.

5절에서 증거 장막의 성전이 부각되는 것은 하나님의 언약과 관련이 있을 것이다. 모세를 통해 이스라엘과 맺었던 언약(출 19:5-6; 24:1-8; 34:10-28 등)은 다윗(삼하 23:5; 대하 13:5; 21:7)을 거쳐 그리스도의 언약(사 9:6-7; 렘 23:5)으로 나타났다. 그리스도는 피로 세워진 새 언약의 주체시다(마 26:28; 히 8:6-13; 9:15-17; 10:16-18; 12:24; 13:20). 새 언약은 온 세상에 필요하다. 언약이 무시될 때, 그에 따른 대가가 지불된다(비교, 히 10:29). 증거 장막은 언약과 관련이 있을 것이다. 신적 언약이 짓밟힌 세계에 심판적 재앙이 몰려올 것이다. 증거 장막의 출현은 하나님의 언약에 따른 심판의 집행이 이뤄질 것을 알려준다.

제23장
요한계시록 16:1-21
일곱 대접

16장에는 일곱 대접 재앙이 모두 연속된 형태로 담겨 있다. 그리하여 일곱째 재앙이 첫째-여섯째의 것들과 떨어져 나타나는 일곱째 인 재앙(8:1-5) 및 일곱째 나팔 재앙(11:14-19)과 다르다.

16장은 두 부분으로 나뉜다. 첫째부터 다섯째 대접까지의 본문(1-11절)과 여섯째와 일곱째 대접 부분(12-21절)이다. 첫째-다섯째 재앙은 비교적 짧게 기술되고 여섯째-일곱째는 상대적으로 길다. 크게 보면 5(첫째-다섯째) + 2(여섯째, 일곱째)이고 좀 더 세밀하게는 3(첫째-셋째) + 2(넷째-다섯째) + 2(여섯째-일곱째) 구성이다.[1] 반면에 인 재앙과 나팔 재앙은 4(첫째-

---

1. Aune는 일곱 대접 재앙에 관한 본문에 대칭성(symmetry)이 결여되어 있다고 주장한다(Aune, 1998a: 864). 일곱 대접은 대칭적 또는 교차적 구조를 가지고 있지 않은 것이 맞다. 그 이유는, 첫째, 5 + 2 또는 (3 + 2) + 2로 구성되었기 때문이다. Osborne이 주장하듯(Osborne, 2002: 576), 4 + 3은 아니다. 둘째, 일곱 대접 간의 대칭적 구성이 목표가 아니라 오히려 일곱 나팔과의 연관성이 더욱 부각된다. 일곱 나팔에 비해 더욱 심화된 종결적 재앙이라는 의미가 중요하기 때문이다. 셋째, (3 + 2) + 2는 주제적 구분이기보다는 기술 형식(분량)에 따른 구분이다. 앞의 세 재앙은 짧고, 그 다음 두 재앙은 좀 더 길며, 마지막 두 재앙은 그보다 더 길다. Osborne은 일곱 인과 일곱 나팔은 사람들에게 간접적인 영향을 주는 반면 일곱 대접은 직접적인 영향을

넷째) + 2(다섯째, 여섯째) + 1(일곱째)로 되어 있다.

I. 첫째 대접부터 다섯째 대접까지(1-11절)

II. 마지막 두 재앙, 여섯째와 일곱째 대접(12-21절)

A. 요한계시록 16:1-11 (첫째 대접부터 다섯째 대접까지)

1-11절은 네 부분으로 나뉜다. 성전의 음성(1절)과 천사의 말과 제단의 말(5-7절)이 각기 그다음에 나오는 대접 재앙들을 이끈다. 1절과 5절에 "(그리고) 나는 들었다"가 반복된다. 1절과 5-7절이 있어서, 그다음 나오는 첫째-셋째 대접과 넷째-다섯째 대접이 나뉘면서 평행 구조(ABA′B′)를 형성한다.[2] 서론적 기능을 하는 1절에 이어, 첫째, 둘째, 셋째 대접에 관한 내용이 함께 등장한다(2-4절; 땅, 바다, 강/샘). 그리고 5-7절의 중간 부분이 있고, 그다음 넷째, 다섯째 대접 재앙이 묶여 나타난다(8-11절; 태양, 짐승의 왕좌). 1절과 대응하는 5-7절(물의 천사의 말-피를 마시게 함)은 앞의 재앙들(특히 둘째와 셋째)과 다음의 재앙들(넷째와 다섯째, 제단의 말-심판의 참됨과 의로움)과도 서로 연결된 내용(물의 천사의 말, 제단의 말)을 담고 있다(비교, Grabiner, 209).

준다고 지적했다(Osborne, 2002: 576). 모든 재앙을 그같이 구분하는 것이 꼭 맞는 것은 아니다. 그러나 재앙의 대상의 범위와 재앙의 강도가 훨씬 심화된 것은 분명하다.

2. 5-7절은 Aune의 주장처럼 후에 삽입된 것으로 볼 필요가 없다(Aune, 1998a: 864). 계시록의 평행법적 구조의 한 형태다.

A. 성전의 음성(1절)

B. 첫째, 둘째, 셋째 대접(2-4절)

A′. 천사의 말과 제단의 말(5-7절)

B′. 넷째, 다섯째 대접(8-11절)

흥미로운 점은, 첫째 대접과 다섯째 대접이 둘 다 종기와 관련된다는 것이다. 또한 짐승과 관련이 된다는 점(2절, 짐승 숭배자; 10절, 짐승의 왕좌)도 그렇다. 다만, 첫째 대접보다 다섯째 대접 때의 종기가 더 심한 상태인 것 같다. 둘째 대접(바다)과 셋째 대접(강/샘)이 물과 관련이 있는 반면, 넷째 대접은 불(태양)과 관련된다. 종기/짐승(첫째, a) > 물(둘째/셋째, b) > 불(넷째, b′) > 종기/짐승(다섯째, a′)의 전개는 다섯 대접이 하나의 구성으로 묶여 전개된 것임을 보여준다.

번역

1 또 나는 성전으로부터 일곱 천사에게 말하는 큰 음성을 들었다. "가서 하
나님의 진노의 일곱 대접을 땅에 부으라." **2** 첫째 천사가 가서 그의 대접을
땅에 부었다. 그러자 짐승의 표를 가진 자들과 그의 우상에게 경배한 자들에
게 고약하고 독한 종기가 생겼다. **3** 또 둘째 천사가 그의 대접을 바다에 부
었다. 그러자 죽은 자의 피같이 되었고 바다에 있는 모든 생물들이 죽었다.
4 또 셋째 천사가 그의 대접을 강들과 물의 근원들에 부었다. 그러자 피가
되었다. **5** 또 내가 물들의 천사가 말하는 것을 들었다. "지금도 계시고 전에
도 계신 분, 거룩하신 이는 의로우시다. 이렇게 심판하셨기 때문이다. **6** 그들
이 성도들과 선지자들의 피를 쏟았으므로 그들에게 피를 마시게 하는 것이
합당합니다." **7** 또 나는 제단이 말하는 것을 들었다. "그렇습니다. 주님, 전능

하신 하나님. 주(당신)의 심판들은 참되고 의롭습니다." **8** 또 넷째 천사가 그 대접을 태양 위에 부었다. 그러자 그에게 불로 사람들을 태우는 일이 주어졌다. **9** 사람들이 센 열로 태워졌다. 그러나 그들은 이들 재앙들에 대한 권세를 가지신 하나님의 이름을 비방하였다. 그분께 영광을 드리지 않고 회개하지 않았다. **10** 또 다섯째 천사가 그의 대접을 짐승의 왕좌 위에 부었다. 그러자 그의 나라가 어둡게 되었다. 그들이 고통 때문에 그들의 혀를 깨물었다.
11 그런데도 그들의 고통들과 종기들로 인해 하늘의 하나님을 비방하였다. 그들의 일들(행위들)을 회개하지 않았다.

주해

1절 (성전의 음성) 요한은 성전에서 나는 큰 음성을 듣게 된다(1절, "또 나는 들었다"). 일곱 천사에게 하나님의 진노의 일곱 대접을 땅에 부으라 명령하는 음성이다. 성전의 소리는 대기하고 있던 일곱 천사에게 직접 하달된다. "가라" 그리고 "땅에 부으라(쏟으라)"고 했는데 실제로는 땅(첫째, 2절), 바다(둘째, 3절), 강/샘(셋째, 4절), 태양(넷째, 8절), 짐승의 왕좌(다섯째, 10절), 유프라테스 강(여섯째, 12절), 공중(일곱째, 17절) 순으로 나타난다. 모든 재앙은 '땅'에 있는 자들에게 직간접으로 영향을 주는 것들이다. 여기서 '땅'은 땅에 있는 자들에 대한 재앙이라는 점에서 포괄적인 개념이면서, 동시에 첫째 대접이 부어지는 자리인 협의적인 개념의 '땅'을 뜻한다. '붓다'(ἐκχέω)는 액체 같은 것을 붓는(쏟아 놓는) 것이다.[3] 일곱 대접 재앙

3. Osborne은 '붓다'의 개념이 제물의 피를 쏟는 것(출 24:6, 8; 레 4:7, 18, 30)과 관련된다고 말한다(Osborne, 2002: 579). Beale은 피를 쏟는 것이 성막을 깨끗하게 하는 일인 것처럼, 대접을 쏟는 심판은 땅의 죄의 오염을 씻는 것이라 말한다(Beale, 1998a: 813).

에 관한 구절에는 모두 '대접을 ~에 붓다'는 패턴이 작용한다(1, 2, 3, 4, 8, 10, 12, 17절).

2절 (첫째 대접 - 땅) 성전에서 나온 명령에 따라 첫째 천사가 가서 그의 대접을 땅에 부었다(2절).[4] 그러자 땅의 영역에서 무엇인가가 발생했다. 사람들에게 고약하고 독한 종기("헌데", ἕλκος)가 생겼다(비교, 출애굽의 여섯째 재앙, 출 9:9-11). 몹시 가렵고 또 고통스러운 그런 헌데일 것이다. 전염성도 있고 고통을 수반하는 일종의 곪는 궤양이다(L&N, 23.179; Thayer, 1767). 이 단어는 신약에서는 단 세 곳에 쓰이는데 계시록 16:2, 11과 누가복음 16:21이다. 누가복음에서는 거지 나사로가 겪었던 질환("헌데")을 가리킨다.

주목해야 할 것은 재앙을 받은 이들이 모두 짐승의 표를 가진 자들이고 짐승의 우상(화상)에 경배한 자들이라는 점이다. 징계적 재앙임이 드러난다. 첫째 재앙은 짐승을 숭배한 자들에게 국한된다(Osborne, 579). 그 이유는 다음과 같이 추측될 수 있다. 첫째, 이때는 땅에 짐승 숭배자들만이 남아 있기 때문이거나, 또는 일부 남은 성도들은 박해를 피해 다른 곳에 피신해 있기 때문일 수 있다. 짐승 숭배자와 성도들이 한 공간에 있다는 암시가 없다. 다섯째 나팔의 경우(9:4)처럼 인침 받은 자(성도)들은 제외한다는 표현도 없다. 둘째, 짐승의 표를 받은 자들의 짐승 숭배가 땅 재앙의 중요한 원인이 되기 때문이다. 이제 짐승 추종자인 그들이 고난을 받을 때다. 하나님을 대적하던 죄인과 악인이 특권을 누리던 때(13:17)가 지났다. 심판의 예

---

4. Osborne은 ἐξέχεεν을 미완료과거형으로 보고 '부었다'에 지속적 의미가 있다고 간주하지만(Osborne, 2002: 579, 각주 2), ἐξέχεεν은 부정과거로 보는 것이 낫다. 부정과거 1인칭 단수는 ἐξέχεα이므로 3인칭 단수 어형은 ἐξέχεε(ν)이 된다(김상훈, 2021: 354). 어형상으로는 미완료과거 3인칭 단수도 가능하지만 지속적 개념의 미완료보다는 수행적 의미의 부정과거로 보는 것이 더 적절할 것이다. 2절의 "가서/갔다"(ἀπῆλθεν)와 "생겼다"(ἐγένετο)가 모두 부정과거인 문맥을 고려해야 한다.

언(14:9-11)이 이뤄지고 있다. 진노의 포도주를 마시게 되고(14:10) 밤낮으로 쉬지 못한다(14:11)는 말이 실현되는 재앙이다. 하나님의 진노가 그렇게 퍼부어진다.

3절 (둘째 대접 - 바다) 둘째 천사가 그의 대접을 바다에 붓는다. 바다가 죽은 자의 피처럼 검붉게 변한다(3절). 그 어떤 생물도 살 수 없는 바다가 된다. 바다 안에 살던, 살아 숨쉬던 모든 것들이 죽게 된다.[5] 더 이상 생명체가 숨쉬던 바다가 아니다. 둘째 나팔(8:8-9)의 경우에는 불붙는 큰 산이 던져져서 바다의 1/3이 피가 되고 바다 생물의 1/3이 죽게 되며 배들도 1/3이 파선된다. 그러나 둘째 대접은 그 범위와 강도가 훨씬 크다. 바다 전체에 해당된다. 바다의 모든 생물이 죽는다. 이전의 재앙과 비교될 수 없다. 화학적인 것이든, 물리적인 것이든, 피의 바다는 생물이 살 수 없는 바다다. 바다와 관련된 온갖 산업도 종말을 맞이할 것이다. 이제 종말의 끝이 성큼 다가왔다.

4절 (셋째 대접 - 강과 물) 셋째 천사는 그의 대접을 강(들)과 물의 근원/샘(들)에 붓는다. 그러자, 육지에 있던 모든 물(강, 하천, 샘 등)이 피가 된다(4절). 깨끗하게 음용할 수 있는 물이 더 이상 없게 되었다는 뜻이다. 출애굽기의 모세의 재앙, 곧 하수가 피가 되는 재앙(출 7:14-25)은 오히려 국지적이다. 반면에 셋째 대접 재앙은 전 육지에 해당된다. 셋째 나팔(8:10-11)의 경우에는 '쓴 쑥'이라는 큰 별이 떨어져 강과 샘의 1/3이 쓴 물이 되

5. '생물'이라 번역한 ψυχὴ ζωῆς의 ψυχή가 계시록에서 대부분 사람을 가리킨다는 Beale의 지적은 일리가 있으나(Beale, 1999: 815), 둘째 대접 재앙과 유사한 둘째 나팔 재앙에서 ψυχή는 바다 생물(피조물)을 가리키는 용어였던 점을 간과하면 안 된다. 16:3의 '생물'(ψυχὴ ζωῆς)은 8:9의 '생명을 가진 피조물'(τῶν κτισμάτων τῶν … τὰ ἔχοντα ψυχὰς)을 가리키는 것으로 보아야 한다. 즉, 이 구절이 의미하는 바는 해양 생물의 폐사다. Aune는 ψυχὴ ζωῆς가 창 1:20의 '생물'(נֶפֶשׁ חַיָּה)의 문자적인 번역이라고 본다(비교, [LXX] ψυχῶν ζωσῶν; Aune, 1998a: 855).

고 이 때문에 죽게 된 사람들이 많이 있었다. 그러나 셋째 대접 재앙은 그 범위와 강도가 훨씬 세고 강력하다. 셋째 대접의 때는 훨씬 더 척박한 땅이 될 것임을 의미한다. 바다에서 나던 피 냄새가 이제는 온갖 강과 샘에서 진동한다. 핏물 자체뿐 아니라 (그것이 어떤 성질의 성분이든지 간에) 그 냄새 때문에도 사람들은 생활하기가 어렵게 될 것이다. 정수되지 않은 대부분의 물은 조금도 음용할 수 없을 것이다. 많은 물을 정제하고 정수하여 사용한다 해도 범세계적인 물 결핍 사태는 상당하고 끔찍한 징벌임에 틀림없다. 이렇게 첫째, 둘째, 셋째는 땅의 사람들, 바다의 생물들, 강과 계곡(샘)의 물들에 죽음의 재앙이 뿌려진다. 물이 피가 되는 둘째와 셋째 재앙은 모세의 첫째 재앙(출 7:14-25)을 상기하게 한다. 또 종기가 발생하는 첫째 대접의 재앙은 모세의 여섯째 재앙(출 9:8-12)을 연상시킨다. 그러나 그 강도와 범위가 예전의 것들과 단연코 차원을 달리한다.

5절 ("그의 심판은 의로우시다") 5-7절에서는 천사의 말과 제단의 말을 통해 하나님의 심판의 의로움이 반복 강조된다(5, 7절).[6] "그리고 나는 들었다"의 어구도 5절과 7절에서 반복된다. 그 가운데 부분에서 심판의 대상이 된 이들이 심판을 받는 것은 합당한 것이라고 선언된다(6절; Grabiner, 209).

a. 천사의 말(내가 들었다): 그의 심판이 의로우시다(5절).

x. 피를 흘린 그들이 피를 마시는 것이 합당하다(6절).

a′. 제단의 말(내가 들었다): 주의 심판이 의로우시다(7절).

---

6. 학자들은 5b-6절을 따로 '심판송'(judgement doxology)이라고 구분하기도 한다(예, Betz, 139). 그러나 그렇다고 해서 이 부분을 7절과 분리시킬 필요가 없다. 5-7절이 아름다운 교차 구조를 가지고 있기 때문이다. Betz에 반대하여, Collins는 5-7절을 묶어 보았는데, 이것이 더 타당하다(A. Collins, 1977: 374).

5절의 "물의 천사"는 땅 위의 강과 샘의 물에 대접을 부은 셋째 천사를 가리킬 것이다. 그 천사가 하나님의 심판의 공의를 드러낸다(5절). 흥미롭게도 물의 천사(5절)와 불의 천사(14:18)는 모두 심판과 관련된다. "지금도 계시고 전에도 계신 분"은 하나님의 존재적 영원성에 대한 표현이다. 하나님의 이 명칭("지금도 계시고 전에도 계셨고 또한 오실 분")은 1:4, 8과 4:8에서 반복된다. 그런데 여기서 "오실 분"이라는 어구가 빠졌다(참고, 11:17). 이제 마지막 시점이 되었기 때문일 것이다(Osborne, 2002: 576). 여기서는 역사의 심판자로서 언제나, 어디서나 존재하신 분이심을 강조한다. "거룩하신 이"는 하나님의 거룩성과 함께, 그가 행하시는 심판의 동기(motive)의 순전함을 드러내는 표현(15:4)이다. 결국 하나님의 심판의 의로움, 즉 그 심판의 공의와 공정성을 드러낸다(5, 7절; 15:3; 16:7; 19:2). 따라서 거룩과 의는 여기서 동의적 표현이다(Osborne, 2002: 583). 거룩하신 하나님께서 이루시는 심판의 의로움 때문에 누구도 이의를 제기할 수 없다. "그의 심판은 참되고 의롭습니다"(5절; 19:2; 참고, 시 119:137; 렘 12:1).

6절 ("피를 마시는 것이 합당합니다") 심판의 의로움, 공정성은 피를 흘리게 한 대로 그 핏값을 되갚는 것과 관련된다. 성도들과 선지자들을 핍박하고 그들의 피를 흘리게 했다면 그 대가를 지불하게 하는 것이 마땅하다(6절; 18:24; 19:2). 계시록에서 '쏟다'(ἐκχέω)는 모두 9회로 16장에만 나타난다. 6절의 부정과거 3인칭 복수의 "(피를) 쏟았다"(ἐξέχεαν)는 1절의 부정과거 3인칭 단수 "쏟았다"(ἐξέχεεν)와 계속 이어지는 일곱 대접(2, 3, 4, 6, 10, 12, 17절)의 "쏟았다"(ἐξέχεεν)와 깊은 관련이 있다. 그들이 무고한 성도들과 선지자들의 피를 '쏟은' 대가로 그들 위에 보응의 재앙들이 '쏟아진다'(Osborne, 583). 순교자는 하나님의 진노를 가져올 대리인(agent)이 된다는 말(Middleton, 1)이 맞다. 그들이 '피를 마시는 것'은 순교자들의 피의 대가로 죽음의 고통을 되받아 겪게 되는 것을 뜻한다(14:10, '진노의 포도주를 마신다').

7절 ("심판은 참되고 의롭습니다") 이에, 이번에는 제단이 "그렇습니다"(네/예, ναί)하고 동의한다(7절). 제단이 의인화된 것이거나 제단 천사(들)가 말한 것일 수 있다(또한 9:13). 제단의 등장은 일곱 대접 재앙이 성도들이 드린 기도(6:9-11; 8:3-5)와 관련된 것임을 보여주는 것(Beale, 1999: 806, 818)일 수 있다. "전능하신"이라는 호칭은 계시록에서 최소한 9회 나온다(1:8; 4:8; 11:17; 15:3; 16:7, 14; 19:6; 19:15; 21:22). 이 가운데 "주, 전능하신 하나님"이란 표현은 4:8; 11:17; 15:3; 16:7; 19:6; 21:22에 나온다. "전능하신"은 하나님께서 능력의 심판의 주가 되심을 강조하는 호칭이다. 그 심판의 진리성과 공의성이 강조된다("참되고 의롭습니다"; 19:2). 하나님의 심판은 진실에 바탕을 둔 공의에서 비롯되기 때문이다. 심판의 공정성(의로움)은 5절에도 나온 바 있다. 의로운 심판에 대한 반복된 강조는 근본적으로 하나님의 의로우신 속성과 관련이 있지만, 그만큼 의롭고 정대한 심판이 이뤄질 것을 또한 부각하는 것이다.

8-9a절 (넷째 대접 - 태양) 다른 대접 재앙과 비교할 때 넷째 대접과 다섯째 대접에는 한 가지 공통점이 있다. 두 재앙의 끝부분에 사람들의 부정적인 반응이 등장한다. 9절과 11절의 "그리고 그들은 모독하였다"(καὶ ἐβλασφήμησαν)라는 말과 "그리고 그들은 돌이키지 않았다"(καὶ οὐ μετενόησαν)의 유사 반복이다. 이 어구들은 두 재앙 구절에서 후렴구의 역할을 한다.

a. 넷째 대접 재앙(8-9a절).

  b. 회개하지 않고 하나님을 비방함(9b절)

a'. 다섯째 대접 재앙(10절).

  b'. 회개하지 않고 하나님을 비방함(11절)

대접 재앙이 땅(2절), 바다(3절), 강과 샘(4절)에 이어, 태양(8절)에 부어진다. 처음 성전의 음성이 있었고(1절, A), 이어서 첫째, 둘째, 셋째 대접이 부어졌다(2-4절, B). 그다음, 물 천사의 말과 제단의 음성이 있은 후(5-7절, A′), 넷째와 다섯째 대접이 부어진다(8-11절, B′). "땅에 부으라"는 1절의 말씀과 달리 넷째 대접은 태양 위에 붓지만(8절), 이 또한 땅에 있는 자들에 대한 재앙이라는 점에서 앞의 재앙들과 같이 땅의 재앙과 관련된다고 볼 수 있다. 일곱째 대접의 경우 공중에 붓는 일(17절)도 그와 같다.[7]

넷째 천사는 대접을 태양 위에 붓는다(8절). 태양의 재앙은 해, 달, 별의 1/3이 타격을 받고 그 1/3이 어두워졌던 넷째 나팔 재앙(8:12)과 비교된다. 이번에는 더 심화되는데 사람들을 직접 타격해 불(화기)로 해를 가한다. 태양의 불 때문에 사람들이 태워진다. 신적 수동태 "주어졌다"(ἐδόθη)는 이제까지는 그렇게까지 되도록 허락되지 않았으나 이제는 그렇게 허용되었다는 뜻이다. 사람들이 태양열로 고통을 받고 죽음에 이르게 된다(9절). 그 불(열)에서 벗어날 수 없다. "열"(καῦμα)은 8-9절에 두 번 반복된 동사 '(불로) 태우다'(καυματίζω)의 명사형이다. 열에 대한 어휘가 세 번(동사 2회, 명사 1회) 반복된 셈이다. 사람들이 센(큰) 열로 태워진다(9a절). 그러나 본문이 '모든' 또는 '다'라는 표현을 쓰지 않음에 주의하자. 모든 이들이 태양열에 태워진 것은 아니다. 부분적, 제한적이다. 그러나 분명한 것은 태양열의 제어가 풀리고 있다는 점이다. 이제 자연계는 회복할 수 없는 종국(디스토피아)을 향해 달려간다. 이상기후의 재해를 넘어, 태양열의 작열과 직접적인 타격은 세계 많은 이들이 감내할 수 없게 만들 것이다. 땅의 사람들이 견

7. Aune는 우주의 4원소라는 고대의 개념을 여기서 소개한다(Aune, 1998a: 889, 899). 땅(2절), 물(바다, 3절; 강과 샘, 4절; 유프라테스, 12절), 불(해, 8절), 공기(17절)가 4원소에 해당하고 짐승의 왕좌(10절)만 제외된다.

딜 수 없는 임계점에 더욱 다가갈 것이다. 견디기 어려운 더위(기온)와 열(태양 빛)은 지구의 거주 환경을 최악으로 몰아갈 것이다.

9b절 (회개하지 않고 하나님을 비방함) 그런 상황에도 사람들은 하나님을 비방하고 회개하지 않는다(9b절). 재앙들에 대한 권세를 하나님께서 가지신 것은 맞다. 하나님께서 그리하셨다. 그렇다고 하여도 하나님을 비방하고 모독할 수 있는 자격은 누구에게도 없다. 자신들의 불신과 우상숭배와 부도덕으로 인해 그 같은 재앙을 받는 것이기 때문이다. 하나님의 심판은 참되고 의롭다(7절). 그럼에도 그들은 회개하지 않는다. 자신들이 받는 재앙이 결코 '참되고 의롭다'고 인정하지 않기 때문일 것이다. 그들은 진리를 거부하듯, 명백한 사실 또한 거부할 것이다. 그들이 하나님께 영광을 돌리지 않는다는 것은 하나님을 바르게 인정하지 않는다는 뜻이다(비교, 11:13, "두려워하게 되었고 하늘의 하나님께 영광을 돌렸다"). 그들은 하나님께 마땅한 경배를 드리지 않고 그분의 이름을 비방(모독)하며(13:6; 16:9, 11, 21) 자신의 죄들을 회개하지 않는다(9:20-21; 16:9, 11).

험한 꼴을 당하고도 회개하지 않는 사람들의 모습은 이미 여섯째 나팔의 때(9:20-21)에 나온 바 있다. 나팔 재앙에서는 여섯째 나팔에서만 이런 현상이 있었지만, 대접 재앙에서는 좀 더 반복되고 강화된다(9절, 넷째 대접; 11절, 다섯째 대접; 21절, 일곱째 대접). 사람들의 회개하지 않는 모습이 보편화된다(9, 11절). 거기에 하나님을 모독하고 비방하는 일이 병합된다(9, 11, 21절). 그리고 결국 그들은 하나님을 대적하고 그분에 대항하여 전쟁하는 길에 들어서게 된다(14, 16절).

계시록에서 '회개하라'는 말씀은 그리스도의 교회들에게도 반복하여 주어진다. 이 말씀은 에베소(2:5), 버가모(2:16), 두아디라(2:21-22), 사데(3:3), 라오디게아(3:19) 등 다섯 교회에 주어진 말씀이다. 교회는 회개 공동체다. 무슨 회개 집회를 열어야 한다는 뜻이겠는가. 늘 자신을 돌아보고 말씀의 요구에 응하는 노력이 회개다. 보이려는 몸짓보다 진실된 마음이 깃든 회개가 참된 회개다. 사람들이 종국에는 회개하는 자들과 회개하지 않는 자들로 나뉠 것이다. 회개는 하나님과 그 의를 인정하는 것이다. 하나님의 말씀을 따라 빛으로 나아가는 것이다. 하나님 앞에 회개하지 않는 자, 즉 자신을 돌이켜 주 앞에 나오지 않는 자는 더 심한 재앙의 덫에 끌려 들어가는 자다.

10절 (다섯째 대접 - 짐승의 왕좌) 다섯째 천사의 대접은 짐승의 왕좌에 부어진다(10절). 그때까지는 13장에서 굳게 세워진 짐승의 왕위(13:2, 7-8, 12)가 존속되고 있는 상태다. 그렇게 참혹한 재앙들의 전개 가운데서도 짐승의 왕좌는 흔들리지 않았던 것이다. 이번에는 다섯째 대접 재앙이 그 왕좌 위에 직접 부어진다. 그에게 속한 나라(세계)가 어둡게 된다(비교, 출 10:21-29). 이러한 묘사는 심판과 죽음을 의미할 것이다(Osborne, 2002: 588). 그에 더해, 그 나라의 백성이 고통 때문에 그들의 혀를 깨물게 된다. 고통을 당하는 병인(病因)이 무엇인지 분명하지는 않다. 그 나라가 어두워진 상태와 사람들이 겪는 고통은 어떤 관계가 있는 것일까? 이 사건은 다섯째 나팔의 메뚜기 사건(9:1-11)과 유사한 면이 있다. 그때는 다섯 달 동안 죽지 못할 괴로움을 겪었다(9:5-6, 10). 반면에 다섯째 대접 재앙은 고통스러운 "종기"(헬코스)가 원인일 수 있다(11절). 첫째 대접의 때에 겪었던 '종기'가 더욱 심하게 발진되거나 또 다른 궤양적 종기가 발생한 것일 수 있다. 또는 그로 인해 합병증이 생겼기 때문일 수 있다.

짐승의 나라가 큰 타격을 입게 된다. 짐승의 권좌는 바벨론을 중심으로 이뤄졌을 것이다. 짐승은 바벨론을 이용하여 짐승 숭배와 통제를 행사했을 것이다. 그러나 짐승의 왕좌에 대한 다섯째 대접의 재앙적 타격은 바벨론을 중심으로 하는 짐승 나라의 권력 역학을 흔들어 놓을 것이다. 이것은 짐승이 바벨론을 배척하는 사건(17:15-17)의 상황적 배경일 수 있다. 18장에 나오는 바벨론의 파멸은 일곱째 대접(16:19)에서 직접적인 타격(성이 삼등분 됨)을 받게 된 결과이지만, 다섯째 대접은 (첫째 대접과 더불어) 짐승 나라의 분열 요인을 제공하는 배경(환경)일 것이다.

11절 (회개하지 않고 하나님을 비방함) 고통과 종기 때문에 오는 괴로움에도 불구하고 그들은 회개하지 않을 뿐 아니라 하늘에 계신 하나님("하늘의 하나님")을 비방(모독)한다. 9절이 언급한 악한 행위가 반복된다. "비방하였다"와 "회개하지 않았다"의 어구의 반복이다. 9절에서는 그들이 "하나님의 이름"을 비방한다고 하고, 11절에서는 그들이 "하늘의 하나님"을 직접 비방한다고 한다. 그들은 심판과 재앙의 참됨과 의로움(7절)을 결코 인정하지 않는다. 돌이켜 생각하지 않기 때문이다. 9절에서는 그들이 하나님께 영광을 돌리지 않은 것을 회개하지 않는 점이 언급되고, 11절에서는 그들의 죄악된 행위들을 회개하지 않는 점이 부각된다. 그때에는 자신들이 행한 잘못을 돌이키는 일이 없을 것이다. 모든 것을 하나님 탓으로 여긴다. 하나님에 대한 적개심이 점차 커져간다. 넷째 대접과 다섯째 대접은 이런 점을 공유한다. 사람들의 분개와 하나님을 대적하는 마음은 여섯째 대접(12-16절)인 아마겟돈 전쟁 준비의 배경이 된다. 하늘의 하나님을 대적하는 종교적인 패악과 강퍅함이 점점 더 심화되고 있다. 죄악과 불신의 증폭이 강화된다.

해설

인, 나팔, 대접이 각기 의미하는 바는 무엇인가? '인'은 봉인된 것을 푸는 것이다. 재앙과 관련하여 '인'의 풀림은 재앙이 이제 풀렸다, 시작된다는 뜻이다. 반면에 '나팔'은 선언(공개적으로 알림)의 의미가 있다. 본격적으로 종말의 일(재앙)들이 진행됨을 뜻한다. '대접'은 하나님의 진노와 직접 관련된다(예, 15:1, 7; 16:4-7, 17-21). 대접(그릇)이라 한 것은 그 안에 무엇인가 담겨 있음을 암시한다. 담긴 것은 하나님의 진노다. 가득 담긴 것이 쏟아부어진다. 즉, 계시적 재앙이 풀려-드러나고(인), 재앙이 공개적으로 선포되고 진행되며(나팔), 진노의 재앙이 넘치고-부어짐(대접)으로 나타난다. 대접 재앙의 경우와 관련된 특징 가운데 하나는 재앙을 받는 이들의 마음이 강퍅하여 계속하여 회개하지 않는다는 점(16:9, 11, 21)이다.

이 과정에서 마지막 재앙인 대접 재앙은 하나님의 진노의 직접적인 표현이라는 점을 반복하여 드러낸다(15:1, 7; 16:1, 5-7, 19). 특히 16:6에서 "그들이 성도들과 선지자들의 피를 쏟았으므로 그들에게 피를 마시게 하는 것이 합당합니다"라고 한 천사의 선언은 대접 재앙이, 이전의 다섯째 인 때에 하나님께 공의의 집행을 요청하는 순교자들에게 주어진 말씀, 즉 "아직, 그들처럼 죽게 될 그들의 동료 종들과 형제들의 수가 찰 때까지 잠시 쉬라"(6:11)는 말씀과 직접 관련될 것이다. 공의의 집행이 드디어 이뤄지고 있는 중이다. 대접 재앙이 마쳤을 때 공의의 법이 집행되고 완수된 점이 공개적으로 선포된다(19:2). 이처럼 대접 재앙에서는 하나님의 진노의 표현이 공의의 집행으로 나타난다.

그런데 왜 대접 재앙에서 믿는 자가 나타나지 않는가? 교회는 어디에 갔는가? 대접 재앙에서 교회는 보이지 않는다. 어디에 있는 것일까? 14장의 두 추수 선언 이후(14-20절, 특히 14-16절)로 교회, 성도의 모습은 따로 부각되지 않는다. 짐승의 시대에 성도 대부분은 짐승과 우상의 경배를 거절하다가 순교의 제물이 되어, 죽음을 당했을 것이다(13:5, 7). 그 가운데 남은 일부는 피신했을 것이다. 다섯째 나팔(9:1-11, 특히 4절)의 경우를 보면, 믿는 자(인침을 받은 자)들과 믿지 않는 자들의 구별이 명확하다. 그때는 두 집단이 다 존재했다는 증거다. 그러나 대접 재앙의 경우에는 믿는 자에 대한 언급이 없다. 최소한 표면적으로 나타나지 않는다. 하나님 진노의 재양적 특성이 부각될 뿐이다. 이는 믿는 자가 거의 없거나, 남은 일부는 보이지 않게 피신해 있다는 증거다.

B. 요한계시록 16:12-21 (마지막 두 재앙, 여섯째와 일곱째 대접)

마지막 두 대접 재앙은 아마겟돈 전쟁의 준비(여섯째 대접, 12-16절)와 큰 성 바벨론을 비롯한 많은 성들의 파괴, 각 섬과 산들이 없어지는 격변 현상, 큰 우박 등(일곱째 대접, 17-21절)이다. 이 두 재앙에는 다른 대접 재앙들에 비해 더 긴 내용이 담겨 있다. 첫째-셋째 대접의 각 기사 분량이 비슷하고 넷째 대접과 다섯째 대접의 기사 분량이 비슷한 것처럼, 여섯째 대접과 일곱째 대접의 분량이 또한 비슷하다.

A. 여섯째 대접(12-16절)

A′. 일곱째 대접(17-21절)

번역

12 또 여섯째 천사가 그의 대접을 큰 강 유프라테스에 부었다. 그러자 그 물
이 말라 태양의 동쪽에서 오는 왕들의 길이 준비되었다. **13** 또 나는 용의 입
과 짐승의 입과 거짓 선지자의 입에서 나오는 더럽고 개구리 같은 세 영을
보았다. **14** 이들은 이적을 행하는 귀신들의 영들이다. (그 영들은) 온 세상의
왕들에게 나아가 전능하신 하나님의 큰 날에 있을 전쟁을 위해 그들을 모았
다. **15** "보라. 내가 도적같이 올 것이다. 벌거벗고 다니지 않고 그의 수치를
보이지 않게, 깨어 그의 옷을 지키는 자가 복이 있다." **16** (그 영들은) 히브리

어로 아마겟돈이라 불리는 곳으로 그들을 모았다. **17** 또 일곱째 천사가 그의
대접을 공중에 부었다. 그러자 성전 보좌로부터 큰 음성이 나와 말하였다.
“되었다(이루어졌다).” **18** 번개들과 소리들과 천둥들이 있었고, 지진이 크게
일어났다. 땅 위에 사람이 있은 이래로 그렇게 큰 지진이 그같이 크게 일어
난 적이 없었다. **19** 또 큰 성이 세 조각이 났고 열방의 성들이 무너졌다. 또
큰 바벨론이 그의 심판의 진노의 포도주 잔을 받을 일이 하나님 앞에 기억
되었다. **20** 또 각 섬이 없어졌고 산들이 사라졌다. **21** 또 하늘에서 한 달란트
(약 30-40kg) 무게의 큰 우박이 사람들 위에 떨어졌다. 사람들은 그 우박 재
앙 때문에 하나님을 비방하였다. 그 재앙이 크고 심하였기 때문이었다.

주해

12절 (여섯째 대접, 유프라테스의 길) 여섯째 대접은 그 자체로 재앙적이진 않다. 앞으로 있을 가장 큰 재앙(아마겟돈 전쟁, 19:17-21)을 준비하는 내용이다. 대접이 부어지자, 유프라테스의 길이 준비된다(12절). 전쟁의 환경(여건)이 조성된 것이다. 여섯째 대접 구절의 중간 부분은 악의 삼위(용과 짐승과 거짓 선지자)가 전쟁의 배후로 등장하는 내용(13-14절)과 예수 그리스도의 재림에 대한 예고(15절)로 구성된다. 그리스도와 악의 존재들의 대조가 나타나는 구절들이다. 귀신들의 영들이 나오지만 그리스도는 아직 오시지 않았다. 악의 영들은 이적을 행하나 그리스도의 이적은 언급되지 않는다. 여섯 째 대접 구절의 마지막 부분은 아마겟돈으로 군대를 모으는 장면이다(16절). 유프라테스에서 시작하여(12절) 아마겟돈으로 마무리된다(16절).

a. 유프라테스의 길이 준비됨(12절)

b. 전쟁의 배후: 악의 삼위와 개구리 같은 세 영(13-14절)

b′. 그리스도 재림의 예고(15절)

a′. 아마겟돈으로 모음(16절)

여섯째 대접과 일곱째 대접은 앞의 다섯 가지 대접 재앙에 대한 설명에 비해 분량이 많다(나팔의 경우는 다섯째와 여섯째 나팔이 그러했다). 여섯째 대접은 유프라테스 강에 부어진다(12절). 강물이 말라서, 동쪽(동방)에서 오는 왕들의 길이 준비된다. 동쪽에서 오는 왕들(12절)은 후에 온 세상의 왕들(14절)과 연합하여 아마겟돈 전쟁의 주축이 될 것으로 추정된다(Ladd 1972: 213; Osborne, 2002: 591). 동쪽의 왕들은 바벨론을 제어하는 역할을 하고, 후에 바벨론을 배제한 짐승 연합체 창설을 주도하게 될 수도 있다(17:13, 15-16). 그들은 통일 정부를 구성하고 짐승과 함께 아마겟돈 전쟁에 나서게 될 것 같다.

여섯째 나팔(9:13-19) 때에는 큰 유프라테스 강 위에 묶여 있던 네 천사를 풀어준다. 그러자 이억이 되는 군대가 동원이 되어 사람들의 1/3이 죽음의 영역에 들어가게 된 바 있다. 여섯째 대접도 세계전쟁과 관련된다. 다만, 전쟁의 직접적인 실행이 아니라, 특정한 전쟁의 준비다. 또한 전쟁의 범위는 세계 인구 1/3(여섯째 나팔)을 넘어선 전 세계적인 전쟁인 아마겟돈 전쟁(19:17-21)을 준비하는 일이다(16절). 여섯째 나팔도 이제까지의 세계대전의 규모를 넘어선 것이지만 여섯째 대접은 그 이상이다. 역대 최대 규모의 전쟁이다. 무엇보다 아마겟돈 전쟁은 하늘(그리스도) 세력과 땅(짐승) 세력의 전쟁이다. 두 세력의 직접적인 충돌이다. 역사상 전무후무한 종교 전쟁이 될 것이다.

유프라테스의 동쪽은 작게는 튀르키예(터키), 시리아, 이라크의 동부

지역이고, 크게는 이란, 인도, 중국, 동남아, 한국, 일본 등을 포함한 아시아가 위치한다. 그전에는 유프라테스 강이 깊어 전쟁이 준비되지 못한 것은 아닐 것이다. 유프라테스는 전쟁 방지의 기능을 하는 특정한 지형을 상징할 것이다. 문자적인 유프라테스 강을 의미할 수도 있고(Thomas, 1995: 262-3) 상징적인 의미의 유프라테스를 의미할 수도 있다(Osborne, 2002: 590). 역사적으로 바벨론은 유프라테스 강을 넘어 오는 페르시아의 침공을 받은 바 있다.[8] 유프라테스의 강물이 말라 왕들의 길이 준비되었다는 것은 마지막 아마겟돈 전쟁의 여건이 다 마련된 것을 의미할 것이다. '말랐다'(ἐξηράνθη)는 말은 곡식이 '다 익었다'(14:15)할 때도 쓴다. 정한 때가 되었다는 뜻이다.

13-14절 (개구리 같은 세 영) 12-13장의 악의 삼두(용과 짐승과 거짓 선지자)가 함께 등장한다.[9] 여전히 용(12장)은 짐승과 거짓 선지자의 배후에 있다. 아직 용의 시대가 끝나지 않았다. 용과 짐승(바다 짐승, 13:1-10)과 거짓 선지자(땅 짐승, 13:11-18)의 입에서 더럽고 부정한 개구리(참고, 레 11:10; 시 78:45; 105:30) 같은 세 영이 나오는데(13절), 이는 그들이 온 천하를 미혹하기 위해 온갖 거짓된 말과 더러운 술수를 쓸 것임을 뜻할 것이다. 그래서 그 입에서 나온다고 묘사했을 것이다. 모세의 열 재앙 가운데 개구리 재앙(출 8:1-15; 시 78:45; 105:30)이 있다. 개구리 같은 세 영은 특정한 존재(사람)일 수도 있고 또는 다른 기구(또는 조직)거나, 혹은 문자적 의미 그대로 영적 존재일 수도 있다. 중요한 것은 그들이 거짓의 영, 미혹하는 혀라는 사실이다. 그들은 악의 삼두를 위한 대변인이나 대사적 역할을

8. Beale은 고레스가 유프라테스 강을 건너 이를 예기하지 못한 바벨론을 패배시킨 일(사 44:27-28)을 언급한다(Beale, 1999: 827).

9. 악의 삼두인 용, 바다 짐승, 땅 짐승이 각기 삼위일체 하나님인 성부, 성자, 성령을 모사하고 흉내내고 있다는 Poythress의 견해는 타당성이 있다(Poythress, 1997: 411-2; 2000: 16-22).

수행할 것이다.

마지막 아마겟돈 전쟁을 "하나님의 큰 날에 있을 전쟁"이라 부른다(14절; 참고, 6:17). "하나님의 큰 날"은 하나님의 심판이 최고조로 나타나는 때다(욜 2:1-2, 11, 31; 습 1:14-15, 18; 2:2; 3:8; 말 3:2; 롬 2:5). 하나님께서 그 심판을 위해 준비하신 특별한 때다. 그분의 섭리에 따라 정해진 나날이다. "전능하신 하나님"(ὁ θεὸς ὁ παντοκράτωρ)의 승리가 드러나는 날이다. 하나님과 대적하기 위해 개구리 같은 세 영은 온 천하에 다니며 이날의 전쟁을 준비하게 한다. 온 세상의 왕들(지도자들)에게 가서 여러 이적(들)으로 미혹하고 그들을 전쟁의 하수인으로 끌어들인다. 그들은 각종 이적(기적)을 행하는 "귀신들의 영들"(πνεύματα δαιμονίων)이다. 귀신들의 영들은 '귀신들인 영들'(동격의 소유격)을 의미한다(Osborne, 2002: 591-2).

짐승의 나라가 어두워지고 그 백성의 고통이 극심해질 때(10-11절) 용과 짐승들은 반격할 준비를 한다. 그것이 12-16절의 아마겟돈 전쟁의 준비다. 그러나 그것조차도 하나님의 섭리다. 여섯째 대접의 전개 내용이다. 악의 삼두는 그들의 전령(더러운 세 영)을 보내 온 천하가 이 전쟁에 참여하게 이끈다.[10] 온 세계는 마지막 전쟁 체계로 재편된다. 하나님을 대적하는 하나의 목적을 가지고 일사불란하게 조직되고 체계화된다.

15절 (그리스도 재림의 예고) 마지막 날, 그리스도 재림에 대한 경계의 말씀을 주는 15절이 이곳에 있는 첫째 이유는 개구리 같은 미혹하는 세 영

10. Aune의 주장(1998a: 896)처럼 15절은 후대에 삽입된 구절이 아니다. 요한이 삽입구를 자주 활용한다는 Osborne의 주장(2002: 593, 각주 19)도 일리는 있지만, 더 적절한 답변은 다음 두 가지를 꼽을 수 있다. 첫째, 12-16절 가운데 위치하는 15절은 거짓된 세 영의 출현과 그리스도의 임박한 재림을 대조한다. 둘째, 19장에서 보듯, 그리스도의 재림(19:11-16)은 아마겟돈 전쟁(19:17-21)과 함께 있게 된다. 따라서 아마겟돈 전쟁 준비와 그리스도 재림 예고의 병행 기록은 이 두 사건이 함께 있게 될 것을 미리 예고하는 것이 된다.

이 온 천하의 왕들에게 나아가는 것(13-14절)과 대조하기 위한 것이다. 그리스도께서는 반드시 다시 오신다. 용과 두 짐승의 입에서 나온 세 영이 온 천하를 휘젓고 다닐 때, 그래서 온 천하를 미혹하여 하늘의 하나님과 대적하는 전쟁을 준비하게 할 때에, 여전히 기억해야 할 일은 그리스도께서 반드시 다시 오신다는 사실이다(1:7; 16:15; 22:7, 12, 20).

그런데 이 말씀은 그때, 대접 재앙들이 일어날 그때에 들려야 할 말씀은 아니다. 그때의 독자들에게 하시는 말씀이 아닐 것이다. 오히려 종말의 일들이 일어나게 될 것을 듣고 알게 된 요한의 때의 성도들과 지금 이 시대의 우리들에게 필요한 말씀이다. 지속되는 많은 재앙도 언젠가 끝날 때가 있다. 바로 그리스도가 다시 오실 때다. 따라서 그 날을 준비하며 지금 깨어 있어야 한다. "벌거벗고 다니지 않고 그의 수치를 보이지 않게"라는 말은 자신을 경계하여 신앙과 윤리에 있어 깨어 있게 하기 위해 주신 말씀(비교, 3:2-3, 17)이다. "깨어 그 옷을 지키는 자가 복이 있다"(비교, 마 24:42-43; 25:13; 막 13:34-35, 37; 눅 12:37; 고전 16:13; 골 4:2; 살전 5:6; 벧전 5:8). 주님은 늘 우리에게 가야 할 길을 가라 하신다. 그리스도가 오실 때까지 끝난 것이 아니다. 교회는 늘 도덕적 부패와 신앙적 해이와 싸워야 한다.

한편, 12-14절의 맥락과 다르게 갑작스럽게 15절이 들어가 있는 두 번째 이유는 아마겟돈 전쟁과 그리스도의 재림이 어우러지게 하기 위한 것이라고 보아야 한다.[11] 19장에서 그리스도의 재림(11-16절)과 아마겟돈 전쟁

---

11. 15절이 앞뒤의 내용과 아무런 관련이 없는 "방해되는 언급"(intrusive comment)이라는 Aune의 견해(Aune, 1998a: 896; 또한 Steinmann, 70)도 적절하지 않지만, 15절이 13:9과 14:12의 권면과 같은 기능을 하는 삽입구라는 Beale의 주장(1999: 836) 또한 받아들이기 어렵다. 첫째, 우선 형식이 서로 다르다. 13:9는 2:7, 11, 17, 29; 3:6, 13, 22과 같은 형식이고 14:12은 13:10과 13:18과 같은 패턴이다. 둘째, 물론 기능도 다르다. 13:9은 13:1-8의 귀결이 되는 13:9-10이 시작하는 부분이고 14:12(12-13)도 그 앞의 14:9-11과 관련이 깊다. 반면에 16:15은 훨씬 갑작스런 맥락에서 나온다. 또한 16:14-16을 슥 14:2의 성취로 본 Beale의 견해(2013: 58)도 받아들이기 어렵다. 싸움

(17-21절)이 함께 연속되어 나타나는 것에 주목하라. 15절은 그리스도의 재림(19:1-16)이 아마겟돈 전쟁(19:17-21)과 함께 나타나게 될 것이라는 사실을 암시해준다. 15절은 12-16절 사이에 들어가서 그리스도의 재림과 아마겟돈 전쟁이라는 소재를 결합해 놓고 있다. 따라서 아마겟돈 전쟁과 관련된 11-14절과 16절 사이인 15절에서 그리스도의 재림을 언급하는 것은 특정한 계시 목적을 밝히려는 것이라고 볼 수 있다.

16절 (아마겟돈) "모았다"의 주체는 14절의 "귀신들의 영들"이다. 14절은 세상의 왕들을 '모으기 위해'(부정과거 부정사) 영들이 나왔다고 하는데, 16절은 그들을 실제로 "모았다"(부정과거 직설법)고 한다. 그들은 왕들을 아마겟돈이라 불리는 곳으로 모았다. 일반적으로 "아마겟돈"(Ἁρμαγεδών)은 히브리어로 넓은 평원 위에 자리한 므깃도 산(הַר מְגִדּוֹ)으로 본다. 그러나 이러한 해석이 분명한 것은 아니다. 므깃도에서는 가나안인들(삿 5:19)과 이스라엘인들(왕하 23:19-30; 대하 35:22; 슥 12:11)의 살육이 일어난 바 있다. 그렇지만 전쟁이 일어날 장소가 반드시 이스라엘의 므깃도일 필요는 없다. 므깃도는 상징적인 장소일 수 있다. 아마겟돈이 실제 어떤 곳을 뜻하는 것인지 정확히 알려져 있지 않다. 이 장소는 하나님의 날에 큰 전쟁이 일어나고 그 결과 많은 죽음이 발생하게 될 장소를 가리킨다. 여섯째 대접 재앙에서는 아마겟돈에 왕들(또는 왕들과 군대들)을 소집하는 것으로 에피소드가 마무리된다. 그러다가 아마겟돈 전쟁이 정작 끝나는 것은 19장에 가서다(19:17-21). 그 전쟁으로 많은 이들이 죽임을 당하고 짐승

의 주체(여호와께서 이방 나라들을 예루살렘에 대적하여 싸우게 하심)도 다르고, 특히 싸움의 피해(예, 부녀가 당하는 욕, 성의 백성 절반의 사로잡힘 등)는 더욱 다르다. 물론 이 전쟁은 천년 나라 후기의 전쟁(20:7-10)과도 다르다. 특히 여섯째 나팔과 여섯째 대접이 같은 것이라는 Beale의 주장(1999: 507, 513) 또한 인정할 수 없다. 둘은 서로 다르다(16:12의 주해를 보라).

과 거짓 선지자가 사로잡혀 불못에 던져진다.[12]

17절 (일곱째 대접, 보좌의 음성, "되었다") 17-21절(일곱째 대접)은 전체적으로 교차적 구조를 가지고 있다고 볼 수 있다. 시작과 마지막에 보좌의 소리, "되었다"는 선언(a)과 사람들의 비방적 반응(a′)이 각기 나타난다. 그 다음(b-b′)은 하나님의 현현에 따른 다양한 자연 현상이 양쪽에 나타난다. 세 번째 병행 부분은 성들의 파괴(c)와 섬과 산들의 소실(c′)이다. 땅의 파괴 현상이다. 가운데 부분(x)에서 하나님 앞에 바벨론이 받게 될 진노의 잔이 상기된다.[13]

a. 성전 보좌의 음성, "되었다"(17절)

 b. 번개, 소리, 천둥, 지진(18절)

  c. 큰 성 바벨론과 성들의 파괴(19a절)

   x. 하나님 앞에 바벨론이 받을 잔이 상기됨(19b절)

  c′. 각 섬과 산들이 없어짐(20절)

 b′. 하늘의 큰 우박(21a절)

a′. 사람들이 하나님을 비방함(21b절)

마지막 일곱째 천사가 그의 대접을 공중에 부었다(17절). 땅(2절), 바다(3절), 강과 샘(4절), 태양(8절), 짐승의 왕좌(12절)에 이어 '공중'(17절)에 대

12. 백마를 타고 나타나시는 그리스도 재림 사건과 아마겟돈 전쟁의 병합은 마 24:30의 모든 족속의 '통곡'에 대한 이해의 실마리일 수 있다. 주님의 재림의 때에 모든 족속이 통곡하는 이유는 무엇일까? 그들이 회개하지 못한 상태에서 그리스도의 재림이 있기 때문일까? 그럴 수 있다. 또는 그때 아마겟돈 전쟁에 참여한 모든 이들의 죽음 때문일까? 타당성이 충분하다.

13. Osborne은 이 부분의 구조를 a. 폭풍 신현(18-19a절) > b. 하나님의 심판(19b절) > a′. 폭풍 신현(20-21a절) > b′. 하나님의 심판(21b)의 aba′b′ 평행법으로 이해한다(Osborne, 2002: 598).

접이 부어진다.[14] '아에르'(ἀήρ)는 공간적 개념의 '공중'(지상 위의 공간, L&N, 1.6-7)을 가리킬 수도 있고 성분(본질)을 가리키는 '공기'(L&N, 2.2; 계 9:2)를 뜻할 수도 있다. 바울에 의하면, 공중은 사탄의 권세가 펼쳐지는 영역(엡 2:2; L&N, 1.7)이다. 동시에 그리스도의 재림 때 믿는 자들 가운데 살아 있는 자들이 주님을 영접하게 될 자리(살전 4:17)가 된다. 그 대접을 공중에 부은 것은 그 영역을 하나님의 직접적인 통치가 이뤄지는 영역으로 되돌려 놓는 것일 수 있다. 또는 이전의 모든 영역을 포괄하는 의미로 마지막 대접을 공중에 붓는 것일 수 있다.

공중에 대접이 부어질 때 성전 보좌에서 큰 음성이 나서(17절; 19:5; 21:3), "되었다"(이뤄졌다)라고 말한다. 이제 모든 재앙이 완결되었다는 뜻일 것이다. '되다/일어나다'(γίνομαι)는 계시록에서 38회 사용된다. 그 가운데 현재완료형은 단 두 군데 사용된다(16:17; 21:6). 21:6(γέγοναν, 현재완료 3인칭 복수)에서는 하나님께서 계획하신 모든 것이 이뤄진 것을 강조한다. 그때 다 이뤄진 것이다. 이에 비해, 16:17(γέγονεν, 현재완료 3인칭 단수)은 진노의 일곱 대접이 완성된 것을 부각한다. 진노의 대접들이 부어지고 그 일이 마쳐질 때(15:1, 8)가 된 것이다. 21:6의 경우처럼 모든 것이 끝난 것은 아니지만, 하나님께서 하고자 하신 특정한 일이 이렇게 이뤄진 것이다. 이같이 하여, 1절에서 나온 성전의 음성("땅에 부으라")이 17절의 성전의 음성("되었다")으로 완결된다.

18절 (번개, 소리, 천둥, 지진) "번개(들)와 소리(들)와 천둥(들)과 큰 지진"이 생긴 것(18절)은 공중에 부어진 대접과 관련이 있다. 이런 현상은 하

---

14. 헬라 철학(우주론)에서 말하는 만물을 구성하는 네 요소(불, 공기, 물, 땅)가 대접 재앙에 나타난다고 소개하고 있는 Collins의 주장이 흥미롭다. 대접 재앙에서 땅(2절), 바다(3절)의 물과 강과 샘의 물(4절), 해와 불(8-9절), 그리고 공기(공중, 17절)가 등장한다(A. Collins, 1977: 375-6; Aune, 1998a: 899). 그런데 짐승의 왕좌(10절, 왕국), 큰 강 유프라테스(12절, 전쟁)가 더 추가된 것은 설명되지 않는다.

나님의 현현과 임재의 때, 또는 그분과 관련된 현상이다(4:5; 8:5; 11:19; 비교, 출 19:16-19; 20:18; 사 29:6). 하나님의 강력한 신적 능력과 주권을 보여준다.

4:5에서는 하늘의 보좌에서 "번개(들)와 소리(들)와 천둥(들)"이 나오고 있었다. 하나님의 존재, 그 임재의 위엄을 보여주는 현상이다. 8:5에서는 "천둥(들)과 소리(들)와 번개(들)와 지진"이 일어났다. 성도들의 기도가 하나님 앞으로 올라가면서 한 천사가 향로에 제단의 불을 채워 땅에 던질 때 일어난 현상이다. 여기서 지진이 더해진 것은 징벌적 의미가 수반되었음을 말하는 것일 수 있다(사 29:6, "만군의 여호와께서 우레와 지진과 큰 소리와 회오리바람과 폭풍과 맹렬한 불꽃으로 그들을 징벌하실 것인즉", 개역개정; 겔 38:19). 이 현상 후에 일곱 나팔 재앙이 순차적으로 일어난다. 11:19에서는 "번개(들)와 소리(들)와 천둥(들)과 지진과 큰 우박"이 있었다. 하나님의 성전이 열렸고 그 성전 안에 언약궤가 보였을 때였다. 특히 이때는 일곱째 나팔이 불어진 직후였고 이십사 장로가 하나님 앞에 경배와 찬양을 드리며 "보상을 주실 때"고 "땅을 멸망하게 한 자들을 멸망시키실 때"(11:18)임을 말씀드리는 상황이었다.

8:5에서 '지진'이 추가되었는데, 11:19에서는 지진 위에 '큰 우박'이 더 추가된다. 16:18의 "번개(들)와 소리(들)와 천둥(들)과 큰 지진"은 8:5를 반영하는 것 같지만, 뒤이은 21절의 '큰 우박'의 등장 때문에 사실상 11:19와 동일한 소재를 가지고 있음을 알게 된다. 지진과 함께 큰 우박도 하나님의 진노의 소재가 된다(출 9:18-25; 수 10:11; 시 18:13; 사 30:30; 겔 13:13; 38:22; 학 2:17).

그런데 16:18이 (4:5과 8:5 및) 11:19와 다른 점은 그 강도다. 16:18이 언급하는 지진은 단지 지진이 아니라, 역사상 일어난 적이 없는 "큰 지진"이다. 우박도 그렇다. 11:19는 "큰 우박"을 언급하지만, 16:21은 "한 달란트 무게의 큰 우박"을 언급한다. 그만큼 세기가 커졌다. 이렇게 보면, 4:5과 8:5, 그리고 11:19과 16:18, 21은 하나님의 현현과 임재 현상이라는 점에서 현상적 소재를 공유하지만, 하나님의 재앙이 진행될수록 점차 그 소재(지진과 우박)가 더해지고 그 강도 또한 세어지고 있음을 묘사한다. 16:18, 21에서는 그 강도가 최고치로 표현된다. 예컨대, 지진에 대해 이렇게 표현한 예가 없다. 18절에서 하늘의 움직임(번개, 소리, 천둥)과 함께 역사상 이제까지 그 같이 크게 일어난 적이 없는 규모의 지진(땅의 움직임과 흔들림)이 일어날 것이 묘사된다는 점을 주목하자. 지진의 크기, 강도, 파장이 극대화된다. 최후의 지진이다. 세계는 경험해 보지 않은 일들을 연속하여 맞게 된다. 종말의 절정이다.

19절 (성들의 파괴) 큰 지진의 결과 "큰 성"이 세 조각이 나고 열방의 많은 성(도시)들이 무너지게 된다. 큰 성은 바벨론을 가리킨다(17:18; 18:10, 16, 19). 짐승 숭배와 짐승 통치의 본거지가 되는, 거대한 성 바벨론은 그 누구도 침공하지 못할 정도로 강했다. 그래서 '큰 성(도시)'이다.[15] 그러나 세상의 어느 것도 영원한 것이 없다. 언젠가 바벨론이 철저히 파괴될 것이다. 세 조각 난 것이 바벨론의 멸망을 가리키는 것인지, 아니면 상당한 타격을 뜻하는 것인지 분명하지 않다. 그러나 전자로 보는 것이 자연스럽다. 이 일은 14:8("무너졌다 … 마시게 하던 자이다")의 선언이 실현된 것이다(또한 18장).

지진으로 세 조각 났을 때 바벨론이 완전히 몰락했다면 이것은 17:16-17의 내용처럼, 짐승 수호 주체들(열 뿔과 짐승)로부터 외면되고 토사구팽

15. 계시록은 바벨론을 언급할 때 '큰'이라는 수식어를 종종 붙인다. '큰 성'(16:19); '큰 바벨론'(16:19); '큰 음녀'(17:1); '큰 바벨론'(17:5); '큰 성'(17:18); '큰 바벨론'(18:2); '큰 성 바벨론'(18:10); '큰 성'(18:16, 18, 19, 21); '큰 음녀'(19:2) 등이다. '큰'이란 그 힘과 영향력이 크다는 것이다. Edgar, 333을 참고하라.

당한 상황과 어울릴 것이다. 짐승 주체들은 세 조각난 바벨론의 상황을 기회로 바벨론을 파멸시키는 계획을 완수할 것으로 추정된다. 그것이 18장의 바벨론 애가의 배경이 된다.

그런데 만일 세 조각난 상황에서도 아직 바벨론의 수명이 끝나지 않았다면, 바벨론이 받아야 할('그의') 심판(분노)이 여전히 남아 있는 것이 된다. 그렇다면 하나님의 진노의 포도주 잔(14:10; 16:19)을 다 받아야 할 것이다. 바벨론이 만국을 음행의 포도주에 취하게 했기 때문이다(17:2; 18:3, 9). 그 심판이 지척에 와 있다. "하나님 앞에 상기되었다(기억되었다)"는 것은 하나님께서 심판하셔야 할 일을 잊지 않고 확실히 기억하고 계신다는 뜻이다. 본래 '하나님 앞에서 기억되었다'는 표현은 긍정적인 의미를 가진다. 하나님께서 특별히 기억하신다는 뜻이다(출 2:25; 민 10:9-10; 눅 12:6). 하나님께서는 고넬료의 기도를 들으시고 그의 구제를 기억하셨다(행 10:4, 31). 그런데 여기서는 부정적인 의미로 쓰인다. 바벨론의 악한 행위가 하나님 앞에서 잊혀진 적이 없다. 진노의 대상이 된 바벨론이 반드시 하나님의 진노의 잔을 마셔야 된다는 사실이 취소될 수 없다. 세 조각이 났으나 아직 그 끝이 아니고 종국의 멸망(17-18장)이 기다리고 있을 수 있다.[16] 아직 포도주 틀에 다 던져진 것이 아닐 수 있다(14:19). 이런 견해는 19절이 17-18장의 사건보다 앞선 것으로 보는 경우다.

바벨론이 세 조각날 때, "열방의 성들" 또한 무너졌다. 수많은 건물들이

16. 바벨론 파멸(심판)에 대한 예고(14:8)에 따른 바벨론의 1/3의 파괴(16:19, 경고성 사건)가 바벨론의 완전한 멸망을 뜻하는지, 아니면 이는 부분적 파괴일 뿐이고 후에 짐승 집단의 내부의 분열을 통해 완전한 멸망이 일어날 것인지(17:16) 분명하지 않다. 분명한 것은 바벨론의 파괴는 하나님의 결정(14:8)이라는 점이다. 18장은 파멸의 결과에 대한 애가고 19:2에서는 바벨론 파괴에 대한 신학적 의미가 노래된다. 외적으로는 짐승에 의한 음녀의 파멸이지만 내적으로는 하나님의 심판이다. 한편, Allen처럼 17장의 음녀는 종교적 존재(로마제국)로, 18장은 그와 다른 경제적 존재(바벨론)로 서로 다르게 구분하는 것(K. Allen, 25-26)은 바람직하지 않다.

큰 지진의 영향으로 무너져 내리는 장면은 참혹할 것이다. "땅 위에 사람이 있는 이래로 그렇게 큰 지진이 그같이 크게 일어난 적이 없었다"(18절)는 표현은 이 큰 지진이 인류의 경험과 상상을 초월한 것이 될 것임을 강조하는 것이다. 많은 빌딩들이 무너져 파괴될 것이다. 많은 사람들이 다치고 죽게 될 것이다. 폐허처럼 되어 버린 건물들의 처참한 모습에 사람들은 망연자실하게 될 것이다. 이런 일은 인류가 경험해 본 일이 없는 거대한 재앙이다. 마침내 도시 문명의 멸망이 일어난다.

20절 (섬과 산들이 없어짐) 둘째 대접이 부어졌을 때 바다가 피같이 되었으나(3절) 바다의 지형이 바뀐 것은 아니었다. 그러나 이제 바다의 각 섬이 없어진다(ἔφυγεν, '피했다/달아났다'). 그뿐 아니라 육지의 산들도 없어져 사람들이 발견할 수 없게 된다(οὐχ εὑρέθησαν, '발견되지 않았다' > '사라졌다', BDAG, 411). 강과 샘(물의 근원)이 피가 되는데 그쳤던 셋째 대접의 재앙에서 훨씬 더 발전된다. 큰 지진(18절)의 결과로 나타난 현상이다. 바다가 변하고 육지가 변한다. 지형지세가 현격하게 변형된다. 이것은 특히 여섯째 인을 뗄 때 각 산과 섬이 옮겨지는 일(6:14)과는 다른 내용이다. 그때의 경우를 지형 변화라 한다면, 20절의 현상은 단순한 지형 변화가 아니다. 온갖 산과 섬이 사라졌다(참고, 사 40:4). 큰 지진과 뒤잇는 격변으로 지구 지형의 상당한 파괴와 지질구조판의 격렬한 개편이 일어났다.

21절 (큰 우박과 사람들의 하나님 비방) 그뿐 아니다. 하늘에서 상당한 크기의 우박이 떨어진다. 그 우박은 약 30-40kg(한 달란트)에 달하는 거대한 우박이다.[17] 이 우박을 직접 맞으면 즉사할 것이다. 우박이 떨어질 때, 건

---

17. BDAG는 한 달란트(ταλαντιαῖος) 무게를 45kg(100lb)으로 보는 반면(BDAG, 988), Louw-Nida는 40kg으로 본다(L&N, 86.5). 한편 Friberg에 의하면, 히브리식 한 달란트는 40kg, 바벨론식 한 달란트는 28-36kg이다(Friberg, 26255). Beale은 고대에 한 달란트는 21~59kg으로 다양했다고 한다(Beale, 1998a: 845). Osborne은 45kg이면 직경이 45cm일 것으로 추정하면서 미국에서 떨어진 우박 중에 가장 큰 것은 1970년

물이나 가축이나 그 어떤 나무도 온전할 수 없다. 마지막 재앙의 우박이다. 우박 재앙은 모세의 일곱째 재앙(출 9:13-26)과 관련된다. 또한 첫째 나팔의 재앙(계 8:7)의 '피 섞인 우박'을 상기하게 한다. 그러나 21절의 우박은 그 강도나 파괴력이 그 이전의 어떤 것과도 비교되지 않는다. 어떤 점에서는 첫 번째의 나팔 재앙(피 섞인 우박)이 일곱 번째의 대접 재앙(큰 지진과 큰 우박)으로 모두 마무리된 셈이다.

사람들은 여전히 회개하지 않고 하나님을 비방(모독)한다(9, 11절). 연속된 출애굽 재앙이 바로의 마음을 더욱 완악하게 한 것과 같다(출 7:13, 22; 8:19; 9:12, 34-35; 10:20, 27; 11:10; 13:15; 14:8). 재앙이 크고 심한 것 때문에 더욱 하나님을 원망하고 그 이름을 모독하게 된다. 그들은 계속 멸망의 내리막길로 급하게 달려가고 있다. 회복될 수 없는 길을 선택한 것이다. 종교적 심성은 더욱 강퍅해져 가고 하나님에 대한 증오심이 높아간다. 종국의 멸망과 무서운 심판이 그들을 기다리고 있다. 안티(反, anti) 기독교적인 종교, 정치, 사회적 분위기 속에 하나님을 대적하는 종교적 아마겟돈 전쟁이 준비되고 있다. 세계적으로, 국가적이고 사회적으로, 공동체적이고 개인적으로, 또한 심리적이고 물리(육체)적으로 그러할 것이다. 짐승은 기회를 살려 사람들을 모두 동원하여 하늘의 하나님을 대적하려 할 것이다.

해설

일곱째 대접의 때와 그리스도 재림의 때를 동일시하려는 비일의 주장은 자연스럽지 않다(Beale, 1999: 982). 15:1("하나님의 진노가 그것들로 마치게 된다")을 근거로 일곱째 대접 이후에 하나님의 진노가 열방들에게 직

9월 3일에 캔자스의 커피빌(Coffeyville)에 떨어진 0.76kg, 14.3cm의 우박이라 소개한다(Osborne, 2002: 600).

접 가해질 수 없다는 전제는 지나친 것이다. 그의 주장은 사건의 진행 순서에 주목하지 않기 때문에 나온 귀결이다. 15:1은 일곱 인, 일곱 나팔, 일곱 대접으로 이어진 섭리적 재앙들이 마침을 뜻한다. 특히 일곱 대접으로 나타난 재앙의 마지막 진노가 일곱째 대접 재앙임을 뜻한다. 더 이상 심판이 없다는 뜻이 아니다. 그리스도의 재림(19:11-16)과, 이와 함께 일어날 아마겟돈 전쟁(19:17-21), 그리고 천년 나라와 그 마지막의 전쟁(20:1-10), 그다음에 일어날 최후의 심판(20:11-15)은 공의를 집행하시는 하나님의 최종적 섭리다.

그런데 계시록에는 종국의 아마겟돈 전쟁을 포함해서 큰 전쟁이 몇 번 등장할까? 모두 세 번이다. 여섯째 나팔 때의 전쟁(9:13-21)과 여섯째 대접의 아마겟돈 전쟁(16:12-16; 19:17-21), 그리고 천년기 후의 전쟁(20:7-10)이다. 첫 전쟁에서는 인구 1/3이 죽임을 당하고(9:15, 18) 아마겟돈 전쟁에서는 그 전쟁에 참여한 자들이 모두 죽임을 당한다(19:18, 21). 그리고 천년기 후의 마지막 전쟁은 하늘의 불로 태움을 받는다(20:7-10).

"아마겟돈"은 일반적으로 므깃도를 뜻한다고 말해진다. 그런데, 엄밀히 말해서 므깃도에는 산이 없고 주로 평원과 언덕으로 되어 있다는 주장이 지지를 받는다(Osborne, 2002: 594). 물론 인근의 갈멜 산 지역을 포함해서 볼 수도 있을 것이다(Mounce, 1977: 301). 비일은 '하르'(Ἁρ)가 산을 뜻하는 '하르'(הַר)가 아니라 성/도시(city)의 의미인 '이르'(עִיר)를 음역한 것일 수 있다고 하면서 요한의 의도가 '므깃도 성'을 뜻하는 것일 수 있다고 했다(Beale, 1999: 839). 반면에, 아른트(W. F. Arndt)는 므깃도에 산이 없다는 견해를 일축하면서, 므깃도는 샤론 평원에서 이스르엘 평원에 이르는 길에 위치해 있고 높이 30m(100피트) 가량 되는 므깃도 언덕(the hill of Megiddo)이 있다는 점과 므깃도에서 중요한 전투가 벌어졌다는 점(예, 왕하 23:29-30; 대하 35:20-24) 등을 소개한다(Arndt, 466-8; 또한 R. Thomas, 2008: 40). 그러나 그도 아마겟돈이 상징적일 수 있음을 강조한다 (Arndt, 468-9).

'하르 므깃도'(므깃도 산)는 므깃도 지역이 아니라, 구약의 므깃도(전쟁터)로 상징될 수 있는 산지('므깃도의 산' 즉 '므깃도와 같은 산지')를 뜻할 수도 있다. 아마겟돈 전쟁은 구약에서 므깃도에 대한 마지막 언급인 스가랴 12:11("그 날에 예루살렘에 큰 애통이 있으리니 므깃도 골짜기 하다드림몬에 있던 애통과 같을 것이라", 개역개정)의 예언적 성취일 수 있다. 에스겔 38-39장에서 큰 전쟁이 이스라엘 산지에서 일어날 것을 예언한 것(38:8, 21; 39:2, 4, 17)과도 관련이 있을 것이다. 토레이(Charles C. Torrey)는 아마겟돈을 므깃도와 관련된 지명이 아니라 예루살렘을 중심으로 하는 부근의 산지들을 상징적으로 뜻하는 것으로 보아야 하며, 아마겟돈이 '하르 므깃도'의 음역이 아니라 다른 단어의 음역일 수도 있다는 점을 지적한다(Torrey, 238-48, 특히 243). 아우니는 '아마겟돈'이 스가랴 12:11의 '므깃도 평원'(בִּקְעַת מְגִדּוֹן)에 대한 70인역 번역인 '끊어진 평원'(πεδίῳ ἐκκοπτομένου)을 의미할 수 있다는 해석을 소개한다(Aune, 1998a: 899).

제24장
요한계시록 17:1-18
음녀 바벨론과 짐승

바벨론 심판에 대한 예고와 바벨론 파멸의 애가를 담고 있는 17-18장은 15-16장의 대접 재앙 예언과 어우러져 있다. 17-18장의 내용은 대접 재앙 때에 일어날 일일 것이다. 17:1이 일곱 대접을 가지고 있는 일곱 천사(그 가운데 하나)에 대한 언급으로 시작하는 것도 앞 장들과의 연계성을 보여주는 예다. 실제로 음녀인 바벨론의 심판 관련 내용이 일곱째 대접 재앙 예언(16:19)에 나타난다는 점도 그렇다. 17-18장의 일은 대접 재앙이 있을 무렵(또는 그전 일곱 나팔 때와 짐승의 때)이나 그때부터 대접 재앙 후반부에(특히 18장 바벨론 애가의 경우) 있을 일이다. 이 가운데 바벨론 패망의 일은 일곱째 대접(16:19)과 관련이 있을 것이다. 일곱 대접 재앙은 모두 진노의 재앙이다. 진노의 대상은 짐승과 그의 무리, 특히 바벨론이다. 17장은 음녀 바벨론과 짐승의 관계를 드러내며, 음녀의 파멸이 어떻게 임할 것인지를 알려주고 있고, 18장은 그녀의 파멸에 대한 애가를 담고 있다.

17장은 음녀와 짐승이 특별한 관계에 있을 때(1-8절)와 이 둘이 서로 갈라서게 될 때(9b-18절)에 대해 설명하고 있는데, 그 중간에 격언과 같은 짧은 문장이 들어간다. "여기에 지각(지성, 마음의 생각)이 있다"(9a절).

A. 음녀와 짐승, 그 둘의 관계(1-8절)

X. 지혜의 지각(9a절)

A′. 갈라선 짐승과 음녀(9b-18절)

A. 요한계시록 17:1-8 (음녀와 짐승, 그 둘의 관계)

1-8절은 천사와 요한의 두 개의 대화를 담고 있다. 하나는 음녀에 대한 것이며(1-6a절), 다른 하나는 짐승에 대한 것(6b-8절)이다. 이 구절에는 각기 천사와 요한의 짧은 대화(a, a′)가 있고("보여줄 것이다", 1절; "말하겠다", 7절), 그다음 두 주제에 대한 천사의 해설(b, b′)이 각기 뒤따른다(음녀에 대해, 3-6a절; 짐승에 대해, 8절).

a. 천사와 요한의 대화1(1-2절) – 음녀의 심판에 대해

b. 음녀의 정체와 하는 일(3-6a절)

a′. 천사와 요한의 대화2(6b-7절) – 짐승의 비밀에 대해

b′. 짐승에 대한 해설(8절)

번역

1 또 일곱 대접을 가지고 있는 일곱 천사 가운데 하나가 와서 나와 함께 말
하며 일렀다. "이리 오라. 많은 물 위에 앉은 큰 음녀의 심판을 그대에게 보
여줄 것이다. **2** 땅의 왕들이 그녀와 함께 음행하였고 땅에 거하는 자들이 그
녀의 음행의 포도주에 취하게 되었다." **3** 그리고 (그 천사는) 성령 안에서 나

를 광야로 데리고 갔다. 또 나는 신성 모독의 이름들로 가득하고 일곱 머리
와 열 뿔을 가진 붉은 짐승 위에 탄 여인을 보았다. **4** 또 여인은 자주색과 붉
은색 옷을 입고 금과 보석과 진주들로 꾸미고, 그녀의 손에는 그녀의 음행의
가증하고 더러운 것들로 가득찬 금잔을 가지고 있었다. **5** 그녀의 이마에 쓰
여 있는 이름은 비밀인데, 곧 땅의 음행들과 가증한 것들의 어머니인 큰 바
벨론이다. **6a** 또 나는 그 여인이 성도들의 피와 예수 증인들의 피로 취해 있
는 것을 보았다. **6b** 그리고 나는 그녀를 보며 매우 크게 놀라워하였다. **7** 그
러자 천사가 내게 말하였다. "왜 놀라워하느냐? 내가 그대에게, 여인과 그녀
를 태우고 다니는 일곱 머리와 열 뿔을 갖고 있는 짐승의 비밀을 말하겠다.
8 그대가 본 짐승은 전에 있었고 지금은 없으나 장차 무저갱에서 올라올 것
이다. 그리고 멸망으로 나아가게 될 것이다. 창세 이래 생명책에 그 이름이
기록되지 않은, 땅 위에 거하는 자들이 그 짐승을 보며 놀라워하게 될 것이
다. 전에 있었고 지금은 없으나 장차 있게 될 것이기 때문이다.

주해 및 해설

1절 (물 위에 앉은 큰 음녀) 1-2절은 음녀에 대한 천사와 요한의 대화를 담고 있다. 일곱 대접을 담당하고 있는 일곱 천사 가운데 한 천사가 요한에게 말하는 장면이다(1절; 21:9). 일곱 천사 가운데 한 천사의 등장은 이 일(17장 음녀 사건)이 일곱 대접(또는 그때)과 관련된 것임을 암시해 준다.[1] 천사는 요한에게 많은 물 위에 앉은 큰 음녀의 심판을 보여주겠다고 했다. 여인이 그 위에 앉아 있는 "많은 물"은 수많은 사람들(민족들과 언어들)을 가

1. 그러면 21:9에서는 왜 일곱 대접의 일곱 천사 가운데 하나가 등장할까 하는 질문이 생긴다. 21:9 이하의 새 예루살렘과 17장의 음녀 바벨론을 대조하기 위한 목적이라 할 수 있다(21:9 주해를 참고하라).

리킨다(15절). 여인이 세계 각국의 많은 이들에게 상당한 영향을 미치고 있음을 보여준다. 오스본은 많은 물은 바벨론이 위치한 지역의 유프라테스 강(렘 51:13, "많은 물 가에 살면서")을 인유하는 것일 수도 있지만 그보다는 바벨론이 통제하고 군림하는 많은 나라를 가리키는 것으로 보았다(Osborne, 2002: 609). 여인이 짐승의 독점적 후원을 얻어 많은 나라와 사람들 위에 군림할 것이라는 뜻이다. 땅의 왕들이 여인과 더불어 음행하였다는 것(17:2; 18:3, 9)은 그녀의 국제적인 영향력의 크기를 알려주는 표현이다. 실제로 그녀는 땅의 나라들 위에 왕권을 행사하는 존재다(18절).

계시록에 나오는 여인 가운데 "큰 음녀"와 대조되는 인물은 12장의 태양을 옷 입고 있는 여인(12:1)이다. 12장의 여인은 하나님의 선택된 백성 이스라엘을 의미한다. 12장의 여인은 악의 세력인 용과 갈등 관계를 가진다. 반면에 '큰 음녀'는 그 이름에서 알 수 있듯이 많은 이들을 영적, 도덕적 타락으로 이끄는 여인이다. 악의 세력인 짐승과 동류 관계다. 그녀의 이름은 "바벨론"(5절)이다.[2] 그녀를 음녀라고도 하고 여인이라고도 지칭했는데, 이때 음녀를 뜻하는 단어 '뽀르네'(πόρνη)는 1, 5, 15, 16절에 반복해서 나타나다가, 마지막으로는 19:2에 나온다.[3] 반면에 여인을 가리키는 단어 '귀

---

2. 계시록에서 바벨론이 처음 등장하는 구절은 14:8이다. 바벨론의 파멸이 예고된 부분이다. 그 후 16:19; 17:5; 18:2, 10, 21에 나온다. 바벨론의 심판(파멸)은 일곱째 대접 재앙의 때인 16:19에서 시작된다. 요한 시대의 교회는 로마가 음녀 바벨론이라고 간주했을 가능성이 있다. 일곱 언덕을 가진 로마(9절), "땅의 왕들을 다스리는 큰 성"(18절)과 같은 표현은 로마에 어울릴 것이기 때문이다. 반면에 종교개혁 시기에는 로마 가톨릭을 음녀 바벨론으로 보기도 했다(Anderson, 60). 바벨론의 정체에 대해 역사적으로 각기 다르게 추정한 것들 가운데 어느 것도 맞은 것은 없다. 이 일은 아직 일어난 일이 아니기 때문이다. 다만, 일부 공유되는 면(특성)이 있을 뿐이다.

3. Beale은 '뽀르네'(음녀)를 구약의 창기와 비교하여 설명하는데(Beale, 1999: 847-61), Glancy와 Moore는 '뽀르네'가 당시 로마 사회의 '뽀르네' 개념(불특정 대상을 상대하는 창기)에서 왔다고 본다(Glancy와 Moore, 552-3, 555-60; S. Moore, 2014: 108-13; 참고, Valentine, 310-4).

네'(γυνή)는 3, 4, 6, 7, 9, 18절에 나온다. 두 이름이 혼용된다. 구약에도 음녀(또는 창기)는 영적으로 타락한 도시(또는 나라)를 가리키는 이름이었다(예루살렘[사 1:21; 겔 16:35], 이스라엘[사 57:3], 두로[사 23:16], 니느웨[나 3:4] 등). 천사는 요한에게 "이리 오라" 하고 "큰 음녀의 심판을 그대에게 보여줄 것이라"하면서, 이어지는 2-6a절에서 음녀에 대해 소개하고 있다. 음녀가 심판받아야 할 사유에 대한 내용이다. 심판의 결과는 16:19(세 조각이 남)과 17:16(짐승 세력에 미움 받고 파멸됨), 그리고 18장(패망에 대한 얘기)에 나타난다.

2절 (타락하게 하는 음녀) 큰 음녀는 땅의 지도자(왕)들을 타락하게 하였고("음행하였다") 땅에 거하는 자들(하나님을 떠난 이들, 일반인들)도 그녀의 타락에 동참하게 만들었다("취하게 되었다", 2절; 14:8; 18:3, 9). 많은 나라가 그녀 때문에 영적 음행에 가담하게 된다. 온 세계를 취하게 했다가 멸망당한 옛 바벨론처럼(렘 25:12-17; 51:7) 음녀인 새 바벨론도 땅의 왕들과 땅에 거하는 자들을 그녀의 음행의 포도주로 취하게 만들 것이다. "음행의 포도주"라 한 것은 그녀의 영향력(미혹)으로 많은 이들이 도덕적, 종교적(영적) 타락과 경제적, 권력적 탐욕에 빠지는 것이 포도주에 취한 듯 이뤄지기 때문이다. 음녀의 음행은 특히 경제적 특혜와 이권과 관련이 있다(18:3, 9, 11-19; 참고, 13:16-17; Beale, 1999: 849-50). 취했다는 것은 정상적인 사리판단을 할 수 없을 정도가 된 것을 말한다. 여인은 사람들을 정신없게 하고 몽롱하게 만들어 비신앙적이고 부도덕한 일에 빠지게 했다. 그 결과 많은 이들이 타락하고 정신이 흐려졌고 하나님을 대적하는 자들이 되었다. 짐승은 그녀를 활용하여 땅의 사람들을 영적으로 혼미하게 만드는데 성공한다. 이런 일에 음녀 바벨론은 괄목할 만한 능력을 행사한다.

3절 (음녀와 짐승) 3-6a절은 음녀의 정체와 그녀의 하는 일에 대해 소개한다. 천사가 요한을 성령 안에서 광야로 데리고 갔다(3절). "성령 안에서"(또는 '영으로', ἐν πνεύματι)라는 표현은 1:10; 4:2; 17:3; 21:10에 나온다. 그런데 성령 안에(서) '나는 있었다/있게 되었다'(ἐγενόμην)라는 표현은 1:10과 4:2에 나온다. 1:10 이하는 그리스도의 모습을 보여주고 있고 4:2 이하는 하늘의 보좌와 천상의 예배를 소개하는 부분이다. 그리스도와 성부가 함께 나타나는 이 두 부분은 2-3장의 교회를 중간에 두고 나타난다. 반면에 17:3과 21:10은 성령 안에서 '나를 데리고 갔다'(ἀπήνεγκέν με)라고 표현한다. 17:3 이하는 큰 음녀 바벨론을 보여주는 장면이고 21:10 이하에는 새 예루살렘의 광경이 나타난다. 두 부분은 큰 음녀와 새 예루살렘을 대조해 준다(Fekkes, 269-87).[4]

천사가 광야(황야)로 요한을 데리고 가서 큰 음녀를 보여주는데(3절, "또 나는 보았다"), 이것은 음녀가 있을 곳으로서 광야가 적합하기 때문이다. 거친 광야에 있는 음녀의 그림은 잘 어울린다.[5] 여인이 붉은 짐승 위에 앉아 있다. 그는 바다에서 올라온 그 짐승(13:1; 17:8)이다. 짐승에 대한 설명이 두 개의 분사 형태로 나온다. 첫째, 그에게는 신성 모독의 이름들이 가득했다. 이러한 묘사는 짐승의 존재 목표와 이유가 신성 모독(비방)인 것을 보여준다(13:1, 5-6). 둘째, 일곱 머리와 열 뿔을 가지고 있었다(13:1; 17:3,

---

4. '폭력적 부귀'의 음녀 바벨론과 어린 양의 신부, '의와 평화'의 새 예루살렘은 많은 면에서 대조가 된다. 이에 대해 Zerbe, 47-60; Koester, 2008: 767-8; Rossing, 490-1을 보라.

5. 12장의 여인도 광야로 도망가서 피한 바 있다(12:6, 14). 그렇다면 광야는 선한 집단이나 악한 집단이 함께 상존하는 곳일 수 있다. 계시록에서 광야(ἔρημος)라는 말은 12장(12:6, 14)과 17장(17:3)에만 나온다. 두 번은 12장에 나오는 여인과 관련하여, 그리고 한 번은 17장에서 음녀와 관련하여 사용된다. 동일하게 '광야'를 배경으로 하지만, 12장의 여인과 17-18장의 음녀는 서로 대조된다. 그런데 Lupieri는 소재인 '광야'가 공유되는 것을 보고 12장의 여인과 17-18장의 음녀를 동일시한다(Lupieri, 252-3). 그러나 계시록에서 두 여인의 대조는 뚜렷한 반면, 둘이 같은 존재라는 암시는 발견할 수 없다. 두 여인의 상세한 대조는 G. Campbell, 2014: 82, 88-91을 참고하라.

9-12, 16).[6] 그의 권력과 힘(영향력)을 보여주는 표현이다. 이 짐승이 "붉은 짐승"인 것은 그 또한 '붉은 용'(12:3)의 수하이기 때문이다.[7] 또한 '붉은 색'은 왕족과 귀족층이 입는 옷의 색상이었다(4절; 18:16). 이 짐승은 신성 모독의 이름으로 가득찬 머리들을 가지고 있고 실제로 그는 하나님을 모독하는 일을 주도한다(13:1, 5-6).

음녀가 짐승 위에 앉아(타고) 있다는 것은 짐승을 활용한다는 뜻이다. 짐승을 배후로 하여 음녀가 특별한 권력과 권세를 향유했음을 보여준다.[8] 짐승 또한 음녀를 내세워서 의도했던 목적을 이루려 할 것이다. 짐승과 음녀는 서로 밀접한 관계를 갖고 있는, 그래서 서로 분리할 수 없는 운명 공동체다. 음녀는 짐승을 타고 있기에 짐승을 장악하고 있는 것처럼 여겨질 수 있지만 실상은 짐승이 음녀를 내세워 자신의 목적을 이루려 하는 것이다. 그 목적을 이룬 후, 음녀는 폐기될 것이다(16-18절).

---

6. 17-18장의 음녀를 로마로 보는 견해가 있다. 음녀가 탄 짐승이 일곱 머리를 가지고 있는데, 그 일곱 머리가 로마의 일곱 언덕과 관련이 있을 것으로 본 것이다(Cimok, 30). 그렇다면 짐승이 음녀를 파멸에 이르게 하는 것은 로마 황제(짐승)가 로마(음녀)를 파멸에 이끄는 것이 되는가? 계시록의 초기 독자들이 그렇게 보았을 가능성이 있다고 해도, 짐승이나 음녀를 로마로 보는 견해는 13, 17장의 정보와 맞지 않는 것이 많다. Flemming은 역사적으로 17-18장의 바벨론을 무엇(누구)과 일치시켜왔는가를 소개한다. 로마(Irenaeus, Tertullian), 로마 가톨릭(Dante, Luther), 인류사회의 죄의 힘(Augustine, Primasius, Tyconius), 세계적 초교파 종교 제도(Lindsey, LaHaye) 등이다(Flemming, 113). 자세한 논의는 Kovacs와 Rowland, 178-88을 참고하라.
7. 4절의 '붉은'은 진홍색을 뜻하는 '꼬끼노스'(κόκκινος)다. 짐승의 모습(17:3)과 음녀의 옷(17:4), 그리고 값비싼 옷감(18:12, 16)에 쓰인 단어로 진홍색(scalet)을 가리킨다. 반면에 용을 묘사하는 '붉은'(12:3)은 '쀠로스'(πυρρός)인데 불(πῦρ)에서 나온 단어로 불꽃 색깔(6:4)을 가리킨다. 색상은 비슷한데 의미의 뉘앙스는 다를 수 있다.
8. Osborne은, 짐승은 정치 지도자이고 음녀는 종교와 경제체제를 대변한다고 본다(Osborne, 2002: 610). 그런데 음녀가 짐승 위에 탄 것으로 보아 처음에는 음녀의 위상이 짐승보다 높을 가능성이 있다고 생각된다. 한편, Beale은 음녀를 세상의 "사회적, 문화적, 경제적, 종교적 측면" 또는 경제적 세력(economic forces)이나 경제적 토대(economic base)로 본다(Beale, 1999: 853-4, 884).

여인이 타거나 앉고 있는 것에 대한 표현에 주목하자. 1, 15절에서 여인이 물 위에 앉아 있다고 묘사된다. 이러한 묘사는 수많은 사람들에 대한 영향력을 보여준다. 3, 7절에서는 여인이 짐승을 타고 있다고 묘사된다. 이것은 짐승과의 강한 유착을 보여준다. 또한 9절은 여인이 짐승의 일곱 머리에 앉아 있다고 한다. 이것은 여인이 짐승 집단 중에 일곱 지도자(왕)와 특별한 관계를 갖게 될 것을 말해주는 것 같다. 그러다가 짐승이 여덟째 왕이 될 때, 그리고 그를 추종하는 열 명의 왕이 뒤따를 때 여인의 파멸이 있다(16-18절).

4절 (여인의 모습) 여인에 대한 세 가지 설명(분사 형태)이 추가된다. 첫째, 여인(음녀)은 자주색과 붉은색 옷을 입고 있다(4절; 18:16).[9] 왕족이나 귀족들이 입던 그같이 값비싼 옷들은 그녀의 높은 신분과 호사스러움을 보여준다. 이것들은 세상이 그녀의 매력에 빠지게 하는 방편일 수 있다(참고, 렘 4:30; Beale, 1999: 854). 한편, 붉은색 옷에는 짐승의 붉은색과 어울려, 성도의 박해와 피 흘리는 일에 관여하고 있음을 드러내는 상징적 의미(17:6; 18:24; 19:2)가 있을 수 있다(Beale, 1999: 854-5). 둘째, 여인은 값비싼 옷과 금과 보석, 진주 같은 사치스런 보석으로 자신을 꾸미고 있다.[10] 극상의 사치와 호사를 누린다. 온갖 부귀와 경제적 특권을 향유한다. 이러한 모습은 대중에게 고귀하고 특출나 보일 것이다. 셋째, 그녀는 손에 금잔을 들고 있는데, 그 잔에는 그녀가 행하는 가증하고 더러운 것들로 가득 차 있

---

9. Aune는 자주색은 왕의 신분의 옷 색깔이고 붉은색 옷은 부를 상징한다고 한다(Aune, 1998b: 935).

10. Fekkes는 음녀의 화려함과 치장을 그녀의 사악함을 가리키는 것으로 보는 해석에 이의를 제기한다. 그보다는 그녀의 내적 특성과 행동 목적의 사악함에 주목해야 한다는 것이다(Fekkes, 283-4). 어느 경우이든지 현재의 사치와 향락이 결국 미래의 파멸을 가져올 수 있다는 점을 무시할 수 없다. Aune는 당시의 고급 창기들이 화려한 보석과 눈에 띄는 옷으로 치장했다는 점을 지적한다(Aune, 1998b: 935).

다(비교, 렘 51:7). '가증한'(βδελυγμάτων)은 반신앙적임을 뜻하고 '더러운'(ἀκάθαρτα)은 비윤리적임을 뜻하는데, 이 둘은 대개 혼합되어 나타난다(이사일의[hendiadys: 한 가지 뜻을 지닌 표현을 두 단어로 나누어서 하는 수사적 표현], Aune, 1998b: 935). 금잔을 손에 들고 있는 모습은 그녀가 특권의 호사(잔치)를 즐기고 있음을 말하는데[11] 그녀가 누리는 모든 권력과 특혜는 짐승에게 협력한 것에서 획득된다.

그러니까 그녀의 온갖 특권은 짐승에 대한 봉사, 또는 짐승의 (가증하고 더러운) 뜻을 수행하는 데서 얻게 된 혜택이다. 여인이 누리는 온갖 권세와 특혜는 짐승과 관련된다. 경제적 특혜의 동기가 짐승 숭배의 중요한 요인임이 음녀를 통해 드러난다(참고, J. Collins, 28). 화려한 것을 추구하는 동기는 음녀의 허영일 것이다. 지나친 꾸밈과 값진 보석의 욕구는 허영의 표현이다. 보이고 내세우고 갖고 싶은 욕망을 충족하기 위해 불의를 마다하지 않는 것이다.

5절 (큰 바벨론) 음녀의 이마에 이름이 쓰여 있다(5절). 그 이름이 비밀인 것은 공개적으로 알려지지 않은 그녀의 은밀한 정체와 관련되기 때문이다. 그녀의 이름은 바벨론이다.[12] 바벨론이라는 이름을 가진 이유는 그녀가

11. 계시록에서 네 번 등장하는 '잔'(뽀떼리온, ποτήριον)은 두 가지로 쓰인다. 하나는 하나님의 분노의 잔이다(14:10; 16:19). 또 하나는 여인의 향락의 잔이다(17:4; 18:6). 여인의 잔은 결국 하나님의 진노의 잔을 받는 요인이 된다(18:6).
12. 17장에서 음녀가 바벨론임을 분명하게 밝히고 있으므로, 17장의 음녀와 18장의 바벨론을 다른 존재(기구)로 구분하는 것은 옳지 않다. 특히 Walvoord나 Pentecost처럼 17장의 음녀는 교회(종교)적 기구로 18장의 바벨론은 정부(정치)적 기구로 다르게 구분할 근거가 없다(Walvoord, 1966: 243-267, 특히 243, 257, 259; Pentecost, 364-9, 특히 368-9). Edgar는 17장과 18장이 같은 존재(기구)를 가리킨다는 것을 입증한다. 예컨대, 17:18에서 음녀를 '큰 성(도시)'이라고 한 것이 18:10, 16, 18, 19, 21과 일치한 것임을 밝힌다. 또한 17장의 음녀를 교회적 기구(시스템)로 보는 것에 대해서도 17장 본문의 근거가 없다는 점을 밝힌다. 예컨대, 17장의 '음행'(2, 4절)을 18장의 '음행'(3, 9절)과 다른, 그 어떤 종교적인 것으로 제한할 수 없다는 점을 지적한다(Edgar,

고대 바벨론의 길을 따르고 있기 때문일 것이다. 바벨론은 하나님의 백성들을 포로로 끌어갔던 제국(왕하 24:14-25:21; 렘 20:4), 당대의 그 어떤 나라보다 강대하던 나라(렘 27:6-11), 영적으로 많은 나라들을 혼란하게 한 제국(렘 25:12-17; 51:7), 그러나 결국 불식간에 패망하여 사라진 제국(사 14:3-23; 렘 25:12; 50-51장)이다.[13] '큰 바벨론'이라 한 것은 고대의 바벨론 제국보다 더 크고 강한 제국이거나, 그러한 힘을 소유한 존재(집단)를 가리키는 의미일 것이다. "땅의 음행(들)과 가증한 것(들)의 어머니"라 부른 것은 그녀 자신만 음행(비윤리적인 것)과 가증한 것(반신앙적인 것)을 행할 뿐 아니라, 그런 것들이 일어나도록 조장하고 이끄는 모체 역할을 하기 때문이다(14:8; 17:2, 4; 18:3, 9; 19:2). 즉, 여인은 단순히 짐승 권력의 수혜자가 아니다. 더군다나 수동적인 협력자는 더욱 아니다. 짐승을 위해 모든 힘을 다하는 짐승 옹호자이자, 짐승 대변자, 또한 그 정책의 적극적인 집행자다. 모든 더러운 것과 가증한 것이 그녀로부터 나온다. 그래서 '어머니'다. 그런데도 모두들 그녀의 겉모습에 취해 있어서 그녀의 본질이 음녀 바벨론인 사실을 깨닫지 못한다. 그녀가 하는 일이 사람들을 그녀의 포로로 삼고, 점차 반신앙과 부도덕의 늪으로 빠져들게 하고 있음을 모두들 제대로 보지 못한다.[14]

333-40).

13. 신자들에게 로마도 한 때 '바벨론'으로 불렸다. 베드로는 로마를 바벨론이라 부른 바 있다(벧전 5:13, "택하심을 함께 받은 바벨론에 있는 교회가 너희에게 문안하고 …"). 바벨론이 첫(다윗) 성전을 파괴한 제국이라는 점에서 주후 70년에 예루살렘(헤롯) 성전을 무너트린 로마제국을 바벨론으로 부를 수도 있겠다. 그러나 적어도 베드로는 성전을 파괴한 제국이란 뜻으로 로마를 바벨론이라 부르지는 않았을 것이다. 그가 순교한 후에야 예루살렘 성전이 파괴되었기 때문이다.

14. 바벨론의 패망에 대한 예언이 사 13:19; 14:4; 21:9; 렘 28:1-12; 시 136:1, 8에 나온다. 특히 사 13:19는 바벨론이 멸망당한 소돔과 고모라같이 될 것이라고 예언한다. 계시록에서 바벨론의 멸망에 대한 예언은 14:8; 16:9; 18:2, 10, 21에 나타난다. 음녀와 고

계시록에 두 명의 어머니/어미(μήτηρ)가 나온다는 비일의 지적은 타당하다(Beale, 1999: 857; Koester, 2001: 154). 하나는 12장의 어머니(그리스도를 낳은)고 또 하나는 17장의 어머니다('메떼르'란 단어 자체는 17:5에만 나온다). 12장의 어머니는 붉은 용과 싸우며 그 핍박에도 끝까지 싸운다. 결코 타협하지 않는다. 반면에 17장의 어머니는 짐승에 협력하며 그의 많은 혜택을 받고 누린다. 짐승이 주도하는 피를 흘리는 일에 깊이 동참한다. 그녀가 누리는 많은 권한과 특혜를 포기하지 않는다. 그러나 그녀가 승리자일 수 있을까?

6a절 (성도의 피에 취한 여인) 여인이 성도들의 피와 예수 증인들의 피에 취해 있다(6a절). 이러한 묘사는 그만큼 그리스도의 교회와 성도들을 핍박하고 피 흘려 죽게 한 일에 주도적인 역할을 해왔다는 것(13:7-10, 15; 17:6; 18:24; 19:2)을 알려준다.[15] "성도들의 피와 예수 증인들의 피"는 서로 다른 것이 아니다. 동격으로 보거나("성도들의 피, 곧 예수 증인들의 피") 또는 중복 강조를 위한 수사법으로 보는 것이 좋다. "취해 있는 것"은 그녀가 수많은 순교의 피를 흘리는 일에 주도적으로 참여했음을 알려주는 표현이다. 그녀는 짐승의 때에 교회 박해와 순교자 양산(13:7-10, 15)의 주범이면서 중추세력이다.[16] 짐승은 음녀인 바벨론을 철저히 활용할 것이고 한동안 교회를 무너뜨리고 세계의 권력을 움켜잡게 될 것이다.[17] 짐승 나라는 한

대 바벨론은 최소한 다음 두 가지를 공유한다. 첫째, 백성을 삼켜 포로로 만든다. 둘째, 상당히 강력하나 결국 패망한다.

15. Beale은 여기서 흥미로운 대조를 하고 있다. 12장의 어머니는 교회를 출산했고 17장의 음녀 어머니는 교회를 파멸시키려 한다(Beale, 1999: 859).
16. 그 때문에 요한 시대와 그 이후의 교회는 상당 기간 동안, 10대 핍박을 자행하던 로마제국이 17장에서 예언된 음녀라고 생각했을 것이다(참고, S. Moore, 2014: 35-37). 한편, '피를 마신다'(blood-drinking)는 이미지는 사 49:26과 관련이 있을 수 있다. A. Collins, 1977: 370, 각주 9를 보라.
17. 음녀가 짐승을 타고 있는 것에 근거하여, Beale은 음녀를 초시간적(transtemporal) 속

때 승승장구할 것이다. 그러나 '한때'일 뿐이다.

2절에는 타동사 '취하게 하다'(μεθύσκω)가 사용되었고 6절에는 자동사 '취하다'(μεθύω)가 쓰였다. 계시록에서 이곳에만 쓰인 단어들이다. 2절은 음녀가 타인들을 취하게 만든 점을 부각하고 6절은 음녀 자신이 취했음을 강조한다. 음녀는 남을 취하게 할 뿐 아니라, 자신도 취했다. 내용은 조금 다르다. 음녀가 다른 사람을 취하게 한 일은 주로 '음행'이다(2절). 반면에 자신이 취한 것은 '성도들의 피'다(6절). 자신도 취하고 타인도 취하게 한 음녀는 눈앞의 것만 보고 있다. 취해서 한 자신의 악행(피를 흘린 일, 16:6; 17:6; 18:24; 19:2)과 타인을 취하게 해서 권력과 향락을 추구하게 한 일(14:8; 17:2, 4, 15, 18; 18:3; 19:2)은 결국 자신과 타인의 패망을 가져오게 될 뿐이다. 취해서 했다고 면피하는 것 아니다. 행한 대로 받을 뿐이다(2:23; 14:13; 18:6; 20:12-13; 22:12).

6b절 (요한의 놀람) 6b-7절은 천사와 요한의 두 번째 대화다. 요한은 음녀의 모습을 보고 크게 놀랐다(6b절). "큰 놀람으로 놀라워하였다"는 동족어(놀람, 놀라다)를 중복해서 놀람의 정도를 증폭하는 표현이다. "큰 놀람을(으로)"(θαῦμα μέγα)은 양식(manner)의 목적격으로 부사적으로 번역한다(김상훈, 2021: 371).[18] 요한이 크게 놀라게 된 이유는 나타나 있지 않지만, 그녀의 모습이 범상치 않기 때문일까? 그녀가 나타난 모습도 기괴하고 특히 피에 취해 있는 모습은 요한에게 두려움과 혐오감을 가져다 주었을 것

성을 가지고 있다고 주장한다(Beale, 1999: 859). 그러나 음녀는 마지막 짐승의 때에 출현하는 (시간적으로) 제한된 존재다. 요한이 환상을 보는 시점(요한의 시점, 7절)에 천사는 짐승이 "지금은 없다"고 말해준다(8절). 요한의 때에는 짐승을 탄 음녀 또한 존재하지 않는다. 그녀 또한 '장차' 있게 될 것이다.

18. Aune는 θαῦμα μέγα를 동족어의 목적어로 본다. 동족어의 목적어는 구약 히브리어 용례(부정사 절대형)에 자주 나타나는데(창 12:17; 삿 16:23; 왕상 17:25 등), Aune는 헬라어에도 자주 나타나는 구문(예, 막 4:41; 계 16:9; 18:6 등)이라고 소개한다(Aune, 1998b: 910).

이다. 또 하나는, 짐승 위에 탄 여인과 그 짐승의 조화(또는 부조화) 때문일 것이다. 음녀와 짐승이 함께 출현하는 모습은 더 끔찍하고 공포스러운 것일 것이다. 요한이 "놀라워하였다(놀랐다)"는 것은 음녀의 모습에 잠시 압도된 상태가 된 것이라고 볼 수 있다. 계시록에서 4회 사용된 '놀라다'(θαυμάζω)는 말이 13:3을 제외하면 17장에 3회(6, 7, 8절) 사용된다. 13:3(짐승의 머리 하나가 죽게 되었다가 나았을 때)과 17:8(짐승 자체에 대한 경탄)은 짐승에 대한 사람들의 놀람(경이)을 그려준다. 요한 자신도 음녀의 권세와 모습에 잠시라도 놀랐을 수 있다(17:6). 그만큼 외적으로 또 표면적으로는 짐승의 경우처럼, 음녀도 놀랄 만한 어떤 것이 있다는 뜻이다. 그렇게 잠시 놀랄 수 있다. 그러나 그 놀랄 만해 보이는 것도 사실 아무것도 아니다. 그런 것처럼 보일 뿐이다.

7절 ("왜 놀라워하느냐?") 천사는 요한이 놀라는 것을 질책하는 것 같다(7절). 요한에게 "왜 놀라워하느냐?"라고 말한다. 요한이 놀라는 것이 의아해서 묻는 것이 아니라 그러지 말라고 권하는 말로 이해된다. 놀랄 필요가 없다. 그것은 흉폭한, 그러면서 한편으로 경이로워 보이는 음녀와 짐승이 하늘의 하나님 앞에서는 사실상 아무것도 아니기 때문이다. 어떤 놀랄 만해 보이는 것이라도 실상은 그리 놀랄 만한 것이 아니다. 천사는 요한에게 여인의 비밀과 그녀를 태우고 다니는 일곱 머리와 열 뿔의 짐승의 비밀에 대해 더 상세히 알려주려 한다.

8절 (짐승에 대한 해설) 요한이 본 짐승은 3절의 신성 모독의 이름을 가진, 일곱 머리와 열 뿔의 짐승, 즉 음녀가 위에 탄 짐승이다. 그 짐승은 "전에 있었고 지금은 없으나 장차 무저갱에서 올라올 것"이다(8절). 짐승을 가리키는 이 말은 하나님을 가리키는 이름과 비교된다. 짐승은 자신을 경배의 대상으로 신격화한다는 사실(13:3-4, 8, 12-15)을 기억하자. 하나님은 "지금도 계시고 전에도 계셨고 또한 오실 분"(1:4, 8)이시다. '전에도 있다'

는 것은 같다. 중요한 차이점은 현재에 있다. 하나님께서는 '지금도' 계시지만, 짐승은 '지금은' 없다. 지금(요한의 때) 그는 무저갱에 있기 때문일 것이다(8절; 9:11; 11:7).[19]

"지금은 없다"는 말의 반복적 강조(8절[x2], 11절)는 최소한 요한 시대에 짐승이 존재하지 않는다는 점을 전제한다. 그 '지금'(짐승이 없는 기간)은 오래 지속될 것이다. 그 말은 또한 한시적인 존재라는 뜻이다. 짐승은 사실상 영존하신 하나님에 비한다면 결코 대단할 수 없는 시한부 존재에 불과하다. 미래에도 차이가 있다. 짐승은 "장차 올라오게"(μέλλει ἀναβαίνειν) 되거나, "장차 있게 될"(παρέσται) 것이지만, 하나님께서는 '(늘) 오시는 분'(ὁ ἐρχόμενος)이시다. 이러한 표현은 미래에 한시적으로 있게 될 존재(짐승)냐,[20] 영속적으로 존재하시는 분(하나님)이냐를 구별해준다. 짐승은 사람과는 비교될 수 없이 힘센 존재이지만 하나님과는 비교조차 될 수 없는 한시적인 존재일 뿐이다. 짐승을 하나님과 대조하는 것에는 짐승의 한계를 드러내려는 목적도 있지만(Beales, 1999: 864), 외적으로 (적어도 사

19. "지금 없으나 장차 … 올라올 것이다"를 Beale처럼 그리스도의 죽음과 부활에 대한 패러디로 볼 필요(Beale, 1999: 864)는 없다. 요한의 시대('지금')부터 현재까지는 짐승이 무저갱에 있는 것으로 보면 된다. 그러다가 때가 되면 나올 것이다(비교, 살후 2:8-12).

20. Beale은 현재 부정사 ἀναβαίνειν(올라올)을 지속적 의미로 보고 역사를 통틀어 무저갱에서 계속적으로 올라오는 것으로 보는데(Beale, 1999: 865, 871), 이는 요한의 용례를 바르게 이해하지 못한 데 기인한다. 부정사를 목적어로 받는 μέλλω(~려고 한다)는 계시록에서 13회 사용된다. 이 가운데 4회(1:19; 3:2, 16; 12:4)를 제외하고 모두(9회) 현재 부정사가 사용된다(2:10[x2]; 3:10; 6:11; 8:13; 10:4, 7; 12:5; 17:8). 현재형을 사용한 경우라도 지속적 의미로 볼 수 없는 예들(2:10; 3:10; 8:13; 10:4, 7)이 다수 발견된다. 요한의 저작인 요한복음에는(요한서신에는 용례가 없다) μέλλω(~려고 한다) 동사가 모두 12회 나오는데(4:47; 6:6, 15, 71; 7:35[x2], 39; 11:51; 12:4, 33; 14:22; 18:32) 모두 현재 부정사와 함께 사용된다. 미래에 일어날 일을 기술할 때 μέλλω(~려고 한다) 동사와 함께 현재 부정사를 쓰는 것이 요한 문헌에 나타난 요한의 문체에 부합한다.

람들에게는) 짐승이 신적 속성을 소유한 대단한 존재처럼 보일 수 있다는 점을 시사하는 것일 수 있다. 그러나 짐승은 결국 멸망당할 존재다(19:20). 그러므로 짐승은 성도가 무서워하거나 놀랄 상대가 아니다. "전에 있었고"는 그가 예전에도 존재했음을 뜻한다.[21] 하나님의 영존성과는 비교할 수 없지만, 짐승은 예전에 존재했던 자라는 점에서 일반적인 인생과 차별된다.

무저갱에서 올라오게 될 짐승은 11장에서 두 증인을 죽일 그 짐승일 것이다(11:7). 무저갱은 짐승처럼 용과 용의 수하들이 갇혀 있거나 갇히게 될 곳이다(9:11; 20:1, 3). "창세 이래, 생명책에 그 이름이 기록되지 않은 땅 위에 거하는 자들"(참조, 13:8)은 그 짐승을 보며(볼 때) 놀라워하게 된다. 그 힘과 권력(권세)에 대해 감탄과 경의를 표하게 된다. 전에 있었고 장차 있게 될 것이므로 그 어느 땅의 존재와도 다르게 강력하고 특별한 존재이기 때문이다. 땅의 사람들은 모두 짐승을 보고 놀랄 것이다. 그러나 여전히 '지금은 없다.' 따라서 한시적인 존재일 뿐이다. 그러므로 요한은 놀랄 필요가 없었다(6-7절). 생명책에 그 이름이 기록된 자는 영원한 존재라는 점에서 그 어떤 대단해 보이는 것(존재)에 대해서도 그다지 놀랄 필요가 없다.

B. 요한계시록 17:9-18 (갈라선 짐승과 음녀)

지혜의 지각에 대한 짧은 언급인 9a절은 1-18절의 중간에 위치하며 1-8절과 9b-18절을 이어준다. 9b-18절 단락은 세 부분으로 구성된다. 첫 부분

21. 마귀(용)를 '옛 뱀'(12:9)이라 불렀는데, 이는 그가 아담과 하와를 유혹하던 뱀(창 3:1-15; 고후 11:3)이기 때문이다. 짐승은 '옛 뱀'인 용과 구별되지만(13:4), 그 또한 용의 수하로서 오래된 존재일 수 있다.

(9b-12절)은 일곱 머리, 여덟째 왕인 짐승, 열 뿔의 관계를 상세히 소개한다. 둘째 부분(13-14절)은 이들 짐승 집단이 어린 양과 싸우게 될 내용을 담고 있다. 마지막 부분(15-18절)은 그들 안에 있는 분열, 특히 음녀의 패망을 다룬다.

a. 일곱 머리와 열 뿔(9b-12절)
 x. 짐승 집단과 어린 양 군대의 전쟁 예고(13-14절)
a′. 여인과 짐승의 내분(분열)(15-18절)

번역

9a 여기에 지혜를 가진 지각이 있다. **9b** 여인이 그 위에 앉아 있는 일곱 머리는 일곱 산이고 또한 일곱 왕이다. **10** 다섯은 넘어졌고 하나는 있고 다른 하나는 아직 오지 않았다. 그가 올 때는 잠시 머물러야 한다. **11** 또 전에 있었으나 지금은 있지 않은 짐승은 여덟째 왕인데, 일곱에 속한다. 그는 멸망으로 나아가게 된다. **12** 또 그대가 본 열 뿔은 열 왕이다. 그들이 아직 나라를 받지 않았으나 짐승과 함께한 시간 동안 왕들 같은 권세를 받게 될 것이다. **13** 이들은 한뜻을 가지고 그들의 능력과 권세를 짐승에게 주게 된다. **14** 이들은 어린 양과 더불어 전쟁을 할 것이고 어린 양은 그들을 이기실 것이다. 그는 주들 중의 주시며 왕들 중의 왕이시기 때문이다. 그와 함께 부르심을 받고 택하심을 받은 신실한 자들도 그리할 것이다." **15** 또 그가 내게 말하였다. "그대가 본, 음녀가 앉은 물들은 민족들과 언어들이다. **16** 또 그대가 본 열 뿔과 짐승은 그 음녀를 미워할 것이고 그녀를 파멸시키고 벌거벗게 하고 그녀의 살들을 먹을 것이고 그녀를 불로 태울 것이다. **17** 하나님께서, 하나님의 말씀들이 이뤄질 때까지, 그의 뜻을 행하는 것과 한 가지 뜻을 행하는

것과 그들의 나라를 그 짐승에게 주는 것을 그들의 마음에 (허락해) 주셨기 때문이다. **18** 또 그대가 본 여인은 땅의 나라들 위에 왕권을 가지고 있는 큰 도시이다."

주해

9a절 (지혜의 지각) '여기에 ~ 있다'(ὧδε [ἐστιν])는 일종의 강조법이다 (13:10, 18; 14:12; 17:9). 이 표현은 단락 구분이나 단락 연계의 표지(marker)로서 기능하기도 한다. 이 표현은 특히 독자들로 하여금 중요한 내용을 제대로 깨닫고 분별하고 판단할 수 있게 하려고 사용된다. 이 문장의 구조적 역할은 1-8절과 9b-18절을 앞뒤로 나누는 것이다. "지각"(νοῦς)은 생각, 지성, 분별력을 가리키는 말이다. "지혜를 가진 지각"은 유사어, 지혜와 지식을 반복 강조함으로 독자들이 '지혜롭게 생각해야 한다'는 점을 강조한다.

'호데'(ὧδε, 여기에) 문장의 앞부분(1-8절)은 음녀와 짐승의 밀착 관계를 그려주고, 뒷부분(9b-18절)은 음녀와 짐승의 깨진 관계의 배경과 과정을 그려준다. 단락의 가운데 위치한 '호데' 문장(9a절)의 "지혜"는 뒷부분(9b절 이하)에 나오는 짐승의 일곱 머리와 열 뿔, 그리고 연속된 그들의 역할을 이해해야 하는 지혜만이 아니라, 앞부분(1-8절)에 서술되는 짐승과 음녀의 관계에 관하여도 이해해야 하는 지혜를 포함하여 가리킨다.

9b절 (일곱 머리, 일곱 왕) 9b-12절은 일곱 머리와 열 뿔에 대해 알려주는 부분이다. 9b절부터는 짐승이 "장차 있게 될"(8절) 때에 대한 에피소드다. 따라서 다시 미래적, 종말적 시점에 관한 것이다. 짐승의 일곱 머리는 일곱 산이면서 일곱 왕을 가리킨다(9b절). "산"이라고 한 것은 그만큼 큰 존재란 뜻이다. "왕"(임금)이라 한 것은 한 나라를 통괄하는 지도력을 가진 존재이기 때문일 것이다. 이런 이들이 일곱이다. 여인이 그 위에 앉은 것은

여인이 이들을 활용하고 있고 또한 이들도 여인을 앞세워 목적하는 바를 이뤄내고 있음을 가리킨다. 일곱 머리는 본래 짐승의 지체에 속하므로 이들을 내세우는 주체는 짐승이다. 주도하는 자는 짐승이고 활용하는 자는 여인이고 일곱 왕(지도자)은 이에 협력한다. 그러나 13절("한뜻을 가지고 그들의 능력과 권세를 짐승에게 주게 된다")이나 17절("그들의 나라를 그 짐승에게 주는 것")의 열 뿔의 경우와 같이 직접적인 짐승 주도 체제와 짐승 중심의 권력 형태는 아닐 수 있다. 그런 표현이 두드러지게 나타나지 않기 때문이다. 단지 암시적일 뿐이다.

10절 (다섯, 하나, 하나) 이 구절은 다섯 왕은 이미 죽었고 왕 하나는 현재 있고 다른 한 왕은 아직 오지 않았음을 뜻한다(10절). 이 왕들이 요한 시대의 로마제국과 황제들을 가리키는 것으로 보는 학자들이 있다(예, Anderson, 60-61; Wilson, 2005: 170-4). 그리고 9절의 '일곱 산'이 로마제국과 관련된다는 주장이 있다. 로마가 일곱 언덕으로 되어 있다고 보기 때문인데 이 또한 논란이 많다(Aune, 1998b: 944-5). 로마의 언덕을 가리키고자 했다면, '언덕'을 가리키는 헬라어 단어(βουνός 또는 λόφος) 대신에 '산'을 가리키는 단어(ὄρος)를 쓴 이유를 설명하기 쉽지 않다(참고, L&N, 1.46, 1.48; Lupieri, 270-1). 이 구절을 로마제국에 관한 것으로 보는 가설은 설명력이 부족하다. 어느 것 하나도 딱 맞아 떨어지지 않기 때문이다. 차라리 이 구절이 미래의 한 시점, 즉 짐승의 시대에 일어나게 될 특정 상황(예컨대, 바벨론 패망이 일어나기 직전)을 그려준다고 보는 것이 더 자연스럽다. 앞으로 올 자가 "잠시 머물러야 한다"는 것은 머무르긴 하되, '잠시' 밖에는 있을 수 없다는 뜻일 것이다.

아무리 특별한 존재라도, 즉 짐승의 일곱 머리 가운데 하나로서, 특출나고 짐승의 모든 힘을 사용할 수 있는 능력을 갖춘 존재라도 이미 다섯은 넘어졌다. 또 지금 있는 하나도 넘어질 것이다.[22] 또한 앞으로 올 존재도 그리 오래되지 않아 넘어지게 될 것이다. 아무리 대단해 보여도, 결국 한시적인 힘을 가진 존재들에 불과하기 때문이다. 이러한 현상은 짐승이 이들 머리(지도자)를 이용하여 세상을 지배해 가는 방식이다.

11절 (여덟째 왕, 짐승) 흥미로운 것은 여덟 번째 왕이 짐승 자체(11절)라는 점이다.[23] 이제까지는 일곱 머리를 내세웠으나 마지막에는 짐승 자신이 직접 나서게 된다. 짐승이 일곱에 포함된다는 것은 짐승이 처음에는 앞의 일곱 왕 가운데 (특히 앞서 넘어졌던 다섯 왕 가운데) 하나였다가 세계에 다시 재등장하게 될 것을 암시한다(비교, 13:3, 14). 그가 재차 여덟째 왕으로 옹립된 것일 수 있다. 그렇기 때문에 더 대단해 보일 것이다. 여덟째 왕이 앞의 일곱 왕의 후손(후예)일 가능성도 배제할 수 없다(Beale, 1999: 876). 또 일곱째 왕이 다시 여덟째 왕(또는 짐승의 여덟 번째 통치)이 된다는 견해도 있다(Hoskins, 87, 98-102). 그러다가 그 또한 때가 되면 결국 멸망으로 나아가게 될 것이다. 그동안 내세운 머리(왕)들과는 사뭇 다르겠지만(그들은 "넘어졌다", 10절), 짐승도 멸망으로 가는 존재라는 점은 피할 수 없다(11절). 짐승과 관련된 존재 중에 멸망을 피할 수 있는 자는 없다. 그런

22. Gentry는 10절의 여섯째 왕을 네로로 보고 또 계시록 저작 시기를 네로의 때로 보면서, 11:2의 42달을 67년 봄에서 70년 가을까지의 기간(로마가 예루살렘을 포위하고 점령한 기간)이라 생각하고 70년 이전에 계시록이 기록되었다고 주장한다(Gentry, 113, 116, 250-3). 시저를 포함하면 네로가 여섯째가 된다고 할 수 있지만, 사실 시저는 황제가 아니었으므로 황제로는 아우구스투스가 첫째이고 네로는 다섯째다. Gentry에 대한 비판은 R. Thomas, 1994: 185-202를 보라.

23. 로마의 아우구스투스를 첫째 황제로 보고 그로부터 여덟째 황제를 도미티아누스라고 보는 견해가 있다(참고, Anderson, 60-61). 그러나 엄밀하게 말해 도미티아누스는 열한 번째다. 아우구스투스, 티베리우스, 칼리굴라, 클라디우스, 네로, 갈바, 오토, 비텔리우스, 베스파시아누스, 티투스, 도미티아누스 순이다. 여덟째 왕을 도미티아누스라고 보는 가설로는 "다섯은 넘어졌고 하나는 있고 다른 하나는 아직 오지 않았다"(10절) 등을 해석하기 어렵다.

데 짐승인 그가 역사의 전면에 직접 나서고자 할 때에는 앞서 악의 세력의 앞에 내세웠던 음녀 바벨론이 필요 없게 될 것이다. 그래야 짐승인 그가 모든 것을 직접 관장할 수 있기 때문이다. 그래서 음녀의 멸망(16절)이 도래하게 된다. 그러나 마지막에는 짐승 또한 멸망하게 될 것이다. 이는 변치 않을 일이다. 악은 결국 패한다.

12절 (열 뿔, 열 왕) 그다음에 등장할 자들이 열 뿔인 열 왕이다(12절; Buchanan, 457-9; 참고, 단 7:7, 20, 24). 그들은 아직 나라를 받지 않은 자들이다. 왕위를 이을 혈통이나 자격은 되지만 아직 그 임기가 되지 않은 듯하다. 그러나 그들도 언젠가는 왕위를 잇게 되고 짐승을 대리하며 왕적 권세를 소유하게 된다. "짐승과 함께"라는 표현은 이들이 짐승과 함께 정치적인 연정 또는 연합체 형태를 가질 것을 말해주는 것 같다. 이들 왕의 일부는 예외일 수 있지만, 일곱 머리와 달리 열 뿔의 다수는 대를 거쳐 나오는 왕들이 아니라 동시대에 같이 나타날 왕들로 보는 것이 자연스럽다(Aune, 1998b: 950에 반대함). 다시 말해, 일곱 왕은 계승적인 반면, 열 왕은 동시대적이고 연대적인 특성을 보인다. 그들이 함께 "잠시" 권세를 받고(12절), "한뜻(목적)을" 가지고 짐승에게 모든 것을 몰아주며(13, 17절), 음녀 바벨론을 파멸시키는 일에 함께 힘을 모을 것이고(16-17절), 또한 함께 연대하여 어린 양에 대항하며 싸울 것이기 때문이다(14절).

일곱 머리에 이어 열 뿔은 짐승 권력의 주축이 된다. 그런데 일곱 머리에 비해, 열 뿔은 좀 더 짐승 체제에 순응적이다. 이들은 일곱 머리(왕들) 뒤에 나타날 것이다. 짐승은 처음 다섯 머리(왕들) 가운데 하나였으나 후에 여덟째 왕으로 나타난다고 했다(10-11절). 머리는 본래 짐승에게 속해 있는데(17:3, 7), 짐승이 처음에는 일곱 머리 가운데 하나(하나의 왕)로 나타난다("일곱에 포함된다", 11절). 그런 점에서 짐승과 일곱 머리, 그리고 음녀의 관계는 수직적인 관계로 보이지 않는다. 그런데 열 뿔이 등장할 때는 이와 다르다. 열 뿔은 철저히 짐승을 옹위하며 짐승을 정점으로 연합된다. 짐승과 열 뿔은 철저히 수직 관계다(13, 17절). 이때부터 음녀는 권력에서 배제된다. 짐승과 열 뿔은 한뜻으로 단합하여 음녀를 도태시키고 짐승 중심의 단일 지도체제를 수립할 것이다(16-17절). 이렇게 짐승 권력체는 고위 지도자들의 군집(또는 연합체)으로 나타나는 것 같다. 그렇지만 현재의 세계 연합 기구(예, EU나 국제연합 등)가 짐승 권력제라거나, 혹은 장차 그렇게 될 것이라는 등 괜한 의심을 먼저 할 필요는 없다. 언젠가 짐승의 때가 되면, 짐승 집단은 반드시 나타날 것이고 그 역할이 드러날 것이다. 적어도 그때까지는 이것이다, 저것이다 섣부른 주장을 하면 오류를 범할 가능성이 매우 크다. 그때 그들은 짐승과 함께 더러움(부도덕)과 가증함(반신앙)을 조장하게 될 것이다. 결국 하나님에 대항하는 세계적인 신성 모독과 하나님 대적 현상이 나타날 것이다.

13절 (짐승 집단의 목적) 13-14절은 짐승 집단과 어린 양의 군대와의 전쟁을 예고하는 부분이다. 짐승 집단은 하나의 목적(뜻)을 가진다. 그것은 그들의 능력(힘/권력)과 권세(권한/권위)를 짐승에게 바치는 것이다(13절). 짐승에게 전적인 충성과 헌신을 바치는 것이다(Osborne, 2002: 622). 이전에 음녀를 내세운 것은 짐승의 전술 전략이었다. 이제 이들의 목적은 짐승을 모든 이들의 주(Lord)로 옹립하는 것이다. 그들은 그 목적을 위해 준비해온 짐승의 내부 집단(inner circle)이다. 짐승 집단은 고위 지도자들의 군집(또는 연합체)으로 나타날 수 있다. 그렇다고 현재나 미래의 모든 연합 기구를 의심할 필요는 없다. 어떤 집단의 역할이 반신앙과 부도덕의 일, 즉 음행의 일로 노골적으로 드러날 때까지는 그 집단의 미래적 정체는 전혀 분명하지 않다. 최소한 여섯째 인의 천지격동(6:12-17)이 일어난 후에야, 그러고 나서도 일곱 나팔이 지난 후, 짐승의 시대가 될 때에야 비로소 생겨날 집단이다. 지금부터 마음 쓸 필요가 없다. 그때에는 짐승을 세계 최상의 제왕 지도자로 옹립하려는 열 뿔 집단의 전략적 음모가 진행될 것이다. 그들의 목표는 단지 짐승의 옹립과 옹위에서 끝나지 않는다. 그들은 다가오는 거대한 종교 전쟁(아마겟돈 전쟁)을 끝내 수행할 것이다(14절; 16:12-16; 19:17-21).

14절 (어린 양과의 전쟁 예고) 짐승을 주축으로 하는 그들 연합체의 종국적 목적은 결국 어린 양과 최종적인 전쟁을 하는 것이다. 누가 세상의 참된 주(주인)인가를 규명하는 싸움이다. 여러(열 개의) 왕권의 능력과 권세를 자신에게 수렴한 짐승은 그를 추종하는 자들의 전력을 모아 어린 양과의 전쟁을 대비하고 준비한다(14절; 16:12-16). 이 전쟁은 19:11-21의 아마겟돈 전쟁, 그리스도 재림 때의 전쟁을 말한다(19:11, 14의 주해를 보라). 아마겟돈 전쟁에서 그들은 다 죽음을 맞을 것이고 공중의 새들은 그들의 살을 먹을 것이다(19:17, 21). 어린 양의 승리와 그들의 패배가 사전에 예고된다(14절).

여섯째 나팔에서, 기병대 이만 만(2억)의 전쟁(9:13-21)에서 사람의 1/3이 죽었다. 이 일은 짐승의 시대(13장) 이전에 일어난 가장 큰 사건일 것이다. 그런데 이 나팔 전쟁의 결과, 사람들의 마음은 더 혼잡해지며 하나님에 대해 원망과 적대감이 더 커지게 될 것이다(참고, 9:20-21). 이것이 짐승의 시대가 가능해지는 중요한 발판이 된다.

짐승의 시대에 많은 신자들이 죽임을 당하고 일부는 피신하게 될 것이다. 대부분의 사람들은 이미 종교적으로, 사회적으로 짐승의 지배 아래 놓이게 된다. 계속 쌓여만 가던 하나님의 진노는 대접 재앙으로 크게 쏟아부어진다. 연속된 대접 재앙의 결과 사람들의 마음은 더 강퍅해지고 하나님을 원망하는 마음은 더욱 심화된다. 마침내 사람들은 악의 삼두의 미혹에 넘어가, 아마겟돈으로 군대를 모으게 된다. 하나님을 대적하기 위해서다(16:16). 그리하여 아마겟돈 전쟁이 다가오게 된다. 짐승에 대해 기술하다가 갑자기 14절, 그리스도의 재림의 내용이 나오는 것은 결국 짐승이 장악하는 시대가 그리스도의 재림과 연속되는 아마겟돈 전쟁에서 마무리될 것임을 예고하는 것이다. 그전에는 끝나지 않을 것이다. 그러나 그때에는 마침내 짐승의 시대가 끝날 것이다.

이 전쟁은 결국 어린 양이 이기는 전쟁이다. "이기실 것이다"(미래 νικήσει)라고 한 것은 아직 그 결과가 나타나지 않았기 때문이다.[24] 그때는 짐승 시대의 끝이라 볼 수 있다. 아직 아마겟돈 전쟁이 시작되지 않았다. 그 전쟁이 준비되고 있는 단계다(16:12-16 전후). 그들 집단은 어린 양을 대적하는 전쟁을 벌일 것이고 결국 패망될 것이다(19:17-21). 어린 양의 승리가 예고된다. 어린 양이 승리하시는 이유는 그분이 "주 중의 주", "왕 중의 왕"(14절; 19:16)이시기 때문이다.[25] 그분을 이길 수 있는 자는 없다. 비록 그는 죽임당하신 '어린 양'이시나 최종적인 승리자시다. 결국 그리스도는 "주 중의 주, 왕 중의 왕"이심이 전쟁의 결과 온 천하에 드러날 것이다. 어린 양의 승리는 또한 그와 함께한 자들, "부르심을 받고 택하심을 받은 신

---

24. 13절에서는 현재형('가지고 있다', ἔχουσιν; '준다', διδόασιν)을 쓰다가 14절에서는 미래형('전쟁을 할 것이다', πολεμήσουσιν과 '이기실 것이다', νικήσει)을 쓴다. 이러한 시제의 변화는 14절이 언급하는 사건이 13절이 언급하는 때보다 미래에 있을 것임을 강조하는 기능을 한다. 그렇다면 14절의 전쟁은 Osborne의 주장처럼 짐승의 때에 있을 교회에 대한 박해로 볼 필요가 없다(Osborne, 2002: 623). 특히 14절의 "주(들) 중의 주, 왕(들) 중의 왕"이라는 표현은 그리스도의 재림(19:11-16)과 아마겟돈 전쟁(19:17-21) 때의 그리스도의 이름(19:16)을 가리킨다는 점을 주목할 필요가 있다. 따라서 그리스도 재림과 아마겟돈 전쟁은 함께 진행된다고 볼 수 있다.

25. 주 중의 주, 왕 중의 왕이라는 표현은 본래 하나님께 드려지는 칭호이다. 가장 처음 등장하는 곳은 신 10:17로서 '신 중의 신'(אֱלֹהֵי הָאֱלֹהִים)이고 '주 중의 주'(אֲדֹנֵי הָאֲדֹנִים)이심을 찬양한다. 헬라어 칠십인역(LXX)은 '쎄오스 똔 쎄온'(θεὸς τῶν θεῶν)과 '뀌리오스 똔 뀌리온'(κύριος τῶν κυρίων)으로 번역한다. 단 4:37(LXX)에는 하나님을 신 중의 신(θεὸς τῶν θεῶν), 주 중의 주(κύριος τῶν κυρίων), 왕 중의 왕(βασιλεὺς τῶν βασιλέων)이라 칭하는 내용이 나온다.

실한 자들"도 같이 누리게 될 것이다. 성도들을 가리키는 '부르심', '택하심', '신실함'의 삼중적 명칭은 그리스도와 성도들의 뗄 수 없는 관계를 보여준다. 주님은 그들을 부르셨고 택하셨으며, 성도들은 주님께 신실했다.

15절 (음녀가 앉은 물) 17장의 마지막 단락인 15-18절은 음녀와 짐승 집단의 내분을 그려준다. 내분이 일어나 음녀가 파멸되기 전까지 음녀가 가지고 있던 권한과 영향력이 단락의 첫 부분(15절)과 마지막 부분(18절)에 담겨 있다.[26] 중간 부분은 짐승이 열 뿔과 함께 음녀를 파멸시키는 과정(16절)과 결국 이를 통해 열 뿔의 헌정으로 짐승이 나라 전체를 장악하는 것이 하나님께서 허락하신 것이라는 내용(17절)을 담고 있다.

a. 음녀가 앉은 물은 민족들과 언어들(15절)

  b. 열 뿔과 짐승이 음녀를 파멸시킴(16절)

  b′. 열 뿔이 짐승에게 나라 헌정하는 것은 하나님의 허락임(17절)

a′. 여인은 땅의 나라들 위에 왕권을 가진 큰 성(18절)

"많은 물 위에 앉은 음녀"(1절)에 대해 천사가 보충 설명한다. 음녀가 앉은 물(들)은 민족들(열방)과 언어들이다(15절).[27] 다양한 인종과 민족을 거론하는 이런 식의 열거는 계시록 5:9; 7:9; 10:11; 11:9; 13:7; 14:6; 17:15에 반복하여 나온다. 이러한 열거는 '모든'이 들어가 있는 경우(5:9; 7:9; 13:7; 14:6)와 그렇지 않은 경우(10:11; 11:9; 17:15)로 나눌 수 있다. 후자는 많은

---

26. Aune의 주장과 달리(Aune, 1998b: 917), 15절은 삽입된 것이 아니다. 15-18절의 교차구성은 요한의 문학적 짜임새를 잘 반영해준다.

27. Osborne은 "많은 물 위에 앉은 음녀"라는 표현이 렘 51:13("많은 물가에 살면서 재물이 많은 자여. 네 재물의 한계 곧 네 끝이 왔도다", 개역개정)에 기초한다고 주장했지만(Osborne, 2002: 625), 렘 51:13의 '많은 물가'는 바벨론이 기반했던 유프라테스 강과 티그리스 강을 가리킨다는 점을 간과하면 안 된다.

이들을 가리키지만, 전부는 아니라 할 수 있다. 또한 하나님의 백성(5:9; 7:9)과 땅에 거하는 자들(10:11; 11:9; 13:7; 14:6; 17:15)로 나누기도 한다(Osborne, 2002: 625). 음녀가 앉은 물(들)이 민족들과 언어들이란 말은 그녀가 많은 나라와 사람들을 그 휘하에 두고 있고, 또한 막대한 영향력을 그들에게 행사하고 있다는 뜻이다.

16절 (짐승 집단의 내분- 음녀의 파멸) 그런데 짐승 집단 내에 내분이 일어난다(16절). 음녀를 태운 짐승은 한동안 음녀를 내세워 그의 일을 이뤘을 것이다(3절). 음녀는 짐승을 활용하고 오히려 그를 이끌고 있다고 생각했을 수 있다. 그러나 사실은 짐승이 음녀를 내세워 자신의 일을 하게 한 것이다. 그러다 짐승 자신이 직접 나설 때가 된 것이다. 열 뿔이 짐승에게 모든 권세를 바친 후(13절)에 짐승은 열 뿔과 함께 음녀를 파멸시킨다. 일곱 머리가 있던 때에는 음녀가 중심이 되었으나 열 뿔이 나타난 때에는 음녀를 제치고 여덟째 머리인 짐승이 전면에 나서게 된다.

네 가지 동사를 사용하여 짐승과 열 뿔이 어떻게 음녀를 파멸하게 될지 보여준다. 첫째, 그녀를 "미워할 것이다"(μισήσουσιν). 미움(증오)이 음녀 파멸의 내적 동기가 된다. 같은 짐승 집단 내의 미움이 내분과 상호 파멸로 나타난다. 증오는 악마적 행동의 방아쇠다. 둘째, 그녀를 황폐하게,[28] 또 벌거벗게 "만들 것이다"(ποιήσουσιν). 음녀를 미워해서 내칠 뿐 아니라 무너뜨리고 세상의 조롱거리로 만든다는 것을 뜻한다. 셋째, 그녀의 살을 "먹을 것이다"(φάγονται). 그녀의 모든 것을 빼앗고 맨몸과 빈손이 되게 할 것이

28. '황폐하게'는 '황폐하게 하다'(ἐρημόω)의 현재완료 수동태 분사(ἠρημωμένην)로 쓰였다. 이 단어는 '사막', '황무지'를 뜻하는 '에레모스'(ἔρημος)에서 왔다. 따라서 '황폐하게 만들다'는 '사람이 살 수 없는 폐허가 되게 하다'는 뜻이 된다(Thayer, 2180). 이 단어가 로마 시대에 어떤 의미였는지에 대해서는 Rossing, 492-4를 보라. 이 수동태 분사는 '만들 것이다'(ποιήσουσιν)와 합쳐서, "황폐하게 만들 것이다"로 번역된다(KJV, ESV, NAS, RSV, NIV).

다. 넷째, 그녀를 불로 "태울 것이다"(κατακαύσουσιν). 그녀에게 고통을 가하는 것이면서 회생 가능성을 완전히 차단할 것이라는 표현이다. 모두 미래형 동사를 사용한다. 네 종류의 동사 사용은 짐승 무리들이 음녀 바벨론을 철저히 파괴하는 과정을 보여준다.

짐승의 무리들은 음녀를 미워하여 그녀에게서 모든 것을 빼앗고 수치를 주고 그녀를 파괴하며 멸절로 이끌어간다. 서로 지원하며 함께 악을 도모하던 악의 무리가 서로 증오하게 되고 그래서 서로를 파멸시키려는 일을 하는 것이 얼마나 자연스러운가. 미움(증오)과 해침(행악)은 악의 무리의 특징이다. 그동안 음녀는 짐승의 호위, 보호, 협력 속에 승승장구했다. 사치와 연락을 즐기며 세상을 미혹했다. 그러다가 끝없이 추락한다. 더 이상 필요 가치가 없어진 음녀는 짐승과 그 집단에 의해 결국 파멸에 이른다.[29] 토사구팽이다. 악을 좇았던 이의 종말이다.

17절 (하나님의 뜻) "하나님께서 그들의 마음에 주셨다"는 전언은 모든 일이 하나님의 경륜과 섭리를 따라 이뤄진다는 것이다. 즉, 그들의 내분과 상호 파괴는 사실 하나님의 뜻이 이뤄지는 과정이다(17절). 하나님께서는 그의 말씀(들)을 이루실 것이다(14장, 보상과 보응의 약속). 악한 자에게 보응하시고 약속을 따르는 자에게 보상하실 것이다. 그의 말씀이 하나도 땅에 떨어짐이 없이 다 이뤄질 것이다(22:18-19).

이 구절은 다음과 같은 점에 주목하게 한다. 첫째, "그(하나님)의 뜻을 이루게" 하셨다고 한다(비교, 10:7). 짐승과 짐승 집단인 열 뿔은 자신들의 뜻을 구상하고 이를 실행한 것이지만, 사실상 하나님의 뜻을 이루는 일이

29. 음녀 바벨론(14:8; 17:5)은 결국 완전한 파멸에 이르게 된다(17:16; 18:2, 10, 17, 19, 21). 그 이후에야 그리스도의 재림(19:11-16)과 아마겟돈 전쟁(19:17-21)이 있다. 음녀가 곧 '땅의 짐승'(13:11)이라는 Roffey의 견해는 문제가 있다(Roffey, 54-55). 바다 짐승과 땅 짐승이 함께 힘을 합쳐 아마겟돈 전쟁에 참여한 후, 패한 결과 불못에 함께 던져지기 때문이다(19:20). 바다 짐승과 땅 짐승이 서로 대적한 예가 없다.

었다는 것이다(1, 17절). 둘째, "한 가지 뜻을 행하게" 하셨다고 한다. 그 한 가지 뜻은 한때 아군이던 음녀 바벨론을 파괴하는 일에 한마음을 갖게 됨을 가리킨다. 이렇게 자체 내에 내분이 일어나 짐승과 그 집단이 음녀를 대적하고 파괴하게 되는 것도 하나님의 허락이 있어서 가능했다. 셋째, 그렇게 해서 열 뿔이 "그들의 나라를 그 짐승에게 주는 것" 또한 하나님의 섭리와 관련된다고 한다. 짐승에게 모든 권세가 집중되고 또한 짐승이 주도적으로 전면에 나서게 된 것도 하나님께서 허락하신 일이다. 하나님의 섭리 없이 이뤄진 일이 없다. 그렇게 되어 짐승과 그의 추종자의 무리는 심판과 파멸의 자리에 한층 더 가까워지게 된다. 이런 일련의 진행은 하나님의 말씀이 그 말씀하신 대로 이뤄지는 과정이다. 악한 자들은 더욱 악해지고 하나님의 의로운 섭리는 더욱 빛난다.

16-17절과 (순서는 바뀌었으나) 비슷한 형태를 가진 구절이 13-14절이라 할 수 있다.[30] 17절은 열 뿔이 함께 그들의 나라를 짐승에게 헌정한다고 하는데, 13절은 열 뿔이 한뜻으로 그들의 능력과 권세를 짐승에게 주는 내용을 담았다. 그들이 이처럼 함께 힘을 모아 짐승을 옹위하면서 한 행동은 두 가지다. 하나는 음녀의 파괴에 함께한 것이다(16절). 또 하나는 (그 다음에) 함께 어린 양에 대항하여 전쟁을 하게 된 것이다(14절).

18절 (큰 도시 바벨론) 마지막 절(18절)은 여인의 정체에 대해 다시 언급한다(5절 참조). 5절은 이 여인을 "큰 바벨론"이고 "땅의 음행(들)과 가증한 것(들)의 어머니"로 소개했는데, 18절은 "땅의 나라(들) 위에 왕권을 가지고 있는 큰 도성(도시)"으로 소개한다. 5절은 많은 이들을 부도덕과 불신

---

30. 음녀에 관해 묘사하는 13-14절과 16-17절의 병행 관계를 비중 있게 본다면 13-18절을 평행 구조로 볼 수도 있다. 1(a). 짐승 집단의 어린 양과의 전쟁 예고(13-14절) > 2(b). 음녀의 권한(15절) > 3(a'). 짐승 집단의 내분(음녀 파멸, 16-17절) > 4(b'). 음녀의 왕권(18절). 이렇게 13-18절을 결합된 하나의 단락으로 간주한다면 9b-18절은 이중(dual) 구조(a[9b-12절]-a'[13-18절])로 이해해야 한다.

앙으로 미혹하는 그녀의 역할에 대해, 18절은 많은 나라들 위에 제왕적 영향력을 행사하는 그녀의 역할에 대해 기록하고 있다. 바벨론은 정치적, 경제적으로 제국적인 힘을 발휘하고 종교적으로도 광범위한 영향력을 발휘하게 될 존재다. 그 힘과 영향력으로 한때 짐승을 대리하여 전 세계적인 권력을 누리게 된다. 그러나 결국 팽(토사구팽) 당하고 파멸하게 된다. 그 후 짐승 앞에는 더 이상 거칠 것이 없다. 짐승은 명실상부 모든 것을 통제하고 지배한다. 18절이 1절과 함께 수미상관법(*inclusio*)을 형성한다는 오스본의 견해는 타당하다(Osborne, 2002: 628). 1절이 "많은 물 위에 앉은 큰 음녀"의 심판을 강조했는데, 18절은 "땅의 나라(들) 위에 왕권을 가진" 큰 성 바벨론을 부각한다. 그리고 이어 18장에서 그 바벨론의 패망에 대한 애가가 수록된다.

짐승이 모든 것을 직접 장악하고 주관하게 되는 상황이 아마겟돈 전쟁의 배경이 된다. 이러한 상황은 아마겟돈 전쟁이 종교 전쟁의 특징을 갖게 되는 원인이기도 하다. 안티(anti) 기독교적 세계가 온 천하에 펼쳐지고 하나님에 대한 신성 모독이 공공연해지는 시대적 배경에는 주도면밀한 짐승의 권력 장악과 그에게 집중되는 권력의 힘이 존재한다. 물론 이전의 나팔 재앙과 이어지는 대접 재앙의 땅의 황폐화가 짐승 시대를 지탱하는 토양이 될 것이라는 점은 불문가지다.

해설

음녀 바벨론은 로마제국인가? 로마가 일곱 언덕을 가진 도시(Septimontium)라는 점, 또한 여신 로마를 새긴 당시의 동전은 여신 로마가 물가(지중해를 상징하는)에 앉아 있는 모습을 보여주는데 이는 17:1, 15에서 음녀와 물의 관계와 유사하다는 점에서 음녀를 로마로 볼 수 있는 근거가 된다(Valentine, 316-7; Aune, 1998a: 925-6, 944-5; Osborne, 2002: 617). 그런데 음녀 바벨론은 로마와 공유하는 면도 있지만 동시에 다른 점(예, 짐승 집단에 의해 팽 당하고 파멸됨, 17:16)도 가진다. 특히 음녀는 후에 짐승의 시대에서 나타나는 존재라는 점을 기억하자. 물론 미래의 음녀의 양상이 로마제국과 어떤 점에서 비슷한 면이 있을 수 있겠다.

또한 일곱 왕을 로마 황제와 동일시하려는 노력도 받아들이기 어렵다. 이 일곱 왕들은 로마 황제들과 역사적으로 맞아 떨어지지 않는다. 이에 대해서는 오스본과 비일의 논증을 보라(Osborne, 2002: 617-21; Beale, 1999: 872-5).[31] 17장의 음녀 바벨론의 환상 전체를 굳이 요한의 시대인 로마제국에 적용할 필요가 없다. 계시록 본문은 이 환상이 미래에 있을 음녀의 심판에 대한 것(1절)이라 했고, (짐승의 일곱 머리와 열 뿔을 포함해서) 음녀가 타고 있는 짐승의 나타남 또한 미래의 일이라는 점("지금은 없으나 장차 무저갱에서 올라올 것", 8절[x2]; 하나님의 영존하심과 대조하라)을 주목할 필요가 있다. 따라서 짐승의 일곱 머리인 일곱 왕을 로마 시대의 인물로 해석할 필요가 없다. 8절에서처럼 짐승이 지금(요한의 시대)은 없다는 점 때문에 10절에서 (짐승의 머리 가운데) "하나는 있고"라고 했을 때는 요한의 시대를 가리키는 것이 아니라, 미래의 한 시점을 뜻하는 것으로 볼 수 있다. 이 계시록 본문의 내용은 미래의 특정 시점을 가리킨다. 그리고 이 모든 것은 그때가 되면 알게 된다. 음녀 바벨론이 로마제국이 될 수 없는 중요한 근거는 음녀가 결국 짐승에 의해 패망(17:16; 18장)되기 때문이다(Osborne, 2002: 628). 로마의 패망은 실제로 요한 시대보다 3-400년 가량 지나 이뤄

31. Beale은 단 7장의 네 짐승에 대한 내용이 계 17장의 짐승에 대한 배경이 된다고 했다(Beale, 1999: 868). 단 7장의 네 짐승의 머리의 합이 일곱(첫 두 짐승의 머리[2] + 셋째 짐승의 네 머리[4] + 넷째 짐승의 머리[1] = 7)이고 넷째 짐승에게 열 뿔이 있기 때문이다. 다만, 단 7장의 내용은 계 17장의 내용과 정확히 맞아 떨어지지 않는다는 문제가 있을 수 있다.

진다(공식적인 서로마의 멸망은 476년). 그 로마를 패망시킨 나라가 짐승과 열 뿔일 수 없지 않은가?

짐승의 일곱 머리와 열 뿔은 미래에 어떻게 나타날까? 처음에는 일곱 지도자가 출현한다(9-10절).[32] 이때가 음녀에게는 최고의 전성기다. 일곱 지도자는 5 + 1 + 1로 나타난다. 다섯이 '넘어졌다'(10절)는 표현을 쓴 것으로 보아, 권력이 자연적으로 계승되지 않았을 가능성이 있다. 요한이 계시를 본 시점(때)은 여섯째가 권력을 쥐고 있을 때다(10절). 일곱째는 잠시 권력을 쥐게 된다. 그다음(여덟째)으로 출현하는 것이 짐승이다. 짐승은 앞의 일곱이 있는 동안은 크게 드러나지 않게 권력을 행사하다가 일곱이 모두 넘어지자, 전면에 나타난다(여덟째 왕, 11절). 이후에 등장하는 열 명(지도자)은 앞의 일곱처럼 권력을 제대로 누리지는 못한다(12절). 짐승이 전면에 나서는 때에, 그 열 명은 짐승의 권한을 강화하는 쪽으로 전력투구한다(13절). 이때 음녀의 패망이 있다(16절). 이를 통해 짐승의 권력은 더욱 강화되고 독점된다. 음녀를 패망시킨 후 짐승과 그 집단은 어린 양에 대한 전쟁을 준비한다(14절). 그들의 준비는 하나님께서 이미 정하신 것이다(17절). 그 전쟁은 아마겟돈 전쟁(19:17-21)이 될 것이고 그것을 준비하는 일이 여섯 번째 대접 때에 일어날 것이다(16:12-16).

---

32. Osborne은 일곱 왕의 '일곱'을 완전수 7의 상징으로 보고 일곱 왕으로 세상 나라가 끝날 것이라고 해석한다(Osborne, 2002: 620). 흥미로운 견해이나, 확실한 것은 아니다.

제25장
요한계시록 18:1-24
바벨론의 파멸, 애가

17장과 18장은 함께 묶인 부분이다. 17장은 음녀로 표현되는 바벨론과 짐승의 관계를 그려주고 있고, 18장은 바벨론의 패망과 그로 인한 애가를 담고 있다. 음녀(바벨론)와 짐승에 대해 다루고 있는 17-18장은 용과 짐승에 대해 다루고 있는 12-13장과 연관이 있다. 짐승 관련 에피소드라는 점을 공유할 뿐 아니라, 시기적으로 짐승의 시대를 배경으로 하고 있기 때문이다(특히 13장과 17-18장). 흥미롭게도 12장은 용의 전쟁을 담고 있고 17장은 짐승과 음녀의 내분을 다룬다. 13장은 짐승(두 짐승)의 주도적 승리를 말해준다면 18장은 음녀의 패망을 그려준다. 12-13장과 17-18장이 두 장씩 묶인 부분도 이 두 부분의 연관성을 암시한다.[1] 14:8-11(또한 19:2)을 보면 짐승 시대의 교회 핍박(13장; 14:9-10)과 바벨론의 멸망(17-18장; 14:8, 11)이 서로 밀접한 관계를 가지고 있음을 볼 수 있다.

---

1. 17-18장이 음녀 바벨론에 대해 단일 주제를 다룬 하나의 장이라 볼 수도 있으나, 17:1과 18:1에 각기 다른 천사가 등장하는 것, 17장은 음녀와 짐승의 관계, 18장은 음녀 패망과 그에 관한 애가로 나뉘는 점 등은 두 장을 12장과 13장처럼 구분해야 하는 근거다.

18장은 세 단락으로 나뉜다. 각 단락의 시작 부분에 각기 다른 천사(1, 21절)나 다른 소리(4절)가 나타난다. 1-2, 4, 21절에서 화자가 바뀐다. 첫 단락(1-3절)과 마지막 단락(21-24절)이 적은 분량이고 중간에 있는 단락(4-20절)이 가장 길다. 첫 단락(A)과 마지막 단락(A′)은 다른 천사의 외침(소리)이 있다는 점, 그리고 바벨론의 멸망과 파괴를 외치고 있다는 점을 공유한다. 반면에 가장 긴 가운데 단락(X)은 바벨론이 심판을 받는 이유가 무엇 때문인지, 그리고 심판을 받을 때 어떤 이들이 애곡하며 그들의 애가를 부르는지, 그려주고 있다.

A. 천사의 외침 - 바벨론의 멸망 예고(1-3절)

　　X. 하늘의 음성 - 보응과 애곡(4-20절)

A′. 천사의 음성 - 바벨론의 파괴 결과(21-24절)

A. 요한계시록 18:1-3 (천사의 외침 - 바벨론의 멸망 예고)

번역

1 이 일들 후에 나는 큰 권세를 가지고 하늘에서 내려오는 다른 천사를 보았
다. 땅이 그의 영광으로 밝아졌다. **2** 그가 힘찬 소리로 외치며 말하였다. "무
너졌다, 무너졌다, 큰 바벨론이! 귀신들의 거주지와 각종 더러운 영의 소굴
과 각종 더러운 새들의 소굴과 각종 더럽고 불쾌한 짐승의 소굴이 되었다.
3 모든 민족들이 그녀의 음행의 분노의 포도주를 마셨고 땅의 왕들이 그녀
와 함께 음행하였고 땅의 상인들이 그녀의 사치의 힘으로 부자가 되었기 때

문이다."

주해 및 해설

1절 (큰 권세를 가진 다른 천사) 일곱 대접 천사 중 하나가 요한에게 음녀 바벨론의 심판을 보여주겠다는 말(17:1)은 17:15에 와서야 이뤄진다. 이 구절에서부터 음녀의 파멸(심판)에 대한 내용(17:15-18)이 나온다. 그리고 18장은 바벨론 심판(패망)의 결과를 알려준다. 18:1의 "이 일들 후에"는 17장의 대화와 설명이 있은 후를 가리킨다.

요한은 또 "다른 천사"를 보았다("나는 보았다"). 요한이 본 '다른 천사'는 17장의 일곱 천사 중 하나(17:1, 7, 15)와는 다른 천사다(18:1). 17장의 천사는 요한에게 음녀 바벨론에 대해 설명하지만, 이 '다른 천사'는 그 바벨론의 파멸을 예고한다.[2] 17:16-17은 음녀의 심판(파멸) 과정을 그려주지만, 18장은 그 파멸의 후과(결과)에 대한 것이다. 다른 천사는 큰 권세를 가지고 하늘에서 내려온다(비교, 10:1; 18:1; 20:1). 그 천사에게 주어진 권한과 능력이 상당하다. 그에게서 나오는 영광의 빛으로 땅이 환해질 정도다. 땅을 환하게 비추는 영광의 빛은, 하나님께 받은 그의 신성적 빛이다(Osborne, 2002: 634). 이러한 빛은 그의 존재보다는 임무와 관련된다. 이에 비견되는 천사의 출현은 계시록 10장에서 언급된다(10:1). 이 천사는 요한에게 두루마리 책을 전달하던 천사로서 그 얼굴이 해 같은 천사다. 이 둘은 모

2. 음녀 바벨론이 로마(로마제국)라고 추정하는 학자들이 있는데(예, Osborne, 2002: 631), 그렇게 볼 필요가 없다. 로마가 바벨론일 수 없는 대표적인 이유는 로마의 역사에 17:16 같은 사건(짐승 집단이 합심해서 바벨론을 파괴한 것)이 일어나지 않았기 때문이다. 17-18장 서사에 담긴 짐승 집단과 바벨론의 역학적 관계를 간과할 수 없다. 요한 시대의 교회들이나 그 직후의 교회들이 바벨론을 로마로 생각했느냐, 아니냐의 문제는 별도로 다루어야 한다. 계시의 본 의미가 어떤 것이냐가 중요하다.

두 하늘에서 내려오는 천사일뿐 아니라, 큰 능력과 특별한 임무를 가지고 있는 천상적 존재라는 점에서 서로 유사하다(10:1; 18:1).[3]

2절 (바벨론이 무너졌다) 천사가 힘찬 소리로 바벨론 파멸의 소식을 외친다. "무너졌다, 무너졌다"(2절). 두 번의 외침으로 충분하다.[4] 병행 관계인 "무너졌다, 무너졌다, 큰 바벨론이!"로 시작되는 14:8(비교, 사 21:9)은 음녀 바벨론을 가리켜, "모든 열방으로 그의 음행의 분노의 포도주를 마시게 하던 자"라고 하는 요약적인 내용을 담았다. 반면에 18:2는 내용이 좀 더 상세하게 부연된다(2-3절). 14:8의 "무너졌다"는 예변법적, 미래적 부정과거인 반면, 18:2의 "무너졌다"는 결과적 의미를 담았다(김상훈, 2021: 382). 18:2가 언급하는 천사의 외침은 바벨론의 파멸 때문에 슬퍼 외치는 사람들의 탄식하는 외침(18:18-19)과 대조된다. 천사는 바벨론이 귀신들의 거주지, 각종 더러운 영, 각종 더러운 새들, 각종 더럽고 불쾌한 짐승의 소굴들이 되었다고 선언한다.[5]

---

3. 천사가 아무리 신성적 존재라 해도 Beale처럼 예수 그리스도를 가리키는 것(Beale, 1999: 892-3)으로 볼 필요는 없다. 천사의 등급에 대해 말하는 것도 조금 지나치다. 12:7의 미가엘 외에는 천사의 등급을 가리키는 용어가 뚜렷하게 나오지 않기 때문이다. 신성적 표현이 나오는 이유는 천사가 받은 특별한 임무와 권한 때문일 것이다. 그 밖에 하늘에서 내려오는 천사는 20:1의 무저갱 열쇠를 가진 천사다. 그러나 그 천사에 대해서는 그 어떤 신성적 표현도 하고 있지 않다. 10-11(11:1-13)장, 12-13장, 17-18장의 막간들은 10-11장과 12-13장이 연관되고, 다시 12-13장과 17-18장이 연관되는 특징이 있다. 10장을 제외한 다섯 막간들(11:1-13, 12장, 13장, 17장, 18장)은 모두 짐승 관련 주제(motif)를 가지고 있다. 10장과 18장 초두에 특별한 힘을 가진 천사가 하늘에서 내려온다는 비슷한 소재가 공유된 점이 흥미롭다.
4. 천사의 외침은 7:2; 10:3; 14:15; 19:17에도 나온다.
5. 개역개정에는 2절 후반이 "귀신의 처소와 각종 더러운 영이 모이는 곳과 각종 더럽고 가증한 새들이 모이는 곳이 되었도다"라고 되어 있다. 필자는 "귀신의 처소와 … 각종 더럽고 불쾌한 짐승의 소굴이 되었다"라고 덧붙여 번역했는데, 덧붙인 어구가 본래 원본에 있을 가능성이 높다고 본 NA[28]의 판단에 따른 것이다. 어구 중간에 있는 '불쾌한'은 개역개정의 '가증한'에 상응되는데 이는 헬라어 문장의 마지막 단어

"거주지"(κατοικητήριον)는 신약의 두 곳(엡 2:22; 계 18:2)에 나온다. '거주하는 장소'라는 의미인데 한 번은 하나님의 거주지(엡 2:22), 다른 한 번은 귀신들의 거주지(계 18:2)로 대조된다(Osborne, 2002: 636). 2절에서 "거주지"는 한 번 나오고, "소굴"(φυλακή)은 세 번 나온다. 소굴을 가리키는 단어 '필라께'는 '감옥', '갇힌 곳'(L&N, 7.24)을 뜻하지만, '경계 초소'(L&N, 37.123)라는 의미도 가질 수 있다. 이러한 표현은 바벨론이 각종 더러운 영과 각종 더러운 새들, 그리고 각종 더럽고 불쾌한 짐승들이 '갇힌(모인) 곳'이라는 뜻을 부각하는 것일 수 있고(Osborne, 2002: 636), 더러운 존재들이 바벨론을 자신의 것으로 삼아 지키며 '경계하는(경계하고 있는) 자리'라는 적극적인 의미를 뜻할 수도 있다.

"더러운"(ἀκάθαρτος)은 말 그대로 '깨끗하지 않은'이라는 뜻이다. 이 단어는 복음서에서는 '더러운 귀신'이란 표현에서만 사용된 단어다(마 10:1; 12:43; 막 1:23, 26-27; 3:11, 30; 5:2, 8, 13; 6:7; 7:25; 9:25; 눅 4:33, 36; 6:18; 8:29; 9:42; 11:24). 이 단어는 더럽혀진 것, 부정한 것을 뜻한다(L&N, 53.39; 고후 6:17). "불쾌한"(μεμισημένου)은 '미워하다'(μισέω)의 현재완료 수동태 분사로 '미움을 받는', '혐오되는'으로 번역할 수 있다. 하나님께서 혐오하시고 싫어하신 상태임을 의미할 것이다. (영적이든 육적이든) 온갖 더러운 존재의 굴혈(근거지)이 바벨론이다. 바벨론은 하나님 앞에 더럽고 불쾌하다. 신적 혐오의 대상이다. 그것이 바벨론이 무너져야 하는 이유다.

3절 (그녀가 음행하였다) 이 구절에서는 세 가지가 강조된다. 첫째는 모든 민족이 분노의 포도주를 마셨다.[6] 둘째는 왕들이 그녀와 함께 음행하였

(μεμισημένου)다. NA[28]은 추가된 부분을 [καὶ φυλακὴ παντὸς θηρίου ἀκαθάρτου](각종 더러운 짐승의 소굴) 같이 꺾쇠로 처리하였는데, 2080 2053 א vg *al*과 같은 사본에서 빠진 점이 고려된 것이다(Metzger, 682-3).

6. '마셨다'(πέπωκαν)는 현재완료형을 사용한 반면 '음행하였다'(ἐπόρνευσαν)와 '치부하였다'(ἐπλούτησαν)는 부정과거형이다. 현재완료형은 사건의 지속(진행)성이나 결

다. 셋째는 상인들이 치부하였다. “음행의 분노의 포도주”(14:8, 10; 16:19; 17:2)는 바벨론이 더러운 음행(부도덕과 반신앙)을 통해 하나님의 진노를 쌓았음을 뜻한다. 붉은 포도주는 피의 색깔을 상징적으로 나타낸다. 여기서는 심판적 이미지를 전달한다.

바벨론 때문에 모든 민족이 하나님의 진노를 받아 심판의 자리에 이르게 된다(3절). 왕들, 즉 땅의 지도자들은 바벨론의 음행의 행위에 함께 동참하였다. 짐승과 관련된 정치적, 종교적, 도덕적 음행에 참여한 것이다.[7] 음녀는 이들 지도자들을 이끌어 짐승 숭배의 자리로 인도한다. 이 자리는 하나님을 대적하고 짐승과 그의 우상을 숭배하는 자리다. 사실 바벨론의 영적 음행에 동참하고 협력하고 동조하는 것이 그들의 지도력을 지키는 방식이다.

한편, 땅의 상인들은 음녀의 혜택을 받고 부자가 되었다. “사치”(στρῆνος)는 ‘육욕과 정욕대로 절제 없이 사는 것’(L&N, 88.254)이다(7, 9절에는 동사형). “사치의 힘”은 그녀의 ‘사치에서 나오는 힘’(근원의 소유격)일 수도 있고 또는 ‘사치로운 힘’(묘사의 소유격)이 될 수도 있다(Beale, 1999: 895-6). 물질적인 풍요가 그녀 덕분에 이뤄졌다. 그래서 모든 정책의 동조자가 된 것이다. 모든 민족 외에, 땅의 왕들과 땅의 상인들이 거론되는 것은 이들 권세자들과 상인들이 바벨론의 혜택을 가장 많이 받았기 때문일 것이다. 바벨론은 정치적 권력과 경제적 세력을 장악하고 이들을 최대한

과적인 면을 부각하는 반면 부정과거형은 그 행위의 수행(performance) 자체에 초점을 둔 것일 수 있다. 또는 서사의 중심되는 내용을 현재완료형으로 나타낼 수도 있다. 반면에 Porter 등은 현재완료형과 부정과거형이 함께 사용되는 경우, 부정과거형은 기본적인 내용이나 배경을 묘사하고 현재완료형은 중점이 되어야 할 것을 앞세우는(forefront) 목적으로 쓰인다는 견해를 가지고 있다(Porter 외, 319-20).

7. Aune는 왕들의 음행 또한 경제적인 것에 기초할 수 있다고 본다. 로마 시대 경제적 교류가 종교적 의식의 동조로 나타났던 점을 지적한다(Aune, 1998b: 988).

활용하게 될 것이다. 정치적 권력과 경제적 세력을 분리할 수 없듯이, 모든 민족, 땅의 왕들, 땅의 상인들이 음녀 바벨론과 깊은 관계가 있다. 따라서 바벨론이 넘어지면 다들 넘어질 것이다. 그래서 모두 이 일을 두려워할 것이다.

B. 요한계시록 18:4-20 (하늘의 음성 - 보응과 애곡)

시작(4절, a)과 마지막 부분(20절, a′)은 믿는 자들에게 말씀하는 부분으로서 일종의 수미상관법(*inclusio*)을 형성한다. 중간의 내용은 크게 두 부분으로 나뉘는데, 하나(5-8절, b)는 바벨론 심판의 정당성에 대한 말씀을 담고 있고 다른 하나(9-19절, b′)는 바벨론 파멸에 대해 애곡하는 세 집단의 애가다. 크게 둘로 나누면 4-8절은 바벨론 멸망 직전에 관한 것이고 9-20절은 바벨론 멸망 직후에 관한 것이라 할 수 있다(Aune, 1998b: 976).

a. "나의 백성아, 나오라"(4절)

  b. "바벨론에게 갚아주라"(5-8절).

  b′. 바벨론 패망과 사람들의 애곡(9-19절)

a′. "성도들아 기뻐하라"(20절).

번역

4 또 내가 하늘에서 나서 말하는 다른 소리를 들었다. "나의 백성아, 그녀의
죄들에 동참하지 말고, 또 그녀의 재앙을 받지 않기 위해, 그녀에게서 나오
라. **5** 그녀의 죄들이 하늘에까지 닿았고 하나님께서 그녀의 불의한 것들을

기억하셨기 때문이다. **6** 그녀가 준 것같이 그녀에게 주라. 그녀가 행한 것들
을 갑절로 갚아라. 섞어 준 잔으로 그녀에게 갑절로 섞어 주라. **7** 자신을 영
화롭게 하고 또 사치한 대로 그만큼 그녀에게 고통과 슬픔을 주라. 그녀는
그 마음에 '나는 여왕으로 앉아 있고 과부가 아니며 슬픔을 알지 못한다'고
말하기 때문이다. **8** 이 때문에 그녀의 재앙들, 즉 죽음과 슬픔과 굶주림이 하
루만에 닥칠 것이다. 그녀는 불로 태워질 것이다. 그녀를 심판하시는 주 하
나님께서 강하시기 때문이다. **9** 또한 그녀와 함께 음행하고 사치하던 땅의
왕들이 그녀를 불사르는 연기를 볼 때에 그녀를 위해 울며 애곡할 것이다.
10 그들이 그녀의 고통의 두려움 때문에 멀리 서서 말할 것이다. '화로다, 화
로다, 큰 성, 힘 있는 성 바벨론이여! 그대의 심판이 일시간에 도래하였기 때
문이다.' **11** 땅의 상인들이 그녀를 위해 울고 슬퍼한다. 아무도 더 이상 그들
의 화물을 살 사람이 없기 때문이다. **12** 즉, 금, 은, 보석, 진주로 된 물건, 또
한 아마포, 자주색 옷감, 비단, 붉은색 옷감, 또 각종 향나무, 각종 상아 그릇,
또 값진 나무, 동(놋), 철, 대리석으로 된 각종 그릇, **13** 또한 계피, 향료, 향, 향
유, 유향, 포도주, 올리브유, 고운 밀가루, 밀, 또한 가축들, 양들, 말들, 수레
들, 또한 사람들의 몸들과 목숨들이다. **14** 너의 영혼이 갈망하던 과일이 너
에게서 떠났다. 모든 사치와 빛남이 너에게서 없어졌다. 사람들이 그것들을
더 이상 찾지 못할 것이다. **15** 그녀 때문에 부자가 된, 이것들을 파는 상인들
이 울고 슬퍼하며 그녀의 고통에 대한 두려움 때문에 멀리 서 있을 것이다.
16 그들이 말하였다. '화로다, 화로다, 고운 아마포와 자주색 옷과 붉은 옷을
입고 금과 보석과 진주로 치장한 큰 성이여. **17** 그렇게 많던 부가 일시간에
파괴되었기 때문이다.' 모든 선장과 배로 다니는 모든 여행객과 선원들과 바
다에서 일하는 자들이 멀리 서서 **18** 그녀를 태우는 연기를 보며 외치며 말
하였다. '어떤 것이 이 큰 성과 같겠는가?' **19** 그들은 자신들의 머리 위에 흙
을 뿌렸다. 그들은 또한 울고 슬퍼하며 외쳐 말하였다. '화로다, 화로다, 큰

성이여. 바다에 배를 가진 자들이 그녀의 부로 인하여 그녀 안에서 부자가 되었는데 일시간에 파괴되었기 때문이다.' **20** 그녀로 인하여 기뻐하라, 하늘과 성도들과 사도들과 선지자들이여. 하나님께서 그대들의 심판을 그녀에게 행하셨기 때문이다."

주해

4절 (나의 백성아, 나오라) 요한은 하늘에서 나는 음성을 듣게 된다("또 나는 들었다"). 이 음성은 성자 그리스도의 음성일 것이다. 성도들을 '나의 백성'이라고 부를 수 있는 분은 성부 하나님 또는 어린 양 예수 그리스도시다(5:9; 7:9-10). 그런데 하늘의 음성이 계속 이어지는 5, 8절에서 '하나님'을 가리켜 3인칭으로 사용한 것으로 보아, 말씀하시는 분이 그리스도라고 보는 것이 타당할 것이다.[8]

이 음성은 성도들에게 바벨론에서 "나오라"(ἐξέλθατε)고 명하신다. 구약(LXX)에 보면 하나님께서 그의 백성에게 '나오라'('엑셀싸떼')는 명령을 주실 때가 있다. 하나님의 은혜와 구원을 베푸시며 그의 백성이 돌아오길 원하실 때, 특별히 더럽고 부정한 곳에서 나오게 하실 때, 하나님께서는 그의 백성에게 '엑셀싸떼'(나오라)라고 말씀하셨다(LXX 사 49:8-9; 52:11; 또한 고후 6:17, "그들 가운데서 나오라"). 큰 성 바벨론에서 나와야 하는 이유는 두 가지다. 하나는 그녀의 죄에 동참(함께 교제하고 참여함)하지 않기 위해서다("그녀의 죄들에 동참하지 않기 위해"; 참고, 엡 5:11, "어두움의 열매 없는 일들에 동참하지 말라"). 또 하나는 죄의 대가로 주어지는 재앙을

8. 그렇게 보지 않으려면, 5절 이하를 요한의 해설로 간주해야 할 것이다. 하나님께서 자신에 대해, '하나님이 ~한다'라는 식의 말씀을 하지 않으실 것이기 때문이다. 하늘의 소리는 4절에서 시작하여 20절에서 끝나는 것으로 보는 것이 자연스럽다.

받지 않기 위해서다("받지 않기 위해"). 교회와 성도는 바벨론의 죄에 동참할 수 없다. 당연히 그의 재앙에 함께 할 필요도 없다. 교회는 바벨론 포로로 있을 필요가 없다. 하나님은 바벨론의 죄와 재앙에 교회가 '섞이지'(교류하지, συγκοίνωνειν) 않기를 원하셨다("나오라… 동참하지 말고"). 성도들에게 주시는 명령은 20절에 다시 나타난다. 20절에 나오는 명령은 "기뻐하라"는 말씀이다. 죄에 동참하지 않는 자가 기쁨을 누리게 될 것이다. 죄에 동참함은 죄의 대가도 함께 나누는 일이다.

성도들에게 "나오라"고 권면하는 말씀은 짐승의 시대(13장)에 교회와 성도들이 모두 순교하는 것이 아니라 일부는 남게 될 것을 암시할 것이다. 교회는 많은 핍박을 견뎌야 하고 많은 성도들이 죽임을 당하게 될 것이지만 남은 교회는 여전히 죄의 집단에 야합하지 않고 그 온상에서 벗어날 것을 촉구받는다. 성도들은 바벨론과 결코 타협할 수 없다. 추한 죄에 물들지 않게 교회는 더러운 영역에서 나와야 산다. 교회는 빛이기 때문이다(1:20). 특히 이 말씀이 광폭한 박해와 핍박을 당하는 짐승 시대(13:4, 6-10, 15-17)의 교회에 주시는 말씀이라면, 그때에는 문자 그대로 교회가 사회를 벗어나 따로 떨어진 곳에서 공동체를 이뤄야 할 수도 있다(예, 로마의 카타콤 공동체). 그때에는 사회에서 경제적 생활을 영위할 수 없을 것이기 때문이다(13:15-17). 그런 상황이 온다면, 4절의 "나오라"는 말씀은 문자적으로 적용될 수 있을 것이다.

한편, 이 말씀은 시대를 초월해서 주시는 말씀도 된다. 이 말씀은 모든 시대에 영적 의미로 적용할 수 있다. 언제든 성도들은 바벨론의 죄에 동참하지 않고 나와야 하기 때문이다(개역개정 렘 51:45, "나의 백성아. 너희는 그중에서 나와 각기 여호와의 진노를 피하라"; 사 52:11, "너희는 떠날지어다. 떠날지어다. 거기서 나오고 … 그 가운데에서 나올지어다"; 참고, Beale, 1999: 897-8). 특히 그 죄가 종교적, 도덕적인 죄일 때는 주저앉아 타협할 수 없다. 나와야 산다.

5절 (하나님께서 기억하셨다) 4-20절의 두 번째 소단락인 5-8절(바벨론에게 갚아주라)은 다음과 같은 교차 구성을 보여준다. 하나님께서 기억하신 그녀의 불의함(5절)은 결국 그녀에 대한 재앙으로 끝날 것(8절)이다. 교차 구조의 가운데 부분에 갚음(보응)의 법칙이 나온다. 행한 대로 갚아주고, 갑절로 갚아준다(6-7절).[9]

a. 하나님께서 그녀의 불의한 것들을 기억하셨다(5절).

x. 행한 만큼 주라, 갑절로 갚아주라(6-7절).

a′. 그녀의 재앙들이 하루만에 닥칠 것이다(8절).

5절에서 그녀의 죄가 "하늘에까지 닿았다"는 것은 그만큼 바벨론의 죄악이 누적되어 높이 쌓였다는 뜻이다. "닿았다"(ἐκολλήθησαν)는 꼭 붙여진(결합된) 상태를 뜻한다. 계속하여 쌓인 죄악더미가 하늘 높이에 다다랐을 정도다. 많은 죄의 누적을 강조하여 표현하는 일종의 과장법이다(창 11:4; 신 1:28; 9:1; Aune, 1998b: 992). 오래전 고대인들이 바벨탑을 쌓아 하늘에까지 닿게 하려 한 사건(창 11:4)과 예레미야 선지자의 바벨론에 대한 경고(개역개정 렘 51:9, "그 화가 하늘에 미쳤고 궁창에 달하였음이로다")와 관련이 있다(Osborne, 2002: 640). 하나님께서 바벨론의 불의한 것들을 "기억하셨다". 16장에서 이미 바벨론이 하나님 앞에 기억된 바(16:19) 있었다. 불의한 것들을 잊지 않으시는 하나님의 분노의 심판이 다가오고 있었다. 그때(16:19)에는 기억하셨고, 이때(18:5)에는 그 기억하신 대로 심판을 집행하신다. 그때에는 바벨론이 '기억되었으나'(수동, ἐμνήσθη), 지금은 하나

---

9. 6-7절 자체에도 작은 교차법이 있다. a. 준 것처럼 "주라"(6a절) > b. 갑절로 "갚아라"(6b절) > b′. 갑절로 "부어 주라"(6c절) > a′. 했던 것만큼 "주라"(7절).

님께서 "기억하셨다"(능동, ἐμνημόνευσεν). 수동태에서 능동태로의 전환은 주체(하나님)의 더욱 적극적인 행동을 부각하는 뉘앙스가 담길 수 있다. 하나님은 기억하시고 역사하신다(출 2:24-25; 레 26:42-45; 민 10:9; 시 9:12; 106:45-46; 겔 16:60). 하나님께서 기억하신 것은 그녀의 "불의한 것들"(τὰ ἀδικήματα)이다. 옳지 않은 것, 의롭지 않은 행동들을 가리킨다(행 18:14; 24:20).

일곱째 대접 재앙(16:17-21)과 바벨론 심판은 직접 관련이 있을 것이다. 16:19에는 바벨론이 진노의 포도주 잔을 받는 장면이 나온다. 17-18장에는 좀 더 자세하게 바벨론의 패망에 대한 내용이 담긴다. 바벨론의 멸망이 있고서야 그 후에 아마겟돈 전쟁(19:17-21)이 있게 된다. 여섯째 대접에 관련된 아마겟돈 전쟁의 준비(16:16)와 그 후의 아마겟돈 전쟁(19:17-21)이 있게 되는 어간에, 바벨론 파괴가 있을 가능성이 높다. 일곱째 대접이 바벨론 심판과 관련된 것은 분명하다(16:19). 14:8에 예고된 바벨론 파괴가 이때 이뤄진다.

바벨론 파괴는 미래에 일어나게 될 두 사건과 관련이 있을 것이다. 첫째는 짐승 집단이 내분을 통해 음녀 바벨론을 배척하게 되는 일(17:16-17)이다. 둘째는 일곱 대접 재앙의 때에 큰 지진으로 인해 바벨론이 세 조각이 나는 일(16:19)이다. 어느 것이 먼저고 어느 것이 더 영향을 줄지 알 수 없으나 두 사건 모두 바벨론 패망과 직접 관련이 될 것이다.

6절 (행한 것들을 갑절로 갚아라) 하나님께서는 바벨론이 행한 대로 보응을 받게 하신다(6절).[10] 행한 대로 갚는다는 성경의 '보응법'은 중요한 성

---

10. 6절의 명령법 '주라', '갚아라', '섞어 주라'의 행동 주체(2인칭복수)에 대해, Aune는 4절의 '나오라'의 주체인 "나의 백성"이라고 주장한다(Aune, 1998b: 993-4). 그러나 계시록에서 성도들이 보응의 주체가 된 경우가 없다는 점을 고려할 때, 그의 주장은 받아들일 수 없다. 재앙의 집행 주체는 천사들(예, 16장)이나 또는 음녀를 파멸하는 주체인 짐승 집단(17:16)이라고 볼 수 있다. 또는 6절의 명령법은 불특정인에게 명

경적 원리다(시 28:4; 잠 24:12; 사 3:11; 애 3:64; 렘 50:29; 51:24; 계 2:23; 14:13; 20:12-13; 22:12; Beale, 1999: 900-1; Osborne, 2002: 640-1). 이러한 보응법의 원리가 바벨론에 적용된다. 하나님은 때로는 갑절로 갚게 하신다(렘 16:18; Aune, 1998b: 992-3). '갑절로 갚는다'는 표현은 지나친 악에 대한 대응하는 일종의 과장법적인 표현이라 할 수 있다. 바벨론의 악이 하늘에 사무치도록 심했기 때문이다. 첫 번째 명령형 "주라/갚으라"(ἀπόδοτε)는 '되갚으라', '돌려주라'는 뜻인데, 그녀가 준(갚은) 것처럼 그렇게 하라고 했다. '주다/갚다'가 반복해서 사용되며 보응이 강조된다. 두 번째 명령형 "(갑절로) 갚아라"(διπλώσατε)는 그 자체로 '두 배로 갚으라'는 뜻을 가지고 있는데, 부사적 의미의 목적어 "두 배로"(τὰ διπλᾶ)를 사용하여 '두 배'(갑절)의 의미가 반복 강화된다. 세 번째 명령형 "섞어 주라"(κεράσατε)도 역시 '섞어 준' 잔을 갑절로 섞어 줄 것을 명령한다. 역시 '섞다'가 두 번 반복된 경우다. 같은 동사 또는 동족어의 반복을 통해 신적 보응의 의미가 더욱 강조되고 심화된다.

7절 (그만큼 고통과 슬픔을 주라) 심은 대로 거두게 하시는 하나님이시다(롬 8:13; 갈 6:8). 6절에 이어, 네 번째 명령형 "주라"(δότε)가 나온다(7절). 다만, 이번에는 중복적 어휘가 사용되지 않고 대조어가 사용된다. 그녀가 받은 만큼의 "영화와 사치"는 그녀에게 "고통과 슬픔"으로 갚아진다. 이 땅에서 누린 바벨론의 영화와 사치는 도리어 자신의 고통과 슬픔으로 되갚아진다. '고통'(βάσανος)은 '괴로움'으로도 번역될 수 있는데, 계시록에서는 메뚜기로 인한 전갈의 괴로움(9:5), 심판 후에 받게 될 영원한 불과 유황의 고통(14:10), 그리고 바벨론의 파멸과 관련된 고통(18:7, 10, 15)의 경우가 이 단어가 사용된 예다. 한편, 이 구절에서 사용된 '슬픔'(πένθος)이라는

령하는 선언적 수사법에 해당한다고 볼 수도 있다.

단어는 슬픔과 함께 비참함과 애곡의 의미를 포함할 수 있다(계 18:7, 8; 21:4; LSJ, 33570; Thayer, 4130).

하나님께서는 "~했던 대로 그만큼"(ὅσα … τοσοῦτον) 갚으라 하신다. 그 어떤 고통과 슬픔도 알지 못하는 고고하고 당당한 '바실리싸'(여왕, βασίλισσα)의 누림은 끝나고 애통의 심판으로 마무리된다.[11] "나는 여왕으로 앉아 있고 과부가 아니며 슬픔을 알지 못한다"(7절)는 그녀의 자부심과 자만은 그녀가 누리고 있던 큰 권력과 권세에 기반한다(17:15, 18).[12] 과부가 아니라는 것은 그녀의 곁에는 언제나 그녀를 추종하는 자들이 에워싸고 있음을 뜻할 것이다. 슬픔을 알지 못한다는 주장은 그만큼 그녀의 권력과 향락의 누림이 대단했음을 뜻한다. 그렇게 많은 것을 누리는 여왕으로서 최고의 권력을 차고 앉아 있다는 자부심이 얼마나 컸을까. 그러나 모든 것은 한순간에 끝난다. 영원한 권력도 영원한 누림도 없다. 모든 게 손에 쥔 모래 같을 뿐이다.

8절 (하루만에 닥칠 것이다) 땅에서 누리는 신분, 사치, 향락, 권세는 아무것도 아니다. 그런 것들이 없어질 때, 과거에 그런 것들을 많이 향유했을수록 모든 것을 잃을 때 죽음, 슬픔, 굶주림의 고통을 더욱 깊이 느끼게 된다(8절). 세 가지 재앙, 즉 "죽음과 슬픔과 굶주림"이 등장한 것은 7절에서 음녀가 말한 세 가지 주장(여왕으로 앉아 있음, 과부가 아님, 슬픔을 결코 알지 못함) 때문일 것이다. 그러나 음녀의 주장과 재앙은 일대일 대응 관계

11. 음녀를 '바실리싸'(여왕)로 칭했다는 점 때문에 시저(카이사르)와 안토니우스의 연인이었던 클레오파트라와 연관해서 보는 견해도 있다. 그녀는 한때 '왕들의 여왕'으로 불려졌다고 한다(Valentine, 317-26). 안토니우스와 클레오파트라는 소아시아를 포함한 로마제국의 동쪽 지역의 맹주로 있다가 옥타비우스(Octavian)에게 패배하고 죽음을 맞았다.

12. 라오디게아 교회의 자만과 비교된다(Beale, 1999: 903). "나는 부자이다. 부유하여 부족한 것이 없다"(3:17). 사 47:8; 겔 28:2; 렘 5:12과 비교하라(Aune, 1998b: 995).

를 형성하지는 않는다. 세 가지 재앙에 더하여 불의 재앙이 있어 그녀를 태운다(8, 9, 18절; 17:16). 모든 것이 진정한 힘을 소유하신("강하신") 하나님의 심판에서 비롯된다. 하나님은 참으로 강하신 분이시다(신 10:17; 대하 20:6; 느 9:32; 사 10:21; 렘 32:18). "하루만에"(하루 동안에)라는 말은 그만큼 순식간에, 불현듯 심판의 순간이 온다는 것을 뜻한다. 신적 심판은 예고한 후에 오지만, 이를 예견하고 철저히 준비해서 맞이하는 자는 없다. 그래서 심판은 언제나 갑작스럽다. 대부분 심판이 없다 생각하다 급하게 맞이하게 된다. 악이 승승장구하는 것처럼 보여도 반드시 공의의 반전은 일어나는 법이다. 그때는 쉽게 뒤집어진다. 영원한 악의 누림은 없다. 악에는 기필코 심판이 뒤따른다.

9절 (땅의 왕들의 애곡) 9-19절의 바벨론 애가는 세 부분으로 되어 있는 평행법 구조다. 첫 부분은 땅의 왕들의 애가(9-10절)다. 둘째 부분은 땅의 상인들의 애가(11-17a절)다. 셋째 부분은 바다의 사람들의 애가(17b-19절)다. 각 부분의 끝에 비슷한 패턴의 후렴구("화 있다, 화 있다 … 때문이다")가 반복된다. 한편 세 개의 애가는 "멀리 서서/서 있다"(10, 15, 17절)와 "울고 슬퍼한다"(9, 11, 15, 19절), 그리고 "일시간에"(10, 17, 19절)라는 표현을 공유한다.

a. 땅의 왕들의 애곡(9절)

    b. "화 있다, 화 있다."(10절)

a′. 땅의 상인들의 애곡(11-15절)

    b′. "화 있다, 화 있다."(16-17a절)

a″. 해양인들의 애곡(17b절)

    b″. "화 있다, 화 있다."(18-19절)

9절 이하에서 세 집단의 사람들이 바벨론의 패망을 애곡하게 된다. 첫째는 땅의 왕들이다(9절, "왕들이 울고 애통할 것이다"). 이들은 세상에서 세속적 지도력을 행사하며 '땅의 왕'으로 군림하던 자들이다. 이들은 음녀와 함께 음행을 저질렀고(3, 9절; 14:8; 17:2) 또한 사치하였다(7, 9절). 이들은 바벨론의 능력을 의지하여 함께 세상의 주로 군림했던 자들이다. 바벨론과 함께 온갖 부도덕과 반신앙적 행위에 동참하며 세계의 권력과 부를 움켜쥐던 이들이, 반전이 일어나 애곡하며 애통하게 되는 때다.[13] 미래(중간태) 3인칭 복수 "애통(애곡)할 것이다"(κόψονται)는 신약에서 3회 사용된다. 그리스도의 재림 때, 그가 오는 것을 볼 때 사람들이 "애통할 것이다"(마 24:30; 계 1:7) 했다. 그리고 여기 18:9에 같은 용례가 발견된다("애통할 것이다"). '애통하다'(κόπτω)는 '날카로운 도구로 자르다'(L&N, 19.17) 또는 '애도의 행위로 가슴을 치다'(BDAG, 559)의 뜻이다. 이 단어는 슬픈 일을 당할 때 가슴을 치며 애곡하는 모습을 그려준다. 그들은 바벨론의 파멸을 보며 가슴을 치며 애곡한다. 바벨론이 불살라질 때 그들은 슬픔과 고통을 겪게 된다. 음녀 바벨론은 짐승 집단(짐승과 열 뿔)의 정략적 집행으로 그들에게 배척받고 종국에는 파멸되어 불에 태워진다(17:16). 내분의 불길이 솟는다. 그녀를 태우는 연기가 내내 올라간다(18:9, 18; 19:3). 이때 무력하게 바벨론의 파멸을 지켜보던 땅의 왕들이 있었다. 그들은 각종 혜택과 특권을 공유해오던 음녀의 파멸에 애곡과 애통의 마음을 가지고 있을

---

13. Walvoord는 애곡과 애가가 17장에 없다는 점과 18:1의 "이 일들 후에"라는 표현이 17장과 다른 사건을 가리키는 의도로 보인다는 점을 들어 17장과 18장을 다르게 구분하는 근거로 삼는다(Walvoord, 1966: 258-9). 그러나 Edgar는 "이 일들 후에"는 19:1에도 나오는데 19:2에 바벨론 심판에 대한 찬가가 연속되고 있다는 점에서 "이 일들 후에"가 다른 사건을 가리키는 근거가 될 수 없다고 밝힌다(Edgar, 335). 17장은 음녀 바벨론의 소개와 그에 관한 재앙의 진행 과정(마지막 파멸을 포함)을 담고 있는 반면, 18장은 그 파멸에 대한 애곡과 애가라는 점을 Walvoord가 인식하지 못한 것이다.

것이다. 그러나 짐승 권력의 정점은 결국 짐승일 수밖에 없다. 짐승은 이때 세계의 권력을 한 손에 거머쥔다(17:17). 다른 왕들도 짐승에 협력해야 될 것이다.

10절 (화로다, 화로다) 그러나 그들은 가까이서 이 장면을 볼 수 없다(10절). 함께 불타 버릴 수 있다는 두려움 때문일 것이다. 그래서 그들은 멀리 서서 음녀가 불타는 것을 바라보며 어떻게 그같이 힘 있는 도성 바벨론이 그렇게 일시에 심판될 수 있는지 놀란다. "멀리 서서" 보는 것은 바벨론의 갑작스런 멸망에 대한 그들의 두려움과 자신들은 그 심판의 대상이 되고 싶지 않은 마음을 반영하는 것일 수 있다(Aune, 1998b: 997). "화로다, 화로다"(οὐαὶ οὐαί)라는 반복된 말은 그들의 충격을 드러낸다.

"큰 도성, 힘 있는 도성 바벨론이여"는 바벨론이 지녔던 강력한 권력과 그 위세를 보여주는 호칭이다. "힘 있는" 즉, '강한'(ἰσχυρός)은 8절에서 하나님을 묘사할 때 쓰인 단어다. 누가 진정으로 강한 존재인지 대조하는 부분이다(Osborne, 2002: 644). "도성"(도시)이라는 이름을 반복해서 사용하는 것으로 보아 음녀 바벨론은 특정 지역을 중심으로 출현하게 될 권력일 가능성이 있다. 추상적인 체제/제도(system)에 그치지 않고 특정한 지역(또는 나라)에 기반하는 집단 또는 조직일 가능성이다. 그토록 강력했던 바벨론의 심판이 순식간에("일시간에/한 시간에"; 10, 17, 19절) 도래한 것에 대해 그들은 깊은 충격을 받게 된다. 그리 쉽게 몰락한 것에 몹시 놀랐을 것이다. 땅의 왕들이 의존해 온, 거대한 바벨론은 그렇게 일시에 몰락한다.

11절 (땅의 상인들의 애곡) 두 번째는 땅의 상인들이다(11절). 이들은 바벨론 덕분에 사업에 이득을 얻고 성공했던 자들이다. 이제 이들이 애곡하며 마음 깊이 슬퍼한다("상인들이 울고 슬퍼한다"). 특이하게도 이들은 바벨론의 패망으로 더 이상 그들의 물건을 살 사람(곳)이 없어진 것에 대해 먼저 슬퍼한다. 바벨론 파멸에 대한 애도는 그로 인한 자신들의 경제적 상실에 대한 슬픔의 표현이다. 그들의 경제적 성공과 치부는 바벨론 때문이었다. 바벨론의 사치와 향락이 그들에게 부를 가져다 주었다(3절).

"땅의 왕들"(9절)이 바벨론에 기대어 권력과 명예와 향락의 달콤함을 누렸던 지도자들이라면, "땅의 상인들"(11절)은 바벨론 때문에 치부하고 부귀를 누릴 수 있었던 자들이다. 그들은 더 이상 혜택을 누릴 수 없게 된 것에 대해 슬퍼한다. 화물(상품)을 거래할 최대 고객을 잃어버렸다. 슬퍼하고 애곡하는 근본 동기가 자신들의 손실 때문인 것이 드러난다. 바벨론을 파멸시키고 온 세상의 권력을 독점한 짐승 집단(짐승과 열 뿔의 연합, 13:12-14, 16-17)의 목적은 하나다. 어린 양과 싸울 아마겟돈 전쟁을 준비하는 일이다(16:12-16; 17:14). 그들에게는 더 이상 상인들의 경제적 번영과 흥왕을 보장할 생각이나 여유가 없을 것이다. 그래서 땅의 상인들은 그들의 물품을 사줄 자가 없어 더욱 슬퍼한다(9절).

12-13절 (바벨론 교역품) 그들이 바벨론과 교역하였던 물품들이 열거된다(12절). 12-13절의 29개 목록 중에서 에스겔 27:12-24의 두로와 관련된 목록 가운데 15개가 일치한다(Beale, 1999: 909; Osborne, 2002: 647). 계시록 목록과 에스겔 목록은 공유하는 것들도 있으나 그렇지 않은 것들도 있다. 이 목록 속의 품목들은 다음의 여섯 가지로 구분할 수 있다.[14] 첫째는 금, 은 보석, 진주로 된 값진 물건들이다. 둘째는 여러 가지 고급 의류들(아마포, 자주색 옷감, 비단, 붉은색 옷감)이고,[15] 셋째는 그 외의 귀한 나무들(향

---

14. 12-13절에 나오는 29개 품목이 당시 로마 사회에서 의미했던 바에 대해서는 Aune, 1998b: 998-1003을 참고하라. 그는 당시 각 품목들이 어떤 가치를 가지고 있는지 상세하게 알려준다. Flemming 또한 12-13절 목록이 로마의 상품(화물) 목록이었음을 강조한다(Flemming, 115). Hall은 계 17-18장이 로마의 주류 물질 문화에 대항하는 반대 논리(counter-logic)가 된다고 말한다(Hall, 32-33)
15. Osborne에 따르면, 아마포는 부자가 입는 옷이었고 비싼 것은 칠천 데나리온이나 한 것도 있었고, 자주색 옷감은 조개를 통해 추출한 매우 비싼 염색약으로 만든 상당히 비싼 옷감이었으며, 비단은 중국에서 수입되어 상류층에서 입었고, 붉은색 옷

나무, 값진 나무)과 각종 귀한 그릇들(상아 그릇, 동, 철, 대리석 그릇)로서 바벨론을 통하여 거래하던 물품들이다. 이 물품들이 비교적 상세하게 기록된 이유는 그만큼 많은 종류의 물품들이 거래되었고 그 결과 그들의 부를 가져왔다는 점을 강조하려는 것이다. 그다음에 넷째는 향료들(계피, 향료, 향, 향유, 유향)과 식품류(포도주, 올리브유, 고운 밀가루, 밀)이고 다섯째는 가축들(양, 말)과 수레들이다(13절). 여섯째는 종(몸/종, σῶμα)들과 사람들의 혼(목숨, ψυχή)인데, 이는 종과 노예를 가리키는 것으로 이해된다(Beale, 1999: 910; Osborne, 2002: 650).[16] 사람들과 그 목숨이 팔리는 물건처럼 취급된 것이다. 그런데 이런 물품의 목록은 요한 시대에 당대의 사람들이 이해할 수 있는 언어와 관점으로 쓰여 있다는 점을 감안해야 한다. 계시록의 독자인 요한의 교회들이 알 수 있는 문화적, 사회적 코드로 표현된 것은 당연하다. 12-13절에서 알려주고자 하는 것은 보석류, 의류, 생활용품, 향신류, 식품류, 가축들 등 망라된 온갖 생활에 필요한 제품들의 상거래에 바벨론이 관여하고 있다는 것이다. 그만큼 바벨론은 국제 경제에 중요한 역할을 했음을 시사한다.

세 집단의 애가(9-10절, 11-17a절, 17b-19절) 가운데 상인에 대한 분량(11-17a절)이 가장 긴 이유는 바벨론에서 경제 분야(상업 활동)가 차지하는 비중이 상당했기 때문일 것이다. 바벨론의 세계 경제에 대한 영향력이 그만큼 크다는 뜻일 것이다.[17] 바벨론은 세계 무역과 상업의 중심지이며, 세계

감은 왕족들이 선호하는 비싼 옷감이었다고 한다(Osborne, 2002: 648).

16. 본래 '몸'(body)을 뜻하는 '소마'(σῶμα)는 거래의 대상인 노예를 가리키는 의미가 있다(L&N, 87.78). "종들과 사람들의 혼"에 대해, Koester는 로마 시대의 노예 매매(slave trade)로 본다. 로마제국에 보편화된 노예 거래는 하나님의 심판의 대상이 된다는 것이다(Koester, 2008: 767; Rossing, 492). '혼'(ψυχή)은 종종 사람 자체를 가리키기도 하고(예, 20:4; L&N, 23.88), 사람의 목숨을 말하는 경우도 많다(L&N, 23.88, 20.66, 23.114, 23.100, 23.113).

17. 그렇지만 음녀 바벨론을 경제적인 조직(기구)으로 제한하는 Edgar의 견해는 지나친

경제의 운영에 직접 관여하는 핵심 본거지였던 것으로 이해된다.

14절 (너에게서 떠났다, 없어졌다) "영혼(혼)의(τῆς ψυχῆς) 갈망"(혼/목숨을 다해 탐내는 것)은 바벨론이 집착하고 소유하고자 했던 것을 뜻한다(14절). 그렇게 집착했던 과실(열매)을 끝내 놓아야 했다. 손에 움켜잡고자 해도 더 이상 그럴 수 없다("떠났다"). 그동안 그녀가 누리던 모든 사치함(호화로움)과[18] 찬란함(빛남)도 더 이상 누릴 수 없다(17:4; 18:3, 7, 16). "사치와 빛남"은 하나의 뜻을 중복적으로 표현하는 중언법(hendiadys)으로 볼 수 있다(Aune, 1998b: 970). 그렇게 과일(과실)이 사라지고 사치의 광채가 없어졌다. 두 번의 "너에게서"(ἀπὸ σοῦ)의 반복과 유사 서술어 "떠났다"(ἀπῆλθεν)와 "없어졌다/파괴되었다"(ἀπώλετο)의 중복 사용은 바벨론에게 아무것도 남지 않았다는 사실을 강화한다. 바벨론이 가졌던 예전의 부요함과 넉넉함을 기억하던 사람들이 그녀에게서 더 이상 그런 점들을 찾지 못하게 된다("결코 찾지 못하게 될 것이다").

15절 (상인들의 슬픔/애곡) 상인들이 울고 슬퍼하는 장면이 반복된다(11, 15절). 그들은 바벨론 때문에 부자가 된 이들이다. 땅의 왕들이 그러하듯(9절), 그들도 그녀가 겪는 고통의 두려움 때문에 멀리 서 있다(10, 15, 17절). 가까이 갈 수 없다. "멀리 서서"가 반복되는 이유는 그들의 배경은 달라도 바벨론을 대하는 입장이 비슷하기 때문이다. 가까이 갈 수 없는 것은 도울 수 없는 자원적 한계 때문일 수도 있지만 바벨론을 파멸시키는 짐승

것이다(Edgar, 340-1). 경제적이고 정치적이고 종교적인 것 등이 망라된 것으로 볼 필요가 있다. 예컨대, 17:3의 '신성모독의 이름들'을 가진 짐승 위에 탔다는 것과 17:6의 성도들과 증인들의 피에 취했다는 것은 그녀의 종교적 특성과 무관하게 해석할 수 없다.

18. 개역개정에 "맛있는 것들"이라 번역된 '따 리빠라'(τὰ λιπαρὰ)는 '사치스럽고 매력적으로 좋은 것들'을 의미한다(L&N, 79.21). '리빠로스'(λιπαρός)는 '리뽀스'(λίπος, 기름/지방)에서 온 단어로서 '기름지고 사치스럽고 화려한 것'을 뜻한다(김상훈, 2021: 392; Thayer, 3226).

집단의 서슬이 퍼렇기 때문일 것이다. 감히 돕고자 나서지 못할 것이다. 애석과 애도의 슬픔이 있어도 누구도 나서서 도울 길이 없다. 상인들의 애곡과 슬픔에 대한 반복적 강조(11, 15절)는 그 앞의 왕들의 애곡과 뒤의 뱃사람들의 애곡보다 더 강화된 표현이다. 상인(경제인)들이 바벨론의 영향력과 혜택을 가장 많이 누렸다는 점이 부각된 것이다. 바벨론의 패망으로 가장 큰 손실을 본 자들이 바로 이들 상인들이다. 온갖 경제적인 혜택이 없어졌다.

16-17a절 (화로다, 화로다) 상인들도 왕들처럼(10절) 말한다. "화 있다, 화 있다"(18:10, 16, 19; 비교, 8:13). 왕들은 바벨론의 '힘'(권력)을 강조한 반면(10절, "큰 성, 힘 있는 성 바벨론이여"), 상인들은 바벨론의 값진 치장과 화려한 미(경제력)를 강조한다(16절, "고운 아마포와 자주색 옷과 붉은 옷을 입고 금과 보석과 진주로 치장한 큰 성이여"). '고운 아마포, 자주색 옷'의 착복("입고")과 붉은 옷, 금과 보석과 진주'의 치장("치장한/꾸민")은 바벨론의 부귀와 높은 신분을 드러내고 자랑하던 것들이다(참고, 12절; 17:3). 그러나 그렇게 많던 부과 꾸밈도 일시간에 파괴되었다(17a절). 그래서 "화로다, 화로다"라고 한다. 부의 몰락은 이렇게 한순간에 왔다("일시간에 파괴되었다", 17, 19절). '파괴하다'(ἐρημόω)는 광야/황야를 뜻하는 '에레모스'(ἔρημος)에서 온 단어로 '황폐하게 하다'의 뜻인데 수동태로 사용되면 '파괴되다, 파멸을 겪다, 황폐됨을 겪다'(L&N, 20.41)가 된다. 광야처럼 황폐해졌다는 뜻이다. 누림은 잠깐이고 추락은 순식간이다.

17b절 (해양인들의 애곡) 세 번째 집단은 해양인들이다(17b절). 네 가지 부류가 나온다. 선장들과 선객들("배로 다니는 모든 여행객"),[19] 그리고 선

---

19. "배로 다니는 여행객"으로 번역한 ὁ ἐπὶ τόπον πλέων에서 ὁ πλέων은 항해자 또는 여행을 다니는 자를 뜻하는데 ἐπὶ τόπον(문자적, '장소 위에')은 번역하기 애매하다. ἐπὶ + 목적격에는 '가로 질러'(across), '너머'(over)의 뜻이 있으므로(Friberg, 10614) ἐπὶ

원들과 바다 사람들(바다와 관련된 일을 하는 사람들)이다. '선장'은 선주 겸 선장일 수도 있고 선주 아닌 선장 또는 항해장을 가리킬 수도 있다(Mounce, 1977: 331). 선주는 19절에서 "배를 가진 자들"로 따로 나온다. 요한 시대라면 '선객'들은 배를 많이 활용하는 이들로 주로 상인들이었을 것이다(L&N, 54.27; Osborne, 2002: 652). '선원'들을 뱃사람이라 할 수 있지만, '바다 사람'들은 그 가운데 어부를 가리키는 것으로 이해된다(Osborne, 2002: 652).

이들 대부분은 직접, 바벨론과 관련된 인물이 아닐 수 있다. 항해 중, 배로 오고 가며 바벨론의 영광을 보았을 것이다. 물론 그들은 부분적인, 간접적인 수혜를 입었을 수 있다. 그들은 그녀의 찬란한 영광의 모습을 보고 부러워하던 이들일 수 있다. 이들 역시 멀리 서서 바벨론의 패망을 지켜보고 있다. 이들 중에서도 가까이 가서 도울 자는 없다. 해양을 오가며 직간접적으로 국제 해상 제도(무역)의 혜택을 누리던 이들도 그저, 멀리 쳐다볼 뿐이다. 안타까운 탄식만 낼 수 있을 뿐이다(비교, 겔 27:28-33; Beale, 1999: 914).

18-19절 (화로다, 화로다) 그들이 바벨론을 태우는 연기를 보며 외친다. "어떤 것이 이 큰 도성과 같겠는가?"(18절) 바벨론이 가졌던 예전의 영광을 그리며 그들 역시 안타까워한다. 비록 제3자이지만 그들조차도 바벨론의 패망을 안타까워한다. 그 큰 도성의 무너짐에 충격을 받는다. 받아들이기 어려운 상황일 것이다.

그래서 머리 위에 흙을 뿌리며 울고 슬퍼한다. 머리 위에 흙(티끌)이나 재를 뿌리며 애곡하는 것은 견딜 수 없는 고통을 겪을 때 행하는 애통의 행위다(수 7:6; 삼상 4:12; 삼하 13:19; 15:32; 욥 2:12; 애 2:10; 겔 27:30). 안타

τόπον은 '사방으로, 여기저기에'(over the place)를 뜻한다고 할 수 있다. 그러므로 ὁ ἐπὶ τόπον πλέων은 '여기저기에 항해하는 사람'이 된다. 김상훈, 2021: 394; L&N, 54.27을 보라.

까운 현실을 애도한다. '울고 슬퍼하다'가 반복된다(11, 15, 19절; 비교, 9절, '울며 애통하다'). 이들 또한 "화로다, 화로다"라고 말하며 애곡한다(19절). 이 표현은 18장에서 모두 세 번 반복된다(10, 16, 19절). 그들도 바벨론에 의해 부유하게 된 일이 있는지, 또는 그들의 선주가 그러한 것인지는 알 수 없다.[20] 이들 해양인들도 바벨론의 부의 영향과 혜택을 직간접으로 받았을 것이다. 그들도 바벨론의 파괴와 그 급격한 멸망을 애도한다. 그들이 말하는 내용은 다른 이들의 것과 다소 다르다. "어떤 것이 이 큰 성(도시)과 같겠는가?" 이렇게 말하는 것은 앞의 왕들이나 상인들처럼 바벨론의 경제적 특혜를 직접 받은 것이 아닐 수 있다는 것을 암시할 수도 있지만 그보다는 결코 무너질 것 같지 않은 강대한 바벨론의 파멸이 도저히 믿기지 않음을 뜻할 것이다. 무너질 수 없는 것도 무너진다. 무너질 수 없는 것이란 없다. 보이는 것은 언제든 사라진다. 한순간에 파괴될 것이다.

20절 (성도들아, 기뻐하라) 20절은 4절에 이어 성도들에게 주시는 두 번째 말씀이다. 4절은 "나오라"고 명하셨고 20절에는 "기뻐하라"는 말씀이 주어진다. 성도들이 나와야 하는 것(4절)은 바벨론의 재앙을 받지 않기 위해서였는데('히나', 목적의 부사절), 성도들이 기뻐해야 하는 것(20절)은 하나님께서 바벨론에 심판을 행하셨기 때문이다('호티', 원인의 부사절). 죄의 자리에서 나와야 심판의 때에 기쁨을 얻게 될 것이다.

바벨론 패망에 대해 애곡하는 세 집단과 구별하여, "하늘과 성도들과 사도들과 선지자들"에게는 기뻐하라는 말씀이 주어진다(20절; 비교, 12:12, "기뻐하라"). 성도들(5:8; 8:3-4; 11:18; 13:7, 10; 14:12; 16:6; 17:6; 18:20, 24; 19:8; 20:9)은 모든 신자들을 가리키는 반면, 사도들(18:20; 21:14; 비교,

20. 음녀 바벨론과 로마를 연계하는 이들 가운데는 당시 로마제국의 해양 무역을 제국의 중추적인 힘으로 꼽기도 한다. 드넓은 지중해를 중심으로 펼쳐지는 해양 무역은 로마를 이끌고 지탱하는 근간이었다. Rossing, 489, 491을 보라.

2:2)과 선지자들(10:7; 11:10, 18; 16:6; 18:20, 24; 22:6, 9)은 그리스도로부터 특별히 부르심과 사명을 받은 신약 시대의 사역자들(고전 12:28-29; 엡 2:20; 3:5; 4:11; 계 16:6; 18:24; 22:9)이라 이해할 수 있다(Osborne, 2002: 654). 세 집단은 계시록 12:12의 "하늘과 그 가운데 거하는 자들"에 대한 언급에서 '하늘에 거하는 자들'을 가리키는 말일 수 있다(Osborne, 2002: 654). 구약에는 하나님께서 하시는 일에 하늘과 땅이 기뻐하라(기뻐한다)는 말씀이 종종 있다(대상 16:31; 시 96:11; 사 49:13; 렘 51:48).

그런데 여기서는 특별히 하늘과 땅 가운데 '하늘'만 나오는 이유는 무엇일까? 그것은 바벨론에 대한 심판이 기본적으로 '땅'에 대한 심판이기 때문이다. 특히 심판의 대상이 땅에 거하는 자들(3:10; 6:10; 8:13; 11:10, 18; 13:8, 12, 14; 17:8)이다. 하나님께서 바벨론을 심판하신 것은 땅의 심판과 관련된다. 3, 9, 11, 23절은 '땅의 왕들'과 '땅의 상인들'이 음녀와 교류했음을 지적한다(17:2, 18). 음녀는 '땅'을 더럽혔다(19:2). 선지자들과 성도들이 '땅' 위에서 죽임을 당했다(24절). 반면에 '하늘'에는 하나님과 어린 양이 계신다. 또한 '하늘'에는 성도들과 천사들이 존재한다. 땅의 심판은 하늘의 복음이다. 음녀 바벨론의 패망은 하늘의 기쁨이다. 정의가 이뤄지기 때문이다. 땅이 하늘을 이길 수는 없다.

하나님의 마땅한 심판이 바벨론에게 행해졌다. 문자적인 번역은 "하나님께서 그대들의 심판을 그녀에게 심판하셨다"(명사 '심판'과 동사 '심판하다'의 병행 쓰임)이다. 바벨론이 성도들의 피를 흘린 것(13:7-10, 15; 17:6; 18:24; 19:2)에 대한 하나님의 보응적 심판이라는 뜻(L&N, 90.16; '하나님께서 그녀가 너희에게 한 것에 대해 그녀를 심판하셨다')도 가능하고, 바벨론의 행위에 대해 성도들이 직접 보응해야 할 것(심판)을 하나님께서 대신 하셨다는 뜻('너희가 하고자 하는 보복적 심판을 하나님께서 그녀에게 직접 행하셨다')도 가능하다. 중요한 것은 바벨론이 성도들에게 행한 것 때문에 그녀에게 하나님의 심판이 주어진다는 점이다. 성도들이 고난을 받고 죽임을 당할 때, 이들을 핍박하던 바벨론이 승리한 것 같아 보여도, 종국에는 판결의 자리가 바뀐다. 남을 해하던 바벨론이 결국 심판을 받게 된다. 하나님의 역설이다.

20절("기뻐하라")은 4절("나오라")과 함께 성도들에 대한 말씀(명령)에 해당된다. 성도들은 바벨론에서 나와야 했고(4절), 이제 바벨론의 패망으로 기쁨을 맞이하게 된다(20절). 악에 대한 심판의 집행으로 신적 정의가 온 세계에 세워진다. 성도의 기쁨은 바벨론의 패망과 대조되고, 그와 함께 바벨론의 후원을 받던 세 집단의 애곡과 대조된다. 성도들의 핏값이 치러져야 한다(24절). 정의의 집행이 늦춰질 수는 있으나 망각될 수는 없다.

해설

이단들은 현재의 그리스도의 교회들을 바벨론이라고 한다. 그곳에서 나와야 한다고 한다. 그러나 현재의 교회가 바벨론일 수 없는 이유는 너무나 분명하다. 그 이유는 다음과 같다.

첫째, 음녀 바벨론은 짐승의 시대(13장)의 산물이다. 짐승의 때에는 짐승과 우상을 경배하고 표를 받는다(13:15-17). 하나님 외에 다른 존재인 짐승을 우상화하고 이를 숭배한다. 성부 하나님과 어린 양이신 그리스도만을 믿고 따르는 교회가 계시록의 바벨론이 될 수 없는 것은 지극히 상식적이다. 더군다나 지금은 짐승의 시대가 아니다.

둘째, 계시록에서 교회와 바벨론은 서로 대조된다. 그 차이는 어린 양이신 예수 그리스도를 믿고 그분을 따르느냐의 여부로 판별된다(1:5-6; 5:9-10; 7:14, 17; 11:18; 14:4-5; 17:14; 19:7-8; 22:21). 그 외의 다른 기준은 없다. 현재의 교회가 미래의 교회가 된다. 미래의 교회는 새 예루살렘이다(21장).

셋째, 현 교회가 바벨론이라고 주장하는 것은 속이는 집단의 대표적인 계략이다. 사탄인 마귀는 속이는 자이며 비방하는 자다(12:9; 20:2). 그들의 거짓말은 사람들이 주님의 교회를 떠나게 만들고 거짓된 교주를 따르는 자신의 집단에 끌어들이려고 현혹하는 집단의 공교한 술수다. 그 계략에 빠져 벗어나지 못하면 엄준한 심판을 받을 뿐이다(21:8; 22:18-19).

C. 요한계시록 18:21-24 (천사의 음성 - 바벨론의 파괴 결과)

18장 초두(1-3절)에서는 하늘의 천사는 바벨론의 멸망을 외쳤고 중간(4-20절)에는 바벨론 애가가 있었다. 18장 끝부분(21-24절)은 한 힘센 천사가 바벨론의 멸망을 말하는 부분이다. 21-24절에서 천사의 말은 크게 세 부분으로 나눌 수 있다. 초두에 바벨론의 던져짐(파괴)이 예고된다(21b절). 끝에는 그 이유가 나온다(23c-24절). 수미상관법 '인클루지오'(*inclusio*)의 형태다. 중간 부분에 다섯 가지의 '결코 ~ 않을 것이다'(οὐ μὴ + 부정과거 가정법 > 강한 부정의 가정법; Köstenberger 외, 205-6) 패턴이 등장한다. 이를 통하여 바벨론 파괴의 상태(결과)를 표현한다. 이 다섯 가지는 느슨한 교차 형태를 띠고 있다. "들리지 않을 것이다"가 세 번 반복되고(22a, 22c, 23b절), 그 사이에 "발견되지 않을 것이다"(22b절)와 "비춰지지 않을 것이다"(23a절)가 양쪽으로 배열된다. 이 부분은 애곡의 노래로 슬프디 슬픈 노래다.

a1. 바벨론이 격렬하게 던져질 것이고

a2. 더 이상 발견되지 않을 것이다(21b절).

x. (a) 수금 … 노래 … 나팔 … 소리가 들리지 않을 것이다(22a절).

(b) 장인들이 발견되지 않을 것이다(22b절).

(x) 맷돌 가는 소리가 들리지 않을 것이다(22c절).[21]

(b′) 등잔의 빛이 비춰지지 않을 것이다(23a절).

(a′) 신랑과 신부의 소리가 들리지 않을 것이다(23b절).

a′1. 너희 상인들이 땅의 거물들이었고 모든 민족이 현혹되었기 때문이다(23c절).

a′2. 선지자들과 성도들 … 피가 발견되었다(24절).

번역

21 한 힘센 천사가 큰 맷돌 같은 돌을 들어올려 바다에 던지며 말하였다. "큰 성 바벨론이 이처럼 격렬하게 던져질 것이고 결코 다시는 발견되지 않을 것이다. **22** 하프 연주자들과 노래하는 자들과 피리 부는 자들과 나팔을 부는 자들의 소리가 결코 다시는 네게서 들리지 않을 것이다. 또 각종 기술의 모든 장인들이 결코 다시는 네게서 발견되지 않을 것이다. 또 맷돌 가는 소리가 결코 다시는 네게서 들리지 않을 것이다. **23** 또 등잔의 빛이 결코 다시는 네게서 비춰지지 않을 것이다. 또 신랑과 신부의 소리가 결코 다시는 네게서 들리지 않을 것이다. 너희 상인들이 땅의 거물들이었고 모든 민족들이 너의 마법에 현혹되었기 때문이다. **24** 또 선지자들과 성도들과 땅에서 죽임을 당한 자들의 피가 그녀 안에서 발견되었다."

21. "들리지 않을 것이다"가 세 번(22a, 22c, 23b절) 나오므로 형식은 ABABA가 맞다 (Osborne, 2002: 656). 다만, 의미에 있어서, 가운데 것(22c절)은 처음(22a절) 및 나중(23b절)과 다르다. 오히려 22b절(장인/산업), 22c절(맷돌/식량), 23a절(등잔/가사)이 주제에 있어 서로 유사하다.

주해와 해설

21절 (한 힘센 천사, "결코 발견되지 않을 것이다") "힘센 천사"는 5:2; 10:1; 18:21에 나온다. '힘센'은 앞서 바벨론을 묘사하던 단어(18:10)이기도 하다. 바벨론에게는 더 이상 '힘센'이란 말이 어울리지 않는다. 그녀는 심판의 대상일 뿐이다. 힘센 천사가 큰(거대한) 맷돌 같은 돌(비교, 막 9:42, "연자맷돌", Osborne, 2002: 655)을 들어 바다에 던진다(21절, "들었다 … 그리고 던졌다"). 이것은 바벨론의 멸망을 상징한다(Aune, 1998b: 982; 비교, 렘 51:63-64). 던져진 돌의 크기만큼 바다의 파장은 격렬할 것이다. 천사는 바벨론이 이같이 격렬하게 던져질 것과 더 이상 바벨론이 발견되지 않을 것을 말한다("던져질 것이다 … 그리고 결코 발견되지 않을 것이다"). "격렬하게"(난폭하게, ὁρμήματι) 던져진다는 것은 수면 위로 많은 물이 튀면서 상당한 파장이 일어날 것을 알려준다. '호르메마'(ὅρμημα)는 '갑작스런 물리력과 폭력'을 가리킨다(L&N, 68.82). 여기서는 이 단어가 부사적으로 쓰였다(방식의 여격, '난폭하게'). 바벨론의 크기와 무게만큼 큰 파장을 내고 그만큼 더 깊이 빠져갈 것이다. 아무리 큰 물체라도 바다에 던져진 이상 흔적 없이 사라질 수밖에 없다. 소용돌이와 함께 급히 사라진다. 던져질 때 큰 파장이 있더라도 바닷속에 떨어진 이상 남는 게 없다. 바벨론이 "발견되지 않을 것이다"라고 할 때 두 가지를 주목할 필요가 있다. "다시는/더 이상"(ἔτι)과 "결코 ~ 아니다"(οὐ μὴ)다. 특히 후자는 부정어를 두 개(οὐ μὴ) 사용하는 강한 부정이다. 그런 일이 '결코' 없을 것을 강조한다. "큰 성 바벨론이 결코 다시는 발견되지 않을 것이다." 아무리 커도 없어질 때가 온다.

22-23b절 (결코 다시는 네게서) 바벨론 안에서 나던 수금(하프) 연주자들과 노래하는 자들과 피리 부는 자들과 나팔을 부는 자들의 소리가 들리

지 않을 것이다(22절; 비교, 사 24:8). 더 이상 환희와 기쁨의 가락이 없게 될 것이다. 또 각종 기술을 가지고 있는 장인들도 더 이상 발견되지 않을 것이다. 바벨론의 기술적 발전과 유지가 더 이상 무의미할 것이기 때문이다. 또 맷돌 가는 소리가 더 이상 들리지 않을 것이다(비교, 렘 25:10-11). 곡물 생산과 유통이 멈출 것을 의미한다. 첫째는 향연, 둘째는 산업, 셋째는 양식이다. 즐길 게 없고 만들 게 없고 먹을 게 없다. 도성의 생명이 끝났기 때문이다. "결코 다시는 네게서 … 않을 것이다"(οὐ μὴ … ἐν σοὶ ἔτι) 패턴의 말이 세 번 반복된다. "들리지 않을 것이다", "발견되지 않을 것이다", "들리지 않을 것이다".

23절에도 "결코 다시는 네게서 … 않을 것이다" 패턴이 두 번 더 반복된다(22-23절에 모두 5회 쓰임). 등잔의 빛이 비춰지지 않고 신랑과 신부의 소리가 들리지 않을 것이다(비교, 렘 25:10-11). 빛을 비추는 것이 없다는 것은 더 이상 그곳에 사는 사람이 없다는 뜻이다. 또한 결혼(가정)이 사라지므로 세대 연결이 되지 않을 것이다. 결국 도시의 기능이 소멸된다. 모두 "결코 다시는 네게서"가 다섯 차례(22-23절) 나오는데, 첫째, 셋째, 다섯째에서 "들리지 않을 것이다"가 반복된다. 천사의 예언은 천사가 주는 슬픔의 애가다. 11-17절이 경제적 상거래(품목) 행위가 없어질 것에 대한 애가라면, 22-23절은 사람들의 사회 활동의 소멸에 대한 애가라 할 수 있다. 바벨론이 폐허가 될 것을 말해주는 내용이다(비교, 렘 25:9-11). 영원하지 않은 것들이 사라지는 것은 이렇게 필연적이다.

"나는 여왕으로 앉아 있고 과부가 아니며 슬픔을 알지 못한다"(7절)고 하던 바벨론은 이렇게 멸망하고 폐허가 된다. 그녀 안에 아무것도 발견되지도 않고, 어떤 소리도 들리지 않고, 어떤 빛도 비춰지지 않는다. 더 이상 있는 게 없다. 자랑하고 내세웠던 것이 움켜쥔 손가락 사이의 모래처럼 빠져 나간다.

23c-24절 (현혹함과 피 흘림) 마지막으로 바벨론 패망의 이유가 다시 강조된다(23c절). 첫째, 바벨론의 상인들이 땅의 거물들(대인들, 큰 자들)이었다. 바벨론과 그녀와 관련된 상인들이 탐욕적으로 권력과 상권을 쥐고 있었다는 뜻이다(17:4; 18:3, 7, 11-17a). 경제적 독점과 착취가 있었음이 암시된다. 둘째, 바벨론이 모든 민족(열방)을 미혹(현혹)하였다(14:8; 17:1-2, 18; 18:3, 23; 19:2). 바벨론은 그 자신의 독특한 방식(φαρμακεία, 마법)으로 세상을 미혹하였다. '파르마께이아'(마법)라는 말은 계시록에서 한 번 사용되는 단어지만 비슷한 어휘는 9:21의 '파르마꼰'(마법)과 21:8과 22:15의 '파르마꼬스'(마법사)가 있다. 23절에서 '파르마께이아'(마법)는 비유적으로 쓰였다(Osborne, 2002: 658). 온갖 궤계와 술수를 써서 세계에 악한 영향력을 발휘했음을 뜻한다. 이것은 포괄적인 의미의 사술(邪術)을 가리킨다. 마법을 사용하여 속이는 바벨론의 모습은 바벨론을 음녀라 부른 것과 관련된다. 바벨론은 그녀의 부도덕과 불신앙으로 세계를 속였고 더럽혔다.

셋째, 선지자들과 성도들과 순교자들의 피가 그녀 때문에 흘렀다(24절).[22] "그녀 안에서 발견되었다"(24절)는 것은 바벨론이 행한 패악 가운데 하나인 순교의 피를 흘리게 한 일(17:6; 19:2)이 드러났다는 뜻이다. 짐승 시대에 짐승 편에 서서 짐승을 위해 잔혹한 피를 흘리는 일에 앞장 섰던 바벨론이다. 그때 많은 교회와 성도들의 피가 흘려질 것이다. 죽으면 죽는 것이다(에 4:16; 요 12:24). 성도들은 죽음으로 승리한다. 반면에 바벨론은 승자의 자리에 있다고 생각했겠지만 결국 참혹한 핏값을 지불해야 할 것이다. 이것이 바벨론이 하나님의 진노의 포도주 잔을 받아(16:19) 마침내 멸망을

22. "선지자들과 성도들과 땅에서 죽임을 당한 자들"은 '선지자들과 성도들, 즉 땅에서 죽임을 당한 자들'로 볼 수도 있다. 또 여기서 "땅에서 죽임을 당한 자들"은 신앙 외의 이유로 불의하게 죽임을 당한 자들을 의미하는 표현일 수도 있다. 후자인 경우에는 신앙이든, 다른 이유이든 불의하게 피 흘린 모든 형태의 죽음을 당한 자들을 가리킨다(Beale, 1999: 924).

당하게 되는 가장 중요한 이유다. "땅에서 죽임을 당한 모든 자들"은 순교자를 가리키는데, 이들 순교자들의 피에 바벨론이 깊이 관여되어 있음을 강조한다. 피 흘리게 한 자가 그 핏값을 내는 게 당연하다(16:6; 18:24; 19:2). 그것이 정의다.

제26장
요한계시록 19:1-10
어린 양 잔치

이 본문은 구원받은 자들과 그들의 찬양이 나오는 세 본문(7장, 14:1-5, 19:1-10)의 마지막 부분으로서 구원받은 자들이 어린 양 잔치에 초대되는 장면이다. 7장에서는 144,000명의 인침이 진행되고 또 다른 이들, 즉 환난에서 나오는 '많은 이들'이 하늘에 있는 장면이 나온다. 14:1-5에서는 144,000명의 인침이 이뤄졌고 또 다른 이들이 하늘에서 노래하는 장면이 나온다. 19장에서는 모든 구원받은 이들이 모여 하나님께 찬양을 드린다. 신부는 어린 양의 결혼 예식에 준비되었다.

19:1-10은 네 부분으로 되어 있는데, 첫 부분(1-3절, A)과 셋째 부분(6-9절, A')은 '많은 무리의 찬양'을 공유한다. 한 번은 바벨론 심판에 대해 하나님을 찬양하고(1-3절),[1] 다른 한 번은 하나님의 다스리심(섭리), 특히

---

1. 1-3절만 놓고 본다면, 19:1-10이 18장의 바벨론 파멸의 애곡 부분에 속해 있다고 보는 Gourgues의 견해(18:1-19:10으로 분류)가 일리가 있다고 볼 수 있다(Gourgues, 676). 그러나 1-3절이 1-10절의 한 부분(1-10절의 구조 참고)이고 1-10절 전체는 구원받은 자들에 대한 다른 본문(7장; 14장)과 깊은 관계를 가진다는 점을 더욱 고려할 필요가 있다. 한편, Osborne은 17:1-19:5를 한 묶음으로 본다(Osborne, 2002: 220). 17장과 18장의 내적 구조와 19:1-10의 내적 결합성(구조)을 이해하지 못한 때

어린 양 결혼 잔치가 준비된 것에 대해 찬양하며 확증한다(6-9절). 하나(1-3절)는 보응(음녀 바벨론의 심판)이고 또 하나(6-9절)는 (어린 양의 신부인 교회를 위한) 보상이다.[2] 둘째 부분(4-5절, B)과 마지막 부분(10절, B′)은 둘 다 '많은 무리'의 찬양은 아니지만 둘 다 '하나님 경배'가 강조되는 부분이다. 두 부분 모두 명령형이 등장한다(5절, "하나님을 찬양하라"; 10절, "하나님께 경배하라").[3]

A. 요한이 들은 많은 무리의 찬양(하나님의 심판)(1-3절)

B. 하나님께 드리는 경배와 찬양(4-5절)

A′. 요한이 들은 많은 무리의 소리(혼인 잔치의 초청)(6-9절)

B′. 그릇된 경배 대 바른 경배(10절)[4]

문일 것이다. 그렇지만 19:1-5가 17-18장과의 연계성이 있는 것을 부인할 필요는 없다. 17-18장과 19:1-5의 연계적 특성은 계시록에서 한 장면에서 다른 장면으로 넘어갈 때 서로 연결되는 단락 연계의 특성을 반영한다.

2. 음녀(바벨론)와 어린 양의 신부(교회)의 대조는 17-18장과 21-22장의 대조로 나타난다. 바벨론은 심판받고 교회는 새 예루살렘으로 영광스럽게 변화된다. 이런 대조가 1-3절(보응)과 6-9절(보상)에서 뚜렷이 나타난다. 계시록을 관통하는 보응과 보상의 메시지다(Fekkes, 269).

3. Aune는 19:1-8을 21:9-22:9의 도입부로 본다(Aune, 1998b: 1021-2). 이유는 19:1-8이 그리스도의 신부인 새 예루살렘에 대한 묘사(21:9 이하)와 관련이 깊다고 보기 때문이다. 그러나 그는 첫째, 19:7과 9절에서 "어린 양의 결혼"(ὁ γάμος τοῦ ἀρνίου)이 반복되고 있다는 점에서 9-10절을 무리하게 분리할 수 없다는 점을 간과한다. 둘째, 그는 1-10절의 평행 구조에서 4-5절과 10절의 하나님 경배 대(vs.) 그릇된 경배의 대조가 부각된다는 점을 인지하지 못한다. 19:10과 22:8-9는 모두 천사 숭배의 거부라는 내용을 담고 있지만 단락 내의 역할이 서로 다르다(22:6-11 구조를 보라).

4. 10절의 그릇된 경배와 바른 경배의 대조는 14:6-11의 하나님 경배(6-7절)와 그릇된 경배(9-11절)의 대조와 연관이 있을 것이다. 경배의 주제(motif)가 다시 19:4-5와 10절에 나타난 셈이다. 14장은 하나님과 짐승의 경배를 대조했는데, 19장은 하나님 경배와 천사 경배를 대조한다.

A. 요한계시록 19:1-5 (의의 심판에 대한 찬양)

전반부인 1-5절은 하나님의 의의 심판을 찬양하는 1-3절과 하나님께 경배와 찬양을 드리는 4-5절로 나뉠 수 있다.

여기서 1-3절은 세부적으로 네 부분으로 구성된다. 첫 번째 부분은 "할렐루야"와 하나님에 대한 찬양(1b절)이다. 그리고 그 이유에 대한 두 개의 이유의 부사절(ὅτι)이 나온다(2a-b절). 처음의 '호티'-절은 하나님의 심판의 참됨과 의로움에 대한 내용이다(2a절). 두 번째의 '호티'-절은 처음의 '호티'-절의 내용과 근거가 된다(2b절). 하나님의 심판을 참되고 의롭다고 한 이유라 할 수 있다. 마지막 것은 두 번째의 '할렐루야'와 함께 음녀의 심판에 대해 기술한 부분이다(3절).

a. 할렐루야. 구원과 영광과 능력이 우리 하나님께(1b절).

b. 그의 심판은 참되고 의롭기 때문이다(2a절).

b'. 땅을 더럽힌 음녀를 심판하셨고 종들의 피를 갚으셨기 때문이다(2b절).

a'. 할렐루야. 그녀를 태운 연기가 올라갔다/올라간다(3절).

두 번의 "할렐루야"는 첫 행과 마지막 행을 열고 닫는 역할을 한다. 여기서 구원과 영광과 능력의 주체가 되시는 하나님과 심판의 대상이 되는 음녀의 심판당한 모습이 대조된다. 중간 부분의 두 개의 부사절 가운데 하나는 하나님이 행하신 심판의 참됨과 의로움을 부각하고, 또 하나는 그 심판의 이유가 부각된다. 크게 두 개로 나눈다면, 1b-2a절은 하나님과 그의 심판의 특성에 초점을 둔 반면, 2b-3절은 그 심판의 대상인 음녀의 심판받는 이유와 상태(결과)를 부각시킨다.

한편, 4-5절에는 그 안에 특정한 구성이 보이지 않는다. 이 구절의 내용은 천상의 존재들(이십사 장로와 네 생물)이 하나님을 경배하는 모습이다. 바벨론 심판이 이뤄졌기 때문이다.

번역

1 이 일들 후에, 나는 하늘에서 많은 무리가 말하는 큰 음성을 들었다. "할렐루야. 구원과 영광과 능력이 우리 하나님께 있습니다. **2** 그의 심판은 참되고 의롭기 때문이고 그녀의 음행으로 땅을 더럽힌 큰 음녀를 심판하셨고 그의 종들의 피를 그녀의 손에 갚으셨기 때문입니다." **3** 그들이 두 번째로 말하였다. "할렐루야." 그러자 그녀를 태운 연기가 영원토록 올라갔다. **4** 또 이십사 장로와 네 생물이 보좌에 앉으신 하나님께 경배하며 말하였다. "아멘. 할렐루야." **5** 보좌로부터 말하는 소리가 나왔다. "우리 하나님을 찬양하라. 그의 모든 종들, 곧 그를 경외하는 자들, 작은 자들과 큰 자들아."

주해 및 해설

1절 (하늘의 많은 무리의 큰 음성) "이 일들 후에"(1절)는 용과 짐승의 하수인으로 많은 부귀와 권력을 누렸던 도성 바벨론의 몰락 이후를 가리킨다. 요한은 하늘에서 나는 많은 무리의 음성을 듣는다(참고, 7:9-10; 14:2-3).[5] 이들은 모두 구원받은 성도의 무리다. 그들의 수가 상당히 많다는 표현

5. 7장, 14:1-5, 19:1-10과 다소 비슷한 장면은 '짐승과 그의 우상과 그 이름의 수를 이긴 자들'이 노래를 하고 있는 15:2-4다. 그런데 15장은 노래하는 이들에 대해 묘사할 때 '많은'과 '큰 소리'라는 표현을 쓰지 않는다는 점에서 다르다. '많은'은 7:9("많은 무리"), 14:2("많은 물 소리 같고"), 19:1("많은 무리")에서, '큰 소리'는 '큰 소리'(7:10), '큰 천둥소리'(14:2), '큰 음성(소리)'(19:1) 등 세 부분에 공통적으로 나타난다.

이 '많은', '무리', '큰'으로 나타난다. 하늘에 존재하는 성도의 무리라는 점에서 그들은 주 안에서 이미 자는(죽은) 자들(살전 4:14)을 가리킨다. 이들이 "할렐루야"라고 큰 소리로 외쳤다. 할렐루야는 히브리어 '할렐루야'(הַלְלוּיָהּ)로 '주님(여호와)을 찬양하라'다.[6] 할렐루야는 계시록에서 19장에만 네 번 나타난다(1, 3, 4, 6절). 이 부분은 할렐루야 본문이라고 부를 수 있으며, 하나님께서 이루신 일(보응과 보상)에 대한 찬양과 경배의 내용을 담고 있다. 하나님에 대한 이 찬양은 "구원과 영광과 능력이 하나님께" 있다는 우렁찬 고백으로 이어진다. "우리 하나님께"는 소유적 의미의 소유격('하나님의')이다. 모든 것이 전적으로 우리 하나님께 귀속된다(belong to)는 의미다.

'구원'(σωτηρία)은 하나님께서 그의 백성을 구원하셨다는 것(7:10; 12:10; 19:1)을, '영광'(δόξα)은 하나님의 존재의 신성(1:6; 4:9, 11; 5:12, 13; 7:12; 14:7; 19:1, 7)을, '능력'(δύναμις)은 하나님의 섭리대로 모든 것을 이루신다는 것(4:11; 5:12; 7:12; 11:17; 12:10; 19:1)을 뜻할 것이다. 구원, 영광, 능력이 모두 우리 하나님께 귀속된다는 고백의 찬양이다. 하나님에 대한 대표적인 찬양 본문은 4:11; 5:12-13; 7:10, 12; 11:17이다.

2절 (그의 심판은 참되고 의롭습니다) 2절은 구원과 영광과 능력이 하나님께 속한다는 1절의 고백의 근거가 된다(원인/이유의 '호티'절). 2절은 하나님께 영광을 돌리는 두 가지 이유를 강조한다. 첫째는 하나님 심판의 참됨과 의로움의 속성 때문이다. 심판의 참됨과 의로움에 대한 고백이 16:7("주[당신]의 심판은 참되고 의롭습니다")에 이어 반복된다(2절). 16:7이 대접 재앙 중(셋째 대접)에 일어난 고백이지만, 19:2의 고백은 일곱 대접 재앙이 모두 끝난 후 일어난다. 하나님의 심판은 공의의 집행이다. 그래서 참

---

6. הַלְלוּ는 הָלַל(자랑하다)의 피엘 명령법 남성 복수형('[너희는] 찬양하라')이고 יָהּ는 יְהוָה(여호와)를 뜻한다(김상훈, 2021: 401).

되고 의롭다.

둘째는 심판의 대상(음녀)과 방법(피를 갚으심) 때문이다. 이는 첫째 내용(심판의 참됨과 의로움)과도 관련 깊다. 일곱 대접으로 나타난 하나님의 분노와 심판의 정당성을 부각한다. '더럽히다'(φθείρω)에는 '타락하게/부패하게 하다'(L&N, 88.266)의 의미가 있지만 또한 '파괴하다/무너트리다'(L&N, 20.39)의 의미도 있다. 음녀 바벨론은 땅을 타락하게 하여 결국 파멸로 이끌었다(17:2, 5; 18:3-4). 하나님 심판의 정당성은 그의 심판이 참됨(진리와 진실)과 의로움(의, 공의)에 기초한다(신 32:20; 느 9:33; 시 19:9; 89:14; 96:13; 111:7-8; 단 4:37). 그의 심판의 '참됨(진실함)'은 거짓되고 왜곡된 판결(판단, 심판)과 대조된다. 심판의 '의로움'은 그 어떤 불의한 판결에도 반대될 뿐 아니라, 불의한 것들에 징계를 가하는 공적 의(공의)를 의미한다. 그의 심판의 참됨과 의로움은 음행으로 땅을 더럽힌 큰 음녀를 심판하시는 데에서 나타난다. 하나님의 참됨과 의로움은 음녀의 음행을 내버려 둘 수 없다. 불의에 대해 정당한 심판이 따라야 하기 때문이다.

하나님의 의로움은 또한 하나님의 종들의 피를 흘리게 한 것을 갚으시는 보응의 심판과도 관련이 있다(17:6; 18:20, 24; 참고, 신 32:43; 왕하 9:7; 시 79:10). "그녀의 손에 갚았다"는 것은 히브리식 관용 표현이다(왕하 9:7; 김상훈, 2021: 402). 그녀가 자신의 행동(피를 흘리게 한 것)의 대가를 지불하게 하셨다는 뜻이다. 부도덕과 불신앙이 땅에 만연해지게 이를 조장하고 세상을 더럽힌 것에 대해 마땅한 대가를 지불하게 하시는 하나님은 참되고 의로운 분이시다. 심은 대로 거두게 하시는 하나님은 정의로우시다. "갚으셨다"(ἐξεδίκησεν)는 것은 하나님의 공의가 실현되었다는 뜻이다. '갚다/보응하다'(ἐκδικέω)는 단어는 계시록에 두 차례(6:10; 19:2) 나온다. 6:10(다섯째 인)에서는 "갚지 않으십니까?" 하는 순교자들의 청원이 있었을 때에 "잠시 쉬라"(6:11) 하셨던 하나님께서 19:2에서는 끝내 그의 갚음의 약속을 성취하신다(참고, 16:5-7; 17:6; 18:24). 하나님의 정의는 언제든 실현되는 법이다. 공의의 하나님이시기 때문이다. 따라서 사람들 앞에 억울한 것을 다 풀려고 할 필요는 없다. 하나님은 그 억울함을 기억하신다. 그의 정의는 언젠가는 실현된다.

바벨론의 심판은 이뤄졌지만, 용과 짐승과 거짓 선지자의 심판은 나중에야 이뤄진다(19:20; 20:2, 10). 하나님의 때가 있다. 하나님은 이들 모두를 바로 심판하지 않으신다. 아직 섭리의 과정이 남아 있기 때문이다. 이후에 그리스도의 재림(19:11-16), 아마겟돈 전쟁(19:17-21), 천년 나라(20:1-10) 등의 과정이 남아 있다.

3절 (음녀를 태운 연기) 하늘의 무리가 두 번째로 "할렐루야" 하고 하나님을 찬양한다(3절). 할렐루야(1절)로 시작하여 할렐루야(3절)로 마무리된 찬양이다. 구약 시편(시 104:35; 105:45; 106:1, 48; 111:1; 112:1; 113:1, 9; 115:18; 116:19; 117:2; 135:1, 21; 146:1, 10; 147:1, 20; 148:1, 14; 149:1, 19; 150:1, 6)에 나타나는 '하나님을 찬양하라'(הַלְלוּיָהּ)는 뜻의 '할렐루-야'는 신약에서 오직 이 부분에만 나온다(네 번, 1, 3, 4, 6절). 19:1-10은 그런 점에서 '할렐루야 송가'라 할 수 있겠다. 시편의 할렐루야 찬가(예컨대, 146-150편)에 비견될 수 있다. 계시록 19:1-10에서 '할렐루야'는 하나님께서 이루신 모든 것에 감사하며 찬양하는 의미를 지니게 된다.

이들의 찬양은 하나님을 찬양하는 것(1절)과 또한 그의 심판을 칭송하는 것(2절)이었다. 그들의 찬양이 끝나자, 음녀 바벨론을 태운 연기가 하늘로 올라갔는데(14:11; 18:9, 18), "영원토록"(εἰς τοὺς αἰῶνας τῶν αἰώνων, 영원의 영원히) 올라갔다. 이것은 그에 대한 심판의 결과가 영속적임을 알려주는 묘사다. 현재형 '올라간다'(ἀναβαίνει)를 쓴 점도 심판의(또는 그 결과의) 지속성과 생생함을 부각한다. 한때 누리던 부귀와 영화, 권력과 명예는 허망하게 불식간에 끝이 나고 지불해야 할 고통스러운 대가는 영원한 것이다.

4절 (이십사 장로와 네 생물의 하나님 경배) 하늘의 많은 무리의 찬양이 마치자, 이번에는 지상의 존재들을 대표하는 이십사 장로와 천상의 존재들을 대표하는 네 생물이 보좌에 앉으신 하나님께 경배한다(4절). 그리고 "아멘, 할렐루야"[7] 하고 말한다(참고, 시 106:48). 4장에 처음 나왔던 이십사 장로와 네 생물이 등장하는 것은 이 장면까지다.[8] 그다음부터 이들은 나타나지 않는다. 21장에 가서 새 예루살렘과 관련하여 열두 지파와 열두 사도가 거명된다. 그들은 각기 열두 문에 이름이 쓰였거나(열두 지파) 열두 기초석 위에 이름이 쓰인다(열두 사도). 그러나 더 이상 이십사 장로 자체로는 나타나지 않는다. 그들의 역할은 새 예루살렘이 있기 전까지인 것 같다. 그들이 더 이상 하늘과 땅에 있는 모든 이들을 대표할 필요가 없기 때문일 것이다.

5절 (보좌의 소리, "찬양하라") 이십사 장로와 네 생물의 찬양에 응답하듯, 보좌로부터 말하는 소리가 나왔다(5절). 보좌에서 말하는 소리는 하나님 자신의 소리는 아닐 것이다. 이 소리는 하나님을 3인칭('그')으로 부르고 있기 때문이다.[9] 또한 어린 양이신 예수 그리스도의 소리도 아니다. 그

---

7. 계시록에서 아멘은 모두 7구절(1:6, 7; 3:14; 5:14; 7:12; 19:4; 22:20; 참고, 22:21은 사본상의 문제가 있음, 본서 제31장 각주 13 참고)에 쓰였는데, 19:4와 가장 깊이 관련된 구절은 7:12다. 이 두 구절이 모두 구원받은 자들과 관련되는 본문(7장과 19:1-10)에 속한다는 점과 성부 하나님을 찬양하는 맥락에서 쓰이고 있는 점이 공유된다. 또한 19장에만 네 차례(19:1, 3, 4, 6) 쓰인 '할렐루야'는 성도들이 승리한 후에 드려지는 찬양이다.
8. 그들이 처음 등장하는 것은 4장이다. 4장에서 이십사 장로와 네 생물은 하나님을 경배한다. 19:1-10은 특히 7장과 관련이 깊다. 7장에도 이십사 장로와 네 생물이 나오고 그들의 경배와 찬양이 있다(7:11-12). 또한 7장에도 19장처럼 많은 이들의 찬양이 함께 나온다.
9. 계시록에서 의인화된 보좌와 관련된 부분은 다음과 같다. 4:5, '보좌로부터 번개와 음성과 뇌성이 났다'; 9:13-14, '하나님 앞 금단 네 뿔에서 나는 소리'- "네 천사를 풀

리스도라면 "우리 하나님"이라고 하시지 않았을 것이다(Osborne, 2002: 666; 대조, Beale, 1999: 930). 의인화된 보좌에서 나는 소리는 모든 하나님의 종들로 하여금 하나님을 찬양하라고 명한다. "찬양하라"의 '찬양하다'(αἰνέω)는 예배의 대상이신 하나님의 탁월하심을 전제하는 말이다(L&N, 33.354; 눅 2:13; 19:37; 롬 15:11; 시 106:48; 113:1-3; 148:1-14; 150:1-6). "작은 자들과 큰 자들"은 '신분의 고하와 연령의 노소를 막론하고'라는 뜻이다(11:18; 13:16; 19:5, 18; 20:12). 하나님의 모든 종들, 즉 그를 경외하는 모든 성도들은 다 이 찬양에 참여하라 명해진다. 하나님께서 이 모든 일을 이루셨기 때문이다.

4-5절의 경배와 찬양은 일차적으로 바벨론 심판(1-3절)에 대한 것이다. 하나님 심판의 참됨과 의로움이 초점이 된다. 또한 이 경배와 찬양은 그리스도의 신부가 준비된 것(6-9절)과도 연관된다. 신부의 준비가 다 이뤄졌기 때문이다. 전자는 악의 부정(바벨론 심판)과 관련되며, 후자는 선의 긍정(성도의 준비)과 관련된 경배와 찬양이다.

B. 요한계시록 19:6-10 (혼인 잔치의 초청, 바른 경배)

6-10절은 두 가지로 나뉜다. 첫째는 두 번째 찬양 부분(6-9절)이다. 첫 번째 찬양(1-3절)이 바벨론의 심판에 초점을 맞췄다면, 두 번째 찬양(6-9절)은 어린 양 그리스도의 결혼 잔치를 부각하고 있다. 이 부분은 하나님의 다스림에 대한 찬양과 고백(6절)에서 시작하여 하나님의 참된 말씀이라는

어주라"; 16:1, '성전에서 나는 큰 음성'- "일곱 대접을 땅에 부으라"; 16:17, '큰 음성이 성전에서 보좌로부터 났다'- "되었다"; 21:3, '보좌에서 나는 큰 음성'- "… 하나님께서 친히 그들과 함께 계실 것이다 …"

천사의 확언(9b절)으로 마무리된다. 그 가운데에 어린 양의 신부가 준비된 사실(7-8절)과 결혼 잔치에 대한 초대(9a절)의 내용이 담겨 있다.

a. 많은 무리의 소리(찬양): 하나님이 다스리신다(6절).

b. 어린 양의 신부가 준비되었다(7-8절).

b′. 어린 양의 결혼 잔치에 초대된 이들이 복이 있다(9a절).

a′. 천사의 확언: 이것이 하나님의 참된 말씀이다(9b절).

비일은 19:5-6이 일곱째 나팔인 11:15-19의 내용과 유사한 점 세 가지를 지적한다(Beale, 1999: 926). 첫째는 성도들에 대한 묘사다(11:18, "주의 종들, 선지자들과 성도들과 주의 이름을 경외하는 이들, 즉 작은 자들과 큰 자들"; 19:5, "그의 모든 종들, 곧 그를 경외하는 자들, 작은 자들과 큰 자들"). 둘째는 하나님 통치의 시작을 알리는 선언이다(11:15, "세상 나라가 우리 주님과 그의 그리스도의 것이 되었다. 그리고 그분이 영원무궁히 왕 노릇하실 것이다"; 19:6, "할렐루야. 전능하신 우리 주 하나님께서 다스리신다"). 셋째는 천둥소리다(11:19, "천둥들… 있었다"; 19:6, "강한 천둥소리같이"). 일곱째 나팔 본문인 11:15-19의 선언이 결국 재림 직전인 19:1-10에서 그 종결과 완성을 이루었기 때문이다. 11:15의 미래형 "왕 노릇하실 것이다"(βασιλεύσει)에서 19:6의 극적(dramatic) 또는 완성적(culminative) 의미의 부정과거형 '에바실류센'(ἐβασίλευσεν)으로 전환되었다. 여기서 부정과거형 '에바실류센'은 (왕권이) 성취됨을 뜻하므로 현재형('왕 노릇하신다/다스리신다')으로 번역할 수 있다(ESV, NAS, NIV; 김상훈, 2021: 405).[10] 하나님의 다스림이 온전히 실현된 것이다. 교회를 괴롭혔던 짐승의 시대가

10. 반면에 Beale과 Osborne은 기동의(ingressive) 부정과거('다스리기 시작하셨다')로 본다(Beale, 1999: 982; Osborne, 2002: 672).

일곱 대접 재앙들과 함께 모두 끝났다.

두 번째(마지막) 부분(10절)은 그릇된 경배와 바른 경배를 대조해 주는 부분이다. 4-5절은 하나님 경배와 찬양을 강조하는 부분이며, 10절은 그릇된 경배에 대해 알려주는 구절이다.

번역

> **6** 또 나는 많은 무리의 소리 같고 많은 물 소리 같고 강한 천둥소리같이 말하는 소리를 들었다. "할렐루야. 전능하신 우리 주 하나님께서 다스리신다.
> **7** 기뻐하고 즐거워하며 그에게 영광을 드리자. 어린 양의 결혼 예식이 이르렀고 그의 신부가 자신을 준비하였기 때문이다. **8** 그녀에게 빛나고 깨끗한 아마포를 입는 것이 허락되었다. 그 아마포는 성도들의 의로운 행위이다." **9** 또 그가 내게 말했다. "기록하라. 어린 양의 결혼 잔치에 초대된 이들이 복이 있다." 또 그가 내게 말했다. "이것들이 바로 하나님의 참된 말씀들이다." **10** 내가 그에게 경배하려고 그의 발 앞에 엎드렸다. 그러자 그가 내게 말하였다. "보라. 그러지 말라. 나는 예수의 증언을 가지고 있는 그대의 형제들과 같이 그대와 함께 종 된 자이다. 하나님께 경배하라. 예수의 증언은 예언의 영이기 때문이다."

주해

6절 (많은 무리의 소리, "할렐루야") 요한은 또 "많은 무리의 소리" 같은 것을 듣는다(6절, "또 나는 들었다"). 소리 앞에 세 번 '같은'이 반복된다. 많은 무리의 소리, 많은 물 소리, 강한 천둥소리 같은 소리다. 앞에서(1절) 요한이 들은 소리도 많은 무리의 큰 음성 같은 것이었다. 이 소리는 6절의 많은 무리의 소리와 같은 소리일 것이다. 서로 다른 무리의 소리라 볼 근거는 없다(1절과 6절의 소리는 대조되지 않는다). 조금씩 다르게 표현한 것이다. 그 소리의 크기가 엄청나서 많은 물 소리가 나는 것 같고 하늘에서 강한 천둥소리가 나는 것 같은 큰 소리였다. 6절에서는 '많은'이 두 번, '강한'이 한 번 사용된다는 점에서 1절에 비해 좀 더 강화된(점층적) 표현이라 할 수 있다. 1-3절이 심판에 대한 내용인 반면, 6-9a절은 어린 양의 결혼 예식에 대한 내용을 담고 있다.

많은 이들이 한목소리로 외치는 소리는 다시 하나님을 찬양하는 내용이다. 1절은 하나님의 구원과 심판을 강조하며, 6-7절은 하나님의 통치와 성도의 기쁨을 부각한다. "할렐루야. 전능하신 우리 주 하나님께서 다스리신다." 전능하신 하나님의 주권적 통치를 드러내는 찬양이다. 하나님의 우주적인 통치를 노래하는 6절은 계시록 신학의 핵심이자 요약이다(Boring, 1986: 257, 269). 우주를 통치하시는 하나님을 대신할 수 있는 존재는 없다. 그 누구도 하나님의 통치를 끝까지 거스릴 수 없다. 하나님에 대한 모든 대항은 한시적인 것일 뿐이다. '다스리셨다'(ἐβασίλευσεν)가 부정과거형으로 사용되고 있는 것은 하나님의 다스리심, 특히 그분의 심판과 보상의 일이 실현되었다는 표현일 것이다.

흥미로운 것은 19장의 모든 찬양이 '할렐루야'로 시작하고 있고 또 그같이 반복된다는 점이다(1, 3, 4, 6절). '하나님의 구원과 영광과 능력'이 이뤄졌기 때문이다. 하나님은 언제나 찬양 받으시기에 합당하시다. 특히, 하나님께서 하신 일을 알고 깨닫게 될 때, 우리는 찬양할 수밖에 없다. "할렐루야".

7절 ("신부가 자신을 준비하였다") 7절은 1인칭 복수 가정법(청유형, '~하자')를 사용한다. "기뻐하자"(χαίρωμεν). "즐거워하자"(ἀγαλλιῶμεν). "(영광을) 돌리자(드리자)"(δώσωμεν). 이 구절은 찬양과 경배에 초점을 맞춘다.

기뻐하고 영광을 돌리는 이유는 어린 양의 결혼 예식이 가까웠기 때문이다(참고, 사 61:10). 또한 그의 신부(아내)인 교회(21:2, 9; 엡 5:25-27)가 이 예식에 준비되었기 때문이다.

7절은 '자신을 준비하였다'라고 신부 자신의 준비를 강조한다. 신부가 신랑을 위해 자신을 준비한 것이다. 21:2도 그녀가 신랑을 위해 단장한 '준비된' 신부임을 강조한다. 교회는 그리스도를 위해 늘 자신을 준비하는 신부다. 신부로서 자신을 단장해 왔다. 따라서 결혼식이 그녀를 위한 보상의 일환이다.

'신부' 또는 '아내'로 번역된 말은 '귀네'(γυνή)다. 이것은 단순히 '여성'(여인)을 가리키는 말(2:20; 12:1; 17:3 등)도 되고 남편(신랑)과 관련해서는 '아내'(신부)로 쓰이는 말이다(19:7; 21:9). 여기서는 결혼 예식을 준비하는 '신부'라고 번역하는 것이 문맥에 부합한다. 그리스도의 신부는 그리스도의 교회다(엡 5:23-27, 29-30, 32). 21장에서 하늘에서 내려오는 새 예루살렘이 '신부'(아내)다(21:2, 9). 새 예루살렘은 교회의 미래적 완성이다. 하나님 나라의 미래다. 어린 양의 혼인 예식에 신부로 준비된 교회가 19장의 많은 무리로 나타난 것이다. 그들은 많은 성도들, 즉 구원받은 자들의 집합이다.

8절 ("그녀에게 아마포가 허락되었다") 신부인 교회는 빛나고 깨끗한 아마포(세마포, βύσσινος)를 입고 예식을 치르게 된다(8절). 아마포는 계시록에 네 번 등장한다(18:12, 16; 19:8, 14). 바벨론이 주는 비싼 아마포(18:12, 16)와 그리스도의 신부에게 허락되는 빛나고 깨끗한 아마포(19:8, 14)가 극적으로 대조된다. 주님이 주시는 것은 세상이 주는 것과 비교될 수 없다. "입는 것이 허락되었다"는 것은 이제 곧 혼인 예식이 있을 것이기 때문에 예식 옷을 입고 준비되어 있다는 뜻이다. 신부가 입은 아마포가 "성도들의 의로운 행위(들)"라 하였는데, 그리스도의 칭의(의롭다 하심)로 이뤄진 의로움(단수)이 그들의 삶의 거룩함과 의로움(복수)으로 열매 맺었다는 뜻이다(참고, 사 61:10, '공의[의]의 겉옷').

"성도들의"를 목적의 소유격('성도들을 위한')으로 보면, "성도들의 의로운 행위"는 성도들을 위해 행하신 하나님의 의로우신 사역을 뜻하게 된다. 성도의 행함보다 우선하고 의의 완전한 기반이 되는 것은 하나님께서 우리를 의롭게 하신 일이다(롬 3:24-30; 4:3-8, 23-25; 5:1, 6-11; 6:6-8, 14; 8:29-34; 고전 6:11). 한편, 예비된 신부(교회) 자신도 깨끗함으로 자신을 준비하고 있어야 한다(주어적 소유격, '성도들이 행한 의로운 행위'; 롬 6:1-3, 11-16, 19; 8:12-13; 12:1-2). '의로운 행위'는 하나님의 의롭다 하시는 사역과 성도들의 의로운 행위 둘 다를 뜻한다고 볼 필요가 있다(Beale, 1999: 936; Osborne, 2002: 675). 둘은 분리할 수 없다.

9a절 (어린 양의 결혼 잔치에 초대된 이들) 9절에서 말하는 주체('그')가 누군지 기록되어 있지 않다. 단수로 쓰는 것으로 보아, 1절과 6절의 많은 무리나 4절의 이십사 장로와 네 생물은 아니다. 또 5절의 보좌에서 나는 음성일 수 없는 것은 10절에 한 천사가 등장하기 때문이다. 10절의 그 '한 천사'가 9절의 3인칭 대명사 '그'일 것이다(실제로는 동사에 인칭대명사가 내포된 상태다). 이 천사가 9절에서 말하는 주체다.

이 천사는 요한에게 "기록하라"(γράψον)고 한다.[11] 그러면서 요한에게 말하는 것은 "어린 양의 결혼 잔치에 초대된 이들이 복이 있다"는 것이다. 그리스도의 교회는 집합적으로는 신부(아내)가 되고 성도 개인으로는 초대된 존재가 될 것이다(Osborne, 2002: 694). 이 초대는 예수 그리스도에

11. "기록하라"('그랍손')는 명령은 그리스도께서 요한에게 하신 명령(1:11, 19; 2:1, 8, 12, 18; 3:1, 7, 14)이었다. 반면에 14:13에 나오는 명령은 하늘의 음성의 명령이며, 21:5의 경우는 보좌에 앉으신 이, 즉 성부 하나님의 명령이다. 한편 Beale은 책이나 편지 전체에 대해 "기록하라"는 말씀(1:11, 19; 2:1, 8, 12, 18; 3:1, 7, 14)과 짧게 전언하는 "기록하라"는 명령(14:13; 19:9; 21:5)을 구분한다(Beale, 1999: 944).

의해 직접 언급된 바(마 22:1-14; 눅 14:15-24) 있다. 한편, 어린 양의 결혼(혼인) 잔치는 그리스도의 재림과 관련된다(참고, 마 22:2-14; 25:1-13; 눅 12:35-40). 그리스도 재림의 일은 11-16절에 나온다.

9b절 (하나님의 참된 말씀) 천사는 요한에게 이것(들)이 "하나님의 참된 말씀(들)"이라고 선언한다(참고, 21:5, "이 말들은 신실하고 참되기 때문이다"; 22:6, "이 말씀들은 신실하고 참되다"). 하나님의 참된 말씀이라 한 것은 말씀의 내용들이 반드시 하나님에 의해 이뤄질 예언의 말씀이기 때문이다. 하나님께서 반드시 이루실 그분의 말씀이다. 하나님께서 이루실 참된 말씀은 협의적으로는 어린 양의 결혼 잔치에 대한 말씀인 6-9절(또는 심판과 결혼 잔치가 포함된 1-10절)이 되고, 광의적으로는 계시록의 모든 말씀이 될 것이다. 요약하면 보응(심판)과 보상(혼인)의 메시지다. 천사는 이를 확언한 것이다. "잔치/정찬"(δεῖπνον)은 계시록에서 19장 9절과 17절에만 나오는 용어다. 두 부분은 문맥 속에서 서로 대조적으로 사용되었다(Aune, 1998b: 1032). 하나는 긍정적으로, 또 하나는 부정적이다(17절 주석을 보라).

10절 (경배 받지 않는 천사, "하나님께 경배하라") 요한은 계시의 말을 전하는 천사의 권위에 압도된 듯하다. 하늘의 말을 전하는 그에게 경배하려고 발 앞에 엎드린다(10절). 그러자 천사는 요한에게 그러지 말라고 말한다. "보라. 그러지 말라"(ὅρα μή)는 단 두 단어로 이뤄진 히브리식 문장이다(19:10; 22:19; LXX 수 9:7; 참고, 출 31:13; 민 1:49; Turner, 1976: 152). 그에게 절하면 안 된다는 완강한 거부의 표현이다. 아무리 천사가 천상적(초월적) 존재고 또 하늘의 계시를 직접 전하는 특별한 존재더라도 하나님 외에는 누구도 경배를 받을 수 없기 때문이다. 하나님 외에 누구도 경배의 대상이 될 수 없다는 이 말은 이십사 장로와 네 생물이 하나님께 합당한 경배를 드리는 4-5절과 극적으로 대조된다. 이 말은 하나님 외에 그 누구도 경배의 대상이 될 수 없다는 점을 강조한다(또한 22:8-9). 하늘의 천사들은 단지 성도 된 이들과 같이 동료일 뿐이다. 예수의 증언을 가지고 증언하는 형제들과 같은, 증언의 역할을 하는 전령(천사), 심부름꾼이다. 오직 하나님께만 영광을 돌려야 한다. 주 하나님과 예수 그리스도를 증언하고 높이는 일에 천사나 성도 모두 "함께 된 종"이다. 천사의 이 말은 모든 종류의 천사 숭배에 대한 거부일 뿐 아니라, 삼위 하나님 외에 그 어떤 특정 존재의 우상화에 대한 철저한 거부의 요청이다. 거부해야 할 우상화 대상에는 모든 종교, 정치 지도자도 포함된다.

믿는 모든 인류를 대표하는 이십사 장로나 천상의 존재를 대표하는 네 생물이 모두 일치하여 하나님께 경배한 장면(4-5절)과 천사가 요한에게 말하는 장면(10절)이 함께 공유하는 주제는 오직 하나님께만 찬양드리고 그 분을 경배해야 한다는 것이다. 삼위일체 하나님 외에 그 누구도 경배나 찬양의 대상이 될 수 없다. 천상천하의 그 누구도 숭배받을 만한 존재는 없다. 신적 계시를 전달하는 천사나 계시록을 전해준 요한도 마찬가지다.

"예수의 증언은 예언의 영이다"는 말은 무슨 뜻일까? "예수의 증언"(ἡ μαρτυρία Ἰησοῦ)은 '하나님의 말씀'과 깊이 연관된다(1:2, 9; 6:9; 12:17; 20:4). "예수의 증언"은 예수 자신의 증언, 예수에 대한 증언, 예수와 관련된 증언을 가리킨다.[12] 즉, 계시록의 내용이다. "예언의 영"(τὸ πνεῦμα τῆς προφητείας)이라는 것은 이 계시가 성령을 통하여 영적으로 주어진 것임을 강조하는 말일 것이다. "예언의"를 목적의 소유격으로 보면, 예언을 위한 성령의 역할이 부각된다(Osborne, 2002: 678; 참고, Wilson, 2019b: 88-89, 96). 또는 "영"을 성도들을 가리키는 집합적 의미로 보면 '예언하는 이들'을 가리키는 말일 수도 있다(Beale, 1999: 947). 전자로 보는 것이 더 나은

12. '예수의 증언' 본문(1:2, 9; 12:17; 19:10; 20:4)에 대한 토의는 Dixon, 1-18을 참고하라.

것은 예수와 성령의 역할이 각기 증언(주어적 소유격, '증언하시는 예수')과 예언(목적어적 소유격, '예언을 위한 성령')이기 때문이다. 다시 말해, 예수께서는 '증언'의 형태로, 성령께서는 '예언'의 형태로 말씀하시지만, 결국은 서로 일치하며 함께 공유된다. 그래서 예수의 증언은 예언의 영이신 성령께서 하신 말씀이 된다(참고, Bauckham, 1980: 73-75; 1993a: 161).[13]

해설

경배의 대상이 될 천사나 사람이 있는가? 천사라도 경배의 대상은 될 수 없다. 또한 사도 요한 같은 계시 전달자라도 경배의 대상이 될 수는 없다. 하나님 외에, 천사나 사람을 조금이라도 숭상하는 것은 우상숭배가 된다. 하나님을 대적하는 일이다. 그 어떤 천사나(10절), 천상천사의 그 어떤 존재(4절)라 해도 숭배받을 수 있는 존재는 없다. 또한 특별한 계시나 그 해석의 권한을 받은 자, 그래서 그의 말을 듣지 않으면 구원받지 못하게 되는 그런 존재는, 삼위 하나님 외에 천상천하에 아무도 없다. 그런 주장을 하는 자는 누구든 거짓 그리스도다. 그래서 이단이라 한다. 특정인(교주)을 계시 전달자로 받드는 것은 신약성경의 가르침이 아니다. 하나님께서 허락하신 바 없다. 계시를 받아 계시록을 기록한 요한의 역할도 단지 계시록을 기록하고 이를 전하고 끝나는 것이다. 요한도 칭송과 경배의 대상이 아니다. 오직 하나님만이 경배의 대상이시다.

13. 구조적으로 보면, 헬라어 문장 ἡ γὰρ μαρτυρία Ἰησοῦ ἐστιν τὸ πνεῦμα τῆς προφητείας는 접속사 γάρ를 빼면 시적으로 빼어난 교차법을 보여준다. ἡ μαρτυρία(a) - Ἰησοῦ(b) - ἐστιν(x) - τὸ πνεῦμα(b′) - τῆς προφητείας(a′). 가운데 ἐστιν(~이다)을 두고 양쪽의 '예수'와 '성령'이 대응하고 '증언'과 '예언'이 서로 대응한다.

제5부
종말의 끝
요한계시록 19:11-20:10

제5부는 세 가지 에피소드로 이뤄진다. 그리스도의 재림(19:11-16), 아마겟돈 전쟁(19:17-21), 천년 나라(20:1-10)다. 19:1-10의 많은 무리의 찬양은 그리스도 재림 전의 상황을 그려준다는 점에서 19:11-16의 그리스도 재림 사건에 포함된다고 볼 수도 있다. 그렇지만 구원받는 이들을 그려주는 7장과 14:1-5과 19:1-10이 함께 (제4부의) 삼각축을 형성하고 있기 때문에 제4부(7:1-19:10)에 포함해 보는 것이 좋을 것이다. 그리스도의 직접적인 출현이 등장하는 그리스도의 재림(19:11-16)은 아마겟돈 전쟁(19:17-21)으로 이어지고, 그 결과 천년 나라(20:1-10)가 펼쳐진다. 종말의 끝의 일들이다. 종말지말(終末之末)에 그리스도께서 직접 출현하시는 장면으로 시작하는 제5부는 어린 양이 주도적으로 나와서 인을 떼는 장면인 제3부(5:1-6:17)와 대칭된다. 제5부 다음에는 현재의 지상(옛 땅), 하늘(옛 하늘)이 더 이상 존재하지 않는다. 옛 세상이 떠나간 후의 최후의 심판(20:11-15)과 새 하늘과 새 땅의 일들(21:1-22:5)은 모두 새로운 세계(우주)를 그려준다.

제27장
요한계시록 19:11-21
그리스도의 재림, 아마겟돈 전쟁[1]

전 단락인 하늘의 많은 무리가 나오는 어린 양의 혼인 에피소드(1-10절)는 구원받을 이들이 다 추수되었음을 시사한다. 따라서 오랫동안 예고해온 그리스도의 재림(1:7; 3:11; 16:15; 22:7, 12, 20)이 성취될 일이 남았다. 두 사건(마지막 추수와 그리스도 재림)은 거의 동시에 이뤄질 것이라 예상할 수 있다.

19:11-21의 두 단락(11-16절과 17-21절)은 서로 연속된 에피소드다. 흰 말을 타고 나타나시는 승리자 그리스도의 모습(11-16절)은 재림 때의 장면을 그려준다.[2] 다음의 참혹한 전쟁 장면(17-21절)은 아마겟돈 전쟁의 결과를 그려준다. 앞의 단락이 그리스도의 승리를 그려주는 데 반해, 뒤의 것은 악의 패배를 보여준다. 두 사건이 어우러져 나타나는 것은 그리스도 재림의 때에 아마겟돈 전쟁도 일어난다는 사실을 알려주기 위한 것이다(참고,

---

1. 이 부분의 일부는 김상훈, 2017: 10-12에서 발췌하였다.
2. 계시록에서 그리스도의 재림에 해당되는 기사는 19:11-16에만 있다. 세대(시대)주의적 이중재림설(공중 재림과 지상 강림)에 대한 비판은 박형룡, 184-9, 231-42를 참고하라.

16:12-16).

I. 그리스도의 재림과 승리(19:11-16) - A

II. 아마겟돈 전쟁과 그 결과(19:17-21) - A′

A. 요한계시록 19:11-16 (그리스도의 재림과 승리)

11-16절은 둘(1과 2)로 나뉘는데 둘은 서로 평행법으로 엮여서 동일한 진행 순서로 배열된다. 11-13절에서는 그리스도께서 흰 말을 타신 승리자로 나타나신다(11a절). 그는 의로 심판하시고 싸우신다(11b절). 그는 신성과 왕권을 지니신 분이다(12절). 그는 피로 적신 옷을 입으셨다(13a절). 그의 이름은 '하나님의 말씀'이다(13b절).

14-16절은 11-13절과 같은 순서를 가진다. 흰 말을 탄 그의 군대가 그리스도를 따른다(14절). 그의 입에서 예리한 검이 나오고 그것으로 열방을 치신다(15a절). 그는 철장으로 열방을 다스리신다(15b절). 그리스도는 진노의 포도주 틀을 밟으신다(15c절). 그의 이름은 '왕 중의 왕, 주 중의 주'(16절)다.

A. 흰 말을 타신 그리스도(11-13절)

a. 흰 말을 타신 그리스도(11a절) a 그리스도(신실, 진실)

b. 의로 심판하고 싸우심(11b절) b 심판과 전쟁

c. 그리스도의 신성과 왕권(12절) x 신성과 왕권

d. 그 피로 적신 붉은 옷(13a절) b′ 피의 옷(심판)

e. 이름: 하나님의 말씀(13b절) a′ 그리스도 이름

A′. 권능의 주님과 하늘의 군대(14-16절)

a′. 그를 따르는 흰 말의 군대(14절)	a 그리스도와 군대
b′. 그의 입의 검으로 열방을 치심(15a절)	b 전쟁
c′. 철장으로 다스리시는 왕권(15b절)	x 왕권(다스림)
d′. 진노의 (붉은) 포도주 틀을 밟으심(15c절)	b′ 심판
e′. 이름: 왕 중의 왕, 주 중의 주(16절)	a′ 그리스도의 이름

의도적으로 엮인 두 소단락(11-13절과 14-16절)은 정교한 평행법을 보인다.[3] 첫 소단락의 첫 부분(11a절, a)에 흰 말을 탄 그리스도가 등장하고, 두 번째 소단락의 첫 부분(14절, a′)에는 흰 옷 입고 그를 따르는 군대가 나온다.[4] 다음에는 그가 심판하시고 전쟁을 하신다는 말씀(11b절, b)이 있다. 두 번째 소단락의 둘째 부분도 입의 검으로 열방을 치시는 전쟁의 그리스도(15a절, b′)를 묘사한다. 그다음도 순서가 같다. 첫 소단락의 셋째 부분은 그리스도의 신성과 왕권(12절, c)을 그리고 있는데 둘째 소단락의 셋째 부분도 그리스도의 다스림, 즉 왕권(15b절, c′)을 드러낸다. 넷째 부분은 각기 피로 적신 붉은 옷(13a절, d)과 진노의 포도주 틀을 밟는 장면(15c절, d′)이 나온다. 두 부분이 연결된 것은 두 가지에서 나타난다. 하나는 둘 다 붉은 색깔을 공유한다는 점, 또 하나는 둘 다 결국 심판(보응)에 대한 것이라는 점이다. 이런 점에서 13a절의 피로 적신 붉은 옷은 성도의 속량을 가리키기보다는 성도의 핏값을 갚으시는 보응의 이미지라 할 수 있다.[5] 마지막 부분은

3. Osborne이 11-16절을 백마 탄 자의 특질(11-13절)과 그의 행동(14-16절)으로 구분한 것은 바른 분류가 아니다(Osborne, 2002: 679, 693). 이러한 구분은 11-16절의 뚜렷한 병행법을 파악하지 못한 결과다.
4. Beale은 12-16절을 교차대구법 구조로 보는데, 14절이 가운데 있고 "하나님의 말씀"(13b절)이 "그리스도의 입에서 나오는 검"(15a절)과 상응한다고 본다(Beale, 1999: 956). 그러나 11-16절은 교차대구가 아니라 평행법 구조를 가진다. 또한 11-13절과 14-16절은 자체 안에 교차법(대차대구) 구조를 가진다.
5. 그리스도의 옷이 '피로 적신 붉은 옷'(13절)인 이유에 대한 논란은 R. Campbell, 5와

각기 그리스도의 이름을 부각한다. 그리스도께서 하나님의 말씀(13b절, e) 이시며, 왕 중의 왕, 주 중의 주이심(16절, e′)을 드러낸다.

흥미로운 것은 11-13절과 14-16절 자체도 각기 그 안에 교차적 구성을 가진다는 점이다. 11-13절에서는 첫 부분(11a절, '신실과 진실', a)과 마지막 부분(13b절, '하나님의 로고스', a′)에 그리스도의 이름이 쌍괄적으로 나타난다. 둘째(11b절, b)와 넷째(13a절, b′) 부분은 둘 다 심판(보응)과 관련된다. 중간에 그리스도의 신성과 왕권을 강조하는 말씀(x)이 놓인다.

14-16절도 비슷하다. 자체에 교차법 구조가 나타난다. 첫 부분(14절, a)에는 그리스도의 군대가 등장하고, 마지막(16절, a′)에는 그리스도의 이름이 나온다. 그 이름('왕 중의 왕', '주 중의 주')은 그를 따르는 그의 군대를 승리로 이끄실 그리스도, 모든 전쟁의 승리자이신 그리스도를 부각하는 이름이다. 역시 둘째(15a절, b)와 넷째(15c절, b′) 부분은 전쟁과 심판을 강조한다. 중간 부분(x)에서는 그리스도의 다스림(왕권)이 자연스럽게 부각된다. 11-13절과 14-16절이 그 자체에 교차 구조를 지니면서 다시 두 소단락이 합쳐 평행적 구조를 가지는 것은 상당히 인상 깊은 설계라 할 수 있다.

이같은 구조를 통해 강조하려는 것은 무엇일까? 이 본문에는 재림의 그리스도가 전쟁과 심판의 주로 등장한다.[6] 전체적으로 심판과 전쟁의 주제(모티프)가 주도적인 본문이다. 11-13절에서 두 번(11b, 13a절), 14-16절에서 두 번(15a, 15c절) 최소한 네 번의 전쟁과 심판(보응)의 메시지가 반복된다. 심판의 모티프가 반복되고 있다. 심판의 내용이 무작위로 반복되는 것

Beale, 1999: 436을 보라. 11-16절의 평행적 구조와 11-13절의 교차적 구성은 '붉은 옷'이 모두 심판과 관련이 있음을 보여준다. 한편으로 대속의 피와 보응의 피를 다 아우르는 이중적인 의미일 가능성도 배제할 수는 없다.

6. 그리스도께서 '전쟁의 신'으로 등장하신다고 보는 학자들의 견해는 Barnhill, 248, 251; Aune 1998b: 1048-50을 보라. Barnhill은 이런 묘사가 수사적 목적과 관련이 있다고 보았다(Barnhill, 252-3).

이 아니다. 평행법적, 또한 교차적 구성으로 관련 주제를 반복 강조하고 있다. 11-13절과 14-16절, 각 소단락의 중심(12절, 15b절)에서 그리스도의 왕권 주제가 드러난다. 그리하여 예수께서 전쟁과 심판의 주시면서 동시에 진정한 왕 되심을 부각한다. 이 왕권 주제는 마지막 표현, '왕 중의 왕', '주 중의 주'라는 그분의 이름에서 극대화된다.

재림의 주의 나타나심은 두 가지 모습으로 묘사된다. 하나는 전쟁과 심판의 주시다. 보응하시는 그리스도의 이미지다. 또 하나는 진정한 왕, 왕 중의 왕이신 주님이시다. 이렇게 재림의 주는 만왕의 왕과 심판의 주로 나타나신다.

번역

11 또 나는 하늘이 열려 있는 것을 보았다. 보라. 흰 말과 그 위에 타신 이가
있는데 신실과 진실이라 불리웠다. 그는 의로 심판하시고 싸우신다. **12** 그의
두 눈은 불꽃과 같고 그의 머리에 많은 왕관이 있었다. 그 자신 외에는 아무
도 알지 못하는, 쓰여진 이름을 하나 가지고 있었다. **13** 또한 피로 적신 옷을
입으셨는데 그의 이름은 하나님의 말씀이라 불리웠다. **14** 하늘에 있는 군대
들이 흰 말을 타고 깨끗하고 흰 세마포를 입고 그를 따랐다. **15** 그의 입에서
예리한 검이 나왔다. 그것으로 열방을 치기 위한 것이다. 또한 그가 직접 철
장으로 그들을 다스리시고 전능하신 하나님의 심판의 진노의 포도주 틀을
밟으실 것이다. **16** 옷 위와 그의 허벅지 위에 왕들 중의 왕, 주들 중의 주라
는 이름이 쓰여 있었다.

주해 및 해설

11절 (흰 말 위에 타신 그리스도) "나는 들었다"(1, 6절) 본문에서 "나는 보았다"(11, 17, 19절) 본문으로 전환된다. 허다한 무리가 하늘에서 찬양하는 소리를 듣고 나서(19:1-10), 요한은 하늘이 열린 것을 다시 보게 된다(11절; 참고, 4:1). 4:1에서 '열린' 하늘은 요한이 영적으로 하늘로 올라가는 장면과 관련되는데, 이번에 '열린' 하늘은 그리스도께서 하늘에서 오시는(재림하시는) 장면과 관련된다. 두 군데 모두 현재완료 수동태 분사 '열려 있는'(ἠνεῳγμένον)이 사용된다(다른 예, 3:8, "열린 문"). 열려 있는, 그래서 그곳에서 무언가 크고 중요한 일이 나타날(일어날) 것이라 기대되는 그런 하늘의 상태가 부각된다(김상훈, 2021: 211, 409). 열려 있는 하늘에서 요한이 보게 된 것은 흰 말과 그 위에 타신 분이다. 흰 말 위에 타신 그리스도는 심판자의 심상을 보여준다. 이러한 모습은 흰 보좌에 앉으신 심판주(20:11)의 심상과 비슷할 것이다. 여기서 '흰' 색상은 정의(justice)를 표상한다(Beale, 1999: 950).

이러한 묘사에는 예수 그리스도의 신적 모습에 대해 처음으로 묘사된 1:13-16의 내용과 공유하는 부분이 많다.[7] 신적 그리스도의 모습이 그의 재림의 장면에서 승리자의 모습으로 재등장한다.

반면에 5-6장에서 그리스도는 일곱 인을 떼시던 '고난받은 어린 양'이셨다(5:7; 6:1, 3, 5, 7, 9, 12). 죽임을 당하신 어린 양이 고난의 징표라면 흰 말을 타신 그리스도는 승리하시는 존재시다.[8] "신실"(πιστός, 믿음직함, 충

---

7. 1:13-16과 19:11-16의 그리스도 묘사의 유사적 특성을 소개하고 있는 학자는 Barnhill이다. 그는 공통적인 용어(1:13과 19:13의 '입고'; 1:14과 19:12의 '머리'; 1:14과 19:12의 '눈'; 1:16과 19:15의 '입')와 비슷한 표현(1:14과 19:12의 '불꽃'; 1:16과 19:15의 '입에서 나오는 검')이 사용된 점을 지적한다(Barnhill, 244-5, 247).

8. 첫째 인의 흰 말 탄 존재(6:2)는 그리스도가 아니고 천사 가운데 하나일 것이다. 그

성)과 "진실"(ἀληθινός, 참됨)이 그에게 붙여진 이름이다(3:14, "신실하고 참된 증인"). 그분은 온전히 믿을 수 있고 충성된 분이시다(1:5; 3:14; 살후 3:3; 딤후 2:13; 히 2:17; 3:2). 특히 그의 백성과의 언약을 지키시는 분이시다(Ladd, 1972: 253). 그리스도의 재림도 언약의 성취다(마 16:27; 24:30, 44; 26:45, 64; 막 13:26; 14:62; 눅 21:27; 행 1:11). 그래서 '신실'이시다. 그의 존재가 참되시고 그의 말씀도 참되시다(3:7, 14; 요 1:9; 6:32; 8:16; 15:1; 요일 2:8; 5:20). 조금도 거짓이 없으신 분이시다(벧전 2:22). 그분은 의롭게 판결을 내리실 뿐 아니라(요 8:16) 온갖 불의와 싸우시는(전쟁하는) 분이시다(계 2:16; 17:14; 19:11, 13, 15). 그래서 신실('삐스또스')과 진실('알레씨노스')이 그분의 이름이다. 심판과 전쟁의 주로 재림하시는 그리스도의 속성을 가리킨다.

오스본은 그리스도께서 나타나실 이때에 성도들의 휴거가 일어날 것이라 추정한다(Osborne, 2002: 669, 각주 1). 상당히 일리가 있다(14절 주해를 보라). 17:14는 그리스도의 재림 때에 "그와 함께 부르심을 받고 택하심을 받은 신실한 자들"이 그리스도와 함께 전쟁을 하고 승리하게 될 것을 기록하고 있다. 17:14의 "택하신 자들"(ἐκλεκτοί)이란 용어는 계시록에서 그곳에만 나온다. 이것은 그리스도의 재림(및 예루살렘의 멸망)을 기술하는 마태복음 24:31(과 막 13:27)에 나오는 용어다. 그리스도의 재림 때에 "택하신 자들을 하늘 이 끝에서 저 끝까지 사방에서 모으리라"(개역개정 마 24:31)에 쓰인 그 용어("택하신 자들")다. 17:14가 재림을 가리키는 구절일 가능성이 높은 또 다른 이유는, 어린 양을 가리켜 "주 중의 주, 왕 중의

또한 승리자로 나타난다는 점에서 유사점이 있으나, 일곱 인을 떼시는 어린 양 그리스도께서 네 인 가운데 한 인과 관련된 존재로 출현하시는 것은 자연스럽지 않다. 더군다나 네 인 가운데 한 존재라는 것은 격에 맞지 않는다. 6:2의 '흰' 색은 승리를 가리킨다(6:2의 주해를 참고하라).

왕"이라고 부르는 단 두 곳(17:14과 19:16) 가운데 하나라는 점이다. 그러므로 17:14가 그리스도의 재림을 그려주는 19:16(11-16)과 깊은 연관성이 있다고 볼 수 있다.

12절 (머리 위의 많은 왕관) 12절은 전체적으로 흰 말을 타신 그리스도의 신성과 권세를 표현한다. 불꽃 같은 눈과 많은 왕관을 쓰신 머리, 아무도 알 수 없는 이름, 이 세 가지는 그의 신적 권위(권능)와 관련된다.

그리스도의 눈은 불꽃(화염)으로 묘사되는데(1:14, "두 눈은 불꽃 같았다"; 2:18, "불꽃과 같은 눈"), 이는 모든 것을 꿰뚫어 보시고 다 알고 계신다는 것과 광명한 의의 빛을 발하시는 분이라는 메시지가 담긴 표현이다. 그는 보지(알지) 못하시는 것이 없다. 이러한 묘사에는 또한 불의 심판적 메시지도 있을 것이다(Osborne, 2002: 680-1). 즉, 그의 눈은 의로운 빛이 되셔서 모든 것을 심판하신다(사 29:6). 또한 그의 머리에 "많은 왕관"(διαδήματα πολλά)이 있는데 그 왕관('디아데마')은 그분이 소유하신 권세와 왕권을 상징한다. 왕관이 많다는('뽈라') 것은 인간의 왕들과 대조되는 부분이다. 계시록에서 특별한 권세를 가진 존재는 여러 왕관을 가진 것으로 묘사된다. 붉은 용은 일곱 개의 머리에 일곱 왕관을 썼다(12:3). 바다에서 나온 짐승은 머리가 일곱 개이고 뿔이 열 개인데, 각 뿔마다 하나의 왕관, 즉 열 개의 왕관을 썼다(13:1). 일곱 개 또는 열 개의 왕관은 용과 짐승이 얼마나 큰 능력과 권세를 가졌는지 알려준다. 그런데 흰 말을 타신 그리스도는 "많은 왕관"을 쓰셨다. 열 개를 상회하는 의미를 가진, 많은 수의 왕관이다. 힘과 권한의 크기가 단연 다르다. 물론 참된 왕권의 반영이란 점도 짐승의 것과 대조될 것이다.

그의 "쓰여진 이름"이 어디에 쓰여 있는지는 분명하지 않다. 그분 외에 아무도 그 쓰여진 이름을 알 수 없는 것은 그 이름이 감춰졌기 때문일 것이다. 그분의 드러난 이름은 11절("신실과 진실"), 13절("하나님의 말씀"), 16

절("왕 중의 왕, 주 중의 주")에 있다. 아직 알려지지 않는 것은 그때까지 알려지지 않아야 할 이유가 있기 때문일 것이다(참고, 마 24:36; 막 13:32; 계 2:17). 요한에게 알려지지 않은 그리스도의 또 다른 이름은 재림의 때에서야 드러날 수 있다. 그때가 되면 우리는 그리스도의 새 이름을 알고 놀랄 것이다(참고, 2:17). 깊은 진리(깨달음)의 빛을 얻게 될 것이다.

13절 (그의 이름은 하나님의 말씀) 그리스도께서는 흰 말을 타고 계시지만 그 자신은 "피로 적신"(피에 담근) 옷을 입으셨다(13절). 이러한 모습은 그리스도께서 고난을 받으시고 많은 피를 흘려 죽으셨음을 다시 상기하게 한다. 그리스도 자신의 피 흘린 옷은 믿는 자들에게는 속량과 구원의 깃발이 되고, 믿지 않은 자들에게는 심판과 형벌의 깃발이 된다(참고, 사 63:1-6). 11-16절의 병행법을 참고하면, 13절의 피로 적신 붉은 옷(d)은 비슷한 붉은 색 심상인 15절의 진노의 포도주 틀(d')과 깊이 관련된다. 이러한 구조에서는 속량의 의미보다는 심판(보응)의 의미가 더 부각된다고 할 수 있다.[9] 심판(보응)과 전쟁의 주님(11절)의 이미지가 반복되는 부분이다. 이러한 이미지는 또한 진노의 (붉은) 포도주 틀을 밟으시는 그리스도(15절)의 모습과도 관련이 된다. 전쟁의 신인 그리스도께서 심판주로 재림하신다.

11절에 이어, 그의 두 번째 이름이 등장한다. "하나님의 말씀"(ὁ λόγος τοῦ θεοῦ)이시다. 그리스도의 '로고스' 되심은 요한복음과 계시록에만 나오는 요한식 용어다(참고, J. Thomas와 Macchia, 19-20, 340-1, 445-6; J. Thomas, 29). 요한복음 1:1, 14(요일 1:1)에 나타나는 그의 이름 '말씀'(로고스)은 예수께서 모든 언행으로 하나님의 진리를 전하는(증거하는) 분(요 5:24; 8:51, 55; 14:24)이실 뿐 아니라, 그분 자신이 진리가 되시는 분이심을

9. 옷에 적혀진 피가 대적자(원수)들의 피인지, 그리스도 자신의 피인지, 또는 순교자들의 피인지 하는 논쟁(Osborne, 682-683)은 중요하지 않다. "피로 적신 옷"이 심판적 의미라는 사실이 중요하다.

시사한다(요 14:6). 모든 진리의 기준은 예수 그리스도시다(요 12:48). 그밖에는 진리가 없다.

11b절에 묘사된 흰 말을 타신 그리스도는 공의로 심판하시고 악의 세력과 싸우시는 분이시다. 불의한 힘에 의해 피 흘려 죽으신 분이 그렇게 죽은 순교자들과 의인들을 대신하여 불의의 힘에 맞서 싸우시고 이를 심판하실 마지막 때가 되었다(계 6:9-11). 우주적인 공의의 집행이 이뤄질 때다.

14절 (하늘의 군대) 하늘의 군대는 천군, 즉 천사들의 군대다(14절). 이들은 흰 말을 타고 깨끗하고 흰 세마포를 입고 있다. 이때의 군대는 천사들만의 군대일 수도 있고 그리스도의 재림 때 그분을 맞이하는 택함 받은 성도들과 함께하는 군대일 수도 있다. 그런데 이 군대가 등장하는 맥락이 그리스도의 재림을 나타내는 장면이라는 점을 고려할 때, 공중에서 구름 가운데 그리스도께서 재림하실 때 그와 동행하게 될 천사들과 택하심을 받은 성도들이 함께하고 있는(마 24:30-31; 막 13:26-27; 고전 15:51-54; 살전 4:16-17) 군대라고 볼 수 있다.[10] 따라서 택함 받은 성도들이 모두 이 전쟁 직전(또는 그때)에 일어나 공중에서 주님을 맞이하게 될 가능성이 높다. 17:14는 주(들) 중의 주, 왕(들) 중의 왕이신 그리스도의 아마겟돈 전쟁에서 "부르심을 받고 택하심을 받은 신실한 자들" 즉 성도들이 그리스도와 함께 짐승과 전쟁을 하게 될 것을 말해준다. 그들이 전쟁에서 이길 것이라 말해준다. 따라서 흰 옷을 입고 따르는 군대는 (1) 하늘에 있던 성도들이거나, 또는 (2) 하늘의 성도들과 재림 때 들림 받는 성도들, 또는 (3) 모든 성도들과 천사들이 통합된 천군일 수 있다(Osborne, 2002: 684). 따라서 천사들만의

---

10. Barnhill은 그리스도의 입에서 나오는 검을 비폭력적 증언(예컨대, 12:11)을 상징하는 것으로 이해한다(Barnhill, 249; 참고, Blount, 2009: 45). 15절에 말 탄 자가 다시 나온다는 점 때문에 군대를 묘사한 14절이 후에 삽입된 것으로 간주하는 Aune의 주장(Aune, 1998b: 1059)은 11-16절의 평행법 구조(작법)를 고려하지 않은 것이다.

군대는 아닐 것 같다.[11] 하늘의 군대는 흰 옷을 입고 흰 말을 탄 채 그리스도를 따른다. 그들이 입은 옷과 탄 말이 희다는 것은 그들이 거룩하고 의로운 군대임을 뜻한다. 공의의 군대가 불의와 거짓의 집단과 전쟁을 하려 한다.

15절 (그리스도의 검과 철장, 포도주 틀) 그리스도의 입에서 예리한 검이 나온다(15절). 이 검은 좌우에 날선 검(1:16; 2:12)이다. 그것은 그리스도의 말씀일 것이다. 이 검은 그리스도의 강력한 무기다. 그리스도께서 심판하시고 전쟁을 하실 때(11a절) 바로 이 검으로 열방(민족들)을 치신다(강타하신다). 어떤 존재도 그 앞에 힘쓸 수 없다. 본문은 또한 그가 철장(철 막대기)으로 그들을 다스리신다(목양하신다)고 한다(15절; 12:5; 시 2:9).[12] 그는 많은 왕관을 쓰신 분으로 왕 중의 왕이시다(12, 13절). 철장은 열방에 대한 그의 다스림이 엄중하고 강력할 것을 말해준다. 그리스도의 심판은 하나님의 진노를 반영한다. 본문은 "전능하신 하나님의 진노의 분노의 포도주 틀"이라고 하는데, '진노'와 '분노'가 겹쳐서 나온다. 포도주 틀은 포도주를 짜는 틀인데 그 틀에서 나오는 붉은 포도즙은 하나님의 진노의 결과로 나타나는 심판과 죽음의 피를 상징한다(14:19-20). 포도주 틀을 밟으신다는 것은 그분 자신이 심판자가 되신다는 뜻이다(14:20; 참고, 욜 3:13). 14:18-20의 말씀, 심판(분노의 포도주 틀)의 예고(예언)가 19:15에서 완성된 것이다. 이미 대접 재앙을 통해 하나님의 진노가 부어졌다(15-16장). 그리스도는 재림의 때에 최종의 신적 분노를 땅에 펼치는 심판의 집행자가 되실 것이다.[13]

---

11. Beale은 계시록에서 한 군데(15:6, 일곱 천사)를 제외하고 오직 성도들만이 흰 옷을 입는다는 점(3:4-5, 18; 4:4; 6:11; 7:9, 13-14)을 지적한다(Beale, 1999: 960).
12. 15절의 "그가 철장으로 그들을 다스리시고"(ποιμανεῖ αὐτοὺς ἐν ῥάβδῳ σιδηρᾷ)는 70인역의 시 2:9(ποιμανεῖς αὐτοὺς ἐν ῥάβδῳ σιδηρᾷ)의 문자적 성취다. 다섯 단어가 정확히 그 순서까지 일치한다. 다만, 15절은 3인칭 대명사('그')이고 시 2:9는 2인칭 대명사('네')인 차이밖에 없다.
13. 11-16절의 백마 탄 그리스도와 백마 탄 군대의 등장이 일종의 승리의 '행진'(procession) 같다는 Campbell의 견해(R. Campbell, 4-7; 또한 Pate, 2019: 80)가 틀

16절 (그의 이름은 만왕의 왕, 만주의 주) 11절('신실과 진실'), 13절('하나님의 말씀')에 이어, 그리스도의 세 번째 이름이 드러난다. 그분의 피로 적신 옷 위와, 흰 말을 타고 앉으신 그의 허벅지 위에 그 이름이 쓰여 있다(16절).[14] '왕 중의(왕들 가운데) 왕'(βασιλεὺς βασιλέων), 또 '주 중의(주들 가운데) 주'(κύριος κυρίων)라는 이름이다(17:14).[15] 이 이름은 계시록에서 단 두 곳(17:14; 19:16)에 쓰였다. 두 군데 모두 그리스도의 재림과 관련된 말씀이라는 점에서 이 명칭은 예수 그리스도의 사역이 그의 재림으로 완성될 때의 장면과 관련될 것이다. 하나님의 아들이신 그리스도는 당연히 '주 중의 주, 왕 중의 왕'이시지만, 특히 그의 재림 때에 그분의 진정한 권한을 온 우주에 드러내신다. 그리스도의 왕권(kingship)과 주재권(lordship)의 크기(강도)를 표현하는 이 이름은 만방에 드러나는 그의 신성적 권세를 표현한다. 그 앞에 어떤 왕도, 어떤 주(주인)도 자신의 미약한 권세를 내세울 수 없다. 세상의 왕과 세상의 주는 그 앞에서 아무것도 아니다. 로마 황제뿐 아니라 그 누구라도 그 앞에는 언젠가 패망할 인간 나라의 미미한 수장에 불과할

리다고 할 수는 없지만, 그렇다고 그리스도의 전쟁이 끝났거나 더 이상 없다고 하는 그의 주장이 맞는 것은 아니다. 15절의 그리스도의 사역(행위)에 사용되고 있는 표현들("열방을 치기 위해 예리한 검이 나온다"; "철장으로 그들을 다스리신다(목양하신다)"; "진노의 포도주 틀을 밟으신다")이 현재('나온다'; '밟으신다')와 미래('다스리신다, 다스리실 것이다') 직설법 동사를 사용하고 있는 것은 이때 그의 싸움이 끝나지 않았고 진행되고 있음을 보여주는 증거다.

14. '허벅지' 위에 있는 이름이라는 개념은 다소 생경한 것이다. Edwards는 '허벅지' 위에 이름이나 문자가 새겨진 로마-헬라 시대의 아폴로 조각상들이 발견된 것을 소개한다(Edwards, 519-36). 제우스의 아들 아폴로 신화에 익숙한 소아시아 지역의 교회에 그리스도께서 (아폴로를 대체하는) 진정한 신의 아들, 전쟁의 승리자로서 자신을 드러내신 것을 뜻한다고 Edwards는 주장하였다. Osborne은 허벅지와 옷을 합쳐서 허벅지 위의 옷으로 이해한다(Osborne, 2002: 686).

15. Aune가 말 탄 자의 이름이 기록된 12절(12c절)과 비교하며 이 둘이 중복된다고 하면서 둘 중 하나는 후대에 첨가되었다고 주장하는 것(Aune, 1998b: 1062)은 11-16절의 교차식 작법을 바르게 인지하지 못하였기 때문에 나왔을 것이다.

뿐이다.

그리스도는 모든 일을 하시는 데에 "신실과 진실"(11절)이 되시고 진리에 있어서 "하나님의 말씀"(13절)이시며 권세에 있어서 "왕(들) 중의 왕, 주(들) 중의 주"(16절)가 되신다. 그분 홀로 모든 왕과 모든 주 위에 높이 계신다.

B. 요한계시록 19:17-21 (아마겟돈 전쟁과 그 결과)

아마겟돈의 참혹한 전쟁을 묘사하고 있는 단락이다.[16] 여섯째 대접의 재앙은 아마겟돈 전쟁이 준비되는 것이었다(16:12-16). 유프라테스 강이 말라 동쪽에서 오는 길이 준비되고 악의 삼두인 용, 짐승, 거짓 선지자는 그 입에서 더러운 영을 온 천하에 보내 하나님의 큰 날에 있을 전쟁(아마겟돈 전쟁)을 위해 아마겟돈으로 왕들을 모았다(16:13-14, 16). 모이게 된 이들이 어떻게 하고 있는지, 그 과정은 기록되지 않았으나, 그 결과는 19:17-21에 나타난다.

이 단락의 내용은 교차 구조로 구성된다. 새들이 시체를 먹게 되는 소재가 전후에(17b-18, 21b절) 배치되어, 전쟁의 참혹함을 보여준다. 그 중간에 아마겟돈 전쟁에 참여한 이들(19절)이 참혹한 죽임을 당하는 내용이 나오고(21a절), 또 이 가운데 둘(짐승과 거짓 선지자)은 불못에 던져지는 장면이 있다(20절).

---

16. 아마겟돈 전쟁을 마지막 전쟁이라고 하는 통념을 사람들은 가지고 있다(예, Torrey, 237-8). 그러나 계시록은 아마겟돈 전쟁을 '마지막 전쟁'(the last war)이라 부른 적이 없다. 아마겟돈 전쟁은 대접 재앙의 끝자락에 짐승의 집단이 총동원되어 재림하시는 어린 양의 군대와 싸우게 되는 마지막 때의 큰 전쟁이다. 시간적으로 최후의 전쟁은 천년 이후의 전쟁(20:7-10)이다.

a. 모든 새들이 군대와 말들의 살을 먹는 잔치에 초대된다(17b-18절).

b. 짐승, 왕들, 군대들이 전쟁을 하려고 모여 있다(19절).

x. 전쟁의 결과, 짐승과 거짓 선지자가 잡혀 불못에 던져진다(20절).

b′. 남은 자들이 그리스도의 검으로 죽임을 당한다(21a절).

a′. 모든 새들이 그들의 살로 배부르게 된다(21b절).

번역

17 또 나는 한 천사가 태양 안에 서 있는 것을 보았다. 그가 큰 소리로 외치며 공중에 날고 있는 모든 새에게 말하였다. “오라. 하나님의 큰 잔치에 모여라. **18** 왕들의 살들과 장군들의 살들과 힘센 자들의 살들과 말들과 그 위에 앉은 자들의 살들과 모든 자유한 자들과 노예들과 또 작은 자들과 큰 자들의 살들을 먹을 수 있게 그리하라.” **19** 또 나는 짐승과 땅의 왕들과 그들의 군대들을 보았다. 그들은 말 위에 앉으신 이와 그의 군대들과 전쟁을 하려고 모여 있었다. **20** 짐승과 더불어, 그 앞에서 그와 함께 이적을 행하던 거짓 선지자가 잡혔다. 그는 이적으로 짐승의 표를 받은 자들과 그 우상에 경배하던 자들을 미혹하던 자이다. 이 둘이 산 채로 유황으로 타는 불못에 던져졌다. **21** 그리고 남은 자들은 말 위에 앉으신 이의 검, 그의 입에서 나오는 검으로 죽임을 당하였다. 모든 새들이 그들의 살들로 포식했다.

주해

17절 (한 천사의 외침) 요한은 태양 안에 있는 천사를 본다(17a절). 태양 안에 있다는 것은 이 천사가 태양을 등진 모습을 말한 것일 수도 있고 또는 태양 속에서 태양과 함께 빛나는 모습을 보여준 것일 수도 있다. 해(태양)를 함께 묘사하고 있는 것은 천사의 권한과 역할이 그만큼 크다는 표현이 된다. 요한계시록에는 태양과 관련된 천사가 종종 나온다(7:2, '해 돋는 곳에서 올라온 천사'; 10:1, '얼굴이 해 같은 천사'). 그가 큰 소리를 내어 공중에 나는 새들에게 말한다. 그가 새들을 초대하였다(17b절). 하나님의 잔치(식사, dinner)에 모이라 한다. '큰 잔치'(τὸ δεῖπνον τὸ μέγα)라 한 것은 규모가 상당한 식사의 자리가 된다는 뜻이다. 하나님을 대적한 자들이 죽게 될 심판의 자리가 하나님께서 모든 새들을 위해 배설하신 큰 식사의 자리가 된 셈이다. 일종의 풍자다. 비일과 오스본은 19:9의 어린 양 결혼 잔치의 초대와 아마겟돈 전쟁에 새들이 초대된 것의 역설을 소개한다(Beale, 1999: 965; Osborne, 2002: 687, 694). 성도들은 어린 양 잔치에 특별히 초대된 반면, 죄인들은 새들이 초대된 큰 전쟁에서 먹이가 될 것이다.

18절 ("살을 먹으라") 새들에게 먹힐 아마겟돈 전쟁에 참여한 자들의 목록이 제시된다(비교, 6:15의 목록). 가장 권세 있는 자(왕)로부터 말단 군인(말 위에 앉은 자)까지 거론된다(18절). 왕, 장군, 힘센 자(장수), 말과 그 위에 앉은 자 순이다.[17] 이 순서는 앞선 자(리더), 뛰어난 자의 책임이 그렇지 않은 자보다 더 크다는 암시를 담고 있을 수 있다. 그렇지만 앞선 자들만 책임지는 것은 아니다. 전쟁에 함께 참여하는 자들 모두에게 그리스도를 대적한 책임과 대가가 따른다. 그래서 모든 '자유한 자들과 종들' 또 '작은 자와 큰 자'가 다 거론된다. 적극적으로 개입하였든, 소극적으로 끌려와 참여

---

17. 왕, 장군, 장수, 기병 등의 열거된 순서는 현대의 군대와 그 편제가 다르다. 계시록이 쓰여진 당대인들이 이해할 수 있는 군 편제다. 그런데 보병이 따로 거론되지 않은 점이 흥미롭다. 한 가지 상기해야 할 것은 그리스도의 군대 자체가 기병으로 편성되어 있는 점(14절)이다. 짐승의 군대 또한 기병이 주축이 되는 것(18절)은 자연스러워 보인다. 다만, 연이어 나오는 '모든 자유한 자들과 종들과 또 작은 자들과 큰 자들'이 보병을 주로 가리키는 표현이거나 보병이 포함된 군대일 가능성도 있다.

하였든 모두 그 대가를 지불하게 될 것이다. 그들이 하나님과 그리스도를 대적하였기 때문이다.

19절 (전쟁을 위해 모인 군대들) 이제 전쟁이 진행된다. 그런데 이 전쟁에는 왕들과 그들의 군대들만이 있는 것이 아니라, 짐승이 함께하고 있다(19절). 좀 더 정확히 말하면 짐승이 직접 땅의 왕들과 군대들을 통제하며 이끌고 있다(17:12-14 참고). 그래서 짐승의 군대다. 짐승의 군대는 흰 말 위에 앉으신 그리스도와 그의 천군과 전쟁을 벌이려 아마겟돈에 모여 있다. 19절은 그들이 '모여 있다'고 하는데, 그 배경은 16:13-16이다. 이 구절은 용과 짐승과 거짓 선지자의 입에서 더러운 귀신들의 영이 나와서(16:13) 하나님의 큰 날에 있을 전쟁을 위해 온 세상의 왕들과 그들의 군대를 "모았다"(16:14, 나갔다 … 모으려고, ἐκπορεύεται … συναγαγεῖν; 16:16, 모았다, συνήγαγεν)라고 했다. 즉, 악의 삼두가 그들의 영으로 아마겟돈 군대를 '모았다.' 그 결과, 그들이 19:19에서는 '모여 있는'(현재완료 분사 수동태 '쉬네그메나'[συνηγμένα]) 상태에 있다고 한 것이다.[18]

전쟁을 하려고 모여 있는 것은 그날의 전쟁을 준비해 왔다는 뜻이다.[19]

---

18. 16:12-16과 19:19 및 20:8이 서로 같은 것을 말하는 것이라는 Beale의 주장의 문제는 16:13('나와서'), 16:14('모으려고 … 나갔다'), 16:16('모았다')의 전쟁 전(pre-) 상황과 전쟁의 때에 19:19('모여 있는')의 상황의 선후 관계를 파악하지 못한 데 있다(Beale, 2013: 36). 20:8의 '미혹하려고 나갈(나올) 것이다 … 모으려고 (나갈 것이다)'는 전쟁 전의 단계를 그려주고 있고 20:9의 '올라와서 … 포위하였다'는 그들이 모여 전쟁에 참여하고 있는 전쟁 중의 단계이므로 20:8-9에서도 8절이 선이고 9절이 후인 것을 알 수 있다. 10절은 그 결과다. 다시 말해, 16:12-16과 19:19, 20:8이 똑같은 장면을 그리고 있는 것이 아니다. 16:12-16은 19:19의 전 사건이고 19:19는 16:12-16의 후 사건이다. 그리고 20:7-10은 16:12-16 및 19:19와 또 다른 사건이다.
19. Campbell이 본문의 전쟁에 대한 언급(19절, "전쟁하려고 모여 있는"; 20절, "짐승과 … 잡았다 … 던졌다"; 21절, "죽었다")에 주목하지 않고 전쟁 자체가 없다고 전제하고, 19:11-21을 바벨론 멸망에 대한 축제(축하)의 연속으로 본 것은 잘못이다(R. Campbell, 5-8). 그렇게 보면 그리스도의 재림이 생략된다. 그의 시각은 무천년설에

그러나 그들은 이길 수 없는 전쟁을 위해 여기까지 달려온 것이다. 뻔한 결과가 예견되는 전쟁이다. 만왕의 왕, 만주의 주와 그분의 천군과 싸우는 전쟁은 이길 수 있는 전쟁이 아니니다. 용과 그의 집단이 마가엘과 그의 천사들과 싸웠던 전쟁(12:7-12)에 비할 게 아니다. 그리스도께서 직접 천군을 이끌고 싸우시는 전쟁의 승패는 처음부터 결정난 것이다. 싸움이 될 수 없다. 짐승 집단은 그걸 몰랐을 뿐이다. 아마겟돈 전쟁을 일으킨 자(리더)들의 책임이 가장 크다. 그러나 참여한 자들도 그 책임을 면제받지 못한다.

20절 (불못에 던져진 짐승과 거짓 선지자) 전쟁의 과정은 생략된 채, 전쟁의 결과가 바로 기술된다. 그만큼 일순간에 승패가 났기 때문일 것이다. 한 번의 전쟁으로 끝나는지, 여러 차례의 전쟁이 수행되는지는 알려지지 않는다. 중요한 것은 전쟁의 신 그리스도의 철저한 승리와 짐승(또는 악의 삼두)의 연합 군대의 완전한 패배다. 그 결과 짐승과 거짓 선지자가 사로잡힌다(20절). 짐승은 전체 짐승 집단의 리더고 거짓 선지자는 짐승을 따르게 하기 위하여 많은 이들을 미혹하던 존재다. 특히 거짓 선지자는 이적(표적, 기적)을 행하여 사람들을 미혹하고 그들이 짐승의 표를 받게 하였고 그 화상(아이콘)에 무릎 꿇게(경배하게) 하였다(13:15-17). 그리고 그들이 그리스도를 대적하는 이 전쟁에 참여하게 하였다(16:13-14). 전쟁의 결과, 짐승과 거짓 선지자는 산 채로 유황으로 타는 불못에 던져진다. 마지막 형벌이다. 소돔과 고모라에 유황과 불의 심판이 내린 적이 있었다(창 19:24; 신 29:23; 눅 17:29). 유황과 그 타는 불은 심판의 상징이다(시 10:6; 사 30:33; 34:9; 겔 38:22; 계 14:10; 20:10; 21:8).[20] 짐승과 거짓 선지자("이 둘"['호이

기반한다(R. Campbell, 12).

20. 이 구절은 계시록에서 유황 불못이 처음 등장하는 본문이다. 유황 불은 소돔과 고모라 심판 때 있었다(창 19:24; 신 29:23; 눅 17:29; 계 9:17-18; 14:10). 유황과 불은 심판적 의미를 가진다. 유황 불못은 불타는 지옥을 가리킨다(마 5:22, 29-30; 10:28; 18:9; 막 9:43, 45, 47; 눅 12:5). 계시록에서 불못은 19:20; 20:10, 14-15; 21:8에 나오

뒤오'])는 잡혀 불못에 던져졌으나, 아직 어둠의 세력의 우두머리인 용은 남아 있다. 그것이 천년 나라(20:1-10)의 배경이 된다.

21절 (죽임을 당한 자들) 짐승과 거짓 선지자 외에 아마겟돈 전쟁에 참여한 땅의 왕들과 그들의 군대들은 다 죽임을 당한다(21절). 그런데 이들은 불못에 던져지진 않는다. 오직 짐승과 거짓 선지자만 불못에 던져진다(20절). 흰 말을 타신 그리스도의 무기인, 그의 입에서 나오는 날선 검이 그들을 죽음에 이르게 한다. 심판의 날에 그리스도의 검은 심판과 징벌의 도구가 된다. 그 검이 목표를 향할 때 그 누구도 살 수 없다. 태양 안에 있는 천사가 모든 새들을 불러 배부르게 될 것이라 외친(17-18절) 그대로 공중의 새들이 죽은 자들의 살로 배부르게 된다. 일방적인 승패의 참혹한 결과였다. 사람들이 미혹을 당할 때는 잘 모른다. 그 미혹이 그릇된 생각과 행동으로 이끌어 결국 비참한 죽음에 이르게 할 것이라는 사실을 모른다. 그들이 전쟁에 참여할 때는 짐승의 군대가 이길 수 있다고 생각했을 것이다. 그러나 거짓된 정보에 기반한 무지와 몰인식으로 무참히 패배하게 되고 끝내 죽음에 이르게 된다. 그리스도와 그의 군대에 대항하여 싸우는 곳에 빛난 승리는 없는 법이다. 암울한 죽음만이 엄습할 뿐이다.

'공중의 새의 먹이가 된 시신들'이라는 소재는 에스겔 39:17-20의 성취인 것이 분명하다. 에스겔 38-39장이 곡과 마곡과 관련된 예언이고 그 내용은 사실 계시록 20장이 언급하는 천년 나라 후의 마지막 전쟁(20:7-10)

는데, 이것은 지옥(γέεννα, 게헨나)을 가리키는 표현이다(마 5:22, 29-30; 10:28; 18:9; 23:15, 33; 막 9:43, 45, 47; 눅 12:5; 약 3:6). 유황 불못의 이미지는 화산이나 지각 폭발 시에 나오는 유황이 타는 불바다에서 나왔을 것이다. 모든 것을 태우고 흔적조차 없애는 무서운 자리다. '게헨나'는 '힌놈(의 아들) 골짜기'(גֵּיא בֶן־הִנֹּם)를 뜻하는 말(수 15:8; 18:16; 왕하 23:10; 대하 28:3; 33:6; 느 11:30; 렘 7:31-32; 19:2, 6; 32:35)에서 유래한 헬라어 어휘다. 구약 70인역(LXX)에는 나오지 않는다. 대신 히브리어에서 차용한 '엔놈 아들의 골짜기(협곡)'(φάραγξ υἱοῦ Εννομ)가 나온다.

에서 성취된다. 그런데 그러한 내용이 왜 여기 19장에 벌써 나올까? 그 이유는 두 가지로 설명할 수 있다. 첫째, 에스겔 38-39장의 예언은 두 가지 전쟁, 즉 아마겟돈 전쟁(19:17-21)과 천년 후의 마지막 전쟁(20:7-10)에서 성취된다. 에스겔의 38-39장의 예언은 두 전쟁이 섞여 예언된 것이라 할 수 있다. 둘째, '새가 시신을 먹는 사건'은 두 전쟁에 걸쳐 (즉, 두 번) 일어나는 일로 볼 수도 있다. 아마겟돈 전쟁에서도 이 사건이 일어나고, 20장에 기록되지는 않았지만 천년 후의 전쟁에서도 일어날 수 있다. 그때 많은 이들이 실제로 불타 죽기 때문이다(20:9).

해설

세계의 연합 군대가, 이같이 하나님과 그리스도를 대적하는 아마겟돈 전쟁에 참여하게 되는 이유는 무엇일까? 첫째, 나팔과 대접 재앙을 거치면서 그들의 마음이 하나님에 대해 더 강퍅해지기 때문이다. 계시록 본문은 하나님에 대한 원망이 커짐을 묘사한다(9:4, 20-21; 16:9, 11). 그 시작은 여섯째 나팔의 때(9:20-21)부터일 것이다. 둘째, 짐승의 때(13장)에 만국이 짐승 앞에 부복하게 되기 때문이다. 음녀 바벨론처럼 많은 지도자(왕)들이 짐승의 도움을 많이 받아 권력과 사치를 누린다. 세계가 짐승의 통제에 놓여 있게 된다. 짐승을 포함한 악의 삼두가 원하는 방향으로 세계가 흘러갈 것이다. 셋째, 짐승이 지배하는 세상은 하나님께 대해서 적대적이고 반기독교적이면서, 동시에 미혹의 영이 지배하는 지극히 종교적인 세상이기 때문이다. 그래서 결국 하나님의 아들 어린 양에 대항하는 전쟁을 준비할 때 세계가 다 함께 참여할 수밖에 없게 된다. 넷째, 최종적으로 악의 삼두, 용과 두 짐승의 미혹과 준동(설득)이 열방의 군대를 일으키게 된 중요한 계기가 되기 때문이다(16:12-14, 16). 다섯째, 얼굴마담격인 바벨론을 제거한 후 짐승의 권력은 더욱 공고해지고(17:16-17), 하나님을 대항하려는 짐승의 목표는 더욱 확고해지기 때문이다.

제28장
요한계시록 20:1-10
천년 나라[1]

그리스도의 재림(19:11-16)과 이를 뒤잇는 아마겟돈 전쟁(19:17-21)이 있었지만 아직, 최후의 승리와 전쟁이 끝난 것은 아니다. 세계의 역사는 아직 마쳐지지 않았다. 다만, 이전과는 완전히 다른 방식으로 전개된다. 19장에서 하나님의 심판과 보상이 다 끝나지 않았다. 19장으로 다 끝난 것이 아니라는 것은 최소한 19장 자체가 전하고 있는 두 가지 정보 때문이다. 첫째, 악의 삼두 가운데 둘(짐승과 거짓 선지자)만이 불못에 던져졌다(20절). 삼두의 최고 리더인 용이 아직 남았다. 둘째, 짐승 둘이 불못에 던져지는데 반해 그때 전쟁에 참여한 많은 군대는 단지 죽음을 당할 뿐이다. 이들이 불못에 던져지지 않았는데, 이는 아직은 그들이 불못에 던져질 때가 아니기 때문일 것이다. 언젠가는 그들도 불못에 던져질 때가 올 것이다(20:13-15).[2]

1. 이 부분의 일부는 김상훈, 2017: 5-10에서 발췌하였다.
2. 19:11-20:15에는 네 개의 사건이 있다. 그리스도의 재림(19:11-16), 아마겟돈 전쟁(19:17-21), 천년 나라(20:1-10), 최후의 심판(20:11-15)이다. 이들 네 사건을 승리와 심판이라는 연속 주제로 이해하고, 재림(A), 전쟁(B), 천년(A′), 심판(B′)의 구조로 배열된다고 볼 여지가 있다. 그런데 이렇게 보았을 때의 문제는 아마겟돈 전쟁(B)과 천년 나라의 후반부(7-10절) 내용이 유사한 점이 문제가 된다. 즉 전쟁(19:17-21)과

아직은 역사의 끝이 아니다. 이런 배경 속에 20장에서 천년 나라와 최후의 심판 에피소드가 나온다. 천년 나라 에피소드는 그리스도의 왕권과 그를 따르는 성도들이 그분의 왕권을 공유하는 내용(1-10절)을 담고 있다. 반면에 최후의 심판 에피소드(11-15절)는 하나님의 심판을 통한 악의 영원한 패배라는 메시지를 가지고 있다. 이같이 선의 승리와 악의 패배가 연속적으로 나타난다.

천년 나라를 다루고 있는 20:1-10은 그리스도의 재림 사건들(19:11-21)의 연속선상에 있다. 그리스도의 재림(19:11-16)과 아마겟돈 전쟁(19:17-21)은 그리스도의 승리와 용의 패배를 가져다 준 대(大)사건이다. 용은 철저히 패배했다. 악의 삼두 가운데 둘은 불못에 던져졌고(19:20) 그들을 추종했던 군대들은 다 죽었다(19:21). 용만 남았다. 그토록 강력했던 용이 철저히 무기력하게 된 상태다. 그를 지탱해준 그의 세계가 무너졌다. 이것이 20장의 배경이다.[3]

천년 후 전쟁(20:7-10)의 연관성이 전쟁(19:17-21)과 심판(20:11-15)의 연관성보다 크다는 점이다. 그러면 재림(19:11-16), 전쟁(19:17-21), 천년 나라(20:1-10)를 하나의 구조로 보고 최후의 심판(20:11-15)을 배제하면 어떨까? 그것은 재림(A), 전쟁(X), 천년(A′)이란 구조로 보는 것인데 이것 또한 정확하지 않다. 같은 문제가 있다. 아마겟돈 전쟁(19:17-21)과 천년의 후반부(20:7-10) 전쟁의 연관성 문제가 풀리지 않았고 또한 천년 나라 에피소드(20:1-10)에서 7-10절을 따로 떼어내는 것 또한 옳지 않기 때문이다. 결국 그리스도 재림(I, 19:11-16)과 아마겟돈 전쟁(II, 19:17-21)을 묶되, 20장과 분리하고, 또 천년 나라(20:1-10)와 최후의 심판(20:11-15) 역시 분리하여 보는 것이 바른 구조 이해일 것이다.

3. 19장과 20장의 관계를 어떻게 보느냐에 관한 논란이 있다(예, Grenz, 14). 19:17-21과 20:1-6의 순서를 본문의 배열 순서대로 선후로 보지 않고 이를 뒤집어서 보는 Beale의 견해에는 무리가 있다. 20:1의 καὶ εἶδον("또 나는 보았다")의 '까이'(또/그리고)가 앞과 뒤의 순차적 시간 순서를 가리키는 것이 아닐 수 있다는 Beale의 논지는 가능하다(Beale, 1999: 974-5; 2013: 32). 그렇다고 '까이'가 사건의 순서를 역으로 말할 때 쓰이는 접속사로 보는 것은 자연스럽지 않다. 특히 연속된 내용이 있는 경우('불못', 19:20과 20:10; '두 짐승과 용', 19:20과 20:2, 7, 10)에 더욱 그러하다.

20:1-10은 세 개의 소단락(1-3절, 4-6절, 7-10절)으로 되어 있다. 전형적인 교차 구조다. 4-6절의 천년 나라를 중심으로, 천년 나라 전의 상황(1-3절)과 그 이후(7-10절)의 장면을 담고 있다. 1-3절은 천년 나라의 배경이 되고, 7-10절은 천년 나라의 결말이 된다. 1-3절에서 시작된 것이 7-10절에 마무리된다.[4] 그 가운데(4-6절) 천년 나라에 관한 구절이 있다.

A. 천년 동안 결박된 용(마귀)(1-3절)

X. 천년 나라, 첫째 부활(4-6절)

A′. 천년 나라 이후, 사탄의 최후(7-10절)

A. 요한계시록 20:1-3 (천년 동안 결박된 용)

번역

1 또 나는 한 천사가 하늘에서 내려오는 것을 보았다. 그의 손에 무저갱의 열
쇠와 큰 사슬을 가지고 있었다. **2** 그가 옛 뱀, 즉 마귀와 사탄인 용을 붙잡고

Beale은 시간적으로 20:1-6이 17-19장보다 먼저 일어난다고 본다(Beale, 1999: 972, 975). 그러나 해당 본문을 순차적으로 보아야 하는 이유에 대해 Deere는 본문의 단 7장과의 연관성(미래적 성취)을 하나의 근거로 제시한다(Deere, 60-61). 이에 대한 Beale의 반론은 Beale, 1999: 932를 보라. 더 중요한 것은 구조(구성)의 관점에서 20:1-6과 20:7-10은 서로 떼놓을 수 없는 단일 구조를 형성한다는 점이다.

4. Beale은 좀 더 큰 맥락(17-22장)의 교차구조(A, 17:1-19:6; B. 19:11-16; C. 19:17-21; D. 20:1-3; D′, 20:4-6; C′, 20:7-10; B′, 20:11-15; A′, 21:1-22:5)를 제시한다(Beale, 1999: 983). 그러나 그가 제시하는 구조의 문제의 핵심은 20:1-3과 20:7-10의 상응적 관계를 파악하지 못한 데 있다. 뒤의 7-10절 구조 제시에 있는 1-3절과 7-10절의 교차 구성도 함께 참조하라.

천 년 동안 결박하였다. **3** 그를 무저갱에 던지고 닫은 후 그 위를 봉인하였다. 그래서 천 년이 마칠 때까지 더 이상 열방을 미혹하지 못하게 하였다. 그 후에는 그가 잠시 풀려나야 한다.

주해

1절 (무저갱 열쇠와 사슬을 가진 천사) 요한은 새로운 장면을 보게 된다("또 나는 보았다").[5] 그런데 이 부분은 19장과 연결된다. 흰 말을 타신 그리스도와 그를 따르는 군대의 전쟁과 승리에 따른 후속 내용이 목격된다(1절). 요한은 한 천사가 하늘에서 내려오는 것을 본다. 천사는 손에 두 가지, 즉 무저갱의 열쇠와 큰(거대한) 사슬(체인)을 가지고 있다.[6] 무저갱(ἄβυσσος)은 문자적으로 '바닥('뷧소스')이 없는('아-') 곳'('아뷧소스', bottomless)이다. 이 단어는 바닥이 없는 심연(깊은 바다)을 가리키는 말이기도 한데, 빠지면 헤어나올 수 없는 곳이다. 열쇠를 가지고 있다는 것은 이 천사가 무저갱(無底坑)의 문을 열고 닫는 역할을 맡았다는 말이다. 거대한

---

5. 1절과 4절의 "나는 보았다"(εἶδον)는 요한이 환상을 본 것을 뜻하므로, 20:1-6의 전체를 상징적으로 해석해야 한다는 주장(Beale, 1999: 973; 참고, Poythress, 1993: 52-54)은 지나친 단순화(oversimplification)다. 그렇게 된다면, 21장에서 요한이 본(εἶδον) 새 하늘과 새 땅도 '다' 영적이고 상징적일까? 계시록에서 "내가 보았다"는 40회 나온다. 계시록 자체가 요한의 환상(그가 보고 들은 것)에 따른 것이 맞다. 그렇다고 다 영적, 상징적으로 해석해야 하는 것은 아니다. 일곱 교회에 대한 말씀(2-3장)도 1:17의 "내가 보았다"에 기초한다(참고, 1:19-20, "네가 본 것"). 일곱 교회 말씀들 가운데 어디까지가 상징일까?
6. 천사가 하늘에서 내려오는 장면은 10:1; 18:1에도 있다. 하늘에서 내려오는 천사는 모두 특별한 권한을 가진 천사들이다. Osborne은 9:1에서 무저갱 열쇠를 가진 천사와 20:1의 천사를 동일시한다(Osborne, 2002: 699). 동일시하는 근거는 무저갱 열쇠 때문이다. 그러나 굳이 동일한 존재로 볼 이유가 없다. 9:1-3a의 해석을 보라. 9:1-2의 무저갱 천사는 9:11의 '아뽈뤼온'(아바돈)일 가능성이 높다.

사슬은 누군가(사탄)를 제어해 묶기 위한 것이다.[7]

2절 (결박된 용) 하늘에서 내려온 천사는 용을 붙잡고 결박한다(2절). 용은 아담과 하와를 미혹했던 '옛 뱀'(창 3:1-5)이고 또한 마귀와 사탄이라는 이름을 가진 존재다(12:9).[8] 하늘에서 쫓겨났으나(12:7-9) 땅과 바다 위의 권세를 가진 자다(12:12). 그런데 2절에서 그는 모든 것을 빼앗기고 힘없이 묶인다. 아무리 권한이 있는 천사라도 그렇게 오랜 기간 하나님을 대적해 온 강력한 용을 결박할 능력이 있을까? 그럴 수 있는 이유는 용의 추종 세력이 모두 몰락했기 때문이다(19:19-21). 용을 뒷받침해 온 짐승과 거짓 선지자는 이미 불못에 던져졌다(19:20). 그를 따르던 짐승 군대는 다 죽었다(19:21). 용 집단의 몰락으로 혼자 남은 용은 더 이상 힘쓸 수 없게 된다. 자연스러운 귀결이다.

고립된 마귀는 힘을 잃었다. 하늘에서 내려온 천사가 그를 천 년 동안 결박한 상태로 놓는 것이 가능해졌다. 최고의 대적자인 사탄이 이렇게 무력해졌다. 선을 대적하는 악의 종말이 이것이다.

3절 (무저갱에 던져진 용) 사탄도 던져진다. 그러나 던져진 장소는 유황이 타는 불못이 아니라 무저갱이었다(3절). 아직 그의 끝이 아니기 때문이다. 비일의 주장과 달리(Beale, 1999: 985), 그는 '쫓겨난' 것(12:9-10처럼)이 아니다. 그는 무저갱에 '던져졌다.' 그리고 무저갱 문이 잠겼고 봉인되었다.[9] 이번에는 완전히 갇혔다. 느슨한 제어가 아니다. 완벽한 통제다. 모

7. Osborne은 용이 무저갱 안에서 큰 사슬에 묶여 있을 것이라고 묘사하지만(Osborne, 2002: 700), 큰 사슬의 용도는 그보다는 용을 묶어 무저갱에 던지기 위한 용도일 것이다. 무저갱 안에서 큰 사슬이 필요하지 않을 것이다.
8. 마귀(디아볼로스)는 '참소자', '중상하는 자'(slanderer)라는 뜻이고 사탄은 '적대자'(adversary)라는 의미를 가진다(12:7-12의 주해를 참고하라). 그런데 20:1은 하늘의 전쟁에서 용이 패했던 사건(12:8-9, 12)과 많이 다르다. 표현, 강도, 내용이 서로 다르다.
9. 무저갱 열쇠로 무저갱을 열어 메뚜기들이 올라오는 다섯째 나팔(9:1-11)의 경우에

든 역사의 진행이 하나님의 신적 섭리 가운데 된다는 것을 보여주는 장면이다. 하나님의 뜻을 따라 갇히고 봉인되었으므로, 천상천하의 누구라도 천 년의 때가 찰 때까지 마귀를 풀어줄 수 없다. 마귀 자신도 풀려날 수 없다. 천 년이라는 충분하고 한정된 기간이 찰 때까지 사탄은 무저갱의 옥(감옥)에서 풀려날 수 없다. 그동안은 그의 역할이 없다는 뜻이다. 그러나 그 다음이 예고된다. 천 년이 마치면 "그가 잠시 풀려나야 한다." '풀려나야 한다'(δεῖ λυθῆναι)는 것은 그렇게 되어야 할 섭리적 이유가 있다는 것이다. 그래서 사탄이 바로 불못에 던져지지 않았던 것이다. 누구든 한번 불못에 던져지면 다시 회복될 길이 없다.

그가 풀려나면 '열방'(만국, τὰ ἔθνη)을 미혹하게 될 것이다.[10] 그것은 천

는, 아직 무저갱이 봉인된 상태가 되기 전이라 할 수 있다. 20:2의 결박에서, 사탄이 미혹하는 역할만 억제되었다는 Beale의 견해(Beale, 1999: 986)는 다소 작위적이다. Beale이 '미혹하는 역할의 억제'라는 식으로 제한하여 해석하는 이유는 20:2의 결박을, '강한 자를 결박하는 것'에 대한 예수의 말씀(마 12:29; 막 3:27)과 같은 것으로 간주하고 사탄 결박 사건이 이미 예수 시대에 일어난 것이라 보기 때문이다. 그렇다면 지금 우리 시대에는 사탄이 미혹하는 일을 하지 않는다는 말인가? 지금은 사탄이 미혹하는 일을 못하고 단지 그 수하가 미혹하는 일을 하는 것인가? 심지어 사탄이 미혹하는 일이, 열방을 동원해 전쟁하게 하는 일(20:3, 8)뿐(Beale, 1999: 986)이라고 제한할 수 있을까?

10. Beale은 20장의 장면이 19:17-21 다음에 나타날 순차적인 사건이라면 20:3의 '열방'이 문제가 된다고 주장한다. 아마겟돈 전쟁에서 열방이 다 죽었는데 20:3에 또 어떤 '열방'이 더 남아 있겠느냐는 것이다(Beale, 1999: 980-1; 2013: 36-37; 또한 R. White, 539-41). 이러한 주장은 아마겟돈 전쟁을 오해한 결과다. 아마겟돈 전쟁 본문(19:17-21)에 '열방'이라는 단어가 나오지 않을 뿐 아니라(19:15의 '열방'은 일반적 의미임), 전쟁에 동원된 이들이 '열방' 자체가 아니라, 그 '열방'에서 온(착출된) 군대들이다(참고, Osborne, 2002: 702). 19:19는 전쟁에 참여한 자들에 대해 세부적으로 묘사하고 있다("짐승과 땅의 왕들과 그들의 군대들"). 그들은 전쟁을 하려고 모여 있었다(19:19). 그들은 다 죽었지만(19:21) 각국에 남아 있는 자들(노약자, 부녀자, 약자 등)도 다 죽었다는 기록이 없는 것에 주목할 필요가 있다. 죽은 자들은 그때의 군대들에 속한 자들이고 전쟁에 참전하지 않은 대부분의 사람들이 20:3에서 언급되는 '열방'(만국)이다.

년 후의 일이다. 미혹하는 자 사탄이 그동안은 아무도 미혹할 수 없게 무저갱에 던져져 봉인된 것이다.

'천 년'(χίλια ἔτη)은 두 가지 성격을 가진다. 첫째는 상당한 기간('천년')을 가리킨다. 계시록에 나오는 다른 기간들에 비해 천 년은 적지 않은 기간을 가리킨다. 상징적으로 본다고 해도 긴 기간이 된다. 둘째는 한정된 기간('천 년')이다. 상당한 기간이지만 동시에 기간이 정해져 있고 무한대의 시간이 아니란 뜻이다. 마귀는 무저갱에 던져져 그 천 년 동안 묶인 상태로 있게 된다. 천 년 동안 무저갱에 있되, 풀리지 않고 결박된 상태로 있을 것이다. 천 년이 지나고 풀리는 시간은 '잠시'(μικρὸν χρόνον)다. '천 년'과 '잠시'가 대조된다.

하늘에서 내려온 천사가 마귀를 무저갱에 가둘 때의 행동이 다음과 같이 다섯 개의 동사로 묘사된다. 이들 동사들은 각기 묶여 이들 간의 교차 구조를 이룬다.

a. 붙잡았다, 결박하였다(동사 둘, 2절).

x. 던졌다(동사 하나, 3a절).

a'. 닫았다, 봉인하였다(동사 둘, 3b절).[11]

---

11. 무저갱을 '봉인하였다'는 것은 말 그대로 사탄이 무저갱에서 나올 수 없게 그 문을 봉인하였다는 뜻이다. 하나님을 대리한 천사의 봉인은 그 자체로 하나님의 사역이다. 하나님의 봉인을 누가 풀 수 있는가(참고, 5:1-5)? 사탄이 그 봉인을 풀거나, 또는 무력화하고 자유롭게 나다닐 수 있을까? 그래서 이 봉인을 '절대적인 가둠'(absolute confinement)이 아니라고 하는 Beale의 주장(Beale, 2013: 39-42; 참고, Deere, 61-62)은 동의하기 어렵다.

해설

어떻게 일개 천사가 마귀를 결박할 수 있을까?

첫째, 20:1-2는 일개 천사와 거대한 용인 마귀의 싸움(전쟁)이 아니다. 한 천사가 용인 마귀를 대적하는 싸움이 아니다. 물론 하늘에서 내려온 천사의 능력(위임된 권한)이 적다고 말할 수는 없지만, 그는 하나님의 섭리를 대리 집행하는 자다. 하나님의 뜻을 집행하는 천사는 그 능력의 크기를 가늠하기 어렵다.

둘째, 그 천사나 마귀의 개별 능력이 이 결박 사건과 직접 관련이 없는 중요한 이유는, 20:2-3의 마귀의 결박과 무저갱에 던져지는 일이 재림하시는 그리스도(19:11-16)와 뒤잇는 아마겟돈 전쟁(19:17-21)의 결과와 관련이 있기 때문이다. 즉, 용(마귀)은 재림 전쟁에서 철저히 패했다. 악의 삼두인 짐승과 거짓 선지자는 불못에 던져졌다(19:20). 그들을 따르던 많은 군대는 죽임을 당하였다(19:21). 혼자 남은 용은 패전의 결과, 철저히 무력해진 상태라 말할 수 있다. 이것이 하나님께서 한 천사를 보내셔서 그를 결박하게 하셨을 때 그가 더 이상 항거하지 못하게 된 배경이다.

셋째, 하나님께서 무력해진 용을 두 짐승(짐승과 거짓 선지자)과 함께 불못에 던지지 않고 남겨두시는 이유는 천년 나라(20:1-10)의 섭리를 이루기 위한 목적 때문이다. 무저갱에서 풀려난 마귀는 천년 나라의 끝에 다시 미혹의 전쟁을 일으키는데 결국에는 불못에 던져지게 된다(20:10). 그때가 되어서야 마귀의 역할이 다 끝난다.

한 가지 논란이 더 있다. 계시록 20:2의 결박은 마태복음 12:28-29의 결박과 같은 것일까? 마귀는 예수의 때에 이미 결박된 것이 아닐까?

첫째, 예수 그리스도께서는 귀신을 쫓아내는 사역을 하시다가 마귀의 결박을 언급하신 적이 있다(마 12:22-29; 막 3:21-30). 강한 자를 결박하지 않고는 강한 자의 집에 들어갈 수 없다는 말씀이다. 그 강한 자가 마귀를 뜻하는 것이라는 것은 맥락상 알 수 있다(마 12:25-27). 이때 쓰인 '결박하다'(δέω, 마 12:29; 막 3:27)는 계 20:2에 쓰인 용어(δέω, '데오')와 동일하다.

둘째, 그런데 이 두 부분(마 12:22-29과 계 20:2)을 같은 내용이라 보기는 어렵다. 마태복음 12:29의 예수의 말씀이 사탄의 영원한 결박을 가리키는 말씀일 수 있을까? 또 그 결박이 과연 계시록 20:2와 같은 정도(또는 세기)의 결박일까? 더군다나 예수의 결박(마 12:29)과 천사의 결박(계 20:2)에서 결박의 주체가 다른 점도 고려해야 한다.

셋째, 마태복음(공관복음)의 결박과 계시록의 결박을 서로 다른 것으로 보아야 한다. (1) '결박하다'('데오')는 신약에 40여 차례 쓰인다. 그런데 결박된 상태와 정도가 같지 않다. 서로 다르게 쓰이는 경우가 많다. 비록 결박의 대상이 마귀라는 점에서 두 구절이 공통되지만 두 구절에서 말하는 결박을 같은 정도와 세기(강도)의 결박으로 볼 수 있을지 고려해야 한다. (2) 만일 주님의 지상사역 이후 지금까지도 마귀가 결박된 상태로 여전히 있다고 본다면, 이제까지 역사상 일어난 많은 악들이 막상 악의 주체인 마귀(용)가 없이 일어난 것이 될 것이다. (3) 이들 온갖 사건들이 결박된 상태의 마귀가 그 악을 집행했던 것이고 또 지금도 집행하고 있는 것이라고 본다면, 그것은 마태복음의 결박(계속되고 있는 것으로 본다 해도)이 상당히 약한(한정된) 정도의 것이라고 전제해야 한다. (4) 그런데 계시록(20:2)의 결박을 이런 정도로 약한 것으로 볼 수 있을까? 계시록 20:2-3은 마귀가 '무저갱'에 갇혔고 또한 '봉인'되었음을 강조한다. '무저갱'과 '봉인'은 결박의 강도를 극대화하는 표현 장치다. 바닥(끝)이 없는 무저갱에 갇힌 마귀가 지금도 지상에서 사역하고 있다고 볼 수 있을까. 더군다나 천사를 통해 하나님의 인으로 봉인된 무저갱이 하나님께서 정하신 기간(천 년)과 무관하게 열릴 수 있을까? 그래서 지금도 마귀가 자유롭게, 또 늘 자신이 원하는 대로 언제든 무저갱을 출입할 수 있다는 것인가? 이에 대한 합리적인 답은 우리가 사는 현 시대에는 마귀가 아직은 '봉인된 무저갱'에 갇힌 상태가 아니란 것이다.

B. 요한계시록 20:4-6 (천년 나라, 첫째 부활)

천년 나라는 요한의 상상이 아니다. 미래적 실재다. 요한은 미래에 일어날 천년 나라의 계시를 독자에게 소개한다. 천년 나라에 대해 소개하고 있는 소단락(4-6절)은 세 부분으로 구성된다. 첫 부분(4절, a)과 마지막 부분(5b-6절, a′)은 천 년 동안의 왕 노릇할 이들에 대해 반복되는 말씀이다. 그 중간(5a절, x)에 천년 나라에 참여하지 않을 자들에 대한 말씀이 있다.

a. 천 년간 보좌에 앉아 그리스도와 함께 왕 노릇하는 이들(4절)
  x. 천 년이 끝날 때까지 살지 못하는 남은(다른) 자들(5a절)
a′. 첫째 부활에 참여하여 왕 노릇하는 이들(5b-6절)

번역

4 또 나는 보좌들과 그 위에 앉은 이들을 보았다. 심판하는 일이 그들에게 주어졌다. 예수의 증언과 하나님의 말씀 때문에 목 베임을 당한 영혼들과, 짐승이나 그 화상에 경배하지도 않고 그 이마와 손에 표를 받지도 않았던 이들이다. 그들이 살아났고 그리스도와 함께 천 년 동안 왕 노릇하였다. **5** 죽은
자들 가운데 남은 자들은 천 년이 찰 때까지 살아나지 못하였다. 이것이 첫째 부활이다. **6** 첫째 부활에 참여하는 자는 복이 있고 거룩하다. 둘째 죽음

이 그들 위에 권세를 부리지 못한다. 도리어 그들이 하나님과 그리스도의 제사장들이 될 것이다. 또한 그와 함께 천 년 동안 왕 노릇할 것이다.

주해

4절 (보좌 위에서 왕 노릇하는 자들) 요한이 보게 된 것은 새로운(다른) 보좌들과 그 위에 앉은 이들이다(4절). 보좌 위에 앉는다는 것은 왕권을 가지게 된다는 뜻이다.[12] 그들은 왕권과 함께 또한 심판의 권한도 나눠 가진다. 천년기(千年期)에는 집단적인(공동) 왕권 체제가 이뤄지는 것 같다. 그리스도의 왕권을 함께 나누게 될 이들이 또한 심판의 권한도 함께 나눠 받는다.

누가 이렇게 왕권을 누리게 될 자들인가? 4절은 그 자격에 대해 두 가지를 말한다. 첫째는 순교자들이다. 예수의 증언과 하나님의 말씀 때문에 목 베임을 당한 '자들'(τὰς ψυχάς)이다.[13] '목 베임을 당했다'(도끼[πέλεκυς]에서 온 말)는 것은 그들이 순교자라는 의미다. 그들은 예수를 증언하는 일 때문에, 또 하나님의 말씀을 믿고 따르는 일 때문에 죽임을 당한 이들이다(예, 6:9). 이들이 왕 노릇할 때가 된 것이다(5:9-10; 6:9-11). 둘째는 끝까지

12. Gourgues는 계시록에서 '보좌'(θρόνος)가 47회 사용되었고 모두 하늘의 보좌를 가리킨다고 주장하였다(Gourgues, 689). 그러나 '사탄의 보좌'(2:13), '짐승의 보좌'(12:5; 16:10)를 하늘에 있는 보좌로 볼 수 있는지 의문이다. 따라서 이들 용례를 근거로 4절의 보좌를 하늘에 있는 것이라 보는 것은 가당치 않다.

13. '사람' 또는 '사람의 혼'을 뜻하는 '프쉬케'(ψυχή)는 인격적 존재인 사람(살아 있거나, 18:13-14; 죽어 있거나, 6:9)을 가리킨다. 그런데 '프쉬케'가 '에제센'(살아났다)이라는 말은 '영적으로' 살게 되었다는 뜻은 아니다. 그런 성경적 용례가 없다. 죽었던 이들의 '실재적 부활'을 가리킨다고 보는 것이 자연스럽다. 만일 그들이 영적으로 살아 왕 노릇하는 것이라면, 왜 4절에서 순교자들을 특정하고 있는 것일까? 순교자들이 영적으로 왕 노릇한다는 뜻일 수 있을까? 순교자들이 '살아났다'는 것은 그들이 단지 영적으로 하늘에서 왕 노릇한다는 의미로 보는 것을 어렵게 한다(박형룡, 226).

신앙의 지조를 지킨 자들이다. 짐승이나 그의 화상('에이꼰')에 경배하지 않고 또 이마와 손에 표('카라그마')를 받지 않았던 이들이다(13:15-17; 14:9-13). 그들은 짐승에 굴복하지 않았고 죽음을 무릅쓰고 신앙을 지켰다. 그 때문에 그들은 죽임을 당하였다(13:15-17). 그런 점에서 첫째와 둘째 모두 순교자들을 가리키는 반복(강조)적 표현이면서 두 집단의 순교자들을 묘사하는 보완적 표현일 것이다.

그들이 "살아났고"(부정과거, ἔζησαν) "왕 노릇하였다"(부정과거, ἐβασίλευσαν).[14] '살아났다'는 그들이 과거에 죽었던 자(죽임을 당한 자)임을 전제하며 이를 부각하는 표현이다. 한때 죽었다가 이제는 다시 '살게' 되었다는 뜻이다. 이 표현은 이들을 지상에서 살아 있다가 주님의 재림에 참여한 자들로 보는 것을 어렵게 한다. 이들이 한때 죽은 자(죽은 적이 있는 자)라고 보는 것이 자연스럽다. '천 년'이라는 말은 4절을 포함하여 2, 3, 4, 5, 6, 7절 이렇게 여섯 번 등장한다. 천 년의 실체를 강조하려는 목적 때문일 것이다(Gourgues, 677).

a. 보좌 위에 앉은 자들에게 심판의 권세가 주어졌다(4a절).

b. 예수 증언과 하나님 말씀 때문에 목 베임을 당한 영혼들(4b절)

b′. 짐승과 그 화상에 경배하지 않고 이마와 손에 표를 받지 않은 자들(4c절)

a′. 그들은 천년 동안 그리스도와 함께 살아 왕 노릇하였다(4d절).

4a절은 그들의 왕권적 역할을 강조하지만, 그들이 누구인지 명시하지

---

14. Deere는 '에제산'을 기동의(ingressive, '시작되는') 부정과거로 보아야 한다('그들이 살게 되었다, 살아났다')는 Turner와 Robertson의 견해에 동조하지만, '에바실류산'은 일반(constative, 진술적인) 부정과거로 보아야 한다는 견해를 밝힌다(Deere, 66: 참고, Turner, 1963: 71; Robertson, 8 3).

않는다. 반면에 4b절과 4c절은 그들이 어떤 이들인지 그 정체성을 밝힌다. 또한 마지막 부분인 4d절은 다시 그들이 왕 노릇을 하게 됨을 강조한다. 따라서 첫 부분(4a절, a)과 마지막 부분(4d절, a′)은 그들의 (왕의) 역할을, 둘째(4b절, b)와 셋째(4c절, b′) 부분은 그들이 누구인지(순교자들임)를 밝히는 것으로서 교차적 구조를 형성한다.

4절의 순교자들은 순교자들이 등장하는 앞선 두 본문(6:9-11; 13:10, 15)과 깊은 관련이 있다. 첫째 본문(6:9-11)은 많은(또는 일반) 순교자들을 가리키며, 둘째 본문(13:10, 15)은 짐승 시대에 짐승에게 경배하지 않고 표를 받지 않아 순교하게 되는 이들을 가리킨다. 그래서 이들은 실상 두 순교자 집단이다.[15] 역사를 통틀어 일반적으로 순교한 이들이 먼저 등장했고(6장) 그 후에 짐승 시대의 순교자들이 등장하였는데(13장), 20:4에서도 그 순서대로 역사적 순교자들(4b절), 그다음에 짐승 시대의 순교자들(4c절) 순으로 등장한다. 이들 순교자들에 대해 앞서 언급된 것들(특히 그들의 보상; 6:11; 11:18; 14:13 등)은 천년 나라(4절)에서 완결된다.

하나님의 백성인 순교자들이 이 땅에서 왕 노릇을 하게 되는 일은 다니엘 7:22의 "옛적부터 항상 계신 이가 와서 지극히 높으신 이의 성도들을 위하여 원한을 풀어 주셨고 때가 이르매 성도들이 나라를 얻었더라"(개역개정)와 다니엘 7:27의 "나라와 권세와 온 천하 나라들의 위세가 지극히 높으신 이의 거룩한 백성에게 붙인 바 되리니 그의 나라는 영원한 나라이라. 모

15. Blaising은 4절에 순교자들만 언급되어 있지만 그들로 한정할 수 없다고 주장한다(Blaising, 68-69). 그러나 그의 주장의 근거는 찾기 어렵다. Blaising과 반대로 Boer는 4절이 순교자들로 한정하고 있음을 주목한다. 그러나 역설적으로 그 때문에 천 년을 실재가 아닌 것으로 간주하는 문제에 빠진다(Boer, 1975a: 7-9, 28; 1975b: 26-30). Caird도 4절에서 순교자들만 언급된다고 보고 있으나 뚜렷한 근거를 밝히지 않는다(Caird, 252). Osborne은 절충적이다(Osborne, 2002: 704-5). 그는 4절의 초점은 순교자들이지만 계시록 전체 문맥은 모든 성도를 염두에 둔다고 보았는데, 9절이 '성도들'이라 했기 때문이라고 주장한다.

든 권세 있는 자들이 다 그를 섬기며 복종하리라"(개역개정)의 철저한 성취다. 성취되는 것은 다음과 같다. 첫째, 그들의 원한이 풀렸고(단 7:22), 둘째, 그리스도께서 그들로 나라를 얻게 하셨고(단 7:22), 셋째, 나라와 권세와 나라들의 위세가 이들에게 주어진다(단 7:27). 넷째, 모든 권세 있는 자들을 포함한 모든 이들이 그리스도를 섬기게 된다(단 7:27). 이들 예언은 계시록 21장의 새 하늘과 새 땅에서 성취가 완결되지만, 먼저 일차적으로 그리고 실제적으로 이 땅의 천년 나라에서 성취된다 할 수 있다.

5a절 (살지 못하는 남은 자들) 그리스도와 함께 새롭게 왕권을 행사하는 이들은 4절이 언급한 순교자들(또는 믿는 자들)이다. 천년 나라의 왕권을 누리기 위해 이미 죽었던 이들 순교자들이 다시 살아난다. 그래서 이것을 '첫째 부활'이라 부른다. 그리스도께서 부활하신 것처럼 이들도 부활하여 천 년의 왕권을 누리게 된다. 그렇다면 다른 죽은 자들은 어떻게 될까? 모든 성도들은 주님의 재림 때 부활할 것이다. 믿지 않는 자들은 천 년이 채워진 후에 최후의 심판 때에 부활할 것이다(5절). 천년기 동안 땅에는 왕권을 누리는 부활한 순교자들과 그리스도의 전쟁(19:17-21)에 직접 참여하지 않고 그 땅에 남아 있던 이들(부녀, 노인, 아이들)이 함께 나라를 이루며 살게 될 것이다.[16]

순교자들만이 아니라 믿음을 가진 모든 신자들도 천년기 왕권에 포함될 가능성도 배제할 수는 없다(예, Ladd, 1972: 263-8). 그렇게 된다면, 천년기 동안 그리스도의 왕권에 참여한 모든 믿는 자들과 그리스도의 전쟁에

16. 천년기에는 왕권을 누리는 이들만 남아 있는 것이 아니라, 그렇지 않은 일반 백성도 여전히 남아 있다. 이들의 후손들이 천 년이 지난 후 사탄이 무저갱에서 풀려날 때 그를 추종하여 전쟁에 참여할 자들이 된다(20:7-10). 아마겟돈 전쟁에서 남은 자들(부녀, 아이, 노약자 등)과 그들의 후손들에게 천년기 동안 복음 전파와 구원이 이뤄질지의 여부는 알려지지 않는다. 왕권을 누리는 순교자들이 제사장 사역을 한다(20:6)는 점에서 복음 전파와 구원의 여지가 있는 것 또한 사실이다.

참여하지 않았던 당시의 일반인들로 구성된 천년 나라가 이뤄질 것이다(Osborne, 2002: 707-8). 그런 경우에는, 첫째 부활은 이제까지 모든 믿는 자들의 부활을 가리키는 말이 된다. 물론 비신자들은 최후의 심판 때에 일어날 것이다(박형룡, 282-3). 예수께서 직접, 악한 일을 행한 자들이 얻을 '심판의 부활'을 말씀하신 바(요 5:29) 있다. 그들은 심판받고 불못에 던져질 것이다. 이것이 '둘째 사망'이다(20:14).

4-6절 말씀 가운데 천년 나라에 참여하지 못하는 이들을 기록한 부분이 5a절이다. 이 부분(5a절)이 4-6절의 중간에 위치한다. "죽은 자들 가운데 남은 자들"은 "살아나 그리스도와 함께 천년 동안 왕 노릇"(4d절)하는 이들과 대조된다. 그렇지 못하는 자들이다. 살아난 자들을 순교자들(4절)로 제한한다면 이들은 순교자들 외의 이미 죽은 모든 그리스도인들과 일반 인류를 가리키는 것일 수 있다. 그런데 죽은 모든 그리스도인들이 그리스도의 재림 때에 새로운 육체(부활체)를 입고 주님을 맞이하게 된다는 것(고전 15:51-54; 살전 4:14-17)을 고려한다면, 이들 성도들은 "죽은 자들 가운데 남은 자들"에 속하지 않을 것이다. 따라서 '남은 자들'은 그때까지 죽은 비신자들이 된다. 이들이 살아나는 것은 이때가 아니라 최후의 심판의 때다(20:12-13). 다만, 공중에서 주님을 맞이할 성도들이 다 '살아나서' 이 땅에서 모두 천년 나라의 왕권을 소유할지, 또는 그 가운데 순교자들만이 이 땅에서 (다시) '살아나' 왕 노릇할 지에 관해서는 그때가 되면 분명히 알 수 있을 것이다.

5b-6절 (첫째 부활에 참여하는 자들) "이것이 첫째 부활이다"라는 표현은 일종의 강조법이다. '첫째 부활'(ἡ ἀνάστασις ἡ πρώτη)이 강조되며 부각된다. 이 부분은 4-5a절의 내용에 대한 보충 설명일 수 있다. 즉, 천년 나라에서 다시 살아 왕 노릇하는 이들(4절)과 천 년 동안 살지 못하는 자들(5a절)을 대조한 후에, 바로 이런 일이 일어날 천 년의 기간이 '첫째 부활'과 관

련이 있다는 것을 말씀한 것이다.

이 부분(5b절)은 또한 5b-6절의 내용을 이끄는(시작하는) 역할을 한다. 첫째 부활(5b절)은 둘째 죽음(사망, 6b절)과 대조된다. 첫째 부활에 참여한 자는 둘째 죽음(불못에 던져짐)을 맞지 않을 것이다. 그들은 복 있고 거룩한 이들(6a절)이고 천년 나라에서 제사장들이 되고 왕 노릇하게 될 이들이다(6c절).

a. 첫째 부활(5b절)
  b. 첫째 부활에 참여하는 복되고 거룩한 자들(6a절)
a′. 둘째 사망(6b절)
  b′. 제사장들, 다스리는(왕 노릇하는) 자들(6c절)

"첫째 부활에 참여한 자"(문자적, "첫째 부활에 있는 몫을 가진 자")가 "복이 있다" 또 "거룩하다"(6a절). 특별히 구별된 존재들이기 때문이다. 이들에게 부여되는 것이 세 가지인데, 다음처럼 해석될 수 있다. (1) 둘째 죽음(사망)이 그들 위에 권세를 부리지 못한다는 것(6b절)은 그들이 더 이상 죽지 않는다는 뜻이다. 부활한 이들은 다시 죽지 않을 것이다. 그리스도처럼 부활체를 입었다고 말할 수 있다. 이들은 다른 이들(백성)과 달리 죽지 않고 천 년을 살게 된다. 보통 산다는 것은 죽을 것을 전제한다. 그러나 첫째 부활에 참여한 이들은 다시 죽는 일이 없다. (2) 그들은 천 년간 하나님과 그리스도의 제사장들이 되어(6c절) 백성을 하나님께로 이끄는 역할을 지속적으로 감당하게 된다(1:6; 5:10). 천 년간 해야 할 일 가운데 하나는 그들의 제사장 사역이다. (3) 천 년 동안 그들이 왕 노릇을 하게 된다(6c절; 5:10; 20:4; 참고, 사 60:10-16). 왕 노릇한다는 점이 다시 반복되고 있다(20:4). 그리스도와 함께하는 제사장과 왕의 사역은 천년 나라의 특권이다.

그런데 순교자들이 천년 나라에서 다시 살아난 이 부활을 '첫째 부활'이라고 한 것은 그다음 부활('둘째 부활')이 있음을 암시할 수 있다.[17] 그렇다면 둘째 부활은 21장 이후에 펼쳐질 새 하늘과 새 땅의 영원한 삶일 것이다. 물론 계시록은 '둘째 부활'이라는 용어를 사용하지 않으므로 '둘째 부활'이 무엇이라 규정하거나 단정할 수 없다. 추정만 가능하다. 새 하늘과 새 땅에서의 부활에 참여한 이들은 둘째 사망(20:14-15; 21:8)에서 벗어난 이들이다. 그것은 영원한 부활이다.

해설

순교자들만 천년기 왕권을 누리는가? 두아디라 교회에 주신 말씀에서 주님은 말씀을 따라 이기는 자와 지키는 자에게 왕권을 약속하신 바 있다(2:26-27). 5장에서는 그리스도의 핏값으로 속량받은 이들이 땅에서 왕 노릇할 것이라고 네 생물과 이십사 장로들이 노래한다(5:9-10). 그렇다면 왕 노릇하는 것은 순교자들만의 특권은 아니다. 일반 성도들도 왕 노릇에 참여한다. 우리는 이 땅에서 그리스도의 왕 같은 제사장이다(딤후 2:12; 벧전 2:9; 계 5:10). 또한 새 하늘과 새 땅의 새 예루살렘에서 누리는 왕권은 모든 성도의 특권임은 분명하다(22:5). 다만, 천년기 왕권도 믿는 자 모두에게 주어질 것인가 하는 점은 다른 문제일 수 있다. 즉, 천년기 왕권이 모든 성도가 누리는 특권인 것인지, 아니면 순교자들만의 특권인 것인지에 관하여는 다음과 같이 논할 수 있다.

---

17. 둘째 죽음(20:14; 21:8)은 육체적 죽음(첫째 사망) 다음에 있을 영원한 죽음(불못의 심판)을 가리킨다. 둘째 부활은 언제를 가리킬까? 만일 죽은 자들 모두가 부활하는 것을 뜻한다면, 최후의 심판 때가 될 것이다. 그리고 믿는 이들이 누리는 부활의 감격을 말하고자 한 것이라면 그것은 21장 이후의 미래의 하나님 나라의 때일 것이다.

첫째, 20:4-5는 천년기 왕권을 누리는 이들이 제한적일 수 있음을 말해준다. 이 구절의 핵심은 그들이 영광스러운 순교자들이라는 것이다. 순교자들을 직접 묘사하고 있는 계시록 말씀은 이곳 외에 두 군데 더 나타난다(6:9-11; 13:10, 15). 13장에 언급되는 순교자들은 짐승의 시대에 순교하는 이들이다. 천년기 왕권과 관련하여 특히 주목해야 할 본문은 6:9-11의 순교자들의 호소다(특히 10절). 그들의 탄원에 대해 하나님께서는 때가 찰 때까지 "잠시 쉬라" 하셨다(11절). 이들의 피에 대한 보응은 상당히 진행된 바 있고(재앙들) 또 진행되고 있는 중이기도 하다(최후의 심판 때까지). 반면에 그들에 대한 보상은 언제 이뤄질까? 다른 성도들과 같이 새 하늘과 새 땅, 새 예루살렘(21장)에서 이뤄질까? 아니면 그전에 또 다른, 그 어떤 구별된 보상적 조치가 이뤄질까?

둘째, 그러면 왜 순교자들만(또는 그들 위주로) 천년기 왕권을 누리는 것일까? 20:4에서 천년 나라의 왕권을 '순교자들'로 한정하는 것으로 보아, 이들은 특별히 구별되어, 최소한 두 번(천년기와 신천신지)의 왕권을 행사한다고 볼 수 있다. 새 하늘과 새 땅의 왕권(22:5) 자체가 모든 성도에게 충분한 보상이 된다(2:26-27; 3:21; 5:10). 사실 다른 보상이 더 필요하지는 않다. 순교자들 스스로도 그들의 순교에 대한 또 다른 보상이 더 필요하다고 생각하지는 않을 것이다. 그럼에도 하나님께서 순교자들에게 따로 천년 나라의 왕권을 허락하시는 것(만일 그렇게 하신다면)에는 다른 목적이 있을 것이다. 천년 나라의 보상(20:4, 6)은 하나님의 공의(justice)의 우주적 집행이라는 측면이 더 크다. 그리스도와 그 의를 위해 목숨을 내놓은 자(참고, 마 5:10-12; 10:39; 16:25-27; 눅 6:22-23; 요 15:13)에게 특별한 보답을 해주시는 것이다. 순교자들의 '특별한' 헌신을 '특별히' 갚으시는 하나님의 의로운 보상이 천년 나라라고 할 수 있다.

순교자들에게 주어지는 왕권은 천년 나라가 왜 필요한 것일까 하는 점과 관련된다. 일반 성도들에게 미래적 왕권이 두 번 있어야 하는 이유가 딱히 없다. 성도들의 미래적 왕권은 새 하늘과 새 땅에서 있게 될 왕 노릇이면 사실 충분하다.[18] 그 자체로 영원한 보상이다. 다만 순교자들에게는 보상이 한 번 더 주어지는데, 그것은 천년기의 보상적 왕권이다. 이 한시적인('천 년') 왕권은 그들의 순교에 대한 특별한 보상일 것이다. 이것은 이들의 탄원(6:10)에 대한 하나님의 보상과 정의의 집행이겠다. 이들은 부활체를 입고 그리스도와 함께 이 땅에서 왕권을 행사할 것이다. 첫째 부활의 영예다.

따라서 순교자가 아닌 우리 일반 성도들은 천년 나라와는 상관이 없을 가능성이 높다. 우리는 우리의 '작은' 믿음과 삶을 넘어서는 '감당할 수 없이 영광된' 보상을 새 하늘과 새 땅, 새로운 세계에서 넘치게 받을 것이다. 순교자들은 천년기를 거친 후 우리 모두와 함께 새 예루살렘의 복락도 누리게 될 것이다.

정리하면, 순교자들이 천년 나라의 왕권 수혜자가 되어야 할 이유는 다음과 같다. (1) 계시록 20:4에 순교자들이 왕 노릇의 주체가 될 것을 명기하고 있기 때문이다. (2) 하나님께서 순교자들에게 주실 특별한 보상을 기대할 수 있기 때문이다(6:11). 즉, 하나님의 공의의 집행 때문이다. (3) 일반 성도들인 우리가 두 번의 왕권, 즉 천년기 왕권과 신천신지의 왕권을 누리는 것이 굳이 필요하지 않을 수 있기 때문이다(물론 하나님께 달린 사항이다). 일반 성도들에게는 하나의 왕권 누림으로 충분하기 때문이다.

셋째, 그런데 문제는, 비록 4절이 순교자들을 직접 지칭한다고 해도, 이

---

18. "우리의 궁극적인 목적은 그리스도의 재림 이전이든, 그 이후든 이 땅에서 우리의 황금기를 갖는 것이 아니다. 그보다 우리는 영광스러운 영원한 실재, 새 땅과 새 하늘을 간절히 기다린다"는 Grenz의 말은 타당하다(Grenze, 21). 우리가 그러하다. 그런데 천년 기간의 보상이 우리보다는 순교자들을 위한 우주적 정의의 실현이라는 사실을 잊어서는 안 된다.

들이 모든 성도로서 언급되었을 가능성을 배제하기 어렵다는 것이다. 4절의 초점은 순교자들이지만 그들은 모든 성도들의 대표자들이므로 왕권에 참여하는 자들 중에는 일반 성도들이 포함된다고 보는 해석이 있다(예, Ladd, 1972: 263-8; Osborne, 2002: 704-5). 모든 성도들도 이때 부활하여 왕권을 누린다고 보는 것이다.

4절에 언급된 순교자들이 부활한 모든 성도라고 보는 이유는 4절의 문법적 해석 때문이 아니라, 다른 신약성경과의 조화 때문이다. 예컨대, 고린도전서 15:23-24a에 "그러나 각각 자기 차례대로 되리니 먼저는 첫 열매인 그리스도요, 다음에는 그가 강림하실 때에 그리스도에게 속한 자요, 그 후에는 마지막이니"(개역개정)라고 할 때, '강림하실 때에 그리스도에게 속한 자들'이 순교자만을 가리킨다고 볼 이유가 없기 때문이다. 또한 데살로니가전서 4:16-17에 "주께서 호령과 천사장의 소리와 하나님의 나팔 소리로 친히 하늘로부터 강림하시리니 그리스도 안에서 죽은 자들이 먼저 일어나고 그 후에 우리 살아 남은 자들도 그들과 함께 구름 속으로 끌어올려 주를 영접하게 하시리니"(개역개정)에서 먼저 죽은 자들의 일어남과 살아 남은 자들의 주님 영접 장면이 재림 때의 사건이 될 것임을 알려주고 있기 때문이다.

계시록 20:4를 순교자들만의 부활로 보고 다른 성도들은 그때는 부활하지 않는다고 한다면, 이는 고린도전서 15:23-24a과 데살로니가전서 4:16-17과 조화하기 어려운 해석이 된다. 또 데살로니가전서 3:13, "우리 주 예수께서 그의 모든 성도와 함께 강림하실 때"(개역개정)와 4:14, "이와 같이 예수 안에서 자는 자들도 하나님이 그와 함께 데리고 오시리라"(개역개정)와도 조화되기 어렵다. 그러므로 그리스도의 재림 때에 함께 오는 '모든 성도'와 '예수 안에서 자는 자들'을 순교자들로 제한하는 것보다는 모든 성도로 보는 것이 낫다.

넷째, 모든 성도들이 그리스도의 재림 때에 함께 오는 장면은 계시록에 뚜렷하게 기록되어 있지 않다. 그리스도의 재림(19:11-16)과 뒤잇는 아마겟돈 전쟁(19:17-21) 본문에서 이에 관한 뚜렷한 표현이 없다. 그러나 두 가지 단서는 있다. 하나는, 재림 전에 그리스도의 신부인 성도(교회)들의 준비다(19:6-9). 결혼 잔치에 초대받는 것 자체가 그들의 부르심(죽은 성도의 부활과 산 성도의 들림)과 관련된다. 다만, 언제 그 일이 실제로 일어날지는 생략되어 있다. 또 하나는, 그리스도의 재림 때에 등장하는 '하늘에 있는 군대들'이다(19:14). 흰 세마포를 입고 흰 말을 타고 그리스도를 따르는 군대는 부활한(또한 들림 받은) 모든 성도들을 포함할 가능성이 있다(19:14의 주해를 참고). 역시, 언제 부활했고 들림 받았는지에 관해서는 본문에 나오지 않는다.

만일 그리스도의 전쟁에 참여하는 하늘의 군대에 모든 성도가 포함된다면, 또는 그렇지 않더라도 그리스도의 재림 때(19:11-16)에 모든 성도들이 부활과 휴거를 하게 된다면, 그리스도의 재림 때에 모든 성도가 공중에서 주님을 영접하고 그와 함께 재림의 일에 참여하게 된다는 바울서신 구절들(살전 3:13; 4:14-17; 고전 15:23)과 조화가 된다. 그렇다면, 그리스도의 재림(19:11-16)과 아마겟돈 전쟁(19:17-21) 후, 천년 나라가 이뤄질 때(20:1-4)가 되어서야 부활하는 일이 일어날 필요는 없지 않을까?[19] 20:4의 "살아났고"는 모든 성도의 부활을 가리키는 말이라 볼 필요가 있을까? 성도들 중에 순교자들에 초점을 맞추어 특히 그들이 '이 땅에서 다시 살아' 그리스

19. 마 24:29-30은 재림 때의 상황을 그려주는 말씀이다. 그리스도의 재림과 땅의 모든 족속들의 통곡이 먼저 있고(30절) 택하신 자들을 모으는 일이 다음(31절)에 나온다. 이것을 동시적으로 보는 것이 일반적인데, 혹 차서적일 가능성도 배제할 수는 없는 것 같다. 이 둘을 동시적으로 보면, 계 19장의 재림 때 모든 족속이 통곡할 때 함께 성도들이 부활체를 입고 주님께 나아갈 것이다. 그러나 만일 차서적이라면 19장의 재림 직후인 20장 천년 나라 시작의 때에 성도들이 부활한다고 볼 가능성이 있게 된다.

도와 함께 왕권을 행사한다는 것을 부각하는 의미가 아닐까? 물론 그리스도의 재림과 아마겟돈 전쟁과 천년 나라가 거의 동시적으로 이뤄질(시차 문제가 없을) 가능성을 배제할 수 없다. 그렇게 보면 계시록 20:4와 다른 신약성경(고전과 살전 등)이 조화를 이루지 않는다고 말하기는 어려울 것이다.

다섯째, 또 하나, 20:4가 모든 성도의 부활을 가리키는 것으로 보기 어려운 이유는 그 수 때문이다. 모든 성도가 부활한다면, 그때까지 구원받은 모든 성도의 수는 얼마나 될까? 이들이 부활하여 이 땅에서 왕권을 누린다면, 얼마나 큰 지역에 모을 수 있을까? 천년 나라가 끝난 후, 일어나게 될 마지막 전쟁에서 그 많은 수가 한 성(20:8)에 모일 수 있는 걸까? 그들을 에워싸는 대적자들의 '바다의 모래' 같은 수는 또 얼마나 될까? 물론 용의 군대가 에워싼 지역은 이 전쟁의 대표적, 중심되는 격전지를 가리킬 수도 있을 것이다. 또한 부활체는 시공간에 제한을 받지 않는다는 점에서 그들의 수의 크기는 그들이 거할 공간의 크기와 관련이 없다고 할 수도 있다. 그럼에도 왕권을 행사하는 부활한 이들보다 그 통치를 받는 열방의 수가 많다고 보는 것이 자연스러울 것이다.

주목해야 할 것은 천년 나라는 새 하늘과 새 땅의 나라가 아니라 이 땅(현재의 지구)이 터전이라는 점이다. 부활한 이들은 이 땅에서 천 년 동안 살며 왕 노릇할 것이다(20:4-6). 그때 인류는 이제까지 겪어보지 않은 새로운 세계를 경험하게 될 것이다. 부활체를 입고 천 년을 사는 자들을 맞이하게 된다. 그 세계는 현재의 지구를 바탕으로 한다. 우리가 사는 이 세상이다. 아직 21장에 나오는 새 하늘과 새 땅이 아니다.

여섯째, 그리스도의 재림 때에 죽은 성도의 부활과 살아 있는 성도의 공중 들림이 있을 것이고, 아마겟돈 전쟁을 거쳐 천년 나라가 이뤄질 것이라는 사실로 다시 돌아가자. 그때 모든 성도는 썩지 않는 부활체를 입을 것이다(고전 15:23-24, 42-58). 그리스도 재림의 역사가 마치고 천년 나라가 이뤄질 때, 그들 가운데 일부는 하늘에 남고 또 다른 일부(순교자들)는 지상에 남을 것이다. 따라서 20:4의 "살아났다"는 것은 재림 후 지상에 남게 된 일부(순교자들)가 새로운('살아 있는') 부활의 몸을 입은 채, 이 땅에 실제로 거하게 되었음을 강조하는 표현일 수 있다. 즉, "살아났다"는 이 땅에서 육체를 가진 부활체로 '살아서' 나타났다는 뜻이 된다. (따라서 부활체를 입은 모든 성도들이 이 순교자들에 포함되지 않을 수 있다. 부활한 다른 성도들은 그동안 하늘에 거할 수 있다.) 순교자들은 그리스도를 위해 한때 '죽었던' 존재가 아니었는가! 이제 그들은 이 땅에서 '살아' 왕 노릇하게 된 것이다. 이것이 '첫째 부활'이다(20:6). 계시록에 '둘째 부활'이라는 말은 없지만, 만일 있다면 그것은 새 하늘과 새 땅에서의 새로운 삶을 가리킬 수 있을 것이다.

일곱째, 한 가지 더 생각해야 할 점은 천년 나라의 때가 구약의 많은 예언들(특히 메시아 나라의 일들)이 이뤄질 때일까 하는 것이다. 성경에는 미래 유토피아에 대한 많은 예언이 있다. 예컨대, 이사야 11장의 사자와 독사가 조화롭게 산다는 예언, 이사야 65:20-21의 인간의 긴 수명(장수)에 대한 예언; 이사야 66:19-20의 모든 민족이 하나님의 영광을 볼 것이라는 예언, 또 사도들이 이스라엘 열두 지파를 다스리고 심판할 것(마 19:28; 눅 22:30)에 대한 예언 등이다. 이들 예언이 현재의 세상(우주)에 바탕을 두고 있는 천년 나라에서 이뤄질지, 완전한 새 하늘과 새 땅에서 이뤄질지, 또는 어떤 부분은 상징적으로 또 어떤 부분은 문자적으로 이뤄질지, 우리에게 알려지지 않았다. 성경이 밝히 알려주지 않은 것에 대해 지나치게 상상하는 것은 곤란하다. 고 박형룡 박사는 "천년기 묘사에 번잡한 상상을 사용하기를 피하는 것이 신중하고 현명한 일"이라고 했다(박형룡, 257). 쓰여 있지 않는 것을 상상할 필요가 없다. 그때가 되면 모두 알게 될 것이다.

요약하면, 세 가지 해석 가능성이 여전히 있다는 것이다. 첫째는 천년 나라에는 순교자들만 살아 왕 노릇할 것이라는 견해다. 둘째는 순교자들을 중심으로 일부 성도들이 왕 노릇에 합류할 것으로 보는 것이다. 셋째는 모든 성도들이 이때 살아 왕 노릇할 것이라고 보는 것이다. 첫째 견해가 가장 자연스럽지만, 둘째와 셋째 견해를 완전히 배제하기는 어렵다.

C. 요한계시록 20:7-10 (천년 나라 이후, 사탄의 최후)

7-10절은 1-3절의 내용과 역순으로 짝지어 있다(교차 관계). 사탄이 천 년 후에 잠시 풀려나야 한다고 예고했던 것처럼(3c절, c) 이제 천 년이 되어 그 묶인 것에서 풀려난다(7절, c′). 사탄을 무저갱에 가두고 봉인하여 열방을 미혹하지 못하게 하였는데(3b절, b) 이제 그곳에서 나와 열방을 미혹하여 전쟁에 참여하게 된다(8-9a절, b′). 하늘의 천사에 의해 용이 붙잡혀 결박되고 무저갱으로 던져졌었는데(1-3a절, a), 마침내 하늘에서 불이 내려왔고 그가 유황 불못에 던져진다(9b-10절, a′). 이 과정에 하나님의 섭리가 작동한다.

a. 하늘에서 천사가 내려와 용을 잡아 무저갱에 던진다(1-3a절).

b. 무저갱에 가두어 열방을 미혹하지 못하게 한다(3b절).

c. 천년 후에 풀려날 것이라 예언된다(3c절).

c′. 천년이 되어 그 묶인 것에서 풀려난다(7절).

b′. 옥(무저갱)에서 풀려나 열방을 미혹하여 전쟁에 참여한다(8-9a절).

a′. 하늘에서 불이 내려오고 마귀는 불못에 던져진다(9b-10절).

천년 후에 잠시 풀려나야 한다고 했는데(3c절), 그때가 되었다. 사탄이 그 묶인 것에서 풀려나, 무저갱에서 나오게 된다(7절). 사탄이 불못에 던져지지 않고 무저갱에 갇혀 있게 된 이유가 이 때문이다. 마지막으로 대적하는 일을 하는 것이 허용되었기 때문이다. 하나님께서 섭리하신 그대로 이뤄진다. 그 신적 계획이 반드시 이뤄지게 될 것이다. 어느 것 하나도 이뤄지지 않고 끝나는 경우가 없을 것이다(22:19).

1-3절에서 시작된 내용이 7-10절에서 마무리되는 교차적 특성과 4-6절의 병행적 구성이 조화된 짜임새는[20] 천년 나라의 구상이 하나님의 특별한 섭리 가운데 이뤄질 것임을 보여준다. 천년 나라에 대한 구상은 하나님의 것이다. 하나님의 완전한 계획 아래 천년 나라가 진행될 것이다.

번역

7 천 년이 찰 때에 사탄이 그의 옥에서 풀려날 것이다. **8** 땅의 사방에 있는 열방, 즉 곡과 마곡을 미혹하려고 또 전쟁을 위해 그들을 모으려고 나올 것이다. 그들의 수는 바다의 모래와 같을 것이다. **9** 그들이 땅의 넓은 곳으로 올라와서 성도들의 진과 사랑받는 성을 포위하였다. 그러자 하늘에서 불이 내려왔고 그들을 삼켰다. **10** 그들을 미혹하던 마귀가 유황 불못에 던져졌다. 그곳은 짐승과 거짓 선지자가 있는 곳이다. 그들이 밤낮으로 영원토록 고통을 받을 것이다.

---

20. 1-3절과 7-10절을 연계하는 방식은 이렇게 연관된 표현(던지다-던져지다; 미혹하다-미혹하다; 풀려나다-풀려나다)을 사용하되 이를 교차적으로 배열하는 것(abc-c'b'a')이다. 이런 현상은 용의 이름을 지칭하는 방식에도 나타나는데, 2절에서 '마귀'와 '사탄'으로 소개된 용은 순서를 바꿔 7절에 '사탄', 10절에 '마귀'로 나타난다. 결국 마귀 2회(2, 10절), 사탄 2회(2, 7절) 등 이들 용어가 균등하게 쓰인다.

주해

7절 (풀려난 사탄) '천 년'이 반복된다. 또 한 번 천 년이 나왔다. 천 년이 "찰 때에"(ὅταν τελεσθῇ)는 천 년이 다 끝났을 때, 즉 천 년이라는 기획된 기간이 완수된 때를 가리킨다. 예정된 기간이 다 끝나지 않고는 그 나라가 마감되지 않을 것이다. 그런 후에야 사탄이 풀려난다. "풀려날 것이다"(λυθήσεται)는 말 그대로 옥(감옥)에서 풀려나 자유롭게 되는 것을 뜻한다. "옥"(감옥)은 물론 '무저갱'이다. 사탄이 묶인 후 갇힌 곳이다(1-2절). 그 전에는 사탄이 풀려나 활동할 수 없다. 새 하늘과 새 땅이 이뤄지기 전, 또 온 세계적인 마지막 심판이 있기 전, 옛 세상의 역사에서 마지막 퍼즐을 맞추는 작업은 무저갱에서 풀려난 사탄이 촉발하는 마지막 전쟁이기 때문이다. 모두 하나님의 섭리 속에 있는 일이다.

8절 (곡과 마곡) 사탄은 무저갱에서 나와 땅의 동서남북, "사방에 있는 열방"을 미혹한다(8절). 그를 따르던 짐승과 거짓 선지자가 더 이상 존재하지 않는 상황에서, 사탄이 어떤 모양과 어떤 방법으로 열방을 미혹하게 될지는 알려지지 않는다. 이 구절에서 "땅의 사방(동서남북)의 열방"이 "곡과 마곡"이라고 표현된다. 이러한 곡과 마곡은 특정 지역을 가리키기보다는 관련된 예언이 최종적으로 성취됨을 보여주는 상징적 언어일 수 있다.

곡(북쪽 끝 지역의 왕)과 마곡(곡의 땅/지역)은 에스겔 38:2-39:16에 나온 바 있다. 이들은 마지막 때에 심판 받을 대상이다.[21] 북방의 특정 나라나 집단을 가리킨다고 볼 수도 있지만, 에스겔 예언(특히 38-39장)의 성취와 완성이라는 측면에서, '곡과 마곡'이라는 용어를 사용했을 가능성이 크다.[22]

21. 역사적으로 곡과 마곡에 대한 다양한 해석은 Railton, 23-43의 논문을 참고하라.
22. 계 19:17-21(아마겟돈 전쟁)과 20:7-10(천 년 끝의 전쟁)이 겔 38-39장과 연관되어 있다는 것을 근거로 19:17-21과 20:7-10을 동일한 사건으로 보는 학자들이 있다(예,

사탄은 그들을 미혹하여 마지막 전쟁에 참여하게 한다. 계시록 본문은 사탄이 모은 군대가 "바다의 모래"같이 많은 수라고 한다(참고, 겔 38:9, 16, "구름같이"). 헤아리기 어려운 많은 수의 군대가 모이게 된다. 이것이 최후의 전쟁이다. 천년 나라가 끝나갈 때 일어나는 전쟁이다. 이것으로 땅의 모든 역사가 마무리된다. 천 년은 그리스도와 그의 왕권에 참여한 이들이 함께 다스리고 또한 섬기는 기간이었다. 천 년은 평화의 기간일 것이다. 거짓의 아비(요 8:44), 사탄이 갇히기 때문이다. 평화의 그리스도가 다스리는 '팍스 크리스티'(*Pax Christi*, '그리스도의 평화')의 시대다. 일반 백성은 천년간 살지는 못하겠지만 그들도 평화의 덕을 입을 것이다. 그럼에도 천 년의 끝자락에 미혹하는 자, 곧 사탄의 거짓된 속임이 있자, 수많은 이들이 하늘을 대적하여 전쟁에 참여하게 된다. 비극의 반복이다.

Beale, 1999: 976-80; 2013: 33-36; Mathewson, 2001: 238, 240-2; R. White, 541-5). 19:17-21은 겔 39:17-20(새들의 잔치)과, 그리고 20:7-10은 특히 겔 38:9, 18, 22와 관련이 있다. 따라서 19:17-21과 20:7-10이 겔 38-39장의 성취인 것은 분명하다. 그렇지만 겔 38-39장이 한꺼번에 일어나게 될 단일한 사건을 뜻한다고 주장할 수 없다. 계 19-20장에서 다르게 (최소한 아마겟돈 전쟁과 천 년 끝의 전쟁이라는 두 가지로) 나타났기 때문이다. 그러면 왜 계시록은 '곡과 마곡'(20:8) 등의 겔 38-39장의 용어를 써서 20:7-10을 19:17-21과 연계하려는 것일까? 첫째, 겔 38-39장의 종말 전쟁에 대한 예언이 두 번의 사건으로 나뉘어 완결된다는 것을 알려주려 하였다. 즉, 용의 전쟁이 두 번 일어난다는 뜻이다. 에스겔 38-39장의 예언이 두 번에 걸쳐 완성된다는 뜻이다. 둘째, 19:17-21(아마겟돈 전쟁)이 두 짐승과 함께 참여하는 용의 전쟁의 한 축이 되고 20:7-10이 단독으로 참여하는 용의 전쟁의 다른 한 축이 된다는 것을 시사하고자 하였다. 두 개의 전쟁이 있음을 말하는 것이다. 아마겟돈 전쟁에서 악의 삼두 중 짐승 둘이 불못에 던져진다(19:20). 그리고 천 년 후의 마지막 전쟁에서 악의 삼두 중에 끝까지 남은 용이 불못에 던져진다(20:10). 이처럼 아마겟돈 전쟁에서 에스겔(38-39장) 예언의 반이 성취되고 천년 후의 전쟁에서 남은 예언의 반이 성취된다. 셋째, 따라서 20:8에서 '곡과 마곡'이라는 용어를 일부러 쓴 목적은 겔 38-39장의 남은 예언의 성취라는 측면을 강조하기 위함이라 할 수 있겠다. 아마겟돈 전쟁이 에스겔 38-39장 예언의 모든 성취가 아니고, 천년기 후의 전쟁이 성취의 마지막(완결)임을 암시하기 위함이었을 것이다.

9절 (최후의 전쟁, 용의 마지막 전쟁) 사탄의 군대가 올라와 넓은 지역에 진영을 차렸다(9절). 그리고 성도들의 진과 사랑받는 성(도성)을 포위하였다. 그리스도의 왕권을 집행하는 본부가 있는 곳이 "사랑받는 성"이다. 성도들도 도성에 모여 진영을 이루게 될 것이다. 사탄의 많은 군대가 상대적으로 적은 성도의 진영을 포위한 상태다.[23] 역시, 외견상 이길 수 없는 싸움처럼 보일 것이다. 그러나 이때 하늘의 개입이 있다. 하늘에서 불이 내려와 사탄의 군대를 삼킨다(참고, 겔 38:22). 이 구절에 역설이 담겨 있다. 그들이 '올라왔는데'(ἀνέβησαν) 하늘의 불이 '내려왔다'(κατέβη). 그들이 '포위하여'(ἐκύκλευσαν) 승기를 잡게 되었는데, 오히려 하늘의 불이 그들을 '삼켜'(κατέφαγεν) 패하게 된다. 역설적인 상황을 잘 드러내는 평행법 구성이 주목된다.

a. 그들이 '올라왔다'.
　b. 그들이 '포위하였다'(둘러섰다).
a'. 불이 '내려왔다'.
　b'. 불이 그들을 '삼켰다'(먹어버렸다).

그리스도의 전쟁은 이렇다. 대적자들이 이기는 듯해도 결국 그들은 이길 수 없다. 그리스도와 그의 군대를 이길 수는 없다. 싸움을 부추기며 미혹하는 말을 따르면 결국 패망에 이르게 된다. 그리스도의 편에 서는 자가 마침내 이긴다.

10절 (마귀가 불못에 던져짐) 이제 마귀가 유황 불못에 던져진다(10절).

---

23. 4-6절의 순교자들의 왕 노릇이 하늘에서 이뤄진 것이라는 Gourgues의 견해(Gourgues, 679-81)에 동의할 수 없는 이유 가운데 하나는, 1-6절과 연속선상에 있는 9절의 '성도들의 진'와 '사랑받는 성'이 하늘에 있는 것으로 볼 수 없다는 것이다.

마귀 앞에 "미혹하던"(현재분사, πλανῶν)이란 말을 쓴 것은 마귀의 정체가 속이는 자이기 때문이다(20:3, 8, 10; 12:9; 13:14). 마귀는 거짓을 진리와 바꿔 말한다. 또 진리에 거짓을 섞어 놓는다. 다 거짓된 말일 때도 있고 사실에 거짓을 교묘히 섞은 말일 수도 있다. 그리고는 그리스도와 교회를 중상한다. 미혹하던 마귀가 유황 불못에 던져지며 모든 악이 끝난다. 짐승과 거짓 선지자는 이미 불못에 던져져 있는 상태다(19:20, "이 둘").[24] 악의 괴수 마귀 또한 그들과 같이 불못에서 영원한 형벌을 당하게 될 것이다. 불못에는 단 한시도 고통 없는 때가 없다는 것을 강조하려고 '낮과 밤으로'(ἡμέρας καὶ νυκτός)와 '영원의 영원히'(εἰς τοὺς αἰῶνας τῶν αἰώνων)란[25] 용어를 사용한다.

10절의 '영원의 영원히'(영원토록)는 2, 3, 4, 5, 7절의 '천 년'과 대조가 된다. 전자는 무한대 시간이라면 후자는 길지만 한정된 시간을 가리킨다. 3절에서는 '천 년'과 '잠시'가 대조되다가 10절에서 '천 년'과 '영원의 영원히'가 대조된다. 그런데 '천 년'과 '잠시'는 한정적인 시간이고 '천 년'과 '영원의 영원히'는 상당한 시간이다. 따라서 '천 년'은 상당한 시간이면서 동

24. Beale은 용이 무저갱에서 풀려난 일(20:7-8)과 짐승이 무저갱에서 올라온 일(11:7)을 동일시한다(Beale, 1999: 987). 그러나 계시록은 용을 짐승이라 기록한 바 없다. 용의 여러 이름 중에 '짐승'은 없다(12:9; 20:2). 짐승은 용의 수하일 뿐이다. 용과 짐승이 함께 등장하는 장면을 보라(13:1-2, 4, 11; 16:13; 20:10). 또한 Beale은 10절에 "짐승도, 거짓 선지자도 (있는) 곳"이라는 표현에 동사가 없다는 점에서 이때에 비로소 두 짐승도 용과 함께 던져졌다고 주장한다(Beale, 1999: 1030). 그러나 19:20을 읽고 또 듣는 독자는 기억할 것이다. 두 짐승이 먼저 던져졌다는 사실 말이다. 따라서 독자들의 자연스런 독법은 두 짐승이 먼저 던져진 그곳에 용도 마침내 던져졌다고 20:10을 이해하는 것이다(참고, Mounce, 1977: 349-50, 363; Newport, 291, 302). 계시록이 일관성 있는 계시의 책이라고 보기 때문이다.

25. '영원의 영원히'(영원토록)는 계시록에서 주로 사용하는 표현이다(1:6, 18; 4:9, 10; 5:13; 7:12; 10:6; 11:15; 15:7; 19:3; 20:10; 22:5). 이 표현은 계시록 외에 신약에서는 갈 1:5; 빌 4:20; 딤전 1:17; 딤후 4:18; 히 13:21; 벧전 4:11에 나온다.

시에 한정적인 시간을 가리킨다. '영원의 영원히'에 비해 한정적이고 '잠시'에 비해 상당한 시간이다.

처음에는 두 짐승(19:20)이, 그다음에는 용(20:10), 이렇게 용의 집단이 먼저 불못에 던져지고 그런 다음에야 인류의 심판이 뒤따른다(20:11-15). 그때까지는 사람이 불못에 던져지는 일은 없다. 사람들이 심판받고 최종적으로 불못에 던져질 것이다(20:12-15). 그것이 최후의 심판이다.

해설

에스겔 38-39장의 예언이 계시록 19-20장에서 성취된 것이라면, 19장의 아마겟돈 전쟁(17-21절)과 20장의 최후의 전쟁(8-9절)은 같은 사건을 가리키는 것이 아닐까? 이러한 질문에 다음처럼 답할 수 있을 것이다.

첫째, 에스겔의 예언(38-39장)이 계시록에서 성취된 것은 맞다. 에스겔을 통해 주신 하나님의 예언은 계시록에 쓰인 것처럼 반드시 이뤄질 것이다. 이것은 에스겔의 예언이 일정 부분 문자적으로 이뤄질 것을 의미한다.

둘째, 그렇지만 에스겔의 38-39장의 예언이 모두 한 번에 일어날 사건을 담고 있다고 볼 필요는 없다. 복수의 사건을 함께 묶어 썼을 수 있다. 이것은 구약에서 그리스도의 초림과 재림의 예언이 때로 구분되지 않고 나타나기도 하는 현상과 같다. 이것을 래드는 '예언적 관점'(prophetic perspective)이라 하였다(Ladd, 1952: 140). 에스겔 예언의 성취는 실재로는 나눠져 일어날 수 있다. 19:17-21의 죽음은 전쟁에 참여한 군인들의 죽음이고 20:7-10(특히 9절)의 죽음은 부활한 존재들을 제외한 그 밖의 모든 인류의 죽음을 가리킨다. 하늘에서 불이 내려와 그들을 태울 때, 이때에는 군대와 백성 모두가 죽게 된다고 보아야 한다. 그 이유는 그다음에 바로 이어지는 최후의 심판 때에 그 심판대에 선 이들을 보면 이들은 '산 자'가 아니라, '죽은 자'(모두 4회 반복, 20:12-13)로 서게 되기 때문이다. 물론 부활체를 입은 성도들은 심판대에서 제외될 것이 분명하다. 그들은 생명책에 기록된 이들이다. 오스본은 19장의 전쟁은 짐승이 주도하고 20장의 전쟁은 사탄이 주도한다고 구분한다(Osborne, 2002: 713). 일리 있는 견해다.

셋째, 따라서 에스겔 예언은 계시록 예언이 상당 부분 그대로 일어날 가능성이 있다는 것을 오히려 지지해준다. 다만, 구약 예언의 특성상 선후가 섞이거나 두 사건이 함께 섞여 예언될 수 있다. 19:17-21은 에스겔 38-39장의 예언의 반의 성취를, 20:7-10은 나머지 반의 성취, 즉 완결될 것을 묘사한다.

구약 예언의 말씀이 사건의 선후 관계를 강조하는 것이거나, 또는 사건들 간의 인과관계를 강조하는 것이 아니라면, 실제 일어날 일(사건)의 순서는 알기 어렵다. 즉, 'A 다음에 B가 일어날 것이다'라든지, 'A 때문에 B가 일어날 것이다'는 예언이라면, 우리는 자연스럽게 A가 먼저 있을 것이고 그다음에 B가 있을 것이라 여길 수 있다. 에스겔 38-39장에는 이런 사건 간의 순서가 특정되지 않는다.

더군다나, 새들이 살을 먹는다는 심상(계 19:17-18, 21; 겔 39:17-20)과 하늘에서 불이 내려와 불로 태워진다(κατέφαγεν)는 심상(계 20:9; 겔 38:22)은 같다고 보기 어렵지 않은가. "태워졌다"에는 '완전한 소각', 즉 전소되는 의미(to consume completely)가 있기 때문이다(L&N, 20.45). 둘이 다른 사건이라 보는 것이 자연스럽다.

또 하나, 관련하여 생각해 볼 것은 지금(현재)이 과연 천년기인가 하는 것이다. 그렇지 않다면 계시록 20장의 천 년을 현재의 천 년으로 보기 어려운 이유는 무엇일까?

첫째, 마귀가 결박당해 무저갱에 던져져 봉인된 사건(20:1-3)은 그리스도 재림(19:11-16)과 아마겟돈 전쟁의 승리(19:17-21)를 전제한다. 악의 삼두의 둘이 불못에 던져지고(19:20) 그의 추종 군대들이 다 죽은 후(19:21), 무력해진 용은 결박된 채 무저갱에 던져져 봉인된다(20:2-3). 즉, 용이 묶여 무저갱에 던져진 사건은 재림 이후의 것으로 보는 것이 가장 자연스럽다.

둘째, 현재 사탄이 (하나님의 허락 아래) 제한된 활동을 하는 것을 일종의 결박된 상태라고 볼 수 있다고 해도, 이런 묶임은 계시록 20장의 결박된 채 무저갱에 던져져 봉인된 상태의 것과는 그 결박의 정도와 세기가 다르다고 보아야 한다. 하나님의 인으로 봉인된 무저갱을 누가 감히 열수 있겠는가. 어느 누가 봉인된 문을 통과해 자유롭게 출입할 수 있을까. 따라서 현재가 그 '결박된 용'(20:2-3)이 활동하는 시기(현재의 천 년)라는 주장은 상당히 부자연스럽다.

셋째, 천 년이 끝난 후 있게 될 용의 마지막 전쟁(20:9-10)을 그리스도의 재림 사건으로 보는 것 또한 자연스럽지 않다. 그 사건의 주체가 그리스도로 명시되지 않기 때문이다. 그 사건이 재림 사건이라면 재림하시는 그리스도가 표면에 나타나지 않는 것은 이해하기 어렵다. 19:11-16에서는 당연히 그리스도께서 주체가 되어 나타나신다. 그래서 이 본문은 그리스도의 재림 사건에 관한 것이라고 볼 수 있다. 따라서 20장(9-10절)의 전쟁은 재림 사건이 아니라, 본문에서 말하고 있듯이 천 년 말기의 사건으로 보는 것이 자연스럽다.

넷째, 악의 삼두 가운데 둘(짐승과 거짓 선지자)이 먼저 불못에 던져진 일(19:20), 그다음 천 년이 지난 후 마지막으로 남은 용마저 불못에 던져진 일(20:10) 사이에는 순차적 관계가 있다(Osborne, 2002: 713, 715, 717).[26] 먼

26. 19-22장의 단계적 진행(progression)을 강조하면서, 순환(반복) 이론으로는 19-22장의 단계적 진행과 각 단계의 세부적인 차이에 대해 설명할 수 없다고 한 Osborne의 주장은 타당성이 있다(Osborne, 2002: 715).

저 일어난 일과 후에 일어난 일이라는 시간적 진행(선후) 과정을 보여준다. 즉, 용의 결박과 그 후의 천 년은 재림 이후의 일이다.

다섯째, 천년 나라의 주체가 '순교자들'(4절)인데 지금이 그 천 년이라면 순교자들이 지금 하늘에서 왕 노릇한다고 볼 수 있을까? 그러면 왜 그들이 '살아났다'('에제센')고 강조할 필요가 있을까? '살아났다'는 그들의 부활을 가리킨다. 그래서 '첫째 부활'이라 설명한 것이다(20:5-6).

한편, 천년 나라를 문자적으로 이해하기에 주저하게 하는 이유가 있는 듯하다. 예컨대, 천년 나라에 대한 예언이 계시록 외에 구약과 신약에 나타나지 않는다는 점이 계시록 20장의 천년 나라에 대한 계시를 문자적으로 받아들이지 못하는 중요한 이유일 수 있다. 그래서 천 년을 상징적으로 해석해서 현재 성도가 누리는 영적 상태를 가리키는 것으로 보거나, 먼저 떠난 성도들의 누리는 천상의 상태로 보려고 한다(예, Page, 35-40). 그러나 계시록 20:1-10은 '천 년'을 무려 여섯 차례나 반복한다(2, 3, 4, 5, 6, 7절). 천년 나라의 실재와 그 중요성을 반복하여 부각한다. 천 년을 삭제하고는 계시록 20:1-10을 이해할 수 없다.

하나님께는 천 년이 하루와 같다는 구절들(시 90:4; 벧후 3:8)은 계시록 20장의 천 년의 무시간성을 알려주는 말씀이 아니다. 모든 역사의 시공간적 주관하심이 하나님께 있다는 뜻의 말씀이다. 천년 나라를 포함해서 모든 역사의 시간은 하나님의 주권에 달려 있다. 하나님께서 현 세상의 종국에 천 년을 따로 두어 순교자들에게 특별한 보상을 하고자 하시면 그같이 하실 수 있는 것이다. 그것을 인정해야 한다.

第6부
최후의 심판과 보상
요한계시록 20:11-22:5

제6부는 최후의 심판(20:11-15)과 새 하늘과 새 땅(21:1-22:5)의 장면을 그려준다. 제5부가 현 세계의 마지막(종말의 끝) 때의 장면들(그리스도의 재림, 아마겟돈 전쟁, 천년 나라)을 담고 있다면, 제6부는 현 세계 이후에 일어날 일을 담고 있다. 최후의 심판, 이것으로 모든 심판이 마무리된다. 더 이상의 재앙이나 심판이 없다. 그리고 펼쳐진 세계(우주)는 새 하늘과 새 땅, 즉 옛 것과 다른 새로운 세계(우주)다.

제2부(1:9-4:11)에서 그리스도는 일곱 교회에 보상과 보응의 약속을 주신 바(2-3장) 있다. 최후의 보상과 보응은 새 예루살렘(보상)과 최후의 심판(보응)으로 귀결된다. 물론 생명책에 기록된 우리 성도들은 모두 심판에서 제외됨이 분명하다. 또한 각 사람의 믿음과 삶에 따르는 보상과 보응이라는 하나님의 언약과 정의 실현은 제6부에서 완전히 성취된다. 그리고 하늘의 예배(4장)는 새 예루살렘에서 성부와 어린 양과 함께하는 예배로 완성된다.

제29장
요한계시록 20:11-15
최후의 심판

모든 재앙의 마지막은 하나님의 최후의 심판이다. 최종적인 심판이다. 악의 삼위인 용과 두 짐승은 이미 불못에 던져졌다(19:20; 20:10). 그러나 사람들은 아직 불못에 던져진 적이 없다. 하나님을 대적했던 아마겟돈 전쟁과 최후의 전쟁의 결과 땅에 속한 모든 자들이 죽었으나, 그들 가운데 누구도 불못에 던져진 바 없다. 사람은 그때까지는 불못에 던져진 바 없다. 그러나 결국 최후의 심판은 지옥의 불못에서 끝난다.

20:11-15는 세 부분으로 나뉘는데, 최후의 심판의 시작 부분(11절), 심판의 과정과 진행 부분(12-13절), 그리고 심판의 결과 불못에 던져지는 장면(14-15절)이다. 심판의 시작 부분(11절)은 흰 보좌와 그 위에 앉으신 성부 하나님을 그려주고 이전 세계의 몰락을 보여준다. 심판의 진행 부분(12-13절)은 죽은 자들과 두 종류(심판과 생명)의 책에 초점을 맞춘다. 마지막 부분(14-15절)에서는 둘째 죽음, 즉 불못에 던져지는 일이 부각된다. 예전 세계의 몰락(11절, A)은 이렇게 예전 것들의 몰락(14-15절, A′)으로 이어진다. 중간에 심판에 관한 구절(12-13절, X)이 놓여있다.

A. 심판의 시작(11절)

X. 심판의 과정(12-13절)

A′. 심판의 결과-불못(14-15절)

번역

11 또 내가 크고 흰 보좌와 그 위에 앉으신 이를 보았다. 땅과 하늘이 그 면전에서 떠나갔고 그들(땅과 하늘)을 위한 어떤 공간도 찾을 수 없었다. **12** 또 내가, 죽은 자들이 큰 자들이나 작은 자들이나 그 보좌 앞에 서 있는 것을 보았다. 두루마리 책들이 펼쳐 있었다. 또 다른 책도 펼쳐 있었는데, 이 책은 생명책이었다. 그리고 죽은 자들이 그들의 행위들을 따라 두루마리 책들에 쓰여진 대로 심판을 받았다. **13** 그리고 바다는 그 안에 있는 죽은 자들을 내주었고, 죽음과 음부도 그 안에 있는 죽은 자들을 내주었다. 그리고 각 사람은 그들의 행위들을 따라 심판을 받았다. **14** 또한 죽음과 음부도 불못에 던져졌다. 이것이 둘째 죽음, 즉 불못이다. **15** 누구든지 생명책에 쓰여 있지 않는 자는 불못에 던져졌다.

주해와 해설

11절 (심판의 시작, 흰 보좌에 앉으신 하나님) 이제 요한은 크고 흰 보좌에 하나님께서 앉아 계신 것을 보게 된다(11절).[1] 하나님의 '흰' 보좌는 이 부

1. 보좌에 앉으신 심판자가 성부 하나님이신지, 그의 아들 예수 그리스도이신지 분명하게 나타나지 않는 것은 두 분 다 심판에 관여하신다는 것을 암시한다고 본 Osborne의 주장은 일면 일리가 있다(Osborne, 2002: 720). 성부 하나님께서도 심판자시고(롬 2:3-5, 16; 14:10; 히 12:23; 벧전 1:17; 계 4:2; 14:7) 예수 그리스도께서도 심판자가 되신다(마 25:31-46; 요 5:22, 27; 고후 5:10; 딤후 4:1). 다만, 계시록에서는

분에 처음 등장한다. '크고 흰 보좌'는 심판의 보좌다. '흰' 것은 '의'(공의와 도덕성)를, '큰' 것은 심판자의 '위엄'(장엄)을 나타낸다.

땅과 하늘이 '떠나갔다'(피하였다, ἔφυγεν)는 것은 크고 흰 보좌에 앉으신 심판주 하나님 앞에서 하늘과 땅이 모두 피하여 떠났다는 뜻이다. 예전의 땅과 하늘의 역할이 끝나, 하나님의 최후 심판의 자리에 더 존재할 의미가 없기 때문이다. 과거의 하늘과 땅을 위하여 주어진 공간(자리)은 더 이상 없다. 최후의 심판이 끝나면 새 하늘과 새 땅이 있게 될 것이기 때문이다(21:1). 새 것이 오기 위해 옛 것은 떠나가야 했다. 이것은 그들의 존재 자체의 상실을 뜻할 수도 있고, 그 기능(역할)의 상실 또는 정지를 의미하는 것일 수도 있다.

계시 중에 요한이 보좌 위에 앉으신 하나님을 직접 목도한 것은 4장에 기록된 하늘의 예배 때였다. 열린 하늘에서 지상의 대표자인 이십사 장로들과 천상의 대표자인 네 생물이 보좌에 앉으신 하나님을 경배하고 찬양하였다(4:8-11). 하늘에서 경배의 대상이신 하나님께서, 하늘과 땅이 없는 자리에 최후의 심판자로 나타나신다. 하늘에 심판의 자리가 있는 것도 아니고, 그렇다고 땅에 심판의 자리가 세워지는 것도 아니라는 점이 흥미롭다. 하늘과 땅이 존재하기를 멈춘 그곳, 더 이상 물질적인 존재의 의미가 사라진 그곳에 심판의 자리가 세워진다.

12절 (행위의 책들과 생명책) 심판의 과정을 다루는 12-13절이 있다. 12a절과 13a절에 '죽은 자들'이 반복된다. 또 12b절과 13b절에 '그들의 행위(들)를 따라'(κατὰ τὰ ἔργα αὐτῶν)가 반복된다. 이를 감안하면, 12-13절이 평행법을 이루고 있음을 이해할 수 있다. '에르가'(행위들)에 따른 심판이 반복적으로 부각된다.

보좌에 앉으신 성부 하나님의 심판이 더 부각되어 있다(계 4:2; 6:10; 11:18; 14:7; 16:5, 7; 18:8, 20; 19:2).

a. 보좌 앞에 서 있는 죽은 자들, 그리고 두 종류의 책(12a절)

b. 죽은 자들이 그 행위를 따라 심판을 받았다(12b절).

a′. 바다와 죽음과 음부가 내어준 죽은 자들(13a절)

b′. 각 사람이 그 행위를 따라 심판을 받았다(13b절).

12절의 죽은 자들과 13절의 죽은 자들을 다르게 볼 필요가 없다. 오스본은 12절이 언급하는 죽은 자들을 의인들로, 13절이 언급하는 죽은 자들을 죄인들로 보고 있는데(Osborne, 2002: 721-3) 이는 12-13절의 평행법을 이해하지 못한 결과일 것이다. 12절과 13절은 묘사 대상을 구별하기 위해 병행시킨 표현이 아니라, 죽은 자들이 심판의 대상이 된다는 점을 반복하여 강조하는 평행적 표현이다. 굳이 구별한다면(그럴 필요 없지만), 12절은 천년 나라 끝의 전쟁(20:7-10)에서 죽은 자들에 관한 것이고, 13절은 그 이전에 죽은 자들에 관한 것이라고 보는 것이 가능할 수 있다. 비일은 '작은 자나 큰 자'라는 표현이 11:18에서는 성도에게 사용되었고 19:18에서는 대적자들에게 사용되었다는 점을 들어, 12절의 "큰 자들이나 작은 자들이나"는 신자, 비신자를 아우르는 용어로 이해한다(Beale, 1999: 1033). 가능한 해석이다. 모든 이들이 심판대 앞에 설 것이다(롬 3:19; 14:10; 고후 5:10; 히 9:27; 10:30; 약 3:1; 벧전 1:17; 4:5). 모든 인류가 그 앞에 모여 심판을 받게 된다.

11절에 이어, 12절에도 "또 내가 보았다"(καὶ εἶδον)는 말이 연속된다. 요한은 미래에 일어나게 될 심판의 광경을 미리 목도한다. 죽은 자들이 하나님의 보좌 앞에 서 있다. '큰 자들'은 권세 있는 자들, 가진 것이 많은 자들을, '작은 자들'은 힘이 없고 가진 것이 없는 자들을 가리킨다. 그러나 심판의 자리에는 빈부, 신분, 배경, 가문이 무관하다. 모두 그 자리에 서게 된다.

책(두루마리)의 종류는 두 가지다(12절). 하나는 복수 '비블리아'(βιβλία)고 또 하나는 단수 '비블리온'(βιβλίον)이다. 단수 '비블리온'에 설명이 달렸는데, 생명책(생명의 책)이라 하였다(13:8; 17:8; 21:27). 그의 죽음으로 자신의 백성을 대속하신 "어린 양의 생명책"(13:8; 21:27)이다. 은혜의 구원의 책이다. 반면에 복수의 '비블리아'는 행위(들)의 책들이다. 모든 이들이 그들의 행위(행한 일들)대로 심판을 받는다. '비블리아'에 모든 이들의 모든 행위가 기록되어 있다. 따라서 이 책들은 심판의 근거가 되는 심판의 책이다. 심판의 책(들)과 생명의 책이 대조된다. 두 가지 책(들)이 모두 "열렸다"('펴 놓였다', 수동태; 참고, 단 7:10). 이 책들에 쓰인 대로 심판이 이뤄진다.

13절 (행위의 심판) 죽은 자들이 어디서 나온 자들인지 13절에 그려주고 있다. 바다에서 죽은 자들이 나온다. 음부(하데스)에서 죽은 자들도 나온다. 음부(하데스)는 땅 아래(지하 세계)로 사람이 죽으면 가는 곳이다. 바다와 음부를 따로 언급한 것은 바다에서 죽은 자들과 땅에서 죽은 자들을 구별하기 위한 것이기보다는 죽음의 모든 범위를 포괄적으로 말하려 한 것이다. 바다와 땅에서 죽은 자들이 모두 나왔다. 여기서 '죽음'은 의인화된다(참고, 6:8). 죽었던 모든 자들이 그 죽었던 자리에서 심판의 자리로 나오게 된다는 것을 병행적 표현으로 묘사하고 있다. "그들의 행위대로 심판을 받았다"가 다시 반복된다(12b, 13b절). "각 사람"(ἕκαστος)이라 언급한 것은 12절의 "죽은 자들" 모두를 각기 가리키기 위함이다. 한 사람, 한 사람 모두를 가리킨다. 제외되는 사람이 없다. 각 사람이 어떤 삶을 살고 어떤 행위를 하였느냐가 최후 심판의 근거가 된다.

13절이 12절 다음의 순서로 진행되는 것이 아니라, 12-13절이 평행법을 구성할 때, 13절이 12절을 보완하고 해설하기 위한(epexegetical) 목적으로 오히려 12절보다 앞선 내용을 담을 수 있다. 13절에서 바다와 죽음과 음부가 내준 죽은 자들이 12절에서 보좌 앞에 서 있는 죽은 자들과 같은 이들을 가리킨다고 앞서 지적한 바 있다. 11절에서 땅과 하늘이 떠나가고 어떤 장소도 발견되지 않게 되었는데 바다만 남아 있을 수는 없지 않을까. 13절과 12절의 죽은 이들이 같다고 할 때 13절(바다, 죽음, 음부가 죽은 이들을 내어줌)은 땅과 하늘이 떠나간 11절 이후의 일이 아니라, 12절(죽은 이들이 보좌 앞에 서는 일), 더 나아가서는 11절(땅과 하늘이 떠나감)과 동시적 사건이라고 보는 게 타당하다.[2] 13절은 12절에 대한 해설(반복과 보충)이다. 두 번의 심판이 아니다. 바다와 죽음과 음부가 죽은 이들을 내어주는 일들이 일어나면서 동시에 하늘과 땅이 하나님의 면전에서 떠나가고 죽은 이들이 그 보좌 앞에 서 있게 된다고 할 수 있다.

14절 (둘째 죽음) 심판의 결과(불못)를 다루는 14-15절은 "이것이 둘째 죽음, 즉 불못이다"를 가운데 두고 앞뒤로 나뉘는데, 그 두(앞뒤) 부분에서 모두 "불못에 던져졌다"가 반복된다. 불못의 심판을 강조한다.

a. 죽음과 음부도 불못에 던져졌다(14a절).

  x. 이것이 둘째 죽음, 즉 불못이다(14b절).

a′. 생명책에 쓰여 있지 않는 자는 불못에 던져졌다(15절).

죽음과 음부(하데스)가 불못에 던져졌다는 것(14절)은 그들도 심판의 대상이 된다는 뜻일 수 있지만, 그보다는 죽음과 음부가 더 이상 힘을 쓸 수 없게 되었다고 보는 것(Beale, 1999: 1035; Woodington, 513)이 좋겠다 (21:4, "죽음이 더 이상 있지 않을 것이다"; 참고, 고전 15:55). "둘째 죽음(사망)"이라 한 것은 '첫째 죽음'이 육체적인 죽음을 뜻하고 둘째 죽음은 마

2. Aune는 '논리의 도치법'(hysteron-proteron)으로 본다(Aune, 1998b: 1102). 논리적 전후 관계를 바꿔서 기록하는 기법일 수 있다는 것이다.

지막 심판을 뜻하기 때문이다(2:11; 20:6, 14; 21:8). 둘째 죽음이 면제되는 이(성도)들이 있고 둘째 죽음을 피할 수 없는 이들이 있다. 둘째 죽음은 (1) 생명책에 기록되어 있는지의 여부(12, 15절), (2) 행위의 책에 따라 그 행위들에 대해 판결한 결과(12-13절)에 달려 있다.

둘째 죽음의 내용은 불못(불이 타는 못, 호수)에 던져짐이다. 행위대로 심판을 받은 자들이 불못에 던져졌고 죽음을 지배하였던 '죽음과 하데스' 또한 불못에 던져졌다. 마귀와 두 짐승은 이보다 앞서 불못에 던져진 바 있다(19:20; 20:10).

15절 (불못에 던져짐) 모든 사람이 그 행위대로 심판을 받는 데 근거가 되는 것은 그들의 행위를 기록한 복수의 책들('비블리아')이다. 그렇다면 단수의 책인 생명책(τὸ βιβλίον τῆς ζωῆς)은 어떤 역할을 하는가? 15절에 답이 있다. "생명책에 쓰여 있지 않은 자는 누구나 불못에 던져졌다"는 것은, 그 행위대로는 불못 심판에서 제외될 수 있는 사람이 없음을 전제한다고 볼 수 있다(롬 3:9-20, 23). 그래서 예수 그리스도의 은혜의 구원이 필요하다(롬 3:21-26). 그리스도를 믿음으로 구원을 얻은 자가 영원한 생명('조에')을 얻고 생명책('또 비블리온 떼스 조에스')에 기록된다. 생명책에 기록된 자는 어느 누구도 불못에 던져지지 않는다(21:27; 단 12:1-2). 믿는 자는 그 행위 때문이 아니라, 은혜와 믿음 때문에 생명책에 기록된다. 그래서 최후의 심판에서 면제된다. '행위의 심판'(judgment according to works)은 우주적인 법칙이다. 다만, 믿는 성도(생명책에 기록된 자)는 은혜로 면제된다. 그래서 '은혜의 구원'(salvation by grace)이라 한다.

심판은 철저히 행위 심판이다. 그래서 "그들의 행위(들)를 따라"가 반복된다(12, 13절). 다만 생명책에 쓰인 자들만은 그 심판에서 면제된다. 그래서 은혜다. 행위에 따른 심판을 받게 된 후 불못에 던져질 때 그 안에 어떤 차등과 구별이 있는지의 여부는 알려지지 않는다. 우리가 아는 것은 불못에 던져지는 이들과 불못에 던져지지 않는 이들로 나누어져 대조된다는 것이다. 모든 이 앞에 생명의 길과 사망의 길이 있다(렘 21:8). 우리는 안다. 예수 그리스도를 믿는 자는 영생을 얻게 되며 심판에 이르지 않는다는 것(요 5:24; 11:25; 요일 5:11-13)과 선한 일을 하는 자는 생명을, 악한 일을 행한 자는 심판을 받게 된다는 것(요 5:29)을 말이다. 예수 그리스도만이 우리를 모든 죄에서 건지시는 구원자시다(마 6:12; 요일 4:14).

12-15절의 주동사들이 대부분 두 번씩 연속되며 반복된다. 12절에 "펼쳐졌다" 2회, 12-13절에 "심판을 받았다" 2회, 13절에 "내주었다" 2회, 14-15절, "던져졌다" 2회 등이다. 강조를 위한 반복이다. 반드시 그렇게 이뤄질 것이다.

제30장
요한계시록 21:1-22:5
새 하늘과 새 땅, 새 예루살렘

마지막에 이뤄질 새 하늘과 새 땅, 그리고 완성된 하나님의 나라인 새 예루살렘에 대한 계시의 말씀은 하나님과 그리스도께서 약속하신 모든 보상의 종국이자 완결이다. 책망과 격려와 인정과 경고를 함께 받았던 지상의 교회(2-3장의 일곱 교회)는 새 하늘과 새 땅에서 새 예루살렘으로 나타난다. 새 예루살렘은 지상 교회가 미래에 완전해진 모습이다.

이 부분은 모두 네 단락으로 되어 있는데, 새 하늘과 새 땅과 새 예루살렘이 처음 등장하는 부분(21:1-2), 하나님 약속의 성취에 대한 말씀(21:3-8), 새 예루살렘에 대한 두 번째, 그러면서 좀 더 상세한 소개(21:9-21),[1] 마지막

---

1. 계시록의 요한식 병행 구성 방식을 이해하지 못하면 Garrow처럼 21:9-21의 존재 이유를 오해하고 후대의 삽입 부분으로 그릇되게 판단하기 쉽다(Garrow, 56-59). 21:9-21은 불필요한 반복이 아닐 뿐 아니라 후대의 첨가 부분은 더욱 아니다. 또한 Aune는 21:3-4와 22:3-5의 연관성에 주목하며 두 부분이 서로 연결되어 있다가, 나중에 21:5-22:2가 중간에 삽입된 것이라고 주장했다(Aune, 1998b: 1115, 1149-50). 그러나 둘의 연관성은 21:3-8(B)과 21:22-22:5(B′)의 병행성 때문에 발생한다. 삽입된 것으로 볼 필요가 없다. 그리고 Deutsch와 Osborne이 주장하듯(Deutsch, 106-26; Osborne, 2002: 728), 21:1-8을 19:11-21:8 단원인 일곱 환상의 결론 부분으로 보는 것도 곤란하다. 21:1-2와 21:9-21의 상응성과 어구 반복성을 고려할 때, 21:1-22:5는

으로 하나님 약속의 성취와 관련된 두 번째 말씀(21:22-22:5)이다. 평행 구조(AB-A′B′)로 되어 있다. 21:1-8의 두 가지 내용(새 예루살렘과 하나님 약속의 성취)이 21:9-22:5에서 더 확대되어 나타난다.

I. A. 새 하늘과 새 땅의 새 예루살렘(21:1-2)

II. B. 하나님 약속의 성취(21:3-8)

III. A′. 새 예루살렘의 모습과 영광(21:9-21)

IV. B′. 하나님의 임재와 회복된 생명수 강(21:22-22:5)

A. 요한계시록 21:1-2 (새 하늘과 새 땅, 새 예루살렘)

1-2절의 짧은 내용에도 교차적 구성이 보인다. "나는 보았다"로 처음(1a절)과 끝(2절)을 장식한다. 요한은 처음에는 새 하늘과 새 땅을, 그다음에는 새 예루살렘을 보았다. 중간 부분에 떠나간 것(1b절)과 더 이상 있지 않게 된 것(1c절)을 묘사한다. 새로운 것이 오기 위해, 예전 것이 없어진다.

A. 나는 보았다. 새 하늘과 새 땅을(1a절).

B. 첫째 하늘과 첫째 땅이 떠나갔다(1b절).

B′. 바다도 더 이상 있지 않았다(1c절).

A′. 나는 보았다. 새 예루살렘을(2절).

분리될 수 있는 것이 아니다. 한편, Osborne은 21:1-8이 19:11-21:8의 결론과 21:1-22:5의 서론이라는 이중적 목적이 있다고 주장한다(Osborne, 2002: 728).

번역

1 또 내가 새 하늘과 새 땅을 보았다. 첫째 하늘과 첫째 땅이 떠나갔다. 바다
도 더 이상 있지 않았다. 2 또 나는, 거룩한 성, 새 예루살렘이 하늘에서 하나
님으로부터 내려오는 것과 그 신랑을 위해 단장한 신부처럼 준비(예비)된 것
을 보았다.

주해 및 해설

1절 (새 하늘과 새 땅) "그리고(또) 나는 보았다"(Καὶ εἶδον)로 시작하는 마지막 장면이다. 최후 심판의 장면(20:11-15)에서 최후 보상(완성)의 장면으로 전환된다. 첫째(예전의) 하늘과 땅이 사라진 후(20:11; 21:1), 새 하늘과 새 땅이 출현하였다(1절). 새 하늘과 새 땅에 대한 대표적인 구절은 베드로후서 3:10-13(13절, "우리는 그의 약속을 따라 의가 거하는 새 하늘과 새 땅을 바라본다", 직역)과 이사야 65:17("보라. 내가 새 하늘과 새 땅을 창조하나니", 개역개정)이다(또한 사 66:22; 시 102:26).[2]

첫째 하늘과 첫째 땅이 "떠나갔다"(ἀπῆλθαν)는 것은 '없어졌다/사라졌다'는 말이다. 첫째 하늘과 첫째 땅은 그동안 존재했던 천지 세계(물리적 우주)를 뜻한다. 물리적 영역 가운데 어느 영역까지 포함되고 또 포함되지 않을지는 알려지지 않는다. 옛 우주와 새 우주 간에 연속될 것이 있는지('새 질서', Ladd, 1972: 275-6; '재창조', Osborne, 2002: 730), 아니면 모두 또는

2. 히브리어 본문(MT)에는 '창조하다'(בָּרָא)가 있으나("내가 새 하늘과 새 땅을 창조한다") 칠십인역(LXX)에는 '있을 것이다'(ἔσται)로 나온다("새 하늘과 새 땅이 있을 것이다")(참고, Aune, 1998b: 1116).

대부분 불연속될 것인지(R. Thomas, 1995: 439-40)도 분명하지 않다.[3] 또한 연속과 불연속의 비중이 얼마나 될지도 단정하기 어렵다. 그때가 되면 모든 것이 알려질 것이다. 분명한 것은 새로 만들어지는 하늘과 땅은 우리가 보는(보던) 하늘과 땅이 아니라는 것이다. 바다도 있지 않다는 것은 급격한 변화를 전제하는 표현이다. 바다의 없어짐은 개인적인 생명에 위협을 주거나 나라 간의 행로를 가로막는 것이 없어졌다는 의미일 수 있다(참조, 4절; Beale, 1999: 1041-2, 1051). 땅과 함께 바다도 사라졌다. 예전의 하늘, 땅, 바다가 더 이상 아니다. 새 하늘(신천)과 새 땅(신지)의 세계가 되었다. 신천신지(新天新地)는 새로운 자리, 새로운 공간의 시대다.[4] 꿈에 그리던 이상의 세계, 진정한 유토피아일 것이다. 성도들은 완전히 새로운 세계에 참여하게 된다. 아무도 경험해 보지 않은, 꿈속에서만 언뜻 볼 수 있던 그런 세계일지 모른다. 새로운 세계, 새로운 우주다.

2절 (신부, 새 예루살렘) '신천신지' 못지않게 주목되는 것은("나는 보았다") 새 예루살렘이다(2절). 옛 예루살렘은 그 존재 의미를 내세울 수 없고 그 가치를 잃어버렸다(Osborne, 2002: 731). 요한은 새로워진 전체의 신세계(신우주)를 보고는 그다음에 세부적으로 하나의 도성, 새 예루살렘을 보게 된다. 새 예루살렘을 그 이름을 따라 '거룩한 성(도시)'이라 불렀는데,[5]

---

3. 그렇다고 Heide처럼 21장을 상징적, 영적 의미로 보는 것은 바람직하지 않다(Heide, 43-46). 그것은 본문을 우화로 취급하는 것이다.

4. 기존의 시공간 개념과 다를 수 있다. 그러나 신천신지가 완전히 다른 차원의 세계가 될 것인지, 아니면 기존의 3차원의 세계를 다르게 구성한 것이 될지는 알 수 없다.

5. 히브리어 '예루샬라임'(יְרוּשָׁלַםִ)은 본래 어원적으로 '샬렘('샬렘'이라는 지명 또는 '평화'-샬롬의 의미)의 도시(거주지, 기초)'의 뜻을 가졌다. 헬라어로 쓰일 때는 본래의 발음을 살려 '이에루살렘'(Ιερουσαλήμ) 또는 '히에로솔뤼마'(Ιεροσόλυμα)라고 하였는데, 전자가 '예루샬라임'의 히브리어 음역에 기초한다면, 후자는 '신성한(divine)', '거룩한'(holy)을 뜻하는 히에로스(ἱερός)를 차용하여 조어한 것이다. 즉 '거룩한(신성한) 곳'이라는 뜻이 된다. 후자의 용례는 중간기 이후에 주로 발견된다.

거룩하신 하나님께 속한 이 성(도성)은 '신부'(νύμφη, 21:9),[6] 어린 양의 '아내'(γυνή, 21:9; 또한 19:7)라고 불리는 것으로 보아 변화된 미래적 교회의 모습이라는 것을 알 수 있다.[7] 완성된 교회, 미래의 하나님의 나라다.

두 개의 분사 구문이 새 예루살렘을 꾸며준다("내려오는", "예비된"). 새 하늘과 새 땅이 이뤄진 후, 새 예루살렘이 하늘에서 내려온다. 이는 새 하늘과 새 땅에서 중요한 역할을 감당하기 위한 것이다. "하나님으로부터" 내려온다고 말한 것은 새 예루살렘이 그동안 하나님과 함께, 하나님 곁에 있었다는 의미가 된다(갈 4:26, "위에 있는 예루살렘"). 갑자기 새 예루살렘이 된 것이 아니다. 하늘의 처소에서 하나님과 함께 있다가 하나님으로부터 내려온다(히 12:22, "하나님의 도성인 하늘의 예루살렘"). "내려오는"이란 말은 다시 "예비된"이라는 말로 이어진다. 현재 분사 "내려오는"(καταβαίνουσαν)은 장면을 생생하게 묘사하며, 현재완료 분사 "예비된"(ἡτοιμασμένην)은 상태와 결과의 지속을 부각할 수 있다(김상훈, 2021:

3:7-13의 해설과 김상훈, 2021: 204를 참고하라. 계시록에는 세 번 모두 '이에루살렘'이 사용된다.

6. '뉨페'(νύμφη)는 '신부'('결혼한 여인' 또는 '결혼할 여인', 요 3:29) 또는 '며느리'(마 10:35; 눅 12:53)를 뜻하는 말이다. 계시록에 네 번 나온다(18:23; 21:2, 9; 22:17). 특히 21장(2, 9절)에서 이 단어는 모두 그리스도의 신부인 새 예루살렘 또는 집합적인 의미의(우주적) 교회를 뜻하는 말이다. 그리스도와 교회의 관계를 신랑과 신부의 관계로 묘사하는 성구들은 고후 11:2; 엡 5:22-33 등이다. 2절의 "신부처럼"을 직유적 표현으로 보고 새 예루살렘을 성도들과 완전히 동일시할 수는 없다고 한 주장(Osborne, 2002: 747)은 지나친 것이다. '신부가 신랑을 위해 단장하듯', 또는 '신랑을 위해 단장한 신부처럼 (단장된 신부)'의 의미로 보면 된다(9절). 이러한 표현은 직유법을 통해 성도(교회)들을 묘사하는 표현이다.
7. 새 예루살렘은 모든 교회의 총체라 할 수 있다. 새 예루살렘을 가리켜, 성도들이 거할 '장소'(place)라기보다는 '성도들'(people)이라 칭한 Gundry의 개념이 일리가 있다(Gundry, 254-6). 물론, 모든 성도들의 집합적 '교회' 자체(21:2-3, 9-10)이면서, 동시에 이들을 위한 '자리'(장소)적 개념도 담겨있다고 보는 것(예, 21:24-27)이 더 정확할 것이다.

430; 참고, 마 25:34). 새 예루살렘은 하늘에서 하나님의 품 안에서 어린 양의 신부로 준비되어 있던 존재였다(19:7). "예비된"을 신적 수동태로 볼 때, 예비시킨 주체는 하나님이시다(Beale, 1999: 1045). 때가 되자, 하늘에서 내려와 새로운 세상의 주체로 선다. 교회의 신랑이신 예수 그리스도의 적합한 신부로서 단장되었고(19:7, '준비하였다', 부정과거; 21:2, '준비된', 현재완료 분사) 이제 그 역할을 수행할 준비가 다 되었다. 새 예루살렘은 현재의 지상 교회의 미래 모습이다. 교회는 그렇게 영광스런 신부로 준비될 것이다.

B. 요한계시록 21:3-8 (하나님 약속의 성취)

하나님의 약속 성취에 대한 말씀인 3-8절은 세 부분으로 나뉜다. 첫 부분은 하나님과 그의 백성의 친밀한 관계를 강조한다(3-4절). 둘째 부분은 주권자와 구원자 되신 하나님께서 만물을 새롭게 하시며 다 이루셨다는 말씀이다(5-6절). 마지막으로 친밀한 하나님과 그의 백성(집단적 교회)이 다시 등장하고 이와 반대되는 집단이 대조되어 나타난다(7-8절).[8]

A. 약속의 성취: 하나님과 그의 백성(3-4절)

  X. 주권자와 구원자이신 하나님의 성취(5-6절)

A′. 약속의 성취: 하나님과 그의 교회, 그 밖의 사람들(7-8절)

---

8. 3-7절 자체도 교차적 구성이 있다. a(하나님의 거주, 백성됨, 3절) > b(눈물과 고통이 지나감, 4절) > c(만물을 새롭게 함, 5절) > c′(다 이루심, 6절) > b′(목마른 자에게 생명수 주심, 6절) > a′(하나님 되심, 아들 됨, 7절).

번역

3 또 내가 보좌에서 나는 큰 음성을 들었다. "보라. 하나님의 장막이 사람들
과 함께 있을 것이다. 그가 그들과 함께 (장막에) 거주하실 것이다. 그리고 그
들은 그의 백성이 될 것이고 하나님께서 친히 그들과 함께 계실 것이다. **4**
또 그분이 그들의 눈에서 모든 눈물을 씻어 주실 것이다. 죽음이 더 이상 있
지 않을 것이고 슬픔이나 애곡이나 아픔도 더 이상 있지 않을 것이다. 첫째
것들이 지나갔기 때문이다." **5** 그리고 보좌에 앉으신 이가 말씀하셨다. "보
라. 내가 만물을 새롭게 한다." 또 말씀하신다. "쓰라. 이 말들은 신실하고 참
되기 때문이다." **6** 또 내게 말씀하셨다. "다 되었다. 나는 알파와 오메가, 처
음과 마지막이다. 내가 목마른 자에게 생명수의 샘에서 나오는 것을 값없이
줄 것이다. **7** 이기는 자는 이것들을 상속받을 것이다. 또 내가 그에게 하나님
이 되고, 그도 내게 아들이 될 것이다. **8** 그러나 두려워하는 자들과 믿지 않
는 자들과 가증한 자들과 살인하는 자들과 간음하는 자들과 마법사들과 우
상숭배자들과 거짓된 모든 자들의 몫은 유황불이 타는 못에 있게 되는 것이
다. 이것이 둘째 죽음이다."

주해

3절 (보좌의 음성: 하나님의 장막) 이때 요한은 보좌에서 큰 음성을 들었다("또 내가 들었다"). 보좌에서 나오는 음성은 의인화된 음성이다. 19:5의 경우와 같다(한편, 16:17은 분명하지 않다). 5-6절의 하나님 자신의 말씀과 구별된다. "하나님의 장막"은 하나님께서 거하시는 처소다.[9] 이것은 하나

9. 장막을 가리키는 히브리어 '오헬'(אֹהֶל)은 칠십인역에서 '스케네'(σκηνή)로 번역된다. 구약에서 일반적인 장막의 용례로도 쓰이지만(창 31:25, 33-34; 33:19; 35:21; 출

님의 임재를 상징한다. 장막 '스께네'(σκηνή)가 사람들과 함께(사람들 가운데) 있다는 것은 그만큼 하나님께서 사람들 가운데 가까이 임재해 계신다는 뜻이다. '거주하신다'는 '장막을 치다'인 '스께노오'(σκηνόω)다. 이러한 '장막'(명사 '스께네')과 '장막을 치다'(동사 '스께노오')를 사용하여("하나님의 장막이 함께 [있을 것이다]", "그들과 함께 [장막에] 거주하실 것이다"), 하나님께서 그의 백성과 함께 친밀히 동행(거주)하실 것이라는 점을 강조한다. 성육신하신 예수 그리스도께서 제자들과 함께 대면하여 지내셨던 것처럼 하나님께서도 그같이 그의 백성 가운데 계시며 함께 거하실 것이라는 말씀이다.[10]

그들이 "그의 백성이 되고 하나님께서 친히 그들과 함께 계실 것"이라는[11] 말씀(창 17:7-8; 신 29:13; 시 95:7; 사 65:18; 렘 7:23; 11:4; 24:7; 30:1, 22; 31:33; 32:38; 겔 11:20; 36:28; 37:27; 슥 8:8; 13:9; 고후 6:16; 히 8:10)

16:16; 18:7 등), 성막을 가리킬 때 주로 쓰인다(출 26:7, 9, 11-14, 36; 27:21; 28:43; 29:4, 10-11, 30, 32, 42, 44 등). 특히 만남(meeting)이라는 의미를 더해 '오헬 모에드'(אֹהֶל־מוֹעֵד)가 되면 하나님과 만남을 갖는 '회막'이 된다(출 27:21; 28:43; 29:4, 10-11, 30, 32, 42; 30:16, 18, 20, 26, 36; 31:7; 33:7; 35:21; 38:8, 30; 39:32, 40 등). 회막(만남의 장막)을 짧게 쓸 때는 '오헬'만 쓸 수도 있다(출 33:7, 8-11; 36:37; 39:33, 38). 계 21:3의 "하나님의 장막"은 성막(회막)에서 온 것이다. '회막'에 대해서는 계 15:5 주해를 참고하라.

10. 요 1:14은 그리스도의 성육신에 대해 "말씀이 육신이 되어 우리 안에 장막을 치셨다(부정과거 ἐσκήνωσεν)"라고 소개한다. 계 7:15에서, 하나님께서 "그들 위에 장막을 치겠다(미래 σκηνώσει)"고 약속하신 바 있다. 계 21:3은 7:15의 성취다.

11. 3절의 "하나님께서 친히 그들과 함께 계실 것이다"에 "그들의 하나님"(αὐτῶν θεός)이라는 어구가 문장 마지막에 들어가는지(A 051), 들어가지 않는지(046 ℵ)에 대한 사본상의 논란이 있다. NA[28]은 꺾쇠로 처리한다([αὐτῶν θεός]). 만일 본래 어구가 있는 것이라면 "하나님께서 친히 그들의 하나님으로 그들과 함께 계실 것이다"가 된다. 구조적 내증으로는 있다고 보는 것이 더 맞아 보인다. 왜냐하면 3절은 비슷한 내용을 두 문장씩 제시하기 때문이다. 장막과 관련된 두 문장, 하나님과 백성의 관계 두 문장 등이다. 그들이 '하나님의 백성'이 되므로, 하나님 또한 '그들의 하나님'이 된다는 것이다.

은 성경에서 반복해서 주어졌다. 레위기 26:12("나는 너희 중에 행하여 너희의 하나님이 되고 너희는 내 백성이 될 것이니라", 개역개정)는 성막(장막)을 세우는 일과 관련해서 주어진 약속이다(레 26:11). 이 약속은 그리스도의 초림의 때에 약속하신 '임마누엘'('하나님이 우리와 함께', עִמָּנוּ אֵל, 사 7:14; 마 1:23)로 그 성취가 시작되었다. 그 약속의 최종적 성취는 계시록 21:3에서 묘사된다. 하나님께서 사람들과 함께 장막에 거주하시며 그들의 하나님이 될 것이라는 3절의 말씀은 임마누엘 그리스도 안에서 약속(언약)된 신적 구원의 최종 성취다.

특히 3절에 있는 반복적인 강조가 주목된다. 하나님의 '장막'이 있을 것이고 하나님께서 '장막에 거하실' 것이다. 장막의 의미가 두 번 반복된다. 그들이 하나님의 백성이 '될' 것이고 하나님 자신이 그들의 하나님이 '되실' 것이다. 역시 하나님과의 밀접한 관계를 두 번 반복한 문장이다. 그러면서 '장막' 소재 두 문장과 '될 것이다'라는 두 문장이 합쳐져 다시 하나님과 백성의 친밀한 관계를 강하게 부각한다.

4절 ("첫째 것들이 지나갔다") 하나님께서 그의 장막을 사람들 안에 두시는 일은 그의 임재로 끝나는 일이 아니다. 그들의 목자가 되어 그들을 친히 돌보신다는 뜻이다(4절; 7:17). 그분이 직접 그들의 눈에서 모든 눈물을 닦아 주실 것이고 더 이상 죽음 또한 있지 않을 것이다(7:17; 사 25:8, "사망을 영원히 멸하실 것이라. 주 여호와께서 모든 얼굴에서 눈물을 씻기시며", 개역개정). "씻어 주실 것이다"(ἐξαλείψει)라는 표현은 '철저히 닦아주는(물기를 제거하는) 것'을 의미한다(L&N, 47.18, 13.102). 그때에는 하나님께서 그의 백성의 눈물을 다 닦아 주시고 모두 회복시키실 것이다. 그러므로 죽음과, 이와 직간접으로 연관된 어떤 슬픔이나 애곡, 또는 아픔이 다 사라지게 된다("있지 않을 것이다"; 개역개정 사 51:11, "슬픔과 탄식이 달아나리이다"; 65:19, "우는 소리와 부르짖는 소리가 그 가운데에서 다시는 들리지 아니할 것이며").

첫째 세계(하늘과 땅)는 지나갔다(1, 4절). 첫째 세계에 속한 것들 또한 다 지나갔다(참고, 사 43:18-19). 옛 땅에서는 "심음과 거둠과 추위와 더위와 여름과 겨울과 낮과 밤"이 쉬지 않을 것이라 했다(창 8:22; Beale, 1999: 1040). 그러나 더 이상 옛 땅이 아니고 옛 하늘도 아니다. 옛 세계에서 있던 모든 문제는 해결되고 모든 안타까움은 해갈될 것이다. 새 세상이 시작되었다. '신천신지'는 하나님과 그의 백성의 세계다. 하나님께서 그들과 가까이 계시고 친히 그들을 돌보시는 목자가 되신다. 하나님을 직접 대면하고 만남을 갖는 때다.

5절 (하나님의 말씀, "내가 새롭게 한다") 5절부터는 보좌에 앉으신 하나님께서 직접 말씀하시는 내용(1인칭)이 나온다.[12] "내가 만물을 새롭게 한다"(καινὰ ποιῶ πάντα)고 선언하신다. 만물(모든 것)을 새롭게(새 것으로) '만든다'(ποιῶ)는 의미다.[13] "보라. 내가 새 일을 행하리니 이제 나타낼 것이라"(개역개정 사 43:19)와 "보라. 내가 새 하늘과 새 땅을 창조하나니 이전 것은 기억되거나 마음에 생각나지 아니할 것이라"(개역개정 사 65:17)의 최종적 성취다. '내가 만든다(한다)'는 미래에 이루실 새 창조에 대한 하나님의 강한 의지와 주권적 권능을 알려준다.

신실하고 참(진실)된 말씀이므로 "쓰라"(기록하라) 하신다. 계시록에 12회(1:11, 19; 2:1, 8, 12, 18; 3:1, 7, 14; 14:13; 19:9; 21:5) 나오는 "쓰라"(γράψον)는 명령의 마지막 것이다. 만물을 만드신 분이 하나님이시다.

12. 성부 하나님을 지칭하는 표현 '보좌에 앉으신 분'은 4:2-3, 9-10; 5:1, 7, 13; 6:16; 7:10, 15; 19:4; 20:11; 21:5에 등장한다. 하나님의 왕권(주재권)을 강조하는 어구인데, 이 표현이 마지막에 나오는 곳이 21:5다.

13. 현재형 '만든다'(ποιῶ)는 요한과 요한 교회의 입장에서는 아직 일어난 일이 아니므로 현재형으로 미래를 표현하는 '미래적(futuristic) 현재'로 볼 수 있다(Beale, 1999: 1054; Osborne, 2002: 736-7). 3-4절과 6-7절이 주로 미래로 쓰인 것을 보라.

그러므로 하나님은 만물을 다시 만드실 수 있다. 옛 하늘과 땅을 떠나게 하시고 새 하늘과 새 땅을 조성하시는 분도 하나님이시다. 그분이 신천신지를 만드실 것이라는 약속의 말씀은 반드시 이뤄질 것이다. "이 말들"은 "신실하고"(믿을 수 있고) "참되다"(진실하다).[14] 그러므로 "쓰라"(기록하라) 하셨다.[15] 신실하고 참된 이 말씀들은 "내가 만물을 새롭게 한다"는 말씀에만 해당되는 것은 아니다. 최소한 5-6절의 말씀은 다 해당된다(뒤의 5-6절의 구조와 해설을 참조하자). 광의적으로 보면, 사실 요한계시록의 모든 말씀이 신실하고 참되다 할 수 있다(3:4; 19:9; 21:5; 22:6; Tabb, 108-9). 모든 것의 증인인 요한이 글로 써서 (후대의 교회를 포함하여) 모두에게 전달해야 할 내용이다.

6절 ("다 되었다") 현재완료형 "(다) 되었다"(γέγοναν)는 말씀(6절)은 하나님께서 뜻하신 바가 '다 이뤄졌다, 완성되었다'는 뜻이다. 하나님께서 옛 세계를 새 세계로 바꾸는 일을 하셨다(5절). 옛 세계의 창조에서 새 세계의 창조까지 모든 역사를 다 이루신 것이다. 그래서 "(다) 되었다"라고 말씀하신 것이다. 또한 종말에 대한 하나님의 계획(비밀)이 21장에서 다 이뤄진 것이라 할 수 있다. "이뤄져야 할 것"(1:1; 4:1; 22:6)과 "이뤄지게 될 것"(1:19)이 다 이뤄진 것이다(김상훈, 2021: 433). 하나님께서는 시작하실 뿐 아니라, 마무리하시는 분이시기 때문이다. 일곱째 대접이 부어졌을 때(16:17), 성전 보좌에서 나온 음성이 "되었다"(γέγονεν, 3인칭 단수)였다. 21

---

14. 흥미롭게도, "이 말들이 신실하고 참되다"(οἱ λόγοι πιστοὶ καὶ ἀληθινοί εἰσιν)는 모두 예수 그리스도와 관련된 표현이다. 첫째, 그리스도는 '말씀'(λόγος)이시다(요 1:1; 계 19:13). 둘째-셋째, 그는 '신실하고 참되신'(πιστὸς καὶ ἀληθινός) 분이시다(19:11).

15. '쓰라'(γράψον)는 명령이 많이 등장하는 본문은 1:9-3:22다(1:11, 19; 2:1, 8, 12, 18; 3:1, 7, 14). 그 외에는 14:13, 19:9, 21:5다. 계시록 시작 부분에서 '쓰라'는 명령이 마지막 부분인 21장에서 '쓰라'는 말씀으로 다시 강조된다. 전자는 계시의 시작과 관련되며, 후자는 계시의 완성과 관련이 있다.

장에서 신천신지가 다 이뤄졌을 때, "(다) 되었다"(γέγοναν, 3인칭 복수)가 선언된다. 단수 '게고넨'과 복수 '게고난'은 범위(부분이냐, 전체냐)와 완성도(어느 수준까지인가)의 차이일 수 있다. 모든 게 다 이뤄졌을 때 복수의 '게고난'이 선언된 것이다.[16]

시작하신 것을 마무리하신다는 개념은 6절의 첫 번째 '에고'(ἐγώ)와 함께 두 가지 병행적 이름("알파와 오메가", "처음과 마지막")을 통해서도 반복된다. 하나님께서 시작하시지 않으면 누구도 시작할 수 없고 그분이 끝내시지 않는 한 마지막은 없다(1:8; 개역개정 사 44:6, "나는 처음이요, 나는 마지막이라. 나 외에 다른 신이 없느니라"; 48:12, "나는 처음이요, 또 나는 마지막이라").[17] 하나님께서 역사의 주관자이심을 드러내고 그분의 절대주권과 섭리를 강조하는 말씀이다. 모든 하나님의 계획이 다 완성되는 마지막 때가 온다. "알파와 오메가"는 성부 하나님(1:8; 21:6)과 성자 어린 양(22:13)에게 쓰였다. "처음과 마지막"도 성부(21:6)와 성자(22:13; 참고, 3:14)에게 모두 쓰였다. 시작과 마지막은 하나님께 속해 있다.

두 번째 '에고'(나는) 구문은 목 마른 자에게 생수를 주시겠다는 말씀이다. 이는 성경에 반복된 약속의 말씀(사 44:3; 55:1; 마 5:6; 요 4:14; 7:37-39; 계 7:17; 21:6; 22:17)이다.[18] "값없이"'(부사 역할의 목적격; 롬 3:24; 고

---

16. 성경신학의 관점을 가지고 계 21-22장에서 새 예루살렘(21:2), 새 성전(21:3), 새 언약(21:3), 새 이스라엘(21:4), 새 창조(21:1)의 완성된 바를 연구하고 살핀 Dumbrell, 1985를 참고하라.
17. "나는 처음이고 마지막이다"는 '아니 리숀 바아니 아하론'(אֲנִי רִאשׁוֹן וַאֲנִי אַחֲרוֹן)으로 사 44:6과 48:12에 나오는 표현이다. 칠십인역(LXX) 헬라어 본문은 계 21:6의 것(ἐγώ [εἰμι] … ἡ ἀρχὴ καὶ τὸ τέλος)과 다소 다르다. 사 44:6은 "나는 처음이고 나는 이후이다"(ἐγὼ πρῶτος καὶ ἐγὼ μετὰ ταῦτα), 48:12은 "나는 처음이고 나는 영원히 있다(존재한다)"(ἐγώ εἰμι πρῶτος καὶ ἐγώ εἰμι εἰς τὸν αἰῶνα)로 번역되었다.
18. '물'(ὕδωρ)은 선지서(특히 이사야)에서 "생명의 상징과 메시아 시대의 특징"으로 나타난다(Dempsey, 402). 예, 사 11:9; 12:3; 27:3; 33:16; 35:6; 41:18; 43:20; 44:3;

후 11:7; 살후 3:8; 계 22:17) 주시는 것이므로 우리는 은혜라 부른다(엡 2:8-9). 생수가 갈급한 목 마른 자에게 그 생수를 주실 수 있는 분은 하나님이시다. 주실 때, 값없이 은혜로 주신다. 이 말씀은 하나님께서 은혜의 구원자 되심을 부각한다.

5-6절은 평행법을 이룬다. 각 절이 세 부분으로 나뉘는데, 나뉜 부분이 순서대로 평행적 관계를 가진다.

a. 앉으신 이가 말씀하셨다(5a절).

b. "내가 만물을 새롭게 한다"(5b절).

c. "쓰라. 이 말들은 신실하고 참되기 때문이다"(5c절).

a'. 그가 내게 말씀하셨다(6a절).

b'. "다 되었다"(6b절).

c'. "나는 알파와 오메가 …" "내가 … 값없이 줄 것이다"(6c절).

첫 부분에 "말씀하셨다"가 반복된다(5a, 6a절). 그다음 하나님의 역사와 관련된 중요한 문구가 나온다(5b절, "내가 만물을 새롭게 한다", 6b절, "다 되었다"). '다 되었다'는 '만물을 새롭게 하는' 일까지 다 이뤄졌다는 뜻이 된다.

각 절의 마지막 부분(5c, 6c절)에서 하나는 "쓰라"는 명령을, 또 하나는 하나님의 자기('에고 …') 선언이 담긴다. 그런데 5c절에서 복수의 '이 말들'(οὗτοι οἱ λόγοι)이 뜻하는 바가 분명하지 않다. 또 "이 말들은 신실하고 참되다"('호티'[ὅτι]-절)가 '쓰라'는 명령대로 적어야 할 내용인지, 아니면 기록해야 할 이유를 뜻하는 문장인지도 명확하지 않다. 헬라어 성경(NA[28],

---

49:10; 55:1; 58:11; 렘 17:13; 슥 14:8. '물'의 로마-헬라적 의미는 Wilson, 2019: 1-17을 참고하라.

앞에 쉼표를 넣음)을 따라 대부분의 영어성경(ESV, NAS, RSV, NIV, NLT 등)은 이 문장을 이유(for)를 설명하는 문장으로 간주하고 번역한다.

크게 보면, '이 말들'은 계시록 전체를 가리킬 수 있다. 요한에게 처음부터 주셨던 '쓰라'는 명령(1:11, 19)을 마지막으로 다시 주신 것(21:5)이 된다. 또는 5c절과 6c절의 평행적 관계를 고려한다면, '이 말들'은 협의적 의미에서, 6c절의 두 개의 '에고'(ἐγώ) 구문으로 볼 수도 있다. 하나("나는 알파와 오메가 …")는 하나님께서 역사의 주권자이심을 강조하고, 또 하나("나는 [내가] 목마른 자에게 … 줄 것이다")는 구원자이심을 드러낸다. 두 '에고' 구문이 '쓰라'의 기본적인 내용일 수 있다. 한편, '이 말들'은 두 에고 구문(6c절)뿐 아니라, 그 앞의 "내가 만물을 새롭게 한다"(5b절)와 "다 되었다"(6b절)를 포함할 수도 있다. 앞의 "쓰라. 이 말들은 …"(5c절)을 보충하고 있는(epexegetical) 두 개의 에고 구문(6c절)이 의미적으로 우선된다는 점이 흥미롭다.

7절 (이기는 자의 약속) 7절의 말씀은 3절의 말씀과 연관이 깊다(3-8절의 교차 구조에서 3-4절과 7-8절의 평행 관계를 보라). 3절과 7절 모두 하나님 약속의 성취를 다루고 있을 뿐 아니라 하나님과 그의 교회(백성)의 친밀한 관계를 강조한다. 두 구절이 서로 보완된다. 3절은 '장막' 소재와 함께 하나님-백성 관계를 말해주고 7절은 나라의 '상속' 소재와 함께 아버지-아들 관계를 말해준다.

"이기는 자"(ὁ νικῶν, 7절)는 하나님의 백성, 각인을 가리킨다(Beale, 1999: 1057). '이기는 자'는 21:7에서 처음 언급된 것이 아니다. 일곱 교회에게 주신 각 말씀(2-3장)에 모두 '이기는 자'에 대한 말씀(2:7, 11, 17, 26; 3:5, 12, 21)이 있다. 각 교회는 모두 이기는 자가 되라고 도전과 격려를 받는다. 2-3장의 '이기는 자'에 대해 상응하는 마지막 부분이 21:7이다. 이기는 자가 상속받을(취하게 될) "이것들"(복수)은 3-4절과 6절의 약속이다. "이것들"

은 더 넓게 보면, 2-3장에서 일곱 교회들에 주신 말씀들, 즉 이기는 자에게 주시겠다는 약속들을 모두 가리킨다.[19] 이기는 자에 대한 강조는 각 교회와 각 성도로 하여금 주신 말씀을 따라 승리하는 삶을 살게 촉구하는 목적을 가진다. 성도 각인이 모두 이기는 자로 서라는 것이다. 그리스도를 믿는 자가 이기는 자다(요일 4:4; 5:4-5). 특정인을 가리켜 '이기는 자'로 보는 주장은 본문을 제대로 읽지 않는 것(오독)일 뿐 아니라, 계시록의 사상을 훼손하는 것(22:18-19)이다(뒤의 해설을 보라).

하나님과 이기는 자(성도와 교회)의 관계는 하나님과 아들의 관계다. 즉, 상속자가 될 뿐 아니라 아들이 된다. 하나님 나라를 상속하고 그의 아들(들)로 인정된다(참고, 삼하 7:14; 대상 22:10; 28:6; 마 5:45; 롬 8:14-25; 갈 4:6). 이것이 구원이다. 이기는 자와 관련하여 일곱 교회에 주신 약속의 말씀이 하나님 나라에서 그분의 상속자와 아들이 된다는 말씀(21:7)으로 요약된 것이다.

8절 (둘째 죽음의 대상들) 4절에서 더 이상 죽음과 눈물이 없게 된 것('첫째 것이 지나갔다')을 말하였는데, 8절은 반대로 둘째 죽음을 얻게 되는 자들에 대해 말해준다. 그런 점에서 4절과 8절은 대조를 이룬다. 4절이 그의 백성에게 더 이상 죽음이 없을 것을 강조하지만, 8절은 두 번째 죽음을 갖는 사람들에 대해 말해준다. 누군가에게는 죽음과 고통(슬픔)이 없어지지만, 누군가는 두 번째 죽음과 고통을 맞게 된다. 4절은 '첫 번째 것들'이 지나갔다고 하고 8절은 '두 번째 죽음'이 다가왔다고 한다.

3절과 7절이 상응하고(유사 관계), 4절과 8절이 상응한다(대조 관계)는

---

19. 예컨대, 2:17의 만나와 흰 돌을 받음; 2:25-28의 만국을 다스리는 권세, 새벽 별을 받음; 3:12의 성전의 기둥이 됨; 3:21의 그리스도의 보좌에 함께 앉음 등의 약속을 언급할 수 있다. Osborne도 21:1-6에 제한하지 않고 약속("이것들")의 범위를 최대한 넓히는 것이 좋다고 제안한다(Osborne, 2002: 739).

점에서 다음과 같이 3-4절과 7-8절은 평행 관계를 갖는다.

a. 하나님과 그의 백성의 관계(3절)

b. 이들에게 눈물, 죽음, 애곡, 아픔이 없을 것이다(4절).

a′. 하나님과 이기는 자(백성)의 관계(7절)

b′. 둘째 죽음에 해당되는 자들(8절)

"이기는 자"와 반대로 심판을 받게 되는 자들이 8절에 나온다. "두려워하는 자(들)"는 두려워 도망하는 자로, 어려운 환경을 견디지 못하고 진리에서 벗어나 배교한 자(들)를 가리킨다(참고, Mounce, 1977: 375). "믿지 않는 자(들)"는 진리를 받아들이지 않는 불신자(들)다. "가증한 자(들)"는 하나님께서 혐오하시는 종교나 일을 하는 자(들)다. 두려워하는 것과 믿지 않은 것과 가증한 것은 셋 다 바른 신앙을 가지고 있지 않은 상태를 가리킨다.[20] "살인하는 자(들)"와 "간음하는 자(들)"는 도덕적으로 타락한 자들을 가리킨다. 남을 미워하고 해를 가하며, 성적인 더러움에 빠진 자들이다.

"마법사(들)"는 거짓된 마법과 술법에 빠진 자들이다. 하나님께서 혐오하시는 자들이다(출 22:18; 신 18:10-12; 말 3:5; 계 22:15). 무속, 점술도 이 영역에 속한다. "우상숭배자(들)"는 그릇된 종교에 빠져 거짓된 신(미신)을 섬기는 자들이다. 마법과 우상숭배도 거짓된 종교(또는 종교적 습관)를 따르는 행위다. 마지막으로 "거짓된 모든 자(들)"는 거짓을 말하고 거짓을 행하는 사람(들)인데, 대표적인 자들이 거짓된 신앙(사설)을 전파하는 이단들

---

20. '두려워하는 자, 믿지 않는 자, 가증한 자'를 먼저 기록한 것은 그만큼 신앙적, 종교적 불신앙과 배교(이단) 문제가 중요하기 때문일 것이다. 뒤에 나오는 '마법사'와 '거짓된 모든 자(들)' 또한 신앙과 관련된 경우다. 예수 그리스도의 말씀에 기초하고 있는 주님의 몸 된 교회를 떠나지 않는 것이 안전하다(요일 1:1-4; 2:18-28).

이다. 거짓된 주장으로 사람들을 속이고 거짓된 영역으로 이끌어간다(2:2; 3:9; 21:8, 27; 22:15; 마 24:11, 24; 고후 11:13; 갈 2:4; 딤전 4:2; 벧후 2:1; 요일 2:4, 21-22; 4:1). 첫째, 둘째, 셋째의 경우와 같이, 여섯째, 일곱째, 여덟째 역시 신앙과 종교에 대한 것이라 할 수 있다.

첫 번째의 '두려워하는 자'와 마지막(여덟 번째)의 '거짓된 모든 자'는 배교와 이단을 특정하며, 바른 진리에서 떠나거나 이를 거짓으로 바꾸는 자들을 가리킨다(수미상관법). 이단적 교리를 설파하거나 그런 교리를 따라 진리를 떠나는 자들에 대한 경고다. 여덟 항목은 다음과 같이 분류가 가능할 것이다.

a. 두려워하는 자들(배교)
  b1. 믿지 않는 자들(불신)
  b2. 가증한 자들(혐오 종교)
    x1. 살인하는 자들(패륜1)
    x2. 간음하는 자들(패륜2)
  b′2. 마법사들(혐오 관습)
  b′1. 우상숭배자들(미신 숭배)
a′. 거짓된 모든 자들(이단)

이런 자들은 유황불이 타는 불못에 들어가게 된다. 그들의 죄와 어리석음의 대가(몫)는 신천신지를 잃는 것뿐 아니라, 도리어 유황불의 못에 들어가는 것이다. 둘째 죽음은 20:14-15의 그 불못의 형벌이다. 불신앙, 그릇된 종교, 거짓된 신앙, 더러운 삶, 모두 불못의 형벌에 해당된다. 이런 이들은 모두 그 행위대로 심판을 받게 된다는, 최후 심판의 말씀(20:11-15)대로 심판받는다. 그 심판에서 행위대로 심판을 받는 자들(20:12-13)과 생명책에 기록된 자들(20:15)이 대조되듯, 8절(21장)의 여덟 가지 집단들과 7절의 '이기는 자'가 대조된다. 다시 말해, 이기는 자(7절)는 또한 생명책에 기록된 자(13:8; 17:8; 20:15; 21:27)다. 마지막까지 견뎌내며 승리하는 그리스도인들이다(요일 5:4-5, 10-13, 20-21). 주님의 몸 된 교회의 진실된 성도들이다.

해설

7절의 '이기는 자'는 누구인가? '이기는 자'(단수)가 결코 특정인(예, 특정 교주나 종교지도자)일 수 없는 이유는 다음과 같다.

첫째, 단수 '이기는 자'(21:7)라는 단어는 이미 2-3장(2:7, 11, 17, 26; 3:5, 12, 21)에 나온 말이다. 그곳에서 단수로 쓰인 '이기는 자'는 말씀대로 승리하여야 할 교회와 성도를 가리킨다.

둘째, 21:7의 하나님 나라의 상속자가 되고 또한 하나님의 아들의 권세를 갖게 된다는 개념 또한 2-3장의 '이기는 자'에 대한 약속과 관련이 있다(2:26-27; 3:12, 21).

셋째, 만일 '이기는 자'가 단수로 쓰인 것 때문에 특정인(개인)을 가리키는 것이라고 주장한다면, 2-3장에서 '이기는 자' 또한 단수라는 사실을 기억해야 한다. 이같이 특정인이라는 주장은, 2-3장에도 일곱 교회에 주시는 각각의 말씀에 모두 '이기는 자'(단수)가 나오는 점 때문에, 결국 '이기는 자'가 일곱(또는 21:7까지 여덟)이 될 거라는 허황된 결론에 이르게 된다. 역시 2-3장에서 '귀 있는 자'(단수)에 대한 말씀도 일곱 교회에 각기 한 번씩, 모두 일곱 번(2:7, 11, 17, 29; 3:6, 13, 22) 등장하므로 '귀 있는 자'도 일곱 사람을 가리키는 것인가? 그러면 모두 열넷(또는 열다섯)인가. 이런 이름이 각기 다른 특정인을 가리키는 말이 아닌 것은 당연하다. '이기는 자'(단수)나 '귀 있는 자'(단수)는 모두 교회(회중)를 집합적으로 부르는 명칭이면서 각 성도 개개인을 권면하며 부르는 호칭이다. 21:7의 '이기는 자'는 2-3장의 교회에 주신 '이기는 자'에 대한 말씀을 하나로 묶어 말씀한 것이다.

넷째, 그뿐 아니라, 2-3장에서 교회에 대한 모든 말씀은 단수('너')로 주어진다("내가 네 행위를 안다"). 교회 내 특정 집단에 대해 말씀하실 때만 복수('그들')이다. '이긴 자'는 특정인이 아니다. 더군다나 '내가 이긴 자'라고 주장한다고 '이긴 자'가 되는 것이 아니다. '이긴 자'는 예수 그리스도의 말씀을 따라 사는 그리스도인(각 개인)을 가리키고 믿음과 삶으로 승리하는 교회(집단)를 가리킨다.

다섯째, '이기는 자'는 그 말씀을 '지키는 자'다. 두아디라 교회에 '이기는 자 곧 지키는 자'(2:26, 또는 '이기는 자와 지키는 자')가 강조된다. '이기는 자'만 단수가 아니라, '지키는 자'도 단수다. 단수형 '이기는 자'가 21:7에 다시 나오듯, 단수형 '지키는 자'는 계시록 결론 부분인 22:7에 다시 나온다. "이 책의 예언의 말씀을 지키는 자가 복이 있다." '지키는 자'가 특정인이 아닌 집합적 의미의 교회를 가리키듯, '이기는 자'도 교회를 가리킨다.

여섯째, 계시록 전체 구조로 볼 때, 2-3장에 주어진 말씀이 21장에 이뤄져 완성된다는 것을 알 수 있다(서론의 "구조" 항목을 보라). 21장을 해석할 때, 2-3장에 비춰 살펴보아야 할 이유가 여기에 있다. 이러한 구조적 연관성은 21:7의 '이기는 자'를 2-3장의 '이기는 자'와 연관시켜 해석할 수 있게 한다.

일곱째, 마지막으로 7절의 '이기는 자'는 8절의 두려워하는 자들, 믿지 않는 자들, 가증한 자들, 살인하는 자들, 간음하는 자들, 마법사들, 우상숭배자들, 거짓된 모든 자들과 대조된다. 성도들 안에 이기는 자와 그렇지 않은 자들이 대조되는 것이 아니다(요일 5:5[4-5], "누가 세상을 이기는 자인가? 예수께서 하나님의 아들이심을 믿는 자가 아닌가?", 직역). 믿음의 성도들이 모두 '이기는 자(들)'이다. 진정 신천신지에 참여할 수 있는 자는 그리스도의 피로 구속된 성도들이다(1:5; 5:9; 7:14; 12:11).

따라서 누구든 자신이 바로 이 '이기는 자'라고 주장하면, 그는 자신이 8절의 '거짓된 자'라는 것을 드러낸 것이고 또한 교회와 성도들을 미혹하는 이세벨(2:20)과 같은 자라는 사실을 스스로 드러낸 것이다. 미혹하는 자나 미혹받는 자들 모두 회개해야 한다(2:20-23). 예수 그리스도는 미혹하는 자와 미혹함을 받는 자들과 직접 다투신다(2:16, 22-23).

C. 요한계시록 21:9-21 (새 예루살렘의 모습과 영광)

새 예루살렘에 대한 첫 번째 소개(1-2절)에 이어, 두 번째 소개가 9-21절에 전개된다. 둘째 것은 첫 부분보다 길고 상세하다. 요한이 보게 된, 하늘에서 내려오는 새 예루살렘 장면이 반복된다(2a절, 10절). 그런데 첫 부분의 설명(신랑을 위해 단장한 신부처럼 예비된 것, 2b절)보다 뒷부분은 상당한 분량을 담아 보다 상세하게 새 예루살렘의 아름답게 완성된 모습(11-21절)을 묘사하고 있다.

A. 어린 양의 신부 새 예루살렘(9-10절)

A′. 새 예루살렘의 영광된 모습(11-21절)

a. 새 예루살렘과 그 성벽의 모습(11-12a절)

b. 열두 문과 열두 기초석(12b-14절)

a′. 새 예루살렘(성)과 성벽의 측량(15-18절)

b′. 열두 기초석과 열두 문, 거리(19-21절)

본문은 새 예루살렘을 보게 된 장면(9-10절)과 새 예루살렘의 아름답고 완성된 모습(11-21절)으로 나눌 수 있는데, 다시 뒷부분은 네 개의 소단락이 평행법을 구성하는 구조를 볼 수 있다. 성과 성벽에 대해 두 번 나온다(11-12a절, 15-18절). 앞부분(11-12a절)은 성과 성벽의 특성을 보여주며, 뒷부분(15-18절)은 그 치수에 대해 알려주고 있는데, 흥미롭게도 11절에서는 성에 대해, 18절에서는 성벽에 대해 보석을 형상화하며 소개한다. 그 두 부분에 벽옥(재스퍼)과 투명성(11절, "수정과 같이 투명한"; 18절, "유리 같은 순금")이 공유된 개념으로 등장한다.

열두 문과 열두 기초석도 두 곳에 나타난다(12b-14절, 19-21절). 앞부분(12b-14절)은 열두 지파와 열두 사도의 이름이 기록된 것에 초점을 둔 반면, 뒷부분(19-21절)은 기초석과 문들이 각종 보석으로 된 것을 그려주고 있다.[21] 21절에 "투명한 유리와 같은 순금"의 거리에 대한 묘사는 11절의 "수정처럼 투명한 벽옥(재스퍼)"과 어우러지면서 시작(11절)과 마지막(21절)의 수미상관(*inclusio*)을 형성하는 것 같다. 또한 18절의 성벽의 소재인 "벽옥"과 "맑은 유리 같은 순금"은 시작(11절, "수정처럼 투명한 백옥")과 마지막(21절, "투명한 유리와 같은 순금")의 가운데 위치하여, 이들 삼각 축(시작, 중간, 마지막)의 견인을 통해 11-21절의 새 예루살렘의 아름답고 진귀한

---

21. 14절이 후대의 '삽입'(Satake, Bergmeier) 또는 '주석/해설'(Aune)이라는 주장은 12b-14절과 19-21절의 관계를 오해한 것이다(Bergmeier, 92, 95; Aune, 1998b: 1156; 참고, Mathewson, 2003a: 488-9). 열두 기초석이 14절과 19-20절에 함께 나오고 열두 문이 12b-13절과 21절에 나오는 것은 계시록에 흔히 나타나는 병행적 구조의 반복 현상이다. 이 부분만 보면, 열두 문(a, 12b-13절) - 열두 기초석(b, 14절) - 열두 기초석(b', 19-20절) - 열두 문(a', 21절)이다. 물론, 성문과 성벽에 대한 언급이 11-12a절, 15-18절에 반복하여 나오는 것도 같은 이치다. 이런 점에서 Mathewson이 15-21절을 9-14절의 확장(expansion)이라 본 것은 일리가 있다(Mathewson, 2003a: 489-90). 좀 더 정확하게는 15-21절이 앞의 11-14절을 확장하고 있는 것(확장 관계)이라고 보아야 한다.

보석(특히 벽옥과 투명한 순금) 같은 모습의 미적 조화와 균형을 이뤄낸다.

번역

9 마지막 일곱 재앙으로 채워졌던 일곱 대접을 가진 일곱 천사 가운데 하나
가 와서 나와 말하며 일렀다. "이리 오라. 내가 그대에게 어린 양의 아내인
신부를 보여줄 것이다." **10** 그리고 성령으로 나를 데리고 크고 높은 산 위로
갔다. 그리고 거룩한 성, 하늘에서 하나님으로부터 내려오는 예루살렘을 내
게 보여주었다. **11** 그 성은 하나님의 영광을 가지고 있는데, 그 빛남이 지극
히 귀한 보석 같고 수정처럼 투명한 백옥(재스퍼) 같았다. **12a** 크고 높은 성
벽을 갖고 있었다. **12b** 열두 문이 있는데 그 성문(들) 위에 열두 천사가 있고
이스라엘의 자손 열두 지파의 이름들이 새겨져 있었다. **13** 동쪽에 세 문, 북
쪽에 세 문, 남쪽에 세 문, 서쪽에 세 문이 있었다. **14** 성의 성벽에는 열두 기
초석이 있는데 그 위에 어린 양의 열두 사도의 열두 이름이 있었다. **15** 나와
말한 자가 금으로 된 갈대 모양의 자를 가지고 있는데, 성과 그 성문들과 그
성벽을 측량하기 위한 것이었다. **16** 그 성은 네모 반듯하게 놓여 있는데 그
길이와 너비가 같았다. 그가 성을 갈대 자로 측량하는데 일만 이천 스타디아
(2,200km)로 길이와 너비와 높이가 같았다. **17** 또 그 성벽을 측정하는데 백
사십사 규빗(약 66m)이었다. 사람의 치수이고 천사의 치수였다. **18** 그 성벽
의 소재는 벽옥이고 성은 맑은 유리같은 순금이었다. **19** 그 성의 성벽의 기
초석들은 각종 보석으로 단장되어 있었다. 첫째 기초석은 벽옥(재스퍼)이고
둘째 것은 남보석(사파이어)이고 셋째 것은 옥수이고 넷째 것은 녹보석(에
메랄드)이었다. **20** 다섯째 것은 홍마노이고 여섯째 것은 홍옥수이고 일곱째
것은 황보석(감람석)이고 여덟째 것은 녹옥(녹주석)이고 아홉째 것은 황옥(
토파즈)이고 열째 것은 녹옥수이고 열한 번째 것은 히아신스석이고 열두 번

째 것은 자수정이었다. **21** 열두 문은 열두 진주로 되어 있는데, 각기 하나의 문은 하나의 진주로 되어 있었다. 또 그 성의 거리는 투명한 유리와 같은 순금이었다.

주해

9절 (천사의 말, "신부를 보여줄 것이다") 9절 이하에서 1-2절의 새 예루살렘에 대한 말씀이 다시, 그러나 더 상세하게 나온다. "일곱 대접을 가진 일곱 천사 가운데 하나"는 17:1에도 나왔다. 대접과 관련된 천사가 요한에게 와서 그와 대화하면서 "이리 오라. 내가 보여줄 것이다"라고 한 것 또한 17:1의 반복된 표현이다. 이와 함께 10절의 "성령으로 나를 데리고 갔다"는 17:3의 반복된 표현을 보면, 17장의 음녀와 21장의 새 예루살렘을 대조하고 있음을 알 수 있다(Osborne, 2002: 607-8, 747; G. Campbell, 2004: 95-98). 음녀는 심판을 받고 그리스도의 '신부'('님페', 2절)는 영광을 얻게 된다. 음녀는 짐승을 타고 승승장구하는 듯하지만 결국 짐승에게 팽을 당하고 파멸의 길로 간다(17:16-17). 반면에 교회는 어린 양과 함께 고난을 겪지만 결국 영광된 성화에 이르게 된다(21:19-21). 교회를 "어린 양의 아내인 신부"라 한 것은 본래 주님의 교회도 신랑이신 어린 양처럼 세상에서 고난을 받는 공동체이기 때문이다. 교회는 이 땅의 고난을 두려워하지 말아야 한다. 주님을 위한 고난이 신부의 준비다. 고난이 올 때 준비가 된다.

10절 (하늘에서 내려오는 새 예루살렘) 17:3에서는 성령으로 요한을 광야로 데리고 갔는데, 이번에는 성령으로 "크고 높은 산 위로" 데리고 갔다. 높은 산에서는 하늘에서 내려오는, 장엄한 모습의 새 예루살렘을 더욱 생생하게 볼 수 있을 것이다. 17장에서 짐승 위에 탄 음녀와 21장에서 하늘에서 내려오는 어린 양의 신부 새 예루살렘은 서로 대조되는 이미지다.

첫째, 음녀(큰 바벨론)는 금과 보석, 진주 등으로 치장한다(17:4). 반면에 어린 양의 신부는 "빛나고 깨끗한 아마포"를 입고 있다(19:8). 그러다가 새 예루살렘으로 변화될 때, 그 존재 자체가 각종 보석의 형태로 나타난다(21:11, 18-21). 외적으로 꾸며 치장된 모습과 참된 진귀한 존재의 대조가 있다.[22] 세상에서 교회는 화려할 필요가 없다. 외모를 화려하게 꾸미지 않아도 좋다. 죽임당하신 어린 양을 기억해야 한다. 새 하늘과 새 땅에서 그리스도의 교회는 참된 진귀함과 고귀함의 존재로 나타날 것이다.

둘째, 세상에서 교회는 피해자고(13:7-10, 15-18; 14:12-13) 음녀는 가해자다(17:6; 18:24; 19:2). 그러나 결국 음녀는 짐승에 의해 버려져 파멸되고(17:16-18), 새 예루살렘은 하나님에 의해 영광스러운 존재가 된다(21:2, 10 등). 바벨론과 짐승의 내분과 버려짐은 짐승 나라의 특징이다. 반면에 새 예루살렘은 영원히 하나님과 평화와 영광의 관계를 갖는다.

11-12a절 (새 예루살렘과 그 성벽의 모습) 하늘에서 하나님으로부터 내려오는 새 예루살렘에 대한 묘사는 기본적으로 2절의 것과 같으나, 11절 이하에 더 상세하게 묘사된다. 2절이 11절에서 단순히 반복된 것이 아니라, 1-2절의 내용을 그와 상응된 9-21절에서 더욱 상세히 풀어주고 있다고 보는 게 맞다(21:1-22:5은 AB-A′B′ 평행 구조로 되어 있다).

2절은 남편을 위하여 단장된 모습을 말한 반면, 11절은 하나님의 영광을 소유하고 있음을 그려준다. 신부가 준비한 "빛나고 깨끗한 아마포"(19:8)의 '빛남'은 다소간 하나님의 영광이 부여된 모습이다(Beale, 1999: 1067). 하나님의 영광이 전가된, 완성된 교회의 모습이다. 그 안에 지니고 있는 신성적 영광 때문에 도성은 빛을 낸다. "지극히 귀한"(τιμιωτάτος)으로 번역된 말은 '귀한', '가치 있는'(τίμιος)의 최상급 표현이다. 보석 가운데 그런 보

22. Gundry는 새 예루살렘의 재료인 보석의 투명함과 깨끗함(21:11, 18, 21)을 음녀 바벨론의 보석(17:4)과 대조한다(Gundry, 261-2; 또한 Reader, 456).

석이 또 없는, 귀하고 빛나는 보석이란 뜻이다. 수정처럼 투명한 백옥(재스퍼) 같다고 했는데, 본래 벽옥은 갈색, 회색, 청색, 적색, 황색, 녹색 등이 혼합된 색이라고 알려져 있다. 투명한 재스퍼는 이들 색상이 조화를 띠고 나타나는데 그 위에 수정과 같은 투명성이 있다는 뜻일 것이다.[23] 보석은 하나님의 신성(영광)을 드러내는 상징물이다(4:3). 예루살렘이 담고 있는 하나님의 영광이 빛나는 보석으로 구현되었다. 또한 새 예루살렘은 크고 높은 성벽으로 사방이 둘러싸여 있는 모습이다(12a절).

12b-14절 (열두 문과 열두 기초석) 정사각형의 성은 외곽(성곽)이 같은 크기의 성벽(17절)으로 세워지는데, 모두 열두 개의 문(대문, 관문), 즉 동서남북 사방에 각기 세 개씩의 문이 있다(13절). 이스라엘(야곱)의 아들들인 열두 지파의 이름이 하나의 성문에 하나씩 새겨져 있고 열두 천사가 각 성문 위에 한 천사씩 자리잡고 있다(12b절).[24]

열두 성문에 열두 지파의 이름이 새겨진 것은 구약 이스라엘(유대인들)이 하나님의 선택된 백성이었고 메시아이신 예수 그리스도를 예비하는 역할을 하였으며 또한 그리스도의 교회를 배태한 민족이라는 점에서 미래의 새 예루살렘에 들어가는 문의 역할을 했기 때문일 것이다. 또한 새 예루살렘을 구성하는 데에 구약 성도들(또한 유대계 그리스도인들, 7:3-8; 14:1,

---

23. Osborne은 벽옥이 투명하지 않기 때문에 수정같이 투명하기보다는 수정같이 빛나는 것이라고 생각한다(Osborne, 2002: 749). 그렇게 이해할 수도 있으나, 지금의 벽옥과 다른 투명한 벽옥일 가능성을 굳이 부인할 필요는 없을 것이다.

24. 겔 48:30-35와 유사점과 차이점이 있다. 유사점은 열두 문이 열두 지파의 이름을 가진다는 점이다. 그러나 중요한 차이점은 측량된 치수다. 겔 48:30의 북쪽 너비 4,500척(cubit)은 약 2km인데, 계 21:16의 한 면의 길이는 12,000스타디아(약 2,200km)이다. Osborne은 2,260-2,520km로 보고 로마제국의 국경 길이(스페인의 욥바에서 유프라테스까지)와 비슷하다고 했다(Osborne, 2002: 753). Beale은 그 둘레가 5,454.4마일(8,778km)이라며 대략 헬라 세계의 규모와 같다고 말한다(Beale, 1999: 1074).

4-5)도 함께 참여하고 있고 그들 또한 새 예루살렘의 필수적인 구성원이라는 사실을 알려주는 의미도 있을 것이다. 물론 열두 지파의 이름이 있는 각 문에는 그 문에 이름이 적힌 지파만 들어간다는 뜻은 아니다(Aune, 1998b: 1154). 동서남북 각각에 세 개씩 열린 문은 유대계와 비유대계의 모든 성도들이 입성하며 왕래할 수 있는 문이다.

열두 지파의 이스라엘이 새 예루살렘의(을 위한) 문을 열었다면, 열두 사도들이 새 예루살렘의 초석(θεμέλιος)이 되었다. 초석 '쎄멜리오스'는 건물의 '터'(기초, L&N, 7.41), 또는 '기초석'(L&N, 7.43)을 뜻한다. 14절은 '기초석'이다. 새 예루살렘 성벽은 열두 개의 기초석을 기반으로 하고 있다(14절). 새 예루살렘 성의 기반인 열두 기초석에 어린 양의 열두 사도의 이름이 있다는 것은 신약의 사도들이 새 예루살렘의 기초적인 역할을 하였다는 뜻이다. 이로써 이 예루살렘이 바로, 완성된 교회의 미래 모습임을 알려준다. 바울은 주님의 교회가 사도들과 선지자들의 '터'('쎄멜리오스') 위에 세워졌다고 강조한 바 있다(엡 2:20; 참고, 마 16:18).[25] 예수 그리스도에 대한 사도들의 증언에 토대를 둔 교회는 그리스도 계시(성경)를 바르게 전달하는 교회다. 이 교회들이 모두 모여, 결국 완성된 새 예루살렘으로 나타나게 된다.

구약의 열두 지파와 신약의 열두 사도는 새 예루살렘을 구성하는 중요한 요소가 된다. 이들 개개인의 중요성보다, 이들을 통하여 구약과 신약의

25. 그리스도께서 바른 신앙고백을 하는 베드로에게 "너는 베드로('뻬뜨로스')다. 내가 이 반석('뻬뜨라') 위에 내 교회를 세울 것이다"(직역, 마 16:18)라고 하셨다. 베드로는 견고한 신앙고백(confession)과 사도성(사도적 특성, apostolicity)을 대표한 사도였다(김상훈, 2013: 156; 참고, 엡 2:20). 예수께서 게바에게 붙여준 이름 베드로(Πέτρος)는 '뻬뜨라'(πέτρα, 바위/반석)에서 유래한다. 그의 믿음과 사역이 바위와 반석 같이 견고해질 것임을 알고 지어주신 이름일 것이다. 로마 가톨릭 교회는 '반석'을 베드로의 인격(person)으로 본 반면, 종교개혁자들은 베드로의 신앙고백으로 보았다.

하나님의 백성들이 뽑히고 새 예루살렘으로 세워지는 의미가 더 크다. 하늘의 예배에 참여했던 이십사 장로(4장)는 구약과 신약의 선민들을 대표하는 지상적 존재들이었다(천상의 존재들을 대표하는 네 생물과 비교; 4:4, 7의 주해를 참고). 이십사 장로들은 그들의 이름이 새 예루살렘의 성문과 기초석에 기록된 것으로 그 역할을 마치게 된다. 그들이 해야 할 일을 다한 것이다. 온 교회를 위해 새 예루살렘의 열두 문과 열두 기초석의 역할을 다한 것이다.

15-18절 (새 예루살렘과 성벽의 크기) 15-18절이 19-21절과 나뉠 수 있는 이유는 15-18절이 11-12a절과 상응하고(성과 성벽), 반면에 19-21절은 12b-14절과 상응하는(열두 문과 열두 기초석 등) 소단락이기 때문이다(21:9-21 구조를 보라). 따라서 15-18절을 19-21절과 분리해 보는 것이 좋다.

"나와 말한 자"(15절)는 9절의 천사다. "갈대 모양의 자"는 11:1에 나온 바 있다. 갈대 자로 성전과 제단과 그 안에서 경배하는 자를 측량하게 한 바 있다(11:1-2). 그때의 자와 다른 것은 이번에는 금으로 된 자라는 점이다. 새 예루살렘 자체가 보석과 순금으로 된 것인데, 이를 측량하는 갈대 자도 금으로 된 것이 사용된다. 영광스럽게 완성된 새 예루살렘이라는 의미 때문에 이를 측량하는 도구는 '금 자'(golden rod)로 나타난다. 성과 성문과 성벽이 측량된다.

11-12a절에 나왔던 새 예루살렘과 그 성벽의 간략한 묘사는 15-18절에서 측량에 대한 내용으로 보충된다. 11절은 새 예루살렘의 빛남(보석과 벽옥)을 다뤘고 18절은 성벽(벽옥)과 성(순금)의 소재를 다루고 있다.

새 예루살렘은 정육면체의 형태를 가진다(16절). 길이와 너비와 높이가 각기 같은데, 그 치수는 12,000스타디아(1스타디오스 = 약 185m; L&N, 81.27)로 이는 대략 2,200km에 해당된다. 길이, 너비, 높이가 같은 것은 동서남북으로나, 상하좌우로나 다 같다는 것이다.[26] 전체적으로 균형(balance)이 강조된 모습이다. 새 예루살렘이 이같이 거대한 성으로 묘사되고 있는 것은 역사상의 많은 성도들이 그 구성원이 되기 때문일 것이다. 하늘에서 내려온 새 예루살렘은 인간의 손으로 만든 그 어떤 것과도 다르다(Koester, 2020: 112-4, 119).

성벽이 144규빗(cubit, 46cm)으로 약 66m(144[cubit]x46[cm])가 된다(17절)는 것은 높이나 두께를 말할 가능성이 높다. 성을 둘러싸고 있는 성벽의 둘레는 새 예루살렘 본체와 기본적으로 비슷하거나 더 길 것이다. 그렇다면 144규빗이라는 성벽의 치수는 성벽의 한 면이나 둘레가 아니라, 성벽의 높이이거나 또는 두께일 것이다(Aune, 1998b: 1162). 만약 성벽의 높이를 의미한다면 144규빗이 높은 편이지만 성 자체의 높이에 비하면 그리 높은 것은 아니다. 만일 성벽의 두께라면 철옹성보다 견고한 성벽을 의미하는 것이 된다. "사람의 치수이고 천사의 치수"라는 말은 사람의 치수(측량)로 볼 수 있지만, 실제로는 천사의 치수라 할 수 있다는 뜻으로 이해된다. 사람의 치수와 천사의 치수가 같다고 볼 수 있고 또 다르다고 할 수도 있겠다. 그런데 사람의 치수와 천사의 치수가 같다면, 굳이 '천사의 치수'를 덧붙일 필요가 있었을까 하는 생각을 하게 된다.[27]

---

26. Gundry는 길이 12,000과 너비 12,000이 144,000과 관련이 있다고 보고 7장과 14장에 나온 144,000명과 같은 의미라 주장한다(Gundry, 260; 또한 Beale, 1999: 1076). 그러나 12,000(길이) x 12,000(너비)은 144,000이 아니라 144,000,000이다. 또한 길이와 너비만 생각하면 안 된다. 길이, 너비, 높이가 각각 12,000(스타디아)이므로 12,000 x 12,000 x 12,000을 생각해야 한다. 물론 12,000이라는 숫자 자체는 12(완전수) x 1,000(충만수)이라는 점에서 상징적인 수일 가능성을 배제할 수 없다(Dumbrell, 4). 계시록에 쓰인 숫자의 의미에 대해서는 Resseguie, 2009: 28-32를 참고하라.

27. Osborne은 천사가 사람의 수단을 사용한 것으로 보고 사람의 치수에 초점을 둔다(Osborne, 754). 반면에 Aune는 천사의 치수가 일반적인 사람의 치수보다 훨씬 더

성벽은 벽옥(재스퍼)으로 된 것이다(18절, "벽의 소재[재료]는 벽옥이다"). 그 때문에 그 성에 투명한 벽옥과 같은 빛이 비추고 있을 것이다(11절). 성 전체는 맑은 유리 같은 순금(정금)으로 이뤄졌다. "유리 같은 순금"은 사실상 지상에는 존재하지 않을 것이다. 11절에서 "수정처럼 투명한 벽옥"도 지상에서 발견할 수 없는 것과 같다. 벽옥은 산화철을 함유하고 있어 붉은색, 갈색, 노란색, 녹색, 또는 혼합 색조를 띠는데 불투명한 것이 특징이다. 순금은 밝은 노란색을 띠지만 유리처럼 투명한 것은 아니다.

따라서 11절의 투명한 벽옥과 맑은 유리 같은 순금 등은 옛 지상의 것과 다른, 훨씬 신성한 광채를 덧입고 나타난 보석들이다. 하나님의 임재와 신성적 영광의 빛을 투영한다(Locker, 179). 신적 거룩함과 순전(순수)함을 상징한다. 하나님의 영광이 덧입혀진 것이다. 이처럼 투명하고 맑음(11, 18, 21절)이 새 예루살렘의 특징이다. 투명한 벽옥과 맑은 순금이 주 구성 소재가 된다. 투명하고 영롱한 빛이 다각도로 빛나는 새 예루살렘의 영광스러운 모습이다.

19-21절 (성벽의 기초석과 열두 문, 거리) 12b-14절이 열두 문과 열두 기초석의 위치와 의미를 다루었는데, 이에 상응하는 19-21절은 열두 기초석과 열두 문의 소재를 다룬다. 거기에 거리의 소재까지 포함된다. 특히 성벽(성곽)의 기초석이 상세히 소개된다. 각종 귀한 보석들이 열거된다. 모두 열두 개의 보석이다. 19절에는 네 개의 기초석이 나온다. 벽옥(재스퍼), 남보석(사파이어), 옥수, 녹보석(에메랄드)이다. 그다음 여덟 개의 기초석의 재료(20절)는 홍마노(붉은줄마노, 사도닉스), 홍옥수(카넬리안), 황보석(감람석), 녹옥(녹주석, 베릴), 황옥(토파즈), 녹옥수, 히아신스석(청옥), 자수정(애미시스트, 보라 사파이어)이다.[28] 예루살렘의 기초석에 쓰인 이들 보석

클 가능성을 지적한다(Aune, 1998b: 1162).

28. 열두 보석이 그 종류나 배열된 순서와 관련하여 특정한 의미가 있는지 학자들 간의

들도 하나님의 신성과 그 영광의 빛을 상징한다. 본래 이들 보석들은 하나님의 신성과 관련이 있었다(4:3). 하나님의 신성의 영광이 새 예루살렘에 부여된 것이다. 새 예루살렘을 영광스럽게 빛내는 보석들의 모습은 하나님의 영광의 빛을 투영한다. 그 신성적 가치가 빛나는 보석같이 아름답게 나타나고 있다.[29] 열두 기초석 위에 어린 양의 열두 사도의 이름이 기록되어 있는 것(14절)을 기억하자. 사도들의 증인 역할과 교회를 세우는 터의 역할(엡 2:20)이 얼마나 중요했는지를 보여주는 면이기도 하다.

열두 지파의 이름이 쓰여진 열두 문은 열두 진주로 되어 있다. 하나의

논란이 많다. 구약을 포함하여 요한 당대의 유대 문헌이나 로마-헬라 문헌 등을 통해서도 뚜렷한 연관성을 찾기 어렵다는 주장도 있다(Reader, 455-6). 반면에 Caird와 Beale은 이 보석들이 출 28:17-20; 39:10-13; 겔 28:13의 대제사장의 열두 보석에 기초하고 있다고 생각한다(Caird, 276-7; Beale, 1999: 912-3; 1080-1; 또한 Osborne, 1991: 229-30). 이들 견해가 설득력이 있다. 첫째, 계 21:19-20의 여덟 가지 보석(벽옥[ἴασπις], 남보석[σάπφιρος], 녹보석[σμάραγδος], 홍옥수[σάρδιον], 황보석[χρυσόλιθος], 녹옥[βήρυλλος], 황옥[τοπάζιον], 자수정[ἀμέθυστος])이 출 28:17-20(LXX)의 여덟 보석과 상당한 일치를 보이기 때문이다. 둘째, 그밖에 하나는 같은 오닉스 계통인 홍마노(σαρδόνυξ, 다섯째 것)와 줄마노(ὀνύχιον, 출 28:20, 넷째 줄의 둘째, '호마노')다. 셋째, 다른 세 개는 옥수(χαλκηδών), 녹옥수(χρυσόπρασος), 히아신스석(ὑάκινθος)인데, 출 28:17-20의 네 번째(둘째 줄의 첫째) 보석 석류석(turquoise, ἄνθραξ), 일곱째(셋째 줄의 첫째) 보석 호박(ligure, λιγύριον), 여덟째(셋째 줄의 둘째) 보석 백마노(agate, ἀχάτης)와 대응해 볼 수 있다. 호박(ligure)은 히아신스석(jacinth)으로 추정되고, 백마노(agate)는 마노인 옥수(agate)를 뜻하므로 서로 상응된다. 다만, 마지막 남은 둘째 줄의 첫째 보석 석류석(turquoise)은 청록색의 터키옥으로 녹옥수(chrysolite)와 일치하지는 않는데 녹색 계통이라는 유사성은 있는 것 같다.

29. 열두 사도들의 이름이 기록된 열두 기초석이 각기 이같이 고귀하고 다양한 보석으로 구성되어 있다는 것은 첫째, 이들 사도들의 역할이 귀한 '보석'과 같이 고귀한 가치를 가졌다는 점, 둘째, 이들을 통해 구원받은 많은 족속의 '다양한' 구성을 상징하려 한 것, 셋째, 사도들의 역할과 그들의 사역이 하나님에 의해 보석같이 인정된 것 등을 말하는 것이라 생각된다. 이들 보석은 그 자체로 하나님의 신적 영광(신성화)을 반영하기 때문이다. 한편, 다양한 보석의 여러 색깔은 시각적 심포니의 심미적 효과를 높여줄 수 있다(참고, J. Thomas와 Macchia, 8).

문은 하나의 큰 진주로 된 것이다.[30] 동서남북 각 방향으로 세 개의 문이 있고(13절) 각 문들 위에 천사가 있었다(12절). 그 열두 문이 모두 거대한 진주로 된 문들이다. 또한 새 예루살렘의 거리(길)는 투명한 유리와 같은 순금으로 되어 있다. 성 전체가 "맑은 유리 같은 순금"(18절)인 것은 그 거리들 또한 다 "투명한 유리 같은 순금"(21절)이기 때문일 것이다.

해설

새 예루살렘의 보석들의 의미는 무엇일까? 새 예루살렘의 성벽은 수정과 같은 벽옥이고 성은 유리 같은 순금이다(21:11, 18). 또한 성벽의 기초석은 열두 보석들이고 열두 성문은 진주고 성의 거리 또한 순금이다(21:19-21). 그러면 새 예루살렘은 왜 이런 보석들로 되어 있는 것일까? 그리고 지상의 보석들과 어떤 관계가 있을까?

천상의 보석(4장)과 신천신지의 보석(21장)들은 신성적 영광과 광채를 상징하는 표현일 뿐, 실재와 다를 가능성을 배제할 수 없다. 그러나 한편, 이들 천상의 보석이 원형이고 지상의 보석은 그림자 또는 그것의 희미한 반영체라고 볼 수도 있다. 다음과 같은 것들을 고려해 보자.

---

30. 예수께서도 진주를 소재로 몇 차례 말씀하셨다(마 7:6; 13:45-46). 계시록에도 금과 은과 보석 그리고 진주를 거론한다(17:4; 18:12, 16). 그런 점에서 진주는 세 번째 범주에 드는 고귀한 보석이다. 금과 은이 첫 번째 거론되고, 여러 보석이 두 번째이고 진주는 세 번째로 거론된다. 그런데 각기 하나로 된 진주 문은 그 크기 때문이라도 그것의 가치를 산출하기 어려울 것이고 그만큼 값지고 고귀할 것이다. 그만한 크기의 진주를 만들려면 진주조개는 얼마나 커야 할까(Beale, 1999: 1089)를 생각할 필요가 없다. 우리들이 사는 이 땅에는 "수정처럼 투명한 벽옥"(11절)이나 "맑은 유리 같은 순금"(18절)이 존재하지 않듯, 그렇게 큰 진주 또한 존재하지 않는다. 이 땅(또는 바다)의 것이 아니다. 지금 것은 장래 것의 모사와 그림자일 뿐이다(비교, 골 2:17; 히 8:5; 10:1). 미래의 것이 진짜다.

첫째, 지상의 보석과 유사점과 차이점이 있다. 유사점은 지상의 보석과 같은 이름의 보석들이 등장한다는 점이다. 따라서 이들이 보석인 점은 같다. 보석은 희귀하고 아름다우며 그만큼 가치가 있는 광물이라는 점에서 지상의 보석과 (신천신지의 보석을 포함해서) 천상의 보석이 공유하는 점이 있다.

둘째, 그러나 다른 점 또한 분명하다. 지상의 보석과 다른 성질이 뚜렷하다. 예컨대, 지상의 백옥(재스퍼)은 본래 투명할 수 없다. 그러나 새 예루살렘의 백옥(11절)은 수정처럼 투명하다. 또한 지상의 순금은 빛을 받으면 빛나지만 신천신지의 순금(21:18)처럼 맑은 유리 같지는 않다. 그것은 지상의 보석과 신천신지의 보석이 서로 공유하지 않는 성질이다. 물론 4장과 21장의 보석들은 신성적 영광을 직접적으로 상징하는 것이므로 이 땅의 것들과 당연히 다를 것이다.

셋째, 하늘의 보석의 본질이 신성적 영광 또는 이의 반영이라는 점을 기억할 필요가 있다. 보석이 처음 나오는 장면은 4장이다. 하나님의 모양과 보좌에 둘린 무지개를 보석으로 묘사하고 있다. 4장의 보석들(벽옥, 홍옥수, 녹보석 등, 4:3)은 하나님의 신성적 영광과 그 광채를 반영한다(4:3의 주해를 보라). 역시 21장의 새 예루살렘을 꾸미는 보석도 그와 같다. 하나님의 신성적 영광과 그 광채가 반영된 것이다.

넷째, 지상의 보석은 사실 하늘의 것(보석)의 영광을 희미하게 반영하는 그림자 같은 것일 수 있다. 본질이 아니라 단지 본질의 그림자 같은 물질이다. 본질을 반영하는 빛이 조금 남아 있는 것일 수 있다. 지상의 보석이 아무리 가치 있고 진귀한 것이라도 천상의 보석, 신천신지의 보석에 비하면, 그 크기(21:21의 진주의 크기와 비교)나 본질적인 가치의 격이 크게 떨어진다. 지상의 것은 영광의 빛이 희미하게(진정 아주 희미하게) 반영된 것일 뿐이다.

다섯째, 따라서 지상의 보석에 집착할 필요가 없다. 사람들이 갖는 보석에 대한 갈구는 당연할 수 있다. 신적 영광의 광채를 알지 못하는 자들이 그 빛이 희미하게나마 반영된 진귀하고 값비싼 보석을 갖고자 하는 것은, 마치 영원한 것을 자신의 손에 쥔 것 같은 느낌을 잠시나마 받을 수 있기 때문일 것이다(참고, 17:4; 18:12, 16). 그러나 그것은 망상이다. 그 보석들은 미래의 것에 비할 때 진짜가 아니기 때문이다. 천상의 보석의 희미한 잔상이다. 그런 허상에 마음이 빼앗길수록 사람은 더욱 세속적이 되고 충동적이 된다. 지상의 보석은 모조품(imitation)과 같다. 역설적으로, 지상의 것을 추구하면 그 때문에 천상의 보석(원 보석)을 바라고 추구하지 않게 된다. 당연히 모든 빛난 보석의 근원인 신성적(초월적) 영광의 빛을 추구하지 않게 될 것이다. 지상의 광물이 아무리 값지고 희귀해도 빛의 그림자에 불과하다. 영원해 보이지만 영원한 것이 아니다. 영원한 것은 하늘에 있고 새 하늘과 새 땅에서 나타날 것이다.

D. 요한계시록 21:22-22:5 (하나님의 임재, 회복된 생명수 강)

하나님 약속의 성취를 기록했던 21:3-8(II. A)에 상응하는 21:22-22:5(IV. B′)는 하나님의 임재와 회복된 생명수 강을 다루고 있는데, 하나님 약속의 성취에 대한 두 번째 묘사라 할 수 있다. 이 부분은 세 개의 단락으로 구성된다. 첫째는 성전이 되시는 하나님과 어린 양과 새 예루살렘의 백성에 대한 것(21:22-27)이다. 성에 들어갈 수 있는 자와 그렇지 않은 자가 나뉜다. 둘째는 회복된 생명수의 강과 생명나무에 대한 부분(22:1-2)이다. 셋째는 다시 하나님과 어린 양과 그의 백성의 관계(22:3-5)에 대해 초점을 맞춘다. 첫째와 셋째 단락이 서로 상응하는 내용을 담는다.

A. 성전 되시는 하나님과 어린 양, 그의 백성(21:22-27)

X. 회복된 생명수 강과 생명나무(22:1-2)

A′. 하나님과 어린 양과 그의 백성(22:3-5)

하나님과 어린 양과 그의 백성의 관계에 초점을 맞춘 부분이 첫 부분(21:22-27, A)과 마지막 부분(22:3-5, A′)이다. 두 부분에서 긍정과 부정적 표현이 함께 섞이며 서로 대조된다(들어가는 자와 들어갈 수 없는 자, 예배하고 얼굴을 뵙는 일과 저주, 빛과 밤 등). 반면에 가운데 위치한 22:1-2(X)은 조금 다른 내용을 담는다. 생명수 강과 생명나무의 회복이다. 창세기의 회복과 완성이라 할 수 있다. 이런 점에서 21:22-22:5의 구성은 교차 구조(A-X-A′)다.

한편, 21:22-22:5(IV. 하나님의 임재, 회복된 생명수 강)는 21:3-8(II. 하나님 약속의 성취)의 반복, 연속, 확장이다. 새 하늘과 새 땅, 새 예루살렘에서 일어날 미래의 하나님과 그의 백성의 완성된 관계와 약속의 성취를 그려준다는 점에서 내용이 반복되고 또한 연속된다. 또한 21:3-8의 내용을 21:22-22:5에서 보충하며 확대하고 있다고 할 수 있다.

번역

22 또 나는 성 안에서 성전을 보지 못하였다. 전능하신 주 하나님과 어린 양
이 성의 성전이 되시기 때문이다. **23** 또 그 성은 성을 비추기 위해 해나 달을
필요로 하지 않았다. 하나님의 영광이 성을 비추었고 어린 양께서 등불이 되
시기 때문이었다. **24** 열방이 성의 빛 가운데 거닐 것이다. 또 땅의 왕들이 그
들의 영광을 가지고 그곳으로 들어올 것이다. **25** 또 성의 문들은 온종일 결

코 닫히지 않을 것이다. 그곳에 밤이 없기 때문이다. **26** 그들이 열방의 영광
과 존귀를 그곳으로 가지고 들어올 것이다. **27** 또한 모든 더러운 것과 가증
하고 거짓을 행하는 자는 결코 그곳에 들어가지 못할 것이다. 오직 어린 양
의 생명책에 기록된 자들 외에는 그러할 것이다. **22:1** 또 그가 내게 수정과
같이 투명한 생명수의 강을 보여주었다. 그것은 하나님과 어린 양의 보좌로
부터 나와서, **2a** 성의 거리 한가운데로 흐르고 있었다. **2b** 강 이편과 저편에
있는 생명나무에 열두 과실이 열리는데, 달마다 그 과실을 맺고 나무의 잎은
열방의 치료를 위해 쓰였다. **3** 그 어떤 저주도 더 이상 없을 것이다. 하나님
과 어린 양의 보좌가 성 안에 있을 것이다. 또 그의 종들이 그분께 예배하고
4 그의 얼굴을 뵙게 될 것이다. 그리고 그의 이름이 그들의 이마 위에 있을
것이다. **5** 또 밤이 더 이상 없겠고 등불의 빛과 태양의 빛이 필요하지 않을
것이다. 주 하나님께서 그들 위에 비취실 것이기 때문이다. 그들이 영원무궁
히 왕 노릇 할 것이다.

주해와 해설

22절 (성전이 되신 하나님과 어린 양) 22-27절은 네 부분으로 구성된다. 하나님과 어린 양이 성전이 되시고 빛이 필요 없게 된다(22-23절, a). 그다음 그 성에 들어가는 사람들이 누구인지를 보여준다(24절, b). 또다시 성에 대해 묘사하는데 성문은 더 이상 닫히지 않을 것이고 밤이 없다(25절, a′). 밤이 없다는 25절과 빛이 필요 없다는 23절이 연관된다. 다시 26-27절(b′)은 성에 들어가는 자들에 대해 말해주는데 들어가지 못하는 자와 대조하여 알려준다. 이 단락은 평행법(ab-a′b′)으로 제시된다.

a. 하나님과 어린 양의 성전 되심, 다른 빛이 필요 없음(22-23절)

b. 열방과 왕들이 들어올 것임(24절)

a′. 닫히지 않는 문, 밤이 없음(25절)

b′. 들어올 자들과 들어오지 못할 자들(26-27절)

새 예루살렘이 예전의 예루살렘과 다른 점은 그 안에 성전이 없는 것이다(22절). 요한은 이제까지 계속하여 '나는 보았다'(45회)라고 했는데, 유일하게 "나는 보지 못하였다"(οὐκ εἶδον)라고 여기서 쓴다. 그곳에 성전이 없는 이유는 전능하신 주 하나님과 어린 양께서 직접 성전이 되시기 때문이다.

성전의 기능은 본래 '임재'(하나님의)와 '만남'(하나님과 사람의)에 있다(왕상 8:42-44; 9:3; 대하 6:20-42; 7:1-3, 15-16; 20:9; 시 18:6; 욜 1:16; 눅 24:53; 계 7:15). 죄인인 사람이 거룩하신 하나님을 대면하여 뵐 수 없기에 성전이 필요했다. 하나님께서 특별히 임재하셔서 자신을 계시하시는 공간, 그의 백성과 특별한 만남을 가지시는 구별된 자리가 성전이었다. 구약시대에는 하나님께 나아가기 위해 특정된 성결 의식이 필요했고 그것도 제한된 자들(예, 제사장)에게만 허락되었다. 예수 그리스도께서 오셔서 그분의 존재로 기존 성전을 대체하셨다(요 2:19-22; 마 12:6; 26:61; 27:40). 공생애 사역에서 예수 그리스도께서 성전이셨던 것은 그 안에 성부 하나님께서 거하셨기 때문이고 그분 자신이 성자 하나님이셨기 때문이다. 주님께서 승천하신 후, 예수의 부활 공동체인 교회가 그리스도의 몸이 되어 이 땅에서 성전의 역할을 감당하게 된다(고전 3:16; 엡 1:23; 2:21-22; 5:23; 골 1:18, 24). 완성된 미래의 교회, 새 예루살렘에서 성전의 기능은 완전해지고 최종적으로 완결된다(계 21:22).

새 예루살렘에 성전이 필요하지 않는 것은 성부 하나님과 그의 아들 예수 그리스도께서 직접 거주하시고 그의 백성들과 직접 대면해 계시기 때문이다. 더 이상 하나님의 임재와 만남을 위해 따로 떼어낸(구별된) 시설이나 공간이 필요 없다. 성부와 성자께서 특정한, 그리고 구별된 장소에 따로 계실 필요가 없으시다. 시공간의 제한도 없을 것이다. 성의 모든 시민이 성부와 성자를 직접 뵙고 교제할 수 있을 것이다. 주 하나님과 어린 양께서 직접 성전이 되시기 때문이다. 그곳이 천국이다. 이제 하나님을 직접 뵐 수 있는 것은 그들이 온전히 거룩해졌기 때문이다. 성도의 영화가 이뤄진 때다.

23절 (하나님의 영광의 빛) 새 예루살렘에는 해와 달과 같이 빛을 비추는 그 어떤 것도 필요하지 않다(23절; 22:5). 이사야 60:19-20, "다시는 낮에, 해가 네 빛이 되지 아니하며, 달도 네게 빛을 비추지 않을 것이요. 오직 여호와가 네게 영원한 빛이 되며 네 하나님이 네 영광(칠십인역은 '영광'이라 했으나 '아름다움'[미]의 뜻, Beale, 1999: 1094)이 되리니, 다시는 네 해가 지지 아니하며 네 달이 물러가지 아니할 것은 여호와가 네 영원한 빛이 되고 네 슬픔의 날이 끝날 것(LXX, '채워졌다/완료됐다'[ἀναπληρωθήσονται]; L&N, 59.33, 68.27)임이라"(개역개정)의 문자적 성취다(Osborne, 2002: 761). 하나님의 신적 영광이 성을 비추는 빛이 되고 어린 양에게서 나오는 빛이 등불이 된다. 하나님은 본래 빛이시며 빛의 근원이시다(창 1:3; 시 50:2; 67:1; 80:3; 118:27; 사 60:19; 요일 1:5). 또한 그리스도의 두 눈과 얼굴에서 태양과 같이 힘 있는 빛이 나온다(1:14, 16; 2:18). 신적 영광과 어린 양에게서 나오는 빛이 새 예루살렘에 가득찬 상태다. 신적 영광의 빛은 새 예루살렘에 가득차서 소속된 모든 이들 위에 넘쳐흐른다. 세계는 그 영광의 빛, 그 빛의 충만을 이같이 경험한 바 없다. 그러나 그 신성의 충만이 무엇인지 알게 될 때가 올 것이다.

24절 ("열방이 빛 가운데 거닐 것이다") 새 예루살렘의 시민은 열방(많은 민족)으로부터 온 이들이다(24절; 5:9; 7:9). 어린 양을 믿고 구원을 받아 생명책에 기록된 모든 성도들(20:15; 21:3-7)이다. 이들이 성의 빛 가운데 거닐게 된다(비교, 사 60:3). 그 빛은 하나님과 어린 양에게서 나와 성을 밝게 비추는 빛이다(23절). “땅의 왕들”은 예전의 왕들이 아니다. 예전의 왕들은 이미 죽임을 당하였고 다른 이들과 함께 심판을 받았다(19:19-21; 20:12-14).[31] 그리고 땅도 예전의 땅이 아니다. 새 하늘에 새 땅이다(21:1). 따라서 24절의 “땅의 왕들”은 그리스도와 함께 왕권을 나누며 왕 노릇하는 그리스도인들(5:10; 20:4, 6; 22:5)을 가리킨다.[32] “열방”과 “왕들”을 서로 다르다고 보기보다는 비슷한 내용을 반복하는 병행적인 짝(예, “거닐 것이다”; “가지고 갈 것이다”)이라 보아야 한다. 그들의 ‘영광’은 그들이 가진 존귀함과 높은 가치를 의미한다.

a. 열방이 거닐 것이다.

  b. 성의 빛 가운데(통하여)

a′. 땅의 왕들이 가지고 들어갈 것이다

  b′. 그들의 영광을 그곳으로

---

31. Caird는 ‘열방’이 그리스도 군대에 의해 정복된 이들(11:2; 18:3, 23; 19:15)이고 ‘땅의 왕들’은 바벨론과 함께 했으나 이제는 그리스도께서 그들에게 권위를 행사하는 왕들(1:5; 6:15; 12:2, 18; 18:3, 9)이라는 주장을 편다(Caird, 279). 그러나 ‘열방’(τὰ ἔθνη)은 성도들의 다양한 배경(출신)을 말해줄 때에도 쓰인다는 점(5:9; 7:9; 14:6; 15:3-4), 그리고 생명책에 기록되지 않은 자들이 구원의 자리에 들어갈 수는 없다는 점(13:8; 17:8; 20:12, 15; 21:27)을 기억해야 한다. 한편, McNicol은 이 열방이 구약에 예언된 열방들의 회복(사 60, 66장; 슥 14장)의 성취로서의 ‘종말론적 언약적 회복’이라고 본다(McNicol, 138).

32. Beale은 “땅의 왕들”을 회심한 왕들로 보는 견해를 소개하는데(Beale, 1999: 1097; 또한 Bauckham, 1993a: 311-8; Mathewson, 2002: 131-3, 138; 2003c: 172-3) 그렇게 볼 필요가 없다. 예전 땅의 왕들이 신천신지에서도 계속해서 그 왕권을 행사한다는 것도 자연스럽지 않다. 그보다는 그리스도로 인해 왕 노릇하는 성도들(5:10; 22:5)로 보는 것이 나을 것이다. 새 땅의 왕들이다.

25절 ("밤이 없을 것이다") 열두 천사들이 각기 그 위에 앉아 있는, 새 예루살렘의 열두 문은 닫히지 않고 늘 열려 있다(25절, "결코 닫히지 않을 것이다"; 비교, 사 60:11). 하나님의 영광이 비추고 어린 양께서 등불이 되시므로 해와 달이 필요 없다(23절). 밤이 없으므로(25절; 22:5) 더 이상 밤이 되는 것 때문에 문을 닫을 필요가 없다. 어떤 존재나 어떤 세력도 해를 끼칠 수 없는 성이기 때문이다. 무서운 것도 없고 막아야 할 것도 없다. 두려워할 것도 없고 겁낼 것도 없다. 성벽과 문은 막기 위한 것이 아니라, 자유롭게 들어가고 나가기 위한 것이다. 따라서 통금 제한이나 출입 통제가 필요 없다. 그 세계에는 어떤 거침도 걸림도 없다. 완벽한 은혜와 자유, 완성된 평화와 기쁨의 나라다.

26절 (영광과 존귀로 들어오는 이들) 26절은 24b절의 내용을 반복해준다(24절과 26-27절이 상응된다). "열방의 영광과 존귀(가치)"라고 한 것은 각 민족이 가진 독특한 가치와 귀중함을 말할 것이다. 열방에서 모인 성도들이 다 같은 것은 아니다.[33] 성부 하나님과 예수 그리스도를 한 가지로 섬기기는 것만 빼고는 다양한 배경과 고유한 특성을 소유하고 있다(예, 7:9, "모든 민족과 종족과 백성과 방언에서 나온 이들"; 참고, 5:9-10). 똑같은 모습과 똑같은 문화로 통일될 필요가 없다. 다양성 속에 자유함과 독특함을 누리게 된다. 하나님의 자녀로서, 또한 그리스도의 왕권을 함께 나눈 자들로서 갖고 있는 각 민족 고유의 존귀함과 고귀함이 강조된다. 인종, 민족, 언어의 배경과 출신이 다른 성도들이 하나님으로부터 부여받은 각기 고유한 가치와 존엄함을 가지고 새 예루살렘에 들어온다. 그리고 그 안에서 어

33. 사실 이들을 굳이 '성도'(5:8; 8:3-4; 11:18; 13:7, 10; 14:12; 16:6; 17:6; 18:20, 24; 19:8; 20:9; 22:11) 또는 '형제'(1:9; 6:11; 12:10; 19:10; 22:9)라 부를 필요가 없는 것은 새 하늘과 새 땅, 새 예루살렘에서는 성도, 비성도의 대조적 구분이 더 이상 필요하지 않기 때문이다. 모두 거룩한 자(성도)들이다.

우러진다.

27절 (들어가지 못할 자들) 새 예루살렘에 들어올 수 없는 자들이 열거된다(27절). 먼저 모든 더러운 것은 들어올 수 없다. "더러운 것"은 '하나님께서 받으실 수 없는 거룩하지 않은 것, 정결하지 않은 것'을 일컫는다(L&N, 53.39). 유대인들은 깨끗한 것(먹을 수 있는 것)과 더러운 것(먹을 수 없는 것)을 구별했다(막 7:2, 5; 행 10:14, 28; 11:8). 그러나 예수 그리스도는 성(거룩함)과 속(속됨)의 구별이 외적인 것이 아니라고 말씀하셨다(막 7:6-9, 15-16; 롬 14:14). "더러운 것"은 하나님께서 용납하시지 않는 행위다. 도덕적이고 윤리적이면서 또한 종교적이고 신앙적인 것이 아닌 것들이다. 이 것들은 맑고 깨끗한 것(4:6; 15:6; 19:8, 14; 21:18, 21; 22:1)과 반대다. 가증과 거짓은 특히 종교적 신앙과 관련된다(2:2; 3:9; 16:13; 17:4-5; 18:2; 21:8, 27; 22:15). 그릇된 종교와 거짓된 사설(이단)을 따르고, 이를 믿고 주장하고 미혹하는 모든 자들을 가리킨다.

21:8에서 말했던 둘째 사망(불못)에 들어갈 자들의 여덟 목록(두려워하는 자들, 믿지 않는 자들, 가증한 자들, 살인하는 자들, 음행하는 자들, 마법사들, 우상숭배자들, 거짓말하는 자들)을 이곳에서 요약하고 있다. 그런 자들과 어린 양의 생명책에 기록된 이들이 다시 대조된다(13:8; 17:8; 20:12-15; 21:7-8, 27). 그리스도의 피로 깨끗함을 받고(1:5; 5:9; 7:14; 12:11) 생명책에 기록된 이들(3:5; 20:15; 21:27)만이 새 예루살렘에 들어갈 수 있다. 24절에서 성에 들어가는 '열방'과 '땅의 왕들', 그리고 27절의 '그들'이 다 생명책에 기록된 이들, 즉 구원받은 성도들이다. 그리스도를 믿지 않는 자들과 진리를 떠나 거짓된 이단에 빠진 자들은 모두 새 예루살렘에 들어갈 수 없다. 더러운 일을 행하는 자들도 그러하다.

그런데 이런 악한 자들이 들어갈 수 없다는 것은 그들이 새 예루살렘 밖에 위치한다(Aune, 1998b: 1154)는 뜻은 아니다. 불신자들과 악한 자들은 이미 심판을 받고 불못에 들어갔다(20:13-15; 21:8). 따라서 성벽 파수꾼이나 성문 수비대도 필요가 없다. 27절에서 말하고자 하는 것은, 악한 자들은 새 예루살렘에 들어갈 자격 자체가 없다는 뜻이다. 현세에 하나님 계시를 외면하고 죄악과 욕망을 탐닉한 자들은 내세의 영광을 누릴 자격이 없다. 겸허히 주 앞에 믿음을 지킨 자들만이 그 자격을 얻는다. 그래서 은혜와 믿음의 구원이다.

1-2a절 (생명수의 강) 천사가 이번에는(두 번째로) "생명수"(생명의 물, ὕδωρ ζωῆς)의 강을 보여주었다(1절, "또 그가 보여주었다"; 비교, 21:10). 천사가 첫 번째로 보여준 것은 하늘에서 내려오는 새 예루살렘이었다(21:10). 두 번째로 보여준 생명수의 강은 수정과 같이 투명하였다. 예수 그리스도는 그를 믿는 자에게 생수(살아 있는 물, ὕδωρ ζῶντος)의 강을 약속하신 바 있다(요 4:14; 7:37-38; 참고, 계 22:17).[34] 생명수(생명의 물)나 생수(살아 있는 물)나 둘 다 생명을 주는 물을 가리킨다. 생명수의 강이 하나님과 어린 양의 보좌에서 흘러나와, 생명수 강을 이뤄서 거리 한가운데로 흐르고 있다(2a절). 이 생명수의 강은 새 예루살렘에 활기와 생기를 공급하는 특별한 강이 된다(참고, 겔 47:1-12; 슥 14:8). 새 예루살렘에 거하는 모든 이들이 생명수 강에서 생명수를 마시며 영원한 생명을 누리게 될 것이다. "하나님과 어린 양의 보좌"라는 표현은 하나님의 보좌에 어린 양께서 함께 앉으신 것을 의미할 것이다(Aune, 1998b: 1177, 1179). 하나님과 어린 양께서 한 보좌에 함께 앉아 계신다는 개념은 계시록 3:21에 나오고 22:1, 3에 다시 표현된다. 하나님과 어린 양의 보좌에서 나오는 생명수를 공급받는 성도들은 영원한 삶을 누리되, 고통과 슬픔, 아픔과 절망, 외로움과 좌절, 우울과 낙담

34. 요 7:37-38에서 주님께서 주실 생수의 강은 제자들이 받을 성령(7:39)이 맞다. 그 약속은 일차적으로 성령께서 오심으로 성취되었다(행 2:1-13). 그런데 계 22:1-2의 생명수의 강은 구원받은 성도들이 누릴 천국의 완성(또는 완결)과 관련된다.

함이 없는 삶을 소유할 것이다(7:15-17; 21:4, 6; 22:1-3). 하나님과 대면하는 만남과 동행의 삶이 주어지기 때문이다. 그 어떤 것과 비교할 수 있을까. 인류는 누구도 이런 유토피아를 경험해 본 적이 없다. 완전함은 그때의 몫이다.

2b절 (생명나무와 열두 과실) 생명수의 강에는 "생명나무"(ξύλον ζωῆς)가 있다(2b절). 에덴 동산에 있던 생명나무는 아담과 하와가 타락한 후 인류가 접촉할 수 없게 그룹(cherubim)과 불 칼(flaming sword)로 보호되었다(창 3:22-24). 주님은 에베소 교회에게 이기는 자에게는 생명나무의 열매를 먹을 수 있게 하겠다고 약속하셨다(계 2:7; 참고, 22:14, 19). 새 예루살렘에는 생명수의 강 양쪽에 생명나무가 있다. 몇 그루가 있는지는 알려지지 않는다. '생명나무'는 단수로 쓰였지만, 강 양편에 있다는 점에서 복수의 나무들이 배열되어 있을 것('집합적 의미의 단수', Beale, 1999: 1106; Osborne, 2002: 771-2)으로 이해된다. 한 그루의 생명나무에는 열두 과실이 달마다 하나씩 열린다(참고, 개역개정 겔 47:12, "강 좌우 가에는 각종 먹을 과실나무가 자라서 그 잎이 시들지 아니하며 열매가 끊이지 아니하고 달마다 새 열매를 맺으리니 그 물이 성소를 통하여 나옴이라. 그 열매는 먹을 만하고 그 잎사귀는 약 재료가 되리라").[35] 그 열매는 영원한 생명을 주기 위한 것이다(창 3:22). 나무의 잎은 새 예루살렘에 모인 열방의 사람들을 치료하는 데 쓰인다. 따라서 다시는 해함과 죽음이 없고, 그 어떤 고통과 슬

---

35. Beale은 새 우주에는 해와 달이 없으므로(21:23; 22:5) 해나 달의 주기로 계산할 수 없다고 보고, "달마다" 과실을 맺는다는 표현은 12라는 충만수로 보아야 한다고 주장한다(Beale, 1999: 1108). 그런데 21:23과 22:5에 해와 달이 필요하지 않다는 말씀을 반드시 해와 달이 없는 상태로 볼 필요는 없다. 더 큰, 신적 빛(하나님의 영광) 때문에 해와 달을 "필요로 하지 않았다"는 것이다. 태양이 비출 때 촛불은 쓸모없다. 촛불이 있고 없고의 문제가 아니다. 새 하늘과 새 땅이 되면, 해와 달이 없게 될 것인지는 본문에 알려진 바 없다.

픔도 없게 된다(7:16-17; 21:4).

창세기 때에 에덴 동산에 있었던 생명나무, 아담과 하와의 타락 때문에 철저히 숨겨졌던 그 생명나무(창 3:24)가 계시록 끝에 다시 나타난다. 새 하늘과 새 땅의 새 예루살렘에서 성도들은 생명나무의 열매를 먹고 그 잎사귀를 취하게 된다. 인류의 타락 이래로 생명나무의 길이 열린 것이다. 거기에 더해 생명수의 강까지 흐른다. 생명나무의 과실과 잎의 혜택은 더욱 풍성하다. 그런 점에서 계시록은 창세기의 회복이자, 완성이다.[36] 하나님에 의해 시작된 일이 마무리되는 장면이다.

3-4절 (하나님과 어린 양의 예배) 22:3-5에는 상응 단락인 21:22-27과 반복되는 내용이 많다. 예컨대, 하나님과 어린 양, 밤, 빛과 비춤, 태양 등이다. 이들 소재만 아니라, 하나님과 어린 양과 그의 백성의 친밀한 관계를 강조하는 주제 또한 반복된다. 22:1-2(X)를 가운데 두고 21:22-27(A)과 22:3-5(A′)는 병행 관계가 된다.

3-5절은 자체적으로 다음과 같은 평행 구조를 가진다.

a. 저주가 더 이상 없을 것이다(3a절).

b. 하나님과 어린 양의 보좌가 그 안에 있을 것이다(3b절).

c. 예배하고 얼굴을 뵐 것이다. 이름이 이마 위에 … (3c-4절)

---

36. Beale은 (1) 새 하늘과 새 땅에 대해 21:1 외에 추가적인 언급이 없다는 점과 (2) 새 하늘과 새 땅의 창조와 함께 (새) 예루살렘의 창조를 말하는 사 65:17-18에 기초하여, 새 하늘과 새 땅과 새 예루살렘을 동일시할 수 있다고 본다(Beale, 1999: 1109-11). 새 하늘과 새 땅에 대한 추가적인 묘사가 본문에 없는 점은 맞지만, (1) 첫째(옛) 하늘과 첫째(옛) 땅이 없어진 것을 강조한 것(20:11; 21:1)은 새롭게 조성된, 새 하늘과 새 땅을 대조하기 위한 것이다. 그것은 지구 이상의 변화 규모를 가리키는 것으로 보인다. 새 하늘과 새 땅은 측량 자체가 가능한 새 예루살렘의 범위를 넘어선다. (2) 새 예루살렘의 문들이 열려 있고 그 문들을 통해 열방과 그 왕들이 오갈 수 있는 것(21:24-26)은 새 하늘과 새 땅에 새 예루살렘 외의 세계가 존재한다는 뜻으로 보아야 한다.

a′. 밤이 더 이상 없을 것이다(5a절).

b′. 빛이 필요하지 않다. 하나님께서 비취실 것이다(5b절).

c′. 그들이 왕 노릇할 것이다(5c절).

저주가 없고(3a절, a) 밤이 없을 것이다(5a절, a′). 이 두 부분은 “더 이상 없을 것이다”(οὐκ ἔσται ἔτι)를 반복한다. 부정적으로 표현된 부분이다. 반면에 긍정적인 표현, 그때 ‘있게 될 것’이 다음에 연속으로 나온다. 하나님과 어린 양의 보좌가 그 안에 있을 것이고(3b절, b) 또한 하나님께서 빛을 직접 비추실 것이다(5b절, b′). 그 결과 그들은 하나님을 직접 뵙고 예배하며(3c-4절, c), 하나님과 어린 양과 함께 왕 노릇하게 될 것이다(5c절, c′). 또한 하나님과 어린 양의 보좌(3b절)는 왕권을 의미하고 그의 백성들이 그 왕권을 공유하게 된다는 사실(5c절), 또 하나님께서 직접 비추시는 빛(5b절) 때문에 그분을 직접 뵙고 예배할 수 있게 된 사실(3c-4절)은 각기 서로 연결되어 있다.

3절에서 그곳에는 그 어떤 저주도 더 이상 없다고 선언된다(참고, 슥 14:11; 갈 3:13). 그곳에는 죄의 속박이 없기 때문이다. 물론, 성도들은 그리스도의 피로 모든 속박에서 이미 풀린 상태다(1:5; 5:9; 7:14). 새 예루살렘에는 성전이 따로 없고(21:22) 단지 직접 성전이 되시는 하나님과 어린 양의 보좌가 성 안에 있다(3절; 21:22). 그러므로 이제 그의 종들은 하나님과 어린 양을 직접 대면하여 그 앞에서 경배한다. 예배의 완성이다(3절; 7:15; 21:3). 그들은 얼굴과 얼굴을 대하며 직접 뵙게 된다(4절; 고전 13:12, “그때에는 얼굴과 얼굴을 대하여”). 그뿐 아니라, 성부와 성자를 직접 만나 교제하며 목전에서 섬길 수 있다. 완성된 예배다. 그때는 우리의 눈으로 하나님을 볼 수 있을 것이다.

본래 하나님을 볼 수 없다(출 33:20, 23; 신 4:12, 15; 요일 4:12; 딤전

6:16). 하나님을 본 자는 죽는다(출 20:19; 33:20). 그러나 성육신하신 하나님의 아들 예수 그리스도께서 나타나셨다(1:1-2, 14, 18). 그리스도의 지상 사역 때에 그의 제자들은 하나님의 아들을 직접 뵐 수 있었다(요 12:45; 14:7). 새 예루살렘에서 성도들은 하나님과 어린 양을 직접 뵙게 된다(계 21:3-4, 6-7, 22; 22:3-4). 그 영광의 광채를 한껏 누릴 수 있게 된다. 그분에게서 뿜어 나오는 은혜와 사랑의 빛을 한없이 받게 된다. 하나님의 이름이 그들의 이마 위에 있다는 것(4절)은 그들이 하나님의 사람이라는 것과 그분의 사역(왕권)을 대행하는 자(대리자)들임을 알려주는 것이다(3:12).

5ab절 (밤이 없고 빛이 필요 없는 곳) 밤이 더 이상 없고 그 어떤 빛이 필요하지 않다는 말씀(5a절)은 이미 21:23, 25에 나온 바 있다. 21:22-22:5에서 21:22-27과 22:3-5가 서로 상응되는 소단락들이다(A와 A′). 하나님과 어린 양이 함께 거하신다(21:22; 22:3-4). 밤이 없고 빛이 필요하지 않다(21:22, 25; 22:5). 저주 대신 영광만이 있다(21:23-24, 26; 22:3). 성도들이 왕 노릇한다(21:24; 22:5).

22:5에서 더 이상 그 어떤 빛도 필요하지 않는 이유가 하나님의 빛이 그 위에 비추기 때문이라는 점을 다시 강조한다. 21:23에서 더 이상 해와 달이 필요하지 않는 것은 하나님의 영광이 성을 비추고 어린 양께서 등불이 되시기 때문이라는 점을 밝힌 바 있다. 하나님의 빛은 그의 영광에서 나오는 빛과 성자의 얼굴에서 나오는 광채다(21:23). 그 이상의 빛이 없다. 큰 빛 앞에 작은 빛들은 더 이상 의미가 없다.

5c절 (영원한 왕 노릇) 그들이 왕 노릇을 하게 된다는 약속(5:10; 20:4, 6; 참고, 2:26-27)이 최종적으로 이뤄진다. 그 약속이 '영원한 왕 노릇'으로 완성된다. 다니엘 7:18("지극히 높으신 이의 성도들이 나라를 얻으리니 그 누림이 영원하고 영원하고 영원하리라", 개역개정)과 27절("나라와 권세와 온 천하 나라들의 위세가 지극히 높으신 이의 거룩한 백성에게 붙인[주어

진] 바 되리니", 개역개정)의 완벽한 성취다(Osborne, 2002: 775-6). 그날에 부정적인 것(저주)이 사라지고(3절), 긍정적인 것(왕 노릇 하는 것)이 완성된다(5c절). "영원무궁히"(영원의 영원까지)는 본래 하나님의 영원성을 드러내는 표현이다(시 83:5; 갈 1:5; 빌 4:20; 딤전 1:7; 딤후 4:18; 히 13:21; 벧전 4:11; 계 1:6, 18; 4:9-10; 5:13; 7:12; 10:6; 11:15; 15:7; 19:3). 하나님 외에 쓰인 부분은 신약 전체에 단 두 군데인데, 하나는 마귀의 영원한 형벌을 강조할 때(계 20:10)고 또 하나가 구원받은 자가 영원한 왕 노릇을 함을 강조하는 여기 5절이다. 성도들이 하나님의 영원한 영역에 들어간다. 하나님의 왕권을 그들이 나눠 받는 것처럼, 하나님의 영원성을 성도들이 이어받게 된다. 그래서 영생이다.

제7부
종결부: 마지막 계시
요한계시록 22:6-21

제7부는 계시록 전체의 종결부(22:6-21)다. 종결부(epilogue)는 도입부(prologue)인 1:1-8과 서로 상응되고 또 공유하는 면이 많다(세부적인 것은 도입부의 설명을 참고하라). 도입부에서 시작된 것이 마무리되는 종결부이기 때문이다. 도입부와 종결부의 병행적(paired), 수미상관적(*inclusio*) 관계는 특히 성부 하나님과 예수 그리스도의 공유되는 이름("알파와 오메가")에서도 나타난다(1:8; 22:13). 시작한 계시를 마무리하시는 이는 성부와 성자시다. 또한 도입부에서 강조된 예언(또는 계시)이라는 말이 종결부에서도 반복하여 사용된다(1:1, 3; 22:7, 10, 18, 19). 도입부에서 거론된(1:1, 4, 9), 계시 전달의 수종자인 요한의 이름이 마지막으로 나오는 곳이기도 하다(22:8). 더욱 주목해야 할 것은 '지키는 자'의 복됨을 강조한 것이다(1:3; 22:7). 읽히고 들렸던 계시가 이젠 지켜져야 할 말씀이 되기 때문이다.

제31장
요한계시록 22:6-21
마지막 계시(계시의 인증)

종결부를 어디에서부터 시작하는 것으로 볼 것인가? 1-2절의 존재(천사, 21:9, 15)가 요한에게 계속 말하는 장면이므로 앞의 단락에서 떼어 나누는 것이 타당해 보이지 않을 수 있다(예, Aune, 1998b: 1143-4, 1181-2).[1] 6절에서 단락을 나누는 것은 첫째, 주제 때문이다.[2] 특히 22:6-7의 내용은 계시의 내용을 마무리하면서 계시록 서론 부분인 1:1-8의 내용(특히 1:1)을 다시 반복한다. 둘째, 6-11절의 내용이 마지막 부분인 17-21절의 내용과 상응되

---

1. Aune는 17:1-19:10과 21:9-22:9의 병행을 강조하는 Giblin의 주장을 의지한다(Aune, 1998b: 1202; Giblin, 1974: 487-504). Giblin의 견해는 17:1-3과 21:9-10과 19:10과 22:8-9의 병행 관계에 대한 답변이 될 수 있다. 그러나 첫째, 17:1-19:10과 21:9-22:9의 일부분이 병행된다고 해도, 이들 단락 자체의 내적 구조를 고려할 필요가 있다. 둘째, 17:1-19:10과 21:9-22:9의 전후 단락들은 서로 병행되지 않는다. 예컨대, 21:9-10과 21:2에서 새 예루살렘이 반복되는 이유를 설명하기 어렵다. 셋째, 여러 단락들 가운데 17:1-19:10과 21:9-22:9만 서로 병행이 되어야 할 이유가 무엇인지 답하지 못한다. 넷째, 22:6과 1:1의 반복성, 22:7과 1:7의 주제(재림) 연관성은 22:6부터 종결부로 보아야 하는 근거가 된다.
2. Ladd, Morris, Mounce, Koester, P. Hughes, Beale, Osborne 등 대부분의 학자들은 6-21절을 마지막 단락으로 본다. 마지막 단락 구분에 대한 여러 견해에 대해서는 Estes, 103-4, 110을 참고하라.

는 내용을 담고 있다는 점(재림, 7절과 20절; 말씀의 중요성, 7절과 18-19절 등)에서 6-21절은 하나의 묶음이자 계시록의 마지막 단락으로 보는 것이 적절할 것이다(6-21절의 구조를 보라). 셋째, 앞의 단락(21:22-22:5) 자체가 하나로 묶인 것일 뿐 아니라, 더 큰 본문(21:1-22:5)에 속하는 단락인 점을 기억하자(21:1-22:5과 21:22-22:5의 구조 참고). 22:6 이하는 그 범위에 들어가지 않는다.

단락의 초점은 계시의 말씀에 대한 것이다. 세 부분으로 나뉜다. 먼저 계시의 말씀을 지킬 것(6-11절)이 강조된다. 두 번째는 보상과 보응의 말씀이다(12-16절). 계시록의 핵심 메시지를 요약한 부분이다. 마지막에는 계시의 말씀을 더하거나 빼지 말 것을 강조한다(17-21절). 세 소단락은 전체적으로 교차 구조(A-X-A′)로 이해된다. 특히 12-16절은 예수 그리스도의 직접적인 말씀이다. 그리고 6-11절과 17-21절에는 다른 화자들(성령, 신부, 천사)도 등장한다. 천사가 말씀을 전달(대언)하는 부분이다.

각 소단락이 예수 그리스도의 동일한 재림 메시지("내가 속히 올 것이다", ἔρχομαι ταχύ)를 반복하는 점(7, 12, 20절 등 3회)도 주목해야 할 부분이다. 이는 그리스도 자신의 재림 선언이다. 각 소단락에 한 번씩 등장한다. 계시록 종결부에서 다시 부각되는 중요한 테마다.

A. 계시의 말씀을 지킬 것(6-11절)

X. 계시의 말씀 - 보상과 보응(12-16절)

A′. 계시의 말씀 - 더하거나 빼지 말 것(17-21절)

A. 요한계시록 22:6-11 (계시의 말씀을 지킬 것)

6-11절은 세 부분으로 되어 있는데, 첫째(6-7절, a)와 셋째(10-11절, a′) 부분이 천사가 그리스도의 계시를 요한에게 전달하는 내용(말씀)을 담고 있고, 가운데 부분(8-9절, x)은 천사와 요한이 경배를 주제로 대화하는 장면이다.

a. "예언의 말씀을 지키는 자가 복이 있다."(6-7절)

x. 천사와 요한의 경배 이슈(8-9절)

a′. "예언의 말씀을 봉인하지 말라."(10-11절)

번역

6 또 그가 내게 말하였다. "이 말씀들은 신실하고 참되다. 또 주, 곧 선지자
들의 영들의 하나님께서 속히 일어나야 할 일들을 그의 종들에게 보이시려
고 그의 천사를 보내셨다." **7** "보라. 내가 속히 올 것이다. 이 책의 예언의 말
씀들을 지키는 자는 복이 있다." **8** 이것들을 듣고 본 자, 나 요한은, 듣고 보
았을 때에, 이것들을 내게 보여준 천사의 발 앞에, 경배하려고 엎드렸다. **9**
그가 내게 말하였다. "그러지 말라. 나는 그대의 동료인 종이다. 또한 그대의
형제들, 선지자들, 이 책의 말씀들을 지키는 자들의 동료인 종이다. 하나님
께 경배하라." **10** 그가 내게 말하였다. "이 책의 예언의 말씀들을 봉인하지
말라. 때가 가까이 왔기 때문이다. **11** 불의한 자는 그대로 불의를 행하게 하
고 더러운 자는 그대로 더러운 일을 하게 하라. 또 의로운 자는 그대로 의를
행하게 하고 거룩한 자는 그대로 거룩하게 하라."

주해

6절 (하나님의 신실하고 참된 말씀) 서론의 내용(특히 1:1-8)이 다시 반복된다. 천사는 그리스도의 말씀을 대언하는 역할을 감당하고 있는데, 때로 그리스도 자신의 말씀과 천사의 해설의 구분이 모호할 때가 있다. 6절은 천사의 전언인 것 같다. 그리스도의 계시인 말씀(들)의 신실함과 참됨에 대해 말한다(6절). "이 말씀들은(οὗτοι οἱ λόγοι) 신실하고 참되다"(6절; 21:5)는 표현은 계시의 말씀에 대해('바로 이 말씀들은') 강조하는 표현이다. '신실'과 '참(진실)'은 예수 그리스도의 이름이기도 하다(19:11; 참고, 1:5). "선지자들의 영(들)"은[3] 성령을 가리킨다. 복수('영들')로 쓴 것은 성령의 능력이 크신 것을 말하면서(히브리적인 용법), 성령께서 선지자들에게 각기 역사하신 점을 강조하려는 의도 때문일 것이다. 계시록에서 성령은 종종 복수로 표현된다(예, 일곱 영, 1:4; 4:5; 5:6). 일곱 영인 것은 성령께서 보냄 받지 않은 교회가 없다는 점을 부각한 표현이다(1:4 주해를 참고하라). 악한 영(들)도 복수로 나타났다(세 영, 16:13-14).

"속히 일어나야 할 일(들)을 그의 종들에게 보이시려고"하는 부분은 1:1과 정확히 같은 표현이다. 또한 1:1과 22:6은 '그의 천사를 보내셨다'는 내용을 공유한다. 차이점은, 1:1은 하나님께서 그의 계시를 예수 그리스도에게 주신 점과 요한에게 알게 하신 점을 강조한 반면, 22:6은 선지자들의 영(들)의 하나님이라는 점을 부각한 것이다. 하나님께서 그의 천사를 보내셔서 요한에게 예수 그리스도의 계시를 알게 하셨다. 이를 통해 속히 일어나

3. 여기서 선지자는 구약 선지자를 포함할 수 있지만, 기본적으로 신약의 선지자들(고전 12:28-29; 엡 2:20; 3:5; 4:11; 계 16:6; 18:20, 24)을 가리킬 것이다. 신약성경이 기록되기 전에 계시의 말씀을 맡은 초대 교회의 선지자들이 있었다. 요한과 바울은 두 분 다 그리스도의 사도이자 신적 계시를 맡은 선지자였다. 신약은 신약 시대의 사도적 선지자들이 기록한 최종적 형태의 계시 문서(글)다.

야 할 일(들), 그리스도의 계시의 일들을 교회와 성도들("그의 종들", Osborne, 2002: 781)에게 보이려 하셨다는 점(1:1; 4:1; 22:6, "일어나야 할 일[들]을")을 다시 반복한다. "속히"(1:1; 3:11; 22:6-7, 12, 20)는 종말의 임박성을 부각하는 표현이다(1:1 주석 참조). 종말의 임박성은 늘 깨어, 종말을 대비하여 살아야 할 이유가 된다(마 24:42; 25:13; 계 16:15).

7절 ("내가 속히 올 것이다", "지키는 자는 복이 있다") "보라"('보다'의 명령형 ἰδού는 감탄사로 쓰였다)는 주의를 환기하며 주어지는 말씀에 더욱 주의하게 할 때 쓴다. 계시록에만 26회 사용된다(신약 전체로는 이백 회 정도 쓰인다). 주님은 "보라. 내가 속히 올 것이다"라고 말씀하신다(7절). 계시록에서 주님 자신이 그의 재림을 강조하시는 말씀은 모두 일곱 번(2:5, 16, 3:11; 16:15; 22:7, 12, 20) 나온다. 그 가운데 "속히"(ταχύ)와 같이 쓰여, 주님의 신속한 재림을 약속하는 부분은 2:16; 3:11; 22:7, 12, 20이다(참고, 16:15, "내가 도적같이 올 것이다"). '속히'는 한 번(11:14)을 제외하고 모두 그리스도의 재림과 관련해서 쓰였다. 이같이 주님 자신이 그의 재림을 여러 차례 강조하셨다. 계시록의 첫 부분에서 그리스도의 재림이 언급된 바 있다(1:7). 그 재림에 대한 말씀이 여기서(마지막 단락) 다시 반복, 강조된다.

주님의 재림을 대비하는 것(방법)은 그 말씀(이 책의 예언의 말씀들)을 '읽는 것'과 '듣고 지키는 것'(1:3)이다. 특히 계시록의 마지막 장 7절에서는 그 가운데 '지키는 것'이 강조된다. 독자들이 계시록의 모든(앞의) 부분을 이미 읽고 듣고 했을 것이기 때문이다. 이제 남은 것은 '지키는 것'이다. 지키는 자가 복이 있다. 계시록에는 "복이 있다"는 말씀이 일곱 차례 나온다(1:3; 14:13; 16:15; 19:9; 20:6; 22:7, 14). 그래서 오스본은 '칠복'(seven beatitudes)이라 부른다(Osborne, 2002: 782). 이 가운데 1:3과 22:7에 말씀을 지키는 자가 복 있다는 내용이 반복된다(참고, Tabb, 109-10). 말씀을 지키는 일이 그만큼 중요하기 때문이다. 말씀(계시)의 약속은 지키는 자의 몫이다. 지키는 자가 그리스도의 재림을 준비하는 자다. 그의 말씀을 지키지 않는 자에게 지킴의 복이 약속되지 않는다.

8절 (요한이 천사에게 경배하려 함) 요한에게 계시를 '듣는 것'과 '보는 것'은 모두 중요하다(8절). 요한은 듣지 않고 전한 것이 없고(예, 1:10; 5:11, 13; 6:1, 3, 5-7 등, "나는 들었다"는 27회 쓰임), 보지 않고 증언한 것이 없다(1:2, "요한은 하나님의 말씀과 예수 그리스도의 증거, 즉 그가 본 모든 것을 증언하였다"; 1:19, "네가 본 것들과 현재 있는 것들과 그 일들 뒤에 앞으로 일어날 일들을 쓰라") 요한은 계시록에서 "나는 보았다"를 45회 기록한다. 요한은 듣고 본 것을 증언했다(참고, 요 20:30-31; 21:24-25; 요일 1:1-3, 5). 그는 진실된 증인이다. 진실된 증인은 자신이 듣고 본 바를 진실되게 증언할 뿐이다. 자신을 내세우는 법이 없다. 가감하는 법도 없다.

요한의 증언이 진실되다는 것을 전제하면, 그가 보고 들은 것은 상징성을 가졌다 해도 모두 실체에 기반하는 계시라고 보게 된다. 요한이 보는 것과 듣는 것을 묘사할 때, 없는 것을 만들거나 상상해서 창작하지 않았다는 뜻이다. 보이는 것을 보았고 들리는 것을 들은 것이다. 따라서 계시록은 요한의 동화(fairy tale)가 아니다. 상상 속의 그림을 그려낸 것이 아니다. 물론 요한이 이해하는 용어와 표현을 활용해 그가 본 것과 들은 것을 표현해 낸 것이긴 해도, 그것들은 요한이 실제 본 것과 들은 것이다. 예전에 알고 있던 것(지식)을 조합해서 만들어낸 이야기가 아니다. 계시록은 모두 요한이 받은 계시의 말씀이다.

계시록에서 요한이 경배하려고 엎드린 경우는 모두 세 차례다(1:17; 19:10; 22:8). 요한은 계시를 받는 중에, 예수 그리스도께 엎드려 경배한 바 있다(1:17). 예수 그리스도는 요한이 엎드려 경배해야 할 유일한 경배의 대상이 되신다. 그런데 요한이 경배하려 한 다른 두 경우는 천사들이었다

(19:10; 22:8). 그에게 계시를 전달해 주는 천사들은 경배의 대상이 아니다. 그들이 천상의 존재고 하늘의 계시를 전달하는 일을 한다고 해도, 그들 천사들은 경배의 대상이 될 수 없다. 하늘의 천사라도 "그대의 형제들과 같이 그대와 함께 종 된 자"(19:10), "그대의 형제들과 같고" "그대의 동료인 종"(22:9)에 불과하다.

천사에게 경배하려 했던 두 번의 경우(19:10; 22:8-9)가 모두 같은 천사를 대상으로 한 것인지는 분명하지 않다. 19장의 천사는 18장의 "큰 권세를 가지고 하늘에서 내려오는 다른 천사"(1절)일 것이다. 19장에서 요한에게 "기록하라"는 말을 한 천사다(9절). 22:8의 천사는 일곱 대접 천사 중 하나다(21:9). 그런데 22:8의 천사와 22:6의 '그의 천사'가 같다면, 22:6이, 1:1의 "그의 천사를 보내셔서 그의 종 요한에게 알려 주셨다"고 한 내용과 비슷한 것을 보아, 1:1에서 하나님께서 보내신 바로 그 '그의 천사'일 가능성이 높다. 요한에게 새 예루살렘을 보여준 그 천사다(21:9-10, 15; 22:1). 한편, 19장(9-10절)의 천사와 22장(8-9절)의 천사를 다른 천사로 보는 것도 가능하다. 요한이 같은 천사에게 반복해서 경배하려 하지 않았을 가능성이 있기 때문이다. 또한 보내신 그 천사(1:1; 22:6, 16)와 지금 요한을 안내하는 천사(22:8-9)가 다를 가능성도 배제할 수 없다.

그렇지만 이들 천사들이 정확히 누구냐는 것은 그리 주목할 내용은 아닐 것이다. 그들은 결국 섬기는 역할을 하는 이들이기 때문이다(히 1:14). 요한과 천사는 계시 과정에서 수종드는 전달자일 뿐이다(참고, Thigpen, 39, 41, 43, 51-52). 계시의 주체는 오직 하나님이시다.

요한이라도 때로는 경배해야 할 대상과 그렇지 않아야 할 대상(천사)을 구분하기 어려웠다(19:10; 22:8). 지상적 존재인 사람은 천상적 존재에 압도되기 쉽다. 그러나 천사와 같은 천상의 존재라도, 하나님 외에는 그 누구도 경배의 대상이 될 수 없다. 그러므로 하나님과 그리스도 외에 절대화하고 우상화하는 모든 것은 거짓이다. 이런 점에서 요한은 실수한다. 인식의 한계가 노정된다. 그런데 그 실수조차 그대로 기록한다. 천사도 경배의 대상이 아닌 것처럼 교회에 계시를 전달하는 요한 자신도 사람에 불과함을 있는 그대로 보여준다.

하나님과 어린 양께 '경배하다'는 뜻으로 쓰인 구절들이 많다(4:10; 5:14; 7:11; 11:1, 16; 14:7; 15:4; 19:10; 22:9). 반면에 용이나 짐승에게 경배하는 것과 관련된 구절들도 적지 않게 있다(9:20; 13:4, 8, 12, 15; 14:9, 11; 16:2; 19:20; 20:4). 계시록은 '과연 누구를 경배하는가?'에 대해 묻고 있다. 하나님을 경배하는가, 하나님 외에 다른 것, 예컨대 짐승을 경배하는가? 그 질문이 지속된다. 삼위 하나님 외에 경배하는 모든 것은 그 자체로 악이다. 사람이든 천사든 그렇다.

9절 (천사가 경배하지 못하게 함) 천상적 존재라도 결코 경배의 대상이 아니다. 천사들도 "동료인 종"일 뿐이다(9절; 19:10). 계시의 전달자, 전령(천사, ἄγγελος라는 말이 '전령'이란 뜻)인 그들도 우리와 같이 종에 불과하다. 그래서 형제들(1:9; 6:11; 12:10; 19:10; 22:9)과 같다고 말한다(1:9 참고). 그 역할이 비슷하다는 것이다. 요한처럼 말씀을 전해주는 신약의 선지자들(10:7; 11:10, 18; 16:6; 18:20, 24; 22:6, 9)과도 비슷하다(이들에 의해 신약이 기록된다). 모두 말씀을 전해주는 역할을 하기 때문이다. "형제들, 선지자들"은 동격의 의미로 '형제들 곧 선지자들'(형제 선지자들)로 이해할 수도 있는데 그럴 경우 뒤이어 나오는 "말씀들을 지키는 자들"은 모든 성도를 가리킬 것이다(Beale, 1999: 1128).[4] 그런데 그 어떤 위대한 선지자(심지어 구약의 모세나 엘리야 등)도 경배의 대상이 될 수 없다. 그저 인간

---

4. 또는 "너의 형제들, 곧 선지자들과 이 책의 말씀들을 지키는 자들"로 읽는 것도 가능하다. 여기서의 초점은 사역 직분의 구분이 아니다. 어떤 천사도 결국 성도들과 같이 경배의 대상이 아니란 데에 중점을 두고 있다.

일 뿐이다. 쓰임 받는 '함께 된 종'(동료 종, σύνδουλος)이다. 천사들도 우리, '지키는 자'처럼 무엇인가 하라고 하신 일을 하여야 할 뿐이다. 오직 계시자이신 하나님만이 경배를 받으셔야 한다. "하나님을 경배하라"에서, 부정과거 명령형 '경배하라'(προσκύνησον)는 명령의 즉각적인 수행을 강조할 것이다. 천사를 포함한 그 어떤 다른 존재에 대해 경외감을 갖는 태도를 멈추고 오직 하나님께만 경배를 돌려야 한다는 뜻이다.

그 계시 전달을 돕는 천상의 존재(예컨대 천사)이든, 그 일에 수종 드는 지상의 인물(예컨대 사도 요한)이든 모두, 다른 형제(자매)들과 같이 그저 종('둘로스')일 뿐이다. 말씀을 "지키는 자(들)"인 모든 형제 자매들과 다를 바 없다. 모두 하라고 하신 일, 해야 할 일을 하는 것뿐이다. 누구도 경배의 대상일 수 없다. 병행되는 내용인 19:10이 '증언'에 초점을 맞췄는데, 22:9는 '지킴'에 중점을 둔다. 후자는 계시가 마무리된 부분이기 때문이다.

10절 ("봉인하지 말라") "말씀(들)을 봉인하지 말라"(10절, 금지의 가정법)는 것은 말씀(들)을 모든 이들에게 그대로 드러내고 증언하라는 뜻이다. 계시록의 말씀은 봉인된 상태로 있는 것이 아니다. 봉인해야 할 것도 있다(10:4, "봉인하고 그것들을 기록하지 말라"). 그러나 모든 '계시'(특히 기록된 계시)는 드러내기 위한 것이다(1:1 주해를 보라). 계시록을 통해 드러나는 종말에 대한 계시는 요한 시대에 이미 다 열렸다. 때가 가까웠기 때문이다(10절; 1:3). 더 이상 봉인된 계시가 아니다. 다니엘 12:4의 "마지막 때까지 이 말을 간수하고 이 글을 봉함하라"(개역개정)와 12:9의 "이 말은 마지막 때까지 간수하고 봉함할 것임이니라"(개역개정)와 대비된다. 다니엘에게 봉함하라는 것은 숨기라는 의미라기보다는 그때는 아직 이해될(또는 공개될) 때가 아니란 뜻일 것이다(Tabb, 103-4). 그 내용은 사실 다니엘서에 기록되었기 때문이다.

그러나 계시록은 더 이상 감춰지거나 이해 못 할 계시가 아니다. 비밀리에 전승될 묵시는 더군다나 아니다. 특히 일부의 사람들(그렇게 주장하는 그들)에 국한하여, 계시되거나 해석될 말씀은 결코 아니다. 특정인이나 특정 그룹이 독점할 말씀은 더욱 아니다. 모든 시대, 믿는 자 모두에게 열려 있는 말씀이다. 봉인되지 않고 열린 채 주어졌기 때문이다. 따라서 교회의 성도 모두가 알고 누려야 할 말씀이다. 때가 가까울수록 그렇고 또 그래야 한다(1:1; 22:6, 10, 12, 20). 바로 요한계시록, '이 책의 예언의 말씀들'이 그런 말씀이다. 들을 귀가 있는 자는 누구든 다 들어야 한다(1:3; 2:7, 11, 17, 29; 3:6, 13, 22; 13:9; 22:17-18; 개역개정 겔 3:27, "들을 자는 들을 것이요, 듣기 싫은 자는 듣지 아니하리니").

11절 (불의한 자, 더러운 자, 의로운 자, 거룩한 자) 부정적 내용과 긍정적 내용이 병행적으로 열거된다(11절). 부정적인 이들은 불의한 자와 더러운 자다. "불의한 자"(ὁ ἀδικῶν)는 의롭게 (행)하지 않는 자(L&N, 88.22)와 남을 해치는 자(L&N, 20.25)다. "더러운 자"(ὁ ῥυπαρός)는 도덕적으로 깨끗하지 않고 욕망 대로 사는 자(L&N, 88.257)를 뜻할 것이다. '~하게 하라'(또는 '~하라')는 3인칭 명령형을 사용한다. 불의한 자와 더러운 자로 '그같은 일을 하게 하라'는 권유적인 뜻이기보다는, '(그들이) 그런 행동을 계속할 것이니, 내버려 두라'는 의미일 것이다(참고, 사 6:9-10; 겔 3:27; 단 12:10; 요 12:40; 딤후 3:13). 그들은 심판의 대상으로 남을 것이다(20:12-13; 21:8; 22:11, 15). 그러나 한편, 이 부분은 경고로 볼 필요가 있다(Osborne, 2002: 786). 이런 이들을 돌이키게 하려는 목적이 있다고 볼 수 있다. '계속 그렇게 살면 죽을 것이다'라는 뜻이다. 또는 종말의 심판이 임할 때는 돌이키기에 너무 늦을 것이라는 말씀일 수 있다(Beale, 1999: 1132).

"의로운 자는 그대로 의를 행하게 하고(또는 행하고) 거룩한 자는 그대로 거룩하게 하라(또는 거룩하라)"고 말씀한다. "의로운 자"(ὁ δίκαιος)는 불의한 자와 대조되고, "거룩한 자"(ὁ ἅγιος)는 더러운 자와 대조된다. 의로운 자들(의를 행하며 남을 해하지 않는 자)과 거룩한 자들(더러운 일에 빠지지 않고 거룩에 참여하는 자)은 그 의와 거룩에 대하여 보상을 받게 될 것이다. 이 말씀은 성도들에게 주는 권면과 소망의 말씀이다. 하나님 자신이 의로우시고(15:3), 의롭게 심판하시는 분이시다(16:5, 7; 19:2, 11). 또한 하나님과 성자 그리스도께서는 거룩하시다(3:7; 4:8; 6:10). 불의와 부정은 심판을 받고(21:8, 27; 22:11, 15), 의와 거룩은 보상을 받는다(14:12-13; 19:8; 22:11). 성도는 악에게 지지 말고 선으로 악을 이기는 자다(롬 12:9, 17, 21; 16:19; 살전 5:15; 벧전 2:12; 3:11, 17; 요삼 1:11). 의와 거룩은 성도가 추구하는 주요 덕목이다. 세상이 악해갈수록 더욱 그러하다. 성도와 떼어 낼 수 없는 것이 바로 의와 거룩이다.

해설

왜 이단을 조심해야 하는가? 이단은 계시와 말씀을 왜곡할 뿐 아니라, 반드시 사람(특정인, 교주)을 우상화하기 때문이다. 특정 교주를 특별한 계시를 받은 자라고 주장하거나 또는 그런 계시를 유일하게 풀어줄 수 있는 자라고 주장한다. 그런 주장을 하는 특정인을 사람 이상으로 높이는 태도는 그 자체로 거짓된 신앙을 가지고 있음을 드러내는 것이다. 바른 신앙은 사람이나 천사를 높일 수 없다. 그저 진리의 말씀(성경)을 따를 뿐이다.

그런데 이단은 왜 상징적 해석을 주로 할까? 이단들은 태생적으로 상징적인 해석을 할 수밖에 없다. 본문의 문맥과 글의 구조에 따라 문법적, 문자적, 문학적, 역사적 해석을 하려 하지 않는다. 문자적으로 해석해야 할 부분도 그들 자신의 상징적이고 자의적인 해석을 하여, 자신들의 주장을 강화하는 방편으로 삼는다. 그렇게 오류된 해석을 반복할 뿐이다. 본문을 그대로(제대로) 읽으면 자신들의 그릇된(거짓된) 주장이 드러날 것이기 때문이다.

우리 그리스도의 교회들 안에도 해석이 서로 달라서 논란이 되는 본문들이 꽤 있다. 이러한 경우에도 말씀이 주어진 때의 역사적 맥락, 본문의 문학적 맥락(문맥)을 따라, 바르게 해석하려는 노력을 하는 것이 중요하다. 특히 계시하시는 주체(하나님)와 '읽고 듣는 자'(독자)의 관점에서 살펴보려는 노력이 필요하다.

계시록의 경우는 상징적인 해석이 필요할 때도 많이 있다. 상징적으로 쓰인 부분이 적지 않기 때문이다(예컨대, 12-13장, 17-18장 등등). 정상적인 교회의 상징적인 해석인지, 거짓된 이단의 상징적 해석인지를 구별하는 지표(리트머스 시험지)는 특히, 특정 해석의 발안자(주창자)가 과도하게 높임을 받느냐, 또는 그렇지 않은가의 여부에 있다. 그리스도의 교회는 사도 요한이라도 과도하게 높이지 않는다. 같은 형제로 본다. 그러나 이단은 결코 그렇게 할 수 없다. 미혹의 영을 가진 이단이기 때문이다.

B. 요한계시록 22:12-16 (계시의 말씀 - 보상과 보응)

첫 부분(12-13절, a)과 마지막 부분(16절, a′)에서 그리스도 자기(정체성) 선언("나는 ~이다", ἐγώ …)이 공유된다. 첫 부분은 그리스도의 약속("행한 대로 갚아 줄 것이다")을, 마지막 부분은 그리스도께서 하신 일("증언하려고 나의 천사를 보냈다")을 말씀한다. 반면에 중간 부분에는 보상(14절, b)과 보응(15절, b′)에 대한 말씀이 담긴다. 전체적으로 그리스도는 자신이 어떤 존재인지 드러내시면서 보상과 보응의 약속이라는 계시록의 중심 주제를 요약, 정리하신다. 이 부분은 모두 예수 그리스도의 말씀으로 보는 것이 자연스럽다.

a. "그의 행한 대로 갚아 줄 것이다", "나는 알파와 오메가"(12-13절)

b. 보상의 약속(14절)

b′. 악한 자들의 보응(15절)

a′. "나의 천사를 보냈다", "나는 빛나는 샛별"(16절)

번역

12 "보라. 내가 속히 올 것이다. 그리고 나의 보상이 내게 있어, 각 사람에게
그가 행한 대로 갚아 줄 것이다. **13** 나는 알파와 오메가, 처음과 마지막, 시작
과 끝이다. **14** 그들의 겉옷을 빠는 자들이 복이 있다. 그들에게 생명나무에
나아갈 권세가 있을 것이고 그들이 문들을 통하여 성에 들어가게 될 것이다.
15 개들과 마법사들과 음행하는 자들과 살인자들과 우상숭배자들과 거짓을
좋아하고 행하는 모든 자들이 밖에 있게 될 것이다. **16** 나 예수는 교회들을
위하여 이것들을 너희에게 증언하려고 나의 천사를 보냈다. 나는 다윗의 뿌
리와 자손이고 빛나는 샛별이다."

주해 및 해설

12-13절 ("행한 대로 갚아 줄 것이다", "나는 알파와 오메가") "보라. 내가 속히 올 것이다"(7절)라는 말씀이 동일한 형태 그대로 반복된다(12절; 참고, 20절). 7절에는 주님의 재림을 준비할 것(말씀을 지킴)을 말씀하셨는데, 12절은 그때 주어질 보상에 대해 말씀한다. 계속해서 재림의 임박성("속히")을 부각한다(3:11; 16:15; 22:7, 12, 20). 언제 그때가 되든 늘 준비하라는 것이다. 재림의 준비는 미래의 열매 맺음으로 귀결된다. 재림의 준비, 그것

이 성도의 일상의 삶이다(예, 마 24:44-51; 25:14-30). 주님은 모든 것에 대해 보상과 심판을 하기 위해 다시 오신다(나타나신다). 성부 하나님께서 그러하시듯(20:11-15) 그리스도 또한 재판장이시다(마 16:27; 25:31-33; 요 5:22, 27). "보상"은 삯(wages)으로도 번역된다. 보상은 있다(11:18; 22:12; 참고, 잠 24:12; 사 40:11; 62:11). 행한 대로 갚으신다(14:13; 20:12; 참고, 시 62:12; 겔 18:30; 33:20; 마 16:27; 롬 2:6; 딤후 4:14).

"나의 보상(삯, 대가)"(ὁ μισθός μου)은 '내가 주는(주어적 소유격) 보상'으로 그리스도 자신의 평가와 심판을 강조하는 표현이다. 11절에서 제기된, 불의한 자와 더러운 자는 보응(심판)으로 또 의로운 자와 거룩한 자는 보상(상급)으로 대응하실 것이다(롬 2:6-11; 사 40:10; 62:11). 재림을 준비하며 그 말씀을 지키려 한 자(7절)는 당연히 그 보상을 받을 것이다. 그날을 준비하지 않는 자에게 경계하시는 말씀이기도 하다(참고, 마 24:42-44; 25:13; 막 13:33-37; 눅 21:36; 고전 15:34; 16:13; 엡 5:14; 골 4:2; 살전 5:6; 벧전 5:8; 계 3:2; 16:15). 재림의 때는 평가의 시간이다. 구원은 행위로 주어지지 않고 오직 믿음으로 가능하나(요 1:12; 3:16-18; 5:24; 6:35, 47; 11:25; 롬 1:16; 3:22-26; 고전 1:21; 엡 2:8-9; 살후 2:13; 딤후 3:15; 히 4:3; 10:37; 벧전 1:9; 요일 5:13), 행위에 대한 보상을 무시할 수는 없다(시 62:12; 마 12:50; 16:27; 고전 3:13-15)(Osborne, 2002: 788). 주님의 말씀은 어느 것 하나라도 소홀히 할 수 없기 때문이다.

그리스도께서 자신을 "나는 알파와 오메가, 처음과 마지막, 시작과 끝이다"라고 소개하는 이유(13절)는 그분 자신이 모든 역사의 주도권을 가지고 있음을 천명하는 것이다. 역사의 처음이자 마지막이라는 말씀은 이곳에서 세 가지 다른 표현으로 반복된다. 알파벳 첫 단어인 알파(τὸ ἄλφα)와 끝 단어인 오메가(τὸ ὦ), 또 시간적 순서에 있어 처음(첫 번째, ὁ πρῶτος)과 마지막(ὁ ἔσχατος), 일(사건)의 진행과 관련하여 시작(ἡ ἀρχή)과 끝(τὸ τέλος)

이라는 말은 사실상 같은 의미의 단어쌍을 세 차례 반복(강조)한 것이다. 계시록 전체에, "알파와 오메가"(1:8; 21:6; 22:13), "처음과 나중"(1:17; 2:8; 22:13), "시작과 끝"(21:6; 참고, 3:14; 22:13)이라는 신적 이름이 반복하여 나타난다.

성부 하나님께 쓰인 것은 '알파와 오메가'(1:8; 21:6), '시작과 끝'(21:6)이고 어린 양 그리스도에게 쓰인 것은 '알파와 오메가'(22:13), '처음과 나중'(1:17; 2:8; 22:13), 창조의 '시작'(3:14), '시작과 끝'(22:13)이다. 처음과 마지막이라는 이러한 표현들이 특히 1-3장(시작 부분)과 21-22장(마지막 부분)에서 반복되고 있는 점에 주목하자. 계시를 포함해서 모든 역사를 시작하신 분이 그 모든 것을 끝맺는 분이시다. 계시록이 '예수 그리스도의 계시'(1:1)라는 말로 시작한 것을 기억하자. 그가 시작하시고 끝내 그가 마무리하신다. 그가 시작하지 않으시면 어느 것도 시작되지 않고 그가 끝내지 않으시면 어느 것도 끝날 수 없다. 역사의 주관자, 운영자시라는 뜻이다.

14절 (보상의 약속) "겉옷(두루마기)을 빠는 자"(14절)는 어린 양의 피에 씻겨 깨끗함을 받은 자들이다(7:14, "어린 양의 피로 그들의 옷을 씻어 희게 하였습니다"). 그 깨끗함을 흰 '옷'("두루마기", στολή)으로 표현한다. 흰 옷을 입은 자들은 구원받은 이들이며, 또한 그리스도를 위해 고난받은 이들이기도 하다(6:11; 7:9, 13-14). 같은 흰 옷이지만, '스똘레'가 아니라 다른 단어 '히마띠온'(ἱμάτιον)으로 쓰인 부분은 3:4, 5, 18; 4:4다(참고, 16:15; 19:13, 16). '히마띠온'은 겉옷을 가리키는 일반적인 말이라면, '스똘레'는 긴 겉옷, 즉 두루마기를 뜻한다(흰 옷에 대해 3:4 주해를 참고하라). 계시록에서는 비슷한 의미로 쓰인다. 흰 '스똘레'(또는 '히마띠온')는 성도의 거룩함을 상징한다. 특히 흰 '스똘레'는 준비된 자의 예복이다(3:1-6의 해설을 보라). 예수의 피로 거룩하여졌고(7:13-14), 또 그 거룩함을 인정받아(3:4-5, 18; 6:11) 흰 옷을 입는 모습으로 나타난다.

흰 겉옷을 입게 된 이들이 복이 있다고 선언하신다. 7절에서 예언의 말씀을 지키는 자가 복이 있다고 하셨는데, 14절에서는 겉옷을 빠는 자들이 복이 있다 하신다. '빨다'(πλύνω)는 '몸(또는 몸의 일부)보다는 물체를 씻고 깨끗하게 하는 것'을 가리킨다(L&N, 47.8). 그리스도의 피로 깨끗이 씻김을 받았음을 기억나게 하는 표현이다(1:5; 5:9; 7:14; 12:11). 7절(지키는 자)이 말씀대로 행하는 것을 강조한다면, 14절(겉옷을 빠는 자)은 피의 속량을 강조한다. 앞서 11-12절에서도 행함을 강조한 것을 기억하자. 반면에 14절은 속량(대속, 속죄)을 특히 강조한다. 행함과 속량은 이렇게 함께 간다. 성도에게 둘 다 중요하다.

이들에게 특별한 권세가 주어진다. 생명나무에 나아가는(또는 접근할 수 있는) 권세는 에베소 교회에 주셨던 약속과 관련이 있다(2:7, "이기는 자에게 내가 생명나무의 실과를 먹을 수 있게 해줄 것이다"). 그런 점에서 '겉옷을 빠는 자들'이 바로 '이기는 자'다(Aune, 1998b: 1219). 아담과 하와의 타락으로 감춰졌던 생명나무(창 3:22-24)가 새 하늘과 새 땅에서 다시 나타나게 될 것(계 22:2)이다. 그리고 마침내 그 생명나무에 접근할 수 있게 허락될 것이다. 창세기 때의 생명나무가 회복된 셈이다. 창세기에서 시작된 것이 계시록에서 마무리된다.

또한 그들이 문(들)을 통하여 성('하나님의 성, 새 예루살렘', 3:12; 21:2, 9-27)에 들어가게 될 것을 약속하셨다. 그 문은 아무나 들어갈 수 없고 어린 양의 생명책에 기록된 자들만 들어갈 수 있다(21:27). 그들에게 예비된 성은 미래의 하나님 나라다. 그리스도 교회의 미래 모습이고 교회의 완성된 그림이다. 그때 지상 교회는 그같이 변모될 것이다.

15절 (악한 자들의 보응) 성 밖(결국은 '불못', 20:14-15; 21:8)에 있게 될 여섯 종류의 악한 자(죄인)들이 나열된다(15절; 21:8, 27). "개"는 더러운 욕망(본능)을 추구하며(L&N, 88.282) 말이나 행위로 남을 해하는 자를 지칭하는 것으로 본다면(예, 왕상 16:4; 21:19; 시 21:17; 잠 26:11; 사 56:11; 마 7:6; 눅 16:21; 벧후 2:22), '개'와 "거짓을 좋아하고(사랑하고) 행하는 자" (계 14:5; 21:27; 요 8:44)는 공통적으로 자기 욕심에 빠져 상대(하나님과 이웃)에게 해를 끼치는 자를 가리킬 것이다. 거짓을 좋아하는 자들에는 이단적 교리와 교훈을 전하는 자들이 포함된다(요일 2:21, 27). 그리스도의 교회를 해하는 자들이다. 반면에 "마법사"(21:8; 22:15; 렘 34:9; 말 3:5)와 "우상숭배자"(21:8; 22:15; 고전 5:10-11; 6:9; 10:7)는 그릇된 종교 신봉자들이다. 가운데 위치한, "음행하는 자"(21:8; 22:15; 고전 5:9-11; 6:9; 엡 5:5; 딤전 1:10; 히 12:16; 13:4)와 "살인자"(21:8; 22:15; 벧전 4:15)는 대표적인 사회적 범죄를 짓는 자들이라 할 수 있다. 여섯 부류가 나열된 구조는 아래와 같이 교차적 배열일 가능성이 있다. 그러나 어떻게 분류하고 규정하든, 이들 여섯 부류는 하나님 앞의 죄인들(21:8과 비교)이고 그들은 새 예루살렘의 약속에서 제외된다(21:27; 비교, 21:8의 여덟 목록).

a. 개들
  b. 마법사들
    c. 음행하는 자들
    c′. 살인자들
  b′. 우상숭배자들
a′. 거짓을 좋아하고 행하는 자들

16절 ("나의 천사를 보냈다", "나는 빛나는 샛별") "나 예수"(Ἐγὼ Ἰησοῦς)는 예수께서 그 자신을 강조하시는 표현('예수, 바로 내가 …')이다. 주님은 그의 모든 말씀들을 증언하게 하려고 그의 천사를 보내셨다(16절). 그리스도께서 친히 보내신 "나의 천사"(1:1, "그의 천사")는 요한을 이끌어 그로 계시의 내용들을 보게 하고 듣게 하던 안내(가이드) 천사일 것이다(19:9-10; 22:8-9). 예수 그리스도께서 직접 그에게 나타나시거나 직접 그 음성을 들려주기도 하셨지만(1:10-20; 22:10-16), '그의 천사'를 통해 계시를 전달하신 경우가 많다(1:1; 22:6, 16).

"교회들을 위하여"(ἐπὶ ταῖς ἐκκλησίαις)로 번역할 수 있는 것은 '에삐'(ἐπί) + 여격이 여기서 '~을 위하여'(for)의 의미라 보기 때문이다(L&N, 90.40). 그렇게 하면 대명사 여격 "너희에게"와 의미의 중복을 피할 수 있다. '너희'는 독자인 모든 성도를 가리키고 '교회'는 전체 교회를 가리키는 것으로 볼 수 있다. 그리스도의 말씀(계시)은 모든 교회를 위한 그의 증언이고 성도들에게 주신 그의 증언이다.

"증언하려고"(μαρτυρῆσαι)의 '증언하다'는 계시록에서 '예언하다'와 사실상 같은 의미를 갖는다(참고, 19:10). 그의 천사를 보내신 것과 관련하여, 6절의 부정사 "보이려고"(δεῖξαι)와 16절의 부정사 "증언하려고"가 서로 의미를 보완한다. 종말에 대한 '증언'을, 천사를 통해 '보게' 하신 것이다. 이같이 주님은 그의 천사를 보내셔서, 요한이 귀로 듣게 하셨고 또 눈으로 보게 하셨다. 그래서 요한이 계시의 산 증인이 된다(1:2, "요한은 … 즉 그가 본 모든 것을 증언하였다").

16절부터 '증언하다'가 16절("증언하려고"), 18절("증언한다"), 20절("증언하는 이") 등 세 번 반복된다. 1:2를 포함하면 계시록에서 '증언하다'는 네 번 나온다. 처음에 한 번(1:2) 마지막에 세 번(22:16, 18, 20)이다. 이 가운데 요한이 두 번(1:2; 22:18) 사용하였고, 예수 그리스도를 증언의 주체로 해서는 두 번(22:16, 20) 사용된다. 또는 18-19절을 그리스도의 말씀으로 본다면 요한 한 번(1:2), 그리스도 세 번(22:16, 18, 20)이라 할 수 있다. 그런데 그리스도께서 요한으로 하여금 증언하게 하셔서 그가 증언한 것이라는 점(1:2)을 생각하면, 요한을 통한 모든 증언은 예수 그리스도의 증언이라 할 수 있다.

그리스도는 다윗의 "뿌리와 자손"(5:5, "다윗의 뿌리"; 개역개정 사 11:1, "이새의 줄기에서 한 싹이 나며 그 뿌리에서 한 가지가 나서 결실할 것이요", 사 11:10, "그 날에 이새의 뿌리에서 한 싹이 나서"; 롬 15:12, "이새의 뿌리 곧 열방을 다스리기 위하여 일어나시는 이가 있으리니")이시다. 여기서 뿌리는 '기원'(origin, 다윗의 시조)의 의미이기보다는 '파생'(deviation, 다윗이 시조)의 뜻으로 '자손'(후손)과 동의적 의미로 쓰였다(L&N, 10.33, 10.32; Beale, 1999: 1146). 다윗 계통을 따라 오시리라 예언된 메시아라는 뜻이다(5:5 주해를 보라). 여기서 그리스도는 '나는 ~이다'(ἐγώ εἰμι)를 사용하신다(1:17; 2:23; 22:6).[5] 그분 자신을 강조하는 신성적 의미를 담는 표현이다(참고, 1:17-18 주해).

"빛나는 샛별"(morning star)은 고대로부터 금성(Venus)을 가리켰다. 해가 뜨기 직전, 동쪽에서 보이는 별이다.[6] 여기서는 새 시대를 여는 빛이 되시는 그리스도를 가리키는 은유적(상징적) 표현이다. 주님께서 두아디라 교회에 약속하신 '샛별'(2:28, '내가 그에게 주리라')이 바로 그 자신임을 밝히신 것이다.

---

5. 계시록에서 '에고 에이미' 형식(formula)은 성부 하나님에 관하여 2회(1:8; 21:6), 성자 그리스도에 관하여 3회(1:17; 2:23; 22:16) 나타난다.

6. Collins에 따르면 '새벽별'(morning star)은 메소포타미아 지역의 하늘의 여왕 이슈타르(Ishtar), 로마의 비너스(Venus, 헬라의 아프로디테)와 같이 신적 존재를 상징하였다고 한다(A. Collins, 1977: 379-80; 또한 M. Moore, 85-91). 그러나 계시록에서 이 표현은 그리스도께서 다른 그 어떤 별보다 빛나는 별, 즉 모든 천상의 존재를 대표하는 신적 존재(또는 일곱 별의 근원이 되는 빛나는 별)이심을 은유적으로 표현한 것이다. 사 14:12-17은 바벨론 왕에 대한 예언으로 새벽별이 다르게(부정적으로) 사용된 경우다. 베드로후서의 '샛별'(1:19)은 긍적적이지만 이 역시 다른 의미다. 이 표현은 이사야에서, 베드로후서에서, 계시록에서 서로 다른 의미로 사용되었다(비교, 민 24:17).

C. 요한계시록 22:17-21 (계시의 말씀 - 더하거나 빼지 말 것)

17-21절에는 성령과 신부의 "오라"는 초청의 말(17절)이 나오고, 계시의 말씀 외에 더하거나 어느 것을 빼거나 해서는 안 된다는 말씀(18-19절), 그리고 다시 오시겠다는 그리스도의 약속의 말씀과 요한의 마지막 축원(20-21절)이 담겨 있는데, 전체적으로는 교차 구성(a-x-a′)을 하고 있다. 처음과 마지막에 초청(a)과 약속-축원(a′)이 있고 그 가운데(x) 계시록의 중요성(내용을 조금도 훼손하지 말 것)을 담고 있다.

a. 성령과 신부의 말("오라", 17절)
　x. 더하거나 빼지 말 것(18-19절)
a′. 그리스도의 말("내가 속히 올 것이다")과 요한의 반응 및 축원(20-21절)

번역

17 그리고 성령과 신부가 말씀하셨다. "오라. 또 듣는 자로 '오라'라고 말하
게 하라. 목마른 자도 오게 하라. 원하는 자는 생명수를 값없이 얻게 하라."
18 나는 이 책의 예언의 말씀들을 듣는 모든 자들에게 증언한다. 만일 누구
든지 이것들 위에 더하면, 하나님께서 이 책에 기록된 재앙들을 그 사람 위
에 더하실 것이다. **19** 만일 누구든지 이 예언의 책의 말씀들 가운데 빼면, 하
나님께서 이 책에 기록된 생명나무에서 또 거룩한 성에서 받게 될 그의 몫
을 빼실 것이다. **20** 증언하는 이가 이것들을 말씀하셨다. "그렇다. 내가 속
히 올 것이다." "아멘, 주 예수여, 오십시오. **21** 주 예수의 은혜가 모든 이들
과 함께 있기를!"

주해와 해설

17절 (성령과 신부의 말, "오라") 일곱 교회에 주신 그리스도의 말씀이 곧 성령의 말씀이었다(2:11, 17, 29; 3:1, 5, 13, 22). 요한은 계시를 받을 때 성령 안에 있었다(1:10; 4:2; 17:3; 21:10). 17절처럼 성령께서 직접 말씀하시기도 한다(14:13). '신부'는 '어린 양의 아내'(21:2, 9), 즉 미래의 하나님 나라인 새 예루살렘을 가리키는 상징적 표현이다(Osborne, 2002: 793-4). 이 표현은 동시에 현재의 그리스도의 모든 교회를 비유적으로 표현한 것일 수 있다. 성령이 교회와 함께 말씀한다.

"오라"(ἔρχου)는 말은 독자들을 초청한다. 더 나아가 듣는 자('듣는 자가 복되다', 1:3)[7] 자신이 다른 이들에게 "오라"고 말하라 한다. 들을 귀가 있어 제대로 듣게 된 자는 이미 그 계시의 과정에 참여한 자이다. 그도 그리스도의 신부의 일원이 되어 또 다른 이들에게 "오라" 하는 사역에 참여한다. "목마른 자로 오게 하고(또는 '목마른 자는 오라') 원하는 자로 얻게 하라(또는 '원하는 자는 얻으라')" 하였다. 이 말씀은 성경에 반복되는 말씀이다(개역개정 사 44:3, "나는 목마른 자에게 물을 주며 … 나의 영을 네 자손에게, 나의 복을 네 후손에게 부어 주리니; 55:1, "너희 모든 목마른 자들아, 물로 나아오라"; 요 7:37, "누구든지 목마르거든 내게로 와서 마시라"; 직역 계 21:6, "내가 목마른 자에게 생명수의 샘에서 나오는 것을 값없이 줄 것이다"). '목마른 자'나 '원하는 자'는 계시의 말씀을 따르며 하나님을 찾는 자다. 하나님께서는 목마른 자에게 생명수(또는 생명수 샘물)를 값없이 주

---

7. 계시록에서 '듣다'의 의미는 중요하다. 총 46회의 '듣다' 중에서 부정적으로 쓰인 예가 없다(예외적인 것은 18:22 정도). 그만큼 말씀을 듣는 것의 중요성이 강조되고 있다. 계시의 말씀을 들은 자가 다시 다른 이로 듣는 자가 되게 하는 사역은 요한(10:9-11)의 예언 역할을 계속 이어가는 일이다(참고, Pikor, 89).

시겠다고 약속하신 바 있다(21:6; 참고, 요 4:14; 7:38; 사 44:3; 55:1). 이는 성령과 신부의 초청이다. 그때에는 목마름이 없어질 것이다. 목 타는 갈구가 모두 사라질 것이다.

성령과 신부와 듣는 자의 반복된 초청("오라", 2회; "오게 하라", 1회; "얻게 하라", 1회)은 하나님과 어린 양 예수 그리스도의 계시인 계시록이 특정한 집단에게만 알려지거나 또는 감춰지는 것이 아니라, 모두에게 공개되고 들려져야 한다는 점을 알리는 것이다. 계시록은 특정 종교 집단이 독점적 혜택을 누리는 성경이 아님을 알려주는 말씀이다. 모든 이가 그 혜택을 누려야 한다. 다 알려야 한다. 그래서 성령과 교회와 듣는 이가 다른 이들에게 '오라'하고 초청하는 것이다. 그들 모두가 듣게 해야 한다. 다 듣고 그 목마름을 해갈하고 생명수를 값없이 얻을 수 있게 해야 한다. 교회는 성령께서 하시는 "오라", 그리고 "얻으라"(받으라)는 음성을 세상에 들려주어야 한다. 들은 자들이 나아올 것이다(직역 롬 10:14, "듣지도 못한 이를 어떻게 믿겠는가?"; 10:17, "그러므로 믿음은 들음에서 나고, 들음은 그리스도의 말씀에 의해서다"). 교회의 책임은 계시록을 세상에 들려주고 알게 해주는 것이다. 하나도 감춰두지 않고 모두 들려줄 일이다.

18절 (더하지 말 것) 18절의 '나'(ἐγώ)는 17절의 성령과 신부는 아니다. 단수 1인칭 단수 '나'다. 이 '나'는 그리스도이거나(Osborne, 2002: 794-5) 요한이라 추측할 수 있다(Caird, 287). 예언의 내용("더하실 것이다", "빼실 것이다")이 신적 권세를 전제한다는 점에서 이 '나'는 20절의 "증언하신 이"인 예수 그리스도일 수 있다. 또는 성령 안에서 계시의 말씀을 받은 증인 요한일 수도 있다. 만일 '나'가 요한이라면 그는 그리스도를 대신하여 선지자적 선언(증언)을 하고 있는 것이다.

"이 책의 예언의 말씀들"은 계시록을 가리키는 반복된 표현(1:3; 22:7, 10)이다. 계시록 말씀의 속성이 예언적임을 알려준다(Aune, 1998b: 1199).

이 예언의 말씀들은 "듣는 모든 자들"(1:3, "그 말씀을 듣고 그 안에 기록된 것을 지키는 자들")에게 주어진 것이다. '만일 누구든지 ~하면'으로 시작하는 18-19절 말씀은 강조를 위해 병행적 방식(평행법)으로 기록된다. 누구든지 이 말씀(들) 위에 덧붙이는 사람은 하나님께서 이 책에 기록된 재앙(재난)들을 더하실 것이다. 그 재앙들은 일곱 인, 일곱 나팔, 일곱 대접과 17-18장의 바벨론 파멸, 그리고 그 이후의 전쟁과 심판 등을 가리킬 것이다. 계시의 말씀(계시록)에 무엇이든 더하거나 빼면 안 된다(개역개정 신 4:2, "내가 너희에게 명령하는 말을 너희는 가감하지 말고 내가 너희에게 내리는 너희 하나님 여호와의 명령을 지키라"; 12:32, "내가 너희에게 명령하는 이 모든 말을 너희는 지켜 행하고 그것에 가감하지 말지니라").[8] 계시록은 그 자체로 온전하다. 하나님의 계시, 즉 성경과 계시록 외에 더 이상의 종말의 계시는 필요하지 않다.

a. 만일 누구든지 이것들 위에 더하면(18a절)

b. 하나님께서 … 더하실 것이다(18b절).

c. 이 책에 기록된 재앙들을(18c절)

a′. 만일 누구든지 … 말씀(들) 가운데 빼면(19a절)

b′. 하나님께서 … 빼실 것이다(19b절).

c′. 이 책에 기록된 … 그의 몫을(19c절)

계시의 주체는 하나님이시다. 참 증인이신 주님(22:16, 18, 20) 외에, 계

8. 칠십인역(LXX)은 신 12:32이 13:1가 된다. πᾶν ῥῆμα ὃ ἐγὼ ἐντέλλομαί σοι σήμερον τοῦτο φυλάξῃ ποιεῖν οὐ προσθήσεις ἐπ᾽ αὐτὸ οὐδὲ ἀφελεῖς ἀπ᾽ αὐτουρ라고 되어 있다. 직역하면 다음과 같다. "내가 너에게 명하는 모든 말, 이를 지켜 행할 것이다. 그것에서 더하지도 말고 그것에서 빼지도(없애지도) 말라."

시록의 계시를 듣고 보고 전달하는(전달할 수 있는) 증인은 요한뿐이다(1:2, 9). 하나님은 요한에게 이를 기록하게 하셨다. 그 외는 모두 '읽는 자'와 '듣고 지키는 자'(1:3; 22:7)일 뿐이다. 이를 넘어가는 것은 말씀에 무언가를 더하는 것이다. 그 어떤 다른 특별한 계시자(또는 해석자)나, 제2의 요한이란 없다. 그런 주장은 다 거짓이다(21:8, 27; 22:15). 기록된 말씀 외에는 어느 것 하나도 덧붙여선 안 된다. 기록된 계시 외에 무언가를 더할 필요가 없다.[9] 그런 이들은 계시록 재앙(들)을 두려워해야 한다. "하나님께서 이 책에 기록된 재앙들을 그 사람 위에 더하실 것이다."

19절 (빼지 말 것) 18절에 이어 병행법으로 기록된 19절은 계시록의 말씀에서 어떤 것도 빼지 말 것을 강조한다. '빼면, 빼실 것이다', 명확한 말씀이다. 계시록의 말씀 가운데 빼놓아야 할 어떤 말씀도 없다. 그 안에 의미가 없는 말씀이 없다는 뜻이다. 다 이유가 있어 기록되었다.

"생명나무에서 그의 몫을 빼신다"는 말은 생명나무에 접근할 수 없다(22:14; 참고, 2:7)는 뜻이고 "거룩한 성에서 받게 될 그의 몫을 빼신다"는 말은 거룩한 성인 새 예루살렘에 들어가거나 관여할 수 없다(21:27; 참고, 3:12)는 뜻이 아니겠는가? 결국 미래에 하나님 나라를 상속받지 못한다는 말씀이다. 하나님 나라의 상속권이 없고 생명나무에 참여할 권한이 없다는 말씀은 하나님 나라에 들어갈 수 없다는 무서운 경계의 말씀이다. 그리스도에 대한 신실한 믿음과 함께, 계시의 말씀을 '읽는 것'과 '듣고 지키는 것'이 강조되는 이 말씀들을 제멋대로 또는 자의로 취사선택하거나 왜곡하여 오도하는 것을 경계해야 한다(참고, 신 4:2; 29:20-21; Tadd, 104-7).[10]

---

9. 계시록에 또 다른 것을 덧붙이는 것을 금지하는 말씀이면서, 동시에 계시록 다음에 쓰여지는 어떤 계시의 글도 공적으로 인정하지 않는다는 의미로도 이해된다. 요한의 계시록은 기록된 정경적 계시가 담긴 마지막 책이었다. 이후 그 어떤 계시의 글도 정경으로 인정된 바 없다(참고, R. Thomas, 1989: 207-16).

10. Osborne은 18-19절의 가감의 문제를 계시록에 대한 다른 관점과 견해(예, 휴거나 천

20-21절 (그리스도의 재림 약속과 요한의 반응 및 축원) 20절에서 "증언하는 이"는 예수 그리스도시다. 그분이 참 '증인'이시다(1:5; 3:14; 22:16, 20). 이 땅에 육체로 오셨을 때(초림)도 그리스도는 '증인'이셨고(요 3:32; 4:44; 7:7; 8:14, 18, 38; 18:37), 세상의 마지막 때의 일에 대해서도 그분은 '증인'이시다. 그리고 그분의 증언이 바로 '예언'이고 '계시'다(계 1:2-3, 9; 12:17; 19:10; 20:4; 22:7, 10, 18-19).

그리스도는 그의 재림에 대해 다시(마지막 단락에서 세 번째로) 말씀하셨다(7, 12, 20절). 계시록의 마지막 부분에 와서, 그리스도의 재림이 반복하여 소개되고 있는 것은 그만큼 미래 종말론의 중심이 그의 재림이기 때문이다(7절 주해 참고). 예수 그리스도의 재림은 계시록 시작 부분(1:7)에서 강조된 바 있었다. 주님께서 하신 약속의 말씀("그렇다. 내가 속히 올 것이다")에 대해, 요한은 바로 반응한다. "아멘, 주 예수여, 오십시오."[11] "오십시오"는 요청(request)을 표현하는 명령형이라 할 수 있다(Wallace, 487). 주 예수께서 약속하신 재림을 바라고 소망하며 주님의 재림을 간절한 마음으로 요청하고 있다. 이처럼 요한은 그리스도의 재림을 간절히 대망한다. 주

년설 등)에 대한 공격에 활용하지 말아야 한다는 점을 강조한다(Osborne, 2002: 795). 교회 내의 계시록 해석에 관련된 이견에 대해서는 관용이 필요하다. 다만, 19절이 배교의 문제와 관련된다는 그의 주장(Osborne, 2002: 796-7)은 뚜렷한 근거를 찾기 어렵다. 성경에서 특정 말씀을 빼는 경우는 19세기의 '노예 성경'(slave bible)에서 찾을 수 있다. 일종의 성경 '발췌집'이라 할 수 있지만, 흑인과 관련된 인권과 해방이나 자유와 평등 등에 대한 부분은 '빼고' 만든 책이다. 구약의 10%, 신약의 50%만 실려 있다(Wikipedia, "slave bible"). 예수 그리스도께서는 "내가 분부한 것을 다" 가르쳐 지키게 하라고 말씀하신 바 있다(마 28:19-20; 딤후 3:16-18).

11. 고전 16:22의 '마라나-타'(μαράνα θά)에 해당된다. '마라나타'는 아람어로, '마라나'는 '우리의 주님'이고 '타(싸)'는 '오십시오', 즉 명령형(청유형) 문장 '우리의 주님 오십시오'의 뜻(L&N, 12.11)이거나, 완료적 의미의 '(우리) 주님께서 오셨다'(μαράν αθά, BDAG, 616)일 수도 있다. 처음에 아람어를 사용하던 유대 그리스도인들 사이에서 고백되던 어구가 초대 교회에 광범위하게 사용되었을 것이다.

님의 오심으로 모든 것이 이뤄질 것이다.

마지막으로 요한은 독자(성도)들에게 축원한다(21절). 요한은 계시록 시작 부분에서도 독자들을 축원한 바 있는데(1:4-5), 주 예수의 은혜를 기원하며 마친다. 은혜의 축원으로 마치는 것은 사도들의 글에서 자주 확인된다(롬 16:20; 고전 16:23; 고후 13:13; 갈 6:18; 엡 6:24; 빌 4:23; 골 4:18; 살전 5:28; 살후 3:18; 딤전 6:21; 딤후 4:22; 딛 3:15; 몬 1:25; 히 13:25). 결국은 주님의 은혜가 필요하기 때문이다. 주님의 은혜로 이들 성도들이 어려운 난국을 헤쳐 나가 마침내 믿음으로 승리하게 되기를 원했다. 주 예수의 은혜로 그들이 이 '읽고 들은 말씀'을 지켜 나가기를 원했다.

요한계시록의 마지막 두 구절(20-21절)은 서론부에 속하는 세 구절(1:5b-7)과 의미 있는 상관성이 있다. 두 구절씩 서로 결합하여 교차 관계를 구성한다.

a. 그리스도에 대한 송축, 아멘(1:5b-6)
  b. 예수 재림, 아멘(1:7)
  b′. 예수 재림, 아멘(22:20)
a′. 모두에 대한 축원, (아멘)(22:21)

1:7과 22:20은 모두 예수 그리스도의 재림에 대한 내용을 담고 있다. 재림의 약속과 소망이 담겨 있다. 두 구절 모두 '아멘'을 포함한다. 1:5b-6은 그리스도를 송축하는 내용을 담고 있고 22:21은 모두에 대한 축원으로 마무리하는 부분이다. 송축과 축원이라는 비슷한 형식을 볼 수 있다.[12] 다만,

12. 서론부(1:1-8)에서 축원은 사실 1:4-5a 부분이다. 축원(4-5a절)에 이어 송축(5b-6절)이 연속으로 등장한다는 점에서 1:4-6(축원과 송축)을 묶어, 22:21(축원)과 연결된다고 볼 수도 있겠다. 물론 1:7(재림)과 22:20(재림)의 연계성은 뚜렷하다. 이들 구절들

22:21에 '아멘'이 포함되는지에 대해서는 사본상의 논란이 있다.[13] 그럼에도 1:5b-6(또는 1:4-6)과 22:21의 상관성은 분명하다. 서론부에서 축원-송축과 재림을 언급했던 저자 요한은 종결부에서 재림과 축원의 메시지로 마무리한다.

계시록을 마감하는 요한의 마지막 축원이다. "주 예수의 은혜가 모든 이들과 함께 있기를!"

이 보여주는 밀접한 유사성은 서론부(1:1-8)와 종결부(22:6-21)의 깊은 연계성을 보여주는 하나의 증거다.

13. 21절에 '아멘'이 들어가 있는 사본은 051 046 א 등이고 '아멘'이 없는 사본은 A 1006 2065 2432 등이다. TR(Textus Receptus)은 전자를 따르고 NA[28]은 후자를 택했다(Metzger, 691). 일반적으로 '아멘'이 없는 것이 더 어려운 읽기다. 필사자들에 의해 '아멘'으로 끝나는 경우들이 있기 때문이다(Aune, 1998b: 1239).

참고 문헌

| 참고문헌 |

Akhisar.com, "Akhisar, Site of Ancient Thyatira," http://www.akhisar.com/.

Allen, Garrick V., "Paratexts and the Reception History of the Apocalypse," *JTS* 70/2, 2019: 600-632.

Allen, Kenneth W., "The Rebuilding and Destruction of Babylon," *BSac* 133, 1976: 19-27.

Anderson, Paul N., "Revelation 17.1-14," *Int* 63/1, 2009: 60-61.

Arndt, William F., "Armageddon," *CTM* 22/7, 1951: 465-471.

Altink, Willem, "1 Chronicles 16:8-36 as Literary Source for Revelation 14:6-7," *AUSS* 22/2, 1984: 187-196.

Attenborough, David., *The First Eden: The Mediterranean World and Man*, Boston: Little Brown, 1987.

Auden, W. H. (ed.), *The Portable Greek Reader*, New York: Penguin Books, 1977[1948].

Aune, David E., "St. John's Portrait of the Church in the Apocalypse," *EvQ* 38, 1966: 131-149.

_______, "Influence of Roman Imperial Court Ceremonial on the Apocalypse of John," *BibRes* 28, 1983: 5-26.

_______, *Revelation 1-5*, WBC 52A, Nashville: Thomas Nelson, 1997.

_______, *Revelation 6-16*, WBC 52B, Nashville: Thomas Nelson, 1998a.

_______, *Revelation 17-22*, WBC 52C, Nashville: Thomas Nelson, 1998b.

Bailey, James L. and Lyle D. Vander Broek, *Literary Forms in the New Testament: A Handbook*, Louisville: WJK, 1992.

Bandy, Alan S., "Patterns of Prophetic Lawsuits in the Oracles to the Seven Churches," *Neot* 45/2, 2011: 178-205.

Barnhause, Donald Grey, *Revelation: An Expositional Commentary*, Grand Rapids: Zondervan, 1971.

Barnhill, Gregory M., "Seeing Christ through Hearing the Apocalypse: An Exploration of John's Use of Ekphrasis in Revelation 1 and 19," *JSNT* 39/3, 2017: 235-257.

Barr, David L., "The Apocalypse of John as Oral Enactment," *Int* 40/3, 1986: 243-256.

_______, *Tales of the End: A Narrative Commentary on the Book of Revelation*, Santa Rosa: Polebridge, 1998, 장영 역, 『끝날의 이야기들: 요한계시록의 내러티브 주석』, 서울: 그리심, 2018.

Barrett, C. K. (ed), *The New Testament Background: Writings from Ancient Greece and the Roman Empire That Illuminate Christian Origins*, New York: HarperCollins, 1989.

Bauckham, Richard, "Synoptic Parousia Parables and the Apocalypse," *NTS* 23, 1976-1977: 162-176.

_______, "The Eschatological Earthquake in the Apocalypse of John," *NovT* 19/3, 1977: 224-233.

_______, "The Role of the Spirit in the Apocalypse," *EvQ* 52/2, 1980: 66-83.

_______, "The List of the Tribes in Revelation 7 Again," *JSNT* 42, 1991: 99-115.

_______, *The Climax of Prophecy: Studies on the Book of Revelation*, Edinburgh: T & T Clark, 1993a.

_______, *The Theology of the Book of Revelation*, Cambridge: Cambridge Uni., 1993b.

Baynes, Leslie, "Revelation 5.1 and 10.2a, 8-10 in the Earliest Greek Tradition: A Response to Richard Bauckham," *JBL* 129/4, 2010: 801-816.

Beale, G. K., "The Influence of Daniel Upon the Structure and Theology of John's Apocalypse," *JETS* 27/4, 1984: 413-423.

_______, *The Book of Revelation*, NIGTC, Grand Rapids: Eerdmans, 1999.

_______, "The Millennium in Revelation 20.1-10: An Amillennial Perspective," *CTR* 11/1, 2013: 29-62.

Beale, G. K. and Sean M. McDonough, "Revelation," in Beale, G. K. and D. A. Carson (eds.), *Commentary on the New Testament Use of the Old Testament*, Grand Rapids: Baker Academic, 2007: 1081-1161.

Beasley-Murray, G. R., "The Second Coming in the Book of Revelation," *EvQ* 23/1, 1951: 40-45.

_______, *The Book of Revelation*, Grand Rapids: Eerdmans, 1974a.

_______, "How Christian Is the Book of Revelation?" in Robert Banks (ed.), *Reconciliation and Hope, New Testament Essays on Atonement and Eschatology Presented to L. L. Morris on his 60th Birthday*, Carlisle: Paternoster, 1974b: 275-284.

_______, "Revelation," in Ralph P. Martin and Peter H. Davids, *Dictionary of the Later New Testament & Its Developments*, Downers Grove: InterVarsity Press, 1997: 1025-1038.

Bergmeier, R., "Jerusalem, du hochgebaute Stadt," *ZNW* 75, 1984: 86-101.

Bettenson, Henry (ed.), *Documents of the Christian Church*, Oxford: Oxford University Press, 1963.

Betz, H. D., "On the Problem of Religio-Historical Understanding of Apocalypticism," *JTC* 6, 1969: 134-156.

Biguzzi, Giancarlo, "Ephesus, Its Artemision, Its Temple to the Flavian Emperors, and Idolatry in Revelation," *NovT* 40, 1998: 276-290.

Blaising, Craig A., "Premillennialism: A Progressive Dispensational View," *CTR* 11/1, 2013: 63-70.

Blake, Everett C. and Anna G. Edmonds, *Biblical Sites in Turkey*, Istanbul: Redhouse Yayinevi, 1998.

Blaylock, Richard M., "Towards a Definition of New Testament Prophecy," *Themelios* 44/1, 2019: 41-60.

Blount, Brian K., "Reading Revelation Today: Witness as Active Resistance," *Int* 54/4, 2000: 398-412.

_______, *Revelation: A Commentary*, Louisville: WJK, 2009.

Boer, Harry R., "The Reward of the Martyrs: Re-examining Revelation 20," *Reformed Journal* 25, 1975a: 7-9, 28.

_______, "What about the Millennium?," *Reformed Journal* 25/1, 1975b: 26-30.

Boring, M. Eugene, "The Theology of Revelation: 'The Lord Our God the Almighty Reigns,'" *Int* 40/3, 1986: 257-269.

_______, *Revelation*, IBC, Louisville: John Knox Press, 1989.

Botha, J. E., "Time and Place of Writing," in Eugene Botha, Pieter deVilliers, and Johan Engelbrecht (eds.), *Reading Revelation*, Pretoria: J. L. van Schaik, 1988: 2-3.

Bowles, Ralph G., "Does Revelation 14:11 Teach Eternal Torment? Examining a Proof-text on Hell," *EvQ* 73/1, 2001: 21-36.

Bowman, J. W., "The Revelation to John: Its Dramatic Structure and Message," *Int.* 9, 1955: 436-453.

Boxall, Ian., *The Revelation of Saint John*, London: Continuum, 2006.

Brand, Chad, *Perspectives on Israel and the Church: 4 Views*, Nashville: B&H Publishing, 2015.

Bruce, F. F., "The Earliest Latin Commentary on the Apocalypse," *EvQ* 10, 1938: 352-366.

_______, *New Testament History*, Bristol: Pickering Classic, 1982[1969].

Buchanan, George Wesley, *The Book of Revelation, Its Introduction and Prophecy*, The Mellen Biblical Commentary New Testament Series, Lewiston: Mellen Biblical Press, 1993.

Burge, Gary M., Lynn H. Cohick and Gene L. Green, *The New Testament in Antiquity*, Grand Rapids: Zondervan, 2009.

Caird, G. B., *A Commentary on the Revelation of St. John the Divine*, New York: Harper & Row, 1966.

Campbell, Gordon, "True and False Proclamation in the Book of Revelation (Part 2)," *Irish Biblical Studies* 25/3, 2003: 106-120.

_______, "Antithetical Feminine-Urban Imagery and a Tale of Two Women-Cities in the Book of Revelation," *TynBul* 55/1, 2004: 81-108.

Campbell, R. Alastair, "Triumph and Delay: The Interpretation of Revelation 19.11-

20," *EvQ* 10, 2008: 3-12.

Can, Turhan, *Turkey: Gate to the Orient*, Istanbul: Orient, 2002.

Cartledge, Tony W., "No More Fears: A Homiletic Excursion into Revelation 7," *RevExp* 115/1, 2018: 110-116.

Carter, John W., "An Introduction to the Interpretation of Apocalyptic Literature," *JBT* 2/1, 2019: 132-152.

Chadwick, Henry, *The Early Church*, Harmondsworth: Penguin Books, 1967.

Charles, Robert, H., *A Critical and Exegetical Commentary on the Revelation of St. John with Introduction, Notes, and Indices also the Greek Text and English Translation*, V. 1, Edinburgh: T & T Clark, 1920.

Cimok, Fatih, *A Guide to the Seven Churches*, Istanbul: A Turizm Yayinlari, 2003.

Carroll, John T., "Revelation 4.1-11," *Int* 63/1, 2009: 56-58.

Cashmore, David, "Laodicea and the Seven Churches," *Stimulus* 12/2, 2004: 16-20.

Collins, Adela Yarbro, *The Combat Myth in the Book of Revelation*, Missoula: Scholars, 1976.

_______, "The History-of-Religions Approach to Apocalypticism and the Angel of the Waters (Rev 16.4-7)," *CBQ* 39/3, 1977: 367-381.

_______, "Vilification and Self-definition in the Book of Revelation," *HTR* 79/1-3, 1986a: 308-320.

_______, "Reading the Book of Revelation in the Twentieth Century," *Interpretation* 40/3, 1986b: 229-242.

Collins, John J., "Eschatology and Social Justice," *WTJ* 55/1, 2020: 23-42.

Couch, Mal (ed.), *An Introduction to Classical Evangelical Hermeneutics: A Guide to the History and Practice of Biblical Interpretation*, Grand Rapids: Kregel, 2000.

Court, John M., *Revelation*, Sheffield: Sheffield Press, 1994.

Court, John M., *The Book of Revelation and the Johannine Apocalyptic Tradition*, JSNTSup 190, Sheffield: Sheffield Academic, 2000.

Daniélou, Jean, trans. by Smith, David and Baker, Austin, *A History of Early Christian*

Doctrine Before the Council of Nicaea V.3: the Origins of Latin Christianity, London: Westminster, 1977.

Davis, Dale Ralph, "The Relationship Between the Seals, Trumpets, and Bowls in the Book of Revelation," *JETS* 16/3, 1973: 149-158.

de Waal, Kayle B., "Trumpeting God's Mercy: A Socio-rhetorical Interpretation of the Seven Trumpets of Revelation," Unpublished Doctoral Thesis, University of Auckland, 2010.

Deere, Jack S., "Premillennialism in Revelation 20.4-6," *BSac* 135, 1978: 58-73.

Dempsey, Carol J., "Revelation 21.1-8," *Int* 65/4, 2011: 400-402.

deSilva, David A., "The 'Image of the Beast' and the Christians in Asia Minor: Escalation of Sectarian Tension in Revelation 13," *TrinJ* 12/2, 1991: 185-208.

_______, "The Social Setting of the Revelation to John: Conflicts Within, Fears Without," *WTJ* 54, 1992a: 273-302.

_______, "The Revelation to John: A Case Study in Apocalyptic Propaganda and the Maintenance of Sectarian Identity," *Sociological Analysis* 53/4, 1992b: 375-395.

_______, "Seeing Things John's Way: Rhetography and Conceptual Blending in Revelation 14:6-13," *BBR* 18/2, 2008a: 271-298.

_______, "Out of our Minds? Appeals to Reason (Logos) in the Seven Oracles of Revelation 2-3," *JSNT* 31/2, 2008b: 123-155.

_______, "The Strategic Arousal of Emotion in John's Visions of Roman Imperialism: A Rhetorical-Critical Investigation of Revelation 4-22," *Neot* 42/1, 2008c: 1-34.

_______, *Seeing Things John's Way: The Rhetoric of the Book of Revelation*, Louisville: WJK, 2009.

Desrosiers, Gilbert, *An Introduction to Revelation*, London: Continuum, 2000.

Deutsch, C., "Transformation of Symbols: The New Jerusalem in Rv 21:1-22:5," *ZNW* 78/1-2, 1987: 106-126.

Dixon, Sarah S. U., *The Testimony of the Exalted Jesus in the Book of Revelation*, LNTS 570, London: Bloomsbury T & T Clark, 2017.

Downing, F. Gerald, "Pliny's Prosecutions of Christians: Revelation and 1 Peter," *JSNT* 34, 1988: 105-123.

Duff, Paul B., "Reading the Apocalypse at the Millennium," *Religious Studies Review* 26/3, 2000: 217-221.

Dumbrell, William J., *The End of the Beginning: Revelation 21-22 and the Old Testament*, Grand Rapids: Lancer Books, 1985.

Duvall, J. Scott, "'He Will Live with Them': The Relational Presence of God in the Book of Revelation," *CTR* 17/1, 2019: 29-51.

Edgar, Thomas R., "Babylon: Ecclesiastical, Political, or What," *JETS* 25/3, 1982: 333-341.

Edwards, James R., "The Rider on the White Horse, the Thigh Inscription, and Apollo: Revelation 19:16," *JBL* 137/2, 2018: 519-536.

Estes, Douglas, "The Last Chapter of Revelation? Narrative Design at the End of the Apocalypse," *CTR* 17/1, 2019: 97-110.

Evans, Craig A., *Ancient Texts for New Testament Studies: A Guide to the Background Literature*, Peabody: Hendrickson, 2005.

Fanning, Buist, "Taking a Peek Ahead: The Value of the Book of Revelation for Understanding the Whole Bible," *CTR* 17/1, 2019: 3-27.

Farrer, F. W., *A Rebirth of Images: The Making of St. John's Apocalypse*, Boston: Beacon, 1963.

Fekkes, Jan III, "His Bride has Prepared Herself: Revelation 19-21 and Isaian Nuptial Imagery," *JBL* 109/2, 1990: 269-287.

Ferguson, Everett, *Backgrounds of Early Christianity*, Grand Rapids: Eerdmans, 1990.

Fiensy, David A., "The Roman Empire and Asia Minor", in S. McKnight and G. R. Osborne (eds), *The Face of New Testament Studies*, Grand Rapids: Baker Academic, 2004: 36-56.

Fiorenza, Schüssler, *The Book of Revelation: Justice and Judgment*, Philadelphia: Fortress, 1985.

Flemming, Dean, "Locating and Leaving Babylon: A Missional Reading of Revelation 17 and 18 in Light of Ancient and Contemporary Political Contexts," *Missiology* 48/2, 2020: 112-126.

Foxe, John, *Foxe's Christian Martyrs of the World*, Chicago: Moody Press, 1963.

Frend, W. H. C., *The Early Church*, Minneapolis: Fortress Press, 1991.

Fuller, J. William, "I Will not Erase His Name from the Book of Life," *JETS* 26/3, 1983: 297-306.

Garrow, A. J. P., *Revelation*, New Testament Readings, London: Routledge, 1997.

Gentry, Kenneth L. Jr., *Before Jerusalem Fell, Dating the Book of Revelation*, Tyler: Institute for Christian Economics, 1989.

Gerhardsson, Birger, *Memory & Manuscript: Oral Tradition and Written Transmission in Rabbinic Judaism and Early Christianity*, Grand Rapids: Eerdmans, 1998.

Giblin, Charles Homer, "Structural and Thematic Correlations in the Theology of Revelation 16-22," *Bib* 55, 1974: 487-504.

_______, *The Book of Revelation: The Open Book of Prophecy*, Collegeville: Liturgical, 1991.

_______, "Recapitulation and John's Apocalypse," *CBQ* 56, 1994: 81-95.

_______, "From and Before the Throne: Revelation 4:5-6a, Integrating the Imagery of Revelation 4-16," *CBQ* 60/3, 1998: 500-513.

Glancy, Jennifer & Moore, Stephen D., "How Typical a Roman Prostitute Is Revelation's 'Great Whore,'" *JBL* 130/3, 2011: 551-569.

Gourgues, Michel, "The Thousand-Year Reign (Rev 20.1-6): Terrestrial or Celestial?," *CBQ* 47, 1985: 676-681.

Grabiner, Steven, *Revelations Hymns: Commentary on the Cosmic Conflict*, LNTS 511, London: Bloomsbury T&T Clark, 2015.

Graves, Robert, *The Greek Myths*, London: Folio Society, 2001.

Grenz, Stanley J., "The Deeper Significance of the Millennium Debate," *Southwestern Journal of Theology* 36/2, 1994: 14-21.

Gundry, Robert H., "The New Jerusalem People as Place, not Place for People," *NovT* 29, 1987: 254-264.

Guthrie, Donald, *New Testament Introduction*, Downers Grove: Inter-Varsity, 1970.

_______, "The Lamb in the Structure of the Book of Revelation," *Vox Evangelica* 12, 1981: 64-71.

_______, *The Relevance of John's Apocalypse*, Devon: Paternoster Press, 1987.

Hall, Crystal L., "Unholy Economics and Environmental Impacts: Reading Revelation's Great Whore in the Climate Crisis," in Ronald A. Simkins, and Zachary B. Smith, *Religion and the New Politics*, JORSSup 23, 2021: 24-36.

Harrill, J. A., "Asia Minor," in Craig A. Evans and Stanley E. Porter (eds), *Dictionary of New Testament Background*, Downers Grove: InterVarsity Press, 2000: 130-136.

Hazelip, Harold, "Revelation 20 and the Millennium," *Restoration Quarterly* 18/4, 1975: 229-235.

Heide, Gale Z., "What is New about the New Heaven and the New Earth? A Theology of Creation from Revelation 21 and 2 Peter 3," *JETS* 40/1, 1997: 37-56.

Hengel, Martin, *Judaism and Hellenism: Studies in Their Encounter in Palestine During the Early Hellenistic Period*, London: SCM Press, 1981.

Hillyer, Norman, "'The Lamb' in the Apocalypse," *EvQ* 39, 1967: 228-236.

Himes, Paul A., "Did Jesus Quote the Apostles? The Possible Intertextuality and Significance of Revelation 2:24," *Southeastern Theological Review* 11/1, 2020: 31-52.

Hodges, Zane C., "The First Horseman of the Apocalypse," *BSac* 119/476, 1962: 324-334.

Hollenbaugh, Ian B., "Prohibition Types in Ancient Greek: A Comparative Approach," SCS Annual Meeting, 2021: 1-14.

Holmes, Michael W. (ed.), *The Apostolic Fathers: Greek Texts and English Translations*, Grand Rapids: Baker Academic, 2008.

Homcy, Stephen L., "'To Him Who Overcomes': A Fresh Look at What 'Victory' Means for the Believer According to the Book of Revelation," *JETS* 38/2, 1995: 193-201.

Hoskins, Paul M., "Another Possible Interpretation of the Seven Heads of the Beast and the Eighth King (Revelation 17:9-11)," *BBR* 30/1, 2020: 86-102.

Houwelingen, P. H. R. van, "Paradise Motifs in the Book of Revelation," *Sárospataki Füzetek* 4, 2011: 11-25.

Hughes, James, "Revelation 20:4-6 and the Question of the Millennium," *WTJ* 35/3, 1973: 281-302.

Hughes, Philip Edgcumbe, *The Book of the Revelation, A Commentary*, Grand Rapids: Eerdmans, 1990.

Hutchinson, Travis, "My Presence Is My Present: Gifts to the Conqueror in Revelation 2:17," *Presb* 47/1, 2021: 148-154.

International Standard Bible Encyclopedia Online, "Thyatira," https://www.internationalstandardbible.com /T/thyatira.html.

Irmer, Douglas D., "The Church in the Book of Revelation," *Logia* 8/3, 1999: 5-12.

Istrate, Daniel, "Sealing the Slaves of God: Revelation 7 in the Stream of Biblical-Christological Interpretation," *WTJ* 77/2, 2015: 386-387.

Jauhiainen, Marko, *The Use of Zechariah in Revelation*, WUNT II/199, Tübingen: Mohr Siebeck, 2005.

Johnson, Dennis E., *Triumph of the Lamb: A Commentary on Revelation*, Phillipsburg: P & R Publishing, 2001.

Kaldellis, Anthony, "The Religion of Ioannes Lydos," *Phoenix* 57/3-4, 2003: 300-316.

Kee, Howard Clark and Young, Franklin W., *The Living World of the New Testament*, London: Prentice-Hall, 1991[1960].

Keener, Craig S., *Revelation*, The NIV Application Commentary, Grand Rapids:

Zondervan, 2000.

Kerkeslager, Allen, "Apollo, Greco-Roman Prophecy, and the Rider on the White Horse in Rev 6.2," *JBL* 112, 1993: 116-121.

Kim, Kyu Seop, *The Firstborn Son in Ancient Judaism and Early Christianity: A Study of Primogeniture and Christology*, Biblical Interpretation Series 171, Leiden: Brill, 2019.

Kim, Sang-Hoon, *Sourcebook of the Structures and Styles in John 1-10: The Johannine Parallelisms and Chiasms*, Eugene: Wipf & Stock, 2014a.

_______, "Parallel Features in 1 John as Discourse Markers," *CTJ* 19/1, 2014b: 57-94.

_______, "Positioning of Revelation 1:8 and Its Related Issues: A Structural Study," *CTJ* 26, 2021: 5-20.

Knight, Jonathan, *Revelation*, Sheffield: Sheffield Academic, 1999.

Knohl, Israel, "Between Voice and Silence: The Relationship Between Prayer and Temple Cult," *JBL* 115, 1996: 17-30.

Koester, Craig R., "On the Verge of the Millennium: A History of the Interpretation of Revelation," *WW* 15/2, 1995: 128-136.

_______, "Recent Studies of the Book of Revelation," *Lutheran Quarterly* 14/1, 2000: 109-122.

_______, *Revelation and the End of All Things*, Grand Rapids: Eerdmans, 2001.

_______, "Roman Slave Trade and the Critique of Babylon in Revelation 18," *CBQ* 70, 2008: 766-786.

_______, "Continuing the Dialogue on Interpretation of Revelation: Responses and Reflections," *JPT* 24, 2015: 38-43.

_______, "The Number of the Beast in Revelation 13 in Light of Papyri, Graffiti, and Inscriptions," *Journal of Early Christian History* 6/3, 2016: 1-21.

_______, "Israel's Worship and the Book of Revelation," *WW* 7, 2017: 110-121.

_______, "Revelation's Vision of New Jerusalem: God's Life-Giving Reign for the World," *WW* 40/2, 2020: 112-119.

Köstenberger, Andreas J., Benjamin L. Merkle, and Robert L. Plummer, *Going Deeper with New Testament Greek: An Intermediate Study of the Grammar and Syntax of the New Testament*, Nashville: B&H Academic, 2016.

Koukas Y. and Anna Marandi, *Athens: The City of Intellect and Democracy, Myth & History*, Athens: Toubi's, 1997.

Kourtara, V., L. Xeroutsikou and Theo. M. Provatakis, *Patmos. The Holy Island of the Aegean*, Athens: Toubi's, 1996.

Kovacs, Judith and Christopher Rowland, *Revelation, The Apocalypse of Jesus Christ*, Malden: Blackwell Publishing, 2004.

Kowalski, Beate, "Martyrdom and Resurrection in the Revelation to John," *AUSS* 41/1, 2003: 55-64.

Kraybill, J. Nelson, *Imperial Cult and Commerce in John's Apocalypse*, Sheffield: Sheffield Academic, 1996.

Laboa, Juan María, "Aisa Minor, Cappadocia," compiled by Juan María Laboa, *The Historical Atlas of Eastern and Western Christian Monasticism*, Collegeville: Liturgical Press, 2003.

Ladd, George Eldon, *Crucial Questions About the Kingdom of God*, Grand Rapids: Eerdmans, 1952.

_______, "Why not Prophetic-Apocalyptic?," *JBL* 76, 1957a: 192-200.

_______, "The Revelation and Jewish Apocalyptic," *EvQ* 29/2, 1957b: 94-100.

_______, *The Gospel of the Kingdom Popular Expositions on the Kingdom of God*, Grand Rapids: Eerdmans, 1959.

_______, "Revelation 20 and the Millennium," *RevExp* 57/2, 1960: 170-172.

_______, *A Commentary on the Revelation of John*, Grand Rapids: Eerdmans, 1972.

_______, *The Last Things: An Eschatology for Laymen*, Grand Rapids: Eerdmans, 1978.

_______, *The Blessed Hope: A Biblical Study of the Second Advent and the Rapture*, Grand Rapids: Eerdmans, 1990.

Lenski, C. H., *The Interpretation of St. John's Revelation*, Minneapolis: Augsburg

Publisher, 1963.

Lightfoot, J. B., *The Apostolic Fathers Part II: S. Ignatius and S. Polycarp, Revised Texts with Introductions, Notes, Dissertations, and Translations*, London: Macmillan and Co, 1889.

Locker, Markus, "A Semiotic Analysis of the 'New Jerusalem' in the Book of Revelation," *AJBT* 3/4, 2020: 172-194.

Lohse, Eduard, trans. by John E. Steely, *The New Testament Environment*, Nashville: Abingdon, 1988.

Lambrecht, Jan, "'Synagogues of Satan' (Rev. 2:9 and 3:9): Anti-Judaism in the Book of Revelation," in Reimund Bieringer, Didier Pollefeyt and Frederique Vandecasteele-Vanneuville (eds.), *Anti-Judaism and the Fourth Gospel*, Louisville: WJK, 2001, 279-292.

Lee, Chee-Chiew, "Rest and Victory in Revelation 14.13," *JSNT* 41/3, 2019: 344-362.

Louw, Johannes P., "On Greek Prohibition," *Acta Classica* 2, 1959, 43-57.

Louw, Johannes P. and Eugene A. Nida, *Greek-English Lexicon of the New Testament Based on Semantic Domains*, Cape Town: UBS, 1993[1989].

Low, U-Wen, "Praecones and the Trumpet-Bearing Angels of Revelation," *Colloq* 51/2, 2019: 77-91.

Lozzi, Mario, *Art and History of Greece*, Florence: Bonechi, 2003.

Lupieri, Edmondo F., *A Commentary on the Apocalypse of John*, Grand Rapids: Eerdmans, 1999.

Maier, Paul L., *Eusebius The Church History*, Grand Rapids: Kregel, 2007[1999].

Mangina, Joseph L., *Revelation*, Brazos Theological Commentary on the Bible, Grand Rapids: BrazosPress, 2010.

Mathewson, David, "A Re-examination of the Millennium in Rev 20:1-6: Consummation and Recapitulation," *JETS* 44/2, 2001: 237-251.

_______, "The Destiny of the Nations in Revelation 21:1-22:5: A Reconsideration," *TynBul* 53/1, 2002: 121-142.

_______, "A Note on the Foundation Stones in Revelation 21.14, 19-20," *JSNT* 25/4, 2003a: 487-498.

_______, "Assessing Old Testament Allusions in the Book of Revelation," *EvQ* 75/4, 2003b: 311-325.

_______, *A New Heaven and a New Earth: The Meaning and Function of the Old Testament in Revelation 21.1-22.5*, LNTS 238, London: Bloomsbury T&T Clark, 2003c.

_______, "Verbal Aspect in the Apocalypse of John: An Analysis of Revelation 5," *NovT* 50, 2008: 58-77.

Mavromataki, Maria, *Greece: Between Legend and History*, Athens: Haitalis, 2002.

Maxwell, Marcus, *Revelation*, New York: Doubleday, 1998.

McDonald, Lee Martin and Stanley E. Porter, *Early Christianity and the Sacred Literature*, Peabody: Hendrickson, 2000.

McKnight, Scot and Grant R. Osborne (eds.), *The Face of New Testament Studies*, Grand Rapids: Baker Academic, 2004.

McNicol, Allan J., *The Conversion of the Nations in Revelation*, LNTS 438, London: Bloomsbury T&T Clark, 2011.

McRay, John, *Archaeology and the New Testament*, Grand Rapids: Baker, 1999.

Meinardus, Otto F. A., "The Christian Remains of the Seven Churches of the Apocalypse," *Biblical Archaeologist* 37, 1974: 69-82.

Mellott, Matthew, "An Agonistic Explosion: An Investigation of Athletics in the Seven Cities of Revelation," *CurTM* 46/2, 2019: 21-29.

Merkle, Benjamin L. and W. Tyler Krug, "Hermeneutical Challenges for a Premillennial Interpretation of Revelation 20," *EvQ* 86/3, 2014: 210-226.

Mert, Basim Yayin Kurulu, *Ephesus*, Istanbul: Mert Basim, 2003.

Metzger, Bruce M., *A Textual Commentary on the Greek New Testament*, Second Edition (Companion to the UBS Greek NT), Stuttgart: Deutsche Bibelgesellschaft, 2001.

Michaels, J. Ramsey, *Interpreting the Book of Revelation*, Grand Rapids: Baker Book House, 1992.

Middleton, Paul, *The Violence of the Lamb: Martyrs as Agents of Divine Judgement in the Book of Revelation*, LNTS 586, London: Bloomsbury T&T Clark, 2018.

Minear, Paul S., "The Seventh Trumpet, or the Hallelujah Chorus," *Worship* 78/1, 2004: 24-35.

Moloney, Francis J., "The Book of Revelation: Hope in Dark Times," *Religions* 10/4, 2019: 1-14.

Montague, George T., *The Apocalypse: Understanding the Book of Revelation and the End of the World*, Ann Arbor: Charis, 1922.

Moore, Michael S., "Jesus Christ: 'Superstar' (Rev. 22.16b)," *NovT* 24/1, 1982: 82-91.

Moore, Stephen D., "The Beatific Vision As a Posing Exhibition: Revelation's Hypermasculine Deity," *JSNT* 60, 1995: 27-55.

_______, *Untold Tales from the Book of Revelation: Sex and Gender, Empire and Ecology*, Atlanta: SBL Press, 2014.

_______, "Beastly Boasts and Apocalyptic Affects: Reading Revelation in a Time of Trump and a Time of Plague," *Religions* 11, 2020: 1-20.

Morales, Jon, *Christ, Shepherd of the Nations: The Nations as Narrative Character and Audience in John's Apocalypse*, LNTS 577, London: Bloomsbury T&T Clark, 2018.

Morris, Leon, *Revelation*, TNTC 20, Grand Rapids: Eerdmans, 1984.

Moulton, James Hope, *A Grammar of New Testament Greek*, Edinburgh: T & T Clark, 1963.

Mounce, Robert H., "The Christology of the Apocalypse," *Foundations* 11/1, 1968: 42-51.

_______, "Pauline Eschatology and the Apocalypse," *EvQ* 46, 1974: 164-166.

_______, *The Book of Revelation*, Grand Rapids: Eerdmans, 1977.

_______, *What Are We Waiting For? A Commentary on Revelation*, Grand Rapids:

Eerdmans, 1992.

Moyise, Steve, "Authorial Intention and the Book of Revelation," *AUSS* 39/1, 2001: 35-40.

Murphy, Frederick J., *Fallen Is Babylon: The Revelation to John*, The New Testament in Context, Harrisburg: Trinity Press International, 1998.

Muse, Robert L., "Revelation 2-3: A Critical Analysis of Seven Prophetic Messages," *JETS* 29/2, 1986: 147-161.

Newell, William R., *Revelation: Chapter by Chapter, A Classic Devotional Commentary*, Grand Rapids: Kregel, 1994.

Newport, John P., *The Lion and the Lamb*, Nashville: B&H, 1986.

Newton, Jon, "Not Who They Seem: Community and Identity in the Seven Churches of Revelation," *Colloq* 50/2, 2018: 72-89.

Oden, Thomas C. (ed.), trans. by William C. Weinrich, *Commentary on the Apocalypse Oecumenius; Commentary on the Apocalypse Andrew of Caesarea*, Downers Grove: IVP Academic, 2011.

Oecumenius and Andrew of Caesarea, trans. by William C. Weinrich, *Ancient Christian Texts, Greek Commentaries on Revelation*, Downers Grove: InterVarsity Press, 2011.

Oladosu, Opeyemi T. and Caleb O. Alu, "The Use of the Old Testament in the Revelation of John," *AJBT* 3/1, 2020: 221-234.

Osborne, Grant R., *The Hermeneutical Spiral: A Comprehensive Introduction to Biblical Interpretation*, Downers Grove, InterVarsity Press, 1991.

_______, *Revelation*, BECNT, Grand Rapids: Baker, 2002.

_______, "Recent Trends in the Study of the Apocalypse", in S. McKnight and G. R. Osborne (eds.), *The Face of New Testament Studies*, 2004: 473-504.

Ozanne, C. G., "The Language of the Apocalypse," *TynBul* 16, 1965: 3-9.

Page, Sydney H. T., "Revelation 20 and Pauline Eschatology," *JETS* 23/1, 1980: 31-43.

Parker, Floyd O. Jr., "Our Lord and God in Rev 4.11: Evidence for the Late Date of

Revelation," *Bib* 82, 2001: 207-231.

Pate, C. Marvin (ed.), *Four Views on the Book of Revelation*, Grand Rapids: Zondervan, 1998.

_______, "Revelation 2-19 and the Roman Imperial Cult," *CTR* 17/1, 2019, 67-82.

Pattemore, Stephen, *The People of God in the Apocalypse: Discourse, Structure, and Exegesis*, SNTS 128, Cambridge University, 2004.

Pentecost, Dwight, *Things to Come*, Grand Rapids: Zondervan Academic, 1965.

Pikor, Wojciech, "A Prophet as a Witness to His Call: A Narrative Key to the Reading of Prophetic Call Narratives," *ScrTh* 52, 2020: 73-95.

Porter, Stanley E., "Why the Laodiceans Received Lukewarm Water (Revelation 3:15-18)," *TynBul* 38, 1987: 143-149.

_______, *Idioms of the Greek New Testament*, 2nd Edition, Sheffield: Sheffield Academic, 1995[1992].

Porter, Stanley E., Jeffrey T. Reed and Matthew Brook O'Donnell, *Fundamentals of New Testament Greek*, Grand Rapids: Eerdmans, 2010.

Poythress, Vern S., "Genre and Hermeneutics in Rev 20:1-6," *JETS* 36/1, 1993: 41-54.

_______, "Counterfeiting in the Book of Revelation As a Perspective on Non-Christian Culture," *JETS* 40/3, 1997: 411-418.

_______, *The Returning King: A Guide to the Book of Revelation*, Phillipsburg: P&R Publishing, 2000.

Railton, Nicholas M., "Gog and Magog: the History of a Symbol," *EvQ* 75/1, 2003: 23-43.

Ramsay, M. M., *The Letters to the Seven Churches of Asia and Their Place in the Plan of the Apocalypse*, London: Hodder and Stoughton, 1904.

Reader, William W., "The Twelve Jewels of Revelation 21.19-20: Tradition History and Modern Interpretations," *JBL* 100/3, 1981: 433-457.

Reddish, Mitchell G., *Apocalyptic Literature: A Reader*, Peabody: Hendrickson, 1995.

_______, *Revelation*, Smyth & Helwys Bible Commentary, Macon: Smyth & Helwys,

2001.

_______, “Followers of the Lamb: Role Models in the Book of Revelation,” *PRSt* 40/1, 2013: 65-79.

_______, “Hearing the Apocalypse in Pergamum,” *PRSt* 41/1, 2014: 3-12.

Repp, Arthur C., “Ministry and Life in the Seven Churches,” *Concordia Theological Monthly* 35, 1964: 133-147.

Resseguie, James L., *Revelation Unsealed: A Narrative Critical Approach to John's Apocalypse*, Leiden: Brill, 1989.

_______, *Narrative Criticism of the New Testament: An Introduction*, Grand Rapids: Baker Academic, 2005.

_______, *The Revelation of John, A Narrative Commentary*, Grand Rapids: Baker Academic, 2009.

Richard, Pablo, trans. by Phillip Berryman, *Apocalypse: A Peoples' Commentary on the Book of Revelation*, Maryknoll: Orbis, 1998.

Ρισπεν, Ζαν, *Ελληνική Μυθολογία*, Athens: Τριηρες Εκδοσεις, 2003.

Robertson, A. T., *A Grammar of the Greek New Testament in the Light of Historical Research*, Nashville: Broadman, 1943.

Roffey, John W., “On Doing Reflection Theology: Poverty and Revelation 13:16-17,” *Colloq* 14/2, 1982: 51-58.

Roloff, Jürgen., trans. by John E. Alsup, *The Revelation of John.* A Continental Commentary, Minneapolis: Fortress Press, 1993.

Rosscup, James E., “The Overcomer of the Apocalypse,” *Grace Theological Journal* 3/2, 1982: 261-286.

Rossing, Barbara, “River of Life in God's New Jerusalem: An Ecological Vision for Earth's Future,” *CurTM* 25, 1998: 487-499.

Royalty, Robert M. Jr., “Don't Touch This Book!: Revelation 22.18-19 and the Rhetoric of Reading (in) the Apocalypse of John,” *Biblical Interpretation* 12/3, 2004: 282-299.

Ryan, Sean Michael, *Hearing at the Boundaries of Vision: Education Informing Cosmology in Revelation 9*, LNTS 448, London: Bloomsbury T&T Clark, 2012.

Schaff, Philip, *History of the Christian Church V.1, Apostolic Christianity AD 1-100*, Peabody: Hendrickson, 1996[1858a].

_______, *History of the Christian Church V.2, Ante-Nicene Christianity From the Death of John the Apostle to Constantine the Great AD 100-325*, Peaboy: Hendrickson, 1996[1858b].

Seal, David R., "Shouting in the Apocalypse: the Influence of First-century Acclamations on the Praise Utterances in Revelation 4:8 and 11," *JETS* 51/2, 2008: 339-352.

_______, "Hearing the Lector's Voice: The Reception and Delivery of the Oracles in Revelation 1:7-8," *Australian Biblical Review* 68, 2020a: 89-99.

_______, "The Reception and Delivery of the Oracle in Revelation 13:9-10," *Scr* 119, 2020b: 1-13.

Smalley, Stephen S., "John's Revelation and John's Community," *The John Rylands University Library* 59, 1988: 549-571.

_______, *The Revelation to John, A Commentary on the Greek Text of the Apocalypse*, Downers Grove: InterVarsity Press, 2005.

Smith, Christopher R., "The Portrayal of the Church as the New Israel in the Names and Order of the Tribes in Revelation 7.5-8," *JSNT* 39, 1990a: 111-118.

_______, "Revelation 1:19: An Eschatologically Escalated Prophetic Convention," *JETS* 33/4, 1990b: 461-466.

_______, "The Structure of the Book of Revelation in Light Apocalyptic Literary Conventions," *NovT* 36, 1994: 373-393.

_______, "The Tribes of Revelation 7 and the Literary Competence of John the Seer," *JETS* 38/2, 1995: 213-218.

Souli, Sofia, *Greek Mythology*, Nisiza Karela: Michael Toubis, 1995.

Spilsbury, Paul, "Discerning the Dragon: Reading the Book of Daniel at the End of the

First Century," *CRUX* 55/2, 2019: 2-9.

Steinmann, Andrew E., "The Tripartite Structure of the Sixth Seal, the Sixth Trumpet, and the Sixth Bowl of John's Apocalypse (Rev 6:12-7:17; 9:13-11:14; 16:12-16)," *JETS* 35/1, 1992: 69-79.

Stewart, Alexander, "The Future of Israel, Early Christian Hermeneutics, and the Apocalypse of John," *JETS* 61/3, 2018: 563-575.

_______, "The Ethics of Fear Appeals and the Apocalypse of John," *CTR* 17/1, 2019: 53-66.

Summers, Ray, *Worthy Is the Lamb: Interpreting the Book of Revelation in its Historical Background*, Nashville: Broadman & Holdman, 1951.

Swete, Henry Barclay, *The Apocalypse of St. John: The Greek Text with Introduction Notes and Indices*, Grand Rapids: Eerdmans, 1954.

Tabb, Brian J., "The Unsealed Scroll: Revelation as the Trustworthy Divine Word," *Presb* 47/1, 2021: 97-111.

Talbert, Charles H, *The Apocalypse: A Reading of the Revelation of John*. Louisville: WJK, 1994.

Tan, Paul Lee, "Symbols and Types in Prophecy," in M. Couch (ed.), *An Introduction to Classical Evangelical Hermeneutics*, 2000: 71-84.

Tanner, Cullen, "Climbing the Lampstand-Witness-Trees: Revelation's Use of Zechariah 4 in Light of Speech Act Theory," *JPT* 20, 2011: 81-92.

Taylor, Deborah Furlan, "The Monetary Crisis in Revelation 13.17 and the Provenance of the Book of Revelation," *CBQ* 71/3, 2009: 580-596.

Tenney, Merrill C., *New Testament Survey*, Leicester: IVP, 1985[1961].

Thiessen, Henry Clarence, "The Angels of the Seven Churches (Rev. 1:20)," *BSac* 91, 1934: 433-441.

Thigpen, J. Michael, "Attending to Prophetic Rhetoric: Genre and Inerrancy in the Prophets," *Presb* 46/1, 2020: 36-52.

Thomas, John Christopher, "An Appreciation and Critique of Craig R. Koester, *Reve-*

lation, (AYB 38A; New Haven and London: Yale University Press, 2014) with Special Reference to Revelation 15.6-22.21," *JPT* 24, 2015: 24-31.

Thomas, John Christopher and Frank D. Macchia, *Revelation*, Grand Rapids: Eerdmans, 2016.

Thomas, Robert L., "The Glorified Christ on Patmos," *BSac* 122, 1965: 241-247.

_______, "The Spiritual Gift of Prophecy in Rev 22:18," *JETS* 32/2, 1989: 201-216.

_______, *Revelation 1-7: An Exegetical Commentary*, Chicago: Moody Press, 1992.

_______, "The Structure of the Apocalypse: Recapitulation or Progression," *MSJ* 4/1, 1993: 45-66.

_______, "Theonomy and the Dating of Revelation," *MSJ* 5/2, 1994: 185-202.

_______, *Revelation 8-22: An Exegetical Commentary*, Chicago: Moody Press, 1995.

_______, "Promises to Israel in the Apocalypse," *MSJ* 19/1, 2008: 29-49.

Thompson, Leonard L., "Cult and Eschatology," *Journal of Religion* 49/4, 1969: 330-350.

_______, *Revelation*, ANTC, Nashville: Abingdon, 1988.

_______, *The Book of Revelation: Apocalypse and Empire*, Oxford: Oxford Uni. Press, 1990.

_______, "Lamentation for Christ as a Hero: Revelation 1.7," *JBL* 119/4, 2000: 683-703.

Tõniste, Külli, *The Ending of the Canon: A Canonical and Intertextual Reading of Revelation 21-22*, LNTS 526, London: Bloomsbury T&T Clark, 2016.

Torrey, Charles C., "Armageddon," *Harvard Theological Review* 31/3, 1938: 237-248.

Townsend, Jeffrey L., "The Rapture in Revelation 3.10," *BSac* 137, 1980: 252-266.

Trebilco, Paul, "What Shall We Call Each Other? Part Two: The Issue of Self-designation in the Johannine Letters and Revelation," *TynBul* 54/1, 2003: 51-73.

_______, *The Early Christians in Ephesus from Paul to Ignatius*, Tübingen: Mohr Siebeck, 2004.

Tripolitis, Antonia, *Religions of Hellenistic-Roman Age*, Grand Rapids: Eerdmans, 2002.

Turkey Cultural Tour, "Thyateira Biblical city," http://www.turkeyculturaltour.com/tr/turkiye/35/ephesus-and-ionia-reagion/thyateira-biblical-city.html.

Turner, Nigel, *Syntax,* Vol. III of J. H. Moulton (ed.), *A Grammar of New Testament Greek*, Edinburgh: T & T Clark, 1993[1963].

_______, *Style,* Vol. IV of J. H. Moulton (ed.), *A Grammar of New Testament Greek*, Edinburgh: T & T Clark, 1976.

Valdez, Adylson, "Number 666 and the Twelve Tribes of Israel," *Revista Biblica* 68/3-4, 2006: 9-35.

Valentine, Kendra Haloviak, "Cleopatra: New Insights for the Interpretation of Revelation 17," *EvQ* 87/4, 2015: 310-330.

Verhey, Allen and Joseph Harvard, *Ephesians*, Lousville: WJK, 2011.

Wallace, Daniel B., *Greek Grammar Beyond the Basics: An Exegetical Syntax of the New Testament*, Grand Rapids: Zondervan, 1996.

Walvoord, John F., "A Review of 'The Blessed Hope' by George E. Ladd," *BSac* 113/452, 1956: 289-307.

_______, *The Revelation of Jesus Christ*, Chicago: Moody, 1966.

Wan, Wei Hsien, *The Contest for Time and Space in the Roman Imperial Cults and 1 Peter: Reconfiguring the Universe*, LNTS 611, London: Bloomsbury T&T Clark, 2020.

Warden, Duane, "Imperial Persecution and the Dating of 1 Peter and Revelation," *JETS* 34/2, 1991: 203-212.

Water, Mark (compiled), *The New Encyclopedia of Christian Martyrs*, Grand Rapids: Baker, 2001.

Waymeyer, Matt, "The Binding of Satan in Revelation 20," *MSJ* 26/1, 2015: 19-46.

_______, "The First Resurrection in Revelation 20," *MSJ* 27/1, 2016: 3-32.

Webb, William J., "Revelation 20: Exegetical Consideration," *BRT* 4, 1994: 7-39.

Whale, Peter, "The Lamb of John: Some Myths about the Vocabulary of the Johannine Literature," *JBL* 106/2, 1987: 289-295.

White, Joel R., "The 144,000 in Revelation 7 and 14: Old Testament and Intro-textual Clues to their Identity," in F. S. Greg Beale, Daniel M. Gurtner, and Benjamin L. Gladd (eds.), *From Creation to New Creation: Essays on Biblical Theology and Exegesis*, Peabody: Hendrickson, 2013: 185-204.

White, R. Fowler, "Making Sense of Rev 20:1-10? Harold Hoehner Versus Recapitulation," *JETS* 37/4, 1994: 539-551.

Wiarda, Tim, "Revelation 3:20: Imagery and Literary Context," *JETS* 38/2, 1995: 203-212.

Wick, Peter, "There Was Silence in Heaven (Revelation 8.1): An Annotation to Israel Knohl's 'Between Voice and Silence,'" *JBL* 117/3, 1998: 512-514.

Wilcock, Michael, *I Saw Heaven Opened: The Message of Revelation*, Leicester: Inter-Varsity, 1975.

Wilson, Mark, "The Early Christians in Ephesus and the Date of Revelation, Again," *Neot* 39/1, 2005: 163-193.

_______, "The Water of Life: Three Explorations into Water Imagery in Revelation and the Fourth Gospel," *Scr* 118, 2019a: 1-17.

_______, "The Spirit in Revelation: Explorations in Imagery and Metaphor," *CTR* 17/1, 2019b: 83-96.

Winkle, Ross E., "Another Look at the List of Tribes in Revelation 7," *AUSS* 27/1, 1989: 53-67.

Witherington, Ben III, *New Testament History: A Narrative Account*, Grand Rapids: Baker Academic, 2001.

_______, *Revelation*, Cambridge: Cambridge University Press, 2003.

Wojciechowski, Michal, "Exegetical Method in Oecumeniuis' Commentary on Revelation," *ASE* 36/1, 2019: 205-215.

Woodington, J. David, "Crafting the Eschaton: The Second Death and the Lake of Fire in Revelation," *JSNT* 41/4, 2019: 501-518.

World History Encyclopedia, "Sardis," http://www.worldhistory.org/sardis/

Yayin, Rehber Basin A. S., *Turkey*, Istanbul: Lebib Yalkin Matbaasi, 2002.

Zerbe, Gordon, "Revelation's Exposé of Two Cities: Babylon and New Jerusalem," *Direction* 32/1, 2003: 47-60.

고려대학교민족문화연구원, 『고려대한국어대사전』, 고려대학교민족문화연구원, 2009.

권성수, "계시록 20:1-6에 대한 세대주의적 전천년설과 역사적 전천년설 및 무천년설 해석 고찰", 『신학지남』 62/4, 1995: 106-164.

______, 『요한계시록』, 서울: 도서출판 횃불, 1999.

김대웅, "요한계시록의 인자 기독론과 칠십인경 다니엘서의 메시아 사상", 『신약연구』 14/4, 2015: 571-600.

김상훈, "Dominus et deus('주와 하나님'), 요한문헌의 역사적 정황의 종합적 이해", 『신학지남』 71/4, 2004: 118-141.

______, "요한복음 프롤로그와 요한일서 서문의 비교 연구", 『신약연구』 9/3, 2010a: 369-408.

______, "요한계시록의 구조에 대한 새 제안", 『신학지남』 77/4, 2010b: 33-74.

______, 『개혁주의 해석 에베소서: 하나님의 경륜 그리스도의 교회』, 서울: 총신대출판사, 2013.

______, "감람산 종말강화(마 24-25)의 구조 연구", 『신학지남』 83/1, 2016: 33-53.

______, "요한계시록 20장은 어떤 천년설을 지지하는가?", 『신학지남』 84/3, 2017: 37-58.

______, 『요한서신, 유다서, 요한계시록』, 원어성경 구문읽기 10, 서울: 감은사, 2021.

______, "구조로 보는 144,000명(계 7장, 14:1-5)", 『신학지남』 88/4, 2022: 9-37.

김추성, 『요한계시록 1-9장』, 용인: 킹덤북스, 2018.

박윤선, 『신약주석 요한계시록』, 서울: 영음사, 1993.

박형룡, 『종말(내세)론』, 박형룡박사조직신학 7, 서울: 개혁주의출판사, 2017.

송영목, "144,000명(계 7:3-8)에서 단 지파가 생략된 이유", 『성경과 신학』 92, 2019: 61-94.

외경위경편집부, "시빌라의 탁선", 『외경위경전서 8, 신약외경 II』, 서울: 기독교문화협회, 1985.

이상웅, "'그리하여 온 이스라엘이 구원을 얻으리라' - 유대인의 미래적 회복에 관한 죽산 박형룡의 입장 고찰과 신학적인 평가", 『신학지남』 84/4, 2017: 153-191.

이필찬, 『내가 속히 오리라(요한계시록)』, 서울: 이레서원, 2006.

이한수, 『요한계시록』, 서울: 솔로몬, 2018.

최선범, "요한계시록에 나타난 무천년왕국에 대한 해석학적 쟁점(계 20:1-7)", 『신약연구』 15/4, 2013: 937-963.